Uni-Taschenbücher 767



UTB
FÜR WISSEN
SCHAFT

Eine Arbeitsgemeinschaft der Verlage

Birkhäuser Verlag Basel · Boston · Stuttgart
Wilhelm Fink Verlag München
Gustav Fischer Verlag Stuttgart
Francke Verlag München
Harper & Row New York
Paul Haupt Verlag Bern und Stuttgart
Dr. Alfred Hüthig Verlag Heidelberg
Leske Verlag + Budrich GmbH Opladen
J. C. B. Mohr (Paul Siebeck) Tübingen
R. v. Decker & C. F. Müller Verlagsgesellschaft m. b. H. Heidelberg
Quelle & Meyer Heidelberg
Ernst Reinhardt Verlag München und Basel
K. G. Saur München · New York · London · Paris
F. K. Schattauer Verlag Stuttgart · New York
Ferdinand Schöningh Verlag Paderborn · München · Wien · Zürich
Eugen Ulmer Verlag Stuttgart
Vandenhoeck & Ruprecht in Göttingen und Zürich

Hans-Joachim Lope

# Französische Literaturgeschichte

Quelle & Meyer · Heidelberg

**CIP-Kurztitelaufnahme der Deutschen Bibliothek**

*Lope, Hans-Joachim:*
Französische Literaturgeschichte / Hans-Joachim Lope. – 2., erg. Aufl. – Heidelberg : Quelle und Meyer, 1984.
(UTB für Wissenschaft : Uni-Taschenbücher ; 767)
ISBN 3-494-02086-8

NE: UTB für Wissenschaft / Uni-Taschenbücher

1. Auflage 1978
2., ergänzte Auflage 1984


Satz: Bücherdruck Wenzlaff, Kempten.
Druck: Allgäuer Zeitungsverlag GmbH, Kempten.
Einbandgestaltung: Alfred Krugmann, Stuttgart.

# Inhaltsverzeichnis

**Das 19. Jahrhundert**



**Das 20. Jahrhundert**

# Vorbemerkung

An guten französischen Literaturgeschichten – auch in deutscher Sprache – mangelt es nicht. Wenn hier dennoch im Rahmen eines Taschenbuchs eine neuerliche Synthese versucht wird, dann ist damit keineswegs die Absicht verbunden, frühere Werke dieser Art zu ersetzen oder überflüssig zu machen. Die Begrenzungen des vorliegenden Versuchs sind schon von den Bedingungen seines äußeren Umfangs her gegeben, und die zwangsläufig sich einstellenden Akzentsetzungen sind bei allem Willen zur Absicherung durch die jüngere Forschung doch auch immer durch die Hinsicht des Verfassers mitbestimmt. Im Mittelpunkt steht das europäische Frankreich, das aus seinen grenztranszendierenden Bezügen zu lösen nicht möglich ist. Dem europäischen Aspekt wurden namentlich für die jüngere und jüngste Zeit solche Themenkomplexe wie *négritude* oder *francophonie* geopfert. Sie müssen in einem weiter gesteckten Rahmen behandelt werden und sind inzwischen zu kompliziert geworden als daß man sie als Annexphänomene an eine französische Literaturgeschichte ›anhängen‹ dürfte. Das Vorgehen ist bedingt chronologisch, hier und da werden stoffgeschichtliche und thematologische Aufrisse eingestreut, die den Blick auf systematische, strukturale und typologische Bezogenheiten lenken sollen. Im vorgegebenen Rahmen wurde auch auf soziale und historische Infrastrukturen verwiesen – Akademien, Salons, Literaturpreise, Mäzene, Zeitschriftengründungen, etc. Literaturgeschichte vollzieht sich innerhalb solcher Rahmenbedingungen, sie kennzeichnen jene Bereiche, in denen Literatur-, Sprach-, Gesellschafts- und Institutionengeschichte sich miteinander verquicken. Erst durch ihre Einbeziehung wird eine *histoire historique* der Literatur möglich, wie wir sie im Bewußtsein eigenen Ungenügens trotz allem anstreben. Auf die Nachzeichnung einleitender Grundlagen wie z.B. Latinisierung und Christianisierung Galliens, ethnische Fundierungen der französischen Nation, etc. wurde absichtlich verzichtet. Ihre Behandlung birgt Gefahren der fachlichen Grenzüberschreitung, denen der Literaturhistoriker sich besser durch den Hinweis auf kompetente Forschungsergebnisse anderer Disziplinen entzieht.

Die Grobgliederung nach Jahrhunderten folgt einem bewährten Prinzip und hindert nicht die Mikroanalyse von Text-, Epochen-, Stil-, Gattungs- und Persönlichkeitsstrukturen, die im Einzelfall die jeweils gewählte Perspektive bestimmen. Die Anregungen und Formulierungshilfen, die diese Literaturgeschichte ihren Vorgängerinnen verdankt, ihre Schuld gegenüber einer internationalen Forschungsliteratur, können hier nur kollektiv angesprochen werden. Auf einen Anmerkungsapparat wurde dem Beispiel anderer Literaturgeschichten der vorliegenden Reihe folgend verzichtet. Die abschließende Bibliographie enthält die Hinweise, die die Orientierung des Verfassers nachvollziehbar machen und entsprechende Vertiefungen erlauben. Persönliche Urteilsfindungen konnten in vielen Fällen nicht ausbleiben, wenn schon der Versuch gemacht wurde, sie stets auch an einem beileibe nicht eindeutigen Kanon zu messen, wie er in Frankreich selber als Richschnur für Schulbücher, Universitätsprogramme, etc. gilt. Umbewertungen innerhalb des französischen Kulturkanons können nicht Sache eines deutschen Literaturhistorikers sein. In Kenntnis dieser Tatsache kann keine Literaturgeschichte der Welt die persönliche Auseinandersetzung mit der literarischen Produktion des jeweiligen Sprachraums ersetzen. So wird auch diese französische Literaturgeschichte erst dann ihr Ziel erreicht haben, wenn sie Interesse, Kritik und Widerspruch weckt, die zur direkten Beschäftigung mit den Werken der französischen Literatur anregen.

Marburg/Lahn, im März 1978

Hans-Joachim Lope

## Vorbemerkung zur zweiten Auflage

In der hiermit vorgelegten 2. Auflage von UTB 767 waren Textveränderungen nur in sehr begrenztem Umfang realisierbar. Sie betreffen die Beseitigung von Druckfehlern, die vorsichtige Aktualisierung von Daten und Literaturhinweisen sowie einige sachliche Richtigstellungen, für die der Autor sich bei seinen Lesern zu bedanken hat. Zugleich versuchen sie, der literarischen Entwicklung der letzten Jahre – wenn auch lückenhaft – Rechnung zu tragen und damit die Brauchbarkeit des Buches als literaturhistorisches Repetitorium zu erhalten.

Marburg/Lahn, im Juli 1983

Hans-Joachim Lope

# Das Mittelalter

## 1. Kaiser Karl und die Folgen

Das erste bekannte Dokument in der Sprache, die später die französische wurde, sind die *Straßburger Eide* von 842. Sie besiegeln das Bündnis Karls des Kahlen mit Ludwig dem Deutschen und eröffnen so in West und Ost des ehemaligen Karlsreichs den Weg zu getrennten politischen und kulturellen Entwicklungen. Der übergreifende Anspruch des von Lothar – auf ihn geht der Name *Lothringens* zurück – beherrschten Mittelreichs wurde damit undurchsetzbar, wennschon es in der burgundischen Kulturblüte und in seinen späten Nachfolgern, den Benelux-Staaten, bis auf den heutigen Tag Möglichkeiten und Probleme einer gemischtkulturellen und mehrsprachigen Gesellschaft sichtbar macht. Lebendig blieb die mit Karl dem Großen verknüpfte Erinnerung an die verlorene Einheit. Diese Einheit vertrug sich durchaus mit der Vielfalt, wie die sog. *karolingische Renaissance* beweist, die neben ihren architektonischen, künstlerischen und musikalischen Hervorbringungen auch ein geschärftes Sprachbewußtsein nährte. Dieses führte u. a. zu der Erkenntnis, daß das zur Römerzeit lateinisch sprechende Gallien inzwischen eine fortentwickelte Form dieser Sprache, das *Romanische*, sprach. Die *Reichenauer Glossen*, eine lateinisch-volkssprachliche Wörterliste zur Erläuterung sakraler Texte, bezeugen die Anerkennung dieser Tatsache durch die Intellektuellen der Epoche. Im Osten entspricht dieser Aufwertung der Vulgärsprache das karolingische Interesse an den literarischen Zeugnissen der germanischen Vergangenheit.

Die Anerkennung des Romanischen als linguistisches und soziolinguistisches Faktum machte das klassische Latein zu einer toten Sprache, die der gelehrten Bemühungen einer ganzen Humanistengeneration (Paulus Diakonus, Petrus Pisanus, Paulinus von Aquileia, u. a.) würdig war. Von Alkuin stammt der 784/85 verfaßte Brief an Abt Baugulf von Fulda, der das inhaltliche Verstehen und damit die volkssprachliche Auslegung der *Vulgata* forderte. Offenbar waren die »divinarum scriptarum mysteria« anders nicht mehr verständlich zu machen. Die Frankfurter Synode von 794 stellte klar, daß es vor Gott keine privilegierte Sprache gebe, »quia in omni lingua Deus adoratur«, ein Gedanke, der u. a. zum Abbau möglicher Konflikte in einem mehrsprachigen Reich dienen konnte, in dem das Christentum die vielleicht wichtigste ideologische Klammer war. Schon 659 wurde Mummolin Bischof von Noyon, »quia praevalebat non tantum in Teutonica sed etiam in Romana lingua«. Für das Vorhandensein einer mehrsprachigen Führungsschicht spricht auch, daß die *Serments de Strasbourg* von den Königen jeweils in der Sprache des anderen Reichsteils gesprochen wurden. Das Sprachenproblem beschäftigt auch die Konzilien des Jahres 813 in Arles, Châlons, Mainz, Reims und Tours. Sie empfahlen u. a. die volkssprachliche Bibelexegese. In Tours unterschied man dabei *expressis verbis* zwischen der deutschen und der romanischen Sprache: »Transferre in rusticam romanam linguam, aut in thiotiscam, quo facilius cuncti possint intellegere quae dicuntur.« Der Aachener Reichstag bestätigte das Ergebnis.

Zur Kulturpolitik der *karolingischen Renaissance* gehören die Schulengründungen in Aachen, Corbie, Metz, Reims, Saint-Denis, Tours, sowie die Palast-Akademie, in der der Kaiser oftmals gelehrten Disputationen vorsaß. Hier belegte man sich mit Decknamen, die den Willen zum biblisch-römisch-griechischen Synkretismus der Kulturen bezeugen. Der Kaiser nannte sich David, Salomon, Moses oder Konstantin, Alkuin erscheint als Horaz, Theodulf von Orléans als Pindar, Angilbert – der Laienabt von Saint-Riquier – als Homer. Hildibold nannte sich Aaron, Paulinus von Aquileia Thimoteus. Für den Kämmerer Meginfried, den Mundschenk Eberhard und den Truchseß Audulf griff man auf Vergils Thyrsis, Nemias und Menachos zurück. Einhard, der Bauaufseher und Kaiserbiograph, nannte sich Bezaleel. Die Literaturproduktion ist lateinisch und oft pädagogischen Inhalts: *Admonitio generalis, Epistola de litteris colendis, Capitulare de examinandis ecclesiasticis.* Das *Capitulare de villis* schreibt für alle Hofgüter die Anpflanzung identischer Apothekergärten vor. Die karolingische Latinität kam zu anerkannten Produktionen: Alkuins *De pontificibus et sanctis eboracensis ecclesiae* (in Hexametern), Theodulfs *Libri Carolini.* Einhards *Vita Caroli Magni* ist eine wichtige Geschichtsquelle mit bedeutenden künstlerischen Qualitäten. Sie emanzipiert sich von ihren hagiographischen Vorbildern und nähert sich Suetons Kaiserviten.

Unter Karl dem Kahlen (823–877), den Hugbald in 36 Hexametern über seine Kahlköpfigkeit hinwegtröstet, bleibt im Westreich reges literarisches Leben zu konstatieren. Damals ficht Scotus Eriugena seine Prädestinationspolemik mit Gottschalk aus, Servatius Lupus eifert dem Briefstil Ciceros nach und Hinkmar von Reims zeigt sich als früher Verfechter einer gallikanischen Kirchenpolitik. Die mit den erwähnten Schulengründungen verbundenen kulturpolitischen und pädagogischen Ansätze aus der Karlszeit greift Rabanus Maurus auf und Nithard von Saint-Riquier beschreibt die Taten der Söhne Ludwigs des Frommen. Er überliefert in diesem Zusammenhang auch die *Straßburger Eide.* Wahalafried Strabo (808–849) erarbeitet damals die Kapiteleinteilung von Einhards *Vita Caroli* und tritt mit dem naturwissenschaftlichen *De cultu hortorum* hervor. Zwischen Liturgie und Archäologie bewegt er sich in *De exordis et incrementis quarundam in observationibus ecclesiasticis rerum.* Seine *Visio Wettini* enthält in 954 Hexametern die Träume und Alpträume seines Freundes Wetti von der Reichenauer Klosterschule. Das Werk wurde mit Dantes *Divina Commedia* in Verbindung gebracht.

Diese wenigen Namen und Titel umreißen nur unvollkommen das literarische Leben im Westreich vor und beim Erscheinen der ersten vulgärsprachlichen Texte. Bis ins 18. Jahrhundert hinein und darüber hinaus wird es eine lateinische Literatur parallel zur französischen geben. Noch Baudelaire, Jaurès und Queneau produzieren lateinische Texte. Die Geschichte der französischen Literatur ist über Jahrhunderte auch die Geschichte einer Emanzipation vom Lateinischen.

## 2. Die Ehre Gottes: Das devote Mittelalter

Im Bereich der Volkssprache entsteht zunächst eine christliche Erbauungsliteratur, die sich während des gesamten Mittelalters großer Beliebtheit erfreute:

Von 881 stammt das pikardisch-wallonisch abgefaßte Manuskript der *Eulaliasequenz,* an deren Entdeckung 1837 in der Abtei von Saint-Amand bei Valenciennes Hoffmann von Fallersleben beteiligt war. Sie erzählt in 14 assonnierenden Verspaaren das Martyrium der Heiligen mit deutlichen Rückgriffen auf Prudentius und die im Manuskript vorangehende lateinische *Cantica virginis Eulaliae.* Karl Vossler unterstrich die Bedeutung der *Cantilène* für die Emanzipation der altfranzösischen Dichtung vom Lateinischen. Er sieht das Werk »nicht so sehr als eine Nachbildung der mittelalterlichen Sequenz«, sondern eher »als ... Vorstufe« der altfranzösischen Heldenepen. Die Melodie, nach der die Sequenz gesungen wurde, ist verloren.

Im Zeichen Clunys verstärkte sich die Produktion christlicher Erbauungsliteratur. Weitere Zeugnisse der Frühzeit sind das *Jonas-Fragment* und die südfranzösische *Christus-Passion* (beide Ende 10. Jh.), ersteres eine in tironischen Noten verfaßte Predigtnotiz zum Buch *Jona,* letzteres ein Lehrgedicht zum Leben und Leiden Christi (129 achtsilbige Vierzeiler). Auf einer lateinischen Vorlage des Ursinus von Ligugé beruht das im Hennegau entstandene *Leodegars-Lied.* Diese *Vie de Saint-Léger* behandelt in 40 Sechszeilern (paarweise Achtsilber) Leben und Martyrium des heiligen Bischofs Leodegar von Autun, eines burgundischen Helden aus der Zeit der Kämpfe mit dem neustrischen Hausmeier Ebroin. Leodegar war 679 enthauptet worden.

Um die Mitte des 11. Jahrhunderts entstand die *Vie de Saint-Aléxis.* In der Version, die Gaston Paris 1872 aus verschiedenen handschriftlichen Überlieferungen herausextrapolierte, besteht sie aus 625 5zeiligen Strophen (Zehnsilber) und stammt möglicherweise von Thibaud de Vernon:

Die *Vie* erzählt die Legende des römischen Patriziers Alexius, der in der Hochzeitsnacht seine Braut mit Hinweis auf Christus verläßt und der Welt entsagt. Er verbringt 17 Jahre auf der Wanderschaft in Kleinasien und stirbt nach weiteren 17 Jahren unerkannt unter der Treppe seines Elternhauses. Dann erkennt man ihn als Heiligen. Die Verherrlichung der Askese verweist möglicherweise auf katharische Tendenzen. Stoffgeschichtlich werden hier lateinisch-griechische und vorderasiatische Ursprünge sichtbar, wie sie seit der *Alexius-Homilie* des heiligen Adalbert (gest. 997) auch in Mittel- und Westeuropa bekannt waren. Die Alexius-Mode um das Jahr 1000 erklärt sich u. a. aus der Entdeckung seines Grabes in Sankt-Bonifatius in Rom. Später finden sich lateinische Bearbeitungen des Stoffs bei Laurentius Surius und in der *Legenda aurea* des Jacobus von Voragine. Aus dem 13. Jahrhundert existiert eine altfranzösische Laissenfassung, im 14. Jahrhundert findet sich ein Mirakelspiel *Saint-Alexis*. Das 17. Jahrhundert brachte u. a. die Dramatisierungen von Desfontaines (1644) und Massip (1655). In Deutschland finden sich u. a. die Bearbeitungen von Konrad von Würzburg (um 1275), Hermann von Fritzlar, sowie Fassungen im *Märtyrerbuch* (1320/1330) und in *Der Heiligen Leben* (1488). Von 1654 stammt Moretos Tragödie *La vida de San Alejo.*

Ab ca. 1100 mehren sich die erhaltenen Zeugnisse religiöser Literatur. Oft handelt es sich um vulgärsprachlich aufbereitete Verserzählungen volkstümlichen Charakters. Es gibt jedoch auch gelehrte Werke, wie z. B. die Psalter von Oxford und Cambridge (Anfang 12. Jh.) oder die Nachdichtungen der biblischen Geschichte in Alexandrinern des Hermann von Valenciennes (um 1190). Als Innozenz III. 1199 die nichtautorisierten Bibelübersetzungen verbot, verlagerte sich der Schwerpunkt auf die Mirakel und Heiligenviten und auf die Legendensammlungen und moralischen Lehrerzählungen, die oft auf Werken vom Typ der lateinischen *Exempla* des Jacques de Vitry aufbauten.

Von diesen *contes pieux, dévots* oder *dits* sollen wenigstens *Le chevalier au barisel* und das *Dit dou vrai aniel* erwähnt werden, letzteres mit einer Vorform der durch Boccaccio und Lessing bekannten Ringparabel. Den Einfluß der Mariologie des heiligen Bernard (1091–1153) verraten die zahlreichen Marienmirakel, die hier und da den lateinischen Vorlagen von Jacques Le Marchant oder Everard de Gateley nachgedichtet wurden (13. Jh.). Bekannt sind die *Miracles de Nostre Dame* des Gautier de Coincy. Anonym ist die Geschichte vom *Tombeor Nostre Dame*, einem armen Spielmann, der die Jungfrau mit seiner Tanzkunst erfreut. Oft bedienen sich diese Geschichten in der Nachfolge des *Alexiuslieds* eines pseudo-orientalischen Dekors mit Propagandaeffekten für die Kreuzzüge. Die *Vie de Saint-Eustache* enthält sogar Buddhistisches. Neben den orientalischen Heiligen, die meist durch den

Spätlateiner Rufinus bekannt waren (4. Jh.), bedichtete man bald auch lokale Heilige, wie z. B. die Pariser Patronin Genoveva. Im normannischen England interessiert Marie de France sich für den irischen Nationalheiligen im *Espurgatoire de Saint-Patriz* (um 1190), das sie einer lateinischen Vorlage nachdichtet.

Durch den Mord an Thomas Becket wird Guernes de Pont-Sainte-Maxence zu seiner *Vie de Saint-Thomas Becket* (1174) inspiriert.

Becket wurde zum Mythos. Seine mit Märchenelementen angereicherte Biographie bestimmt sein literarisches Schicksal bis heute: C. F. Meyer (*Der Heilige* 1879), T. S. Eliot (*Murder in the Cathedral* 1935), J. Anouilh (*Becket ou l'honneur de Dieu* 1959), Chr. Fry (*Curtmantle* 1961). Die Wallfahrten zum Grab des Heiligen sind der Rahmen für Chaucers *Canterbury Tales.*

Der Erbauung dienten auch die predigthaften Dichtungen von Reclus des Molliens *(Roman de Carité, Miserere)*, Hélinant *(Vers de la mort)*, Raoul de Houdenc *(Songe d'enfer)*, u. a.

Heiligenvita und Abenteuerliteratur verschwimmen in den *Voyages merveilleux de Saint-Brendan à la recherche du paradis terrestre* (um 1121, 1840 Achtsilber):

Ihr Verfasser Benedeit, vielleicht ein Erzdiakon aus Rouen, schildert die Seefahrten des heiligen Brendan (484–577), der mit 14 Begleitern in einem irischen Coracle zu den Faröer, den Hebriden, nach Schottland und in die Bretagne segelte, um dort zu missionieren. Der Autor verdichtet seinen Stoff im Rückgriff auf die lateinische *Navigatio Sancti Brandani* (10. Jh.) und irische Seefahrerlegenden zu einer geographischen Mythologie mit wunderbaren Inseln, Ungeheuern, etc. Sein Brendan findet die Insel der Verdammten, die Insel der Seligen, er sieht Judas gleich Prometheus an einen Felsen geschmiedet. Schließlich bricht er in ein westliches Land der Verheißung auf, in dem Atlantis und Avalon verschmelzen:

Unc ne turnat vers sun parent,
En plus cher leu aler entent.

Die Seefahrten des Heiligen zum sagenumwobenen Hvitramannaland beschäftigten auch niederländische und deutsche Dichter. Eine Weimarer Landkarte verlegt 1424 die *Insulae fortunatae Sancti Brandani* in die Madeira-Gruppe. Martin Behaim verzeichnet sie auf der Höhe des Äquators, Mercator verlegt sie 1569 zwischen Irland und den Sankt-Lorenz-Strom. Ob die *Voyages* des heiligen Brendan mit einer vorkolumbischen Entdeckung Amerikas in Verbindung stehen, ist Spekulation.

## 3. Helden und Heiden: Die chansons de geste

Über den Ursprung des altfranzösischen Heldenepos, der *chanson de geste*, wurden verschiedene Theorien entwickelt:

Die *romantische These* (Fauriel, d'Héricault, u. a.) postuliert die spontane Schöpfung des ›Volksgeistes‹, wie Herder ihn für die Werke Ossians annahm.

Die *Kantilenentheorie* (G. Paris, um 1870) geht ebenfalls von der spontanen Schöpfung aus, betont jedoch den Anteil kunstverständiger Spielleute an der Niederschrift.

Die *Legendentheorie* (J. Bédier, um 1910) sieht die *chansons de geste* als speziell gefertigte Werke zur Erbauung an den großen Wallfahrtsstraßen. Die Straße nach Santiago de Compostela führte über Blaye, wo man Rolands Grab vermutete. Die Epen dienten der Propaganda für die Kreuzzüge.

Die *lateinische These* schreibt der lateinischen Epik des 9. Jahrhunderts, z. B. dem *Waltharius*-Lied die Anregerrolle zu und betont die Bedeutung antiker Traditionen, z. B. der *Aenaeis* von Vergil.

Die *arabische These* verweist auf die Existenz arabischer Epen, die durch christlich-islamische Kulturkontakte vermittelt wurden.

Die *Überlieferungstheorie (théorie du lignage)* glaubt an eine in den Familien der beteiligten Helden lebendig gehaltene Überlieferung, die später ihren künstlerischen Bearbeiter fand.

Die ca. 80 erhaltenen *chansons de geste* waren für den mündlichen Vortrag geschaffen und wurden von Spielleuten, *jongleurs, clerici vagantes* und *trouvères* zum Klang der *vielle* auf Jahrmärkten, Kirchenfesten und auf den Schlössern adliger Mäzene dargeboten.

Das älteste altfranzösische Epos ist das *Rolandslied,* die *chanson de Roland* (um 1100).

In der vom Oxforder Manuskript (um 1150) überlieferten Form umfaßt es 4002 Zehnsilber (Zäsur 4/6) und erzählt in 290 assonierenden Laissen verschiedener Länge mit dichterischer Freiheit von der Niederlage der fränkischen Nachhut durch die christlichen Basken im Tal von Ronceval (778). Dem Bilde Karls des Großen als des großen Heidenbekehrers entsprechend wird der Stoff zu einem gigantischen Maurenkampf umgedeutet. Das lateinische *Carmen de proditione Ganelonis* entstand erst nach dem altfranzösischen Epos, jedoch wird die Existenz einer vorgängigen Tradition durch die frühe *Nota Emilianense* verbürgt. Dafür, daß der unbekannte Autor – Turold? – sich um das Jahr 1000 für einen kämpferischen Spanienstoff begeistern konnte, sprechen die ca. 20 Kreuzzüge, die französische Ritter zwischen 1018 und 1120 zur Befreiung Zaragozas von den Mauren unternommen haben.

Das Rolandslied ist kein »poème naïf«, sondern »une œuvre d'art raffiné« (Saulnier):

Nach der Eroberung Spaniens widersetzt sich allein König Marsilie von Zaragoza. Zu ihm schickt Kaiser Karl auf Anraten Rolands dessen Stiefvater

Ganelon als Unterhändler. Dieser wird zum Verräter und rät Marsilie zur Scheinunterwerfung und dann zum Überfall auf die fränkische Nachhut. So stirbt bei Ronceval die Blüte des fränkischen Heeres. Zu spät stößt Roland ins Horn, um Karl und seine Armee zur Hilfe zu rufen. Es folgen die Maurenschlacht und die Bestrafung des Verräters.

Die Thematik der Lehenstreue, Vasallen- und Feudalehre wird ideologisch überhöht durch ein kämpferisches Christentum und einen fanatischen Kult des Vaterlandes. Eine wilde Landschaft (»val tenebrus«, »roches bises«, »destreiz merveillus«, etc.) umrahmt das Geschehen. Die Symbolik ist stark entwickelt: z. B. der *Olifant* oder Rolands geliebtes Schwert *Durendal* mit der Reliquie des heiligen Basilius im Knauf, das er vergeblich zu zerbrechen sucht. Sterbend streckt er Gott seinen Handschuh als Treuepfand entgegen, ein Unwetter kündigt seinen Tod an, ein Engel geleitet seine Seele ins Paradies. Die Rache an Ganelon vollzieht sich nach einem Gottesurteil, und als Karl der Große danach in einen wohlverdienten Schlaf fällt, ruft ihn der Erzengel Gabriel zu neuen Glaubenskämpfen. Den 12 Jüngern Christi vergleichbar umgeben 12 Pairs den Kaiser. Karl und Roland sind durch die literarische Brechung hindurch noch als historische Gestalten erkennbar. Rolands Freund Olivier hingegen ist eine erfundene Gestalt mit allen Zügen des edlen Ritters, der nicht nur Draufgänger ist. Auch die übrigen Gestalten sind ausgeprägte Charaktere. Ganelon ist voller Haß und Erzbischof Turpin, Raufbold und *miles christianus,* weiß die sterbenden Franken vor ihrem Tode noch des Himmelreichs zu versichern. Es ist eine männlich bestimmte Welt mit z. T. pathetisch bestimmten Verhaltensweisen und strenger Ideologiebindung: »Païen unt tort et crestiens unt dreit.« Für andere als erhabene Gefühle ist kein Platz, »andere Schichten als die hochfeudale treten überhaupt nicht auf, die wirtschaftlichen Grundlagen des Lebens werden nie erwähnt« (Auerbach). Es ist unvorstellbar, daß Roland plötzlich Hunger bekäme wie der spanische *Cid* oder daß er Freundschaften mit Andersgläubigen schlösse wie sie den spanischen Helden mit dem Mauren Abengalbón verbindet. Auch die Frauen spielen eine untergeordnete Rolle. Bramimunde, die Gemahlin des geschlagenen Marsilie, wird nach empfangener Taufe die fromme Juliane. Rolands schöne Verlobte Aude, an die er nicht einmal im Tode denkt, stirbt an gebrochenem Herzen. Von den dramatischen Frauengestalten des *Nibelungenliedes* oder der *Afrenta de Corpes* ist man im *Rolandslied* weit entfernt. Hier herrscht der Held, der sich keine Fragen stellt. Das für die Feinde todverheißende Schwert Karls des Großen heißt *Joiuse,* sein Schlachtruf ist *Monjoie.* Eine Möglichkeit zur Verunsicherung gibt es nicht, die »Geschlossenheit der epischen Grundauffassung« (Schober) bleibt gewahrt.

Nach der *Historia regum Britanniae* des Geoffroy de Monmouth war der Rolandstoff schon um 1135 verbreitet. Er inspirierte u. a. die Kirchenfenster von Chartres (Anf. 13. Jh.) und fand Bearbeiter in lateinischer (Pseudo-Turpin 1147/1167), englischer, italienischer, deutscher und spanischer Sprache. Das Rolandslied des Pfaffen Konrad (um 1170) verstärkt den Kreuzzugsaspekt. Später entwickelt sich der Stoff zum höfischen Ritterroman (Pulci: *Morgante* 1483; Boiardo: *Orlando innamorato* 1494; Ariost:*Orlando furioso* 1516). Hier schlägt sich Roland nicht mehr für den Glauben, sondern für die heidnische Prinzessin Angelika. Lope de Vega (1602) und Barahona de Soto (1585) sind von hierher inspiriert. Spanien verfügt zudem über eigene Rolandtraditionen. Zwar übernahm man zunächst die französische Version (*Roncesvalles,* um 1250), fügte ihr jedoch bald (Lucas de Tuy, Alfons der Weise) den halbspanischen Helden Bernardo hinzu, der später mit dem Rebellen Bernardo del Carpio verschmolz, der als Verbündeter der Mauren den französischen Aggressor zurückschlägt. Auch diese Sage ging in das klassische spanische Theater ein (ca. 30 Bearbeitungen, u. a. Juan de la Cueva 1588, Lope de Vega 1600/1603). Was Frankreich betrifft, so bedarf es u. a. der Erwähnung von Mairet, Quinault, Lulli, La Calprenède, Th. Corneille. In der Romantik kam es zu einer neotraditionalistischen Rückbesinnung: Vigny (*La mort de Roland* 1823), Uhland (*Klein Roland* 1808 nach L. Dolce, *Le prime emprese del conde Orlando* 1572; *Roland Schildträger* 1841), Stachwitz (*Rolands Schwanenlied* 1842). Freiligraths *Rolands-Album* (1840) verknüpft den Stoff mit der rheinischen Burg Rolandseck. Auch Immermann (1819), Mermet (1864), v. Kralik (1898) bezeugen die Rezeptionsdichte im 19. Jahrhundert.

Auch die weiteren Zeugnisse mittelalterlicher Heldenepik knüpfen oft an die Karlslegende oder an den Kreuzzugsgedanken an. So ist auch Wilhelm von Oranien, der Held der *Chanson de Guillaume* (Anf. 12. Jh.) ein großer Maurenkämpfer. Im anonymen Eposfragment *Gormont et Isembart* verknüpft sich das Thema des Glaubenswechsels mit dem des Landesverrats. *Le pèlerinage de Charlemagne* (um 1150), wo der Zehnsilber durch den Alexandriner ersetzt ist, dichtet Karl der Große einen Feldzug nach Jerusalem an. Da es den fränkischen Helden nur mit Hilfe der mitgeführten Reliquien gelingt, ihre rhetorischen Prahlereien zu erfüllen, werden ihre Taten stark herabgemindert. Sie wirken oft wie Parodien. Ähnliches gilt für *Fierabras* und *La destruction de Rome.*

Bertrand de Bar-sur-Aube versuchte eine Zykleneinteilung der altfranzösischen Heldenepen, wobei die Einheit der einzelnen *Gestes* jeweils durch den Haupthelden oder seine Sippe gewährleistet wird:

1. Die *Königsgeste (Cycle de Charlemagne)* umfaßt außer *Rolandslied, Pèlerinage, Fierabras* u. a. noch *Berthe au grand pied* (um 1275, von dem Wallonen Adenet Le Roi), *Mainet* (zur Jugend Karls des Großen), *La*

*chevalerie Ogier* (Befreiung Roms mit Hilfe des Dänenkönigs), *Aspremont* (um 1190, Kämpfe in Süditalien), *Les Saisnes* (vor 1202, von Jean Bodel, Sachsenkriege), *Huon de Bordeaux* (Phantasieelemente, Elfenkönig Oberon), *Le couronnement Louis* (Krönung Ludwigs des Frommen). Den Spanienstoff behandeln u. a. die *Entrée de Spagne, La prise de Pampelune, Anseis de Cartage.*

2. Die *Wilhelmsgeste (Cycle de Guillaume)* behandelt die Taten des Grafen von Toulouse, der als Erzieher Ludwigs des Frommen fungiert. Hierher gehören u. a. *Le charroi de Nîmes, La prise d'Orange, La chevalerie Vivien, Aliscans, Le moinage Guillaume*, etc. Dieser Zyklus ist auch unter dem Namen des Sippenstammvaters *Garin de Monglane* bekannt. Einige Familienmitglieder wurden getrennt bedichtet: *Girart de Vienne, Aimeri de Narbonne, Buevon de Conmarchis* (von Jean Bodel), u. a.

3. Die *Empörergeste (Cycle de Doon de Mayence)* evoziert die Rivalitäten der Feudalbarone ohne direkten Bezug zum Glaubenskampf. *Girard de Roussillon, Renaud de Montauban* (Geschichte der Haimonskinder; Bau des Kölner Doms), *Raoul de Cambrai, Garin de Lorraine* u.a. führen in die Welt machthungriger Vasallen, gegen die keine Zentralgewalt mehr anzukommen vermag.

Glaube Patriotismus, Rebellion und der Kult der *douce France* (vgl. Rolandslied V. 2379): diese Literatur enthält bereits in ihrer Frühzeit eine große Zahl von Stoffen, Motiven und Konstellationen, die in der Folgezeit anregend zu wirken vermochten.

## 4. Damen und Ritter: Der roman courtois

Auch der mittelalterliche Roman – das Wort bezeichnet zunächst eine Dichtung in der Volkssprache und ist ursprünglich keine Gattungsbezeichnung – erzählt von Heldentaten und Ritterehre. Er erlaubt daher keine saubere Abgrenzung vom Epos, von dem er sich freilich formal durch die überwiegende Anwendung des Achtsilbers unterscheidet. Als sich im 13. Jahrhundert die Autoren durchweg für die Prosa entschieden, gingen beide ineinander über. Das starke Hervortreten des ›höfischen Elements‹, das die Etikettierung des *roman courtois* bedingte, bezeugt die wachsende Exklusivität des Ritterstandes, seine schwindende politische Bedeutung durch den Ruin des Kreuzzugsgedankens und die problematische Abkapselung von den aufstrebenden Städtern. Diese Aristokratisierung begünstigte ein hermetisches System von Idealen und Wertbezügen. Es entsteht eine Elitenliteratur, die den ›galanten‹, ›ritterlichen‹ Helden verherrlicht, der sich auf die ›Hohe Minne‹ versteht und das Schwert ebenso geschickt handhabt wie die Laute. Gekämpft wird nicht mehr vorrangig für Gott, König und Vaterland, sondern für die Ehre und die Dame, die ihren Ritter – meist reichlich platonisch – belohnt. Man stelle sich *Don Quijote* in einer Welt vor, die bereit ist, ihn ernst zu nehmen.

Drei Einflüsse bestimmen das Lebensgefühl dieser ritterlichen Aristokratie:

*Der provenzalische Einfluß* erklärt sich seit ca. 1150 aus dem kulturellen Übergewicht der südfranzösischen Höfe, das sich bis zu den Albigenserkriegen gegenüber dem Norden behauptete. Es ist die Welt der Islamkontakte, des Levantehandels, der Katharer und der Troubadours. Einige von ihnen waren mächtige Herren, wie z. B. der kreuzfahrende Guillaume IX. von Aquitanien oder Jaufré Rudel, der Fürst von Blaye, dessen Sehnsucht nach der Prinzessin von Tripolis – das *Amor de lonh* – noch Rostands *La princesse lointaine* anregte. Die südfranzösische Lebensart gewann besondere Anziehungskraft für den Norden, als Eleonore, die Enkelin Guillaumes IX. und Mutter von Richard Löwenherz, französische und später englische Königin wurde. Ihre Töchter Marie und Aélis waren kunstverständige Mäzeninnen. Marie hielt in der Champagne Liebeshöfe ab und förderte Chrétien de Troyes.

*Der antike Einfluß* war u. a. in den Kathedralschulen von Chartres und Orléans lebendig geblieben. Vergil, Dantes Führer durch *Inferno* und *Purgatorio,* war ebenso bekannt wie Ovid, dessen *Ars amandi* 1160 von Chrétien übersetzt wurde und u. a. Andreas Capellanus' *De arte honeste amandi* anregte. Seit 1150 kommt es zur Wiederentdeckung des Aristoteles. Es entstehen zudem zahlreiche Werke pseudoantiken Inhalts. Das *Alexander*-Fragment (um 1125) des Alberich von Besançon gab um 1150 Anlaß zur Abfassung des *Roman d'Alexandre,* der dem Alexandriner den Namen gab. An ihm sind u. a. Lambert le Tort de Châteaudun und Alexandre de Berney beteiligt. Das Werk enthält u. a. wegweisende technische Utopien: Luftschiffe, U-Boote, etc. Von Guy de Cambrai (um 1190) bis ins 17. Jahrhundert (Hardy, Racine, Desmarets) blieb der Stoff aktuell. Etwa gleichzeitig entstand der *Roman de Thèbes* nach der *Thebais* des Statius. Um 1164 schreibt Gautier d'Arras den *Eracle* und widmet Beatrix von Burgund, der Gemahlin Barbarossas, sein Epos *Ille et Galeron* (1167). Vergils *Aenaeis* mischt sich mit Elementen aus Ovid zum anonymen *Enéas* (ca. 10 000 Achtsilber). Um 1165 entsteht auch der *Roman de Troie* des Benoît de Sainte-Maure (10 108 Achtsilber). Der Autor, der Homer nicht kannte, beruht auf Dares dem Phryger *(De excido Trojae*) und Dyctis dem Kreter *(Ephemerii belli trojani)* und wirkt durch die Liebesgeschichte von *Troilus und Briseis* auf Boccaccio *(Filostrato),* Chaucer, Shakespeare u. a.

*Der bretonische Einfluß* ist möglicherweise der bedeutsamste. Kontakte mit der Welt der keltischen Sagen, Mythen, Legenden hatte es schon seit den Kelteneinwanderungen in die Bretagne im Gefolge der angelsächsischen Eroberung der britischen Inseln gegeben. Roland war Markgraf der Bretagne gewesen. Nach den normannischen Eroberungen von 1066 verstärkten sich diese Kontakte, wobei u. a. die Vermittlerrolle der *Historia regum Britanniae* und der *Vita Merlini* (1135, 1148) des Geoffroy de Monmouth hervorzuheben ist. Ihm verdanken die Zeitgenossen die Kenntnis der Artussage zumal nachdem die *Historia* durch Robert Wace (geb. um 1100 auf Jersey) in altfranzösische Verse übertragen als *Roman de Brut* der Königin Eleonore gewidmet worden war. Die sog. *Matière de Bretagne* lieferte der altfranzösischen Literatur die Artussage, die Gralslegende, den Tristanstoff und inspirierte die *Lais* der Marie de France. Ihr Repertoire nährt die Dichtungen von Renaud de Beaujeu *(Guinglin ou le bel inconnu)*, Robert de Blois *(Beaudous)*, Raoul de Houdenc *(La vengeance Ragiduel)*, u.a.

Von *Tristan et Yseut* existieren zunächst die Fragmente von Béroul und Thomas (beide 12. Jh.). Die Kenntnis des Gesamtwerks beruht auf der kongenialen Rekonstruktion von Joseph Bédier, die auf Béroul, Thomas und späteren Bearbeitungen (u. a. *La folie Tristan, Tristan en prose*) fußt:

Tristan wirbt für König Marc um *Iseut la Bloie*, deren Verwandten Morholt er im Zweikampf tötet. Die beiden trinken einen Liebestrank, der sie aneinander bindet. Sie trennen sich nach Isoldes Hochzeit, jedoch kehrt Tristan mehrmals unerkannt zu ihr zurück. Als er schließlich an einer vergifteten Wunde stirbt, stirbt sie ihm nach. Marc läßt beide nebeneinander begraben. – Auf Béroul geht der *Tristan* von Eilhard von Olberge (um 1170/1180) zurück, Gottfried von Straßburg folgt Thomas (um 1200). Ein *Tristan* von Chrétien ist verloren. Für die Vitalität des Stoffs zeugen noch Wagners Oper und Maeterlincks *Pelléas et Mélisande*, die bis hin zu Pablo Neruda wirkten. – Die Liebe von Tristan und Isolde ist fatal und tragisch. War die *Chanson de Roland* eine auf Corneille verweisende Verherrlichung der *volonté*, so ist *Tristan* das an Racine gemahnende Werk der *fatalité*. Die Liebe Tristans kennt keine Moral, sie ist nicht un-, sondern amoralisch, entbindet aber dennoch nicht von der Schuld.

Zwischen höfischem Roman und Lyrik stehen die sog. *Lais* (nach irisch *laidh* = Lied), Verserzählungen, als deren Hauptvertreterin die im normannischen England lebende Marie de France gilt. Die *Lais* wurden zum Klang der *rote* (altes Saiteninstrument) vorgetragen. Sie entstanden um 1175, bestehen aus paarweise gereimten Achtsilbern und vereinigen als eine Art Kurznovelle bretonische Sagenstoffe mit klassischer Bildung, z. B. Ovid, und der Kenntnis des *Enéas*- und des *Theben*-Romans. *Lanval, Guigemar, Guingamor, Milun* sind Feenmärchen, *Eliduc* behandelt das Problem der Doppelehe, *Bisclavret* das Werwolfmotiv. *Fraisne* enthält den u. a. von Boccaccio, Chaucer, Hans Sachs, Lope de Vega, Perrault und Hauptmann aufgegriffenen *Griseldis*-Stoff. In *Austic* fungiert eine Nachtigall als Liebesbote und wird vom eifersüchtigen Ehemann getötet. *Chievrefeuil* erzählt eine Episode aus dem Leben Tristans. Außer von Marie de France wurde das *Lai* noch von Robert Biket *(Li lais del cor)*, einem anonymen Renaud *(Lai d'Ignaure)* u. a. gepflegt.

Chrétien de Troyes ist der Dichter der Tafelrunde. Er verschafft der in Deutschland durch Hartmann von Aue, Heinrich von Türlin u. a. verbreiteten Artussage Heimrecht in der französischen Literatur:

Die Artussage bezieht sich historisch auf den bei Nennius (um 800) in der *Historia Britonum* erwähnten Keltenhäuptling, der im 6. Jahrhundert die vor den Angelsachsen fliehenden Inselkelten in die Bretagne führte. In der Sage wurde aus dieser Gründung ein gigantisches Reich, über das König Artus Karl dem Großen und seinen Pairs vergleichbar im Kreise der 12 Ritter seiner Tafelrunde (u.a. Cligès, Erec, Gauwain, Lancelot, Yvain) herrscht.

Im bretonischen *ambiente* von Wundergeschichten und feenhaften Liebschaften siedelt Chrétien seine Romane an. Mit Ihnen erfreut er zwischen 1165 und 1190 seine flandrischen und champagnischen Mäzene und erreicht einen hochrangigen »Ausdruck jener von der feudalkriegerischen Gemeinschaft zur höfischen Gesellschaft sich wandelnden europäischen Menschheit« (Bezzola), der sich im Übergang vom Epos zum *Roman courtois* zeigt.

In *Eric et Enide* (um 1162; 6878 Achtsilber) entgeht der verheiratete Ritter durch vielfältige Abenteuer der Gefahr des Verliegens.

Im *Cligès* (um 1164; 6664 Achtsilber) paaren sich Anklänge an den Tristanstoff mit der Forderung nach absoluter Treue der Dame.

Im *Lancelot ou le chevalier à la charrette* (um 1168, 7112 Achtsilber) vollendet durch Godefroy de Lagny) unterwirft sich der Ritter dem Willen seiner Dame, indem er einen entehrenden Karren besteigt und im Duell absichtlich unterliegt. Lancelots Dame ist die ehebrecherische Königin Guenièvre. Dadurch gerät der Ritter in Konflikte, die die Artuswelt im Kern bedrohen.

In *Yvain ou le chevalier au lion* (um 1170; 6808 Achtsilber) gewinnt der Ritter durch gefährliche Abenteuer die Liebe seiner Gemahlin Laudine zurück.

Mit *Le conte del Graal* (nach 1181; 9234 Achtsilber; unvollendet) schreibt Chrétien seine *Perceval*-Dichtung und läßt die Artussage in die ursprünglich persische Gralsmystik einmünden. Im Schloß des *roi pescheor* Amfortas erlebt Perceval eine Prozession, in deren Mittelpunkt der Gralskelch steht. Er vergibt die Chance, die Frage nach dem Sinne des Kelchs zu stellen und damit seine Umgebung zu erlösen. Als er erfährt, daß sein Schweigen falsch war, macht er sich erneut auf die Gralssuche.

Im *Gralszyklus* verbindet sich die Artussage mit dem Thema der mystischen *Quête*. Sie richtet sich auf den in der *tere foraine* befindlichen Abendmahlskelch, der das Blut Christi enthält. Er soll das Leben des König Artus verlängern.

Der bei Chrétien unvollendet gebliebene Stoff wurde von Wauchier de Denain, Pseudo-Wauchier, Manessier, Gerbert de Montreuil u. a. zu einem Ensemble von 60 000 Versen ausgesponnen. Zusammen mit Robert de Borons *Joseph d'Arimathie* bildet es die Grundlage für den um 1225 konstruierten

*Gralszyklus: L'Estoire des Saint-Graal, L'Estoire de Merlin, Le livre de Lancelot du Lac, La queste del Saint-Graal, La mort le roi Artu.* Dieses insgesamt als *Lancelot en prose* bezeichnete Werk, vielleicht eine literarische Kollektivschöpfung, beinhaltet den Kampf der Artusritter um den Gral. Der junge Galaad vollbringt das Abenteuer, kehrt jedoch nicht auf die Erde zurück. Damit ist das Ende der Artuswelt gekommen. Der König läßt sein Schwert *Escalibour* in einen See werfen, wo es von einer geheimnisvollen Hand aufgefangen wird. Ein Schiff der Fee Morgane, der *Fata Morgana,* holt ihn nach Avalon. Die überlebenden Ritter und die ehebrecherische Königin gehen ins Kloster.

Thematisch verwandt, aber nicht dem *Gralszyklus* zugehörig, ist der anonyme *Perlesvaus* (um 1212), der älteste altfranzösische Prosaroman.

Im Zentrum der Rezeption des Gralsstoffs steht *Perceval.* Wolfram von Eschenbachs *Parzifal* steigert die Religionsproblematik, es folgen norwegische und englische (*Sir Perceval, Morte Darthur,* u. a.) Bearbeitungen. Im 18. Jahrhundert erneuern Bodmer (1753) und Tressants Neudruck in der *Bibliothèque bleue* (1775) das Interesse. Mit Immermanns *Merlin* und Wagners *Parsifal* (1832, 1877) kam der Stoff zu neuem Ruhm. Im 20. Jahrhundert bearbeiteten Chamberlain, Hauptmann, Apollinaire u. a. den Stoff. Die im Artus-Thema anklingende Diskrepanz zwischen Wollen und Können wird bei Mark Twain (*A Connecticut Yankee in King Arthur's Court* 1889) zum Konflikt zwischen Idealismus und Technikgläubigkeit. Auch Cocteaus *Chevaliers de la Table Ronde* (1927) entlarven diese Risse. 1961 erschien das Musical *Camelot* von J. Lerner und F. Loewe. Auch die Comic-Serie *Prinz Eisenherz* schöpft aus dem bretonischen Dekor.

Den Abenteuerhunger des altfranzösischen Lesers stillten auch die sog. *Romans d'aventures.* Sie werden u. a. repräsentiert durch Jean Renard (*Guillaume de Dôle,* um 1200), der Balduin VI. von Hennegau seine Geschichte vom Hühnergeier, *L'escoufle,* widmete. Das hier verarbeitete Motiv von dem Vogel, der ein Schmuckstück stiehlt, findet sich u. a. in Lope de Vegas *Los tres diamantes* wieder. Im Hennegau entstand auch die *Chantefable* von *Aucassin et Nicolete,* in der, Vers und Prosa mischend, die in einem europäisch-orientalischen Phantasiedekor angesiedelte Liebe des Ritters Aucassin zu der Sarrazenin Nicolete erzählt wird. Das Werk baut stofflich auf der Geschichte von *Clarisse et Florent* aus dem *Huon de Bordeaux* auf. Sedaine dramatisierte es 1779.

Der in *Aucassin et Nicolete* thematisch und motivisch ausgeschlachtete Orient inspiriert u. a. auch die Byzanz-Romane *Floire et Blancheflor* (1160/1170), *Amadas et Idoine, Pirame et Tisbé* und später den *Cléomades* von Adenet le Roi. Anregungen kamen von Heliodors *Theagenes und Charikleia.* Über den islamischen und byzantinischen Orient hinaus verweist *Balaam et*

*Josapat*, keine Liebesgeschichte, sondern eine Erzählung zum Leben von Buddha. Das gleiche Publikum goutierte die sog. *Epopée courtoise*, die – wie z. B. *Bueve de Hanstone* (13. Jh.) – in Fortsetzung der *chanson de geste* die Kreuzzüge besangen. Der *Cycle de la croisade* umfaßt schließlich die *Chanson d'Antioche*, *La conquête de Jérusalem* (von Graindor de Douai) und die Kreuzfahrerepen *Baudoin de Sebourg*, *Godefroy de Bouillon* und *Le chevalier au cygne*. Das Motiv vom Schwanenritter, das dem Eroberer Jerusalems eine fabelhafte Tierabstammung andichtet, wirkte bis hin zu Wagners *Lohengrin* (1847). Der mit einer komplizierten Rheinmystik verknüpfte Stoff (Boendale, Jacobus von Maerlant u. a.) wurde in Deutschland durch Wolfram von Eschenbach und Konrad von Würzburg, später von Görres und Hauptmann aufgegriffen. In Spanien findet er sich u. a. in der *Gran conquista de Ultramar* (13. Jh.).

Unter provenzalischem Einfluß stehen einige späte Minneromane: *Le châtelain de Couci* von Guy de Thourotte (gest. 1203), der das Vorbild für Uhlands Ballade abgab, und *La châtelaine de Vergi*, deren Stoff bei Bandello, Marguerite de Navarre und in *El perseguido* von Lope de Vega erscheint, oder auch die gutlaunige *Chastelaine de Saint-Gille*.

## 5. Frech und fromm: Die Lyrik des französischen Mittelalters

Aus Südfrankreich wurden zahlreiche lyrische Gattungen in die Literatur des Nordens eingeführt. Neben die Romanze, die sog. *Chanson de toile*, tritt so eine Vielzahl ausgearbeiteter Gedichtformen:

*Aube:* Trennung der Liebenden im Morgengrauen.
*Ballade, Chant-Royal:* Gedicht mit 3 bzw. 5 Strophen. Reimgleichheit in allen Strophen. Verschiedene Inhalte. Oft Tanzlied.
*Chanson d'amour:* Liebe zur unerreichbaren Dame.
*Chanson de croisade:* Heldentaten der Kreuzfahrer.
*Chanson dramatique:* Klage der Dame beim Aufbruch des Ritters zum Kreuzzug.
*Chanson pieuse:* Lob der Jungfrau Maria.
*Débat, Dit, Jeu parti:* Diskussionen über die Liebe.
*Pastourelle:* Liebeswerben des Ritters um eine Schäferin.
*Reverdie:* Frühlingslied.
*Rondeau:* Kurzes Refraingedicht. Schwankende Thematik. Tanzlied.
*Sérénade:* Abendliche Liebeserklärung.
*Serventois:* Politisches oder moralisches Spottlied.
*Virelai:* Tanzlied, schwankende Strophenzahl, vorangestellter Refrain.

Die Dichter, die sich dieses Formenreservoirs bedienen, sind oft festangestellte *menestrels* (z.B. Blondel de Nesle, Gace Brulé), oft fahrende Sänger (Guiot de Provins, der schließlich Mönch wurde; Jakemes Sakep, der vielleicht mit dem pikardischen Châtelain de Coucy identisch ist), oft hohe Adlige wie Conon de Béthune oder der navarresische König Thibaud de Champagne. Guiraud Riquier, der den Minnekult bis zur Marienverehrung steigerte, fand sogar den Weg zu Alfons dem Weisen von Kastilien. Das provenzalische Vorbild bewirkt höfische Sujets bei Audefroy le Bâtard, Richard de Fournival u. a., führt jedoch auch zur Ausklammerung der nicht-aristokratischen Lebenserfahrung der Städte. Diese wird eingebracht bei Jean Bodel aus Arras (Epos *Les Saisnes*, *Pastourelles*) mit seinem *Congé*, den er schrieb, als er sich leprakrank von der Welt zurückzog. Colin Muset war ein armer Teufel, der einen gut gedeckten Tisch platonischen Liebesfreuden vorzog und säumige Zahler ironisch mahnte.

Rutebeuf (geb. 1248), Zeitgenosse Ludwigs des Heiligen und Philipps des Kühnen, brach unwiderruflich mit der *poésie courtoise*.

Er verspottete Mönche *(Renart le Bestourné)*, Priester *(Le testament de l'asne)*, Beguinen *(Dit des Béguines)*, sich selbst *(Mariage de Rutebeuf)*, schrieb ein *Miracle de Théophile*, eine *Vie de Sainte-Elisabeth* und *Onze poèmes concernant la croisade*. Im Universitätsstreit hielt er zu Guillaume de Saint-Amour. Sein Interesse für Tagesereignisse, seine Nähe zum Leben der Unterschicht, seine kritische Sicht der Großen, machen ihn zum »ersten französischen Journalisten« (Suchanek). Er schaut dem Volk aufs Maul. In der *Povreté Rutebeuf* hat er »froid au cul quand bise vente« und in der *Griesche d'hyver* erkennt er seine falschen Freunde: »Ce sont amis que vent emporte.«

Im 14. Jahrhundert festigt sich die umrissene Formenvielfalt:

Das *Voir dit* von Guillaume de Machault (gest. 1377) enthält den Gedankenaustausch mit einer viel zu jungen Freundin. Die komplizierte Gedankenlyrik des Autors kennt wegweisende Reimschemata: *rime équivoque, rime serpentine, rime rétrograde*. Als Musiker entwickelte er die Polyphonie weiter, vertonte eigene Gedichte, schrieb Motetten und eine vierstimmige Krönungsmesse für Karl V.

Eustache Deschamps (1340?–1410) hinterließ ein *Art de dictier ou fere chansons* (1392), über 1000 *Ballades* und mehr als 100 *Rondeaux* und *Virelais*. Chaucer, den er kannte, schätzte er nicht wegen der *Canterbury Tales*, sondern als Übersetzer.

Christine de Pisan (1365–1430) teilte mit Deschamps die Vorliebe für kunstvolle Sprachgestaltung. Sie war italienischer Abstammung, Witwe mit 25 Jahren und schrieb um zu leben. Ihr Werk umfaßt *débats, dits, épîtres, rondeaux* (»Je ne sais comment je dure«). Sie verteidigt die Frauen gegen misogyne Angriffe im *Dit de la Rose* (1402), schreibt ein *Ditié de Jeanne d'Arc* (1429) und verrät in *La cité des Dames* (1405) bereits die Kenntnis von Boccaccios *De claris mulieribus.*

Der bürgerliche Alain Chartier (1385–1446?) besingt im 100jährigen Krieg ritterliche Ideale (*La belle Dame sans mercy* 1426) und zeigt sich nach der Schlacht von Azincourt von den politischen Realitäten betroffen (*Le livre des quatre Dames* (1415/16; *Quadrilogue invectif*, in Prosa).

Charles d'Orléans (1394–1465), Vater Ludwigs XI. und Parteigänger der Armagnaken, geriet bei Azincourt in englische Gefangenschaft:

Er schrieb *chansons, rondeaux, complaintes, ballades* und besang im *Livre de la prison* seine früh verstorbene Gemahlin Bonne d'Armagnac. Später hielt er Hof in Blois. Er kennt die *tradition courtoise,* aber auch den naiven Volksliedton, in dem er Winter (»Hyver, vous n'êtes qu'un vilain«) und Frühling (»Le temps a laissié son manteau ...«) besang. Sein erfahrungsreiches Leben nährt die nostalgische Sympathie für eine »civilisation à bout de souffle« (Payen): »Le monde est ennuyé de moy ...« Aber der Kunstverstand dieses hohen Herrn reichte aus, um die Modernität Villons zu begreifen. Sein Lebensstil verweist auf die Renaissance.

Die Sprachkultur von Charles d'Orléans wirkte direkt auf die Schule der *Rhétoriqueurs*:

Sie entstammen z. T. dem burgundischen Kreis von Mechelen und leisteten wichtige Vorarbeit für die Lyrik der Renaissance. So der Flame Georges Chastellain (1415?–1475) und der Hennegauer Jean Molinet (1433–1507; *L'art de rhétorique vulgaire* 1493). Guillaume Crétin (1465–1525) war der Lehrer von Jean Lemaire de Belges. Zu dieser Gruppe gehören u. a. noch Pierre Lefèvre (*Grand et vrai art de pleine rhétorique* 1511), Jean Meschinot (1420–1491), Octavien de Saint-Gelais (1468–1502) und Jean Marot (1450 bis 1526), der Vater Clément Marots. Sie alle verbindet der Glaube, daß Dichtung lehr- und lernbar sei.

François Villon (1432–1464), der erste »poète moderne« (Payen) der französischen Literatur, kannte die Welt der Bettler, Vagabunden und Dirnen. Er ermordete den Priester Sermoise und entging zweimal durch Amnestien dem Galgen von Montfaucon. Ein Verbannungsdekret von 1463 ist das letzte Dokument, das ihn erwähnt.

Im Jargon der *Coquillards* hat er bislang unentschlüsselte Vagabundenlieder geschrieben. Sein *Roman du pet au diable* ist verloren. Die Hauptwerke *Le petit testament* (1456, auch *Le lais,* neufranzösisch *le legs*) und *Le grand testament* (1461) enthalten witzige Nachlässe für Freunde und Feinde. Seinem Barbier vermacht er die »rongneures« seiner Haare, seinem Schuster die »souliers vieulx«. Er schrieb ein sensibles Mariengebet und verspottet das ihm selber reichlich zugängliche Schulwissen. An dem von Charles d'Orléans ausgeschriebenen Wettstreit über das Thema *Je meurs de seuf auprès de la fontaine* nimmt er mit der *Ballade des contradictions* teil. Das Bewußtsein des durch Not und Galgen bedrohten Lebens inspirierte die pathetische *Ballade des pendus* (»Frères humains qui après nous vivez . . .«). Die Klage über den Zerfall des Körpers bestimmt das Lied der alternden Dirne (»Ainsi le bon temps regrettons . . .«). Die *Ballade des Dames du temps jadis* bearbeitet das *ubi-sunt*-Motiv mit der stereotypen Frage: »Mais où sont les neiges d'antan?« Die epischen Zeiten sind vorüber: »Mais où est le preux Charlemagne?«

Villon ist ein »écrivain savant qui connaît . . . le charme de la complainte populaire« (Dufournet). Er durchlebt seine Gaunerexistenz mit einer großen Sympathie für die armen Leute: ». . . povres gens ont assez maux.« Seine Lyrik macht die Demoralisierung der Generation des ausgehenden 100jährigen Krieges greifbar, wobei sie lange vor Baudelaire und mit der Eindringlichkeit des spätmittelalterlichen Totentanzes nach Möglichkeiten für die ästhetische Meisterung des Häßlichen sucht.

Villon wurde im 16. Jahrhundert von Marot ediert. Boileau nahm ihn im 17. Jahrhundert aus seiner Mittelalterkritik aus. Die Romantiker verherrlichten, Brassens sang, Brecht zitierte ihn: »Nur wer im Wohlstand lebt, lebt angenehm« – »Il n'est tresor que de vivre a son aise.« – »In dem Bordell, wo unser Haushalt war« – »En ce bordeau ou tenons nostre estat«, etc.

Für die Studenten von Paris verkörpert Villon bis heute den nonkonformistischen Vagabund und die formal gebändigte, unbändige *gauloiserie.*

## 6. Kirche und Kirmes: Das Theater

Das französische Theater hat wie das antike kultische Ursprünge. Seit dem 10. Jahrhundert begann man bei kirchlichen Festen die Bibelbotschaft nicht mehr nur zu verlesen, sondern auch szenisch darzustellen: die Hirten an der Krippe, die Gefangennahme von Gethsemane, die Frauen am Grabe Christi, etc. Aus diesen zunächst lateinischen Aufführungen entstanden im 12. und 13. Jahrhundert die sog. liturgischen Spiele, »die unter Verwendung einfacher Dekorationen zunächst noch in der Kirche selber aufgeführt wurden« (Schober). Seit dem Ende des 12. Jahrhunderts verlegte man diese Aufführungen mehr und mehr auf den Kirchenvorplatz *(parvis).* Hier spielte man die *Jeux* von Beauvais *(Jeu de Daniel),* Fleury-sur-Loire *(Jeu de Saint-Nicolas),* Chantilly *(Nativités wallonnes),* etc. Diese Aufführungen gewannen eine gewisse Eigenständigkeit gegenüber dem Gottesdienst:

Das fragmentarisch erhaltene, im normannischen Dialekt vorliegende *Jeu d'Adam* (Ende 12. Jh.) enthält Regieanweisungen und Auskünfte über Kostüme, Aufführungstechnik etc. Auf der Simultanbühne befanden sich links das Paradies, rechts die Hölle, in der Mitte verschiedene Kulissen, in denen sich die Vertreibung aus dem Paradies, Kains Brudermord, die Ankündigung des Messias, etc. abspielen. Der Chor sang jeweils die entsprechenden lateinischen Bibelstellen.

Jean Bodels *Jeu de Saint-Nicolas* (um 1200) enthält Ansätze einer komisch-tragischen Stoffmischung, es mischt Kneipenszenen mit religiöser Thematik und greift u. a. auf Kreuzzugselemente zurück, um groteske Wirkungen auf Kosten der Ungläubigen zu erzielen.

Demgegenüber ist Rutebeufs *Miracle de Théophile* (ca. 700 Verse) ein mariologisches Drama im Geist von Bernhard von Clairvaux. Der Stoff enthält die wesentlichen Elemente der Faustlegende (Calderón, Marlowe, Lessing, Goethe, Heine, Valéry u. a.) vom Teufelspakt bis zur Erlösung durch das ›ewig Weibliche‹: Der von der Welt enttäuschte Théophile verkauft seine Seele dem Teufel, vermag jedoch im Gebet die Jungfrau zu rühren und wird gerettet. Der Stoff war durch Roswitha von Gandersheim (*Lapsus et conversio Theophili vicedomini* 10. Jh.) und die *Miracles de Nostre-Dame* des Gautier de Coincy bekannt. Er findet sich u. a. noch bei Gonzalo de Berceo, Radewin von Freising, dem Armen Hartmann, Marbod. Von späteren Versionen nennen wir die italienische *Rappresentazione di Teofilo* (15. Jh.) und die englische des Forestus (1572). Im deutschen Jesuitendrama des 17. Jahrhunderts behandeln den Stoff u. a. *Theophilus Cilix* und *Maria, die Himmelsthür* (1621, 1655).

Das späte Mittelalter bringt die pompös aufgemachten, den italienischen *sacre rappresentazioni* entsprechenden Mirakel- und Mysterienspiele, die meist von Meistersingervereinigungen, den sog. *puys* oder *chambres de rhétorique*, aufgeführt wurden. Die Pariser *Confrérie de la passion* erhielt 1402 von Karl VI. ihr Privileg und bestand trotz des Mysterienverbots von 1548 bis 1676, fast bis zur Gründung der *Comédie française*.

Die *Mirakelspiele*, z. B. die 40 in einem Manuskript der Pariser Nationalbibliothek erhaltenen Marienmirakel, können folkloristisch, exotisch, trivial angereichert sein und zielen oft auf die Belustigung des Publikums. Demgegenüber setzen die *Mysterienspiele* (seit dem 14. Jh.) die liturgische Tradition fort und dichten Christus eine regelrechte *Geste* an. Oft bei der *Joyeuse entrée* eines Herrschers aufgeführt, stellt das *Mystère* eine mit Illusions- und Kulissentricks arbeitende Gattung dar. Nur Männer wirkten mit. Im Vordergrund standen biblische Stoffe, aber es gibt auch *weltliche* (*Griseldis* 1395) und *politische* Mysterien (*Mystère du siège d'Orléans* zu Jeanne d'Arc; *Mystère du Concile de Bâle*, von G. Chastellain 1437). Das Leiden Christi behandelten die sog. *Passions*, deren älteste Bruchstücke aus dem 13. Jahrhundert (*Les trois Maries*, zwei *Resurrections*) stammen und die im 14. Jahrhundert *(Passion palatine)* und später zur Mode wurden: *Passion d'Autun, Passion d'Arras* (von Eustache Mercadé, ca. 25 000 Verse), *Passion de Valenciennes* (ca. 40 000 Verse).

Die bekannteste dieser Dichtungen ist die *Passion de nostre saulveur Jhesu Crist* (1448; 3445 Verse) von Arnoul Greban. Sie stellt über vier Tage Adams Fall, das Leben Christi, seine Passion und seine Auferstehung dar. Greban, Organist an Notre-Dame in Paris und später Kanonikus in Le Mans, ist ein *poeta doctus* mit Kenntnissen der Bibel und des Thomismus. 224 Akteure bemüht er und macht sie oft lächerlich, um die Erlösungstat Christi zu erhöhen. In *Le triumphant mystèstère des actes des apôtres* (1460/1470; ca. 60 000 Verse) seines Bruders Simon Greban stand er selber auf der Bühne. Jean Michel aus Angers, Autor einer *Resurrection* von 1491 und Hofarzt Karls VIII. erweiterte Arnoul Grebans 2. und 3. Tag zu einer *Passion*, zu deren Aufführung man 1486 in Angers 10 Tage benötigte. Er betont die komischen Elemente und walzt Randepisoden aus, z. B. die Liebesaffären der Maria Magdalena und des Judas.

Das komische Theater lebt z. T. aus der antiken Tradition:

Vital de Blois greift die *Aulularia* des Plautus auf. Als Initiator der französischen Komödie gilt jedoch Adam (le Bossu) de La Halle aus Arras (gest. 1288 in Neapel). In *Le Jeu de la feuillée* (1276/77) erscheint er selber auf der Bühne und verspottet die Honoratioren seiner Heimatstadt, Wunder- und Reliquienglauben. *Le jeu de Robin et Marion* (1285) ist eine dramatische *Pastourelle* mit Zügen des modernen Musicals. Hier bleibt das Liebeswerben des Ritters um die schöne Schäferin, deren Herz Robin gehört, erfolglos.

Die Formen des komischen Theaters sind vielfältig:

*Farce:* Das Wort bezeichnet ursprünglich die Hackfleischfüllung für Wild und Geflügel. Dient vorwiegend der Belustigung, gewinnt durch exakte Beobachtung hier und da realistische Züge (*La farce du cuvier, La farce du pect, La pâte et la tarte*, u. a.). Molière, Jarry, Beckett u. a. schrieben *Farces*.

*Monologue:* komische Rede oft ironischen Inhalts. Z. B. hat der *Franc-Archer de Baignolet*, ein Plautus nachempfundener *Miles gloriosus*, in Wahrheit Angst vor einer Vogelscheuche.

*Moralité:* erbauliche Themen. Nicolas de La Chesnaye (*Condamnation de banquet* 1500) wettert gegen die Trunksucht, Henri Baude (*Moralité* 1486) gegen die Höflinge Karls VIII. Moralisierende Beschreibungen des Alltags enthalten die *Moralité de l'aveugle et du boiteux*, die wallonischen *Moralités de Liège*, u. a.

*Sermon joyeux:* Scherzpredigt, z.B. der *Panégyrique de Sainte-Andouille. Faire l'andouille* wurde zur stehenden Redewendung.

*Sotie:* entspricht der deutschen Posse und ihrer z. T. derben Komik. Pierre Gringore wirkte mit *Le prince des sotz* (1512) auf Victor Hugos *Notre*

*Dame de Paris.* Die *Sotie* kennt festgelegte Narrenrollen, zu denen u. a. das gelb-grüne Kostüm und die *marotte* gehören. Ca. 150 *Soties* sind erhalten. Gide griff auf die Gattungsbezeichnung zurück.

Das komische Theater wurde u. a. betrieben von den *Clercs de la basoche* (ihnen gehörte Villon an), den *enfants sans souci* und ähnlichen Gruppen. Das bekannteste Werk der Komödienliteratur des 15. Jahrhunderts ist die Guillaume Aléxis zugeschriebene *Farce de Maistre Pierre Pathelin.* Sie enthält die in die Alltagssprache eingegangene Wendung »Revenons à nos moutons« und zeigt Gaunertum »auf verschiedenen Ebenen« (Jan). Das Lachen motiviert sich z. T. aus der Schadenfreude heraus, wenn der zahlungsunfähige Anwalt durch den einfältigen, des Viehdiebstahls verdächtigten Hirten Thibaut überlistet wird. Inhaltliche Zusammenhänge mit der *Farce de Maistre Trubert et d'Antrongnard* von Deschamps bedürfen der näheren Erforschung. 1969 erschien R. Kunads Oper *Maître Pathelin oder die Hammelkomödie.*

## 7. Bürger und Gelehrte zwischen Satire, Didaktik und Allegorie

»Kein Gebiet der mittelalterlichen ... Literatur ist reicher als das, in dem sich satirische, didaktische und allegorische Werke zusammenfassen lassen« (Cazamian). Hierher gehören *Fabliau* und *Fabel,* Lapidarium und Bestiarium, der Fuchs- und der Rosenroman. Ihnen allen sind der städtische Ursprung und die vorwiegend städtische Leserschaft gemeinsam.

Dazu führte u. a. auch die Tatsache, daß seit dem 13. Jahrhundert in den Städten die Universität ein bildungspolitisches Faktum wurde. An der Pariser Sorbonne, genannt nach Robert de Sorbon, der hier 1252 ein Heim für junge Theologen stiftete, studierte man nach dem Programm von *Trivium* (Grammatik, Rhetorik, Dialektik) und *Quadrivium* (Arithmetik, Geometrie, Astronomie, Musik) und in den klassischen Fakultäten Jura, Medizin und Theologie. Die Universitäten sind Zentren wissenschaftlicher Arbeit und ideologischer Auseinandersetzungen, die auf die umgebenden Städte zurückwirken. Rutebeuf nimmt Stellung für Guillaume de Saint-Amour gegen Ludwig den Heiligen. Die herrschende Philosophie war der z. T. über den Islam wiederentdeckte Aristotelismus, der u. a. durch die Aristotelesübersetzung des Nicolas d'Oresme genährt und durch Thomas von Aquin (*Summa theologica* 1260) mit dem Dogma versöhnt wurde. Ähnliche *Summae* existieren von Philippe de Grève und Alexandre de Halès.

In den Städten ist Platz für komplizierte Ideenliteratur, aber auch für die Schwänke der *Fabliaux*, die Pseudo-Wissenschaft der *Lapidarien* und *Bestiarien*, die Tiergeschichten der *Fables* und des *Roman de Renart*, die Allegorien des *Roman de la Rose*.

Aus dem 13. Jahrhundert sind ca. 150 Fabliaux von ca. 20 anonymen Autoren erhalten. Sie zeigen nicht selten einen in der höfischen Literatur verdrängten Hang zur *gauloiserie*, behandeln die menschliche Dummheit und leben oft aus dem witzigen Wortspiel.

So gibt z. B. der im Dunklen gerufene Name der Hündin *Estula* (Es-tu là) Anlaß zu burlesken Verwechslungen. *Brunain, la vache au prestre* ist eine witzige Bestätigung der biblischen Wahrheit, daß dem, der gibt, doppelt gegeben wird. In *Du vilain qui conquist paradis par plait* erklagt sich ein Bäuerlein die ewige Seligkeit. Die narrative Komödie *Le vilain mire* wirkte auf Molières *Médicin malgré lui. La housse partie* enthält eine Morallektion für die Jugend. Die meisten *Fabliaux* sind, wie u. a. auch *Du court manteau*, obrigkeits- und frauenfeindlich. Das bedeutet Abwendung von höfischen Idealen. Der Achtsilber wird jedoch von dort übernommen. Ein interessanter Grenzfall ist das anonyme Epos *Le chevalier à l'épée* (vor 1210), in dem Gauvains Liebesabenteuer dem misogynen Ton der *Fabliaux* angepaßt werden. Auf Diderots *Bijoux indiscrets* wirkt das *Fabliau* vom *Chevalier qui faisait parler les cons:*

Aufgrund ihrer stofflichen und sprachlichen Verwurzelung im Alltag ist dem *Fabliau* vielfach ein ›realistischer‹ Zug eigen.

Dieser Realismus unterscheidet das *Fabliau* von den gelehrten Dichtungen der Zeit, z. B. von den dem *Physiologus* nacheifernden *Bestiaires* und *Lapidaires*, die seit dem 12. Jahrhundert naturwissenschaftliche Kenntnisse allegorisierend ausschöpften.

Guillaume Le Clerc (1210), Pierre de Beauvais (1218), Richard de Fournival und die frühen Beispiele des Philippe de Thaon (1120?) zeigen die Verbreitung beider Gattungen, die u. a. Alfons der Weise pflegte und die in der Renaissance (Belleau, *Pierres précieuses*) und im 19. (Stifter, *Bunte Steine;* Gautier, *Emaux et Camées*) und im 20. Jahrhundert (Apollinaire, *Bestiaire*) aufgegriffen wurden.

Naturwissenschaftlich und moralisierend zugleich sind die sog. *Ysopets*. Ihr Name verweist auf Äsop und die antike Fabeltradition (Phädrus, Avienus u. a.), wie sie durch Romulus Imperator (5./6. Jh.) überliefert war. Ihre bekannteste Propagatorin ist Marie de France, die sich auch orientalischen Einflüssen öffnete.

Die *Ysopets* bereiteten den Weg für die bekannteste Tierdichtung des Mittelalters, den *Roman de Renart*:

In dieser *Chanson de geste* der Tiere verquicken sich Volks- und Bildungstraditionen mit indischen Einflüssen und spätlateinischen Präfigurationen, die über Paulus Diakonus, die anonyme *Ecbasis captivi* (930/940), Alkuins *Versus de gallo,* Sedulus Scotus' *De falsidicio teste* und die anonyme Fabel *Gallus et vulpes* (11. Jh.) führten. Die wichtigste Vorarbeit ist der lateinische *Ysengrimus* (1150) des Nivardus van Gent.

Der *Fuchsroman* ist eine Kollektivschöpfung mit 18 z. T. anonymen Branchen. Er entstand zwischen ca. 1175 und 1250. Einige Autoren sind bekannt: Pierre de Saint-Cloud (II, V), Richard de Lison (XIII), ein anonymer Priester aus Croix-en-Brie (IX). Das Personeninventar ist auch im deutschen Sprachgebiet bekannt: *Renart* entspricht dem deutschen *Reineke. Grimbert* der Dachs, *Chantecler* der Hahn, *Tibert* die Katze, *Isengrim* der Wolf, *Nobel* der königliche Löwe, *Brun* der Bär, *Couard* der Hase, *Belin* der Widder, *Bernard* der Esel und nicht zuletzt Reinekes untreue Frau *Hermeline.* Die Satire der Menschenwelt ist deutlich: der Esel ist Erzbischof, der Hirsch Kardinal, das Kamel päpstlicher Legat. Hier einige Episoden des Inhalts:

*Renart* schadet den schwachen Tieren (Meise, Hahn, Rabe) und muß sich an Nobels Hof verantworten. Er entgeht knapp dem Galgen. Er empfängt *Isengrim* auf seiner Burg Maupertuis und spielt ihm üble Streiche. Wieder soll er hängen. Aber er redet sich heraus. Spätere Branchen erzählen von seiner Verschwörung gegen Nobel, seiner Pilgerfahrt mit *Belin* und *Bernard,* seiner Spielmannverkleidung, die ihm erlaubt, die untreue Hermeline zu strafen. In *Renart et Liétard le vilain* erpreßt *Renart* einen auf frischer Tat ertappten Wilderer.

*Renart* wurde so volkstümlich, daß sein Name die ursprüngliche Bezeichnung des Fuchses, *le goupil,* verdrängte.

*Renarts* Rezeptionsschicksal ist mannigfaltig. Rutebeufs *Renart le bestourné* verspottet die Mönche. Heinrich der Glîchesaere verstärkt die politische Satire und macht *Nobel* zu *Frevel.* Willems *Reinaert de Vos* (um 1250) erhält seine gerechte Strafe. Der *Renart* von Jacquemart Genée (13. Jh.) und *Renart le contrefait* (anonym, 14. Jh.) komplizieren das Bild. Chaucer greift in *The Nun's Priest's Tale* auf *Renart* zurück. Zusammen mit den Kommentaren des Hinrek van Alkmaar wird er dann in Caxtons Übersetzung (1481) in England heimisch. Auf Hinrek basiert auch das deutsche Versepos *Reinke de Vos* (1498), dem dänische, lateinische und schwedische Versionen folgten. Gottsched edierte es neu 1752 und regte damit Goethes *Reineke Fuchs* (1794) an. Es folgen die späteren Bearbeitungen: Naylor, Simrock, Holloway u. a. Die Episode, in der *Renart* dem Raben *Tiécelin* einen Käse ablistet, übernahm La Fontaine in der Fabel vom Fuchs und dem Raben.

*Renart* ist genauso hart im Geben wie im Nehmen. Die Welt, in der er sich behauptet, ist durch brutale innere Widersprüche charakterisiert, die auch König *Nobel* nicht ausgleichen kann. *Renart* kämpft nicht für Ideale. Er kämpft ums Überleben.

Im Unterschied zu diesem ›Realismus‹ bedient sich der *Roman de la Rose* der gesteigerten Allegorisierung. Die beiden in Stil und Inhalt deutlich unterschiedenen Branchen des Werks stammen von Guillaume de Lorris (ca. 4000 Verse, 1225?–1240?) und Jean Clopinel aus Meung-sur-Loire (17722 Verse, 1275–1280).

Guillaume de Lorris schrieb eine höfische *Ars amandi*, die Kenntnisse Ovids, Prudentius' und des *De nuptiis philosophiae et Mercurii* von Martianus Capella verrät. Sie macht sich zudem die seit dem *Somnium Scipionis* und der *Visio Wettini* bekannte Traumfiktion zur Behandlung philosophischer Fragen zunutze. Die auftretenden Personen sind Allegorien: *Oisiveté, Beauté, Bel Accueil, Malebouche* u. a. Sie umgeben die Protagonisten *Amant* und *La Rose*. Die Liebe ist höfisch und ideal. Sie hat Ausschließlichkeitscharakter, schaltet den Verstand aus und führt über stufenweise Läuterung zur Vollendung. Die Kunst der Minne fordert, daß *Amant* »sages ... et acointables« sein soll. Er muß die »orz moz« meiden und sich im Frauendienst hervortun: »Toutes fames serf et eneure.«

Jean de Meung war als Übersetzer von Vegetius *(De re militari)*, Boethius *(De consolatione philosophiae)* und Abélard *(Historia calamitatum mearum)* im Unterschied zu Guillaume de Lorris ein *poeta doctus*. Er mischt einen kritischen Unterton in das Werk seines Vorgängers. *Ami* kritisiert die kostspieligen Geschenke, mit deren Hilfe *Amant* die Frauengunst erwerben möchte. *Amour, Franchise, Pitié* u. a. können das Schloß der *Rose* nicht erobern. Erst als *Genius* und *Venus* eingreifen, kann *Amant* die *Rose* pflücken. Er erwacht.

Jean de Meung kennt Kirchenväter, Historiker, antike Autoren, etc. und tendiert im Umgang mit den Bildungsinhalten hier und da zur Renaissance. Die Allegorien verkörpern Ideale, aber auch elementare Naturgewalten, wie sich im dramatischen Kampf zwischen *Mort* und *Nature* zeigt. Die Frau ist anders als bei Guillaume de Lorris das Objekt des sinnlichen Begehrens des Mannes. Äußerungen wie »oncques ne treuva femme juste« bezeugen eine gewisse Misogynie. Um 1400 kam es darüber zu einer *Querelle du Roman de la Rose* mit feministischen Interventionen von Christine de Pisan und später auch Martin Le Franc (*Le champion des Dames* 1442). Jean de Meung wurde im 16. Jahrhundert von Marot neu ediert. Ronsard schätzte ihn. Die Verdammung des Werks, die Etienne Tempier 1277 betrieben hatte, konnte somit seiner Popularität nicht schaden. Sie beweist vielmehr, daß die Einschätzung des *Roman de la Rose* als »aufklärerische Enzyklopädie des Mittelalters« (Schober) nicht verfehlt ist.

Einen aufklärerischen und belehrenden Zug zeigen auch viele didaktische Produktionen des 14. und 15. Jahrhunderts. Sie geben literarische Lebenshilfe in Form der Traumallegorie (Jean Dupin, *Le livre de Mandrou*) oder mit Hilfe pädagogischer Präzepte (Guillaume de la Tour Landry, *Livre pour l'enseignement de ses filles;* Jean Miélot, *L'éducation de Cyrus*). Zwar gibt es nach wie vor Abenteuer- und

Rittergeschichten (*Pierre de Provence;* Olivier de la Marche, *Le chevalier délibéré* zum Leben Karls des Kühnen). Aber der Erfolg von Jean de Meung beweist: »le genre bourgeois détrône le chevaleresque« (Saulnier). Das 15. Jahrhundert ist – auch – eine Blütezeit der Prosa:

In *Les XV joyes de mariage* (um 1400), die einem Pseudo Antoine de la Sale zugeschrieben werden, zeigt sich die Vorarbeit des *Miroir de mariage* von Deschamps. Der ehefeindliche Autor beruft sich auf Alltagserfahrungen und auf den heiligen Hieronymus.

In *Le petit Jehan de Saintré* (1459) beobachtet Antoine de la Sale seine burgundische und später französische Umwelt. Der Held seiner Erzählung geht auf Abenteuer aus, während seine Dame sich mit einem Pfaffen tröstet. Beaumarchais soll den Chérubin im *Mariage de Figaro* nach dem *petit Jehan* gestaltet haben.

Die Philippe Pot zugeschriebenen, im belgischen Genappe vollendeten *Cent nouvelles nouvelles* (1462) verraten den Einfluß Boccaccios (1414: französische Übersetzung des *Decamerone* durch Laurent le Premierfait) und des *Novellino.* Das im Auftrag Philipps des Guten entstandene Werk steht zwischen *Fabliau* und Novelle. Das geht bis hin zur Rahmenfiktion einer vornehmen Gesellschaft, die sich nach dem Beispiel des *Decamerone* die Zeit durch Geschichtenerzählen vertreibt. Inhaltlich geht es um gehörnte Ehemänner, gefräßige Mönche und gewitzte Weiber.

Der *Roman de Jehan de Paris* (1495) erzählt, wie der König von England bei der Brautschau in Spanien durch den Pagen Jean, in Wahrheit der französische König, ausgestochen wird. Der Autor, Pierre Sala(?), verarbeitete möglicherweise Beobachtungen aus der Brautwerbung Karls VIII. um Anne de Bretagne und macht seine Witze erfolgreich auf Kosten der Engländer.

In dieser Literatur des 15. Jahrhunderts ist die Niederlage der höfischen Ideale nicht mehr zweifelhaft. Die Zeit des letzten Ritters, als der der im Burgundischen wurzelnde Maximilian I. angesehen wurde, war gekommen. Aber der Perspektiven- und Formenreichtum der französischen Literatur des 14. und 15. Jahrhunderts erlaubt es auch nicht, von einer Dekadenz zu sprechen. Es handelt sich um eine Zeit der Sichtung und Neuorientierung unter dem Einfluß ausländischer Erfahrungen (italienische Renaissance), politischer Umwälzungen (1453: Türken in Byzanz; 1491: Eroberung Granadas) und geographischer Entdeckungen (Indien, Amerika). In ihrer Verquickung mit französischen Tendenzen, z. B. dem *Roman de la Rose,* bestätigt sie Jan Huizingas Formel vom *Herbst des Mittelalters* im Doppelsinn von Ernte und neuerlicher Kräftesammlung.

## 8. Chronisten, Historiker, Reporter

In der Geschichts-, Reise- und Reportageliteratur des französischen Mittelalters gibt es ein kompliziertes Nebeneinander von apologetischen Geschichtsklitterungen und realistischen Beobachtungen fremder Länder oder auch des eigenen Alltags.

Am Erwachen des historiographischen Interesses ist u. a. die *Pharsalia*-Übersetzung des Hennegauers Jean de Thuin (um 1240) beteiligt. Rückgriffe auf lateinische Vorarbeiten sind häufig. So überträgt Philippe Mousket aus Tournai die vom Trojanischen Krieg bis 1243 reichende *Abbrevatio gestarum regum Francorum* als *Chronique rimée* (ca. 31 000 Verse) und der Anonymus von Béthune greift für seine *Chronique des rois de France* (1225) auf die *Historia regum Francorum* des Pseudo-Turpin zurück. Man beschäftigt sich mit der Antike. Das *Livre de César* (um 1230) verarbeitet Caesar, Lukan, Sallust. Auch die ersten Kreuzzugsberichte sind lateinisch mit den *Gesta Dei per Francos* des Guibert de Nogent und des Raoul de Caën. Der 3. Kreuzzug gab Anlaß zur gereimten *Histoire de la Guerre Sainte* (ca. 120 000 Verse) des Ambroise d'Evreux.

Mit dem 4. Kreuzzug (1202–1204) setzt dann die altfranzösische Kreuzzugsliteratur in Prosa ein:

Geoffroy de Villehardouin (1150?–1204), Maréchal de Champagne, starb auf seinem Lehen Messinopolis in Thrakien. Seine *Histoire de la conqueste de Constantinople* schrieb er zur Rechtfertigung der Tatsache, daß das Kreuzzugsunternehmen nicht zur Eroberung des Heiligen Grabes, sondern des christlichen Byzanz geführt hatte. Der Versuch überzeugt nicht ganz; die Absprachen zwischen Bonifatius von Montferrat und Kaiser Philipp (von Schwaben) dürften sehr wohl darauf abgezielt haben, Balduin von Flandern 1204 in Konstantinopel einzusetzen. Dennoch zeigt Villehardouin die Undurchsichtigkeit dieser Geheimdiplomatie, er zeigt die Schwierigkeiten der Kreuzfahrer, die die venezianischen Seeleute nicht bezahlen konnten, die strategischen Überlegungen, die Ostrom als Basis für einen Ägyptenfeldzug betrachteten, etc. Einen Blick für Exotik und fremde Kulturen hat Villehardouin nicht. Aber er lehrt die Automatismen der Machtpolitik.

Robert de Clari nahm als einfacher Soldat am 4. Kreuzzug teil und brachte 1205 seine *Histoire de ceux qui conquirent Constantinople* mit nach Hause. Er glaubt der Propaganda seiner Führer, aber er übertrifft Villehardouin, weil er sich weniger um Hintergründe und mehr um seine eigenen Erlebnisse kümmert: er beschreibt die Habgier der Kreuzfahrer, die Bewunderung der Soldaten für eine fremde Kultur, die Abfahrt der Flotte von Venedig, den Kampf um Byzanz, die Krönung Balduins. »Clari est un excellent témoin.« (Saulnier).

Vom 6. Kreuzzug (1248–1254) berichtet Jean de Joinville (1225–1317). Er beschreibt apologetisch das verunglückte Unternehmen Ludwigs des Heiligen, in dessen Verlauf er selber in maurische Gefangenschaft geraten und gegen Lösegeld freigekommen war. Die Teilnahme am Kreuzzug von 1270, bei dem der König vor Tunis fiel, lehnte er ab. Das *Livre des saintes paroles et des bons fait nostre roy* wurde im Auftrag von Jeanne de Navarre, der Gemahlin Philipps des Schönen, geschrieben und 1307 Louis le Hutin gewidmet. Joinville hat einen Blick für fremde Menschen, z. B. die Beduinen, und läßt seinen kreuzfahrenden König anders als Geoffroy de Beaulieu oder Guillaume de Chartres als höchst realistischen Politiker erscheinen, dessen ›große‹ Machtstrategie er zu begreifen sucht. Er schreibt ohne Pathos und bezeugt so eine Entwicklung, die sich bei Philippe de Novara (*Estoire des Chiprois* zu den Zypernkriegen Friedrichs II.), in der *Chronique de Morée* und vor allem in den *Grandes chroniques de France* (1274) angekündigt hatte. Bei Guillaume Guiart und Geoffroy de Paris, die in Versen schrieben, wird sich das vertiefen.

Weit über die Welt der Kreuzfahrer hinaus weist das Reisetagebuch von Marco Polo (1254?–1324). Für ihn waren Samarkand, die Mandschurei, das Opium und die Chinesische Mauer nicht phantasieanregende Legende, sondern erlebte Realität:

Im genuesischen Gefängnis diktierte er 1298/99 seinem Mitgefangenen Rusticello da Pisa seine Reiseerlebnisse, wobei er sauber zwischen sachlicher Information und märchenhafter Fiktion unterschied. Rusticello hielt alles in einem südlich gefärbten Französisch fest, dessen sich auch andere italienische Autoren, z. B. Brunetto Latini (*Li livres dou tresour,* um 1265) bedienten. Das Ergebnis ist *Le divisement dou monde de messer March Pol de Venece,* auch bekannt als *Il miglione.* Zusammen mit Roebroeck und Plano Carpini (*Liber Tartarorum,* Reise 1245–1247) gehört Marco Polo zu jenen Reiseschriftstellern, deren Informationen über das eurozentrische Weltbild ihrer Zeit hinausweisen. Mandeville, Boldensele, Haiton und Odorico da Pordenone werden diese Bewegung fortsetzen.

Marco Polo schreibt als Kaufmann mit Welterfahrung und Geschäftssinn. Er reiste nicht, um das Heilige Grab zu befreien, er schrieb nicht, um einen hohen Herrn zu rechtfertigen. Er suchte Handelsbeziehungen, er vermittelt Erfahrung, keine Ideologie. Marco Polo ist nicht repräsentativ für die Literatur seiner Zeit. Gerade deshalb verdient er Aufmerksamkeit.

Jean Froissart (1337–1405) aus Valenciennes war der Historiker des 100jährigen Krieges. Er stand dem burgundischen Hof nahe, hatte jedoch zeitweise auch profranzösische Sympathien. So sind denn auch seine *Chroniques* (4 Bücher über den Zeitraum 1327–1400) »nicht frei von Parteirücksichten« (Jan). Aufbauend auf der *Histoire vraye et notable* des Lüttichers Jean le Bel schaffte er unermüdlich Informationen herbei und hielt regelrechte ›Interviews‹ ab: Philippa von England, Robert de Namur, Guy de Châtillon, u. a. Seine Sympathie für das Rittertum zeigt sich u. a. in der Schlachtenbeschreibung von Crécy, sowie in der kritiklosen Verherrlichung von Waffentaten, gleichgültig ob Du Guesclin oder der Räuberhauptmann Aymérigot Marchès sie vollbrachten. Die Bauernaufstände in Flandern und England, die *Jacquerie*, Etienne Marcels Aktion in Paris haben ihn wenig interessiert. Außer der *Chronique* schrieb Froissart zahlreiche Gedichte, u. a. *Le paradis d'amour*, *L'espinette amoureuse*, *Le joli buisson de jonece*, etc., und einen bretonischen Ritterroman *Méliador* (ca. 30 000 Verse).

Froissarts *Chronique* wurde für die Jahre 1400–1444 von Enguerrand de Monstrelet fortgesetzt. Für die Zeit von 1420–1474 läßt sich zudem auf die Chronik von Georges Chastellain zurückgreifen, der im Dienste Philipps des Guten und Karls des Kühnen stand. Weitere Quellen zur burgundischen Geschichte sind u. a. Jean de Fèvre (Chronik von 1408–1435), Mathieu d'Escouchy (Chronik von 1444–1464), Jacques Du Clerc (*Mémoires* 1420–1501) und Jean de Haynin (*Mémoires* 1423–1495). Die Kenntnis der Zeit wird zudem erleichtert durch Cuveliers armagnakenfreundliche *Vie de Du Guesclin* – in Versen –, Jean Jouvenels Lebensbeschreibungen Karls des Kühnen, die *Chronique* zu Karl VII. von Gilles Le Bouvier, die *Chronique* zu Louis de Bourbon von Jean Cabaret d'Orville und die für die Ereignisse um Jeanne d'Arc unverzichtbare *Chronique* des Perceval de Cagny (1436/1438).

Über den 100jährigen Krieg berichtet zudem das anonyme *Journal d'un bourgeois de Paris de 1409–1449* mit Einzelheiten zum Kriegsalltag.

In diesen Zusammenhang gehören auch einige Autoren, deren Quellenwert zwar umstritten ist, die jedoch das Gesamtbild der literarischen Produktion der Zeit mit bestimmen. Wir nennen Jean de Stavelot und Jacques de Hemricourt aus Lüttich, einen dem Rittertum nahestehenden Autor, der im *Miroir des nobles de Hesbaye* und im *Abrégé des guerres d'Awans et de Waroux* den Adel seiner Heimat verherrlicht. Jean d'Outremeuse (1338–1400) verfaßte den *Myror des Hystors*, eine umfangreiche Kompilation, die u. a. um die *Ogier*-Sage kreist. Die fragmentarisch erhaltene *Geste de Liège* erzählt die Heldentaten der Bewohner seiner Heimat. Das Werk ist zugleich ein wichtiges und wenig erforschtes Sprachdenkmal. Die Zusammenhänge um Jeans Beteiligung an den *Voyages de Mandeville* sind nach wie vor ungeklärt.

Ein gut informierter Historiker ist Philippe de Commynes (1446 bis 1511). Wie Froissart wurzelt er im Burgundischen. Er verriet jedoch Karl den Kühnen bei der *Entrevue de Péronne* (1468) und ging 1472 zu den Franzosen über. 1491 wurde er Botschafter in Venedig. In den Jahren 1489–1498 schrieb er seine posthum publizierten *Mémoires*:

Das Werk zerfällt in 8 Bücher. I–VI behandeln die burgundischen Händel Ludwigs XI. und Karls des Kühnen. VII–VIII beschäftigen sich mit den Italienzügen Karls VIII. Sie enden mit der Krönung Ludwigs XII. Commynes schildert die Ereignisse und analysiert sie politisch und psychologisch. Den Kontrahenten bescheinigt er gleichermaßen niedrige Beweggründe, wobei er allerdings eindeutig zugunsten des Pariser Zentralismus gegen die burgundische Feudalmacht Stellung bezieht. Der Politik räumt er eine gewisse Eigengesetzlichkeit ein. Das führt ihn in die Nähe Machiavellis, obwohl er die Herrschenden, durchaus im Sinne zeitgenössischer Fürstenspiegel, stark an zwischengeordnete Gewalten, z. B. die Generalstände oder die Religion, binden will. Das Scheitern Burgunds erklärt er u. a. auch aus entscheidenden militärischen Fehlern.

Man hat Commynes einen Anti-Froissart genannt. Er entmystifiziert das Rittertum und macht die realpolitischen Beweggründe der Machthaber jenseits vorgegebener Ideale sichtbar. Seine Beschreibung der Vorbereitungen zum Treffen des englischen und des französischen Königs in Picquigny macht viel Allzumenschliches deutlich. In der Politik, so scheint Commynes zu lehren, regieren Zufall, Glück, machtpolitische Eigengesetzlichkeiten, vielleicht die Vorsehung. Der freie Wille des einzelnen vermag demgegenüber wenig.

# Die Renaissance

## 1. Renaissance, Humanismus, Evangelismus

Die französische Renaissance des 16. Jahrhunderts bedeutet keinen Bruch mit der Tradition:

Die Antike war dem französischen Mittelalter keineswegs fremd gewesen, mochte sich auch philosophiegeschichtlich eine deutliche Tendenz vom Aristotelesstudium zur unter italienischem Einfluß – Ficino, Pico della Mirandola, u. a. – stehenden Platonbegeisterung zeigen. Obwohl schon seit dem 14. Jahrhundert belegt und im Wörterbuch der *Académie* seit 1718 definiert, wurde der Gebrauch des Etiketts *Renaissance* erst durch die Geschichtswissenschaft des 19. Jahrhunderts – Stendhal, Burckhardt, Michelet, etc. – generalisiert. Die Zeitgenossen sprachen eher von *restitutio, renovatio, reformatio,* etc. Dabei ist es wenig hilfreich, das ›finstere‹ Mittelalter in eine Reihe aufeinanderfolgender ›Renaissancen‹ – die karolingische, ottonische, die des 12. Jahrhunderts – aufzulösen, obgleich die Väter dieses Gedankens (Ampère, Haskins, u. a.) damit zu Recht das Klischee eines gleichsam monolithischen ›Mittelalters‹ aufbrechen wollten. Schließlich hat schon Bayle die Flucht griechischer Intellektueller aus dem seit 1453 türkischen Konstantinopel für die Erklärung gewisser paganer Grundströmungen der Renaissance angeführt. Ihre Bedeutung sollte nicht überschätzt werden. Janus Lascaris, Jérôme de Sparte, Jérôme Alexandre u. a. verstärkten lediglich die seit den Kreuzzügen vorhandenen Kontakte zum östlichen Mittelmeerraum.

Jenseits der historiographischen Nomenklaturen bezeugt ›Renaissance‹ eine schwerwiegende Bewußtseinskrise im Europa des 14. bis 16. Jahrhunderts, innerhalb derer die humanistisch sich neuorientierenden Geisteswissenschaften einen wichtigen Aspekt darstellen. Hierher gehört aber auch der Übergang vom vertikal gegliederten Feudalstaat zum nationalen Flächenstaat, für die das im Maurenkampf und dann in Übersee mächtig ausgreifende Spanien ein frühes Beispiel ist. Hierher gehört ferner die Umwälzung im Bereich der Kommunikationssysteme. Der Buchdruck erlaubte, Gedanken und Ideologien in bislang nicht dagewesener Weise zu verbreiten und durch das Medium der nachhaltig vom Lateinischen emanzipierten Volkssprachen auch jene Bevölkerungsschichten an politischen und religiösen – was oft dasselbe war – Diskussionen zu beteiligen, die zuvor solchen Fragen zwangsläufig unbeteiligt gegenüberstanden. Hinzu kommt die Entdeckung Italiens »mit dem uneinigen, aber intensiven Leben seiner Fürstentümer, der Initiative seiner Bankiers, Juristen, Denker, Dichter und Künstler, seiner Nähe zu Einflüssen aus dem Osten und dem täglichen

Anblick der Denkmäler der klassischen Vergangenheit« (Cazamian). Hatte man in Frankreich nicht allzu sehr auf das *rayonnement* der eigenen Kultur im 12. und 13. Jahrhundert vertraut, damals, als italienische Intellektuelle wie Brunetto Latini sich wie selbstverständlich der französischen Sprache bedienten? Hatte man darüber nicht versäumt, die Führung der Avant-Garden zu übernehmen anstatt sich im 100jährigen Krieg zu verbluten? War nicht Burgund zeitweise zum selbstbewußten Träger der ›anderen‹ französischen Kultur geworden?

Die Summe dieser Überlegungen beleuchtet einen Bewußtseinszustand, der gegen Ende des 15. und zu Anfang des 16. Jahrhunderts während der Italienkriege Karls VIII. (1494), Ludwigs XII. (1498) und Franz' I. (1515) die Aufnahme des italienischen Kulturbeispiels und die Entstehung einer französischen Renaissance bewirkte. Besonders Franz I. zog zahlreiche italienische Künstler und Intellektuelle an seinen Hof: Fausto Andrelli, Giordano Bruno, Leonardo da Vinci, Gabriele Simoni, Luigi Alamani, u. a. Es entstand eine originelle Kultursymbiose, die – verstärkt durch dynastische Bindungen der Valois an die Medici – das gesamte 16. Jahrhundert charakterisiert. Sie zeigt sich in der Literatur ebenso wie in Kunst (Clouet, Goujon, Pilon), Architektur (Lescot), Gartenbau (Delorme), Mode, Waffentechnik, Handel, etc. Und wennschon die Frage nach Gott keineswegs ausgeklammert wurde, so war diese Kultur doch stark diesseitsbezogen und somit letztlich auf Frankreich orientiert. Vielleicht erklärt das, warum Heinrich IV. im Edikt von Nantes (1598) den Gegensatz der Religionsparteien durch eine nationale Frankreichidee überwinden konnte. Das ihm zugeschriebene Wort, daß Paris eine Messe wert sei, weist in diese Richtung. Jedenfalls tendiert diese Frankreichidee zur Säkularisierung und ist daher von der *douce France* mittelalterlicher Epen zu unterscheiden. An ihrer Ausarbeitung sind zahlreiche Intellektuelle beteiligt, u. a. Jean Lemaire de Belges (*Illustrations de Gaule et singularitez de Troye* 1510/1513), Claude de Seyssel (*La grand' monarchie de France* 1519) und später Ronsard (*La Franciade*), Pasquier (*Recherches sur la France*).

Die humanistische Begeisterung für die Antike nährte den Nationalstolz durch die »Wiederbelebung des Römischen Rechts, das dem Herrscher absolute Macht verlieh« und durch die »Übertragung des antiken Heldenkults auf den König« (Suchanek). Damit »gewann auch das Forschen nach Wahrheit, wie es der Humanismus forderte, eine neue und Frankreich eigene Zielsetzung« (Jan). So brachte gerade diese Zeit der Begeisterung für die antiken Sprachen den Sieg des Französischen über seine Rivalen. Die Artikel 110 und 111 der durch Franz I. verkündeten *Ordonnance de Villers-Cotterets* (15. 8. 1539) macht das Französische zur Verwaltungssprache für das gesamte Königreich.

Wenn der Humanismus seine *ad-fontes*-Forderung auf die heidnische Antike richtete, lenkte Luthers *sola-scriptura*-Forderung dieses Interesse auf die Bibel:

Humanismus und Reformation schließen einander keineswegs *a priori* aus. Erasmus von Rotterdam (1466–1536) bemüht sich zeitlebens um einen Brückenschlag. In der französischen Bewegung des *évangélisme* wurden die Bibelübersetzungen von Lefèvre d'Etaples (1530) und Olivétan (1533) bestimmend. Der Evangelismus konzentrierte sich vornehmlich auf den Kreis des Bischofs Briçonnet in Meaux und erfreute sich u. a. der Sympathie von Marguerite de Navarre. »... il n'y aura pas ... jusque vers 1540 de frontière nette entre l'humanisme, l'évangélisme et la Réforme« (Weber). Zwar wurde schon 1529 der Humanist Berquin verbrannt, aber erst nach der *affaire des placards* (1534), als antikatholische Anschläge sich auf der Tür des königlichen Arbeitszimmers in Amboise fanden, reagierte die von Noël Béda geführte Theologische Fakultät der Sorbonne. Lefèvre wurde verbannt, Briçonnet mußte sich von Luther distanzieren, Marot floh ins liberale Ferrara, Rabelais verbarg sich, Calvin erwog, Frankreich zu verlassen. Renaissance und Reformation lebten sich seither auseinander. Dabei blieben die meisten Humanisten dem Katholizismus verbunden, obwohl die Zahl der Konvertiten – Ramus, Dolet, Beza u. a. – nicht unterschätzt werden darf.

Franz I. suchte bald nach Möglichkeiten, über die Pariser Universität hinweg dem Humanismus eine nur vom König abhängige Stätte zu schaffen, die es mit ausländischen Konkurrenten, z. B. Alcalá de Henares (seit 1508), aufnehmen konnte. So entstand 1530 das *Collège Royal*, das heutige *Collège de France*. Guillaume Budé, der den König durch *De philologia* in seinen Plänen bestärkte, machte sich seit 1532 mit *De studio litterarum recte instituendo* um das Curriculum dieser Bildungseinrichtung verdient. Den ersten Philosophie-Lehrstuhl am *Collège Royal* übernahm der Pomponazzi-Schüler Vicomercato.

## 2. Wege zur Pléiade

Der Autor, der von den *Rhétoriqueurs* des 15. Jahrhunderts den Brückenschlag zur Renaissance vollzog, war Jean Lemaire de Belges. Der aus dem Hennegau stammende Autor (1473–1515), der Margret von Österreich (1504) und Anne de Bretagne (1512) als Sekretär diente, war humanistisch gebildet *(Epître de l'amant vert)* und förderte die Rezeption italienischer Anregungen. In der *Concordance des deux langues* (1511) hält er das Französische für dem Italienischen ebenbürtig und zeigt sich als Kenner Petrarkas und Dantes, dessen *terza rima* er in Frankreich heimisch machen wollte. Sein epikuräischer *Temple de Vénus* verschaffte dem Alexandriner das endgültige Heimrecht in der französischen Literatur. Ronsards *Franciade* inhaltlich vorwegnehmend sucht er – wie Trithemius in *De origine Francorum* (1515) – mit der *Illustration de Gaule et singularitez de Troye* (1510/1513) den Franzosen und ihren deutschen Vettern eine trojanische Abstammung anzudichten, die den gemeinsamen Türkenkampf beflügeln sollte. In *La différence des schismes et des conciles* gibt er sich gallikanisch, seine *Chansons de Namur* zeigen demgegenüber seine Bindung an das heimatliche Burgund. So besingt er in der *Recollection des Merveilles* u. a. ein wallonisch-französisches Scharmützel: »Or chantez donc Bouvignes et Namur ...« Für die Wallonen ist Jean Lemaire bis heute ein Heimatdichter.

Clément Marot (1496–1544), der in Cahors gebürtige Sohn des Rhétoriqueurs Jean Marot, lebte am Hof, wo sein Vater Kammerdiener war. Er übersetzt früh Vergils *1. Ekloge*, bearbeitet Lukians *Totendialoge*, schreibt 1515 einen *Temple de Cupidon.* Er schauspielert bei den *basochiens* und wird 1518 Sekretär bei Margarete von Navarra.

Marot kannte die Antike, edierte Villon (1533) und den *Roman de la Rose* und erfreut seine *Grand' amye* Anne D'Alençon mit kunstvollen *Rondeaux* und *Dizains.* 1536 schrieb er möglicherweise das erste französische Sonett. Er stand Briçonnet nahe und kam zweimal ins Gefängnis. Beim ersten Male half ihm der in einer witzigen *Epître* angesprochene Lyon Jamet heraus, beim zweiten Male mußte der König intervenieren. 1532 faßt Marot die Mehrzahl seiner bis dahin entstandenen Werke in der *Adolescence clémentine* zusammen. Die *affaire des placards* zwingt ihn zur Flucht nach Ferrara. Dort, am Hof der verwachsenen Herzogin Renée, lanciert er den Wettbewerb der *Blasons du corps féminin,* den Scève gewinnt. Er entlarvt seine gekauften Richter, geschmierten Ankläger und die »ignorante Sorbonne« (*Epître au Roy du temps de son exil à Ferrare* 1534). Nach Frankreich zurückgekehrt, entkräftet er den Verdacht ein Lutheraner zu sein, indem er in die Hände des Kardinals Tournon abschwört. 1537 entbietet er dem Hof sein *Dieu gart la cour* und drückt die Freude über die Heimkehr aus *(Adieu à la ville de Lyon).* In Paris erwartet ihn die Auseinandersetzung mit dem bekehrungsfreudigen François Sagon *(Epître de Frippelippes),* die er ehrenvoll beendet *(Le banquet d'honneur).* 1539 wird Marots Freund Dolet verbrannt. Er selber hat weiterhin Schwierigkeiten mit der Orthodoxie, zumal ihn seine *Cantiques* und seine *Psaumes,* die der König selber sang, in Mißkredit brachten. Er beschrieb seine Gefängnisaufenthalte im *Enfer* (1542) und floh dann über Genf nach Turin, wo er 1544 starb. In Genf erschienen 1543 die *Quarante-neuf psaumes de David traduicts en rithme françoyse selon la verité hebraique.* Ihre umstrittene Orthodoxie inspirierte zahlreiche andere Übersetzer, die es besser machen wollten: Gilles d'Aurigny, Antoine de Baïf, Rapin, Desportes, La Ceppède, Bertaut, Chassignet. Protestantische Psalmen lieferte Theodor von Beza.

Clément Marot, der *menu poète,* dessen »élégant badinage« noch Boileau nachahmenswert erschien, kannte Verfolgung und Exil. Dem Hof verdankt er die Kunst der augenzwinkernden Komplizität mit dem Leser, ansonsten respektierte er die überkommenen Formen: *Rondeau, Ballade, Epigramm, Complainte, Epistel, Blason, Chanson.* Die Sympathie für Villon und Petrarka, den er übersetzte, sowie die Tatsache, daß er die *Colloquia* des Erasmus in französische Verse zu fassen suchte, weisen über den Nur-Höfling hinaus. Sein Exilschicksal machte ihn zum Leser von Ovids *Ex ponto* und läßt eher auf einen unabhängigen *libertin* vom Typ La Fontaines schließen. Seine Anprangerung des Justizmordes an Semblançay (1527) brachte ihm die späte Anerkennung Voltaires ein.

Auf Marot folgte die *école marotique*: Gilles Corrozet, François Habert, Charles de Sainte-Marthe u. a. Sein Nachfolger am Hof wurde der begabte Mellin de Saint-Gelais, Sohn des Rhétoriqueurs Octavien. Marots Stil wirkte auf die *Pléiade* und darüber hinaus auf die *préciosité* des 17. und das *marivaudage* des 18. Jahrhunderts.

Marguerite, Königin von Navarra (1492–1549), Schwester Franz' I. und in zweiter Ehe Gemahlin von Henri d'Albret, konnte außer Französisch noch Italienisch, Deutsch, Spanisch, Lateinisch und Griechisch. Sie protegierte Marot und Amyot und empfing in ihren der französischen Justiz entzogenen Besitzungen von Pau und Nérac zahlreiche religiös Verfolgte.

Ihr mystischer *Miroir de l'âme pécheresse* (1531) traf auf den Widerspruch der Sorbonne. Vermehrt um lyrische und dramatische Dichtungen gab sie das Werk 1547 als *Marguerites de la Marguerite des princesses* neu heraus. Für das Theater schrieb sie traditionelle *Moralités, Soties* und ein *Mystère de la nativité.* Erst 1896 publizierte Abel Lefranc ihre Gedichte (u. a. *Le navire, Les prisons*). Ihre *Correspondance* ist eine wichtige Quelle. Die Autorin vereinigt *gauloiserie* mit *raffinement,* Naturtrieb mit Askese, Wissensdurst mit Bibeltreue und einer stark platonisierenden Liebesauffassung. Ihr von starken inneren Spannungen zeugendes Werk respektiert die Tradition der Rhétoriqueurs, nutzt die Möglichkeiten des christlichen Dekors und basiert z. T. auf greifbaren italienischen Einflüssen. So vereinigt das *Heptaméron* (posthum 1558; der Titel stammt nicht von der Autorin) 72 Novellen in einem Rahmen, der deutlich an das *Decamerone* erinnert: je fünf Damen und Herren werden durch Hochwasser festgehalten und vertreiben sich die Zeit durch Geschichtenerzählen. Das ›realistische‹ Themenreservoir umfaßt u. a. Heuchelei, Prüderie, erzwungene Ehen, gefräßige Mönche, gehörnte Ehemänner, Erbschleicherei, Generationenprobleme, etc. An jede Novelle schließt sich eine Diskussion an, in deren Verlauf sich die männlichen Teilnehmer (*Hircan* = ›Hanric‹ d'Albret, u. a.) realistisch, z. T. zynisch geben, während die Damen (*Oisille* = ›Loise‹ de Savoie) unterstützt vom idealistischen Dagoucin eine platonische Liebesauffassung vertreten. Marguerite selber verbirgt sich hinter der klugen *Parlamente.*

Im Gegensatz zum *Heptaméron* sind die an Poggios *Facetie* erinnernden Musternovellen des Nicolas de Troyes *(Le grand parangon des nouvelles nouvelles)* nicht aristokratisch, sondern volkstümlich geprägt. Novellen schrieb auch Marguerites Kammerdiener Bonaventure des Périers (1510–1543). Im *Cymbalum mundi* (1538) faßt er freidenkerische Dialoge zusammen, die seinen Drucker Morin fast das Leben kosteten. Hier äußern sich das Pferd Phlégon und die Hunde Pamphagus und Hylactor über den Glauben, den sie als pure Liebe definieren, die – wobei Platonismus und *évangélisme* zusammenzufließen scheinen – nur im Erlebnis der Gnade zugänglich wird. Angesichts einer zunehmend feindseligen Orthodoxie, die nicht einmal Kopernikus' *De revolutionibus coelestium* (1543) zur Kenntnis nahm, konnte das einen »évangélisme secret, non-prédicant, non-interventionniste« (Saulnier) bedeuten. Bonaventure übersetzte auch Platons *Lysis* ins Französische.

Auf halbem Weg nach Italien gelegen erfüllte die Stadt Lyon eine wichtige Vermittlerfunktion und war ein Zentrum der Banken, des Seidenhandels und der Buchdruckerkunst. Hier wirkte die sog. *école lyonnaise* mit u. a. Maurice Scève, Pernette Du Guillet und Louise Labé. Eine frühe Vorläuferin dieser Richtung war die Nordfranzösin Hélisenne de Crenne (*Songe, Les angoisses douloureuses qui procèdent d'amours* 1514), ein geistiger Verwandter war der Bischof von Digne, Antoine Héroet (*La parfaicte amye* 1542). In Lyon publizierte Luigi Alamani seine *Opere toscane* (1532), hier las man den *Roman de la Rose* und rezipierte den italienischen Neuplatonismus und den Petrarkismus.

Maurice Scève (1500–1560) glaubte 1533 in der *Eglise des Cordeliers* von Avignon das Grab von Petrarkas Laura wiederentdeckt zu haben. Er bedichtete seine verklärte Freundin *Délie* als *objet de la plus haute vertu* (1544) in kunstvollen *Dizains. Délie* ist das Anagramm von *l'idée.* Er schreibt noch keine Sonette, aber seine Motive sind petrarkistisch. Die Geliebte ist ein »ange en forme humaine«, ihre »beaux yeux clairs« vergolden das Leben des Dichters mit ihren »rais épandus«, etc. An Marots Wettbewerb der *Blasons du corps féminin* beteiligt er sich mit mehreren Stücken. In *Saulsaye* lobt er die Einsamkeit und die Natur. Sein *Microcosme* (1562) ist das philosophisch inspirierte Zeugnis einer *poésie scientifique,* wie sie durch Mallarmé und Valéry für das 20. Jahrhundert wieder an Aktualität gewann. Der Alexandriner ist hier Träger hochgegriffener Sujets.

Pernette Du Guillet (1520–1545) war Scèves Freundin und wahrscheinlich die Inspiratorin der *Délie.* Ihre *Rymes* (1545) kennen »einen originellen intellektualisierten Liebesbegriff« (Engler). Sie kann trotz ihrer *petite noblesse* als eine der ersten bürgerlichen Dichterinnen Frankreichs angesprochen werden.

Louise Labé (?–1565) schrieb 3 *Elégies* und 24 Liebessonette, die Rilke ins Deutsche übertrug. Als *belle cordière* führte sie einen petrarkistisch-platonistischen Salon. Sie sprach Italienisch, durchlebte spektakuläre Liebesaffären (z. B. Olivier de Magny 1554) und nahm in Männerkleidern an der Belagerung Perpignans teil. Der platonisierende Dialog *Débat de folie et d'amour* (1555), der die Lektüre des *Laus stultitiae* des Erasmus verrät, zeigt sie als Apologetin der Liebe, die sie ideal nur in der Ehe für möglich hält.

Die *école lyonnaise* fand selbständige Fortsetzer: »Guillaume des Autelz, Claude de Taillemont, Guillaume de la Tayssonnière, Philibert Buygnon sont, dans une large mesure, des poètes scéviens. Pontus de Tyard (1521–1605) est le grand ami et disciple de Scève avant de se ›rallier‹ à la Pléiade.« (Saulnier).

Die im Voraufgegangenen mehrfach gebrauchten Stichwörter Platonismus und Petrarkismus bedürfen einer kurzen Erläuterung:

*Platonismus.* Die italienische Renaissance hatte zur Wiederentdeckung Platons und zur Gründung einer neuplatonischen Akademie in Florenz geführt. Die zunächst philosophische Bewegung (Ficino, *Theologia platonica* 1482) führte bald auch zur platonischen Verklärung des Verhältnisses der Geschlechter und allgemein zur raffinierten Ausgestaltung der Umgangsformen (Caviceo, Bembo, Castiglione, Leone Ebreo). Platon selber wird in Frankreich heimisch gemacht (Symphorien Champier, *Philosophie platonicienne* 1507; Bonavanture des Periers, *Lysis*-Übersetzung, u. a.). Den Dichtern stellt der Platonismus ein unerschöpfliches Motivreservoir zur Verfügung: Schönheit, Harmonie, Liebe, Vollendung, etc. Platonischer Idealismus und christliche Jenseitsvorstellungen konnten synkretistisch zusammenfließen. Die Liebe erschien als Mittel der Vollendung, der Läuterung, der Verklärung, der Erlösung. Die beiden Brennpunkte dieses Spannungsfeldes bezeichnen vielleicht Habert *(Temple de chasteté)* und Marot *(Temple de Cupidon)*. Die mittelalterliche Tradition der Hohen Minne konnte hier bruchlos eingehen.

*Petrarkismus.* In Petrarkas (1304–1374) *Canzoniere* mischt sich unter dem Einfluß des provenzalischen Minnesangs und des *dolce stil nuovo* das Klischee der Engelsfrau *(la donna angelicata)* mit dem diesseitigen Schönheitsideal der Renaissance. Das Buch machte eine Mode (ca. 30 Editionen vor 1500, ca. 140 im 16. Jh.). In Italien eiferte Petrarka die Schule der *Strambottisti* (Chariteo, Bembo, Sasso, u. a.) nach, ebenso die *Bembisti* (genannt nach ihrem Vorbild Pietro Bembo). Die Bewegung ist europäisch. In Frankreich ergreift sie u. a. die *école lyonnaise*, Desportes, die Pléiade. Zunächst verherrlicht der Petrarkismus die Liebe, er kann jedoch auch »Ausdruck höfischer Integration« (Pollmann) werden. Der ihm eigene Hang zur pointierten Antithetik tendiert zur Ausweitung auf wissenschaftliche und philosophische Dialektik.

Platonismus und Petrarkismus schließen Synthesen mit der französischen Tradition nicht aus, verdeutlichen jedoch den zeitweiligen Überhang der italienischen Nachbarkultur.

Das stoffliche und stilistische Instrumentarium dieser Bewegungen bewies sich u. a. im sog. *Débat de l'amour pur.* Vorbereiter der Auseinandersetzung ist Rabelais' Freund André Tiraqueau aus dem Kreis von Fontenay, der mit dem frauenfeindlichen *De legibus connubialibus* Amaury Bouchards *Apologie du sexe féminin* (1522) herausgefordert hatte. 1542 flammte der Streit erneut auf, als Bertrand de la Borderie *(Amie de cour)* den Wankelmut der Frauen kritisiert und den Liebestrieb als nur-irdisch hinstellt. Dagegen reagieren die Platoniker Charles Fontaine *(La contr'amie de cour)*, Almanque Papillon *(Le nouvel amour)*, u. a.

Der Streit erinnert hier und da an die *Querelle du Roman de la Rose* im 15. Jahrhundert.

## 3. Die Pléiade

Zu den ›Erweckern‹ der *Pléiade* gehören Jacques Peletier Du Mans mit seiner Übersetzung der *Ars poetica* des Horaz (1541) und Thomas Sébillet mit seiner *Art poétique* von 1548. Das Programm der Pléiade legte Joachim Du Bellay 1549 in der berühmten *Deffence et Illustration de la langue francoyse* vor.

In den 40er Jahren des 16. Jahrhunderts traf sich eine Humanistengruppe im Hause von Antoine de Baïf in Paris. Ronsard war dort Sekretär. 1547 kommt Du Bellay hinzu und der Schwerpunkt verlagert sich ins *Collège de Coqueret* an der *Montagne Sainte-Geneviève.* Hier lehrt Jean Dorat lateinische und griechische Literatur und propagiert zugleich einen von dort geprägten Fortschritt der französischen Kultur. Er sammelt eine *docte bande* um sich, die sich als kämpferische Avant-Garde versteht und den Namen *la brigade* annimmt. Etwa gleichzeitig lehren am *Collège de Boncourt* Muret und Buchanan vor Rémy Belleau, Jean de La Péruse, Jacques Grévin u. a. Anläßlich der Aufführung von Jodelles *Cléopatre* (1553) vereinigen sich beide Gruppen zur *Pléiade.* Der Name, der auf den alexandrinischen Dichterkreis anspielt, ist erstmalig in einer Ode Ronsards von 1556 belegt. Die Zusammensetzung der Gruppe war fließend: Ronsard, Du Bellay, Pontus de Tyard, Baïf, Jodelle; 1553 gehören Guillaume des Autelz und La Péruse dazu, 1555/56 sind es Peletier und Belleau. Später erscheint auch der Name Dorats.

Das kämpferisch formulierte Programm der *Pléiade* war die *Deffence*:

Das Werk, das großenteils auf dem *Dialogo delle lingue* von Sperone Speroni beruht, gibt sich als revolutionäres Manifest. Die französische Sprache kann ebenso vollendete Leistungen hervorbringen wie die antiken Sprachen oder das Italienische. Die Franzosen sollen französisch schreiben. In der Lyrik werden statt der traditionellen »épiceries« die ›klassischen‹ Gattungen gefordert: Sonett, Epistel, Satire, Elegie, etc. Der Dichter soll Archaismen (z. B.

ajourner = faire jour, hucher = appeler, soulas = plaisir, isnel = léger, etc.) beleben, Dialekte nutzen, Fachsprachen heranziehen, Wortzusammensetzungen (le mouton porte-laine, l'été donne-vin, etc.) schmieden. Substantivierte Verben und Adjektive, reflektierter Gebrauch von Metaphern und Vergleichen werden empfohlen. Der Dichter zieht seine Kraft aus dem platonischen *furor poeticus*. Seine Arbeit dient der Verherrlichung des Vaterlandes.

Diese schwungvoll vorgetragenen Gedanken waren keineswegs neu. Außer bei Speroni finden sie sich z. T. schon in der *Institutio oratoria* Quintilians. Neu war, daß man der theoretischen *Deffence* bald die *Illustration* durch beispielhafte Werke folgen ließ, was später auch zur Weiterentwicklung der Theorie führte: Peletier, *Art poétique* (1555); Louis Le Caron, *Ronsard ou de la Poésie* (1556); Ronsard, *Abbrégé de l'art poétique* (1565), u. a.

Mit der *Deffence* hatte Joachim Du Bellay (1522–1560), Landjunker aus dem Anjou, seine Feder in den Dienst der Gruppe gestellt. Gleichzeitig mit dem Manifest veröffentlichte er die platonisch-petrarkisierende *Olive*:

Hinter dem Titel entdeckt man das Anagramm des Mädchennamens *Viole* sowie eine Anspielung auf den Olivenbaum, der möglicherweise gegen den in Petrarkas *Laura* suggerierten Lorbeer ausgespielt werden soll. Die *imitatio*-Forderung wird im Hinblick auf antike, neulateinische und italienische Vorbilder erfüllt. Die Rinieri nachgedichtete *Belle matineuse* (»Déjà la nuit...«) machte wegen der preziösen Repliken bei Desportes, Malleville und Voiture Literaturgeschichte. Das Bernardino Daniello nachempfundene Sonett *L'Idée* kondensiert die platonische Ideenlehre, indem es die »âme emprisonnée« auf einen »plus clair séjour« verweist.

1552 publizierte Du Bellay seine *XIII sonnets de l'honneste amour*. Die große Form der Ode, das hatte er seit den *Vers lyriques* erkannt (1549), war bei Ronsard in besseren Händen. Des petrarkistischen Spiels müde zeigt er sich in der *Complainte du désespéré* und in *A une Dame* (»J'ai oublié l'art de pétrarquiser«).

1553 folgt er seinem Onkel, dem Kardinal Jean Du Bellay, nach Rom. Die 32 Heinrich II. gewidmeten Sonette der *Antiquitez de Rome* (1558), denen sich ein Petrarka nachempfundener *Songe* anfügt, zeigen ihn als Dichter der Ruinen von Rom:

Das Thema war durch eine lange Tradition vorgezeichnet, an der auch Humanistendichter (Sannazaro, Buchanan, u. a.) teilhatten. Das Rominteresse verstärkte sich durch Rabelais' Edition der *Topographiae antiguae Romae libri VII* (1534) von Marliani. Durch Rückgriffe auf Vergil, Horaz, Homer, Ariost u. a. werden die *Antiquitez* zum Zeugnis einer *poésie savante* mit durchgängig erhabenem Unterton. Du Bellay beansprucht für sich, daß er »le premier des François« dieses Thema aufgegriffen habe. Das berühmte

Sonett »Nouveau venu qui cherches Rome dans Rome« übertrug Quevedo ins Spanische. Englische Repliken auf die *Antiquitez* finden sich u. a. bei Spenser. Sie präludieren der Ruinendichtung des 18. Jahrhunderts.

Gleichzeitig mit den *Antiquitez* und den *Jeux rustiques* (1558), in deren Zusammenhang Du Bellay die *Lusus* des Navagero unter dem Titel *Voeux rustiques* nachdichtete, erschien Du Bellay persönlichstes Werk: die *Regretz.*

Die 191 Sonette der *Regretz* sind ein intimes Tagebuch, das großenteils in Italien, aber auch auf der Rückreise und in Frankreich entstand. Der Autor schreibt nicht mehr als *poeta doctus,* sondern »sans rechercher ailleurs plus graves arguments«. Die *Regretz,* die im Titel auf Ovids *Tristes* anspielen, sind Elegie und Satire zugleich. Mythologisches findet sich selten, dafür aber gibt es Heimweh, Enttäuschung, Gefühle, und einige der bekanntesten Gedichte der französischen Literatur überhaupt: »France, mère des arts...«, »Heureux qui comme Ulysse...«, u. a. Zum Heimweh tritt die Moralistik. Du Bellay beobachtet, diagnostiziert, bedichtet seine römische Umgebung, Korruption, Günstlings- und Mätressenwirtschaft, Kurtisanen, Kavaliere, Hasardeure. Nicht immer ist er gerecht und man wird gut daran tun, sein Italienbild an anderen Reiseberichten – Grévin, Montaigne, u. a. – zu messen.

Im *Poète courtisan* wird Du Bellay ähnlich kritisch auch über Frankreich sprechen. Im Franz II. gewidmeten *Discours au Roy sur le faict de ses quatre estats* zeigt er sich bestürzt über die ausbrechenden Bürgerkriege. Er starb 35jährig. Für die Franzosen ist er vor allem der Dichter der »ardoise fine« und der »douceur angevine« geblieben. Er hat das Loiretal mit den Nymphen der griechischen Mythologie bevölkert und vertraut seinem »fleuve paternel« die Sorge um seinen Nachruhm an. Du Bellay war – auch – ein gar nicht kitschiger Heimatdichter.

Pierre de Ronsard (1524–1585) gilt als der Dichterfürst der französischen Renaissance. Boileau hat ihm vorgeworfen, er habe seine Muse mit französischen Wörtern griechisch und lateinisch reden lassen, Sainte-Beuve und mehr noch die *Parnassiens* des 19. Jahrhunderts haben ihn rehabilitiert. Wie Du Bellay stammt er aus dem Garten Frankreichs, geboren ist er im *Manoir de la Possonnière* im Vendômois. Seine Militärkarriere zerschlug sich, weil er früh taub wurde. Karl IX. machte ihn zum Hofdichter, Heinrich III., der Desportes vorzog, ließ ihn fallen. Er starb in Saint-Côme bei Tours. 1537 war er mit Madeleine de France in Schottland, als Sekretär kam er nach Flandern und an den Rhein. Italien kannte er nicht.

Schon im *Collège de Coqueret* konnte Ronsard besser Griechisch als seine Kameraden. Zwischen 1550 und 1556 veröffentlichte er getreu dem Programm der *Deffence* mehrere Odensammlungen, die ihn als originellen Leser von Pindar, Horaz, Epikur und Anakreon ausweisen. 1554 erschien *Le bocage*. Ronsards bekannteste Ode ist die *Ode à Michel de l'Hôpital*, »chef d'œuvre du genre« (Saulnier). Andere *Odes* verherrlichten Heinrich II., Charles de Guise, u. a. Berühmt ist die *Odelette* vom *Bel aubépin* (IV,22). Wie Properz und Horaz beschreibt auch Ronsard, wie er sich sein Grab vorstellt:

Et la vigne tortisse
Mon sépulcre embellisse.

Von ähnlicher Gangart ist die Mahnung an die *Bûcherons de la forest de Gastine*, wo er die Holzfäller auffordert, die alten Bäume, in denen die Dryaden wohnen, zu schonen. Der gelehrte Ronsard war ein Dichter der Natur. Seine Heimat beschrieb er in einem *Voyage de Tours*.

Auch Ronsard opfert der Mode der petrarkistischen *Amours*:

Die *Amours de Cassandre* (1552) widmet er der Bankierstochter Cassandre Salviati aus Blois. Agrippa D'Aubigné wird ihre Nichte *Diane* besingen. In 183 Sonetten seufzt der Autor u. a. als »Corèbe insensé« für die »guerrière Cassandre«.

Die *Amours de Marie* (1555) besingen das Bauernmädchen Marie Dubois aus Bourgueil. Sie sind u. a. an Catull und an den Neulateinern Marullus und Janus Secundus orientiert. Das Anagramm von *Marie* ergibt *Aimer*. Das vielleicht bekannteste Gedicht der Sammlung ist »Comme on voit sur la branche, au mois de mai, la Rose«, eine Variation des *carpe-diem*-Motivs.

Die *Sonnets à Hélène* (1578) sind Hélène de Surgères aus der *escadron volant* der Katharina von Medici gewidmet. Sie war eine Freundin der Brantôme-Muse Louise de la Béraudière und hatte im Bürgerkrieg ihren Gatten verloren. Ronsard evoziert die Trauernde im Louvre-Garten und findet zur geläuterten Anwendung petrarkistischer Klischees. Der Band enthält das berühmte »Quand vous serez bien vieille ...« mit der epikuräischen Aufforderung »Cueillez dès aujourd'hui les roses de la vie« nach Ausonius' »Collige, virgo, rosas ...«

Die *Hymnes* (1555/56) sollten die Anerkennung des Hofes bringen. Die *Hymne à Henri II* macht den König zum zweiten Jupiter, die *Hymne de l'or* ist eine »exaltation du capitalisme naissant« (Weber), die *Hymne à la mort* eine Todesmeditation mit christlichem Unterton. »Die *Franciade* unvollendet zu lassen, war das klügste, doch hätte sie nie begonnen werden sollen« (Cazamian). Das Werk verdünnt den Inhalt der *Illustration de Gaule* von Jean Lemaire de Belges und kann sich wahrhaftig nicht rühmen, ein französisches Gegenstück zu Camoes *Lusiaden* zu sein. Nach dem Tode von Mellin de Saint-Gelais (1558) wurde Ronsard Ratgeber des Königs und erfreute den Hof 1565 mit einer Sammlung von *Elégies, mascarades et bergeries*. Politik macht er mit diversen *Discours*. Die *Institution pour l'adolescence du Roy très-chrétien* (1552) steht in der Nachfolge der *Institutio principis christiani* des Erasmus. Die Bürgerkriege sind Thema des *Discours sur les misères de ce temps* und der *Remontrance au peuple de France* (1563). Die Monarchie verteidigt er im Namen der nationalen Einheit in der *Réponse aux injures et calomnies de je ne sais quels prédicantéreaux et ministreaux de Genève*. Es ist die Absage des Humanisten Ronsard an die Reformation.

Die übrigen Dichter der Pléiade waren keineswegs unbedeutende Weggenossen:

Pontus de Tyard (1521–1605), der den Brückenschlag von der *école lyonnaise* zur *Pléiade* vollzog, schrieb seine *Erreurs amoureuses* (1549; Fortsetzung: 1551, 1555) in der Nachfolge des *Canzoniere*. Später wurde er Bischof von Chalon-sur-Saône (1578) und schrieb platonisierende *Discours philosophiques* (1587).

Rémy Belleau (1528–1577) schrieb bukolische *Bergeries* (1565) und verbindet in *Les amours et nouveaux eschanges des pierres précieuses* die Liebesdichtung mit der Tradition der Lapidarien. Hier zeigt er sich in *La sardoyne*, wo der Stoff von Schillers *Ring des Polykrates* erzählt wird, als Autor einer abgerundeten Verserzählung.

Antoine de Baïf (1532–1589) lieferte außer seinen *Amours* (*Méline* 1552; *Francine* 1555) eine z.T. naturwissenschaftliche *poésie scientifique* (*Les météores* 1567; *Les mimes* 1576). Er übertrug antike Metriksysteme auf die französische Lyrik und publizierte eine Psalmensammlung in metrischer Prosa. Den Gedanken einer phonetischen Orthographie exemplifiziert er u. a. in den *Etrènes de poezie fransoêse an vers mezurés*. Er bestärkte Karl IX. bei der Gründung der *Académie de poésie et de musique* (1570). Ihr erster Präsident wurde Thibaud de Courville.

Etienne Jodelle (1532–1573) ist als Dramatiker in anderem Zusammenhang zu behandeln. Seine *Œuvres et meslanges poétiques* (posthum 1574) sind reich an Formen und stilistischen Finessen. Pierre de L'Estoile hielt diesen einzigen Pariser in der Pléiade im *Journal du règne de Henri III* für einen Atheisten. Jodelle war ein Freund der Maréchale de Retz und begrüßte trotz zeitweiliger Sympathien für den Protestantismus die Bartholomäusnacht als Sieg der guten Sache.

Der Pléiade nahe standen u. a. noch Olivier de Magny (1520–1561), Nicolas Denisot (1515–1559), Jacques Tahureau (1527–1555). Jean Passerat (1534–1602) wurde Nachfolger von Ramus am *Collège du Roi*. Jacques Grévin (1538–1570) lernte als Hugenotte das englische und das niederländische Exil kennen. Auch Amadys Jamyn (1538–1592) und die Brüder Jean (1533 bis 1608) und Jacques de La Taille (1542–1562) gehören in diese Gruppe. Die Liste ließe sich fortsetzen.

In den französischsprachigen Gebieten außerhalb Frankreichs wurde die Pléiade originell rezipiert, die bekanntlich ihrerseits den neulateinischen Humanistendichtern Janus Secundus (1511–1536) aus Mechelen und Loevenius Torrentius (1525–1595) aus Gent einiges verdankte.

Charles Utenhove (1535–1600) schrieb ein Epitaph für Du Bellay. Alexandre van den Busche (1535–1585) war als Hofdichter bei Elisabeth von Österreich der Kollege des am französischen Hof wirkenden Ronsard. Antoine de Blondel veröffentlichte 1576 seine *Opuscules* im Stil Ronsards. In Mons saß er einer Dichtergruppe vor, zu der Jean Loys, Claude de Bassecourt u. a. gehörten. Am Hof des Lütticher Fürstbischofs Ernst von Bayern wirkten u. a. Jean Polit und Philippe van Meldeghem, der Petrarkas *Canzoniere* in französische Alexandriner übertrug (1600).

## 4. »Le rire est le propre de l'homme«: François Rabelais

François Rabelais (1494?–1553) ist in La Devinière bei Chinon geboren. Er wurde Franziskaner, Benediktiner, Pfarrer in Meudon, Arzt in Narbonne und Montpellier. Mit Jean und Guillaume Du Bellay kam er 1534, 1535, 1540/1543, 1547 nach Italien. In Fontenay-le-Comte befreundete er sich mit Tiraqueau und diskutierte über Römisches Recht und Plinius' *Historia naturalis.* Mit Erasmus und Budé hatte er Briefkontakt. Er ediert Galienus und Hippokrates (1532) und Marlianis *Topographiae antiquae Romae libri VII* (1534). Auf der Lyoner Buchmesse von 1532 begegnet er dem Volksbuch *Les grandes et inestimables Cronicques du grant et énorme géant Gargantua* von Charles Billon(?), zu dem er noch im gleichen Jahre als *maistre Alcofrybas Nasier* eine Replik verfaßte:

Diese *Horribles et espouvantables faictz et prouesses du très renommé Pantagruel, Roy des Dipsodes, filz du grand géant Gargantua* enthalten eine Vielzahl von Episoden, deren Zusammenhang durch Pantagruel und seinen bald erscheinenden Begleiter Panurge sichergestellt wird. Jede Einzelepisode wäre einen Sonderkommentar wert, z. B. Pantagruels Ausbildung in der Provinz und in Paris, die erbaulichen Ladenhüter der Bibliothek von Saint-Victor oder die Szene, in der Pantagruel die versammelte Armee seines Vaters mit der Zunge vor dem Regen schützt. Panurge tritt zunächst als polyglotter Student auf, der alle Sprachen beherrscht, das Französische jedoch mit lateinischen Brocken untermischt. *Pantagruel* ist (auch) eine Parodie der Ritterromane vom Typ des *Morgante maggiore* (1493) von Pulci oder des makkaronischen *Baldus* (1517) von Teofilo Folengo. Pantagruels Name erinnert an den Durstkobold aus den *Actes des apôtres* des Simon Greban. Das Werk wurde von der Sorbonne verdammt.

Nach *Pantagruel* griff Rabelais den volkstümlichen *Gargantua* direkt auf. 1534 erschien *La vie inestimable du grand Gargantua, père de Pantagruel.* Damit entstand im Widerspruch zur Publikationschronologie das *premier livre,* während *Pantagruel* fortan als das *deuxième livre* angesprochen wurde.

Das Werk erzählt u. a. von Geburt und Kindheit des Riesenbabys Gargantua, von seinem unersättlichen Hunger und seinem unstillbaren Durst. Seine Erziehung umfaßt u. a. die alten Sprachen, Naturwissenschaften, bibelnahe Religion und Sport. Im Krieg gegen den feindlichen König Picrochole zeichnet sich dann der Mönch und Raufbold Jean les Entommeurs aus. Zur Belohnung darf er die *Abbaye de Thélème* bauen, einen Renaissancehof, in dem Damen und Herren in Kultur und Toleranz nach dem Grundsatz »Fay ce que vouldras« leben. – Die Fressereien des Riesenbabys, der Diebstahl der Glocken von Notre-Dame, die Taufe der Pariser aus dem Hosenlatz des Riesen sind burleske Episoden. Aber es fehlt auch nicht an greifbaren Realitätsbezügen. Die *Guerre Picrocholine* läßt sich bis ins Detail in der Gegend von Chinon nachvollziehen. Die Satire der Mönche, des Aberglaubens und der schwindsüchtigen Sorbonne-Gelehrten (»les tousseux«) ist direkt und verletzend.

Das *Tiers livre des faictz et dictz du noble Pantagruel* verdankt sein Erscheinen 1546 der Protektion mächtiger Mäzene.

Die Riesenfiktion tritt in den Hintergrund. Beherrschend wird die Frage, ob Panurge heiraten soll oder nicht. Er sucht Antwort bei Gelehrten, Dichtern, Juristen und Schwarzkünstlern und erhofft sich schließlich die Sicherheit vom Orakel der Göttlichen Flasche, der *Dive Bouteille.* Er macht sich mit seinen Freunden auf sie zu suchen. – Das *Tiers livre* läßt den Hintergrund des *Débat de l'amour pur* ahnen. Aus der Szene, in der der Philosoph Trouillogan um Rat in Liebesdingen gefragt wird, hat Molière im *Mariage forcé* komisches Kapital geschlagen. Der im Vorwort enthaltene Angriff auf die »cagots« und »cafards« der Sorbonne ist beleidigend und sollte es sein.

1551 wird Rabelais Pfarrer in Meudon. 1552 erscheint das *Quart livre.* Sein streitlustiger Ton kann sich aus dem politischen Kontext erklären. Seit der Gründung der *Chambre ardente* (1547) und der Allianz zwischen Heinrich II. und Karl V. wurde jede Äußerung gefährlich, die als heterodox eingestuft wurde. Aber auch Calvin war kein Garant mehr für die Freiheit, die Rabelais meinte. So greift er gleichermaßen die Kurie und die »imposteurs de Genève« an.

Panurge sucht die *Dive Bouteille* und bereist mehrere symbolische Inseln, an die Cyrano und Swift sich erinnern werden. Bei den *Chicanous* lernt er eine Spezies kennen, die von Strafzahlungen lebt. König *Quaresme-Prenant* auf der *Tapinois*-Insel liegt im Krieg mit den Schlackwürsten der *Ile-Farouche.* Bei den *Papefigues* ist man protestantisch, bei den *Papimanes* katholisch. *Messer Gaster,* »premier maistre ès arts du monde«, zeigt schließlich, wer die Welt in Wahrheit regiert: der Bauch. – Das Werk enthält die offenbar aus Dantes *Convivio* entlehnte und über Folengos *Orlandino* vermittelte Episode vom *mouton de Panurge*. Das *Quart livre* wurde verdammt wie seine Vorgänger.

Beim *Cinquiesme et dernier livre des faictz et dictz heroicques du bon Pantagruel* (posthum 1564) ist Rabelais' Autorschaft umstritten. Die 16 Kapitel der *Ile sonnante* waren schon vorab erschienen.

Auf seiner Suche nach der Göttlichen Flasche kommt Panurge auf die *Ile sonnante*, wo bunte Vögel unter der Herrschaft des *Papegault* leben: eine Satire der Kurie. Die Insel der *Chats fourrés*, wo Herzog *Grippeminaud* von der Bestechung lebt, satirisiert Verwaltung und Justiz. Im Land der *Lanternois* findet Panurge schließlich die *Dive Bouteille*. Ihr Orakel lautet: »Trinch«, möglicherweise zu verstehen als »Berausche dich an Wissen und Erfahrung«.

Die Reisestationen, die Panurge berührt, versprechen wie in der *Odyssee* (Kirke, Calypso, etc.) nur trügerische Sicherheit. Sicher ist allein die Tatsache der Suche. Insofern könnte die Göttliche Flasche ein komisch ausgeformtes Symbol der Vollendung sein, das dem Gral gar nicht unverwandt ist. Grob ist Rabelais' Absage an die Sicherheitsverkäufer: Besserwisser, Scholastiker, Asketen, Theologen, Sophisten, Okkultisten, Papisten, Calvinisten und Zeloten. Das alles paart sich mit Bildungshunger und Aufgeschlossenheit für neue Erfahrungsbereiche, für die u. a. auch das Kraut *pantagruélion*, d. h. der Haschisch, steht. Rabelais selber empfahl in Anwendung eines mystischen Bildes, aus dem dargebotenen »os médullaire« die »substantificque moelle« herauszusaugen.

Gedanken- und Sprachreichtum des Autors nähren auch seine Widersprüchlichkeit. War er Skeptiker, Katholik, Apostel des *bon sens*, verkappter Protestant oder einfach ein ›Humanist‹? Naturvertrauen, Lebensfreude, *gauloiserie*, Gedankenfreiheit, Bildung, Toleranz, Achtung vor der menschlichen Person lassen sich als Forderungen aus seinem Werk ableiten. Rabelais' »éclat de rire énorme« – so Victor Hugo – fand Echos bis hin zu Balzac *(Contes drôlatiques)*, de Coster und Céline. In Deutschland lieferte Johann Fischart eine auf den dreifachen Umfang erweiterte Paraphrase des *Gargantua* unter dem Titel *Affentheuerliche Naupengeheurliche Geschichtsklitterung* ... (1582).

Rabelais' Sprache ist heteroklit, konfus und reich an Synonymenketten und Adjektivballungen. Unter den Satzkonstruktionen ahnt man hier und da das lateinische Substrat. Dabei schaut der Autor dem Volk ebenso aufs Maul wie seinen Humanistenkollegen. Die Eigennamen sind oft witzig konstruiert: der Philosoph *Nazdecabre*, der Richter *Bridoye*, der Mönch *Jean les Entommeurs*. Manchmal bedeuten sie echte Personen: *Her Tripa* (Agrippa von Nettesheim), *Raminagrobis* (Jean Lemaire de Belges), *Thaumastes* (Thomas Morus). Rabelais' Witze wirken heute oft grob und zynisch. Sie entsprechen dem Toleranzhorizont des 16. Jahrhunderts. Rabelais besaß die enzyklopädische Bildungsstruktur des Humanisten: Reisen, Sitten, Staatstheorien, Naturwissenschaften, Philologie, alte Sprachen, neue Sprachen. Hinzu kommt eine wahre Leidenschaft für Wortschöpfungen: »gelehrt und volkstümlich, national, provinziell, mundartlich, fremdsprachig und eingestreute künstliche Brocken« (Cazamian). Klassische Dämpfung war nicht sein Fall. Am ehesten ist ihm die Malerei von Pieter Breughel vergleichbar.

Der Bretone Noël Du Fail (1520–1591) eiferte Rabelais mit witzigen Bauernschwänken nach: *Propos rustiques* (1547), *Les balivernes* (1548), *Contes et discours d'Eutrapel* (1549).

## 5. Engagement und Erudition: Die Literatur der Bürgerkriege

Jean Cauvin (1509–1564), der seinen Namen nach Humanistenmanier zu Calvinus latinisierte, verfügte über eine bei Cordier, Danès und Vatable erworbene humanistische Bildung (*Commentaire sur le traité de la Clémence de Sénèque* 1532), die durch die Bekanntschaft mit Melchior Volmar vertieft wurde. Sein Bibelinteresse führt ihn in die Nähe von Olivétan und Lefèvre D'Etaples. Nach der Plakataffäre brach er mit dem Katholizismus. Als ein für den Pariser Universitätsrektor Nicolas Cop entworfener *Discours* Verfolgungen auslöste, floh er nach Basel (1535), wo die Franz I. gewidmete *Institutio religionis christianae* (1536) erscheint. Calvin war inzwischen von Ferrara aus nach Genf gekommen, das er in der Folgezeit als intoleranter *procureur de Dieu* regierte. Vereinigungsbemühungen mit den deutschen Lutheranern scheiterten. Genf wurde zur selbstbewußten Trägerin des französischen Protestantismus. Hier wurde Sébastien Chateillon (*De haereticis an sint persequendi* 1554) verboten, hier wurde Miguel Servede (*De motu cordis atque sanguinis*) verbrannt, was eine Entdeckung des Blutkreislaufs vor Harvey unmöglich machte. Genf war keine Oase der geistigen Freiheit.

Die *Institution chrétienne* unterstreicht die *miseria hominis* und die Erbsünde zur Überhöhung der Ehre Gottes: *Soli Deo Gloria.* Sie fordert Bibelstudium und kritische Reflexion von Reliquien- und Heiligenkult, Laien- und Priesterkelch, Transsubstantiation etc. Erlösung gibt es nur durch göttliche Gnadenwahl. Der z. B. bei Erasmus (*De libero arbitrio*) verteidigte Gedanke des freien Willens ist nach Calvin eine Beleidigung Gottes. Mit dieser Prädestinationslehre geht ein strenges Arbeitsethos einher und verweist auf eine neue Wirtschaftsmentalität. Arbeit schändet nicht, es gibt keine *a priori* gottgefälligen Berufe. Wirtschaftlicher Erfolg läßt auf Gnadenwahl schließen und verquickt sich mit einer luxusfeindlichen Moral. Diese radikal-protestantische Position trägt Calvin mit der Rhetorik des studierten Juristen vor, was bedeutet, daß eigene Zweifel ungesagt bleiben. So suggeriert die *Institutio* eine ideologische Geschlossenheit, die Intoleranz geradezu zur Pflicht macht. Der Konflikt mit dem sich erneuernden Katholizismus (Tridentinum: 1545–1547, 1551, 1562–1563) wurde unvermeidbar. Bald traten in der Vereinfachung der Tagesdiskussion die theologischen hinter die Machtinteressen zurück. Nicht Calvin, sondern Machiavelli bestimmte die Kämpfe der Hugenottenkriege. – Der Stil der *Institutio* ist in seinen letzten Fassungen dem Sprachgebrauch der Zeitgenossen um 50 Jahre und mehr voraus. Wo z. B. die Ausgabe von 1541 humanistisch-gelehrte Bildungen wie *cogitation, sapience* oder *inquisition* benutzte, findet sich 1560 die Sprache der Klassik: *pensée, sagesse, enquête.* Dabei schrieb Calvin meist lateinisch (*Œuvres* in 9 vol., 1671). Des Französischen bediente er sich vorwiegend zu Propagandazwekken: *Traité des reliques, Contre les anabaptistes, Excuse à MM les Nicodémites,* etc. – Seinen Anhängern predigte er strenge Moralgrundsätze. Er kannte nicht die Lebensfreude der Thelemiten. Ausgeschnittene Schuhe waren ihm der Gipfel des Sittenverfalls. Seine Kommilitonen nannten ihn *Jean l'Accusatif.* »Ego umbram semper amavi« könnte ein bezeichnendes Selbstbekenntnis sein. Seine Schüler und Mitstreiter in Genf waren u. a. Farel, Viret und Theodor von Beza.

Calvins Werk ist großenteils in der Schweiz entstanden. Im Frankreich der Hugenottenkriege ist die Literatur unübersichtlich wie die Politik. Spätestens seit der Verschwörung von Amboise (1560), dem gescheiterten Religionsgespräch von Poissy (1561) und dem Massaker von Vassy (1562) hatten die Kämpfe sich jeder Kontrolle entzogen. Die Bartholomäusnacht ist der tragische Höhepunkt einer Auseinandersetzung, die erst durch das Edikt von Nantes (1598) beendet wurde. In der Literatur dieser Zeit konstatiert man u. a. eine Vielzahl rhetorisch ausgefeilter *Discours*, eine stark ausgebildete Historiographie und ein Wiederaufleben des Stoizismus.

*Discours. Discours* schrieben u. a. Etienne de la Boétie *(Discours sur la servitude volontaire),* Ronsard *(Discours sur les misères de ce temps, Discours au Roi),* Michel de l'Hôpital *(Discours sur la pacification des troubles de l'an 1567),* Du Plessis-Mornay *(Excellent discours de la vie et de la mort),* Michel Hurault *(Quatre excellents discours),* François la Noue *(Discours politiques et militaires),* Guillaume Du Vair *(Discours pour le maintien de la loi salique).* Die politischen Tendenzen dieser *Discours* reichen von der extremen Monarchomachie bis zur legalistischen Kronjuristerei.

*Histoire.* Die im Titel auf Caesars *Commentarii* anspielenden *Commentaires* von Blaise de Monluc (7 Bücher, 1592) sind von großem Dokumentenwert. Einen Einblick in die undurchsichtigen Verhältnisse liefern auch Pierre Mathieu (*Histoire des derniers troubles de France* 1594), La Popelinière (*Histoire de France* 1597), Jacques de Thou (*Historia sui temporis* 1604 ff.) und Agrippa d'Aubígné (*Histoire universelle* 1616 ff.), sowie die Mémoires der Reine Margot (1628) und Sullys (1649) und das *Journal* von Pierre de L'Estoile.

*Stoizismus.* Der in den Niederlanden lebende und lehrende Justus Lipsius ist ein wichtiger Anreger: *De constantia, Manuductio ad philosophiam stoicam,* etc. In Frankreich tritt der stoische Trend u.a. hervor bei Du Vair *(La philosophie morale des stoiques, De la constance et consolation ès calamités publiques).* Seneca war seit der Muret-Edition von 1587 in Mode. Die *Animadversiones in L. Aennaeae Senecae Opera* von Janus Gruterus stammen von 1594/95. Zudem erschienen zahlreiche Übersetzungen von Einzelwerken des römischen Philosophen.

Im politischen Schrifttum vertritt François Hotman (*Franco-Gallia* 1573) die Idee des Gesellschaftsvertrages. Hubert Languet formuliert in den *Vindiciae contra tyrannos sive de principis in populum populique in principem legitima potestate* (1579), an dem vielleicht Du Plessis-Mornay mitarbeitete, ein biblisch begründetes Widerstandsrecht. Noch radikaler ist der anonyme *Réveille-matin des François.*

Vor diesem Hintergrund schrieb Agrippa d'Aubigné seine *Tragiques* (veröffentlicht 1616) über die Bartholomäusnacht und die *Aventures du baron de Faeneste* über den verwahrlosten Hof Heinrichs III. Die homosexuellen Vorlieben des Königs behandeln die anonymen *Sonnets d'Etat.* Auf seiten der Liga schrieben Pierre Mathieu, Simon Belyard, Louis Dorléans, u. a. Letzterer verherrlicht Jacques Clément, den Mörder Heinrichs III., im *Banquet du Comte d'Arète.*

Auch monarchomachische Zweckliteratur gab es auf katholischer Seite. Demgegenüber macht sich die Calvinistenpartei – z. B. in Hotmans *Brutum fulmen* – in dem Augenblick legalistische Argumente zu eigen, in dem Heinrich von Navarra seine Thronansprüche damit stützen konnte. Die grundlegende Staatstheorie stammt jedoch von Jean Bodin:

In den z.T. gegen Hotmans *Franco-Gallia* gerichteten *Six livres de la République* (1576) macht er sich zum Vorkämpfer der zentralistischen Monarchie, deren Machtfülle er freilich durch selbstbewußte Zwischeninstanzen juristisch und legalistisch eingeschränkt sehen wollte. Bodins Werk ermöglichte den Beginn einer Sachdiskussion inmitten der Ideologiediskussionen der Hugenottenkriege. In einigen Begründungen, z. B. in der Klimatheorie, verweist Bodin bereits auf Montesquieu. Im *Heptaplomeres* (1593) läßt er Angehörige verschiedener Bekenntnisse nach Möglichkeiten der Verständigung suchen. In der *Démonomanie* zeigt sich dieser ›moderne‹ Bodin dann als hexengläubiger Jurist, der den Magievorstellungen des 16. Jahrhunderts verhaftet ist und Querverbindungen zu Agrippa von Nettesheim *(De philosophia occulta),* Nostradamus *(Centuries),* Trithemius *(Antipalus),* u.a. erlaubt.

Auf der von Bodin gelegten Basis konnte sich die sog. Politikerpartei zusammenfinden: Pasquier (*Exhortation aux princes* 1561), L'Hôpital, La Noue, Montaigne u. a. Ausdruck dieser auf politische Lösungen abzielenden Tendenzen ist die *Satire Ménippée* (1594):

Der Titel des Werks erinnert an Varros *Saturae menippeae*. Es verspottet die Generalstände von 1593, die einen katholischen Gegenkönig wählen wollten, und zeigt das Aufbegehren des französischen Nationalismus gegen die Anarchie und die religiösen Führungsmächte England und Spanien. Die Liga will das französische Übel durch die Wunderdroge *catholicon* heilen. Mayenne tritt als Kriegshetzer auf. Der dritte Stand beklagt, daß Paris zur Räuberspelunke geworden sei. Man ist kriegsmüde: »Il n'y a paix si inique qui ne vaille mieux qu'une très juste guerre ...« Am Ende steht die Verherrlichung des Navarresen.

Die *Satire Ménippée* (Autoren: Florent Chrétien, Gilles Durant, Jacques Gillot, Jean Leroy, Jean Passerat, Pierre Pithou, Nicolas Rapin) verrät viel vom *bon sens* einer Bourgeoisie, die ihre Ruhe haben will. Sie verrät auch die pragmatische Orientierung auf den Wiederaufbau des zerstörten Landes, in dem die kämpfenden Parteien einander als unbesiegbar erkennen mußten. Freilich geht die Ablehnung auswärtiger Einmischungen nicht ohne bösartige Untertöne gegen »Espagnols, Wallons et Napolitains« ab, die undifferenziert als »Voleurs, meurtriers et assassinateurs« bezeichnet werden. Die Überwindung der religiösen Gegensätze war möglich nur durch die Schaffung einer Ersatzreligion. Es ist der Nationalismus, der bald neue Probleme aufwerfen sollte.

Heinrich IV. ist Mittelpunkt einer umfangreichen Stofftradition. Chapman (*The conspiracy and Tragedy of Charles Duke of Byron* 1608) und Rowley (*The noble spanish soldier* 1631) widmen sich seinen Liebschaften. Voltaire (*Henriade* 1723) macht den *roi poule-au-pot* zum Toleranzapostel. Ch. Collé (*La partie de chasse de Henri IV* 1760) zeigt ihn als Beglücker armer Leute, Blin de Sainmore widmet sich seiner Beziehung zu *Gabrièle d'Estrée* (1761). Es folgen mehrere dramatische Bearbeitungen von Einzelepisoden aus dem Leben des Volkskönigs: F. de Rozoi, Clairval, Irailh, Desfontaines, La Vallée, u. a.). Mercier gab 1782 seine *Réduction de la Ligue*. Im 19. Jahrhundert folgen u. a. A. Dumas d. Ä. (*La reine Margot* 1845), Dedenroth (*Die Liebschaften Heinrichs von Navarra* 1871), Granichstaedten (*Galante Liebschaften* 1887). Auf der Bühne des 20. Jahrhunderts steht der König bei Frischauer (*Ravaillac* 1926), Groh (*Die Favoritin* 1956), u. a. – Heinrich Mann entdeckte ihn in der Nachfolge Voltaires als Toleranzapostel (*Die Jugend des Königs Henri Quatre* 1935; *Die Vollendung des Königs Henri Quatre* 1938).

Außerhalb der französischen Grenzen im niederländischen Kampf gegen die Habsburger lebte und schrieb der in Brüssel gebürtige Marnix de Sainte Aldegonde (1540–1598), der oft nur deshalb ungenannt bleibt, weil er die mit dem nationalsprachlichen Grundkonzept vieler moderner Literaturwissenschaftler kollidierende Eigenschaft der Mehrsprachigkeit aufweist. Marnix studierte in Löwen, Dôle, Paris und Genf. 1560 wurde er Protestant und engagierte sich zusehends in der Politik. Er geriet 1573–1574 in spanische Gefangenschaft, kam 1575 nach Heidelberg, Polen, England und befand sich 1578 auf dem Reichstag zu Worms. Als Bürgermeister von Antwerpen mußte er 1585 die Stadt an die Truppen von Alessandro Farnese übergeben.

Marnix schrieb lateinisch, niederländisch und französisch. Er ist vielleicht der Dichter der niederländischen Nationalhymne *Wilhelmus van Nassouwe*. Gegen die *Epître* (1561) des Reimser Klerikers Gentien Hervet schrieb er zunächst niederländisch *Den Byencorf der Heiligen Rommschen Kercke* (1569), den Fischart ins Deutsche und der Autor selber ins Französische übertrugen: *La ruche d'abeilles de la Sainte Eglise Romaine*. Es handelt sich um eine allegorische Satire, die dann verändert als *Le tableau des différends de la religion* bekannt wurde. Aufgrund seiner polemischen Verve ist es mit Pascals *Provinciales* verglichen worden. Der Sprecher gibt sich als katholischer Priester, der den Protestantismus widerlegen will, was jedoch zu einer Pseud-Apologie führt, in deren Zerrspiegel Marnix' Ideal hervortritt: Toleranz, Trennung der geistlichen von der weltlichen Domäne, Überwindung des Religionsgegensatzes durch eine nationale Integrationsgestalt: Wilhelm von Nassau. Freilich gewinnt Marnix' Antikatholizismus hier und da die Oberhand gegenüber dem Toleranzdenken.

Marnix ist als Polemiker mit Pascal und als Stilist mit Rabelais zu vergleichen, mit dem er zumindest den Wortrausch teilt: »La seule Hierarchie eclesiastique, c'est a dire la saincte et solemnelle entrebouclure, concatenation et circonvolubilipatenotization des beatissimes papes de Rome, entravémariés du cordon rouge.« Man kann von solcher Sprachhandhabung her die Verbindung zu Charles de Costers *Ulenspiegel* suchen. Seit 1594 übersetzte Marnix im Auftrag der Generalstaaten die Bibel ins Niederländische.

Den niederländischen Katholizismus verteidigten u. a. Henri de Wachtendonck (*La bellone belgique* 1596) und Léo de Meyere, der sich im *Poème d'avis pour la paix belgique* (1596) gleichermaßen von Frankreich und von den Freien Niederlanden absetzte.

Die Zerrissenheit der Bürgerkriege prägt die Humanistengeneration der zweiten Hälfte des 16. Jahrhunderts. So gewann z. B. der Kampf um die Emanzipation der französischen Sprache eine bildungspolitische Dimension. Pierre de la Ramée, der in der Bartholomäusnacht ermordete protestantische Professor am *Collège royal*, Verfasser einer *Dialectique* von 1556, lehrt französisch. Es entsteht eine umfangreiche Literatur zu Fragen des Sprachvergleichs und der Übersetzungsprobleme:

Etienne Dolet (*La manière de bien traduire d'une langue en aultre* 1540), Henri Estienne (*Traité de la conformité du langage francoys avec le grec* 1565), id. (*Dialogues du nouveau langage françois italianisé* 1578), id. (*Précellence du langage françois* 1579). Diese Werke zeigen die Fruchtbarkeit der Ideen der *Deffence*. Sie bereiten sprachwissenschaftliche Leistungen vor wie z. B. Jean Nicots *Thrésor de la langue françoyse* (1606). Zudem erobert die französische Sprache immer neue Gebiete: Geologie, Medizin, Zoologie etc.: Pierre Belon (*Zoologie des poissons et des oiseaux*), Bernard Palissy (*Discours admirables*), Ambroise Paré (*Traité des playes d'hacquebutes*), Rondelet (*Histoire naturelle des poissons*).

Eine umfangreiche Übersetzungsliteratur macht zunehmend fremdsprachliche und antike Inhalte zugänglich. Jacques Amyot (1513 bis 1593), seit 1570 Bischof von Auxerre, enttäuschter Erzieher Heinrichs III. und Karls IX., Schüler von Danès und zeitweise Gräzist in Bourges, lieferte mit seiner Plutarchübersetzung eine entscheidende Grundlage für Montaignes *Essais* und »jahrhundertelang eine Quelle vaterländischer Begeisterung und, in revolutionären Zeiten, republikanischer Leidenschaft« (Cazamian).

Amyots Übersetzertätigkeit begann mit Heliodor (*Aethiopica* 1547), Diodor (1554) und Longus (1559), bevor er sich seit 1559 den *Vies des hommes illustres* Plutarchs widmete. Von 1572 sind die *Moralia* (neu 1574, 1575, 1582, 1595, 1603, 1618 u. ö.). Amyots Plutarch gehört im 16. Jahrhundert zu den direkten Vorbildern von Brantômes *Vies des hommes illustres et grands capitaines françois* und der *Vies des dames galantes* (posthum 1666). Seine Wirkung wird noch bei Perrault (*Parallèles des anciens et des modernes* 1688/1697; *Vies des hommes illustres* 1697/1701) greifbar.

Zu Amyots Generation gehörte auch Etienne Pasquier (1529–1615). Als Schüler von Cujas und Alciat am römischen Recht geschult, verteidigte er legale Normen auch während der Religionskriege und war ein loyaler Gefolgsmann Heinrichs III. und Heinrichs IV. Als Dichter stand er zeitweise der Pléiade nahe (*Jeux poétiques*) und seine Korrespondenz zeigt ihn als Literaturkritiker, der Ronsard und Montaigne einzuschätzen wußte. In den *Recherches de la France* (1560 ff.) verteidigt er die französische Sprache, die gallikanischen Freiheiten, den reflektierten Reformkatholizismus, die legalistische Thronfolge. Über die lateinische Antike hinweg entdeckt er Frankreichs keltische Vergangenheit und interessiert sich sogar für das provenzalische Mittelalter. Hier gleicht er u. a. Claude Fauchet (1530–1602) mit seinen *Antiquitez gauloises et françoises* (1579/1602) und dem *Recueil de l'origine de la langue et poésie françoises* (1581), der eine bis heute brauchbare Dokumentation zur Frühgeschichte der Okzitanistik darstellt.

## 6. Montaigne

Montaigne (1533–1592) ist der »bedeutendste Denker« des 16. Jahrhunderts (Suchanek).

Michael Eyquem de Montaigne, dessen Vater Pierre mit Franz I. nach Italien gezogen war, hatte das Lateinische wie eine lebende Sprache gelernt. Nach Studien am *Collège de Guyenne* und in Bordeaux und Toulouse wurde er 1554 Mitglied der *Cour des aides de Périgueux*, 1557 des *Parlement de Bordeaux*. Seine Freundschaft mit Etienne de La Boétie verklärte sich durch den frühen Tod des Autors des *Contr'un*, von dem er eine Sonettserie in seine *Essais* aufnahm. Nach 1558 ist er mehrmals bei Hofe. Er kennt Heinrich III., Karl IX., Heinrich IV. Seit 1565 verheiratet, übersetzt er 1569 die *Theologia naturalis sive liber creaturarum* des Raimundus Sebundus. Nach dem Tod seines Vaters zieht er sich zum *otium cum litteris* in den Turm seines Schlosses zurück. Er liest Senecas *Lucilius*-Briefe, Boethius *De consolatione philosophiae*, beschäftigt sich mit den lateinischen Lyrikern, Historikern, Rhetorikern, mit Plutarch-Amyot, Commynes, den *Annales et chroniques de France* von Nicole Gilles, Guevaras *Epistolas familares* und den *Selvas de varia lección* von Pedro de Mejía. Diese Lektüren verquicken sich mit der durch die Hafenstadt Bordeaux vermittelten Kenntnis fremder Länder und Menschen sowie mit der Kunde von den überseeischen Entdeckungen der Spanier, Portugiesen und Engländer. In das so sich relativierende Weltbild gehen zudem skeptische Tendenzen ein: Sextus Empiricus, Pomponazzi, das *De incertitudine et vanitate scientiarum et artium* des Agrippa von Nettesheim (1530). 1576 läßt er eine Medaille mit der Aufschrift »Que sais-je?« schlagen.

1580 erscheinen die beiden ersten Bücher der *Essais*. Sie zeigen den Autor auf dem Weg vom angelesenen *locus communis* zur selbständigen Gedankenführung:

Das Kapitel *Que philosopher c'est apprendre à mourir* (I,20) verquickt die Orientierung an Ciceros »tota philosophorum vita commentatio mortis est« (*Tusc.* I,30) mit der persönlichen Reflexion. In *De la coutume et de ne changer aisément une loi reçue* (I,23) verbinden sich Freiheitsdenken und illusionsloser Konservativismus. Das für Diane de Foix, Comtesse de Gurson, geschriebene Kapitel *De l'institution des enfans* (I,26) weist der französischen Pädagogik den Weg von der enzyklopädischen Wissensanhäufung zum Ideal des *honnête homme*. *De l'amitié* (I,28) erinnert im Titel an Ciceros *De amicitia*, geht jedoch in der Begründung des Freundschaftsphänomens weit darüber hinaus: »Parce que c'était lui, parce que c'était moi.« In *Des cannibales* (I,31) relativieren sich die geglaubten Wahrheiten zur Ideologie. In *De la présomption* (II,17) zeichnet Montaigne sich selber als ständigen Veränderungen unterworfen. Seinen Sprachgebrauch charakterisiert er als »âpre et dédaigneux«. Die umfangreiche *Apologie de Raymond Sebond* (II,12), die auf Anregung von Marguerite de Valois geschrieben wurde, verunsichert das Vertrauen in die *Ratio*, die Montaigne am Instinkt der Tiere mißt. Der hier angemeldete Zweifel zerstört die Sonderstellung des Menschen in der Seinskette: »Nous ne sommes ny au-dessus ny audessouls du reste.«

Im Vorwort der *Essais* unterstreicht Montaigne die Originalität des Werks. Es geht nicht um stilisierte Selbstanalyse nach Art von Petrarkas *Secretum*, nicht um eine *Confessio* im Stil des Augustinus. Es geht um eine deskriptiv angelegte Erfassung des Ichs »sans contention et artifice«.

Zwischen Juni 1580 und November 1581 reiste Montaigne durch Deutschland, die Schweiz und Italien. Von dieser Bäderreise wurde im 18. Jahrhundert eine teils von einem Schreiber unter Diktat verfaßte Beschreibung entdeckt, die Meunier de Querlon 1774 mit einer Widmung an Buffon edierte. Teile dieses *Journal de voyage* sind in italienischer Sprache abgefaßt.

Montaigne berührt u. a. Plombières, Basel, Augsburg, München, Innsbruck, Venedig, Florenz, Rom. Die Beschreibung von Lucca lohnt den Vergleich mit Heine. Der Autor interessiert sich für Alltägliches, für Gasthöfe, Eß- und Trinkgewohnheiten, Kunstwerke, politische und religiöse Verhältnisse. Er bewundert die Parks von Tivoli und Pratolino und vor Goethe die Schönheit der Italienerinnen. Er meditiert über antiken Ruinen, wird *civis romanus* und nuanciert allgemein das negative Italienbild aus Du Bellays *Regretz.* Es scheint, als führe ihn das Italienerlebnis zu einem vegetativeren Lebensstil. Für die französische Italienliteratur steht das *Journal* neben Stendhals *Promenades* und dem *Journal* vom Ampère. In Lucca erfährt Montaigne seine Wahl zum Bürgermeister von Bordeaux. Er kehrt in das Frankreich der Bürgerkriege zurück und hält die Stadt im Machtbereich Heinrichs III. ohne seine Sympathie für Heinrich von Navarra zu verbergen. Während der Pestepidemie bleibt er der Stadt fern.

Die Summe dieser Erfahrungen, vertieft durch weitere Lektüre, wird greifbar im 3. Band der *Essais,* der 1588 zusammen mit einer überarbeiteten Neuauflage der *Essais* von 1580 erschien:

Dieser 3. Band der *Essais* enthält umfangreiche Kapitel zu persönlichen und persönlichsten Erfahrungsbereichen. *Du repentir* (III,2) gibt zahlreiche biographische Informationen, *Des trois commerces* (III,3) beinhaltete sein Verhältnis zu Freunden, Frauen und Büchern. In *De la vanité* (III,9) mischt sich die Erinnerung an den *Ecclesiastes* mit Reisereflexion und der Rechtfertigung des *ordo fortuitus* seiner Schriftstellerei. *De mesnager sa volonté* (III,10) enthält Details zu Montaignes Tätigkeit als Bürgermeister, *De l'expérience* (III, 13), das letzte Kapitel der *Essais,* ist ein Bekenntnis zur persönlichen Freiheit: »Je suis si affadi après la liberté que, qui me défendroit l'accès de quelque coin des Indes, j'en vivrais aucunement plus mal à mon aise.«

Montaignes Gebrauch des Wortes *Essai* wurde später vom englischen *Essay* überlagert. Johann Chr. Bode wählt im 18. Jahrhundert für seine deutsche Übersetzung den umständlichen aber treffenden Titel *Gedanken und Meinungen über allerlei Gegenstände.* Montaigne selber präzisiert: »Toute cette fricassée que je barbouille icy, n'est qu'un registre des *essais* de ma vie«, sein Buch ist also ein Tagebuch *(registre), essai* rückt in die semantische Nähe von *expérience.* Die *Essais* dienen keinem *engagement,* ihr Zweck ist »domestique et privé«, sie suchen einen Leser, der bereit und fähig ist, seine Muße einem »subject si frivole et si vain« zu opfern. Der hier zutage tretende Egozentrismus mißfiel Pascal: »Le sot projet que Montaigne a eu de se peindre.« Er gefiel Voltaire.: »Le charmant projet que Montaigne a eu de se peindre... Car il a peint la nature humaine.« Hier liegt das allgemeine Interesse des Buchs: »Chaque homme porte la forme entière de l'humaine condition« (III,2).

Der *itinéraire spirituel* der *Essais* führt vom sentenzenhaften Repetieren disparater Lesefrüchte zur persönlichen Reflexion. Die Kapitel werden umfangreicher (Buch I: 57; Buch II: 37; Buch III: 13 *Essais*). Sie spiegeln den Wissensstand des Humanisten und sind zugleich Resumee einer individuellen Erfahrung. Stoizismus, Epikurismus und Skeptizismus verbinden sich mit konservativ-katholischer Observanz. Montaigne ist mit der letzten Ölung gestorben. Sein Interesse galt dem *nosce te ipsum,* der sokratischen Selbstfindung, dem ›systematischen Egoismus‹, der – mit anderen Akzentsetzungen – auch Stendhal und dem jungen Barrès nicht fremd sein wird. Von hierher führt ihn der Weg zum illusionslosen Wissen um Diversität und Relativität von Gewohnheiten und Wahrheiten. Die Jenseitsfrage wird weitgehend ausgeklammert. Im Vordergrund steht die Kunst des individuellen Glücklichseins, der persönliche Glücksanspruch. Ein liberaler, aufklärerischer Zug mischt sich so in die konservative Absage an die politische und religiöse »nouvelté« (I,23).

Montaigne ist kein Systemphilosoph. Sein Hang zur Anekdote und die bewußte Beschränkung auf ein gaskognisch durchsetztes Französisch mögen die Unfähigkeit zur Abstraktion bezeugen. Aber sie bezeugen auch die Fähigkeit zur Differenzierung und die Berücksichtigung der aufgrund einer ausgefeilten Zitiertechnik eingebrachten historischen Erfahrung. Die Logiker haben Montaigne nie gemocht und sicherlich kann man fragen, was er denn eigentlich an die Stelle der denkend zerstörten Gewißheiten zu setzen habe. Vielleicht ein unzeitgemäßes Ideal von Menschenwürde, das Askese, Grausamkeit, Pedantismus, Vorurteile, etc. ablehnt und ein ganzheitliches Menschenbild erschließt. Montaignes Äußerungen über Folter, Hexenglauben, religiösen Fanatismus, etc. sind in dieser Hinsicht eindeutig. »Ne sacrifier ni les joies du corps ni celles de l'esprit, ni les salons ni la retraite ni le grand air, ni la conversation ni le jeu ni le livre, ni la pratique de la vie« (Saulnier). Das kann eine reflektierte Form der *aurea mediocritas*, der stoisch-epikuräischen *moderatio* sein, vielleicht auch moralischer Machiavellismus. Es bedeutet jedoch auch die Rehabilitation der Lebensfreude, der paradoxen Natur des Menschen. Der einzige Wert, den Montaigne in seiner von Fanatismen gekennzeichneten Zeit anerkennt, ist das Leben, das er als individuelle Aufgabe begreift: »Notre grand et glorieux chef-d'œuvre, c'est vivre à propos« (III,13).

Die *Essais* stellen interessante Editionsprobleme. Nach Montaignes Tod besorgte seine unkritische Bewunderin Marie Le Jars de Gournay eine vollständige Ausgabe (1595), die bis 1912 unüberholt blieb. Die moderne Literaturwissenschaft greift auf das sog. *Exemplaire de Bordeaux* zurück, das Montaigne selber noch mit Randnotizen versehen hat. In ihnen schlagen sich Erfahrungen seiner letzten Lebensjahre nieder: er wird von den Ligisten in die Bastille gesperrt, ist bei Heinrich III. in Rouen, bei den Generalständen in Blois, pflegt die Beziehungen zu Pierre de Brach, Peletier, Lipsius und Charron, dessen *Sagesse* (1601) den insgesamt wohl gescheiterten Versuch einer logischen Systematisierung der *Essais* darstellt. Mit der *Sagesse* beginnt die Wirkungsgeschichte der *Essais*, wenn man einmal davon absieht, daß Chassignet schon 1594 das Vorwort seines *Mespris de la vie* als Puzzle von Montaigne-Zitaten konzipiert hatte. Montaignes Fernwirkung erreichte Klassiker, Libertiner, Aufklärer, Romantiker, Individualisten, Moralisten, Immoralisten: Descartes, Pascal, Racine, La Fontaine, La Bruyère, La Rochefoucauld, Voltaire, Diderot, Rousseau, Joubert, Rivarol, Sainte-Beuve, A. France, Gide, Goethe, Nietzsche, H. Mann, u. v. a.

## 7. Das französische Theater im 16. Jahrhundert

Auch im 16. Jahrhundert gibt es noch *mystères, soties* und *moralités* nach mittelalterlichem Vorbild. Der diesen Traditionen verpflichtete Pierre Gringore stirbt nach 1538. Die *basoche*, die *enfants sans souci*, die *confrérie de la passion* existieren weiter. Auch nach dem Verbot der *Mystères* durch das Pariser Parlament (1548) behalten traditionelle Stoffe – z. B. *Huon de Bordeaux, Grisélidis* u. a. – ihr Publikum. Demgegenüber machen die Humanisten das antike Repertoire verfügbar:

Lazare de Baïf überträgt Sophokles *(Elektra)* und Euripides *(Hekuba)*, Ronsard Aristophanes *(Pluto)*, Antoine de Baïf Plautus *(Miles gloriosus)*, Jean de la Taille Seneca *(Medea)*. Hinzu kommen neulateinische Produktionen: Muret *Julius Caesar* (1553) wirkt auf Grévin (*La mort de César* 1561) und Shakespeare. Buchanan verfaßt nach *Jud.* 11 seinen *Jephtas* (1554), mit dem er sich stoffgeschichtlich in eine Tradition einreiht, die von Abelard

*(Planctus virginum Israel super filiam Jeptae)* über H. Sachs *(Der Jephte mit seiner Tochter* 1555) bis Händel (1752), Meyerbeer (1811) und Feuchtwanger (1957) reicht. Vorbildlich für das humanistische Theater in französischer Sprache wurde u. a. Trissinos italienische *Sofonisba* (1524). Ihr eifert Etienne Jodelle mit seiner *Cléopatre captive* (1553) nach, die ihm die Anerkennung der Pléiade-Gruppe einbrachte. Das Werk, das die Vorarbeit des Italieners Cesare di Cesari verrät, baut auf Plutarchs *Antonius*-Vita auf und ist trotz seiner Bedeutung für die französische Theatergeschichte kein Gegenstück zu Shakespeares Bearbeitung des gleichen Stoffs. Später produzierte Jodelle noch eine antikisierende *Dido*. Jacques de La Taille eifert ihm mit einem *Alexandre* nach.

Biblische Stoffe bearbeiten Beza (*Abraham sacrifiant* 1550), Jean de La Taille (*Saul furieux* 1572), Thomas Lecoq (*Caïn* 1580) und Philippe des Masures *(David combattant, David fugitif, David triomphant)*. Die Möglichkeiten einer orientalischen Intrigentragödie erkannte Gabriel Bounin mit *La soltane* (1561) und bald schon richtete sich das Interesse auch auf zeitgenössische und jüngere historische Stoffe. So gab Antoine de Montchrestien (1576–1621) nach einer französischen Bearbeitung von Trissinos *Sofonisba* mit *La reine d'Ecosse* (1603) eine erste dramatische Bearbeitung des Maria-Stuart-Stoffs.

Auf das klassische Theater des 17. Jahrhunderts verweist Robert Garnier (1545–1590). Sein Frühwerk ist antik orientiert: *Porcie, Hippolyte* (Phädra-Stoff!), *Cornélie, Marc-Antoine, La Troade, Antigone.* Mit der Tragikomödie *Bradamante* (1582) verarbeitet er Elemente aus Ariosts *Orlando furioso* und Tassos *Gerusalemme liberata*, sowie das traditionelle Motiv von der streitbaren Jungfrau, die nur dem Manne gehören will, der sie im Kampfe besiegt. Die biblische Tragödie *Les Juifves* (1583) behandelt die babylonische Gefangenschaft der Kinder Israel und führt in die unversöhnliche Welt des Alten Testaments. Garnier konnte auf einer hochentwickelten Tragödientheorie aufbauen:

Die humanistischen Tragödientheorien propagieren die Ideen von Aristoteles und Horaz in der speziellen Perspektive von Castelvetro und Skaliger, dessen *Poetices libri VII* (posthum 1561) u. a. die Forderung nach Raum-, Zeit- und Handlungseinheit, aristokratischem Personenrepertoire und blutigem Tragödienende enthielten. Sie blieben in Frankreich bis ins 18. Jahrhundert bestimmend und forderten noch Lessings Kritik in der *Hamburgischen Dramaturgie* heraus. Im 16. Jahrhundert wurden sie u. a. von Vauquelin de la Fresnaye (*Art poétique* 1574) und Jean de la Taille vertieft. Letzterer empfiehlt in *De l'art de la tragédie* (1572) u. a. »piteuses ruines«, »grands seigneurs«, »misères extrêmes« und einen Handlungsablauf »en un même jour, en un même temps et en un même lieu«. Im Frankreich der Religionskriege war die Konzeption der Theaterklassik von Versailles bereits erarbeitet. Mit Deimiers *Art poétique* (1610) fanden später auch Malherbes Sprachreinigungsbestrebungen Eingang in diese Diskussionen. Boileaus *Art poétique* (1774) konnte hier nur mehr in Nuancen neue Gesichtspunkte einbringen.

Die französische Komödie des 16. Jahrhunderts hatte u. a. mit dem humanistischen Vorurteil gegen die ›niedere‹ Gattung zu kämpfen. Frühe Zeugnisse sind u. a. Jodelles *Eugène* (1552), Grévins *La Trésorière* (1558), *Les Esbahis* (1560) sowie *Les Corrivaux* (1574) von Jean de la Taille. Der vielleicht bekannteste Autor dieser Frühzeit ist Pierre de Larivey (1540?–1619?):

In *Les esprits* zeigt er die Kenntnis von Plautus, Terenz und Lorenzo de' Medici. Es handelt sich um eine freie Bearbeitung des *Aulularia*-Stoffs, die auf Molière wirkte, als er die Gestalten des Harpagon im *Avare* und des Sganarelle in der *Ecole des maris* konzipierte. Larivey machte sich u. a. den wachsenden Einfluß der *Commedia dell'arte* zunutze, der seit den französischen Gastspielen der *Gelosi*-Truppe von 1576 spürbar wurde.

Hinzu kommen bald auch spanische Einflüsse: *Les contens* (1584) von Odet de Turnèbe verraten die Kenntnis der *Celestina.* Die Sympathie des Publikums gehörte freilich auch um 1600 noch eher den volkstümlichen Spaßmachern, den *farceurs* am Pont-Neuf: Gros-Guillaume, Turlupin, Gautier-Garguille und – etwas später – Tabarin.

1596 kam mit Jacopo Peris *Dafne* die erste Oper auf die französische Bühne. Damit war noch im 16. Jahrhundert eine neue Form der Bühnenkunst geschaffen, die in der Folgezeit zu großer Blüte gelangte. Die Musik zu diesem Erstlingswerk ist verschollen. 1600 schrieb Peri seine *Euridice* zur Hochzeit Heinrichs IV. mit Marie de Médicis. Am *Orpheus*-Stoff sollten sich seither zahlreiche Opernschreiber über Monteverdi, Gluck, Offenbach und darüber hinaus versuchen.

## 8. Wege der Lyrik vor 1600

Das Programm der *Pléiade* hatte sich im Frankreich der Religionskriege nicht durchsetzen lassen. Gegen Ende des 16. Jahrhunderts finden sich mehrere Autoren, deren Werke eine nach wie vor kontroverse Barockdiskussion nähren und in die unmittelbare Vorgeschichte des literarischen 17. Jahrhunderts hineinführen.

Guillaume Du Bartas (1544–1590), Waffengefährte Heinrichs von Navarra, wirkte auf Vondel und schrieb nach Goethe einige der besten französischen Verse. Er begann mit der bewußt von den paganen Tendenzen der *Pléiade* abgehobenen *Muse chrestienne* (1574) und einem *Judith*-Epos (1573). Mit *La sepmaine ou création du monde* (1578) und der *Seconde Sepmaine* (1584) wurde er zum Anreger für Miltons *Paradise lost.* In diesen Zusammenhang einer protestantischen Dichtung *ad maiorem Dei gloriam* gehört auch der bereits erwähnte Agrippa d'Aubigné (1552–1630). Mit *Le printemps* (publ. 1874) steht er in der Tradition der *Pléiade* und besingt seine Liebe zu Diane Salviati, der Nichte der Ronsard-Muse Cassandre. Als parteilicher Historiker der Hugenottenkriege schreibt er im Genfer Exil seine *Histoire universelle.* Die Korruption bei Hofe evozieren die *Aventures du Baron de Faeneste,* sein eigentliches Hauptwerk sind jedoch die *Tragiques* (7 Gesänge, über 9000 Alexandriner, geschr. 1589–1599; publ. 1616). Das Werk versucht, den Leiden der Religionskriege einen Sinn für die Menschheitserlösung abzugewinnen. Dabei vereinigen sich manichäische Parteilichkeit mit humanistischer Bildung und calvinistischer Bibelfestigkeit. Die *Tragiques* erinnern in ihrem kompromißlosen Hang zur Schwarzweißmalerei – z. B. die ›böse‹ Katharina von Medici, die ›gute‹ Elisabeth I. von England – an Dantes *Inferno.*

Einen anderen Weg gingen jene Autoren, die sich gegen Ende des 16. Jahrhunderts um eine Fortführung des Petrarkismus bemühten. Sie entstammen dem bei allen politischen Schwierigkeiten doch bemerkenswerten Mäzenatenkreis um Heinrich III. Hier kannte und schätzte man Pamphilo Sasso, Dolce, Constanzo, Rota, Tansillo u. a., hier wirkte Vauquelin de la Fresnaye (Sansovino-Übersetzungen, *Foresteries* 1555, *Diverses poésies* 1605), hier wirkte vor allen Dingen Philippe Desportes (1546–1606), Hofdichter Heinrichs III., den er nach Polen begleitete.

Durch seine Beziehungen zum Salon der Maréchale de Retz wurde Desportes zu einem frühen Anreger der *préciosité* des 17. Jahrhunderts. Mit seinen diversen *Amours (Diane, Hippolyte, Cléonice)* bewegt er sich frei in der Tradition Ronsards. Seine Sonette verraten das italienische Vorbild oft bis in den Wortlaut hinein, z. B. »Solitaire et pensif ...« (*Diane* 43) und »Solo e pensoso ...« *(Canzoniere).* Sein Werk, zu dem noch die bereits erwähnten Psalmen gehören, bildete den Ausgangspunkt für die Sprachreformen Malherbes.

Desportes' Neffe Mathurin Régnier (1573–1613) verehrte Rabelais, Montaigne, Berni und lehnte Malherbe ab. Nach ausgedehnter Lektüre von Horaz und Ovid schuf er die französische Satire (*Satyres* 1603/1613), für die er den Alexandriner wählte:

Seine Themen sind u. a. Hofleben, Liebesprobleme, Eitelkeit, Kuppelei, Ehrgeiz, Heuchelei, Ärzte, Juristen, Dichter (*Sat.* II), Kritiker (*Sat.* IX gegen Rapin). Die Typen des verseschmiedenden Hungerleiders (*Sat.* X) oder der Kupplerin Macette (*Sat.* XIII), die der Madame de La Pommeraye aus Diderots *Jacques le fataliste* (1773) ebenbürtig ist, rechtfertigen Boileaus Urteil, demzufolge Régnier der beste Charakterzeichner vor Molière gewesen ist. Sainte-Beuve nannte ihn »le Montaigne de notre poésie«. 1610 erschienen seine *Inscriptions.*

Régniers Nachfolger sind u. a. Jacques du Lorens (*Satires* 1624), Claude d'Esternod (*L'espadon satirique* 1619), Jean Auvray (*Le banquet des Muses* 1623).

Wie Desportes und Régnier war auch Jean Bertaut (1552–1611) ein gelehrter Abbé. Er schrieb *Elégies, Epîtres,* Psalmenübersetzungen. Dem Sonett zog er die *Stanze* und die *Kanzone* vor. Durch Du Perron (1556–1618); *Œuvres* (posthum 1633) war er Heinrich IV. vorgestellt worden und hatte an seiner Konversion mitgewirkt. 1610 hielt er seine Totenpredigt.

Der baskische Hugenotte Jean de Sponde (1557–1595), der 1593 gleich seinem König konvertierte, schrieb Sonette und ausgefeilte *Stances de la mort,* die ihm im 20. Jahrhundert ähnlich wie Etienne Durand (1585–1618; *Méditations*) einen hohen Bekanntheitsgrad und den Ruf des *metaphysical poet* einbrachten. Sie stellen u. a. das Problem des französischen Barock und verraten die ausgeprägte Antithethetik des Petrarkismus: Freud' und Leid, Leib und Seele, Leben und Tod, ein Spiel mit Gegensätzen, hinter dem »hie und da die ... Neigung zum philosophischen Ansatz spürbar wird« (Pollmann). Ähnliches gilt für Marc de Papillon de Lasphrise (1555–1599): *Premières œuvres poétiques* 1597; *Poésies* (posthum 1600).

Außerhalb der französischen Grenzen lebte und schrieb Jean-Baptiste Chassignet aus Besançon, der als französischsprachiger Bürger einer zu den spanischen Niederlanden gehörenden Freien Reichsstadt vielfältige Einflüsse in sich vereinigt, die – wie z.B. seine Beziehung zu Chifflet, dem Leibarzt Philipps IV. von Spanien und Briefpartner Quevedos – noch der Klärung bedürfen. Außer einer Übersetzung von Chifflets *Vesontio* (1618), spät publizierten *Sonnets franc-comtois* und Psalmenparaphrasen (1613), lieferte Chassignet mit *Le Mespris de la Vie et consolation contre la mort* (1594) ein umfangreiches Zeugnis für die perspektivenreiche Lyrik am Ende des 16. Jahrhunderts.

Dieses Jugendwerk treibt die von Petrarka ererbte und u. a. von Montaigne und Ange Cappel verstärkte Antithetik von Leben und Tod auf eine barocke Spitze und bringt den Beweis, daß die Sonettform, und sei es auch um den Preis der kaskadenhaften Verkettung, die schwierigsten Fragen der Theologie, der Moral und die Gesamtproblematik von *miseria* und *dignitas hominis* zu meistern vermag. Der *Mespris* besteht aus 434 mit *Syndérèses, Odes, Oraisons* und Widmungsgedichten untermischten Sonetten. Chassignets Sonettvers ist der Alexandriner, in anderen Stücken kennt er auch 10- und

6silbige Verse. »Je me présente icy comme une anatomie« ist das über Montaigne hinausgreifende Programm der vom Autor versuchten Selbstdarstellung (*Son.* 302), die zahlreiche Leseerfahrungen (u. a. Seneca, Du Plessis-Mornay, Dante, Petrarka, Ariost, Ronsard, Lipsius, Villon, die Bibel, etc.) verarbeitet. Die *Préface* erweist sich als Puzzle von Montaigne-Zitaten. Chassignets originell auf Ronsard aufbauende Ästhetik ist mit Villon und Baudelaire in Verbindung gebracht worden. Nodier charakterisierte den *Mespris*: »Enlevez de ce recueil volumineux quelques stances bizarrement versifiées, quelques expressions vieillies, quelques idées un peu mystiques, vous le croiriez pensé par Montaigne et rédigé par Malherbe.«

Die von Nodier angedeutete Doppelgesichtigkeit charakterisiert eine Zeit des Übergangs: »Avec le baroque, une conquête de l'impressionnisme. Dans l'effort préclassique, un apprentissage de la haute éloquence« (Saulnier).

## 9. Neuorientierungen in der Prosa um 1600

Honoré d'Urfé (1567–1625), Südfranzose, Malteserritter, Liga-Anhänger und seit 1603 königlicher Edelmann, begann schon 1589 seine *Astrée,* die im 17. Jahrhundert eine Mode machen sollte.

Das Werk verrät u. a. den Einfluß italienischer und spanischer Abenteuer- und Schäferdichtungen, die seit Sannazaros *Arcadia* (1502), der *Diana* (1558) des Jorge de Montemayor, Tassos *Aminta* (1584) und Gil Polos *Diana enamorada,* aber auch durch die *Aventures de Floride* (1593/1601) von Boroalde de Verville verbreitet waren und den arkadischen Traum von der besseren Welt im Kontext der Religionskriege lebendig erhielten. *Astrée* ist ein vielschichtiger Abenteuerroman, in dem das Paar Astrée und Céladon, umgeben von Bösewichtern und Nebenbuhlern, nach zahlreichen Irrungen und Wirrungen zusammenfindet. Das Wirkungsfeld für Abenteuergeschichten dieser Art findet sich im 17. Jahrhundert vor allen Dingen in den preziösen Salons. Die schließlich 5 Bände und über 5000 Seiten umfassende *Astrée* (vollständig 1623/1633), an der auch d'Urfés Sekretär Baro mitarbeitete, verdankt ihre Wirkung möglicherweise dem Kunstgriff des Autors, der sein Musterarkadien im heimatlichen Florenz gleichsam nationalisierte. Hierin wird ihm der nach Lüttich ausgewanderte Edmond Breuchet de Croix mit *Le malheureux content ou le divertissement d'Ergaste avec les bergers du rivage de la Meuse* (1642) nacheifern.

Ähnlich verfuhr auch Vital d'Audiguier, der die Handlung von *La Flavie de la Menor* (1606) in Südfrankreich ansiedelte. Vital ist für die Neuorientierung der französischen Prosa nach 1600 ein wichtiger Vermittler:

Dieser Abenteurer, der im Salon der Reine Margot verkehrte und 1624 in der Wohnung einer Pariser Dame erstochen wurde, belebte die Mode der Abenteuer-Romane außer mit *La Flavie de la Menor* noch mit *Les douces affections de Lydamant et de Callyante* (1607), *Les diverses affections de Minerve* (1625), *Les amours d'Aristandre et de Cléonice* (1626). Seine *Histoire tragi-comique de nostre temps, sous les noms de Lysandre et Calystre* (1615) erlebte bis 1739 31 Auflagen in französischer Sprache und existiert auch in niederländischen, italienischen und deutschen Übersetzungen. D'Audiguier schrieb ferner Gedichte und philosophische Abhandlungen *(Philosophie soldade, Le vray et ancien usage de duels)*. Als Übersetzer machte er Cervantes *Novelas exemplares*, Espinels *Marcos de Obregón*, Lope de Vegas *Peregrino en su patria* in Frankreich bekannt.

Die Mode der Abenteuerromane verstärkte sich auch durch John Barclays *Satyricon* (1621), das als lateinisch geschriebenes Beispiel für den Schelmenroman in Frankreich zahlreiche Leser fand.

Ein anders geartetes Beispiel für die Neuorientierungen der französischen Prosa der interessierenden Zeit ist das Werk von François de Sales. Es verrät die Rhetorik eines erneuerten Katholizismus, der der protestantischen Kampfliteratur des 16. Jahrhunderts eine *prose familière* mit bemerkenswerten Überredungsqualitäten entgegensetzte.

François de Roussy de Sales (1567–1622) war seit 1602 Bischof von Genf, gründete 1610 zusammen mit Mme de Chantal den Orden der Visitantinnen. 1665 wurde er heiliggesprochen, seit 1923 ist er der Schutzpatron der französischen Schriftsteller. Sein *Traité de l'amour de Dieu* wirkte auf Fénelon und Lamartine.

Für die französische Prosa des 17. Jahrhunderts wurde seine *Introduction à la vie dévote* (1609) wichtig:

In einem an Montaigne erinnernden Prosastil versucht der Autor in diesem Werk seine adligen Standesgenossen für die religiöse Erneuerung zu gewinnen. Die *Introduction* verrät die durchdachte Überzeugungsrhetorik des Kanzelredners und bereitet das Wirken der ›klassischen‹ Theologen – u. a. Pascal, Bossuet, Fénelon – vor. Bis 1620 erlebte sie 40 Ausgaben. Quevedo übersetzte sie ins Spanische. François de Sales predigt Observanz ohne Askese und Moralapostelei, lehnt gewaltsame Bekehrungen ab und hofft durch sein persönliches Beispiel – Krankenpflege, Armenbetreuung – zu wirken.

In eine ähnliche Richtung weist auch der *Discours de l'estat et des grandeurs de Jésus* (1623) des Oratorianer-Kardinals Pierre de Bérulle (1575–1629), der u. a. mit der Reformerin von Port-Royal (1608), Angélique Arnauld, zusammenarbeitete. Jean-Pierre Camus (1583 bis 1652), Bischof von Bellay, Verfasser christlicher Erbauungsromane (*Aristandre* 1624, *La pieuse Julie* 1625, u. a.) und wirkungsvoller Predigten gehört ebenfalls in diesen Kreis der literarischen Initiatoren des Jahrhundertsbeginns. Ihnen allen ist es zuzuschreiben, wenn die französische Literatur des 17. Jahrhunderts im Zeichen eines zwar oft uneinigen aber letztlich doch unumstrittenen Katholizismus stand.

## 10. Neue Horizonte

Die Renaissance in Europa ist zugleich eine Zeit der Entdeckungsreisen, die das eurozentrische Weltbild der vorhergehenden Jahrhunderte erweiterten. Auch innerhalb Europas wird viel gereist, und die von den Humanisten gepflegte Kunst des Briefs verrät deutlich, wie sehr der Blick der Intellektuellen auch durch das Bewußtsein der internationalen Zusammengehörigkeit geprägt war. Am 2. 9. 1522 schreibt Erasmus an Zwingli: »Ego mundi civis esse cupio« und umreißt damit ein weltbürgerliches Programm, das er durch Reisen und Wohnsitzwahl – England, Frankreich, Italien, Deutschland, Schweiz, Niederlande – praktizierte. Die Reisen Dürers, Münsters, Münzers u. a. weisen in die gleiche Richtung der Horizonterweiterung durch das Er-Fahren fremder Länder und Wirklichkeiten. Die Glaubensspannungen des 16. Jahrhunderts bewirkten zudem umfangreiche Emigrantenbewegungen – Valdés, Sozzini, u. a. – sowie Religionstreffen: 1554 trafen sich John Knox, George Wishart, Thomas Cramer in Frankfurt. Philipp Sidney, Edelmann und Dichter, ist Botschafter Elisabeths I. bei Rudolf von Habsburg und lernt in dieser Eigenschaft auch Italien kennen. Garcilaso de la Vega kennt Italien, Frankreich, Deutschland und das habsburgische Osteuropa.

Für die Franzosen des 16. Jahrhunderts gilt Ähnliches. Von Commynes bis Monluc kannten die Historiographen Italien oder Flandern. Brantôme war in Schottland, Afrika, Ungarn und auf Malta. Henri Estiennes *Apologie pour Hérodote* wimmelt von Erinnerungen an Rom. Rabelais war wie Dolet ein interessierter Italienkenner, der nicht nur Marlianis *Topographia* edierte, sondern seinem Mäzen Geoffroy d'Estissac italienische Blumensamen mitbrachte, die dieser in Frankreich anbaute. Das Italienabenteuer Du Bellays bewirkt nationalistische Untertöne. Ronsard kannte Schottland, Flandern und den Rhein. Montaignes Bäderreise führte durch Deutschland, die Schweiz und Italien. Über das weniger bereiste Nordeuropa orientierte man sich anhand des seit 1573 in der französischen Übersetzung von Balduin vorliegenden Werks *Histoire des rois de Pologne* von Herburt-Fulstin. Desportes kannte Polen.

Was die überseeischen Entdeckungen betrifft, so machen französische Seefahrernamen erst nach und nach den Spaniern, Portugiesen und Engländern Konkurrenz. Jean Parmentier (1494–1530) wurde auf Sumatra erschlagen und hinterließ eine *Description nouvelle des merveilles de ce monde et de la dignité de l'homme* (posthum 1531). Jacques Cartier, der Entdecker von Labrador, gab sein *Brief récit et succincte narration de la navigation faicte es ysles de Canada* (1595; Neubearbeitung als *Discours du voyage aux terres neuves de Canada* 1598). Im Dienst Villegagnons reiste der Hugenotte Jean de Léry und verfaßte eine *Histoire d'un voyage au Brésil* (1578), ebenfalls von Südamerika handelte der Missionar André Thévet in *Des singularitez de la France antarctique* (1557). Thévet schrieb auch eine *Cosmographie universelle* (1571).

Zur Vervollständigung der Information über fremde Länder gab es bald auch Übersetzungen ausländischer Werke, wofern diese nicht schon vorher im Urtext gelesen wurden. Wer wollte, konnte auch in Frankreich die Schriften von Las Casas lesen oder die *Historia de las Indias* (1553) von López de Gómara, die 1584 in der französischen Übersetzung von Martin Fumée erschien *(Histoire générale des Indes occidentales et terres neuves)*. Montaigne besaß dieses Werk. Auch für Frobisher und Raleigh oder Drake konnte man sich interessieren. Kontakte zwischen englischen und französischen Korsaren, die meist Hugenotten waren, gab es während der Religionskriege genug.

Insgesamt läßt sich jedoch feststellen, daß die Franzosen des 16. Jahrhunderts ihren Blick eher nach Osten als nach Westen richteten, wobei die politische Rivalität zu Spanien offenbar verhinderte, daß die Änderungen des Weltbildes in Frankreich mit der gleichen Intensität aufgenommen wurden wie bei den Völkern der Pyrenäenhalbinsel. Jacques Le Saige bereiste Jerusalem, Rhodos, Venedig. Über Antwerpen erhält man Kenntnis von López de Castañedas *Historia del descubrimiento de la India por los Portugueses* (1553), die Nicolas Grouchy 1554 französisch edierte. Hieronymus Osorios *De rebus Emmanuelis regis Lusitaniae ... libri XII* (Köln 1574) war wegen der lateinischen Sprache allgemein zugänglicher. Simon Goulard verfaßte später eine *Histoire de (sic!) Portugal*, die in den Kapiteln I–XII Osorio, in den Kapiteln XIII–XX Castañeda folgt. Montaigne las noch kurz vor seinem Tode Gasparo Balbis *Viaggo dell' Indie orientale* (Venedig 1590).

Besonderes Interesse galt der Türkei als dem politischen Gegenspieler Spaniens. »Le Français de la Renaissance achetait plus de livres sur les Turcs, sur les Indes orientales et sur les autres pays de l'Asie que sur les deux Amériques« (Atkinson). Die Werke von Guillaume Postel (*De la république des Turcs* 1560; *Des histoires orientales et prin-*

*cipalement des Turks* 1575) wurden nach den Begriffen des 16. Jahrhunderts wahre ›Bestseller‹.

Als Beispiel für das Interesse am Osten lassen sich Montaignes *Essais* heranziehen. Von insgesamt 107 *Essais* erwähnen 24 die Türken, 18 die Neue Welt, 14 Indien. Zwischen 1480 und 1609 wurden in Frankreich ca. 80 Werke über die Türkei veröffentlicht, 50 über Indien, 50 weitere über andere asiatische Länder, 40 über Amerika, 35 *Voyages à Jérusalem*, 5 über Afrika, 4 über Nordeuropa.

Die geographische wirkte auf die Ideenliteratur. Der Gedanke, daß der Mensch von Natur aus gut sei, nährte sich lange vor Rousseau z.B. bei Charron aus diesen Informationen. Der Mythos vom Goldenen Zeitalter fand von hierher neue Nahrung und viele Autoren, u. a. Du Bartas und Amyot, erkannten den Reiz des Exotismus, der fortan in der französischen Literatur konstatierbar bleibt. Pasquier kennt bereits den *Guten Wilden* und auch Montaigne relativiert die Selbstverständlichkeiten der europäischen Kultur durch die Konfrontation mit Fremdem. Was die Türken angeht, so erscheinen sie als militärisch diszipliniert und religiös tolerant. Sie schützen ihre christlichen Untertanen, was während der Religionskriege eine durchaus brisante Information war. Hier und da werden kulturelle Unterschiede auch schon mit klimatischen Gegebenheiten in Verbindung gebracht, z. B. bei Bodin. Auf diese Weise nährte das geographische Schrifttum des 16. Jahrhunderts einen exotischen und einen relativistischen Trend, der in der Folgezeit an Bedeutung gewinnen konnte und nicht selten auf die philosophischen Tendenzen des 18. Jahrhundert verweist.

# Das 17. Jahrhundert

## 1. Malherbe, seine Freunde und Gegner

Der Konvertit François de Malherbe (1555–1628), in Caen gebürtig, in Aix-en-Provence verheiratet, hatte sich umsonst die Anerkennung Heinrichs III. erhofft, dem er 1587 seine *Larmes de Saint-Pierre* – nach Tansillos *Le lacrime di San Pietro* – widmete. Auch die an Marie de Médicis gerichtete *Ode sur sa bienvenue en France* (1600) war erfolglos. Malherbes Stunde schlug, als er, 50jährig, dem König seine *Prière pour le Roi Henry le Grand allant combattre en Limousin* (1605) überreichte und *poète officiel* bei Hofe wurde. 1609 publiziert er die *Sonnets pour Alcandre* und die *Sonnets à Caliste*. Man begann, sich für die unterkühlte Ästhetik seiner Verse und für sein nach und nach entwickeltes Programm der Sprach- und Dichtungsreform zu interessieren. Dabei wurde klar, daß schon in der *Ode à M. du Périer pour le consoler de la mort de sa fille* von 1590/1598, in der viel vom Stoizismus des ausgehenden 16. Jahrhunderts spürbar ist, eine neue Qualität erreicht worden war, da Malherbe hier nicht mehr die ichbezogene *consolatio philosophiae*, sondern die altruistische Trostspendung im Sinne von Senecas *Consolationes* bezweckt. Die *Ode* tendiert zur Allgemeingültigkeit, zur Impersonalität, zum *locus communis* als Ausdruck der generell gültigen Lebenserfahrung. Die sprachliche Dämpfung bezeugt hier nicht Gefühlskälte, sondern *understatement*. Sie dient der Zügelung von Gefühlen, die ohne diesen Formwillen sehr wohl zur ›barocken‹ und ›manieristischen‹ Äußerung hätten drängen können.

Malherbe hat keine zusammenhängende Theorie formuliert. Sie ist vielmehr implizit in seinen Desportes-Kommentaren enthalten:

Malherbe ist Purist und fällt möglicherweise hinter das revolutionäre Programm der *Pléiade* zurück. Er verurteilt die Gaskognismen des Hofs (z. B. *maint et maint*), die Archaismen (z. B. *la liesse*), *termini technici* (z. B. *léniment*), Wortzusammensetzungen (z. B. *blond-doré*), die sog. *mots bas* (z. B. *rhume, coup de fouet*) und Flickwörter *(chevilles)*. In Fortsetzung dieses Purismus werden später preziöse Damen beim Klang des Wortes *concupiscence* (*con, cul, pisse*, etc.) in Ohnmacht fallen. Im Vers werden Hiatus und *enjambement* abgelehnt, ebenso der Augenreim (z. B. *contenance – sentence*) und die *figura etymologica* (z. B. *émerveille – merveille*). Im Alexandriner fordert Malherbe die Zäsur nach dem ersten Halbvers. Wie vor ihm die *Rhétoriqueurs* und später die *Parnassiens* bekennt er sich zur sprachlichen

Kleinarbeit. Er verantwortet, daß es für die Dichter der Folgezeit zahlreiche Sprachtabus gab, die ihren Inspirationsspielraum einengten. Sein Erfolg beweist jedoch, daß seine Forderungen nach *mesure, goût, pureté, concision* etc. tatsächlichen Publikumssehnsüchten entgegengekommen sein müssen. Für Boileau war Malherbe der entscheidende Baumeister der französischen Regelklassik: »Enfin Malherbe vint ...«

Malherbes Reformprogramm wurde von Mainard und Racan aufgegriffen und weiterentwickelt:

François Mainard (1582–1646) aus Südfrankreich, Sekretär der Reine Margot, stand den *libertins* nahe und war Malherbes unabhängiger Schüler. Er erlebte wie Du Bellay eine römische Enttäuschung und schrieb dann in der Stille seiner Güter bei Aurillac ein schmales und akribisch ausgefeiltes Werk: *Odes, Stances, Chansons, Sonnets.* Bekannt wurden seine Satire auf den *Nouveau riche*, die *Stances à une belle vieille* und die Todesmeditation »Mon âme, il faut partir.«

Honorat de Bueil, Seigneur de Racan (1589–1670), Landjunker und Soldat, war ebenfalls kein unorigineller Nachäffer der neuen Lehren. In den *Bergeries* (1618) gibt er sich bukolisch-pastoral, in den einer imaginären Tircis gewidmeten *Stances sur la retraite* verquickt er das Naturerleben mit dem antiken *beatus-ille*-Motiv. Seine *Mémoires pour servir à la vie de Malherbe* sind eine wichtige Informationsquelle.

Malherbes Gegner und Kritiker waren trotz Lanson keine *attardés et égarés.* Gegenüber der frühklassischen Linie Malherbes verkörpern sie vielmehr die ›barocke‹, antiklassische Stilgebärde und erweisen somit die Vielgesichtigkeit der literarischen Strömungen in der ersten Hälfte des 17. Jahrhunderts:

Théophile de Viau (1590–1626) drohte 1523 der Scheiterhaufen, weil er an einem Wettbewerb für obszöne Poesie teilgenommen hatte. Der geborene Hugenotte und *pro-forma*-Katholik war ein unabhängiger *libertin,* der sich zu Epikur bekannte. In der Dichtung fordert er absolute Freiheit: »Je veux faire des vers qui ne soient pas contraints«, wobei er Malherbes Leistung durchaus anerkannte: »Malherbe a très bien fait, mais il a fait pour lui.« Sein Naturgefühl tendiert zur materialistischen Genußmoral. In *La solitude* behandelt er ein Thema, das seit Góngoras *Soledades* in Mode war. Auch Tristan L'Hermite wird sich daran versuchen.

Ein Abenteurer war Antoine-Girard, Sieur de Saint-Amant (1594–1661). Er ist, was den Lebensstil angeht, die genaue Verneinung der *mesure,* die Malherbe forderte. Dieser Hugenotte und Seemann aus Rouen kannte Amerika, Afrika, Indien. Er beschreibt den Senegal, die Azoren, das »beau territoire« der Kanarischen Inseln. In den Alpen besingt er den Schnee (»le beau coton du ciel«), in Italien beklagt er die Hitze in Rom (»Quelle étrange chaleur ...«). Er bereiste Polen, Spanien, England, Schweden, gehörte der *Académie française* an und war ein selten aber gern gesehener Gast der

Pariser Salons. Er ist kein *poète mineur.* Seine Lyrik erschließt über das antike Erbe der *Pléiade* hinaus Stoff- und Motivbereiche, die an Callots *Caprices* – Saint-Amant gebraucht das Wort oft als Titel – erinnern. Dieser Leser von Marino und Góngora war ein Feind des vom Pedantismus bedrohten Humanismus. Sein *Solitude*-Gedicht besingt die »vieux châteaux ruinés« in einer auf die Romantik verweisenden Art. Insgesamt hebt er sich mit seiner Lyrik (*Les visions* 1628, *Le passage de Gibraltar* 1640, *Dernier recueil* 1658), mit der burlesken *Rome ridicule* (1643) und dem idyllischen *Moïse sauvé* (1653) von der klassizisierenden Tendenz seiner Zeit ab. Er ist ein *moderne* im Sinne der späteren *Querelle.* Er konnte keine antike Sprache, dafür aber Englisch, Spanisch und Italienisch. Théophile Gautier hat ihm in den *Grotesques* (1844) eine ausführliche Besprechung gewidmet.

François Tristan L'Hermite (1601–1655) glaubte ein Nachkomme des Kreuzzugspredigers Pierre L'Hermite zu sein. Er schrieb Lyrik (*Plaintes d'Acandre* 1633) und Theater. Seine *Mariamne* stellt 1635 den Erfolg des *Cid* ein, sein *Parasite* (1653) ist das Vorbild für Molières *Etourdi.* Er kannte Flandern, Brabant, Lothringen. Er starb an der Schwindsucht. Seine *Amours* (1641) zeigen den Einfluß des *Adone,* sie zeigen auch Naturgefühl *(La mer)* und Kenntnis der Antike *(Orphée).* Tristan ist zudem einer der Initiatoren der allegorischen Topographie mit der *Carte du royaume d'amour.* Bekannt wurde sein *Promenoir de deux amants*: Liebeswerben im mythologischen Dekor, Faune, Nymphen, Diana, Venus – und die Nachtigall (»Ce rossignol mélancolique«) als Begleiter der Liebenden.

Alle hier behandelten Autoren bezeugen das Nebeneinander literarischer Tendenzen, die sich mit Hilfe der Etiketten ›klassisch‹ und ›barock‹ nur unvollkommen umschreiben lassen. Nur um den Preis der voreiligen Verabsolutierung läßt sich das oft so eindeutige Bild suggerieren, das hier und da die Darstellung des frühen 17. Jahrhunderts in Frankreich bestimmt. Die Realität ist bunter, uneindeutiger, interessanter.

## 2. Auf dem Weg nach Versailles: Strömungen, Gegenströmungen

Louise Labé, die Maréchale de Retz und die Reine Margot stehen für die entwickelte Salonkultur des 16. Jahrhunderts. Nach 1600 eiferten mehrere adlige Damen, u. a. die Herzoginnen von Rohan und Nevers, diesen Vorbildern nach und veranstalteten Zusammenkünfte, die sich oft von den sprichwörtlich rauhen Sitten am Hof Heinrichs IV. absetzen sollten. Für die hier zutage tretende aristokratisch-antibürgerliche Tendenz ist u. a. die anonyme Satire *Caquets de l'accouchée* (1623) ein Beispiel. So entstanden im Laufe der Zeit jene gebildeten Salons, die das kulturelle und soziale Leben des 17. Jahrhunderts entscheidend mitgeprägt haben.

*Rambouillet.* Der Salon der *incomparable Arthénice* gehört zu den Brennpunkten dieser Bewegung. Catherine de Vivonne, Marquise de Rambouillet, die sich hinter diesem Anagramm – es stammt von Malherbe – verbirgt, war gebürtige Italienerin und Mutter von 7 Kindern. Assistiert von ihren Töchtern Julie und Angélique empfing sie ihre Gäste in der *chambre bleue* ihres Pariser Stadtpalastes. Das *Hôtel de Rambouillet* (Baubeginn 1604) befand sich in der *Rue Saint-Thomas du Louvre.* In der Frühzeit machte sich hier Marie de Gournay lächerlich und schadete dem Nachruhm Montaignes. Zu den Gästen gehörten u. a. Gombauld, Chapelain, Racan, Marino, Richelieu, Mme de Sablé und Mlle Paulet, genannt *la lionne* wegen ihres roten Haars, das Voiture galant zu einem *blond hardi* umstilisierte. Der Höhepunkt des Salons liegt zwischen 1630 und 1650. Damals war Voiture *l'âme du rond.* Es ist die Zeit des Wettbewerbs der *Belle Matineuse* nach Caro und Du Bellay. Die Gäste dieser Jahre waren u. a. der Grand Condé, Benserade, Godeau, Ménage, Rotrou, Guez de Balzac, Corneille. Später kamen auch Mme de Sévigné und Mme de Lafayette. Die Fronde, die Hochzeit Angéliques mit dem Duc de Montausier nach 14jährigem Liebeswerben, und das Alter bedingten den Rückzug der Gastgeberin vom gesellschaftlichen Leben. Der *Style Rambouillet* steht für kultivierte Lebensfreude, unpedantische Bildung, Gesellschaftsspiele *(Chasse à l'amour, Jeu du corbillon),* Maskenbälle, Picknicks im Schäfergewand, Tiervorführungen (Voiture als Bärendompteur), Poesiewettbewerbe *(La guirlande de Julie),* Liebeskasuistik (man unterschied z. B. 8 Arten der Schönheit und 12 verschiedene Liebesseufzer), etc.

*Scudéry.* Im Salon der *illustre Sapho* Mlle de Scudéry in der *Rue de Beaune* im Marais traf man sich ab 1652. Die Gastgeberin war eine alte Jungfer, die Zusammenkünfte entbehrten der Gutlaunigkeit des *Hôtel de Rambouillet* zumal nach dem Tode des Voiture-Rivalen Sarasin, der hier anfänglich der *amuseur* vom Dienst war. Unter den Gästen fanden sich u. a. Conrart, Chapelain, Ménage, d'Aubignac. Dieser Salon war der Resonanzboden der umfangreichen Abenteuerromane, mit denen die Gastgeberin unter dem geliehenen Namen ihres verseschmiedenden Bruders Georges das Publikum erfreute: *Le Grand Cyrus* (10 Bde., 1649–1654) *Clélie* (10 Bde., 1654–1661). Bei Mlle de Scudéry wurde auch die Mode der allegorischen Topographien gemacht: Tristan l'Hermite, *Carte du royaume d'amour,* D'Aubignac, *Carte du royaume de coquetterie,* etc. Das bekannteste Beispiel ist die *Carte de Tendre,* über deren Urheberschaft sich die Gastgeberin und d'Aubignac stritten. Gabriel Guéret verbreitete sie in seinem Roman *La carte de la cour* (1663).

*Weitere Salons.* Weitere Salons fanden sich zu verschiedenen Zeiten in den Stadtpalästen der Condé, Clermont, Créqui etc. Bei Mme de Loges machte man Politik, bei Mme d'Auchy bereicherte man die Pariser *chronique scandaleuse.* Nach 1650 sind die Salons der Mme de Sablé, der Mme Scarron (der späteren Maintenon) und der Mme de la Sablière *(Iris)* wichtige Zentren. Über den Salon der Mme Du Plessis-Guénégaud fanden die Jansenisten Zugang zur mondänen Pariser Gesellschaft. Bei der *Mademoiselle libertine*

Ninon de Lenclos, zu deren Liebhabern u. a. Méré und Saint-Evremond gehörten, wurden die Weichen für die Aufklärung des 18. Jahrhunderts gestellt. Ninon vermachte dem 9jährigen Voltaire 1000 Franken zum Bücherkauf. Voltaires *Dépositaire* (1767) spielt in ihrem Hause.

Die Salonkultur, die auch auf die Provinz übergriff, prägte den Stil der *préciosité*:

Die *préciosité* ist kein ausschließlich französisches Phänomen. Góngorismus, Euphuismus, Marinismus stehen für vergleichbare Tendenzen in Spanien, England und Italien. Die *préciosité* ist ein umfassender Lebensstil, keine literarische oder künstlerische Mode. In der Kleidung bemühte man sich um *distinction:* Feder, Bänder, Handschuhe, Hüte, in den Umgangsformen um *galanterie* und *honnêteté.* In der Sprache sollte der ›gute Ton‹ herrschen. 1637 verteidigt das *Hôtel de Rambouillet* die Konjunktion *car* gegen das von der *Académie française* favorisierte *pour ce que.* Der Abbé Pure plant ein *Dictionnaire des ruelles précieuses* (*la ruelle*: das Schlafgemach, wo die Dame des Hauses empfing). 1661 erscheint das *Grand dictionnaire des précieuses* von Somaize. Es informiert über Metaphorik und Euphemismen der Salons: *les joues – les trônes de la pudeur, la cheminée – l'empire de Volcan, la chandelle – le supplément du soleil,* etc. Molière wird diesen Sprachhabitus in den *Précieuses ridicules* verspotten indem er den Unterschied zwischen Metapher und Definition verwischt. Man gefiel sich in petrarkistischen Antithesen (Typ: *espoir – désepoir*) und Oxymora (Typ: *douce cruauté*) und macht Jagd auf sog. *mots bas: trogne, barguigner,* etc. werden untersagt, *poitrine* wird ersetzt durch *estomac, engendrer* durch *être père de,* etc.

Die preziösen Gattungen sind oft kleine Formen (*Rondeau, bout-rimé, énigme, épître, maxime,* etc.), ohne daß die größeren Genera vernachlässigt würden. Chapelain bearbeitet den *Jeanne-d'Arc*-Stoff (*La pucelle d'Orléans* 1656) in einem Epos. Godeau *(Saint-Paul),* Scudéry *(Alaric),* Desmarets *(Clovis)* eifern ihm nach. Letzterer publiziert auch eine *Défense de la poésie et de la langue française* (1675).

Nicht jede *précieuse* war eine *précieuse ridicule* im Sinne der bekannten Komödie Molières. Catherine de Vivonne sagte deutlich ihre Meinung zu Dingen der Ehe, der Liebe und Sexualität und wenn Ninon de Lenclos die liebesfeindlichen *prudes* als »jansénistes de l'amour« bezeichnete, dann kritisiert sie damit implizit auch Zwangsehe, doppelte Moral und verklemmte Sexualität. Der Graben zwischen Liebe und gesellschaftlich sanktionierter Ehe wird im anonymen *Dialogue de la mode et de la nature* (1662) offen angesprochen. Die von Molière verspottete *femme savante* fordert letztlich nur das Recht auf Wissen und Buchkultur. Sie drängt in den Hörsaal und war den Männern des 17. Jahrhunderts reichlich unbequem. Sie lächerlich zu machen war Molières Recht als Komödienautor und es ist ihm nachhaltig gelungen. Der feministische Aspekt der *préciosité* sollte darüber nicht vergessen werden. Er wird sich im *marivaudage* des 18. Jahrhunderts erneuern.

Zahlreiche Autoren hatten ihre Erfolge in den Salons und exemplifizieren die dort herrschenden Gesetze von Anpassung, *galanterie* und *goût*:

Vincent Voiture (1597–1648) war bürgerlicher Abstammung und *animateur* des *Hôtel de Rambouillet.* Richelieu mißtraute ihm und zwang ihn ins spanische und marokkanische Exil. Aus Ceutà schrieb er eine *Lettre à la Lionne.* Sein *Sonnet d'Uranie* wurde Gegenstand eines literarischen Streits zwischen *Uranistes* und *Jobelins,* die ihm das *Job*-Sonett Benserades vorzogen. Corneille intervenierte diplomatisch. Voiture lancierte auch den Wettbewerb der *Belles Matineuses* und schrieb Briefe an die hohen Gäste des *Hôtel de Rambouillet.* Seine *Lettre de la carpe au brochet* an Condé nach dessen Rheinüberquerung (1643) glänzt durch den Mißbrauch aquatischer Metaphern.

Der Salonabbé Charles Cotin (1604–1682), den Molière in den *Femmes savantes* als Trissotin verspottet, hat diese Angriffe nicht verdient. Den Ruf des Pedanten verdankt er der Tatsache, daß er über vertiefte Kenntnisse des Lateinischen, Griechischen, Hebräischen und Arabischen verfügte. Im *Hôtel de Rambouillet* lancierte er die Mode der *Enigmes.* 1655 wurde er Mitglied der Akademie. Von 1659 stammen seine *Œuvres mêlées,* von 1663/1665 seine *Œuvres galantes.*

Jean-François Sarasin (1614–1654) war Gast im *Hôtel de Rambouillet* und im Scudéry-Salon. Freund Scarrons und in die Fronde verwickelter Rivale Voitures trat er später in den Dienst Contis. Als Lyriker folgte er zeitweise Théophile de Viau (*Discours familiers* 1639; *Œuvres* 1656). Seine Hauptwerke sind jedoch historiographischer Natur: *Histoire du siège de Dunkerque* (1649) und *La conspiration de Walstein* (1651), eines der wenigen französischen Echos auf die politischen Betrebungen des Generals aus dem 30jährigen Krieg.

Gilles Ménage (1613–1692) erscheint zu Unrecht als lächerlicher Tintenkleckser Vadius in Molières *Femmes savantes.* Er schrieb französisch, italienisch und lateinisch und war ein Sprachwissenschaftler von Rang: *Origines de la langue française* (1650), *Observations sur la langue française* (1672). Seine *Observations sur les poésies de Malherbe* (1666) beeinflußten Mme de Lafayette. Im *Cloître de Notre-Dame* in Paris hielt Ménage gelehrte Gesprächsrunden, die sog. *mercuriales,* ab.

Jean-Louis Guez de Balzac (1597–1654) galt seit seinen *Lettres* (1624) als *empereur des esprits.* In der posthumen Gesamtausgabe von 1665 füllten sie 27 Bücher. Sie sind eine sprachlich ausgefeilte Fundgrube kulturgeschichtlicher Details. Er verteidigt Corneilles *Cinna* und zeigt unzeitgemäßes Verständnis für das Denken Descartes. Der Titel eines französischen Cicero ist vielleicht übertrieben, aber das Mißfallen Richelieus vermochte er dennoch zu erregen. Guez de Balzac schrieb auch einen synkretistischen *Socrate chrétien.*

Gegen die Salon-Kultur richtete sich eine bewußt vulgäre, auf Rabelais und seine Nachfolger sich berufende Gegenströmung: *vulgarité* gegen *raffinement,* Kneipe gegen Salon oder, in der Sprache des

17. Jahrhunderts, *burlesque* gegen *préciosité*. Zwischen 1640 und 1660 kommt es zu einer Mode des *burlesque*. Sein Schöpfer ist Charles Sorel (1599–1674), der nach pastoral-heroischen Anfängen (*Histoire amoureuse de Cléagénor et de Dorisée* 1621) zunehmend gegen stilistisches und inhaltliches *raffinement* reagierte, da es für ihn offenbar auch Verarmung bedeutete. Schon seine *Vraie histoire comique de Francion* (1622) führt in die Niederungen der Gesellschaft und spricht eine Sprache, die man eher in der spanischen *novela picaresca* als in französischen Salons ansiedeln möchte. Das steigert sich in dem – der Titel ist bezeichnend – *Anti-Roman ou le berger extravagant* (1627), der z.T. auf den *Don Quijote* Bezug nimmt.

Paul Scarron (1610–1660), der 1652 die Nichte von Agrippa d'Aubigné und spätere Mme de Maintenon heiratete, war verwachsen und zeitlebens dem Spott der ›normalen‹ Zeitgenossen ausgesetzt. Seine Anti-Literatur ist vielleicht auch eine künstlerische Revanche. Er begann mit Komödien und Farcen (*Le Typhon* 1645; *Don Japeth d'Arménie* 1652), schrieb Novellen (u. a. *La précaution inutile*, Vorbild für Molières *Ecole des femmes*) und verfaßte 1649–1657 den burlesken *Roman comique*, der in die Welt der Provinzschmieren und des fahrenden Volks führt. In *Le Virgile travesti* werden die ersten 7 Bücher der *Aenaeis* burlesk umgestaltet. Scarron entkleidet die epischen Vorgänge ihrer Erhabenheit: Aenaeas flieht aus dem brennenden Troja »portant sur son dos son papa«, Dido von Karthago wird »la grosse Dondon« und redet wie eine Heringsverkäuferin.

Travestien dieser Art blieben in Mode. Charles Perrault bearbeitet später den VI. Gesang des Vergil-Epos, d'Aussoucy veröffentlicht einen *Ovid en belle humeur* (1668), Furetière ein *Quatrième livre de l'Enéide travestie*. Es handelt sich um bürgerliche Reaktionen auf allzu viel aristokratische Erhabenheit, um ein Vorspiel zur *Querelle des anciens et des modernes*.

Ähnlich wirkte Antoine Furetière (1619–1688), Mitglied der antipreziösen *Académie allégorique* und Autor des *Dictionnaire universel* (Den Haag 1690). Die Helden seines *Roman bourgeois*(!) sind »bonnes gens de médiocre condition«. Ort der Handlung ist die Pariser Place Maubert.

Cyrano de Bergerac (1619–1655) verbindet »Libertinismus und Burleske« (Jan). Die Tatsache, daß Edmond Rostand ihn zum Helden seiner heroischen Cyrano-Komödie (1897) gemacht hat, hat seine historischen Konturen verschwimmen lassen. Als Theaterautor begann er mit *Le pédant joué* (1654), der Molière zu einigen Szenen des *Scapin* anregte, und mit *La mort d'Agrippine*. Sein Hauptwerk ist die *Histoire comique ou Voyage à la lune* und seine *Histoire comique des états et*

*Empires du Soleil* (posthum 1656 und 1662), von denen erst 1921 der vollständige Text unter dem Titel *L'autre Monde* vorgelegt wurde:

Das Werk bewegt sich am Rande »aggressiver Ketzerei« (Cazamian). Es behandelt eine imaginäre Reise mit starken gesellschaftskritischen und wissenschaftskritischen Untertönen sowie interessanten technischen Utopien: U-Boote, Freiballons, etc. Cyranos Weltbild ist materialistisch, antichristlich und antiabsolutistisch. Einige Episoden, z. B. die Vogelinsel und die Laterneninsel, lassen auf die Lektüre Rabelais' schließen. Cyrano wirkte u. a. auf Swift *(Gulliver's Travels)* und Voltaire *(Micromégas)*, er akzeptiert das kopernikanische Weltbild und geht darin sogar über Descartes hinaus.

Die Vielzahl der angesprochenen Strömungen und Tendenzen zu lenken und zu kontrollieren, erkannte Richelieu als eine politische Aufgabe. Er stellt dem zentralistischen Absolutismus eine kulturpolitische Zentralisierung zur Seite. So bot er seine Protektion dem gelehrten Zirkel an, der sich schon seit 1626 im Hause von Valentin Conrart (1603–1676) regelmäßig zu schöngeistigen Aktivitäten getroffen hatte (u.a. Chapelain, Godeau, Malleville) und sich bald ausweitete (Faret, Boisrobert, Desmarets). Am 13. März 1634 fand die erste offizielle Sitzung statt, eine Woche später war die *Académie française* geboren. 1635 wurde sie vom König, 1637 vom Pariser Parlament anerkannt. Seit 1639 zählt sie 40 Mitglieder. Die 40 ›Unsterblichen‹ begleiten seither das französische Geistesleben.

Vordringliche Aufgabe war die Konzeption von Lexika, Wörterbüchern, Grammatiken etc. Darüber hinaus nahm man in literarischen Streitfällen Stellung, so redigierte Chapelain die *Sentiments de l'Académie sur le Cid de Corneille* (1637). Seit 1672 stand die *Académie* unter dem persönlichen Schutz des Königs. In der *Académie* brach 1687 die *Querelle des anciens et des modernes* aus. Im 18. Jahrhundert waren bekannte Aufklärer (Marivaux, Voltaire, Condorcet u. a.) Mitglieder der *Académie*, die 1793 von den Revolutionären aufgelöst wurde. Nach diversen Zwischenspielen (Napoléon I. 1803; Ludwig XVIII. 1816) wurde sie erst 1832 wieder voll eingerichtet. Heute besteht sie aus führenden Persönlichkeiten aus allen Kulturbereichen. Sie vergibt u. a. den *Grand prix de littérature* und den *Grand Prix du Roman*. Im 17. Jahrhundert hatte man zunächst andere Sorgen. Chapelain entwarf den Plan für ein *Dictionnaire* (erschienen 1694).

Der bedeutendste *Académicien* des 17. Jahrhunderts dürfte, was die Erarbeitung der Sprache der französischen Klassik anging, Claude Favre, Sieur de Vaugelas (1585–1650), gewesen sein:

Mit Malherbe und Guez de Balzac befreundet, erhoffte er sich den Reichtum durch die Denunziation halsstarriger Protestanten. 1647 veröffentlichte er seine *Remarques sur la langue française*, die den *usage* als Standart der

Sprachbeschreibung benutzten. Als *bon usage* gilt »la façon de parler de la plus saine partie de la cour, conformément à la façon d'écrire de la plus saine partie des auteurs du temps«. So wirkungsvoll dieses Programm für die Ausarbeitung der Versailleskultur geworden ist, so sehr begünstigte es doch auch die wachsende Entfernung zwischen Volks- und Elitensprache in Frankreich, die bis ins 20. Jahrhundert hinein (z. B. bei Queneau) problematisch blieb.

## 3. Gewißheit aus dem Zweifel: Descartes, seine Schüler und Gegner

»Qui a fait la Révolution française?« fragte Michelet und antwortete: »Descartes.«

René Descartes (1596–1650) stammt aus der Touraine, studierte bei den Jesuiten von La Flèche und in Poitiers, wurde Soldat bei Moritz von Nassau, erlebt den 30jährigen Krieg in Deutschland, den Niederlanden, der Schweiz, Italien und Frankreich. Eine Vision führt ihn zur Metaphysik (»... cum plenus forem enthusiasmo et mirabilis scientiae fundamenta reperirem ...«). Er pilgert nach Loretto, sympathisiert mit den Rosenkreuzlern und läßt sich von Bérulle zum Reformator der Philosophie bestimmen. 1629–1649 lebt und publiziert er in den Niederlanden. Seine Frühschriften *(Traité de musique, de physique, de métaphysique)* behält er für sich, um das Schicksal Galileis zu vermeiden. 1637 erscheint in Leiden der *Discours de la méthode* als Vorwort zu *La dioptrique, Les météores* und *La géométrie.* 1641 folgt die lateinische Metaphysik *(Meditationes de prima philosophia),* 1644 die *Principii philosophiae,* 1649 die theoretische Psychologie *Traité des passions de l'âme.* Seine riesige Korrespondenz verbindet ihn u. a. mit Mersenne, der Princesse Palatine und Christine von Schweden, an deren Stockholmer Hof er 1650 stirbt. Seine Gebeine kamen 1667 nach Frankreich. Posthum erschienen die *Regulae ad directionem ingenii* (1707).

Montaigne verdankt Descartes die *Phrase d'attaque* des *Discours de la méthode*: »Le bon sens est la chose du monde la mieux partagée« (Montaigne, II,17: »On dit communément que le plus juste partage que nature nous aye fait de ses graces, c'est celuy du sens«):

Der *Discours* schildert die Studien und die skeptische Bewußtseinskrise des Autors, aus der sich vier methodische Forderungen für die weitere Wahrheitssuche ableiten:

1. ne recevoir jamais aucune chose pour vraie que je ne connusse évidemment être telle« (Vg. *Reg.* I: ... illud omne esse verum quod valde clare et distincte percipio ...)
2. ... diviser chacune des difficultés que j'examinerais en autant de parcelles

qu'il se pourrait et qu'il serait requis pour les mieux résoudre. (Vg. *Reg.* III: *intuitio* und *deductio*).

3. ... conduire par ordre mes pensées, en commençant par les objets les plus simples ... pour monter peu à peu par degrés jusques à la connaissance des plus composés. (Vg. *Reg.* V: *intuitio* und *cognitio*).
4. ... faire partout des dénombrements si entiers et des revues si générales, que je fusse assuré de ne rien omettre. (Vg. *Reg.* VI: *respectus; Reg.* VII: *enumeratio*).

Die Etappen der Erkenntnis führen also über die Evidenzforderung, Analyse, Synthese, Kontrolle. Autorität und Tradition werden ausgeschaltet: »De omnibus dubitandum est«, aber: »en dehors de la foi«. Als Ergebnis der *dubitatio methodica* ergeben sich drei Wahrheiten:

1. »Je pense donc je suis.« – Das *cogito ergo sum* besagt, daß das Zweifeln die Existenz des Zweifelnden voraussetzt (Vgl. *Med.* IV) und kann zur problematischen Gleichsetzung von Seele und Denken führen: *anima seu cogitatio* (*Princ.* Vorw.).
2. Die Existenz Gottes ist nach dem Ursache-Wirkungs-Prinzip unbezweifelbar, da die Gottesidee die Vollendung umfaßt, die der menschliche Verstand nur mit Hilfe von außen denken kann. Für Gott allein gilt „existentia est essentia« (*Med.* V). Gott wird gedacht, also ist er.
3. Die Existenz der Dingwelt ist unbezweifelbar, da Gott kein Betrüger sein kann. Hier liegt die Möglichkeit zur Erforschung der Natur durch die Wissenschaft. Tendenziell findet sich hier der Pantheismus im Sinne Spinozas angelegt: *Deus sive Natura.*

Dingwelt und Denkwelt sind substantiell voneinander verschieden. Der *substance qui pense (res cogitans)* steht die *substance étendue (res extensa)* gegenüber. Der *Discours* schließt mit einem Abriß zum Problem der Erfahrungswissenschaften, in denen sich die Grenzen des Systems andeuten, da die auf Evidenz gerichtete *ratio* logischerweise des Erfahrungswissens müßte entraten können.

In Descartes' System zählen nicht Tradition und Autorität, sondern nur die *cognitio certa et evidens* und die *solius mentis inspectio.* Der menschliche Geist *(mens)* umfaßt die *ideae innatae,* die *ideae a me ipso factae,* die *ideae adventitiae* und die metaphysisch verankerte Intuition der *aeternae veritates;* dazu gehören u. a.:

> Ex nihilo nihil fit.
> Quod factum est, infectum esse nequit.
> Is qui cogitat non potest non existere, dum cogitat.
> Impossibile est, idem simul esse et non esse.

Descartes krönte sein System mit einer rationalistischen Morallehre. Der *Traité des passions de l'âme* ist eine Physik der Leidenschaften (1649):

Die Leidenschaften sind Trübungen der *ratio* durch die Physis. Sie vollziehen sich durch die Lebensgeister *(esprits animaux)* über die Zirbeldrüse *(glans pinealis)*, die man als spekulative Vorwegnahme der Hormone erkannt hat. Descartes unterscheidet sechs grundsätzliche *passions*: Die am Anfang stehende *admiration* führt entweder zu *amour* oder zu *haine*. Daraus ergibt sich der *désir* zu lieben oder zu zerstören (Vg. Freuds Liebestrieb und Todestrieb). Der erfolgreich umgesetzte *désir* ruft *joie* hervor. Ist er erfolglos, führt er zu *tristesse*. Die philosophische Ethik hat sich auf Erkenntnis und Beherrschung der *passions* zu richten. Gelingt dies, kommt dem Charakter die Eigenschaft der *générosité* zu. *Raison* und *Passion* sind die bestimmenden Probleme der klassischen französischen Tragödie, auch wenn eine direkte Beeinflussung durch Descartes im Anfangsstadium aus chronologischen Gründen unmöglich ist. Die Psychologie der Willensstärke ist ein Charakteristikum des corneilleschen Theaters und kann, das ist im System angelegt, bis hin zur Verherrlichung des Verbrechers führen, wenn er nur *généreux* ist.

Descartes Anspruch war umfassend: »... de omnibus quae occurrunt veritatem quaerere«, aber er machte sich im Unterschied zu vielen seiner Jünger auch Gedanken über die *ingenii limites*. Er wollte über seinen Schreibtisch hinaus wirken und glaubte fest, daß es eine allgemein verbindliche wissenschaftliche Methode, eine *universalis sapientia* gebe: »Dicta sapientium ad paucissimas quasdam regulas generales possunt reduci.« Letztlich beruht alles Wissen auf dem metaphysisch abgesicherten Glauben, daß Gott kein Betrüger *(malignus spiritus)* ist. Es kann daher auch keine Wunder geben, sie würden Gottes eigenen Gesetzen widersprechen, ihn als Betrüger entlarven.

Auf der Basis dieser Gewißheiten kann Descartes sich dann zu Fragen der Optik, Akustik, Chemie, Anatomie, Medizin, Psychologie, Ethik, Mathematik und des Maschinenbaus äußern. Harveys Entdeckung des Blutkreislaufs verkannte er (*Description du corps humain* 1648), Tiere hielt er für unempfindliche Automaten und gab so das rationalistische Alibi für die Vivisektion. Die Erkenntnis, daß der menschliche Körper Hebelgesetzen gehorcht, rückt ihn in die Nähe von La Mettries *Homme machine*. Descartes berechnete die Lichtbrechung und erklärte als erster das Zustandekommen des Regenbogens und das Funktionieren des Auges. Er entwickelte die Grundlagen der analytischen Geometrie. In *l'Art de l'Escrime* wendet er mathematische Kniffe auf die für den *honnête homme* des 17. Jahrhunderts lebensnotwendige Fechtkunst an.

Letztlich ist Descartes' Philosophie doppelgesichtig. Augustinisch könnte man die Annahme der Erleuchtung des Geistes und den Leib-Seele-Dualismus nennen, der aus der Substanzenlehre folgt. Materialistisch ist hingegen die mathematisch-physikalische Welterklärung mit ihrer Absage an das ungefragt akzeptierte *a priori*. Hier waren Pomponazzi, Vieta, Montaigne u. a. vorausgegangen.

Die inneren Widersprüche des Systems wurden bald offenbar: Pascal erkannte, daß trotz der metaphysischen *Machina* Gott in diesem System eigentlich überflüssig sei (*Pensée* 77). Bourdin versuchte das *cogito* als Trugschluß zu entlarven, Hobbes verwies auf die Möglichkeit, daß Gott die Menschen verblendet habe, womit Irrtum nicht Willensschuld, sondern Folge des beschränkten Erkenntnisvermögens sei. Gassendi sah im *cogito* eine *petitio principii* und leugnete die *ideae innatae*. Vor allem führte jedoch die Substanzenlehre zum Konflikt mit der Meß- und Abendmahlslehre:

Da jede Substanz als das Gegenteil der anderen begriffen werden muß (*substantiae completae*), kann sie sich nicht ändern, während ihre Form erhalten bleibt. Descartes kennt keine Transsubstantiation, nur Transformation. Die Modephilosophie des 17. Jahrhunderts war im Kern unorthodox.

In der französischen Klassik beriefen viele Autoren sich auf Descartes, auch wenn sie ihn nicht begriffen. Mme Dupré nannte sich *la Cartésienne*, Boileau fühlte sich *cartésien*, Mme de Sévigné folgt Descartes' *Je pense* ... stilistisch, wenn sie an ihre Tochter schreibt: »Je pense à vous avec tendresse, donc je vous aime.« Malebranche versucht, ihn für das Christentum zu retten, Molière verspottet seine Kosmologie und seine Substanzenlehre in den *Femmes savantes*. La Fontaine, der Descartes hart kritisierte, nannte ihn den »mortel, dont on eût fait un dieu chez les payens«. Claudel verglich ihn mit Luther, womit die negative Wertung für ihn feststand. Der Mythos des *esprit cartésien* als der Essenz des französischen Geistes schlechthin wurde erst im 19. Jahrhundert von Cousin, Boutroux u. a. geschaffen.

Die Rezeption des Cartesianismus vollzog sich mit Wittich, Amerpool, Schotanus u. a. zunächst in den Niederlanden, wo Descartes gelebt hatte. Nach der Dordrechter Synode von 1656 konnten die Cartesianer sich nicht mehr offen zeigen. Heereboord, Velthuysen, Regius etc. gaben sich nur mehr als weltoffene Gelehrte. Jan Raey schrieb 1654 seinen *Clavis philosophiae naturalis seu introductio ad naturae contemplationem aristotelico-cartesiana*. An der von den Jesuiten beherrschten Universität Löwen kam es am 20. 11. 1663 zur offiziellen Verdammung der *Meditationes*. Die Rezeption in Frankreich vollzog sich zunächst über folgende Etappen:

1667: Verweigerung eines Denkmals für Descartes
1669: Verbot seiner Lehre am *Collège Royal*
1671: Verbot an der Pariser Universität
1675: Verbot an der Universität Angers
1677: Ausschluß aller Cartesianer aus der Universität.

Der Jesuit Valois wies 1680 die Übereinstimmung des Cartesianismus mit den Lehren Calvins nach und bereitete so die Hugenottenverfolgungen nach 1685 ideologisch vor. 1690 verfaßte der Jesuit Daniel eine satirische *Voyage du monde de Descartes.*

Die Verfolgungen verhinderten nicht die philosophische Weiterführung der Reflexion:

Rouhault (1620–1672), Physiker und Naturphilosoph, bemühte sich um die Versöhnung von Cartesianismus und Katholizismus. Er brachte das Zeugnis der Konvertitin Christine von Schweden bei, das die Beisetzung Descartes in Sainte-Geneviève möglich machte. Silvain Régis (1632–1707), Professor in Toulouse und Montpellier, schränkt die cartesianische Willensfreiheit ein (*Système de philosophie* 1690), Louis de la Forge, Freund von Descartes und zusammen mit Clesselier Herausgeber seiner Werke, hob im *Traité de l'âme humaine* die Vereinigung der denkenden und ausgedehnten Substanz im Menschen als Werk des göttlichen Willens hervor. Géraud de Cordemoy führt das cartesianische System über in den Okkasionalismus *(Dissertations philosophiques sur le discernement de l'âme et du corps)*: nur der göttliche Wille kann den Wechselverkehr zwischen Geist und Körper bewirken. Nur er kann somit *causa efficiens* sein, der menschliche Wille ist allenfalls die *causa occasionalis.* Arnold Geulinx erklärt schließlich die Leib-Seele-Verbindung im Menschen als wunderbare Harmonie, die *veritates aeternae* sind als notwendige Folge des *Logos* anzusehen. Für die Ethik und Erkenntnis bedeutet das die vorbehaltlose Unterwerfung unter den Willen Gottes. Geulinx' deterministische Philosophie bedient sich des christlichen Demutsgedankens: *inspectio sui* ist Folge der *despectio sui,* Selbsterkenntnis führt zur Selbstverachtung: *Ubi nihil vales, ibi nihil velis.*

Die originellste Fortentwicklung des cartesianischen Systems im 17. Jahrhundert leistete Nicolas Malebranche, nach Buffon der »divin Malebranche«, nach Voltaire der »grand rêveur de l'oratoire«.

Malebranche verstärkt den augustinischen Aspekt der cartesianischen Erkenntnislehre und zog sich die Feindschaft des Grand Arnauld zu, als er den göttlichen Willen an die Naturgesetze band. Mit *De la recherche de la vérité* führt er die *Regulae* weiter (1674/75). Es folgen die *Conversations chrétiennes* (1677), der *Traité de la nature et de la grâce* (1680), die *Méditations chrétiennes* (1683), der *Traité de morale* (1683) und die *Entretiens sur la métaphysique et sur la religion* (1683). Malebranche sieht den Menschen als Verbindung zweier Substanzen, von denen keine diese Verbindung bewirken konnte. Das konnte nur Gott als *causa efficiens.* Der göttliche Wille ist Weltgesetz, nur mathematische Wahrheiten sind daher gewiß. Die Verbindung der Seele mit dem Körper ist eine Prüfung. Die Seele bedarf der Erlösung. Irrtum ist nicht gottgewollt, sondern Sündenschuld. Wir irren, sobald unser Körper in Abhängigkeit von den Sinnen gerät. Die Bereiche von *sentir* und *connaître* sind zu unterscheiden. Erkenntnis ist theologisch wie philosophisch Erleuchtung: »Nous voyons toutes choses en Dieu.« Gott ist selbst die intelligible Welt, die allgemeine Vernunft, er ist Ursprung und Objekt der Erkenntnis, da er zugleich der Ort der Ideen ist. Die Dinge sind *modi* Gottes.

Gott muß also auch *res extensa* sein. Der Unterschied der Substanzen hebt sich in ihm auf. Malebranche bejaht die göttliche Willkür, indem er alles von ihm abhängen läßt. Er verneint sie, indem er Gott an die Logik seines eigenen Wesens bindet: er ist kein Betrüger.

Malebranche ist der christliche Spinoza und der größte französische Metaphysiker nach Descartes.

## 4. Corneille und das Theater seiner Zeit

Die beherrschende Gattung der französischen Klassik war das Theater. Es war sowohl literarisches als auch soziales Ereignis, es geriet trotz der Gegnerschaft der Kirche und des Jansenismus zeitweise zum gesellschaftlichen Ritus. Aus den Wanderschmieren wurden z.T. institutionalisierte Bühnen, die oft der Protektion mächtiger Mäzene sicher sein konnten.

*Theatergeschichtliches.* Das Pariser Theaterleben konnte auf eine seit dem Mittelalter ungebrochene Tradition zurückblicken. Am Pont-Neuf traten traditionell die Spaßmacher auf, auf den Jahrmärkten von Saint-Germain und Saint-Laurent belachte man so beliebte *Farceurs* wie Bruscambille, Mondor, Tabarin u. a. Fahrendes Volk spielte Pastoralen und Tragikomödien oft im Stil der *Commedia dell' arte* auch in der Provinz: Filandre, Floridor, später Molière. Die *confrérie de la passion* – sie bestand bis 1676 – hatte das Monopol der Pariser Theateraufführungen 1599 an die Truppe von Valléran-Lecomte abgetreten und auch den Saal im Hôtel de Bourgogne geräumt. Alexandre Hardy war der schauspielernde Stückeschreiber dieser Truppe, die sich als *Comédiens français ordinaires du Roi* 1628 endgültig in Paris festsetzte. Das Repertoire dieser *Troupe royale,* die sich 1676 auflöste, reichte von der Farce bis zur Tragödie. Ihre bekannten Schauspieler waren u. a. Gros-Guillaume, Gautier-Garguille, Turlupin, später Montfleury, Floridor, Bellerose und die als Racine-Interpretin bekannte Champmeslé. Seit 1600 machte das *Théâtre du Marais* dieser Truppe Konkurrenz. Es spielte im *Jeu de Paume* in der *Rue Vieille-du-Temple* und glänzte unter Mondorys Leitung durch Farcen (Jodelet) und schwierige Intrigenstücke. 1673 löste es sich auf.

Im Jahre 1658 kam nach langer Provinzerfahrung die Truppe Molières nach Paris. Sie zieht zunächst ins *Petit-Bourbon* und 1660 ins *Palais-Royal,* dessen Saal mit den Italienern geteilt werden mußte. Die Truppe besaß hervorragende Schauspieler: La Grange, der jugendliche Liebhaber; Croisy, der Spaßmacher vom Dienst; Baron, der begabteste Schauspieler seiner Zeit; die Du Parc und ihr Gatte; Molière selber und die unglücklich geliebte Armande Béjart. Mit den Konkurrenten verband diese Truppe eine freundschaftliche Rivalität. Nach Molières Tod (1673) zog man ins *Hôtel Guénégaud* in der *Rue Mazarine* und fusionierte mit den Resten des *Théâtre du*

*Marais.* 1680 kam es auf Betreiben des Königs zur Fusion der *Guénégaud*-Truppe mit dem *Hôtel de Bourgogne*: die *Comédie Française* war geboren. Der König garantierte der neuen Truppe das Monopol der Tragödienaufführungen in der Hauptstadt. 1687 bezog sie ihr neues Theater in der *Rue des Fossés-Saint-Jacques* (heute: *Rue de l'Ancienne Comédie*).

Der Erfolg der italienischen Theatertruppen blieb während dieser Zeit ungebrochen. Sie schöpfen aus dem Repertoire der *Commedia dell'Arte.* Sie spielten meist mit Masken und in italienischer Sprache. Ihre Personen waren feste Typen: Harlekin, Pierrot, Colombine, Pantalone, Pulcinella etc. Molière und später Marivaux haben ihre Sympathie für das Können der Italiener nie verleugnet. Nach der Gründung der *Comédie Française* übernahmen sie das *Hôtel de Bourgogne* in Alleinverwaltung. Trivelin und Scaramouche waren ihre begabtesten Schauspieler.

Schon Ende des 16. Jahrhunderts hatte es mit Peris *Dafne* die erste Opernaufführung in Paris gegeben. Aber erst seit 1669 findet diese Kunstform ihre feste Institutionalisierung, als Ludwig XIV. dem Abbé Perrin die Gründung der *Académie Royale de Musique* auftrug. Quinault und Lulli kamen so zu großen Triumphen. 1661 wurde die *Académie de la danse* gegründet.

Bürgerliche Berufs- und adlige Amateurschauspieler standen auf den Bühnen des 17. Jahrhunderts. Der Sonnenkönig tanzte den Jupiter. Alle Berufsschauspieler waren kollektiv von der Kirche exkommuniziert.

Das *parterre* des Theaters bestand bis 1782 aus Stehplätzen, die nur von Männern besucht werden durften. Für Damen und vornehme Herren gab es die verschlossenen Logen. Molière schätzte das Publikum des *parterre*; seit 1656 (bis 1760) folgte man z.T. der englischen Sitte und stellt Publikumsbänke zu beiden Seiten der Bühne auf. Die Beleuchtung geschah durch Kerzen. Reklame machte man durch Plakate und Marktschreier. Die Dekorationen und Kulissen waren oft sehr kompliziert. Komödien wurden oft in Alltagskleidung gespielt. Für die Tragödie gab es je nach Bedarf die stilisierten Kostüme »à la romaine«, »à l'espagnole« oder »à la turque«.

Daß die klassische Tragödientheorie bereits zu Ende des 16. Jahrhunderts im wesentlichen ausgearbeitet war, ist andernorts hervorgehoben worden. Wenn sie dennoch in bestimmten Phasen der 1. Hälfte des 17. Jahrhunderts zurückgedrängt wurde, dann liegt das an der möglicherweise von England und Spanien her sich nährenden Regelfeindlichkeit zahlreicher Dramenautoren jener Jahre:

Jean de Schélandre (1584–1635), aus deutschstämmigem Adel, hatte in Heidelberg studiert und fiel im 30jährigen Krieg. Maria Stuart widmete er seine *Stuartide.* Mit der Tragikomödie *Tyr et Sidon* (1608; Endfassung 1627) zeigt er sich als tabuverletzender Beobachter von Mord- und Saufszenen und beweist seine Regelfeindlichkeit auch durch die Gliederung des Stücks in 10 Akte. Das Vorwort, das François Ogier 1628 für *Tyr et Sidon* verfaßte, ist ein regelfeindliches Manifest mit Absagen an den Kult der Alten, die Tragödientheorie des Aristoteles, etc.

Das regelfeindliche Theater dominiert bis etwa 1630. Es weicht der *invraisemblance* nicht aus, bringt Übernatürliches auf die Bühne, verletzt die *bienséance*. Auf der Bühne wird gemordet, gefressen, geträumt. Diese ›barocken‹ Elemente, die sich durch pastorale Ingredienzien verkomplizieren (Gombauld, *Amaranthe*), sind auch Rotrou und Corneille nicht fremd. Aber sie werden zunehmend in Frage gestellt. Mit Du Ryer *(Lucrèce)*, Scudéry *(César)* geht spätestens seit 1636 die Tendenz in Richtung auf eine Reaktion gegen die tragikomische Stilmischung. Auch Chapelains *Lettre sur l'art dramatique* führt vorsichtig zur Regelforderung Skaligers und Castelvetros zurück. Als D'Aubignac 1657 die *Pratique du Théâtre* veröffentlicht, bedeutet das den Sieg der klassizisierenden Tendenzen. Den Übergang markieren u. a. Hardy und Mairet:

Alexandre Hardy (1570?–1631) war der Stückeschreiber des frühen *Hôtel de Bourgogne*. Er soll über 600 Stücke verfaßt haben. Er bearbeitete antike Stoffe *(Didon se sacrifiant, La mort d'Alexandre)*, biblische *(Mariamne)* und pastorale *(Alcée)* Sujets und folgt auch span. Anregungen: *La force du sang* (nach Cervantes *La fuerza de la sangre*). Hardys Theater ist regelfeindlich und dramatisch.

Jean Mairet (1604–1686) wurde von Richelieu gefördert. Trotz formaler Nähe zu Corneille geriet er anläßlich des *Cid* mit ihm in Streit. Sein Werk zeigt einen wachsenden Respekt vor den Regeln. Nach Trissino und Montchréstien schrieb er eine *Sophonisbe* (1634), die erste ›regelmäßige‹ französische Tragödie: »Massinisse en un jour vainc, aime, et se marie.« Mit Ogier setzte er sich polemisch auseinander. Die Tragikomödie *Sylvie* (1626) steht noch außerhalb der Regelobservanz. Später knüpfte er erfolglos daran an.

Pierre Corneille (1606–1684) »a dominé la scène française près de quarante ans« (Adam). Er entstammte einer Bürgerfamilie aus Rouen, lernte bei den Jesuiten, las Seneca und Lukan. 1624 war er ausgebildeter, aber erfolgloser Jurist. Er wird Beamter der *Eaux et forêts*, erlebt eine wildromantische Liebe zu Catherine Huet und widmet ihr seine erste Komödie *Mélite ou les fausses lettres* (1629), die Mondory erfolgreich im Marais aufführte. Es folgen das Mantel- und Degenstück *Clitandre*, die Intrigenkomödie *La veuve*. Der *société des cinq auteurs* – Boisrobert, Colletet, L'Estoile, Rotrou, Corneille – kann er sich bald entziehen und produziert dann in rascher Folge *La galerie du Palais, La suivante, La place royale* (1634), *Médée* (nach Seneca, 1635) und *L'Illusion comique* (1636), in der der großsprecherische Matamore eine Karikatur jenes Heldentums abgibt, das der Autor später sehr ernst nehmen sollte. Mit *Le Cid* (1637) gewinnt er die Eigenständigkeit innerhalb der Traditionen des französischen Theaters:

Er gewinnt sie – wie Hardy – im Kontakt mit der spanischen Tradition.

Der spanische Ehrbegriff ließ sich gut in seine Vorstellungen von *gloire* und von der später durch Descartes propagierten *générosité* integrieren. Er geht aus von Guillén de Castros Erfolgsdrama *Las mocedades del Cid* (1613), das eine ganze Tradition (*Cantar de mio Cid*, Sepúlvedas *Romancero* u. a.) resümiert und in Spanien die Lebendigkeit eines Stoffs bezeugt, der später u. a. noch Lope de Vega (*Las Almenas del Toro* 1618), Matos Fragoso (*No está en matar el vencer* 1668) u. v. a. inspirierte. Der *Cid* verarbeitet das wirkungsvolle Motiv von der ›geliebten Feindin‹, an dem sich die Ehrproblematik entzündet. Das Stück wurde im *Théâtre du Marais* 1637 mit einem Riesenerfolg aufgeführt. Er wiederholte sich noch in unserem Jahrhundert, als 1951 Gérard Philipe die Titelrolle spielte. Stofflich handelt es sich um einen Ehrenhandel zwischen Don Diègue und Don Gormas, der die Liebe ihrer Kinder Rodrigue und Chimène bedroht. Maurensieg, Gottesurteil und die Intervention des Königs bringen jedoch die Welt wieder in Ordnung. Das Stück endet gut.

»C'est beau comme le *Cid*« wurde in Frankreich zur stehenden Redewendung. Daran konnte auch die von Corneilles Gegnern ins Werk gesetzte und von Richelieu aus Gründen der antispanischen Hetze genährte Intrige nichts ändern. Sie führte zur lautstarken *Querelle du Cid,* in der die junge *Académie française* Stellung nahm. Corneille verteidigt sich *(Excuse à Ariste)* gegen Mairets anonym vorgebrachten Plagiatsvorwurf, Scudéry griff ihn im Namen der Regeln an *(Observations sur le Cid),* Guez de Balzac ergreift Partei für Corneille. Insgesamt wurden an die 30 Streitschriften gewechselt. Schließlich bescheinigten die von Chapelain redigierten *Sentiments de l'Académie sur la tragicomédie du Cid* (1638) dem Stück einen unerklärlichen Zauber jenseits der Regeltreue.

Der *Cid* führte zu den Nachdichtungen von Chevreau (1638), Desfontaines (1638), Chillac (1639) und wirkte auch auf Spanien zurück: Diamante *(El honrador de su padre),* Cáncer y Velasco (1673), Quirós (1656). Spätestens seit der Romantik greift man jedoch durchweg wieder auf die spanische Romanzentradition zurück.

Corneille nahm sich die Kritiken seiner Gegner zu Herzen. Seine nächsten Werke sind ›regelmäßig‹. Auf den *Cid* folgt *Horace,* nach Titus Livius, angesiedelt im Kampf zwischen Rom und Alba Longa. Das Stück lebt aus dem Konflikt zwischen Pflicht und Neigung und enthält neben der pathetischen Verherrlichung der Vaterlandsliebe auch die höchst problematische Begnadigung eines Mörders. Vielleicht resultiert die Dramatik des Stücks gerade aus dieser menschlich unbefriedigenden Konstellation. Etwa gleichzeitig legt Corneille sein Römerdrama *Cinna ou la clémence d'Auguste* (1640) vor, das einen u. a. auch bei Dion Cassius überlieferten Stoff aus Senecas *De Clémentia* bearbeitet. Das Werk, das im Marais aufgeführt wurde, verherrlicht die *clementia Caesaris* und verlegt Tragik und Katharsis in die Psyche des von seinen besten Freunden verratenen Augustus. Dieser reift zum milden Herrscher und meistert seine Affekte in ›generöser‹ Weise: »Je suis maître de moi-même comme de l'univers.« Das Stück hat keine Toten. Allerdings wird die Frage der machiavellistischen Färbung herrscherlicher Milde durch Livia (Akt IV) aufgeworfen.

Mit *Polyeucte martyr*, der 1642 im *Hôtel de Rambouillet* vorgelesen und 1643 im *Hôtel de Bourgogne* aufgeführt wurde, folgt Corneille dem deutschen Neulateiner Surius (16. Jh.), den *Vitae sanctorum* des 10. Jahrhunderts und dem *Agathophile* von Jean-Pierre Camus. Das Stück führt in die Welt der antiken Christenverfolgungen und handelte sich wegen seines *merveilleux chrétien* gelehrte Kritiken ein. Aus der Perspektive der Fronde heraus »konnte Polyeucte als Widerstandsdichtung aufgefaßt werden« (Engler). Mit *Polyeucte* erreicht Corneille den Höhepunkt seiner Laufbahn. In Boileaus *Réflexions sur Longin* (1693) werden *Cid*, *Cinna*, *Horace* und *Polyeucte* als Höhepunkte ›klassischer‹ Dichtung schlechthin dargestellt. In allen Fällen handeln die Protagonisten als großmütige Persönlichkeiten aus eigener Willensentscheidung heraus. Nicht immer nehmen sie dabei Rücksicht auf die Folgen ihrer Entscheidungen für andere.

Zwischen 1643 und 1650 schreibt Corneille, der seit 1647 Mitglied der *Académie française* war, sein Römerdrama *La mort de Pompée* (1643) nach Lukan und gibt mit *Le menteur* (1643) sein Gegenstück zur *Verdad sospechosa* von Ruiz de Alarcón. 1644 läßt er eine *Suite du menteur* folgen, die sich dieses Mal auf Lope de Vega *(Amar sin saber a quien)* bezieht. Mit *Rodogune* (1644) führt er seine Zuschauer dann in die Welt eines finsteren orientalisch-römischen Eifersuchts- und Politdramas, das u. a. Aigue d'Iffremont zu einer Romanbearbeitung (*Rodogune, histoire asiatique et romaine* 1667) anregte und Lessings Kritik herausforderte. 1647 bearbeitet er mit *Héraclius* den gleichen Stoff wie Calderón in *En esta vida todo es verdad y todo es mentira.* Nach *Andromède* – das Stück greift auf Ovids Metamorphosen zurück – folgt 1650 mit *Don Sanche d'Aragon* eine Mantel- und Degenkomödie im spanischen Dekor. *Nicomède* (1651) führt erneut ins orientalische *ambiente*, *Pertharite, roi des Lombards* (1652) hingegen in die haßerfüllte Welt völkerwandernder Germanenfürsten. Der Mißerfolg dieses Stücks bedingt Corneilles zeitweiligen Rückzug vom Theater. Er übersetzt die *Imitatio Christi* des Thomas von Kempen und schmiedet galante Stanzen für Thérèse du Parc aus der Truppe Molières. *Oedipe* nach Aischylos, Euripides und Seneca leitet dann die zweite Schaffensperiode auf dem Theater ein. Corneilles Alterswerk ist keineswegs unbedeutend, auch wenn die Erfolge früherer Zeiten nicht wieder erreicht wurden. Mit *La toison d'or* und *Sertorius* gibt er komplizierte Intrigendramen, *Sophonisbe, Agésilas, Othon, Attila* sind glatte Mißerfolge. Die Du Parc geht zu Racine über. 1670 schreibt Corneille mit *Tite et Bérénice* ein keineswegs verunglücktes Gegenstück zur *Bérénice* seines erfolgreichen Rivalen. Zusammen mit Molière arbeitet er an *Psyché* (1671). *Pulchérie* (1672) fällt durch. *Suréna,* das 1674 im *Hôtel de Bourgogne* aufgeführt wurde, blieb unbeachtet. Im gleichen Jahr geht Racines *Iphigénie* über die Bühne von Versailles.

Corneille hat sich im *Discours de la Tragédie,* im *Discours des trois unités* und in seinen Vorworten *(Examens)* auch theoretisch mit der Tragödie auseinandergesetzt. Sie lebt für ihn aus der Spannung zwischen Pflicht und Neigung, zwischen *gloire* und *tendresse.* Im aristotelischen Sinne sollen Furcht und Mitleid erregt werden, Corneilles Zutat ist jedoch die *admiration*: die Taten und Stoffe sollen in ihrer Größe oder Schrecklichkeit Bewunderung herausfordern. Hier und da wird eine problematische Übermenschenmoral greifbar, die u. a. Nietzsches positives Urteil über Corneille bestimmte.

Corneilles Zeitgenossen und Rivalen waren u. a. Rotrou, Thomas Corneille, Quinault und Du Ryer.

Jean de Routrou (1601–1650) folgte Hardy als Stückeschreiber der *troupe royale.* Für Racine bedeutsam wurde seine Übersetzung der *Iphigenie* des Euripides (1640) und für Molière leistete er Vorbereitungsarbeit durch Plautusbearbeitungen *(Les Sosies)* und eigene Lustspiele (*Clarice* 1642, *La sœur* 1647). *Le véritable Saint-Genest* (1646) folgt Lope de Vega *(Lo fingido verdadero), Venceslas* Rojas *(No hay de perder siendo Rey).*

Thomas Corneille (1625–1709) war zu Lebzeiten ebenso bekannt wie sein Bruder Pierre. Sein *Timocrate* (1656) ist der größte Theatererfolg des 17. Jahrhunderts. *Laodice* folgt dem Vorbild der *Rodogune, La mort d'Annibal* verrät den Einfluß von *Nicomède.* Die *Bérénice* von 1659 wirkte auf Racine, *Le comte d'Essex,* der bis ins 18. Jahrhundert bekannt blieb, führt ins elisabethanische England. Als Komödienautor war Thomas Corneille zeitweise der Konkurrent Molières.

Philippe Quinault (1635–1638) vertritt das *genre doucereux.* Seine *Astrate* wurde von Boileau im *Repas ridicule* lächerlich gemacht, *Stratonice, Le Grand Cyrus, Amalosonte* schöpfen aus dem galanten Roman. 1670 wurde Quinault Mitglied der Akademie, er lieferte zahlreiche Libretti für Lulli und arbeitet 1671 zusammen mit Corneille und Molière am *Psyché*-Ballet. *La mère coquette* zeigt ihn als begabten Komödienautor.

Pierre Du Ryer (1605–1658), Sieur de Paracy, war ein Enkel Heinrichs IV. und der »charmante Gabriele« d'Estrées. Er schrieb seit 1628 Dramen *(Arétaphile)* und Tragikomödien *(Clitophon, Sisandre et Caliste). Lucrèce* (1636) und *Saul* (1639) sind ›regelmäßige‹ Tragödien. Seine *Esther* (vgl. Lope de Vega, *La hermosa Ester*) wirkte auf Racine, ebenso die *Bérenice* von 1645.

## 5. »Ni ange ni bête«: Pascal und Port-Royal

Blaise Pascal (1623–1662) aus Clermont-Ferrand verlor früh seine Mutter und wuchs mit seinen Schwestern Gilberte und Jacqueline auf. Sein »effrayant génie« (Chateaubriand) erkannte man, als er früh Kontakte zu Mersenne, Fermat u. a. suchte und die Gelehrtenwelt durch den *Essai sur les coniques* verblüffte. Der Kontakt mit jansenistischem Denken verstärkt sich durch eine Krankheit (*Prière pour demander à Dieu le bon usage des maladies* 1650). Gilberte nahm den Schleier, und Jacqueline wird später als Mme Périer ein frommes Leben führen. Pascal selber schwankt zwischen naturwissenschaftlichen Interessen und religiöser Spannung. Von 1647 stammt der *Traité du vide.* Er treibt Torricellis Arbeiten zur Hydrostatik weiter und denkt über das Vakuum nach. Seine Experimente zum Luftdruck in Rouen und Paris läßt er auf dem Puy de Dôme wiederholen. Sie führen zur Entdeckung des Prinzips des Barometers mit der vom Luftdruck abhängigen Quecksilbersäule. Er baut eine Rechenmaschine und schickt ein Exemplar an Christine von Schweden, er versucht eine Wahrscheinlichkeitsformel für Roulettespieler zu erstellen. Gleichzeitig beunruhigen ihn religiöse Fragen. Er führt ein Leben zwischen den Salons – z. B. Mme de Sablé – und häufigen Besuchen bei den *solitaires* von *Port-Royal-des-Champs* in der *Vallée de Chevreuse.* Er findet die Freundschaft des libertinisch eingestellten Duc de Roannez und Mérés, dessen *Discours de la vraie honnêteté* er mit Interesse las. Möglicherweise schrieb er damals einen *Discours sur les passions de l'amour* (1652) und las Epiktet und Montaigne. Ein Wagenunfall am Pont de Neuilly führt am 23. 11. 1654 zu einem Zustand mystischer Ekstase, in der er das bekannte *Mémorial* (»Certitude. Certitude. Sentiment. Joie. Paix...«) abfaßte, das er fortan im Futter seiner Jacke eingenäht bei sich trug. Er geht nach Port-Royal, unterwirft sich härtester Askese und wählt als *directeur de conscience* Isaac-Louis Le Maître de Saci (1613–1684), Bibelübersetzer und wie Corneille Übersetzer der *Imitatio Christi.* Roannez kam ebenfalls nach Port-Royal. 1655 entsteht das *Entretien avec M. de Saci sur Epictète et Montaigne.*

*Port-Royal und der Jansenismus.* Das 1204 gegründete Zisterzienserinnenkloster von Port-Royal war seit den Reformen der Äbtissin (1591–1661) Angélique Arnauld (1608) ein Schwerpunkt des religiösen Lebens in Frankreich. 1626 war die Gemeinschaft in den Pariser Faubourg Saint-Jacques umgezogen, wo Saint-Cyran sie seit 1633 leitete. Seit 1633 zogen die sog. *Solitaires* in die verlassenen Gebäude von *Port-Royal des Champs* ein, 1647 kam auch ein Teil der Nonnen, unter ihnen Mère Angélique, zurück. Seit 1643 leistete man in den *petites écoles* von *Port-Royal* eine immense Bildungsarbeit (Nicole, *Logique de Port-Royal, Essais de Morale;* Lancelot, *Jardin des racines grecques et latines*). Hier entstand u. a. die *Grammaire générale et raisonnée* (Lancelot und Arnauld), hier las man den posthumen *Augustinus* (1640) des Bischofs Jansenius von Ypern, der damit gegen Molinas *De concordia liberi arbitrii cum gratiae donis* (1588) Stellung bezogen hatte. In Saint-Cyran und dem Grand Arnauld (*De la fréquente Communion* 1643) fand Jansenius aufmerksame Kommentatoren, die das Prinzip der Willensunfreiheit und der göttlichen Gnadenwahl hervorheben und damit eine extreme Gegenposition gegen die von der Universität Löwen gestützten Jesuiten beziehen. Racine, der 1655–1658 in Port-Royal ausgebildet wurde, verquickt die jansenistische Prädestinationslehre mit dem Fatum-Glauben der antiken Tragödie. Allerdings war bei der Theaterfeindlichkeit der Jansenisten, speziell Nicoles, der Bruch nur eine Frage der Zeit. Er kam 1666.

*Port-Royal* geriet in den Geruch der Heterodoxie. 1665 verweigert man dem jansenistenfreundlichen Duc de Liancourt die Absolution, 1656 verdammt der Papst die Kernsätze der jansenistischen Lehre. 1665 weigern sich die Nonnen, ihre Thesen zu widerrufen (vgl. Montherlant, *Port-Royal*), Ludwig XIV. hob das Kloster auf und ließ es 1710 zerstören, 1713 verdammt die Bulle *Unigenitus* den Jansenismus (und den Quietismus). Wichtige Quellen zur Geschichte von Port-Royal lieferten Racine *(Abrégé de l'histoire de Port-Royal)* und Nicolas Fontaine *(Mémoires pour servir à l'histoire de Port-Royal),* Sainte-Beuves *Port-Royal* ist ein Klassiker geworden. Im 18. Jahrhundert führte die religiöse Motivation der Jansenisten in die politische Opposition hinein.

Pascal griff, u. a. beeindruckt durch das Wunder vom heiligen Dorn (1656) in die Diskussionen zwischen Jesuiten und Jansenisten ein. Zwischen dem 23. Januar und dem 24. März 1657 erschienen anonym seine 18 *Provinciales ou lettres écrites par Louis de Montalte à un provincial de ses amis et aux RR. PP. Jésuites sur la morale et la politique de ces Pères*:

Die *Provinciales* kreisen um die Themen von Gnade, Probabilitätslehre, Intentionsmoral, *dévotion aisée,* Mentalreservation etc. In z. T. unsachlichem und polemischem Ton wird der jesuitische Standpunkt angegriffen. Chateaubriand nannte den Pascal der *Provinciales* einen »calomniateur de génie«. Er versteht sich als Polemiker, er will überzeugen, nicht die Wahrheit verbreiten. Dabei liegt das Neue möglicherweise gar nicht in seinen unnuancierten Argumenten, sondern in der Tatsache, daß hier eine mondäne Öffentlichkeit als Schiedsrichter für religiöse Streitfragen angerufen wird. Pascal vertraut offenbar dem *bon sens,* den schon Descartes als bestverteilte Sache der Welt angesehen hatte.

Nach dem Erfolg der *Provinciales* stellt Pascal seine Überredungskünste in den Dienst der christlichen Apologetik. Er will die Weltleute von der Richtigkeit des christlichen Glaubens überzeugen. Geschwächt von Krankheit und Askese zieht er sich daher 1657 vollends zurück. Das unvollendete Resultat der folgenden Arbeiten sind die *Pensées.*

Das Manuskript der *Pensées* ist ein philologisches Puzzle. Pascal hatte seine Gedanken manchmal diktiert, manchmal selber notiert, um sie als Stoffsammlung für seine Apologie zur Hand zu haben. Die *Solitaires* – Arnauld, Filleau de La Chaise, Nicole – gaben unter der Leitung von Mme Périer diese Notizen 1670 partiell heraus *(Pensées de M. de Pascal sur la Religion).* 1710 klebte der Kanonikus Louis Périer die erhaltenen Notizenbündel in ein Album ein, ohne auf eine systematische Ordnung Wert zu legen. Dieses Album übernahm 1711 die Abtei von *Saint-Germain-des-Prés.* Es ist die Grundlage für alle weiteren Pascal-Editionen. Die Form, die Pascal seinem Werk zugedacht haben mag, ist somit nur spekulativ rekonstruierbar. Die Editionen der *Pensées* reflektieren daher den jeweiligen Blickwinkel der Epoche: Condorcet (1776), Bossut (1779), Faugère (1844), Havet (1852), Michaut (1896), Brunschvicq (1897), Chevalier (1925, 1936), Tourneur (1938, 1942), Lafuma (1948), etc. Die weithin anerkannte Ausgabe von Léon Brunschvicq geht den vorsichtigen Weg der Klassifizierung der Fragmente nach Sachgruppen. Die Numerierungen dieser Ausgabe sind seither durchweg der Leitfaden der Pascal-Forschung.

Die *Pensées* kreisen um die Problematik der *miseria hominis* und seiner *dignitas*:

Der Mensch lebt in einem »petit cachot« zwischen den Abgründen der Unendlichkeit und des Nichts. Die Frage »Qu'est-ce qu'un homme dans l'infini?« kann er nicht beantworten. Er unterliegt den »puissances trompeuses«: *coutume, imagination, amour propre.* Menschliche Gerechtigkeit beruht auf Fiktionen: »Pourquoi me tuez-vous? – Eh quoi! ne demeurez-vous pas de l'autre côté de l'eau?« Mit der Institution des Eigentums begann die »usurpation de toute la terre«. In dieser Situation suchen die Menschen den Ausweg der kollektiven Verdrängung, des *divertissement* im ursprünglichen Sinn von *diversion* (vg. Montaigne III,4): »Les hommes n'ayant pu guérir la mort, la misère, l'ignorance, ils se sont avisés, pour se rendre heureux, de n'y point penser.« Die *divertissements* sind *plaisir, ambition, jeu, guerre,* etc. – Aber zur Zeichnung der *miseria* tritt die der *dignitas*: »Toute notre dignité consiste ... en la pensée ... Travaillons donc à bien penser: voilà le principe de la morale«, und: »L'homme n'est ni ange ni bête, et le malheur veut que qui veut faire l'ange fait la bête.« Innerhalb dieser Widersprüchlichkeiten versagen die philosophischen Systeme, Epiktet, Montaigne, aber sie fordern dennoch eine Entscheidung. Pascal schlägt dem Weltmann seiner Zeit eine Wette, ein *pari,* vor: »... il faut parier; cela n'est pas volontaire, vous êtes embarqué.« Wer auf Gott setzt, hat nichts zu verlieren und alles zu gewinnen: »... vous reconnaîtrez à la fin que vous avez parié pour une chose certaine, infinie, pour laquelle vous n'avez rien donné.« Dafür sprechen die christlichen Wahrheiten: Prophezeiungen, die historische Gestalt Jesu, seine Wunder, die Geschichte der Juden, etc. Freilich hat Gott sich versteckt (vgl. Lucien Goldmann, *Le Dieu caché*), aber gerade das erhöht den Reiz des *pari.* Und: »Il y a assez de clarté pour éclairer les élus.« Es genügt jedoch nicht, Gott nur mit der *ratio* zu suchen: »Qu'il y a loin de la connaissance de Dieu à l'aimer!« Am Ende steht die rational ausgelöste, dann jedoch mystisch erfahrene Gotteserkenntnis.

Die *Pensées* haben im 17. Jahrhundert sogar die Jansenisten erschreckt. Sie nahmen in ihrer Edition manche Textmanipulation vor. Fénelon bekämpfte Pascals pessimistisches Menschenbild, Voltaire nannte den Autor einen »misanthrope sublime« (*Lettres philosophiques* 25). Erst mit Chateaubriands *Génie du Christianisme* wurde die Rehabilitation der *Pensées* eingeleitet. Der belgische Autor Pierre Laroche brachte Pascal 1976 auf die Bühne des *Rideau de Bruxelles.*

Pascal wollte überzeugen. Er widmet daher eine ganze Serie von Überlegungen dem *art de persuader* (1658):

Pascal unterscheidet »deux entrées par où les opinions sont reçues dans l'âme«: das *entendement* und *la volonté* (auch: *le cœur*). Letzteres versteht nicht rational, sondern intuitiv und ist der Kunst des *agrément* offen. Das führt zur Unterscheidung von *esprit de géométrie* (er ist thematisch zu überzeugen) und *esprit de finesse* (er akzeptiert Herzens-, Gefühls- und intuitive Wahrheiten). Daraus folgt: die Kunst der Überzeugung »consiste autant en celui d'agréer qu'en celui de convaincre«. Es gilt, dem *amour propre* des Gegenüber entgegenzukommen, eine pedantismusfeindliche, antipräziöse Mäeutik der Wahrheitsfindung zu entwickeln. »En sachant la passion dominante de chacun, on est sûr de lui plaire.« Stilideal ist die Natürlichkeit. Je nach Absicht wird man den *Terminus technicus* oder eine Paraphrase wählen, oder auf den Nuancen der Wortstellung bzw. der Wiederholungen spielen. Nicht die rhetorische *inventio* steht im Mittelpunkt dieses Systems, sondern die *dispositio,* die geschickte Aufbereitung der Zeichen: »Qu'on ne dise pas que je n'ai rien dit de nouveau: la disposition des matières est nouvelle; quand on joue à la paume, c'est une même balle dont joue l'un et l'autre, mais l'un la place mieux.«

Lange vor Boileau hatte die französische Klassik in Pascal ihren entscheidenden Sprach- und Stiltheoretiker gefunden.

## 6. Die écrivains mondains

Die Niederlage der Fronde-Revolte bedeutete für viele namentlich adlige Intellektuelle das Ende ihrer Ambitionen. Einige entschlossen sich, in Zukunft nicht mehr Politik, sondern Literatur zu machen:

François de Marcillac, Duc de la Rochefoucauld (1613–1680), kämpfte in Italien und Flandern und erzählt in seinen *Mémoires* auch von den Intrigen der Mme de Chevreuse gegen Richelieu, sowie von seinem Duell um Mme de Longueville. Die Fronde beendete seine politischen Träume. Er besucht die Salons von Mlle de Scudéry, Mlle de Montpensier, Mme de Sablé, ist mit Mme de Sévigné und Mme de Lafayette befreundet. Einer seiner Söhne fiel in Deutschland. 1665 erscheint der erste Band der *Maximes et Réflexions*, bis 1678 folgen überarbeitete Neuausgaben. Eine Wahl in die Akademie lehnt er ab.

Wenn die französische Klassik zur geschlossenen Form tendiert, dann sind die *Maximes* ein höchst unklassisches Werk. Es besteht aus lose gefügten Aphorismen, denen eine pessimistische Auffassung vom Menschen zugrunde liegt: »Nos vertus ne sont le plus souvent que des vices déguisés.« Die moralistische Beobachtung ist erbarmungslos: »Nous avons tous assez de force pour supporter les maux d'autrui.« Stolz, Eitelkeit, Interessenbindung, Schwäche charakterisieren den Menschen. Es gibt keine Freundschaft, keine Liebe, kein Mitleid, keine *générosité*. Schopenhauer wird sich für La Rochefoucauld interessieren. Hinter den *Maximes* steht die Entzauberung einer ganzen Generation. Enttäuschung, Frustration, Pessimismus könnten die Kehrseite der klassischen Medaille sein, deren glänzende Vorderseite die Fassade von Versailles ist.

Paul de Gondi (1614–1679), seit 1652 Cardinal de Retz, hatte in seiner Jugend Moscardis *Cospirazione dei Fieschi di Genova* übersetzt. Richelieu beargwöhnte ihn. Er nahm an der Fronde teil, wurde in Vincennes und Nantes gefangen gehalten, lernte das Exil in Spanien, den Niederlanden und in Rom kennen. 1662 kam er nach Frankreich zurück. Zwischen 1671 und 1675 schreibt er seine *Mémoires* (posthum 1717). Sie reichen bis 1655 und sind eine parteiliche Darstellung der Zeitgeschichte mit u. a. Porträts hochgestellter Persönlichkeiten, die an Deutlichkeit nichts zu wünschen übriglassen. Die *Correspondance* des Kardinals ist eine Fundgrube zur französischen Geschichte des 17. Jahrhunderts.

Zu den *écrivains mondains* gehören auch einige schriftstellernde Frauen:

Marie de Rabutin-Chantal (1626–1696) war im Haus des *bien-bon* Christophe de Coulanges aufgewachsen und hatte 1644 den Marquis de Sévigné geheiratet, der 1652 im Duell fiel. Die Hochzeit ihrer Tochter Françoise-Marguerite mit dem südfranzösischen Grafen Grignan (1669) gab Anlaß zu einer umfangreichen *Correspondance* zwischen Paris (seit 1677 wohnte Mme de Sévigné im Hôtel Carnavalet) bzw. Les Rochers in der Bretagne und Südfrankreich. Es existieren ca. 1500 Briefe, von denen einige 1697 publiziert wurden. Pauline de Simiane, die Enkelin der Autorin, gab dann 1725 eine erste Gesamtausgabe heraus, 1862–1867 erschienen die *Lettres* in der Reihe der *Grands Ecrivains.*

Die *Lettres* der Mme de Sévigné zeigen eine große Vielfalt von Themen und Perspektiven. Mit Chapelain diskutiert sie über Literatur, mit ihrer Tochter liest sie Quintilian, Tacitus, Vergil. Sie liest auch Nicoles *Essais de morale* und sympathisiert mit den Jansenisten. Descartes *animal-automate* lehnt sie ab und versucht ohne Erfolg, seine Philosophie zu begreifen. Den in Ungnade gefallenen Retz, Pomponne und Fouquet ist sie eine zuverlässige Freundin, ihre Tochter scheint sie abgöttisch zu lieben. Zeitgeschichtlich informiert sie u. a. über den Tod Turennes, Louvois', über die Giftaffäre mit der Hinrichtung der La Voisin, über Spielleidenschaft, Intrigen, Schmeicheleien und Heucheleien in Versailles. Hinzu kommt die *chronique scandaleuse*: Louise de La Vallière, Mme de Montespan, etc. Je nach ihrem Aufenthaltsort schildert sie auch die Verhältnisse in der Bretagne, in Livry, Vichy oder Grignan. Ihr Naturgefühl empört sich, als ihr Sohn aus Geldgründen den Wald von Le Buron bei Nantes abholzen läßt (Brief vom 27. 5. 1680). Was die Literatur angeht, so schätzt sie Godeau, Pascal, Corneille, La Fontaine u. a. Bourdaloue stellt sie über Bossuet. Racines *Andromaque* rührt sie zu Tränen. Bei der Aufführung der *Esther* (1689) in Saint-Cyr würdigt der König sie einiger Worte und läßt sie als »objet de l'envie« zurück (21. 2. 1689). Mme de Sévigné »ist gefeit gegen jede Art von Anmaßung und Dünkel. Wir finden bei ihr allen weiblichen Charme und nicht die geringste Koketterie ... Fromm, vernünftig, ausgeglichen, eine lebhafte, charmante Frau von Welt« ist sie zugleich »eine geborene Schriftstellerin ...« (Cazamian). Für den deutschen Leser ist ihre *Correspondance* das geeignete Gegenstück zu den Briefen der Lieselotte von der Pfalz.

Zusammen mit den Briefen von Bussy-Rabutin (1618–1693), der Mme d'Aulnoy (1650?–1705), die zugleich Novellen und Reisebeschreibungen (Spanien!), *Mémoires* und *Contes de fées* (1697) hinterließ, sowie den Briefen der Maintenon, stehen die *Lettres* der Mme de Sévigné für die entwickelte Briefkultur des 17. Jahrhunderts.

Wenn die französische Literatur des 17. Jahrhunderts mehrere schriftstellernde Frauen aufweist, so ist lange Zeit auch die *Religieuse portugaise* Mariana Alcoforado (1640–1723), dazu gerechnet worden. Ihre leidenschaftlichen Liebesbriefe – sie erinnern an Abelard und Héloise und wurden von Laclos, Stendhal und Rilke gerühmt – sind jedoch inzwischen als fiktives Werk von Gabriel-Joseph Guilleragues (1628 bis 1685) erkannt worden.

Von einer Frau jedoch stammt Frankreichs klassischer Roman *La princesse de Clèves*:

Mme de Lafayette (Marie-Madelaine Pioche de la Vergne, 1634–1693) hatte bei Ménage Grammatik studiert, den Salon der Marquise de Rambouillet besucht und selber einen Salon in der Rue Vaugirard abgehalten. Sie wurde Ehrendame von Henriette d'Angleterre, verkehrte bei Mme de Sévigné und Bischof Huet, war mit La Rochefoucauld eng befreundet. Sie versucht sich zunächst unter dem Namen Segrais' mit *La princesse de Montpensier* (1662) und *Zaide* (1670), dem Huets *Traité de l'origine des Romans* vorausgeht, in dem bekanntlich der Roman als nicht ganz vollwertiges »agréable amusement des honnêtes paresseux« definiert wird. *Zaide* entspricht nicht dem Klischee des umfangreichen Romans vom Typ der *Astrée*, sondern tendiert bei aller wilden Romantik des Inhalts zur psychologischen Analyse. Darin war André Maréchal (*La Chrysolite ou le secret des romans* 1627) vorausgegangen.

Mit *La Princesse de Clèves* erscheint 1678 der erste klassische Roman, in dem die Liebe nicht Gesellschaftsspiel sondern Schicksal ist.

Das Werk, an dessen Konzeption und Abfassung möglicherweise La Rochefoucauld beteiligt ist, verrät die Vorarbeit der Preziösen in Sprachhandhabung und sozialem *ambiente*. Es handelt sich um einen historischen Roman, der die Liebe der Herzogin von Kleve zu dem Duc de Nemours und den letztlichen Verzicht der Liebenden beinhaltet. Die Handlung ist zwischen 1558 und 1559 am Hof Heinrichs II. und Franz' II. lokalisierbar und verrät umfangreiche historische Kenntnisse. Die im Drama der Zeit bestimmenden psychologischen Strukturen von *générosité* und *passion* bestimmen das Romangefüge. Die Liebe ist die Ursache der Tragik, sie gerät in einen unlösbaren Konflikt mit der Gesellschaft. Die Konflikte sind vollkommen psychologisiert, der Weg zum modernen Seelenroman ist frei. Über *Manon Lescaut* führt er zu Fromentins *Dominique*, Flauberts *Madame Bovary*, Mauriacs *Thérèse Desqueyroux*.

Dem Werk wohnt eine Brisanz inne, über die zeitgenössische Leser sich kaum täuschen konnten. Im *ambiente* des Hofs, der Intrigen und des Protokolls werden hier Entscheidungen vollzogen, die unter der Fassade der *bienséance* das Problem des möglichen Konfliktes der Konvention mit der Treue zu sich selber stellen. Das kann bei weniger aristokratischen Seelen zum Bruch mit der Gesellschaft führen.

Nach dem Tode La Rochefoucaulds (1680) verzichtet Mme de Lafayette auf weitere Romanproduktionen. Sie erfüllt diplomatische Aufgaben in Savoyen und schreibt historisch interessante *Mémoires de la cour de France pour les années 1688 et 1689*. Posthum erscheint *La comtesse de Tende* (1724).

## 7. Molière und die Komödie seiner Zeit

Jean-Baptiste Poquelin (1622–1673) wurde unter dem Namen Molière der bekannteste französische Komödienautor der Klassik und »le plus français et le plus universel de nos auteurs« (Saulnier). Sein Vater war Anstreicher und königlicher Kammerdiener. Er schickte seinen Sohn aufs *Collège de Clermont* (heute: *Louis-le-Grand*), wo er Mathematik und Naturwissenschaften, Tanzen und Fechten lernte. Mit Chapelle und dem weitgereisten Bernier war er befreundet, er kannte Gassendi, Plautus, Terenz und Lukrez, den er übersetzt. Wie Scarron und Corneille hatte auch er fundierte Kenntnisse der spanischen Nachbarkultur. 1643 wird er Schauspieler.

Er nennt sich Molière und gründet zusammen mit Madeleine Béjart das *Illustre Théâtre*. Er kommt in Schuldhaft ins Châtelet und versucht dann sein Glück in der Provinz. Die Truppe fusioniert mit der vom Duc D'Epernon protegierten Truppe Du Fresnes' und spielt erfolgreich in Agen, Albi, Toulouse etc. 1650 übernimmt Molière die Leitung. In Lyon lernt er die Kunst der italienischen *Gelosi*-Truppe schätzen. Zwischen 1653 und 1657 avanciert Molières Truppe zur *Troupe de M. le prince de Conti,* bis dieser Gönner sich zum theaterfeindlichen Jansenisten bekehrte. Als Molières Weg 1658 nach Paris zurückführt, hat er die Protektion von Monsieur, d. h. des Bruders des Königs, erreicht. In der Provinz hat Molière Städte, Stände, Dialekte studiert, die wirtschaftliche Seite des Theaters kennengelernt, er wußte um Rivalen, Intrigen und die Feindschaft des Klerus. Mit *Le médecin volant, La jalousie du barbouillé, L'étourdie* und *Le dépit amoureux* hatte er zudem schon einige eigene Produktionen aufzuweisen.

Der erste Pariser Auftritt (24. 10. 1658) mit Corneilles *Nicomède* vor Ludwig XIV. und den Rivalen vom *Hôtel de Bourgogne* wäre wohl ein Reinfall geworden, hätte Molière ihn nicht mit der Farce *Le docteur amoureux* abgeschlossen. Er gewinnt die Lacher für sich, darf seine Truppe fortan als *troupe de Monsieur* bezeichnen und sich das *Petit-Bourbon* mit den Italienern teilen. 1659 wird Jodelet aufgenommen. Am 18. 11. 1659 führt man im Anschluß an Corneilles *Cinna* die *Précieuses ridicules* auf. Der Durchbruch ist geschafft.

In den *Précieuses ridicules* verführen Jodelet mit mehlgeweißtem Gesicht und Mascarille mit seiner traditionellen Maske zwei Provinzmusen. Das Werk verspottet die Auswüchse des Preziösentums und hatte eine pamphletreiche *guerre comique* zur Folge.

In der Folge produziert Molière *Sganarelle ou le cocu imaginaire,* wo er auf die traditionellen Masken verzichtet, und – nachdem seine Truppe 1661 das Palais-Royal beziehen durfte – die erfolglose Komödie *Dom Garcie de Navarre ou le prince jaloux.* Terenz' *Adelphes* folgend, führt er im Juni 1661 die *Ecole des maris* auf, eine Farce zum später öfters ausgeschlachteten Thema des von seinem Mündel gefoppten Vormunds. Es folgen *Les Fâcheux* für die Feste, die Fouquet 1661 in Vaux veranstaltete. Seit diesem Stück beginnt Ludwig XIV. sich für Molière zu interessieren. Im Januar 1662 heiratet Molière die 19jährige Armande Béjart, Madeleines jüngere Schwester. Die Verbindung war unglücklich. Am 2. Weihnachtstag 1662 spielt man im *Palais-Royal* Molières größten Erfolg: *L'école des femmes,* in der sich u.a. Elemente aus Straparola *(Le piacevoli notti),* Scarron *(La précaution inutile)* und Thomas Corneille *(Le galant doublé)* wiederfinden. Die These dieser Charakterkomödie, in der der alte Arnolphe vergeblich auf eine Eheverbindung mit seinem durch die Liebe reifenden Mündel hofft, ist, daß Natur und Instinkt nicht durch Zwang lenkbar sind. Hier steht Molière auf Seiten Gassendis und macht sich zugleich zum Kritiker der zeitgenössischen Mädchenerziehung. Agnès, die im *imbroglio* der Komödie instinktsicher ihre Entscheidung trifft, beeinflußte Marivaux bei der Konzeption der Angélique seiner *Ecole des mères* und regte u. a. Anouilh zu *Cécile ou l'école des pères* an.

Zur Nachgeschichte der *Ecole des femmes* gehört die anschließende *Querelle.* Ludwig XIV. hatte Molière als »excellent poète comique« eine Pension von 1000 Livres ausgesetzt. Seine Opfer, Feinde und Rivalen, die Preziösen und die Kollegen vom *Hôtel de Bourgogne,* erzwangen in dieser *cabale des jaloux esprits* den Abtausch mehrerer Streitschriften. Donneau de Visé attackiert Molière in den *Nouvelles nouvelles* (3e série), Boileau verteidigt Molière (*Stances,* 1. 1. 1663). Molière selber antwortet am 1. 6. 1663 mit dem Einakter *Critique de l'école des femmes,* der seine Theaterideen darlegt und die Gegner verspottet. Er unterstreicht, daß die Komödie nicht einfacher sei als die Tragödie und beruft sich auf das Urteil des Hofs. Über allen Regeln der Kunst steht als Regel der Regeln, daß ein Stück gefallen muß. Molières Gegner gaben nicht auf. Donneau de Visé unterstellt ihm Bestechlichkeit *(Zélinde),* die Devoten werfen ihm Unglauben vor, Boursault greift sein Privatleben an *(Le portrait du peintre).* Molière verteidigt sich im *Impromptu de Versailles* (Oktober 1663) und parodiert seine Rivalen. Auch unterscheidet er scharf zwischen Werkkritik und persönlichen Invektiven. Die *Querelle* vergiftet sich. Montfleury schreibt gegen Molière sein *Impromptu de l'Hôtel de Condé,* Visé verfaßt seine *Vengeance des Marquis.* Man verbreitet, Molière habe seine eigene Tochter geheiratet. Ludwig XIV. stellt sich auf die Seite Molières und wird Pate seines ersten Sohnes. Aber der Kampf gegen Molière war eingeläutet. Er sollte sich bis zum Tod des Autors fortsetzen. Molière wird *fornisseur des divertissements royaux,* produziert *Le mariage forcé* (1664), *La princesse d'Elide,* und am 12. Mai 1664 eine Vorversion des *Tartuffe,* die der König auf Druck der Feinde Molières verbieten lassen mußte.

Die Königin, Condé, der päpstliche Legat Chigi können Molières Feinde nicht beruhigen. Die bekehrungseifrige *Compagnie du Saint-Sacrement* sah sich angegriffen, der Abbé Roullé *(Le roi glorieux au monde)* fordert den Scheiterhaufen für Molière. 1667 kann eine entschärfte Version unter dem Titel *Panulphe* gespielt werden, bis Lamoignon sie verbieten läßt. Der König war auf dem flandrischen Kriegsschauplatz, die Zuschauer wurden kollektiv exkommuniziert. Aber der König ergreift, nach dem Aachener Frieden 1668 mit neuem Selbstbewußtsein erfüllt, offen Partei für Molière. Am 5. 2. 1669 kann das inzwischen mehrmals umgearbeitete Werk in nunmehr 5 Akten aufgeführt werden:

*Tartuffe* behandelt die zersetzende Wirkung des Heuchlers innerhalb einer gut situierten Bürgerfamilie, wobei Molière u. a. auf Scarron *(Les hypocrites)* und Vital d'Audiguier *(Les amours d'Aristandre et de Cléonice)* zurückgriff. Erst in letzter Minute durchschaut Orgon den Heuchler, der sich verbrecherisch seiner Frau genähert hat. Aber erst der König *ex machina* bringt die hoffnungslos verfahrene Situation wieder in Ordnung. Molière versucht, einen deutlichen Unterschied zwischen Devotion und Hypokrisie zu machen (z. B. Akt I,5), seine eigentliche Sympathie gehört jedoch den areligiös eingestellten Personen des Stücks. Die »frömmelnde Hofclique« (Jan) lag also mit ihrer Kritik an Molières Unglauben nicht falsch. Dabei erschrickt es, daß der Heuchler ein mittelmäßiger Durchschnittsgauner ist, dem jede Größe, selbst die des Verbrechens, abgeht. Tartuffe ist der kleinkarierte Bauernfänger, der von der Dummheit anderer profitiert. Rimbaud schrieb 1870 ein *Châtiment de Tartuffe.*

Zwischen 1664 und 1669 wurde Molière Chef der *Troupe du Roi* (Sommer 1665), brach mit Racine, der ihm fortan das *Hôtel de Bourgogne* vorzog, und verspürte die ersten Anzeichen der Tuberkulose. Zugleich entstanden einige seiner Hauptwerke: *Dom Juan, Le Misanthrope, Le médecin malgré lui, Amphitryon, L'Avare,* sowie *L'amour médecin,* sein Beitrag zum von Benserade inszenierten *Ballet des muses* (1667/68) mit *Méliccerte, La pastorale comique* (Musik: Lulli), *Le Sicilien ou l'amour peintre,* und schließlich *Georges Dandin,* das die Erniedrigung eines reichen Bauern zeigt, der ›nach oben‹ heiratet.

*Dom Juan ou le festin de pierre* (Palais-Royal 15. 2. 1665) greift auf den *Burlador de Sevilla* von Tirso de Molina zurück und zeigt Molière innerhalb der überaus fruchtbaren Stoffgeschichte des Sujets (Goldoni, Mozart, Grabbe, Camus, Frisch, Zorrilla, Dumas der Ältere u. v. a.). Bei Molière wird jedoch nicht der liebeshungrige Don Juan bestraft, sondern der Heuchler, der »grand Seigneur méchant homme«. Die *cabale des dévots* brachte das Stück zu Fall, es wurde erst posthum gedruckt. Es forderte die *Observations du sieur de Rochemont* heraus, hinter dem man den Jansenisten Barbier d'Aucour vermutet.

*Le Misanthrope* (Palais-Royal 4. 6. 1666) behandelt die Liebe des Wahrheitsfanatikers Alceste zur koketten Célimène. Trotz Rousseaus Einwand und trotz Goethes Rede vom »tragischen Gehalt des Alceste« war der *Misanthrope* für das 17. Jahrhundert eine lächerliche Gestalt, der in heutiger Sicht vielleicht Anouilhs *Hurluberlu* vergleichbar wäre. Alcestes Kompromißlosigkeit ist zugleich ein Störfaktor im sozialen Leben, den sein der Bildung des *honnête homme* verpflichteter Freund Philinte entlarvt. Als *atrabilaire* ist Alceste vom medizinischen Standpunkt aus ein krankhafter Melancholiker. Fabre D'Eglantine deutete das Stück 1791 politisch um *(Le Philinte de Molière)*, Marivaux setzt sich in *Les sincères* mit dem Problem auseinander.

*Le médecin malgré lui* (Palais-Royal 6. 8. 1666) ist seit dem 19. Jahrhundert das meistgespielte Molière-Stück der *Comédie Française*. Unter Heranziehung spanischer Vorbilder und des mittelalterlichen *Vilain mire* behandelt Molière hier das publikumswirksame Thema des ungebildeten Bauern, der von Schlägen überzeugt wird, als Arzt zu fungieren. Leandro Fernández de Moratín griff den Stoff in *El médico a palos* wieder auf.

*Amphitryon* (Palais-Royal, 13. 1. 1668) greift den bekannten Plautus-Stoff auf, der später u. a. von Kleist und Giraudoux behandelt wurde. Rotrous *Les Sosies* sind als direkter Vorläufer Molières erkannt worden. Molière reichert den mythologischen Stoff mit gauloisen Elementen an. Bei ihm erkennt man den echten Amphitryon daran, daß man bei ihm gut ißt.

*L'Avare* (Palais-Royal, 9. 9. 1668) greift auf den *Aulularia*-Stoff von Plautus zurück und bedient sich zahlreicher Anregungen aus Ariost *(I suppositi)*, Larivey *(Les esprits)* und Boisrobert *(La belle plaideuse)*. Der unheilbare Geizkomplex Harpagons steigert sich hier zur tragischen Monomanie. Nach Harpagon wird Sade den Harpin aus der *Justine* benennen. Nur in Balzacs *Eugénie Grandet* ist eine solche Zeichnung des Geizes noch einmal gelungen. Das schon bei Molière gezwungene Lachen – nur ein *coup de théâtre* rettet die Situation – verstummt bei Balzac vollkommen. Der realistische Roman kennt keinen *coup de théâtre*.

Nachdem der Streit um den Tartuffe 1669 oberflächlich ausgestanden war, gewann Molière als *intendant des spectacles royaux* eine gewisse Unabhängigkeit. Für die Herbstjagden von Chambord schrieb er die Comédie-Ballet *Monsieur de Pourceaugnac*, 1670 führt man in Saint-Germain-en-Laye die *Amants magnifiques* auf. Im gleichen Jahre entsteht in teilweiser Zusammenarbeit mit Lulli die Comédie-Ballet *Le bourgeois gentilhomme*:

Den Anstoß für diese Meisterkomödie, die keineswegs eine »anspruchslose Unterhaltungsposse« (Jan) ist, gab der Besuch eines türkischen Gesandten, der offenbar die Pracht von Versailles nicht gebührend bewundert hatte. Das Stück beinhaltet die Versuche des Monsieur Jourdain, an den Segnungen verfeinerter Adelskultur teilzuhaben. Er hält sich einen Musiklehrer, lernt tanzen, fechten, philosophieren und erträumt sich einen adligen Bewerber für seine Tochter. Schließlich wird Jourdain in einem burlesken Mummenschanz zum *mamamouchi* erhoben. Der Erfolg des *Bourgeois Gentilhomme* hat bis heute angehalten. Hier herrscht das perfekte Theater, die gute Laune und eine ›Botschaft‹, die das Aufstreben bürgerlicher Kreise im 17. Jahrhundert, da es nicht mehr verhindert werden kann, verspottet. Jourdains Nachfolger werden die Bastille stürmen, sie werden freilich auch als Homais in *Mme Bovary* keinen Anlaß mehr für gute Laune geben.

1665 hat Racine Molière die Du Parc abgeworben. 1670 spielt er Corneilles *Tite et Bérénice*, 1671 arbeitet er mit Corneille und Quinault am *Psyché*-Ballett, das durch Lullis Musik berühmt wurde. Als 1671 Lieselotte von der Pfalz in Saint-Germain-en-Laye den Bruder Ludwigs XIV. heiratete, gab Molière im Rahmen des *Ballet des ballets* seine *Comtesse d'Escarbagnas*. Am 11. 3. 1672 gehen dann die *Femmes savantes* über die Bühne des *Palais-Royal*:

In dieser Charakterkomödie verspottet Molière die gelehrte Frau, die sich zur Unzeit mit Astronomie, Philosophie, Rhetorik etc. beschäftigt. Die eitlen und von sich selber eingenommenen Intellektuellen (Trissotin wurde mit Cotin, Vadius mit Ménage identifiziert) erweisen sich als substanzlose Schönredner oder als ehrvergessene Erbschleicher. Molières Ideal verkörpert Henriette, die unbekümmerte aber klarsehende Tochter von Chrysale. Sie ist die gebildete, aber nicht die gelehrte Frau. Molière wollte nicht die Frau im Hörsaal und ist daher in seiner Verspottung der *femme savante* nicht immer ganz gerecht. Fortschrittlich ist er jedoch in seinem Protest gegen die Methoden der Mädchenerziehung in den Klöstern und Pensionaten seiner Zeit. Stofflich folgt er in den *Femmes savantes* u. a. Samuel Chappuzeau *(Le cercle des femmes)*, Saint-Evremond *(Comédie des Académistes)*, Desmarets de Saint-Sorlin *(Les visionnaires)* und möglicherweise Calderóns *No hay burlas con el amor.*

Molières letzte Lebensjahre sind von Unerfreulichkeiten überschattet. 1670 greift Le Boulanger de Chalussay sein Privatleben an *(Elomire hypocondre)*, sein Sohn und die alte Kameradin Madeleine sterben. Die königliche Gunst scheint sich Lulli zuzuneigen, sein Theater hat Finanzschwierigkeiten, seine Tuberkulose verschlimmert sich. Seine letzte Komödie ist *Le malade imaginaire*, sie geht am 10. 2. 1673 über die Bühne des *Palais-Royal*. Das Stück gibt Anlaß zu einer nachhaltigen Verspottung des Ärzteberufs und lebt aus der dankbaren Komik des ebenso bedauernswerten wie armseligen ›eingebildeten Kranken‹ Argan, dessen Hypochondrie nicht weniger monoman ist als der Geiz des Harpagon. Romains *Knock* wird es im 20. Jahrhundert mit zahllosen eingebildeten Kranken zu tun haben und er wird sie zynisch ausnehmen. Molière, der die Hauptrolle spielte, erlitt bei der vierten Aufführung einen Schwächeanfall. Er stirbt am gleichen Abend. Es bedarf der Intervention des Königs, damit er in geweihter Erde begraben werden kann. Heute steht sein Grabstein neben dem von La Fontaine auf dem Pariser *La Chaise*-Friedhof.

Es ist ein Fehler, sich Molière nur mit dem Interesse des Philologen zu nähern, man muß ihn gespielt sehen. Man muß die Wirkung dieses

Feuerwerks von Grimassen, Ohrfeigen, Kalembours, Verwechslungen etc. erfahren, man muß sehen, wie die Krautjunker der *Précieuses* in ihren bebänderten Hosen über die Bühne hüpfen, wie Scapin seinen im Sack steckenden Herrn verprügelt, wie die gelehrten Frauen mit Fremdwörtern kämpfen, wie Sganarelle sich unter Stockschlägen zum Arztberuf bekennt. Raimu als *Bourgeois gentilhomme,* Michel Bouquet als eingebildeter Kranker, Dullin als Geizhals haben mehr für das Molière-Verständnis getan als eine Serie gelehrter Bücher das hätte tun können. Henri Bergson wählte Molière, um die psychischen Mechanismen des Lachens zu studieren. Dabei geht es am Kern der Sache vorbei, wenn man bei Molière eine ›hohe‹ von einer ›niedrigen‹ Komik unterscheidet, wie Boileau, der in Scapins Sack den Autor des *Misanthrope* nicht wieder erkannte. In der Komödie hat immer der Recht, der die Lacher auf seine Seite bekommt und schließlich ist das Lachen nicht nur nach den Regeln des Aristoteles gestattet. Mignard hat Molière mit großen verstehenden Augen gemalt. Dieser Dichter war kein Philosoph, kein Denker, kein Gelehrter, kein Theologe. Was er letztlich geglaubt hat, läßt sich weder aus dem *Tartuffe,* noch aus *Dom Juan* wirklich herauskristallisieren. Seine Komödie ist auch keine moralische ›Institution‹, wie sie Lessing vorschwebte. Aber dafür saß sein Spott. Und mit ihm verfolgte er weidlich die Ärzte, Juristen, Heuchler, Pedanten, Zeloten, Emporkömmlinge, Tintenkleckser und Karrieremacher. Und die gelehrten Frauen. Seinem Feind, dem Pariser Erzbischof Hardouin de Péréfixe antwortete er einmal mit feiner Ironie, daß, wenn die »exercices de la piété« ab und an eine Unterbrechung erlaubten, die Komödie doch wohl die unschuldigste aller Zerstreuungen sei: *castigat ridendo mores.*

Molière war nicht immer gerecht. Aber er war komisch und erfüllte damit seinen Beruf. Er war nicht frei von persönlichen Schwächen. Der hypochondrische Argan, der menschenfeindliche Alceste, der in ein junges Mädchen verliebte Arnolphe können durchaus autobiographische Züge tragen. Interessant sind die Frauengestalten: Mütter spielen selten eine wichtige Rolle. Molières Sympathie gehört den naseweisen Zofen und den jungen Mädchen, die naiv oder instinktiv das für sie so harte Gesetz der zeitgenössischen Gesellschaft erträglich machen. Hier wird Marivaux im 18. Jahrhundert einsetzen. Freilich ist es verfehlt, Molière als Verteidiger der Familie hinzustellen. »Die Familien sind bei Molière keine gesunden Keimzellen der Gesellschaft« (Pollmann). Molières Komödie zeigt oft Tragisches: der alte Mann, der ein junges Mädchen liebt; der betrogene Freund, der zusieht, wie ein Heuchler seine Familie zerstört; Generationsprobleme, die nur durch Theatertricks (Verkleidungen, Wiedererkennungen) lösbar sind; Eitelkeit, Geiz, sexuelle und soziale Komplexe etc. In der Zeichnung psychischer Entgleisungen und Monomanien wird Atavistisches, anthropologisch Konstantes im Gewand des

17. Jahrhunderts sichtbar. »Chacun est Harpagon, chacun a pensé le *Sans dot«* (Alain). Molières monomane Charaktere sind soziale Störfaktoren. Alceste, Harpagon, Tartuffe, Jourdain, Don Juan, etc. können schon Sand ins gesellschaftliche Räderwerk werfen, und Stendhal hat so unrecht nicht, wenn er unterstreicht, daß Molière »inspire l'horreur de ne pas être comme tout le monde«. Aber Molières monomanen Charakteren fehlt jede revolutionäre Kraft. Sie zerstören, bauen aber nicht auf. Über allem steht zunächst einmal die menschliche Dummheit. Sie zu verspotten ist Molière gelungen. Wäre nicht das Lachen, es gäbe viel Entmutigendes zu entdecken. Die Menschen sind dumm, eitel und schlecht, das hatte auch La Rochefoucauld gesagt. Für Molière sind sie auch noch verrückt. Und deshalb gibt es ab und zu auch noch etwas zu lachen. Molières Wahl ist eindeutig:

> Il vaut mieux souffrir d'être au nombre des fous
> Que du sage parti se voir seul contre tous.

Philinte sagt zum Menschenfeind: »La parfaite raison fuit toute extrémité.« Der Einzelgänger, der Extremist bewirkt nichts, es sei denn seinen Untergang. Er kann allenfalls in die Wüste gehen. Das Bekenntnis zur großen Zahl der Verrückten ist ein Akt der Solidarität im großen Welttheater. *Totus mundus exercet histrionem.*

Molière hat die Komödie seiner Zeit nicht allein beherrscht.

Er fand in Thomas Corneille und Montfleury zeitweise erfolgreiche Rivalen, und viele Schauspieler haben sich, teilweise durch Molières Beispiel angeregt, selber als Autoren versucht: Brécourt, Poisson, Rosimont, Champmeslé, Hauteroche, Raisin, Guérin u.a. Auch Racines *Plaideurs* verdienen hier Erwähnung. Nach Molières Tod hat sich u. a. Michel Boyron, gen. Baron (1653–1729), um die Komödie verdient gemacht *(L'homme à bonnes fortunes).* Er zeichnet einen Don Juan im Taschenformat, der dem *Petit-maître* von Marivaux nicht unähnlich ist. Edme Boursault (1638–1701), der Feind Boileaus, Racines und Molières, brachte als erster im *Mercure galant* den entstehenden Beruf des Journalisten auf die Bühne und verschaffte damit der mit Unterbrechungen bis 1965 erscheinenden Zeitschrift von Donneau de Visé eine gewisse Bekanntheit. Donneau de Visé sucht manchmal Stoffe in der Tagesaktualität. In *La devineresse* (1679) greift er den Prozeß um die La Voisin auf.

Obwohl das Ende des 17. Jahrhunderts wegen der zur Bigotterie tendierenden Einstellungen von Mme de Maintenon dem Theater nicht günstig war, fand Molière doch in Dufresny, Regnard, Dancourt und Le Sage originelle und begabte Fortsetzer.

Charles Dufresny (1648–1724) arbeitete als Musiker, Maler und Gärtner. Er war zugleich Redakteur beim *Mercure galant.* Mit seinem pseudo-exotischen Reisebericht *Amusements sérieux et comiques d'un Siamois à Paris* (1707) gehört er in die unmittelbare Vorgeschichte von Montesquieus *Lettres Persanes.* Auf dem Theater hatte er Erfolge mit *L'esprit de contradiction*

(1700), *Le double veuvage* (1702) und *La coquette du village* (1702). Er versorgte das italienische Theater mit Sujets.

Jean-François Regnard (1655–1709) kannte Italien, die Niederlande, Polen, Schweden, Lappland, Deutschland und war wie vorher Cervantes in Algier als Sklave verkauft worden. Boileau schätzte ihn. Für das Theater schrieb er u. a. *Le joueur* (1696), *Le légataire universel* (1708), *Le distrait* (1697), *Les folies amoureuses* (1704). Er galt lange Zeit als der eigentliche Nachfolger Molières.

Florent Dancourt (1661–1725) war Jesuitenschüler und seit 1685 Mitglied der *Comédie Française.* In ca. 50 Komödien nimmt er zeitgenössische Sitten aufs Korn: den bestechlichen Beamten (*Le notaire obligeant ou les fonds perdus* 1685), den abgebrühten Lebemann (*Le chevalier à la mode* 1687), die adelsbesessenen Bürgersfrauen (*Les bourgeoises de qualité* 1700), die Börsenspekulanten (*Les agioteurs,* 1710). Dancourt zeigt eine Welt, die sich offenbar selber fragwürdig wird, in der Spielernaturen sich Erfolge ausrechnen (*La désolation des joueuses* 1687; *La loterie* 1697), in der Geld und Vergnügen nicht ›Lohn der Arbeit‹, sondern Selbstzweck sind. 1707 dramatisiert Dancourt den *Diable boîteux* von Le Sage.

Alain-René Lesage (1668–1747) wurde wegen seiner Romane *(Gil Blas, Le diable boîteux)* berühmt. Als Fortsetzer Molières tendiert er zu spanischen Stoffen (*Théâtre espagnol* 1700). Sein auf dem Höhepunkt des spanischen Erbfolgekrieges geschriebener *Turcaret* (1709) zeigt den skupellosen Schieber. Erfolgreich war seine Komödie *Crispin rival de son maître* (1707), die die Sozialstrukturen des *ancien régime* ankratzt und inhaltlich auf Beaumarchais *Figaro*-Trilogie hindeutet.

Keiner der genannten Autoren kann in der theatergeschichtlichen Bedeutung mit Molière verglichen werden. Erst Marivaux wird der französischen Komödie weitergehende Impulse vermitteln. Und er wird es in gezielter Auseinandersetzung mit Molière tun. Trotz der vielen zeitgenössischen Kritiken haben die Theaterleute und ihr Publikum Molière und nicht seinen Feinden recht gegeben. Molière ist Weltliteratur.

## 8. La Fontaine

Taine wollte an seinem Fabelbuch die positivistische Theorie von *race, milieu* und *moment* exemplifizieren. Giraudoux bezeichnete *distraction, sommeil* und *inconséquence* als seine Schutzengel. Sein Freund Boileau vergaß, ihn in der *Art poétique* zu erwähnen. Er war kein geometrischer Geist und, obwohl er der einzige französische Klassiker ist, den heute in Frankreich noch jedes Kind kennt, war er alles andere als ein Fachidiot für Dichtkunst.

Jean de La Fontaine (1621–1695) war ein Bürgerlicher aus Château-Thierry in der Champagne. Er wird 1652 *maître des eaux et des forêts.* Dieser Beruf führt ihn zur Natur- und Tierbeobachtung und zum realistischen Kontakt mit den kleinen Leuten. Er sieht Bauern, Holzfäller, Köhler bei der Arbeit. Er stilisiert sie nicht pastoral um, sondern sieht ihnen ins Gesicht: das Leben ist Kampf, Grausamkeit, Betrug. Aber mit der List des *débrouillard* kann man überleben. La Fontaines Ehe war unglücklich, um seinen Sohn hat er sich nicht gekümmert. Er freundet sich mit dem Seneca-Übersetzer Pintrel und dem Platon-Übersetzer Maucroix an, lernt Furetière, Tallemant des Réaux, kennen, beschäftigt sich mit Voiture, Malherbe, Rabelais, Montaigne, Ariost, Boccaccio, Gassendi und dem Jansenismus. 1654 legt er eine Übersetzung des *Eunuchen* von Terenz vor. 1658 kommt er mit Fouquet nach Paris. Dieser mächtige Colbert-Rivale protegiert u. a. Scarron und Perrault, Corneille, Molière. Durch ihn lernt La Fontaine Mme de Sévigné kennen. In *Le songe de Vaux* und *Les rieurs de Beau-Richart* besingt er das Schloß seines Gönners bei Melun und bleibt ihm nach seinem Sturz verbunden *(Le songe des nymphes de Vaux, Ode au Roi pour M. Fouquet).* In der *Relation d'un voyage au Limousin* erzählt er Fouquets Haft und Ungnade. Dabei lebt er unbehelligt im *Palais du Luxembourg* unter der Protektion des Duc d'Orléans. Er besucht die Salons von Mme de Lafayette und Mme de La Sablière, lernt La Rochefoucauld kennen, gewinnt die Freundschaft der Duchesse de Bouillon, Marie-Anne de Mancini. Ihr widmet er seine *Contes et nouvelles en vers* (1666), freie Nachdichtungen von Sujets aus Ariost und Boccaccio mit einem auch in den späteren Fabeln konstatierbaren Hang zu heterometrischen Vers- und Strophenformen. Dieses von Boileau verteidigte Werk trug ihm wegen seiner libertinischen Inhalte die nachhaltige Feindschaft der Kirche ein.

1668, mit 47 Jahren, publiziert La Fontaine seine ersten *Fables* (Bücher I–VI). Phädrus und Babrios, Abstemius, Camerarius u. a. waren seine Hauptquellen. Er kannte sie aus Névelets *Mythologia esopica* (neu 1660) und Boissets *Fables d'Esope moralisées* (1633, neu 1659). Das Werk erlebte drei Editionen im 1. Jahr.

Die *Fables* sind allgemeines französisches ›Bildungsgut‹ geworden: *La cigale et la fourmi, Le corbeau et le renard* (beruhend auf einer Episode des altfranzösischen *Fuchsromans*), *Le chat et le souriceau, Le loup et le chien, Le chêne et le roseau, L'alouette et ses petits,* etc. Gedacht waren sie als Erziehungshilfe für die Kinder des Dauphin. »Je me sers des animaux pour instruire les hommes«, sagt La Fontaine in der *Préface.*

1669 publiziert er seine Verse und Prosa mischende Erzählung *Les amours de Psyché et de Cupidon.* Bei Mme de La Sablière lernt er den weitgereisten Bernier kennen, der ihn auf die orientalischen Geschichten des Inders Pilpay (*Le livre de lumières,* frz. 1644) verweist. Pater Poussines macht ihn mit seinem *Specimen sapientiae Indorum veterum*

(1666) bekannt. Er schreibt Gelegenheitswerke (*Recueil de poésies chrétiennes* 1671) und eine jansenistisch inspirierte *Captivité de Saint-Malc* (1673). Lulli lehnt sein *Daphne*-Libretto ab. La Fontaine beschimpft ihn dafür in der *Satire du Florentin.* 1678 erscheint das zweite Buch der *Fables* (Bücher VII–XI). Mme de Sévigné riet damals Bussy-Rabutin: »Faites-vous envoyer promptement les fables de La Fontaine, elle sont divines.«

Der 2. Fabelband ist exotischer *(Le chat, La belette et le petit lapin,* Pilpays *Du chat et d'une Perdrix). Le songe d'un habitant du Mogol* ist eine originelle Version des *beatus-ille*-Motivs. *Les deux amis* fanden Echos bis hin zu Balzacs *Cousin Pons, L'homme et la couleuvre* enthält die Verurteilung menschlicher Schwächen durch das Tier. *La laitière et le pot au lait* erzählt die Geschichte vom Bauernmädchen Perrette, das durch schmerzliche Erfahrungen von seinen hochgreifenden Zukunftsplänen geheilt wird.

Für seine Zeitgenossen war La Fontaine jedoch keineswegs nur der Autor der *Fables.* Mit seinen *œuvres secondaires* steht er durchaus im Zusammenhang der »foule des petits poètes du XVIIe siècle« (Lanson), von denen hier Chapelle (Mitautor von Bachaumonts *Voyage en Languedoc*), Segrais (Übersetzer der *Aenaeis*), Mme Deshoulières, Chaulieu u. a. zu nennen wären.

1684 wurde La Fontaine gegen den Widerstand Ludwigs XIV. und Colberts in die Akademie gewählt und mußte sich vom Abbé La Chambre vergattern lassen, in Zukunft keine unmoralischen Geschichten mehr von sich zu geben. Seine Antrittsrede galt der inzwischen jansenistisch gewordenen Mme de La Sablière. Für das Theater schrieb er damals *Ragotin ou le roman comique* (1684) und *La coupe enchantée* (1688), 1685 greift er Furetières *Dictionnaire* an. In der auflammenden *Querelle des anciens et des modernes* stellt er sich auf die Seite der *anciens (Epître à Huet),* obwohl seine »ästhetische Konzeption alles andere als konservativ« war (Schober): »Mon imitation n'est pas un esclavage.« Sein literarischer Erfolg öffnete ihm viele Türen. Er ist oft bei Condé im Schloß von Chantilly und beim Grand Prieur de Vendôme, und er nahm, 70jährig, an den Orgien der *Société du Temple* teil, um sich die Gunst seiner Mäzene zu erhalten. Ein Priester erreicht, daß er seine *Contes* widerruft, La Fontaine wird am Ende seines Lebens sehr fromm. Er lebte schließlich bei der Familie Hervart ihm Schloß von *Bois-le-Vicomte,* wo er Psalmenübersetzungen und ein *Dies irae* verfaßte.

1694 veröffentlicht La Fontaine das 12. Buch der *Fables.* Er widmet es dem Thronfolger, der ein Schüler Fénelons war.

La Fontaine ist eine schillernde Erscheinung. Er war Höfling bis zur Selbstaufgabe und schätzte dennoch die Einsamkeit: »Pour mieux vous contempler, demeurez au désert.« Seine Freundschaft zu Fouquet brachte ihn zu Recht in den Ruf des Oppositionellen, andererseits schrieb er durchaus Kriegspropaganda (*La ligue des rats, Le soleil et les grenouilles* etc.). Seine innerfranzösische Gesellschaftskritik geißelt u. a. die Jagdleidenschaft der Großen *(Le jardin et son Seigneur)*, das Rechtswesen, Ämterkauf und Bestechung (IV,14), Priester, Mediziner (XX,6), Indienhandel (IV,2; V,13), etc. Prinzen von Geblüt zeichnet er meist als Affen, das Volk als lästige Fliegen. In der Stadt dominieren die Ratten, Frösche, Ameisen, aber auch Enten, Schildkröten, Pferde. Den Klerus symbolisiert hier und da die gefräßige Ratte, wobei eine Rolle gespielt haben könnte, daß die Kirche 1675 die Zahlung von Kriegsbeihilfen mit dem Argument verweigerte, der Adel schulde dem König sein Blut, der Klerus hingegen seine Gebete.

Zur Moral der *Fables* gehört u.a. die illusionslose Erkenntnis vom Recht des Stärkeren. Für das Schaf ist es eine Ehre, vom Wolf gefressen zu werden (*Les animaux malades de la peste* VII,1), denn in dieser Welt sind die Schafe eben »des magasins de côtelettes« (Taine). Für Lamartine waren die *Fables* nur »leçons d'un cynique«. Es ist Erfahrung, nicht Zynismus, wenn die Ratte zur Katze sagt: »La méfiance est mère de la sûreté«, zum anderen fallen die Neunmalklugen oft genug selber herein. Wo Widerstand zwecklos erscheint, gilt die Moral des *débrouillard*, gegenüber dem Stärkeren hilft List oder Opportunismus: ». . . vive le Roi, vive la Ligue«. Rousseau sah in den *Fables* eine moralische Gefahr. Er wollte Lesern im Kindesalter vorenthalten, daß es Lügner, Heuchler, Reiche, Arme, Mächtige, Schwache gibt. Er übersah dabei La Fontaines kategorischen Imperativ: »Si tu veux qu'on t'épargne, épargne aussi les autres.« Für Rousseau ist die Natur gut. Auch für La Fontaine ist sie gut (»Les forêts, les eaux, les prairies, Mères des douces rêveries«), aber sie funktioniert nun einmal nach dem Grundsatz: Fressen und gefressen werden. Und daraus resultiert eine Moral des Überlebenskampfes: »Le moins qu'on peut laisser de prise aux dents d'autrui« (X,8). Dabei kennt er den Wert der Arbeit *(Le laboureur et ses enfants)*, der Freundschaft *(L'ours et amateur des jardins)*, der Freiheit *(L'horoscope)*, der Erziehung *(L'éducation)*. Sein Respekt vor der Natur nährt einen reflektierten Epikurismus (VIII,3), aber er hat kein zusammenfassendes Werk über seine Naturphilosophie hinterlassen. Die Kenntnis von Lukrez *(De rerum natura)* und seine durch Bernier verstärkte Beschäftigung mit Gassendi führten ihn jedoch deutlich in die Nähe der Libertins, des Sensualismus, und zur Absage an weite Teile des Cartesianismus. Jenseits der *magnanimité* und der Willensmoral macht er das »natürliche Reich unserer Triebe und Instinkte gesellschaftsfähig« (Voßler).

La Fontaine liebte die Tiere und die belebte Natur. Er läßt sie sprechen, handeln, essen, trinken, töten, wie die Menschen. Aber sie sind nicht nur Metaphern für menschliche Eigenschaften. Sie haben ein Eigenleben und oft gilt dem *homo sapiens* nur ein »spöttischer Seitenblick« (Mönch). Haben sich nicht schon die Gefährten des Odysseus nur höchst ungern wieder von Schweinen in Menschen zurückverwandeln lassen? Nicht immer ist die Naturbeschreibung ›realistisch‹. Weder der Rabe noch der Fuchs lieben Käse, auch werden offensichtlich Kauz und Eule, Grille und Heuschrecke verwechselt. »Ein Fabelwerk ist etwas anderes als ein botanisches oder zoologisches Lehrbuch« (Mönch). La Fontaines *Discours à Mme de la Sablière* (1679) enthält einen Frontalangriff auf Descartes Naturphilosophie: »Ils disent donc que la bête est une machine ...« Dem hält La Fontaine den Gedanken einer Seinskette entgegen, an deren Anfang vielleicht die Auster steht und die sich über den mittelmäßigen Menschen hinweg fortsetzt bis hin zu den Genies, von denen Descartes eines sei. Das unverkennbar von Gassendi hergeleitete Anliegen verteidigt den Lebenszusammenhang als einen komplizierten Kreislauf, der des Gleichgewichts bedarf, das cartesianische Vivisektionsspezialisten bis heute leichtfertig verletzen. Die moderne Ökologie scheint eher den Dichter La Fontaine als den Philosophen Descartes zu bestätigen. Auch Tiere sind »enfants du Créateur«. Über die Ethik der Mitmenschlichkeit weist La Fontaine den Weg zur Ethik der Mitgeschöpflichkeit. Die philosophische Kontroverse um die cartesianischen Tierautomaten, die u. a. von Pardies (*La connaissance des bêtes* 1672), Du Hamel *(De corpore animato)* und Willis *(De anima brutorum)* geführt wurde und noch bei Feijóo und Condillac nachklingt, hätte ohne La Fontaines Intervention wohl nie den engen Kreis intellektueller Interessenten überschritten.

Für die Theoretiker des 17. Jahrhunderts galt die Fabel als unpoetisches Vehikel zum Transport von Morallektionen. Die *Fables* von Mme de Villedieu (1670), Furetière (1671) und anderer Epigonen scheinen dieser Auffassung Recht zu geben. Bei La Fontaine liegt der Fall anders. Seine *Fables* enthalten weniger Moral-, dafür mehr Erfahrungsgrundsätze. Trifft das zu, dann unterscheidet er sich von der ›normalen‹ Fabeltradition.

Formal beruft La Fontaine sich im Widerspruch zur klassischen Regelbindung auf die *délices chimériques* der Inspiration. Seine *Fables* bedienen sich vorwiegend heterometrischer Formen, nur 12 von 245 *Fables* sind isometrisch konstruiert. Seine Aussage, er habe eine »ample comédie à cent actes divers« verfaßt, weist ebenfalls eher in die Richtung moralistischer Beobachtung als pädagogischer Zielgerichtetheit. Er ist in dieser Hinsicht La Bruyère, der ihn mit Marot verglich, recht nahe. Er vermittelt Erfahrungswissen über die Welt, wie sie nicht sein sollte. Das alles wird aufbereitet zu einer Lebenskunst des Lächelns, die Musset als »fleur de sagesse et de gaieté« definieren konnte. Für Gide waren die *Fables* ein »miracle de culture«. Im Jahre 1962 wird Jean Anouilh seine *Fables* weitgehend als eine kritische Replik auf La Fontaine konzipieren.

## 9. »La tristesse majestueuse«: Racine

»Racine est romantique, puisqu'il savait écrire pour son siècle«, schrieb ein anonymer Literaturtheoretiker im Jahre 1826 und nahm damit Racine aus der antiklassischen Polemik der *bataille romantique* aus. Stendhal versuchte, aus der Konfrontation von *Racine et Shakespeare* Klarheit in die Literaturdebatte seiner Zeit zu bringen. Goethes *Iphigenie* wurde an Racine gemessen, Schiller übersetzte *Phèdre*. Im 20. Jahrhundert entzündete sich an einer Racine-Kontroverse zwischen Roland Barthes und Raymond Picard die Revolte der *Nouvelle critique*. Racines totgesagtes Werk ist in der Forschung lebendiger denn je.

Jean Racine war 1639 in La Ferté-Milon geboren. Nach Studien in Beauvais kam er als Waise nach Port-Royal (1655–1658). Seine Tante Agnès wurde später Äbtissin des Klosters. Er erhielt eine *empreinte janséniste,* deren Intensität umstritten ist. Er schätzte Nicole, Le Maître, Hamon und den Gräzisten Lancelot. Im lateinisch ausgerichteten 17. Jahrhundert gehört Racine – mit La Bruyère – zu den wenigen Intellektuellen, die griechisch konnten. Er las die Bibel, Tacitus, Homer, Platon, Euripides, Sophokles. 1658 verläßt er Port-Royal, gewinnt die Freundschaft La Fontaines und des kunstliebenden Abbé Le Vasseur. Ludwig XIV. akzeptiert die Ode *La nymphe de la Seine* als Hochzeitsgeschenk. Colbert fördert ihn. Das Marais-Theater verweigert die *Amasie*-Tragödie, die *Amours d'Ovide* erschrecken seine jansenistischen Erzieher. Er geht nach Uzès bei Nîmes, ist jedoch 1662 wieder in Paris. Auch um den Preis des Bruchs mit den Jansenisten will er die literarische Karriere wagen. Er schreibt eine *Ode sur la convalescence du Roy,* Saint-Agnan stellt ihn dem König vor (1663), er macht Molière, Chapelain, Boileau auf sich aufmerksam *(Ode sur la renomée des muses).* Er schreibt die Tragödie *La Thébaide ou les frères ennemis* über den *Antigone*-Stoff, der wohl auch dramatische Parallelen zu Corneilles *Horace* aufweist. 1665 folgt der u. a. von Corneille kritisch beurteilte *Alexandre.* Es kommt zum Bruch mit Molière, als Racine ihm das Stück zusammen mit der Du Parc abnahm, um es dem *Hôtel de Bourgogne* zu übertragen. 1666 folgt der lautstarke Bruch mit Port-Royal. Dann führt die Champmeslé seine bekanntesten Stücke zum Erfolg.

Mit *Andromaque* (1667) beginnt nach dem Experiment der *Plaideurs* die bis 1677 andauernde Produktion der ›großen‹ Dramen: *Britannicus* (1669), *Bérénice* (1670), *Bajazet* (1672), *Mithridate* (1673), *Iphigénie* (1674), *Phèdre* (1677). Nach dem Mißerfolg von *Phèdre* kehrte Racine 1677 bis 1689 dem Theater den Rücken Er hatte mit den Intrigen der Duchesse de Bouillon und der Gruppe des *Hôtel de Nevers* zu kämpfen, mußte den Bruch mit der Champmeslé verkraften, wurde in die Giftaffäre verwickelt, die – wie die Untersuchung ergab –

einen Zusammenhang mit dem Tod der Du Parc suggeriert. Akademiemitglied seit 1673 wird er 1677 zusammen mit Boileau königlicher Historiograph und begleitet Ludwig XIV. auf diversen Feldzügen. Er verherrlicht den Angriffskrieg im *Discours sur la prise de Namur.* Er heiratet Catherine de Romanet, von der er fünf Töchter und zwei Söhne hat. Vier Töchter nahmen den Schleier. Er hatte mächtige Mäzene (Mme de Chevreuse, Mme de Montespan), die oft untereinander verfeindet waren: Louvois – Colbert, Fénelon – Bossuet. Mme de Maintenon bringt ihn zum Theater zurück. Für ihre Mädchenerziehungsanstalt von Saint-Cyr schreibt er *Esther* (1689) und *Athalie* (1691), zieht sich dann jedoch vollkommen vom Theater zurück, dem das allgemeine Klima zumal nach Bossuets *Maximes sur la comédie* (1694) nicht günstig war. Sein *Abrégé de l'histoire de Port-Royal* enthüllt eine tiefe Sympathie für den Jansenismus. Er verliert die Gunst des Königs und wollte am Fuß des Grabes seines jansenistischen Lehrers Hamon begraben sein.

Racine fehlt die Provinzerfahrung Molières. Sein Theater entsteht und besteht im Zentrum der absolutistischen Königsmacht:

*Andromaque* (17.11.1667 im *Hôtel de Bourgogne*) behandelt das Problem der Bluthochzeit im Dekor der Nachgeschichte des Trojanischen Krieges. Den von Euripides übernommenen Stoff nuancierte Racine durch Anleihen bei Seneca, Vergil, Homer. Die Titelrolle spielte Thérèse du Parc. Der Erfolg des Stücks führte zu Kabalen, die Saint-Evremond aus dem englischen Exil zugunsten Corneilles schürte. A. Philips (*The distrest mother* 1712) und F. Bruckner (*Pyrrhus und Andromache* 1953) lehnen sich eng an Racine an.

*Les plaideurs* (Oktober/November 1668, *Hôtel de Bourgogne*) sind Racines einzige Komödie. Stofflich folgt sie frei den *Sphekes* von Aristophanes und enthält auch Elemente aus Rabelais.

Mit *Britannicus* (15. 12. 1669, *Hôtel de Bourgogne*) zeigt Racine das Monstrum Nero *in statu nascendi.* Das Stück ist keine Tragödie im aristotelischen Sinne, denn es gibt keine Sühne, keine Katharsis. Dafür tritt der ›fatale‹ Gesichtspunkt in den Vordergrund: Nero ist ein Wahnsinniger, der der schicksalhaften Kraft des eigenen Charakters unterliegt. Er hat keinen freien Willen, daher geht ihm der geniale Zug des romantischen Verbrechers gründlich ab. Dieser Römerkaiser ist ein kleinkarierter Krimineller.

*Bérénice* (21. 11. 1670, *Hôtel de Bourgogne*) trat in Konkurrenz zu *Tite et Bérénice* des alternden Corneille. Du Ryer (1645), Magnon (1660), Thomas Corneille (1659) und Segrais (*Bérénice*-Roman 1648) waren thematisch vorausgegangen und hatten den Stoff bearbeitet, den Sueton in seiner *Titus*-Vita in den Worten *dimisit (eam) invitus invitam* zusammengefaßt hatte, Berenike, die Tochter des Herodes Agrippa, kehrt in die Heimat zurück, da der Kaiser der Römer sie aus Gründen der Staatsraison nicht heiraten kann. Es ist ein Drama des Verzichts ohne Tote, Voltaire sprach von *élégie,* nicht von *tragédie. Bérénice* ist ein eminent politisches Stück, das Fatum entspringt einem menschlichen Gesetz, der Tradition. Der gemeisterte Seelenkonflikt führt in die Nähe des *générosité*-Ideals aus dem *Traité des passions de l'âme*. Die Euphonie der Verse, in denen Racine den Glücksverzicht kondensiert (»dans un mois, dans un an, comment souffrirons-nous«) markiert einen Höhepunkt klassischer Sprachkultur. Rousseau griff das Stück im Namen der Moral an. – Von Racine angeregt schrieb Otway *Titus and Berenice* (1677), Zahlreiche Opern (u. a. Händel, Galuppi) verarbeiten den Stoff. Die französische Literatur des 20. Jahrhunderts kennt u. a. die Bearbeitungen von Du Bois und Magnard.

Mit *Bajazet* (Januar 1672, *Hôtel de Bourgogne*) dramatisiert Racine historische Vorgänge aus der Zeit Murads IV. Segrais Novelle *Floridon* dürfte dabei die unmittelbare Quelle sein. Ein orientalisch gefärbtes Fatum liegt über der *grande tuerie* dieser wildesten aller Racine-Tragödien, in der die Sultanin Roxane, der Haremswächter Orcan den Tod finden und Bajazets Verlobte Atalide Selbstmord begeht.

*Mithridate* (12. 1. 1673, *Hôtel de Bourgogne*) geht auf die Lektüre von Plutarch, Cassius Dio und La Calprenède (*La mort de Mithridate* 1637) zurück. Das Stück kreist um den Widerstand des Mithridates gegen die römische Herrschaft und seine durch die Wertschätzung Monimes verklärte Niederlage.

Mit *Iphigénie* (18. 8. 1674, Versailles) findet Racine zur griechisch inspirierten Tragödie zurück. Der Stoff war u. a. durch Sébillets Übersetzung von 1549 in Frankreich bekannt, Rotrou hatte ihn 1640 bearbeitet, Racines Werk stach die Konkurrenzunternehmung von Coras und Le Clerc aus. Es folgten La Grange (*Oreste et Pylade* 1697), Derschau (1747), La Touche (1757) u. a. Noch Goethe und Cañizares mußten ihre Iphigenie an Racine messen lassen. Durch die Einführung der Gestalt der Eriphile macht Racine deutlich, daß er der durch Pausanias bestimmten Tradition folgt. In anderen Überlieferungen wird die Opferung Iphigenies durch Arthemis verhindert. Iphigenie ist eine große Opernheldin: Scarlatti (1714), Gluck (1774), etc.

Mit *Phèdre* (1. 1. 1677, *Hôtel de Bourgogne*) wollte Racine sein Meisterwerk geben. Das Stück kreist um die inzestuöse Liebe Phädras zu ihrem Stiefsohn Hippolyte und beruht auf Vorarbeiten von Sophokles, Euripides und Seneca. Garniers *Hippolyte* (1567) verweist auf die Vorgeschichte des Stücks im 16. Jahrhundert. Racines Stück scheiterte, Ménage, La Fontaine, Benserade und die Gruppe vom *Hôtel de Nevers* verhalfen Pradons Konkurrenzunternehmung zum Erfolg. *Phèdre* ist eine heidnische Tragödie im Hinblick auf die atridische Schuldverstrickung, christlich ist hingegen die Fähigkeit zur Reue. Schiller übersetzte das Stück ins Deutsche. Olavide besorgte eine spanische Bearbeitung. Den »barocken Racine« (Baader) machte Cadalso sichtbar, als er das *Récit de Théramène* ins Spanische übertrug. Im 17. Jahrhundert bearbeiteten den Stoff u. a. La Pinelière (*Hippolyte* 1635), Gilbert (*Hippolyte ou le garçon sensible* 1647), Bidor (*Hippolyte* 1675). Auf komplizierten Umwegen kam der Stoff bis auf Gides' *Thésée* (1946).

1689 kommt Racine mit *Esther* wieder zum Theater zurück. Mme de Sévigné hat eine Aufführung erlebt und beschrieben (Brief vom 21. 2. 1689). Der biblische Stoff ist durch die Anwendung des Chors verdichtet. Er dient als szenischer Hintergrund und tragender Kommentator. Stofflich war Lope de Vegas *La hermosa Ester* vorausgegangen. Die Demoiselles de Saint-Cyr machten das Stück zu einem vollen Erfolg.

Racines letztes Theaterwerk ist *Athalie* (1691). Das Stück führt in die alttestamentlichen Auseinandersetzungen um das Schicksal des 8jährigen Joas, der Israels König werden soll. Wieder hat Racine dem Chor eine tragende Funktion anvertraut. Das Stück, das nach dem Willen von Mme de Maintenon auf alles szenische Beiwerk verzichtet, lebt aus der Spannung zwischen Athalies politischem Kalkül und der fanatischen Prophetentreue des Hohenpriesters Joad. Nicht die Liebe bestimmt, sondern der Machthunger im Konflikt mit dem göttlichen Gesetz. Äußerlich siegt der Fanatismus, ihn Wahrheit siegt die Gerechtigkeit. Voltaire sah in Athalie »peut-être le chef-d'œuvre de l'esprit humain.«

Racine hat sich auch theoretisch mit der dramatischen Dichtung beschäftigt. Seine Vorworte geben darüber Auskunft. Er respektiert die Regeln ohne sie zu fetischisieren. Die aristotelischen Forderungen von Furcht und Mitleid erscheinen bei ihm in der Form des *plaire et toucher (Préface Bérénice).* Er vertraut den Zuschauerreaktionen und dem *Cœur* mehr als den Regeln. Seine Sujets übernimmt er – mit Ausnahme von *Bajazet* – alle der Antike. Oft wählt er zwischen verschiedenen Überlieferungen, und man kann ihm auch Anachronismen nachweisen. Im Vorwort von *Mithridate* spricht er von »le droit que donne la poésie« und unterscheidet deutlich zwischen Historiker und Dichter: »il ne faut point ... chicaner les poètes pour quelques changements qu'ils ont pu faire dans la fable«, entscheidend ist der »excellent usage«, den sie von den Einzelelementen machen. Nicht Wahrheit, sondern Wahrscheinlichkeit ist Aufgabe der Dichtung. Unglaubliches kann wahr sein, ist aber noch lange nicht wahrscheinlich. Aus Gründen der *bienséance* verschweigt er z. B., daß Andromaque bei Euripides einen Sohn von Pyrrhus hat: »On ne croit point qu'elle doive aimer ni un autre mari ni un autre fils.« Schließlich spricht es für einen selbstbewußten Umgang mit den Traditionen, wenn Racine schreibt:

> Ce n'est point une nécessité qu'il y ait du sang dans une tragédie. Il suffit que l'action en soit grande, que les acteurs en soient héroiques, que les passions y soient excitées, et que tout s'y ressente de cette tristesse majestueuse qui fait tout le plaisir de la tragédie« *(Préface Bérénice).*

Zur Tragödie Racines gehört das Selbstbewußtsein einer ›klassischen‹ Kultur. »Le goût de Paris s'est trouvé conforme à celui d'Athènes« *(Préface Iphigénie).*

Was die Zeichnung der *passion* bei Racine betrifft, so werden die Möglichkeiten dieses Theaters erst klar, wenn man es auf der Bühne gespielt sieht. Maria Casares, Marguérite Camois als Phèdre, Nicole Courcel als Hermione,

Alain Cuny als Thésée zeigen das deutlich. Dabei kann mit Ausnahme von *Esther* und *Athalie* die Liebe als die Quelle aller Tragik angesehen werden. Die *passion* trübt die *raison* und kann gesellschaftliche Strukturen tödlich bedrohen. Meist ist es die unerwiderte Liebe, aus der Racines Theater lebt: Phèdre–Hippolyte, Andromaque–Pyrrhus, Roxane–Bajazet. Eine Ausnahme macht *Bérénice*. Hier handelt es sich nicht um ein Drama der *magnanimité*, sondern der *humanité*.

Racines zweiter Sohn Louis (1692–1763) war Geistlicher und schrieb religiöse Dichtungen. Seine *Mémoires sur la vie de Jean Racine* (2 Bde., 1747) und seine *Remarques sur les tragédies de Jean Racine* (3. Bde., 1752) sind wichtige Quellen für die Kenntnis von Leben und Werk seines Vaters.

## 10. Bossuet und die religiöse Rhetorik seiner Zeit

Wenn das Frankreich Ludwigs XIV. Cartesianismus, Jansenismus, Quietismus, Gassendismus, Materialismus, Libertinismus, Protestantismus, etc. erfolgreich verfolgen konnte, dann liegt das nicht zuletzt daran, daß die Orthodoxie ihre intelligenten Vertreter fand. François de Sales, Bérulle, Camus, Saint-Vincent de Paul hatten im Zeichen der Gegenreformation eine hochentwickelte Rhetorik geschaffen. Diese Tradition wirkte auf Jacques-Bénigne Bossuet (1627–1704), den wortgewaltigen Vertreter der Predigtliteratur des klassischen Frankreich. Er war zugleich der geschickte Verteidiger der gallikanischen Freiheiten, auch wenn seine gegen Roccaberti gerichtete *Defensio cleri gallicani* nicht publiziert wurde.

Bossuet war in Dijon geboren, studierte in Paris am *Collège de Navarre*, glänzte im *Hôtel de Rambouillet*, wurde Priester in Saarburg und Metz. 1659 rief Saint-Vincent de Paul ihn nach Paris. Er predigt erfolgreich, macht den Hof auf sich aufmerksam und übernimmt die Aufgabe eines Erziehers des 1681 verstorbenen Dauphin. 1670 wird er Hofkaplan, 1671 Mitglied der Akademie, 1682 Bischof von Meaux. Er schreibt Lobreden auf Franz von Assisi (1652), Bernhard von Clairvaux (1653), den Apostel Paulus (1657), predigt über *La loi de Dieu* (1653), *L'éminente dignité des pauvres dans l'Eglise* (1659), *L'honneur du Monde* (1660), *L'impénitence finale* (1662). Im Louvre predigt er gegen die Völlerei, der *Sermon sur la providence* beschäftigt sich mit der politisch brisanten Fouquet-Affäre. Bossuet wird Mme de Montespan mitteilen, daß der König mit ihr brechen will.

Berühmt wurde Bossuet durch seine Totenpredigten, die sog. *Oraisons funèbres*. Er schrieb sie u. a. für Anne d'Autriche (1667), Henriette d'Angleterre (1670: »Madame se meurt! Madame est morte.«)

Marie-Thérèse de France (1683), Condé (1687). Jede dieser Totenreden ist ein logisch durchkonstruiertes und rhetorisch ausgefeiltes Meisterwerk.

Bossuets Rhetorik beruht ähnlich wie bei Pascal oder Fénelon *(Dialogues sur l'éloquence)* auf einer durchdachten Theorie. Im *Panégyrique de Saint-Paul* begründet der Autor sie aus der christlichen Demut: »Cum infirmior, tunc potens sum«, er bezieht wie der Apostel die Stärke aus dem Bewußtsein des Unvermögens: »Nous prêchons une sagesse cachée; nous prêchons un Dieu crucifié ... Si notre simplicité déplaît aux superbes, qu'ils sachent que nous voulons leur déplaire ...« – Der Umgang mit der Sprache ist kein Selbstzweck: »l'éloquence ... n'est inspirée d'en haut que pour enflammer les hommes à la vertu« (1671). Wo Pascal das traditionelle *inventio*-Konzept zugunsten der *dispositio* durchbrach, beruft Bossuet sich auf die *inspiratio.* Seine Rhetorik ist *exhortatio ad virtutem* im Namen übergeordneter Imperative. Von hierher kann er zum harten Sozialkritiker werden (*Sermon du mauvais riche* 1662).

Als Fürstenerzieher hat Bossuet versucht, diese Ziele in eine Geschichtsphilosophie, eine Pädagogik und eine Psychologie zu integrieren:

In der *Histoire universelle* (1681) versucht er eine Epocheneinteilung bis in die Zeit Karls des Großen und will das Wirken der Vorsehung in der Geschichte nachweisen. Die später von Montesquieu vertiefte Theorie der Mechanismen von *grandeur* und *décadence* wird hier bereits am Beispiel des Römerreichs exemplifiziert. Bossuet wollte ein parteiliches Buch schreiben. An ihm entzündete sich die Historiographie der Aufklärung, besonders Voltaires *Essais sur les mœurs.*

Die *Politique tirée de l'Ecriture Sainte* (posthum 1709) will politisches Handeln aus der *Heiligen Schrift* begründen. Das Werk ist wie Saavedra Fajardos *Príncipe cristiano* ein *Anti-Machiavelli,* der das Christentum zum Grundpfeiler menschlichen Zusammenlebens macht. Der Gedanke eines kündbaren Vertrags zwischen Bürger und Staatsgewalt war Bossuet fremd, aber er will den Absolutismus an das biblische Gesetz binden. Die *Politique* verrät Kenntnisse von Platons *Politeia* und Augustinus' *Civitas Dei.* Sie tendiert im Bestreben, der *Ratio* in einem systematischen Gesamtgebäude ihren Platz zu verschaffen, zum Cartesianismus.

Der *Traité de la connaissance de Dieu et de soi-même* (posthum 1741) behandelt Erkenntnisprobleme, wobei ähnlich wie in der Scholastik das Hauptanliegen bleibt, mit den Mitteln der *Ratio* die Wahrheiten des Christentums nachzuweisen.

Der Protestantismus hat in Bossuet einen intelligenten und erfolgreichen Gegner gefunden: *Réfutation du catéchisme de Paul Ferri* (1655), *Histoire des variations des églises protestantes* (1688), *Avertissement aux protestants, Défense de l'histoire des variations.* Mit

Leibniz wechselt er Briefe, die auf eine Zusammenführung der getrennten Kirchen abzielten.

Ungerecht war Bossuet gegenüber dem Theater seiner Zeit:

Molière und Racine hat er nicht begriffen. Auch nicht die italienischen Komödianten. In den gegen den Theatiner Caffaro gerichteten *Maximes sur la comédie* und mehr noch im *Traîté de la concupiscence* zeigt er sich von einer Theaterfeindlichkeit, die nur noch von den Jansenisten übertroffen wurde.

In den letzten Jahren seines Lebens kämpfte Bossuet gegen den Quietismus, der u. a. in Mme Guyon und Fénelon seine Verteidiger fand:

Er kam zum Religionsgespräch von Issy, verfaßte eine *Instruction sur les états d'oraison* und eine *Relation sur le quiétisme* (1698) und hatte 1699 die Freude, daß der Papst die Irrlehre verdammte. Der Streit zeigt auch den Minderwertigkeitskomplex des bürgerlichen *aigle de Meaux* gegen seinen hochadligen Gegenspieler Fénelon. Bossuet wäre allzugern Erzbischof geworden. Ein gewandter Gegner war Bossuet auch für Malebranche, Spinoza und Pierre Jurieu (1637–1713), der in den *Lettres pastorales* die Idee der Volkssouveränität vertreten hatte: »les peuples à certains égards sont au-dessus des rois«.

Aber es gibt auch einen lyrischen und mystischen Bossuet, der seine Werke der Öffentlichkeit vorenthielt. Die *Elévations sur les mystères* und die *Méditations sùr l'évangile* stehen im Gegensatz zur Systematik seiner übrigen Werke. Hier findet er zum Überzeugungston des Seelenhirten, der sich mit den Nöten der Nonnen von La-Ferté-sous-Jouarre und Meaux auseinandersetzt. Ähnliches gilt für seine Hirtenbriefe und den *Catéchisme* von 1687.

Neben Bossuet verblassen die übrigen Repräsentanten der Predigtliteratur des 17. Jahrhunderts zu Unrecht:

Der Jesuit Louis Bourdaloue (1632–1700) war z. T. beliebter als der Adler von Meaux. Er ist weniger emotional, aber er argumentiert und psychologisiert wirkungsvoll als Beichtvater von Colbert, Louvois, Mme de Sévigné und Boileau. Seine Predigten handeln u. a. von *impureté, fausse conscience, médisance*, etc. Er macht Front gegen Pascals *Provinciales*. Diderot zählt ihn im *Prospectus* der *Encyclopédie* zu den bedeutendsten Männern des 17. Jahrhunderts. Sein *Sermon sur l'hypocrisie* ist ein interessantes Gegenstück zu Molières *Tartuffe*. – Mascaron (1634–1703) war Bischof von Agen und hielt u. a. die Totenpredigt für Turenne. – Valentin-Esprit Fléchier (1632–1710), Mitglied der *Académie* seit 1673, Bischof von Lavaur (1686) und Nîmes (1687), Autor einer *Cisneros*-Biographie, hielt die Totenpredigten für Mme de Montausier (1672) und Monsieur de Montausier (1690). – Der Oratorianer Jean-Baptiste Massillon (1663–1742) war Theologe und Philosophieprofessor in Vienne. Er hielt die Totenpredigten für Conti (1709), den Dauphin (1711) und Ludwig XIV. (1715). Am Vorabend einer den christlichen Dogmen nicht günstigen Epoche verlegt er sich aufs Moralisieren *(Sur les tentations des grands, L'humanité des grands envers le peuple)*. Das moralische Gewissen ist in diesen Predigten intakt, aber: »Si l'on excepte les formules traditionnelles, rien n'y sent le chrétien« (Lanson).

## 11. »Aimez donc la raison«: Boileau und die klassische Doktrin

Nicolas Boileau-Despréaux (1636–1711), Pariser, Bürgerlicher, Jura- und Theologiestudent, reicher Erbe, gilt vielfach als Literaturpapst der französischen Klassik. Diesen Ruf verdankt er u. a. Nisard und Sainte-Beuve, die selber nach großkalibrigen Vorgängern suchten. In Wahrheit war Boileau ein vielseitiger Autor, der vielen Zeitgenossen – Cotin, Boursault, Pradon, Huet u. a. – eher als Musterbeispiel des schlechten Geschmacks vorkam. Seine Anfänge sind polemisch und satirisch, sie verraten die Kenntnis von Horaz, Juvenal, Martial und Régnier, sowie hier und da die Mitarbeit seines Bruders Gilles. Chapelain und Mlle de Scudéry (*Dialogue des héros de roman* 1665) waren seine ersten Opfer. 1666 erschienen Buch I–VII der *Satires* (1668: Bücher VIII und IX; Erweiterungen 1692, 1698, 1705). Sie behandeln vielfältige Themen, u. a. den hungerleidenden Dichterling *(Le départ du poète)*, mißlaunige Literaturkritik *(La rime et la raison, Le repas ridicule)*, Pariser Verkehrsverhältnisse *(Les embarras de Paris)*, Frauen *(Les femmes)*, etc. 1664 erscheint in Holland die *Dissertation sur ›Joconde‹*, in der Boileau La Fontaines *Ariost*-Bearbeitung verteidigt. Hier finden sich die Grundlagen seiner Literaturtheorie: »L'imitation des anciens, la séparation des genres; la double nécessité des règles et du génie; l'exigence du naturel, contre le burlesque et le réalisme« (Saulnier). Diese Grundgedanken durchziehen auch die *Art poétique* (1674).

Die *Art poétique* entstand aus Diskussionen im jesuitisch-weltoffenen Zirkel um Lamoignon und wurde seit 1669 fragmentarisch in den Salons diskutiert. Es handelt sich um eine unsystematische Zusammenfassung generell akzeptierter Grundlagen der Literatur der französischen Klassik:

Es wäre schon aus Gründen der Chronologie verfehlt, die *Art poétique* als klassisches Gesetzbuch aufzufassen. Das Werk umfaßt 4 *Chants*. Es behandelt zunächst die dichterische *vocation* und den cartesianisch inspirierten Imperativ: »Aimez donc la raison!« (Vgl. Musset: »Il faut déraisonner«). Ein Abriß der französischen Lyrikgeschichte, in dem Villon gelobt und Ronsard getadelt werden, endet mit der Aussage: »Enfin Malherbe vint.« (I). –

Den *petits genres* ist der 2. *Chant* gewidmet: u. a. Idylle, Elegie, Ode, Sonett, Epigramm, Rondeau, Ballade, Madrigal, Satire, Vaudeville, Chanson. Die *Fables* seines Freundes La Fontaine werden nicht besprochen. (II). – Der 3. *Chant* ist Tragödie, Epos und Komödie gewidmet. Die Tragödie soll, wie bei Aristoteles, *pitié* und *terreur* erwecken und eine *passion émue* aufzeigen. Die Einheiten sind zu respektieren, hinzu kommen die sozialen Regeln der *vraisemblance* und der *bienséance*. Für das spanische Theater des 17. Jahrhunderts hatte Boileau nur Verachtung. Lope de Vega wird für ihn zum unbedeutenden »rimeur ... delà les Pyrénées«. Das Epos gilt ihm noch als höchste Form des dichterischen Ausdrucks, es ist ein »vaste récit d'une longue action«, in dem auch Platz für das in der Tragödie untersagte *merveilleux* ist, das er freilich auf das *merveilleux allégorique* beschränkt. Die heidnische *machina* wird erlaubt, die christliche untersagt. Desmarets de Saint-Sorlain wird als Autor eines *Clovis*-Epos dagegen protestieren. Die Komödie beschränkt Boileau auf die ›große‹ Charakter- und Sittenkomödie. Für die Farce hat er keinen Sinn; seine Äußerungen zu Molière bleiben daher ambivalent, wenn er ihm vorwirft, ein »ami du peuple« gewesen zu sein. (III). – Der 4. *Chant* enthält Überlegungen zu Dichterberuf und Dichterberufung. »Soyez plutôt maçon si c'est votre talent«, lautet die wahrscheinlich an Claude Perrault, den Architekten der Louvre-Kolonnade gerichtete Empfehlung. Die *Art poétique* klingt aus mit der an Horaz erinnernden Empfehlung, daß Literatur erfreuen und nützen solle und mit dem Rat an die Autoren, daß sie für Kritik offen bleiben sollen.

Boileau publizierte 1694 eine Übersetzung des *Traité du sublime* des Pseudo-Longinus (3. Jh.), dessen Einfluß schon in der *Art poétique* greifbar wird. Damit gewinnen Stilgefühl und Rhetorik der französischen Klassik einen gewichtigen Vorläufer in der Spätantike. Für den humanistischen Rückgriff auf Quintilians *Institutio* und die *Ars poética* des Horaz ließen sich zahlreiche Einzelbelege anführen. Die Vorarbeit der Theoretiker des 16. Jahrhunderts hat Boileau kaum zur Kenntnis genommen, sie finden allenfalls Eingang über sein Malherbe-Studium. Die Poetik seines Gegners Colletet (*Traité de l'épigramme et traité du sonnet* 1658) hat er möglicherweise absichtlich mißachtet, auch der *Poétique* (1639) von La Ménardière verdankt er nicht viel. Aber er kannte Marolles *Traité du poème épique* (1662), Rapins *Réflexions sur la poétique d'Aristote* und die *Pratique du théâtre* des Abbé d'Aubignac (1657). Die Forderung nach naturgebundener *imitatio* hatte u. a. auch Le Laboureur im Vorwort seines *Charlemagne* (1664) erhoben: »la Poésie n'est autre chose qu'une imitation de la nature.« Dabei sind Boileaus Auffassungen jedoch nicht statisch. Der Verteidiger der *Chambre du Sublime* – so ist er auf einer Darstellung (1675) zu sehen, die Mme de Thianges dem Duc du Maine zum Geschenk machte – war immerhin flexibel genug, um die Bedeutung der aufflammenden *Querelle des anciens et des modernes* zu durchschauen.

Seine Parteinahme für die Alten entspringt dabei nicht nostalgischer Engstirnigkeit, sondern der Erkenntnis archetypischer Konstanten, die Sophokles und Racine jenseits der Zeitmode miteinander verbinden. Und in der *Préface*, die er 1701 seinen *Œuvres* voranstellte, vertieft er seine Theorie in Richtung auf das unbegreifliche *je ne sais quoi*, das tendenziell die *ratio* durch das ästhetische Empfinden des Individuums ersetzt. Gegen das Bild vom einseitigen Boileau spricht auch die vorsichtige Nuancierung seiner Haltung zu Chapelain in späteren Schriften und die Bereitschaft zur Versöhnung mit Charles Perrault, die Arnauld 1701 vermittelt.

Boileaus Literaturtheorie darf seine übrigen Werke nicht ganz in Vergessenheit geraten lassen. Zusammen mit der *Art poétique* erschien u. a. auch *Le Lutrin*, eine Eposparodie, die den grotesken Streit zweier *Canonici* der Sainte-Chapelle um ein Chorpult beinhaltet. Einen nicht geringen Teil seines Ruhms zu Lebzeiten verdankte der Autor auch seinen *Epîtres* (Buch I–IX 1669–1677; Buch X–XII 1695). Diese Briefe in Versform behandeln u. a. die Kriege Ludwigs XIV., den niederländischen Krieg. Hinzu kommen Gelegenheitsdichtungen (an Lamoignon, Racine, Guilleragues u. a.), *Sur l'amour de Dieu* brachte ihm eine Polemik mit den Jesuiten ein. Den Platz eines *Historiographe du Roi* (seit 1677) mußte Boileau mit Racine teilen. 1684 wird er Mitglied der Akademie. Sein Haus in Auteuil ist seit 1685 ein gelehrter und geselliger Treffpunkt. Von hier aus griff er in die *Querelle des anciens et des modernes* ein, als er gegen Charles Perrault die Alten verteidigte, z. B. in der *Ode pindarique sur la prise de Namur*. 1709 verweigert man ihm das Privileg für den Druck seiner *Œuvres complètes*. Als er 1711 starb, waren Rameau und Watteau schon fast 30 Jahre alt, Marivaux 23 und Montesquieu 22. Das Jahrhundert der Aufklärung bereitete sich vor.

## 12. Zeugen: La Bruyère und Saint-Simon

Jean de La Bruyère (1646–1696) war Jurist und seit 1673 Schatzmeister in Caen. Er konnte griechisch, lateinisch und deutsch und lebte zurückgezogen in der Hauptstadt. Er wurde zum klarsehenden Zeugen einer Gesellschaft und einer Epoche.

Louis de Rouvray, Duc de Saint-Simon (1675–1755) und Pair de France, ist ein verbitterter Aristokrat, der Ludwig XIV. offen kritisierte. Zeitlebens verwand er nicht, daß er – seit 1691 Mitglied der grauen Musketiere – bei einer Beförderung unberücksichtigt geblieben war. Eitel, voller Vorurteile, maßlos, ist er die genaue Verneinung des auf Mittelmaß abzielenden Ideals des *honnête homme*.

La Bruyère ließ sich durch die Lektüre von Theophrast (4. Jh. v. Chr.) anregen und schrieb ein vergleichbares Werk über die eigene Zeit. Die *Caractères de Théophraste, traduits du grec, avec les caractères ou les mœurs de ce siècle* erschienen 1688 bei Michallet in Paris. Acht ständig überarbeitete Auflagen folgen bis 1694. 1693 wurde La Bruyère Mitglied der Akademie und trat als Verteidiger der *anciens* auf. Bossuet unterstützt er im Kampf gegen den Quietismus *(Dialogues sur le quiétisme).* Als er 1696 starb, war er jedoch für die meisten der Autor der *Caractères* geblieben.

Die *Caractères* enthalten zahlreiche *Maximes* im Stil von La Rochefoucauld, sowie *Portraits,* die den zeitgenössischen Salonmoden entsprachen: *Phédon* der Arme; *Arrias* der *homme universel*; *Zénobie* die ruinierte Fürstin; *Ménalque* der Zerstreute; *Ménippe* der Stutzer; *Mopse* der *importun*; *Iphis* der Geck; etc. Formal sind die *Caractères* eine Absage an die durchkonstruierten Gedankengebäude einer cartesianisch inspirierten Klassik. Das Werk erfaßt die verschiedensten Bereiche der Gesellschaft: *Des ouvrages de l'esprit* äußert sich literaturkritisch: »Corneille est plus moral, Racine plus naturel.« – *Du mérite personnel:* »se faire valoir par des choses qui ne dépendent point des autres.« – *Des femmes:* »Elles sont meilleures ou pires que les hommes.« – *Du cœur:* »Il faut rire avant que d'être heureux, de peur de mourir sans avoir ri.« – *De la société et de la conversation:* »Arrias a tout lu, a tout vu, il veut le persuader ainsi ... il aime mieux mentir que de se taire ou de paraître ignorer quelque chose.« – *Des biens de fortune:* Gegenüberstellung des reichen *Giton* und des armen *Phédon.* – *De la ville:* die Bürger äffen den Hof nach und verlieren die Achtung vor den Bauern. – *De la cour:* »C'est un édifice bâti de marbre, c'est-à-dire composé d'hommes fort durs, mais polis.« – *Des grands:* »Je ne balance pas: je veux être peuple.« – *Du souverain ou de la République:* »Nommer un roi *père du peuple* est moins faire son éloge que ... faire sa définition.« – *De l'homme:* enthält La Bruyères pessimistisches Menschenbild mit Anklängen an Montaignes *Apologie de Raimond Sebond.* – *Des jugements:* »Nous louons ce qui est loué bien plus que ce qui est louable.« – *De la mode*: La Bruyère sieht die Mode als Tyrannen und nicht – wie z. B. Baudelaire – als historische Erscheinungsform des Triebes zur Ästhetik. Er geißelt Sammelleidenschaft, Raritätenkabinette, Blumenzucht (La Bruyère kennt die Ergebnisse der holländischen Tulpenzucht des 17. Jahrhunderts: *Solitaire, Orientale, Veuve, Drap d'or,* u. a.). Der Typ *Onuphres* läßt sich mit *Tartuffe* vergleichen. – *De quelques usages:* der *usage* ist tyrannisch wie die Mode. In der Sprache wirkte der *bon usage* auch als Verarmung der Sprache und wird entsprechend kritisiert. – *De la chaire:* Die öffentlichen Pomppredigten (vgl. Bossuet) dienen mehr dem Ruhm des Predigers als dem Seelenheil der Zuhörer. – *Des esprits forts:* »Je sens qu'il y a un Dieu, et je ne sens pas qu'il n'y en ait point; cela me suffit, tout le raisonnement du monde m'est inutile: je conclus que Dieu existe.« – »La Bruyère ist Realist und Pessimist: er hat unsere Schwächen bis zu jenen Exzessen sondiert, in denen der Psychoanalytiker mehr als zweihundert Jahre später sein eigentliches Arbeitsfeld entdeckte ... Seine Anklage ist scharf. Die Menschen, so behauptet er, haben sich seit Anfang der Welt nicht gebessert, sie sind unverbesserlich; und doch schreibt er ... in der törichten Hoffnung, sie zu bessern« (Cazamian). »Tout est dit et l'on vient trop tard depuis plus de sept mille ans qu'il y a des hommes et qui pensent« (La Bruyère). – »Toutes choses sont dites. Mais comme personne n'écoute, il faut toujours recommencer« (Gide). – »Le paradoxe humain, c'est que tout est dit et que rien n'est compris« (Alain).

Die Logik der Gedankenbewegung der *Caractères* führt offenbar von einer moralisch-literarischen *Praefatio* (I, II) über psychologische Grundsatzüberlegungen (III, IV) zur soziologischen Milieustudie (V bis X), dringen dann zur Behandlung gesellschaftlicher Zwänge, Illusionen, Institutionen (XI–XIII) und zum Problem der Gottsuche (XV, XVI) vor. Aufgrund der *Porträts* hat man im Sinne der Salonmode der *énigmes* und *devinettes* die *Caractères* als zeitkritisches Schlüsselwerk angesehen: *Emile* (XII) wäre demnach Condé, *Cydias* (V) Fontenelle, *Pamphile* (X) Dangeau, *Irène* (XI) Mme de Montespan, etc. La Bruyère hat sich gegen solche Entschlüsselungen gewehrt. Und dennoch beruht die Wirkung der *Caractères* nicht zuletzt auf ihrem minuziös dokumentierten *Realismus*. Insofern ist das Buch bei aller ›Allgemeingültigkeit‹ doch auch ein wichtiges Dokument für die Kenntnis des klassischen Frankreich.

Das gleiche gilt unter anderem Vorzeichen für die *Mémoires* von Saint-Simon. Sie sind ein haßerfülltes, parteiliches, zuweilen bewußt ungerechtes Buch: »Je ne me pique pas d'impartialité.« Aus Verbitterung geschrieben mischen sie präzise Einzelinformationen, boshafte Freude, leidenschaftliche Antipathie zu einem Zeitbild wider den Strich. Geplant waren die *Mémoires* seit 1694 zunächst in Anlehnung an Dangeaus *Journal*. Abgefaßt wurden sie erst zwischen 1743 und 1752, publiziert 1829 durch Saint-Simon den utopischen Sozialisten. Die vollständige Ausgabe erschien erst 1856. Allerdings haben schon im 18. Jahrhundert einige Autoren – Duclos, Voltaire, Marmontel u. a. – das von Choiseul konfiszierte Manuskript gekannt. Die *Mémoires*, die Stendhal zur Stilschulung empfahl, wurden als inhaltlich derart brisant empfunden, daß sich die Publikation verzögerte. Vergleichbar ist das Schicksal des Werks in dieser Hinsicht nur den *Mémoires* von Casanova.

Saint-Simon schildert die Regierungszeit Ludwigs XIV. als eines der deprimierendsten Kapitel der französischen Geschichte. Der Sonnenkönig war ein höchst mittelmäßiger Geist, sein Thronfolger erscheint als »radicalement incapable« und »très paresseux«. Versailles ist ein Sumpf von Verbrechen und Intrigen. Selbst Henriette d'Angleterre ist nach Saint-Simons Zeugnis vergiftet worden. Der Adel erniedrigt sich, Ludwig XIV. macht der *bourgeoisie* den Hof. Die politischen Fehler werden scharf analysiert: die Rücknahme des Edikts von Nantes, die Angriffskriege, hinzu kommen moralische Verwahrlosung, Mätressenwirtschaft, Folter, Dragonnaden, Repression (z. B. Port-Royal), Camisard-Aufstände in den Cevennen (1702–1705). Colbert, Louvois sind hassenswerte Parvenus, die Maintenon eine bigotte Intrigantin, der königliche Bastard Duc du Maine ein jämmerlicher Schwachkopf. Wenn es unter Ludwig XIV. Gleichheit gab, dann war es die Gleichheit der Erniedrigung. Fénelons früh verstorbenen Schüler, den Duc de Bourgogne, verklärt Saint-Simon hingegen zum Helden. – Saint-Simon rekonstruierte die Vergangenheit offensichtlich unter Hinzuziehung von *Mémoires* aus dem 17. Jahrhundert (Retz?) und hat wohl die Lexika von Moréri und Bayle herangezogen. Seine Freundschaft zu Torcy ermöglichte zudem die Konsultation diplomatischer Dokumente aus der Zeit Ludwigs XIV.

Saint-Simons totale Opposition zeigt sich in seinem Stil. Dieser ist eine einzige Verneinung der Klassik: »Je ne fus jamais un sujet académique; je n'ai pu me défaire d'écrire rapidement.« Fragen der Organisation von Satz und Gedanke interessieren ihn wenig. Archaismen, Neologismen, *mots bas*, etc. schreckten ihn nicht. Seine Opposition richtet sich hauptsächlich gegen die Spracharistokratie der Bürgerlichen: Racine, Boileau, La Bruyère. Chateaubriand, der unter Napoléon I. ähnlich litt wie Saint-Simon unter dem Sonnenkönig, nannte die *Mémoires* stilistisch »écrit à la diable pour l'éternité.« Seine *Mémoires d'outre-tombe* mit den *Mémoires* von Saint-Simon zu vergleichen, wäre eine reizvolle Forschungsaufgabe. Man wird Saint-Simon nicht zum alleinigen Kronzeugen für die Beurteilung des Frankreich Ludwigs XIV. machen dürfen. Er zeigt die Kehrseite.

Zur Vervollständigung des Bilds wird man die bereits erwähnten Zeugnisse der Memoiren- und Briefliteratur des 17. Jahrhunderts (Retz, Bussy-Rabutin, Lieselotte von der Pfalz) heranziehen müssen, sowie die *Historiettes* von Tallement des Réaux, der außer dieser *chronique scandaleuse* auch noch die *Mémoires pour la régence d'Anne d'Autriche* hinterließ und durch die Aufhebung des Edikts von Nantes zur Konversion gezwungen wurde. François Maucroix liefert in seinen *Mémoires* außer politischen Informationen auch literarische Details, die z. B. über seine Freundschaft zu La Fontaine berichten. Charles Auguste, Marquis de la Farce, lieferte posthume *Mémoires et réflexions sur les principaux événements du règne de Louis XIV*, eine wirkliche Skandalchronik ist die anonyme *Carte du pays de Braquerie*. Gatien de Courtilz, sieur de Sandras et du Verger, ist der Begründer des Memoirenromans des 17. und 18. Jahrhunderts. Seine *Mémoires de d'Artagnan* sind die Quelle, aus der Alexandre Dumas die *Trois mousquetaires* schöpfte.

## 13. Fénelon: Der oppositionelle Prälat

François de Salignac de la Mothe-Fénelon (1651–1715), nach Voltaire »le moins dogmatique des maîtres«, entstammte dem südfranzösischen Hochadel. Er wurde Akademiemitglied (1693) und Erzbischof von Cambrai (1695), war Schüler und Rivale Bossuets und für Ludwig XIV. ein unbequemer Vertreter der geistigen Opposition. Als Erzieher des Duc de Bourgogne, der den Thron erben sollte, nährte er eine Zeitlang die Hoffnung, daß seine Ideen einmal zum Tragen kämen. Er starb im gleichen Jahr wie der Sonnenkönig.

La Bruyère und Saint-Simon haben Fénelons Persönlichkeit beschrieben. Seinen quietistischen Anhängern galt er als Prophet. Seine überragende Bildung verdankt er dem Studium in Cahors und in *Saint-Sulpice de Paris.* Als Kleriker und Aristokrat bekämpfte er Malebranche, die *libertins* und die *modernes.* Zu Zeitproblemen äußerte er sich offen und kritisch. Seit 1678 stand er der *congrégation* der *Nouvelles Catholiques* und den *Filles de la Madeleine* vor, wo er protestantische Mädchen bekehrte. Nach 1685 ließ er sich zu ähnlichen Aufgaben in die Saintonge senden. Gewaltsame Bekehrungen lehnte er jedoch ab. Statt dessen reflektiert er, von Fleury und Cicero beeinflußt, über die Möglichkeiten der wirksamen Predigt *(Dialogues sur l'éloquence): plaire, toucher, instruire;* sowie der rationalen Widerlegbarkeit des Protestantismus *(Traité du ministère des pasteurs).* Colberts Töchter, die Herzoginnen von Chevreuse und Beauvilliers, machen ihn zu ihrem Beichtvater.

Für die Erziehung der acht Töchter der Mme de Beauvilliers schreibt er den *Traîté de l'éducation des filles* (1687), eines der ersten zusammenhängend konzipierten Modelle der Mädchenerziehung in Frankreich und ein wichtiges Hintergrundbuch für die Bildungsgeschichte des *grand siècle.* Das Werk geht u. a. gegen die ›naturgegebenen‹ weiblichen Schwächen (z. B. *Coquetterie, Romanesque* etc.), es bekämpft die *savante ridicule.* Fénelon erstrebt keine Frauenemanzipation im Sinne des 20. Jahrhunderts, aber er verlangt, daß die Mädchen auf die Aufgaben vorbereitet werden, deren Erfüllung die Gesellschaft ihnen abverlangt. Insofern geht seine Mädchenpädagogik weit über die ›Normen‹ des 17. Jahrhunderts hinaus. Er will den Mädchen sogar erlauben, Latein zu lernen. Die ›Dame der Gesellschaft‹ betrachtet er nicht als Bildungsziel.

Als Erzieher des Thronfolgers schreibt Fénelon u. a. auch *Fables,* deren didaktische Färbung ästhetisch einen Rückfall hinter die Position La Fontaines bedeutet. Später kommen die Totendialoge hinzu (1692?). Nach dem Beispiel Lukians bedient der Autor sich hier einer Gattung, die Fontenelle, Vauvenargues und Maurice Joly weiterentwickelten. In imaginären Gesprächen konfrontiert er u. a. *Alexandre et Aristote, Louis XI et Philippe de Commynes, Henri VII et Henri VIII d'Angleterre, Charles V et François I, Henri III et Henri IV.* Die Totendialoge sind in ihrer Zielsetzung ein Vorspiel zu *Les aventures de Télémaque* (geschr. 1695; gedr. 1699, offenbar aufgrund einer Indiskretion gegen den Willen des Autors):

Die *Aventures* (24 Bücher) schließen an den 4. Gesang der *Odyssee* an und erzählen die Irrfahrten von Odysseus' Sohn Telemachos, der auszieht, um seinen verschollenen Vater zu suchen. Für kritische Leser ist das Werk eine einzige Anklage gegen die Regierung Ludwigs XIV. Der König soll nicht für sein *bon plaisir,* sondern für seine Untertanen regieren (»Il peut tout sur les peuples; mais les lois peuvent tout sur lui«). Landarbeit ist zu belohnen, Güter sind gerecht zu verteilen, Luxus ist abzulehnen, Angriffskriege sind verwerflich. Man erkannte Ludwig XIV. in der Gestalt des von Schmeichlern umgebenen *Idoménée.* Für den Autor konnte es nach einem solchen Werk nur noch das Exil geben. Fénelon zieht sich in seine Diözese Cambrai zurück.

*Télémaque* ist eine Pädagogik in Romanform. Rousseaus *Emile* nicht unähnlich, muß sein Held Erfahrungen und Enttäuschungen erleben. Dazu dient das Reisemotiv und die im 18. Jahrhundert so oft gemachte Reiseempfehlung. Der Lehrer *Mentor,* die verkleidete *Minerva,* kann orientierend, lenkend, nicht entscheidend eingreifen. Dabei haben viele Kritiker Fénelon seinen ›Flirt‹ mit der Antike sehr übel genommen. Jedoch erklärt sich sein Exil auch daraus, daß er aufgrund seiner Verwicklung in die Quietismus-Affäre zur *persona ingrata* geworden war:

Der spanische Philosoph Miguel Molinos hatte im *Guía filosófico* (1675) eine mystische Gnadenlehre entwickelt, die sich ebenso am Rand der Heterodoxie bewegte wie die ihr entgegengesetzte Lehre des Jansenismus. In Frankreich fand diese Lehre Echos beim Pater Lacombe und im *Moyen court de faire oraison* der Mme Guyon, die u. a. am Hof und in Saint-Cyr wirkte. Die Seele findet ihre Ruhe *(quiétude,* daher *quiétisme)* in der totalen Hingabe an die göttliche Liebe, es braucht keinerlei Aktivität von seiten des Gläubigen mehr. Fénelon glaubte diese Lehre durch Teresa von Ávila bestätigt und ließ sich dafür gewinnen. Auf der Konferenz von Issy 1694/1696 wurden jedoch 32 quietistische Thesen verworfen, 1699 wurde die Lehre verdammt. Vorausgegangen war ein erbitterter Diatribenwechsel mit Bossuet. Fénelon verteidigte Mme Guyon auch noch, als sie von allen verlassen zurückgezogen in Blois lebte.

Als Erzbischof von Cambrai, zu dem ausgerechnet Bossuet ihn weihte, geht Fénelon in die Opposition. In dieser vom Krieg geschüttelten Grenzdiözese wurde ihm die fatale Politik des Sonnenkönigs in allen ihren Folgen klar. Die Jesuiten stützten ihn heimlich. Mit *L'examen de conscience d'un roi* (1710), seiner Korrespondenz mit Chevreuse und Beauvilliers, mit den reformistischen *Tables de Chaulnes* (1711), verschafft er sich Schwierigkeiten mit der Zensur und die Sympathie der Aufklärer des 18. Jahrhunderts. Der Tod des Duc de Bourgogne macht seine politischen Hoffnungen vollends zunichte. Während dieser Zeit wechselt er Briefe mit Mme de Montberon und bekämpft den Jansenismus (*Traîté de l'existence de Dieu* 1701). Schließlich kehrt Fénelon zur Literatur zurück. Er korrespondiert mit Houdar de la Motte, Dacier und schreibt seine *Lettre à l'Académie* (1714, gedruckt 1716).

Die *Lettre à l'Académie* ist Fénelons literarisches Vermächtnis und zugleich ein Beweis für den Zerfall des klassischen Bewußtseins am Ende der Ära des Sonnenkönigs. Sie enthält eine Literatur- und eine Sprachtheorie, eine Geschichts- und eine Kunstphilosophie. Nach kurzen Bemerkungen zum *Dictionnaire* der *Académie* (1694) und zur geplanten *Grammaire*, die nicht dogmatisch sein sollte, umreißt Fénelon ein *Projet d'enrichir la langue* und plädiert vorsichtig für eine erneute Öffnung auf Fremdwörter, Neologismen, Synonyme etc. Das *Projet de rhétorique* erklärt die Blüte der antiken Redekunst aus der antiken Demokratie(!): Demosthenes, Cicero, etc. Im *Projet de poétique* stellt er Harmonie über Regelobservanz und zeigt – frei nach Horaz – die Bedeutung der Poesie für die Gemeinschaft auf. Es kommt sogar zu einer vorsichtigen Wiederaufwertung der *Pléiade.* Im *Projet d'un traîté sur la tragédie* werden Corneille und Racine im Namen der Moral kritisiert. Hier ist Fénelon auf der Linie seines theaterfeindlichen Rivalen Bossuet. Nuancierter ist das Urteil im *Projet d'un traîté sur la comédie:* »Il faut avouer que Molière est un grand poète comique.« Was das *Projet d'un traîté sur l'histoire* angeht, so verlangt er u. a. die Fähigkeit des Historikers, über allem Detailwissen den kritischen Durchblick nicht zu verlieren. Die Forderung kristallisiert sich im Begriff der *couleur historique,* die sich nicht mit Annäherungswerten zufrieden gibt. In seinen verfassungsgeschichtlichen Interessen verweist Fénelon auf Montesquieu, Guizot, Fustel de Coulanges, Tocqueville. Das letzte Kapitel der *Lettre* berührt direkt die *Querelle des anciens et des modernes.* Fénelons Bewunderung gehört den Alten. Aber er ist nicht kategorisch. Der Hauptnachteil der Alten war, daß sie das Christentum noch nicht kannten.

»Presque tout Fénelon est de tradition; mais plusieurs idées font date« (Saulnier). Marie Joseph Chénier erkannte die Vorläuferrolle des Erzbischofs. Er schrieb die Tragödie *Fénelon ou les religieuses de Cambrai*, die 1793 im *Théâtre de la République* aufgeführt wurde.

## 14. Libertiner, Skeptiker, Philosophen

Die Verbrennung des Bruno-Schülers Vanini (1619) zwang die Anhänger der libertinischen Philosophie, die sich als die Fortsetzer der skeptisch-materialistischen Tendenzen des 16. Jahrhunderts verstehen lassen, zeitweise in den Untergrund. Théophile de Viau, Saint-Amant u. a. hatten ihre diesbezügliche Sympathie nie wirklich verborgen. Der ständig präsente *courant libertin* verband sich dann während der Fronde mit der politischen Opposition und ging hernach erneut in den Untergrund. Das christliche 17. Jahrhundert zeigt somit auch einen skeptischen Trend, der zeitweise im zweiten Glied die Tendenzen des 16. Jahrhunderts fortsetzt und ihre Vitalität in die Aufklärung des 18. Jahrhunderts hinüberrettet. Der philosophische Libertinismus fand ab 1628 – von Richelieu beargwöhnt – bei den Gebrüdern Dupuy einen aufgeschlossenen Stützpunkt, die sog. *Académie putéane.* Hier gab man sich skeptisch-epikuräisch, las Rabelais und Montaigne und interessierte sich für Geschichte, Geographie, Mathematik, Astronomie. Politisch hielt man die Erinnerung an die Liga und die Guise-Tyrannei wach und blickte mit Sympathie nach Holland und dem freien Venedig. Durch Lukans *De bello civili* ließ man sich manchmal sogar für republikanische Ideen begeistern.

La Mothe Le Vayer (1588–1672), Skeptiker und Relativist, schrieb u. a. skeptische *Discours* (*Du peu de certitude qu'il y a dans l'histoire; Pour montrer que les doutes de la philosophie sceptique sont d'un grand usage dans les sciences,* u. a.), in denen er Wunderglauben, Reliquienkult etc. kritisiert, wennschon er im Auftrag Richelieus auch einen *Petit discours de l'immortalité de l'âme* (1637) schrieb. Im *Dialogue entre Orasius et Orontes* bezeichnet er die Religionen als Erfindungen kluger Moralgesetzgeber.

Pierre Gassendi (1592–1655) lehrte Philosophie in Aix-en-Provence und seit 1645 am *Collège royal.* Er schrieb Lateinisch, wurde jedoch für die französische Literatur zum wichtigsten philosophischen Anreger neben Descartes, den er im Namen des Sensualismus bekämpfte. Seine *Opera omnia* (posthum 1658) bekämpfen die Vorstellung von Hölle und Fegefeuer und nähern sich im *Syntagma philosophorum* spekulativ der Idee, daß die Materie aus Atomen besteht. Descartes' Gedanken von *animal machine* bekämpfte er, Schwerpunkt seiner Lehre war u. a. der Salon von Mme de la Sablière. 1674 verfaßte Bernier ein mehrbändiges *Abrégé de la philosophie de Gassendi,* das die Philosophie des Meisters in französischer Sprache aufbereitet. Am *Collège royal* wirkte Gassendi nach seinem Tod durch den Oratorianer Du Hamel weiter.

Gabriel Naudé (1600–1650) ist möglicherweise ein konsequenter Atheist gewesen. Er trat u. a. erfolgreich gegen die Hexenprozesse auf. Seine *Apologie pour tous les grands personnages qui ont été faussement soupçonnez de magie* wirkte noch auf Feijóo.

Der Arzt und Naturwissenschaftler Guy Patin (1601–1672) nahm die Angriffe Molières auf seinen Berufsstand gelassen hin. Seine *Lettres* sind eine Fundgrube für die Kenntnis des *libertinage érudit* des 17. Jahrhunderts.

Die *libertins* mußten dem Bekehrungseifer der devoten *Compagnie du Saint-Sacrement,* Pascals und Bossuets entgehen. Ihre sensualistische Philosophie brachte ihnen zudem die Feindschaft der Cartesianer. Oft mußte man ins Exil. In Frankreich traf man sich später gern bei Ninon de Lenclos und in der *Société du Temple*. Hier las man Locke, Spinoza, Newton und lauscht den Berichten Berniers (*Mémoires* 1670), der von Palestina, Ägypten und Abessinien zu erzählen wußte. Hier bereitete sich die Aufklärung des 18. Jahrhunderts vor, hier wird die Verbindungslinie sichtbar, die unter der Oberfläche des christlichen 17. Jahrhunderts von Montaigne zu Voltaire führt.

Charles de Saint-Evremond (1613–1703) hatte bei Nördlingen und Rocroy gekämpft und in einem Brief an Créqui Mazarins Pyrenäenfrieden kritisiert (*Lettre sur le traîté des Pyrénées* 1659). Sein englisches Exil beraubt seit 1661 die französischen Salons eines schlagfertigen Schöngeistes. Fortan glänzte er im Londoner Salon von Hortense Mancini. Die Amnestie von 1689 verweigert er. In Westminster liegt er begraben.

Saint-Evremonds *Comédie des Académistes* (1650) gehört in die Vorgeschichte von Molières *Femmes savantes*. Philosophisch ist er von Gassendi und Vossius beeinflußt. Seine *Réflexions sur les divers génies du peuple romain* (1663) wirken auf Montesquieus *Considérations*. Moralisch verteidigt er das epikuräisch-maßvolle *naturam sequi* der Alten *(De la retraite, Sur les plaisirs)* und Montaignes. Aus religiösen Wahrheiten suchte er die Morallektion herauszuschälen (*Conversation du maréchal d'Hocquincourt avec le père Canaye* 1665), seine literarischen Urteile tendieren zur regelfeindlichen Toleranz in ästhetischen Fragen (*Dissertation sur l'Alexandre de Racine* 1666; *Quelques pièces de Corneille* 1667; *Dissertation sur la tragédie ancienne et moderne* 1679). Mit *De la comédie anglaise* (1677) weist er in die Richtung einer imagologisch orientierten frühen Komparastik. Mit dem Essay *Sur les poèmes des anciens* (1685) historisiert er die im Namen der ›ewigen‹ Vernunft geführten Diskussionen der aufflammenden *Querelle des anciens et des modernes*. Er weist so in die Richtung von Du Bos' *Réflexions critiques sur la poésie et la peinture* (1719).

Im niederländischen Exil wirkte Pierre Bayle (1647–1706), nach Voltaire »le premier des dialecticiens«. Er war in Le Carla geboren, studierte bei den Jesuiten in Toulouse, wurde Katholik und wieder Protestant, was ihm die Strafandrohung für den *relaps* einbrachte. Er flieht nach Genf, lehrt Philosophie in Sedan (1675–1681) und bleibt schließlich in Rotterdam.

Hier schreibt er seine *Pensées sur la comète de 1680* (1682) zur Problematik des Aberglaubens und der *autorité*, wobei er auch die Frage einer laizistischen Moral aufwirft: »Une société d'athées pratiquerait les actions civiles et morales aussi bien que les pratiquent les autres sociétés ...« In der *Critique générale de l'histoire du calvinisme du P. Maimbourg* verteidigt er den

Toleranzgedanken. 1684 gründet er die Monatsschrift *Nouvelles de la République des Lettres*, die dem seit 1665 bestehenden *Journal des Savants* und dem *Mercure galant* Konkurrenz machen sollten. Das Organ enthielt u. a. Rezensionen politischer Schriften, Bibelkritik, wissenschaftliche Vulgarisationen. Bis 1687 war Bayle alleiniger Redakteur. Im 18. Jahrhundert (1699 bis 1710; 1716–1718) arbeiteten u. a. Le Clerc, Larroque, Bernard an der Zeitschrift, die eine wichtige Gründung der französischen Exilliteratur ist und die Konkurrenzunternehmung des jesuitischen *Journal de Trévoux* herausforderte (1701).

Nach der Ermordung seines Bruders im Zusammenhang mit der Aufhebung des Edikts von Nantes setzte Bayle sich noch stärker mit dem Toleranzproblem auseinander, was ihn zunehmend auch den Protestanten verdächtig macht. Der *Commentaire philosophique* (1686) fordert Toleranz im Namen der *raison.* Diese Schrift führt zur Kontroverse mit Pierre Jurieu und kostet den Autor seinen Lehrstuhl in Rotterdam. Wie Locke in der *Letter on Tolerance* fordert Bayle das Menschenrecht auf Irrtum, denn: »les plus fausses religions ont leurs martyres ...«. In die gleiche Richtung weisen die *Lettre de Londres sur la France toute catholique* (1686) und der *Avis au réfugiés* (1693). Äußerungen dieser Art waren damals nur außerhalb der französischen Grenzen möglich. 1697 erscheint das seit 1692 als *Dictionnaire de fautes* angekündigte *Dictionnaire historique et critique*:

Das *Dictionnaire* gliedert sich alphabetisch in Einzelartikel zu historischen und geographischen Themen. Es enthält eine Ideologiekritik des 17. Jahrhunderts, wobei Bayle jedoch jeden direkten Angriff vermeidet und statt dessen auf ein kompliziertes System von Anmerkungen und Querverweisen ausweicht. Es ist ein intelligentes Versteckspiel mit der Zensur, dessen sich noch die große *Encyclopédie* bedienen wird. Die einzelnen Artikel sind meist zweigeteilt. Zunächst werden die gesicherten Fakten berichtet, danach werden Irrtümer, Unsicherheiten, Mythen etc. zusammengefaßt. Der Zweifel ist hier eine Methode und zugleich eine Kritik an der Selbstsicherheit anderer Lexikonunternehmungen (z. B. Moréri, *Le grand dictionnaire historique* 1674). Die Geschichte der Menschheit ist bei Bayle auch eine Geschichte des Irrtums, des Fanatismus, des Verbrechens, die das *Dictionnaire* nach Art eines Überblicks »über den angehäuften Kehricht der Jahrhunderte« (Cazamian) darstellt. In der strikten Trennung von *fides* und *ratio* geht Bayle über Descartes hinaus. In 40 Jahren gab es 8 französische Editionen des *Dictionnaire.* 1709 erscheint eine englische Version. Gottsched besorgte die deutsche Ausgabe.

Bernard le Bouvier de Fontenelle (1657–1757) lebte fast 100 Jahre und stellt auch in seinem Werk eine Klammer zwischen dem *libertinisme* des 17. und der *philosophie* des 18. Jahrhunderts her. Er war ein Neffe der Gebrüder Corneille, die ihm zur Mitarbeit am von Donneau de Visé gegründeten *Mercure galant* verhalfen:

Der *Mercure* bestand unter verschiedenen Namen (*Mercure, Mercure de France, Nouveau Mercure galant, Mercure françois* u. a.) trotz einiger Unterbrechungen bis 1965. Mitarbeiter zu verschiedenen Zeiten waren u. a. Raynal, Voltaire, La Harpe, Mercier, Chamfort, Chateaubriand, Constant, Gide, Claudel, Duhamel etc. 1893 gründete Apollinaire den Verlag *Mercure de France,* der u. a. mit der *Nouvelle Revue Française* und dem Verlagshaus Gallimard verbunden ist.

Fontenelle schrieb zunächst Lyrik (*L'amour noyé* 1677; *Pastorales* 1688), Opernlibretti (*Psyché* 1678; *Bellérophon* 1679; beide zusammen mit Thomas Corneille), Tragödien (u. a. *Aspar* 1680) und eine schlüpfrige Skandalchronik in Briefform, die kulturhistorisch interessanten *Lettres galantes du Chevalier d'Her**** (1685). Nach Lukian und noch vor Fénelon läßt er in Totendialogen Seneca und Scarron, Sokrates und Montaigne, Alexander und Phryne u. a. diskutieren. In der *Digression sur les anciens et les modernes* (1688) wird er zum Parteigänger der *modernes,* die *Relation de l'île de Bornéo* (1686) bringt ihn fast in die Bastille. Von 1684 schon stammt die Schrift *De l'origine des Fables,* die den Glauben an Übernatürliches historisch erklärt. Der Angriff auf den Mythos bemäntelt hier nur unvollkommen die Kritik am Christentum. In den Salons glänzt der weltgewandte Jesuitenschüler als *bel esprit,* den La Bruyère im *Portrait de Cydias* als »le pédant le plus joli du monde« charakterisiert. Seine naturwissenschaftlichen Interessen pflegt er in den Bekanntschaften von Cassini, Huygens, La Hire u. a. *habitués* des Kreises um Varignon in Faubourg Saint-Jacques. Durch den Versuch, naturwissenschaftliche Themen zum Gesprächsstoff der *honnêtes gens* zu machen, bereitet er die Aufklärung des 18. Jahrhunderts vor. 1691 wird er Mitglied der *Académie française,* 1697 *secrétaire perpétuel* der *Académie des sciences,* später auch Mitglied der Berliner Akademie der Wissenschaften. 1718 stimmt er als einziger gegen den Akademie-Ausschluß des Abbé de Saint-Pierre. Von 1686 stammen die *Entretiens sur la pluralité des mondes*:

Das in sechs *soirées* gegliederte Werk ist auf dem letzten Stand der Wissenschaft, und es hat, da naturwissenschaftliche Zusammenhänge hier einer alten Dame erklärt werden, eine nicht geringe pädagogische Brisanz. Relativistisches Denken verbirgt sich schon hinter dem Begriff der *pluralité*: die Erde ist nicht einzigartig, sie ist ein Stern unter vielen. Das Weltall erschließt sich der Logik, mag es auch wie im *ambiente* des beschriebenen normannischen Parks eher die *sensibilité* des nächtlichen Besuchers anregen. Fontenelle glaubt an den Fortschritt: »... quelque jour on ira jusqu'à la lune.«

In eine ähnliche Richtung weist die *Histoire des oracles* (1687), die freilich weitgehend auf einem lateinischen Traktat des Niederländers Van Dale beruht:

Das Werk entlarvt den Aberglauben als Ursprung des antiken Orakels. Damit geht eine vorsichtige Kritik auch des christlichen Wunderglaubens einher. In der Wirkung war die *Histoire* ähnlich brisant wie das Werk des zeitgenössischen Religionsphilologen Richard Simon (*Histoire critique du texte du nouveau testament* 1689; *Histoire critique des versions du Nouveau Testament* 1690; *Histoire critique des commentaires du Nouveau Testament* 1693). Hier wird das Konzept der *providence*, das Bossuet und Leibniz verteidigen, kritisch angekratzt. Die Methode ist die der Aufklärer des 18. Jahrhunderts. Man widerlegt rational die religiösen Vorstellungen des Heidentums und meint die christlichen Dogmen. Boulangers *Antiquité dévoilée* (1766) verfährt ähnlich.

Als Akademiesekretär arbeitet Fontenelle an einer *Histoire* und an den *Mémoires de l'Académie* (veröff. 1733). Seine *Eloges des savants* (1708–1719) zeigen ihn auf der Höhe der Naturwissenschaften des 18. Jahrhunderts. Er kennt Leibniz, Vauban, Newton. 1727 publiziert er eine *Géométrie de l'infini*, 1752 eine *Théorie des tourbillons cartésiens.* Auf dem laufenden der literarischen Diskussion hält er sich bei Mme Lambert, Mme Tencin und Mlle Lecouvreur. Er schreibt u. a. eine *Vie de Corneille*, eine *Histoire du théâtre* und 1742 publiziert er die aus den 90er Jahren des 17. Jahrhunderts stammenden *Réflexions sur la poétique.* Fontenelle war ein *savant mondain.* Im aufklärerischen Eifer hat er auch über das Ziel hinausgeschossen. So hat er zu Unrecht behauptet, das kopernikanische System zu begreifen erfordere nicht mehr Aufmerksamkeit als die Lektüre der *Princesse de Clèves.* Und auch die Weltleute haben kein dauerhaftes Interesse an den Naturwissenschaften gezeigt, die Fontenelle gern aus dem Elfenbeinturm befreit hätte. Insofern ist er wie mancher andere gescheitert. Aber den Versuch war es möglicherweise wert.

## 15. Die Querelle des anciens et des modernes

*Spannungen.* Die Kultur des klassischen Frankreich kristallisiert sich um die Grundbegriffe von *raison* und *goût.* Das Gleichgewicht, das die Generation von Versailles herzustellen wußte, verdeckt eine Zeitlang die potenzielle Widersprüchlichkeit dieser Grundbegriffe. Die *raison* konnte jederzeit zur kritischen Absage an die Tradition führen, wenn erst einmal die individualisierende Komponente des *cogito* auf die ›Normen‹ der Gesellschaft – politisch, wissenschaftlich, ästhetisch – angewendet wurde. Spätestens in diesem Augenblick aber gerät die *raison* in Konflikt mit dem *goût*, der nach klassischem Verständnis nichts anderes als ein sozialer Sachverhalt sein kann in dem Sinne, daß er einen Konsens beinhaltet, der – z. B. bei La Bruyère – die Abgrenzung des ›guten‹ vom ›schlechten‹ Geschmack ermöglicht. In diesem Spannungsfeld vollzieht sich die »emanzipatorische Literaturdebatte« (Engler) der *Querelle des anciens et des modernes,* in deren Verlauf die Vorbildhaftigkeit der antiken Ästhetik in Frage gestellt wird, wie sie seit der Renaissance in verschiedenen Brechungen die poetologischen Reflexionen bestimmt hatte. Die *Querelle* ist der Anfang vom Ende des klassischen Bewußtseins in Frankreich, sie ist zugleich Ausdruck jener von Paul Hazard beschriebenen Bewußtseinskrise, die am Ende der Ära Ludwigs XIV. die Strukturen der Versailles-Kultur erschüttert und in Auseinandersetzung mit den geltenden Normen die Gretchenfrage nach dem Fortschritt stellt.

Dabei hat die *Querelle* durchaus ebenfalls Wurzeln in der Renaissance, denn das Anliegen der *imitatio* stand schon bei Du Bellay u. a. direkt neben dem Gedanken der *aemulatio,* der die Möglichkeit andeutet, das Vorbild zu übertreffen. Die *aemulatio* impliziert die nicht immer ausgesprochene Forderung nach ästhetischer und wissenschaftlicher Freiheit, wie die *libertins* sie ständig für sich in Anspruch nahmen. In der Tat verdanken auch Descartes, Gassendi, Malebranche u. a. der Antike wenig, der Renaissance hingegen viel. Naturwissenschaftlich stehen sie im direkten Gegensatz zu Platon und Aristoteles. Pascal meint im *Traîté du vide,* eigentlich seien seine Zeitgenossen die *anciens,* da die Welt eben seit der Antike älter, kenntnis- und erfahrungsreicher geworden sei. Die Antike repräsentiert für ihn die Jugend der Kultur und: »c'est en nous que l'on peut trouver cette antiquité que nous révérons dans les autres.«

Ein argumentenreich geführter Streit entzündete sich an der Frage des *merveilleux chrétien*:

Saint-Amant *(Moïse sauvé),* Chapelain *(La pucelle),* Desmarets *(Marie-Magdeleine)* hatten unbeschadet des Überhangs antiker Themen in der Literatur des 17. Jahrhunderts biblische und christliche Stoffe bearbeitet und selbst Corneille *(Polyeucte)* und Racine *(Esther, Athalie)* hatten diese Inspirationsquelle keineswegs verachtet. Boileau hingegen verbietet das *merveilleux chrétien* auch für den engen Bereich des Epos. Desmarets widerspricht *(Défense du poème héroique, Défense de la poésie et de la langue françaises).* Daß der sich entzündende Streit als ein Streit zwischen *alt* und *modern* angesehen wurde, zeigt das Gedicht *Guerre des anciens et des modernes* (1671) von Gabriel Guérot. Ebenfalls 1671 kritisiert Racine im Vorwort der *Iphigénie* das Euripides-Verständnis von Pierre (er ist der Bruder von Charles) Perrault. In seiner Tassoni-Übersetzung ging dieser 1681 zum Gegenangriff über.

Zu einem ersten *éclat* kam es im sog. *Débat sur les inscriptions:*

Um 1680 diskutierte man die Frage, ob man die Denkmäler, die den Ruhm Ludwigs XIV. verherrlichten, oder ob man die Lebrun-Gemälde von Versailles mit französischen oder lateinischen Inschriften versehen solle. François Charpentier entschied sich für das Französische und verteidigte sich in der *Défense de la langue francaise pour l'inscription d'un arc de triomphe* (1676) und in *De l'excellence de la langue française* (1683). Der Père Lucas vertrat die Gegenposition in *De monumentis publicis latine inscribendis* (1683).

Als Beginn der eigentlichen *Querelle des anciens et des modernes* gilt der 27. 1. 1687, als Charles Perrault in der *Académie* sein *Poème sur le siècle de Louis le Grand* vortragen ließ. Hier heißt es u. a.:

> Et l'on peut comparer, sans craindre d'être injuste,
> Le siècle de Louis au beau siècle d'Auguste ...

Der Abbé Lavau leistete Schützenhilfe. Es folgt eine nicht immer ausgewogene Polemik:

Boileau schilt Perrault im Namen der *raison* und warf ihm in einem Epigramm vor, er habe die geduldig zuhörende Akademie auf das Niveau ›wilder Huronen‹ und ›Topinambous‹ herabgewürdigt. La Fontaine ergriff in der *Epître à Huet,* den Bischof von Soissons, Partei zugunsten der Alten, Bossuet und Racine äußern sich ähnlich, und auch La Bruyère stellt seinen *Caractères* von 1688 einen *Discours sur Théophraste* voran, der zugunsten der *anciens* argumentiert. Fontenelle macht sich in den *Digressions sur les anciens et les modernes* zum Anwalt des universellen Fortschritts. Er verweist auf den überlieferten Kenntnisreichtum und deutet die Möglichkeit eines Übertreffens der Alten an. Seine Wahl in die *Académie* war ein Sieg der *modernes* (1691).

Zwischen 1688 und 1697 erschienen die *Parallèles des anciens et des modernes* von Charles Perrault:

Perraults Hauptargument ist der Fortschrittsgedanke: das überlegene technische Wissen (z. B. die Erfindung des Mikroskops) der *modernes,* die Buchdruckerkunst, der König als Mäzen, die Ansammlung von Erfahrungen seit der Antike, etc. Pascal ist Platon überlegen, Boileau übertrifft Horaz, und *Cyrus* ist poetischer als die *Ilias.* Die Einseitigkeit der *Parallèles* weist das Werk als Kampfliteratur aus. Immerhin wird die Grunddiskrepanz erkannt: der Wissenserweiterung im technischen und naturwissenschaftlichen Bereich kann nicht ewig eine unveränderliche antik inspirierte ästhetische Norm entsprechen. Wenn Aristoteles und Hippokrates durch Newton und Harvey übertroffen werden, können Homer und Pindar nicht weiterhin als undiskutierte Norm anerkannt werden.

Die Argumente waren gut gewählt. Aber auch die *anciens* wissen sich zu verteidigen. La Bruyères Akademieeintritt war ein Rückschlag für die *modernes,* sein *Discours de réception* eine intelligente Verteidigung der *anciens.* 1693 publiziert Boileau die *Ode sur la prise de Namur* mit dem gegen Perrault gerichteten gerichteten *Discours sur l'ode* im Vorspann. Die ernsthafteste Verteidigung der *anciens* brachten jedoch Boileaus *Réflexions sur Longin* (1694):

Das Werk weist mit Recht darauf hin, daß Perrault nicht der Kenner der Antike sei, der sich kompetent in einem solchen Streit äußern dürfe. Zugleich beweist Boileau – und darin ist er sehr ›modern‹ –, daß die Antike keine statische Einheit bildet und daß daher auch nicht alle Alten die unkritische Bewunderung verdienen, die man an sie herangetragen hat. Um so stärker fallen dann freilich die ›unvergleichlichen‹ Leistungen einzelner Autoren ins Gewicht. Im Hinblick auf die *modernes* warnt er vor unkritischer Selbstbeweihräucherung und hofft, daß spätere Generationen seine Zeitgenossen richtig einschätzen mögen. Die *Réflexions* stellen die Weichen für einen Waffenstillstand zwischen Boileau und Perrault. Er kam 1694 durch die Vermittlung des Grand Arnauld zustande. Schon Boileaus Brief an Perrault von 1694 (veröffentlicht 1700) ist in versöhnlichem Ton gehalten.

Aber damit war nur eine oberflächliche Beruhigung erreicht:

Der Streit brach erneut auf, als 1711 Mme Dacier, Ehefrau des Horazübersetzers und Longinuskommentators André Dacier (1695 Mitglied der *Académie*) mit ihren Homerübersetzungen (*Iliade* 1699; *Odyssée* 1708) eine temperamentvolle Verteidigung Homers verband, die die Reaktion des Fontenelle-Schülers Houdar de la Motte auslöste. Houdar de la Motte, der kein Griechisch konnte, gab 1713, von der Übersetzung der Mme Dacier ausgehend, eine Versversion der *Ilias* und stellt diesem Werk einen *Discours sur Homère* voran, in dem der Epiker als ungebildeter Barbar erscheint. Mme Dacier antwortet in *De la corruption du goût*, Houdar de la Motte repliziert in den *Réflexions sur la critique* (1714). D'Aubignac, der mit den *Conjectures académiques* in den Streit eingreift, bezweifelt, ob Homer überhaupt gelebt habe. Fénelons *Lettre à l'Académie* bemüht sich um eine nuancierte Stellungnahme, die zögernd zur Partei der *anciens* tendiert.

Der Streit klingt in vielen Schriften und Kontroversen des 18. Jahrhunderts nach. Er war nicht eindeutig zu entscheiden. Antike und Moderne können nicht in der Art parallelisiert werden, wie Perrault es versuchte, denn jede Zeit hat eigene Probleme und Lösungsversuche, auch in der Ästhetik. Orientierung an der Überlieferung kann je nach historischem Kontext genauso sinnvoll oder sinnlos sein, wie die Absage an die Traditionen. In dieser Erkenntnis war die *Querelle* eine wichtige Etappe auf dem Wege zum geschichtlichen Denken, zum Historismus und – über die ästhetische Frage hinausgreifend – zur Aufklärung des 18. Jahrhunderts. Der Gedanke der Relativität im Geschmacksurteil ließ sich nach der *Querelle* nicht mehr verdrängen. Die *Querelle* schärfte das Bewußtsein für die Zeitbedingtheit des literaturkritischen Urteilens und Verurteilens. ›Zeitlose‹ Kunst kann es nicht geben. Daher ist es unsinnig zu streiten, inwiefern das *Siècle de Louis XIV* und das Zeitalter des Augustus vergleichbar seien oder nicht. Die Erkenntnis typologischer und strukturaler Vergleichbarkeiten führt immer auch zur Entdeckung historischer Verschiedenheiten.

Neben das ›Absolute‹ tritt immer auch das ›Relative‹. Die Dialektik des Fortschrittsdenkens konnte aus der diesbezüglichen Argumentationsfülle der *Querelle* nur gewinnen.

Die Absage an die Antike führte Charles Perrault u. a. zur Verbreitung volkstümlicher Erzählungen und Märchen, die ihn zum geschätzten französischen Vorläufer der Brüder Grimm machen. Nach den auf traditionellen Vorlagen beruhenden *Griseldis* (1691) und *Peau d'âne* (1694) ließ er unter dem Namen seines Sohnes Pierre Darmancour die Märchensammlung *Histoires ou contes du temps passé* (1697) erscheinen, die als *Contes de ma mère l'oie* bekannt wurden. Hier sind mit jeweils charakteristischen Nuancen, die in die Richtung des literarisch raffinierten Kunstmärchens verweisen, zahlreiche Stoffe bearbeitet, die auch in Deutschland bekannt sind: *Le petit poucet, La Belle au bois dormant, Barbe-Bleue, Cendrillon, Le chaperon rouge, La Marquise de Saluces,* etc..

# Das 18. Jahrhundert

## 1. Grundlagen und Voraussetzungen

Beim Tode Ludwigs XIV. war der Glanz von Versailles weitgehend erloschen. Der Spanische Erbfolgekrieg war gemessen an dem Anspruch, mit dem man ihn vom Zaune brach, eine kaum verhohlene Niederlage. Sieht man von kurzen Liberalisierungsphasen ab – z. B. unter Philippe d'Orléans – ist das kulturelle Leben des 18. Jahrhunderts zunehmend von Zensur und Repression gekennzeichnet. Jansenisten, Quietisten, Protestanten (d. h. Arminiens, Gomariens, Coccéiens, Voétiens, Trinitaires, Antitrinitaires, etc.), Libertiner u. a. mußten entweder schweigen oder ins Exil. Die Produktion französischsprachiger Bücher außerhalb Frankreichs übertrifft zeitweise die innerfranzösischen Zahlen. Aber oft wurden Formen und Normen nur noch äußerlich respektiert, die klassische Kongruenz ging verloren. Voltaires höchst ›regelrechte‹ Tragödien sind inhaltlich kämpferische Zeugnisse einer Aufklärung, die sich nicht einschüchtern läßt. Die Fortschrittsproblematik der *Querelle des anciens et des modernes* bleibt nicht auf den literarischen Bereich beschränkt. Die Aufklärung, deren Lichtmetaphorik eine Säkularisierung christlicher Begrifflichkeiten darstellen könnte – z. B. das Christuswort: »Ich bin das Licht der Welt« – steht in ihren oft widersprüchlichen Facettierungen für eine Gedankenbewegung, die die Reformpolitik aufgeklärter Despoten ebenso erreicht, wie sie bis zur radikaldemokratischen, atheistischen und materialistischen Konsequenz fortgetrieben und in irrationalem Glauben an die *Ratio* wohl auch übertrieben wurde. Im historischen Nachhinein läßt sich die Logik erfassen, die von hier aus in die Revolution von 1789 hineinführte, wennschon man Werner Krauss Recht geben muß: »Die Französische Revolution wurde durch das Volk von Paris und nicht durch die französische Aufklärung gemacht.« Den Sturm auf die Bastille hat letztlich schon der große Ludwig herausgefordert. Seine Nachfolger waren Epigonen, denen man hier und da sogar guten Willen bescheinigen muß, ohne daß sie die Richtung entscheidend hätten ändern können.

Im übrigen zeigt die Landkarte der Versailles-Kopien in ganz Europa, daß man etwas von Ludwig XIV. gelernt hatte. Auch anderswo förderte man schöne Geister, hielt sich Mätressen und verstand sich auf das kalte Machtkalkül, was im Laufe des XVIII. Jahrhunderts den französischen Interessen, wie sie der Sonnenkönig definiert hatte, zuwiderlief. Der Aachener Friede (1748), der 7jährige Krieg, die Kolonialkämpfe in Indien und Nordamerika, der englische Aufstieg, die Konsolidierung Spaniens unter Karl III. waren der französischen Vormacht nicht günstig. Intakt blieb jedoch die Bewunderung für die französische Kultur. Was die Musketiere des Sonnenkönigs im 17. Jahrhundert nicht geschafft hatten, schafften die französischen Bücher des 18. Jahrhunderts, mochten sie in Frankreich selber auch oft verboten sein: die *Europe française*

*Europe française:* Das Wort stammt aus einem Werk von Caraccioli (1777): »jadis tout était romain, aujourd'hui tout est français«. Die französische Sprache gilt Rivarol als universell. 80 000 ausgetriebene Hugenotten trugen sie nach England, 70 000 in die Niederlande, 15 000 in die deutschen Kleinstaaten. Schon 1714 schließt man den Frieden von Rastatt in französischer Sprache. Die Berliner Akademie schreibt ihre Protokolle französisch, in Wien erscheint die französische *Gazette de Vienne.* Casanova, Poniatowski und Rákoci schreiben ihre Memoiren französisch, Maria-Theresia, Chesterfield, Katharina die Große u. a. schreiben französische Briefe. Friedrich II. schreibt ein vielbändiges französisches Werk, das der Wiederentdeckung bedürfte. Gustav III. von Schweden lernte die *Henriade* auswendig. Im bourbonischen Spanien schreibt Feijóo ein *Paralelo de las lenguas castellana y francesa.* Einen besonderen Beitrag zur Universalität der französischen Sprache im Landesinnern leisteten die französischen Revolutionäre, indem sie die Sprachen der Minderheiten kurzerhand verboten. Barère belehrte die *Convention:* »Nous avons révolutionné le gouvernement, les mœurs, la pensée, révolutionnons aussi la langue. Le fédéralisme et la superstition parlent bas-breton; l'émigration et la haine de la République parlent allemand; la contre-révolution parle italien; le fanatisme parle basque; brisons ces instruments de dommage et d'erreur.«

Napoléon I. wird versuchen, den französischen Büchern im Namen der französischen Revolution von 1789 die französischen Soldaten folgen zu lassen. Goyas *Desastres de la guerra* stehen stellvertretend für die Auffassung vieler europäischer Intellektueller, die sich über den imperialistischen Charakter dieser Kriege nicht täuschen ließen. Und letztlich ist Napoléon I. genauso gescheitert wie Ludwig XIV. Aber zwischen 1715 und 1815, zwischen dem Tod des Sonnenkönigs und Waterloo hat sich Europa entscheidend geändert. Wo Ludwig XIV. seine Angriffskriege von seinen Schreibern Racine und Boileau historiographisch verherrlichen lassen wollte, nahm Napoléon I. *Werther* und *Ossian* mit auf den Rußlandfeldzug ...

*Aufklärung.* »Das Jahrhundert der Aufklärung nennt sich selbst ... mit diesem Namen« (Krauss). »C'est un grand et beau spectacle de voir l'homme ... dissiper, par les lumières de sa raison, les ténèbres dans lesquelles la nature l'avait enveloppé« (Rousseau). Voltaire, der die absolutistischen Despoten des Nordens (Katharina, Friedrich) zeitweise sehr bewunderte, wandelte das *ex oriente lux* ab: »c'est du Nord aujourd'hui que nous vient la lumière«. Der Gedanke der ›Erhellung‹ und ›Erleuchtung‹ ist dem Sprachgebrauch der meisten westeuropäischen Sprachen gemeinsam: *enlightenment, illuminismo, ilustración, Aufklärung, lumières.* Für Kant bedeutet Aufklärung das Bekenntnis zum *sapere aude,* zum kritischen Gebrauch der Vernunft, zur Weiterführung des *cogito,* das sich nunmehr auch auf die politischen Institutionen, die Religion etc. richtet. In Frankreich bedeutet das, daß u. a. die Fortschritte der Naturwissenschaften (Newton), Reiseberichte und wachsende Kontakte mit Nicht-Franzosen den Gallozentrismus der Klassik nachhaltig erschütterten. Vicos neue Wissenschaft (*Principî di una scienza nuova intorno alla natura delle nazioni, per la quale si ritruovano i principî di altro sistema di diritto naturale delle genti* (1725)) fördert die Erkenntnis der Relativität von Kulturen, Wertsystemen, Tabus etc. und stärkt die Konzeption einer zusammengehörenden *humanité* mit neuen Fragestellungen der Rechts- und Geschichtswissenschaft. Ein riesiger Bildungsenthusiasmus entspringt europaweit dem Glauben, daß es genüge, die Menschen zu belehren, um sie glücklich zu machen: »Les hommes seront bons quand ils seront bien instruits« (Holbach). Fénelon, Rousseau, Laclos sind bemerkenswerte Pädagogen; und Voltaire mag zeitweise geglaubt haben, es genüge, den jesuitischen Beichtvater des absoluten Monarchen durch einen Philosophen zu ersetzen, um im Zeichen eines *despotisme éclairé* die Revolution von Oben zu schaffen. Und in der Tat hat es Fortschritte (Abschaffung der Folter, Pressefreiheit etc.) gegeben. Dabei wird hier und da in der 2. Hälfte des Jahrhunderts die rationale Aufklärung gegen die ›Vorromantik‹, den ›Sturm und Drang‹, die ›Empfindsamkeit‹ etc. ausgespielt. In Wahrheit richtet sich die aufklärerische Neugier nunmehr auf bislang ausgesparte Bereiche der Psychologie, der Parapsychologie, der Komplexe und Pathologien. Insofern hat die Romantik durchaus eine aufklärerische Vorgeschichte, die Hugo 1830 von einem 1789 der Literatur träumen ließ. Das 18. Jahrhundert hat in Frankreich im Unterschied zu einigen seiner Nachbarn (Luzán, Muratori, Lessing) keine ästhetische Theorie hervorgebracht, die sich mit der Klassik oder der Romantik messen könnte. Schon D'Alembert erkannte, daß Fragestellungen dieser Art der »froideur de l'esprit philosophique« nicht entsprächen. Auch sind Anspruch und Leistung der Aufklärung nicht immer in Einklang zu bringen. Auch die Zeitgenossen und Bewunderer Voltaires und Rousseaus haben Angriffskriege geführt, Kolonien ausgebeutet und Besiegte unterdrückt. Gerade in Frankreich hat man den schon zu Beginn des Jahrhunderts von Vauban, Boisguillebert u. a. aufgezeigten Pauperismus nicht zu meistern vermocht. Insofern läßt sich im Nachhinein die Aufklärung auch da, wo sie in philanthropischen Gesellschaften oder *sociedades de amigos del país* praktische Arbeit zu leisten suchte, als Elitebewegung erfassen, die die Massen kaum erreichte oder aber ihren einmal entzündeten revolutionären Elan nicht so zu lenken vermochte, daß die Guillotine verzichtbar blieb. Und dennoch: es hat seither kein Zurück hinter die Bewegung geben können, die die Aufklärung auslöste. Die weltweite Verflechtung der *humanité,* die aufklärerischen Ideale von Menschenwürde,

Menschenrechten, Freiheit, Toleranz, Gleichheit, Solidarität und Recht auf Glück bleiben als Aufgabe nach wie vor bestehen. Insofern haben die Nachgeborenen das Vertrauen, das die Aufklärer des 18. Jahrhunderts in sie gesetzt haben, noch nicht zu rechtfertigen gewußt.

Nach dem Tode Ludwigs XIV. verlagert sich der Schwerpunkt des kulturellen Lebens von Versailles nach Paris. Unter der *Régence* des Duc d'Orléans – »er war der Sohn der Lieselotte von der Pfalz und ein vollendeter Wüstling« (Mönch) – lockert sich die Repression, die die letzten Regierungsjahre des Sonnenkönigs charakterisiert hatte. Ludwig XV. wird, besonders nach dem Tode Fleurys, eine Reaktion versuchen, die eigentlich nur die schwindende Macht der Monarchie verdeutlicht:

Die Verwaltung Frankreichs (ca. 530 000 km², 20–24 Millionen Einwohner) liegt letztlich in der Hand von ca. 200 Personen. Der absolutistische Zentralismus führt sich selbst *ad absurdum.* In vier *ressorts* arbeiten Staatssekretäre mit riesigen Vollmachten: *affaires* étrangères, guerre, marine, R.P.R. (= *religion prétendue réformée*). Es gab – modern gesprochen – kein Wirtschaftsministerium, dafür aber ein handelsfeindliches System von Binnenzöllen und chronische Finanznot, der auch die erfindungsreichen Steuern und das dilettantische *système de Law* (1716–1720; Laws *Money and Trade* stammt von 1705) nicht abzuhelfen vermochten. Entscheidungen fielen in den vier *conseils* (Kronräten): *Conseil d'en haut* (Außenpolitik), *des finances, des dépêches, privé.* Die Verwaltung war chaotisch. Sie zerfiel juristisch in *baillages* und *sénéchaussées,* militärisch in 40 *gouvernements,* steuerlich in 25 *généralités,* administrativ in 30 Intendanturen. Die religiöse Repression sollte Frankreich wenigstens ideologisch einigen. 1715 verordnete Ludwig XIV. für Protestanten die lebenslängliche Galeerenstrafe, für die Frauen lebenslängliches Zuchthaus. Zwar gibt sich die *Régence* tolerant, aber in der Folgezeit wird sich die Diskussion an Prozessen dieser Art, z. B. der von Voltaire aufgegriffenen Calas-Affäre, entzünden. 1762 wird – ein Jahr vor der Jesuitenaustreibung aus Frankreich – das letzte Todesurteil an einem Protestanten, dem Pastor Brochette, vollstreckt. 1787 gibt es ein Toleranzedikt.

Die französische Literatur des 18. Jahrhunderts entsteht und wirkt innerhalb dieser Rahmenbedingungen:

In kirchlicher Trägerschaft befinden sich um 1750 ca. 10 000 Elementarschulen. Hinzu kommen 21 Universitäten und über 560 *Collèges* und ca. 100 Fachschulen, in denen der Nachwuchs für die Verwaltung, das Heer, die Marine und das Rechtswesen herangebildet wird. Einige dieser Schulen hatten bemerkenswerte Lehrkräfte, z. B. den Latinisten Charles Porée von *Louis-le-Grand,* der u. a. Diderot, Voltaire und Malesherbes unterrichtete. Was das Büchergeschäft angeht, so liegt die normale Auflageziffer zwischen 500 und 1000 Exemplaren. Der *Mercure de France,* der zahlreiche ausländische Leser hatte, wird in 7000 Exemplaren gedruckt. Die *Encyclopédie* dürfte ca. 4000

Leser gehabt haben. Urheberrechtlichen Schutz gab es erst nach 1777, unautorisierte Nachdrucke, Fälschungen, Entstellungen, Plagiate, Unterschiebungen etc. blieben auch danach an der Tagesordnung, zumal die mit Nachdruck arbeitenden französischen Druckereien im Ausland davon unberührt blieben. Das zensurbedingte Versteckspiel der Autoren, die sich pseudonym oder anonym präsentierten, wurde z. T. ein Gesellschaftsspiel. Von seiner Feder zu leben, war im 18. Jahrhundert ein Wagnis, das nur wenige erfolgreich bestehen konnten. Voltaire, Diderot u. a. haben die Protektion ausländischer gekrönter Häupter (Katharina, Friedrich) gern akzeptiert. Voltaire verdankt seinen Reichtum seinem Spekulationsgeschick, nicht seinen Büchern. Rousseau verdient am *Discours sur l'inégalité* 25 Louis-d'or, 7000 Franken am *Emile*. Sein größter finanzieller Erfolg ist das *Dictionnaire de musique*. Buffons *Histoire naturelle* bringt 16 000 Franken pro Band.

Nach dem Tode Ludwigs XIV. erlaubt der Regent die Rückkehr der italienischen Komödianten. Er umgibt sich mit einer Gruppe abgebrühter *roués*. An ihren Adamsfesten teilzunehmen, war der Traum manch einer Dame der Gesellschaft. Der Darstellung der blutschänderischen Mutter-Sohn-Beziehung in Voltaires *Œdipe* zollte man Beifall und faßte sie als Anspielung auf die Liebe des Regenten zu einer Tochter auf. Über den kleinen Kreis solcher ›Sittenskandale‹ hinaus, rehabilitieren die Philosophen in der Nachfolge Gassendis das Glücksdenken und verbreiten den Glauben an die Möglichkeit einer verfeinerten Kultur, in der Gefühl, Instinkt und Glücksstreben sich ausleben können. Man gibt die Tabuisierung des Luxus auf und gefällt sich in der Zeichnung einer Welt des Glanzes und des Raffinements, in der Abenteurer und Scharlatane wie Casanova oder Cagliostro sich ausleben. Voltaires *Mondain* (1736) ist eine einzige Abfuhr an Spaßverderber und Weltverbesserer. Die Kunst des Glücklichseins und das Recht auf Glück gehen hier ihre aufklärerische Synthese ein: »O! le bon temps que ce siècle de fer!« Rousseau und ein äußerlich askesefreundlicher Katholizismus werden gleichermaßen dagegen reagieren.

## 2. Brennpunkte und Strukturen des intellektuellen Lebens

Zu den Pariser Salons, in denen sich seit dem 17. Jahrhundert das kulturelle Leben kristallisierte, traten im 18. Jahrhundert die Cafés und die am englischen Vorbild orientierten Clubs hinzu.

*Salons. La cour de Sceaux* war der Salon der *Duchesse du Maine*. 1699 bis 1718 vertrat man hier oppositionelle Ideen, die 1718 sogar zur Verhaftung der Gastgeberin führten. 1720–1753 diskutierte man über Literatur: Fontenelle, Houdar de La Motte, der Mathematiker Malézieu, die Lyriker La Fare und Chaulieu. Der Salon der *Marquise de Lambert* traf sich in der Rue de Richelieu im Hôtel de Nevers. 1710–1730 trafen sich hier u. a. Fontenelle, Marivaux, D'Argenson, Montesquieu, die Schauspielerin Adrienne Lecouvreur (1692–1730) von der *Comédie française*, die Scribes Schauerdrama von 1849 inspirierte und mit Moritz von Sachsen befreundet war. – Das *Bureau d'esprit* der *Mme de Tencin* in der Rue Saint-Honoré war 1726–1749 ein literarischer Brennpunkt. Die Gastgeberin schrieb selber Romane (*Mémoires du comte de Camminges* 1735) und hinterließ eine umfangreiche *Correspondance*. Als Mutter D'Alemberts schuf sie den *philosophes* eine Basis. Duclos, Helvétius, Marmontel, Prévost, Piron gehörten zu den *habitués*. Ausländer waren stets willkommen: Bolingbroke, Chesterfield. – Bei *Mme du Deffand* in der Rue Saint-Dominique trafen sich 1740–1780 Vertreter der *philosophie* und des Staates. Marivaux, Montesquieu gehörten zu den Gästen, später die Enzyklopädisten. Die seit 1752 erblindete Gastgeberin förderte u. a. den jungen Walpole. – Im Salon der *Mme de Graffigny* (1695–1758) fanden Diskussionen um den ›guten Wilden‹ statt, die z. T. an den Roman *Lettres d'une Péruvienne* (1747) der Gastgeberin anknüpften. Mme de Graffigny unterhielt eine große Korrespondenz. Fontenelle war mit ihr befreundet. – Das *royaume* der *Mme Geoffrin* ist bürgerlich geprägt. 1749–1777 trifft sich hier die *côterie holbachique:* Grimm, Marmontel, D'Alembert, Holbach u. a. In der Frühzeit kamen auch Montesquieu, Marivaux, etc. Poniatowski, Galiani, Walpole u. a. rühmten sich der Freundschaft von Mme Geoffrin. Ihr Salon ermöglichte auch Kontakte zwischen Autoren und bildenden Künstlern: die Maler Falconet, Van Loo, Quentin de La Tour, Vernet, der Architekt Soufflot (Erbauer des Panthéon), der Bildhauer Pigalle waren ihre *habitués*. – *Mlle de Lespinasse* (1762–1776) empfing u. a. D'Alembert und Condorcet. Sie war eine uneheliche Tochter von Gaspard III. von Vichy und hatte als Gesellschaftsdame bei Mme Geoffrin begonnen. Sie verliebte sich unkonventionellerweise in D'Alembert, Guibert und den spanischen Grafen Mora. Ihre *Correspondance* zeigt sie im Konflikt mit dem Toleranzhorizont ihrer Zeit. Carmontelle zeichnete sie zerbrechlich, gepflegt und hübsch. – Weitere Salons gehören in die unmittelbare Vorgeschichte der Revolution: bei Mme d'Epinay glänzte Grimm, bei Mme Necker trafen sich Diderot, Morellet, Galiani u. a. Mme Hélvétius und Mme Holbach hielten ebenfalls Salons ab, in denen sich die Gesinnungsfreunde ihrer Männer trafen.

In den französischen Cafés des 18. Jahrhunderts wird diskutiert, Zeitung gelesen und häufig auch die Grenze zwischen Bücherlesern und Analphabeten übersprungen. Hier versammelte man sich um Kolporteure und *nouvellistes*, hier lauschte man den oft unehrerbietigen *chansons* der Volksdichter. Das erste französische Café wurde 1654 in Paris eröffnet.

Seit 1669 ist das Getränk in Mode. Diese ergreift nach den Türkenkriegen des Prinzen Eugen ganz Europa. »Die Bedeutung des Kaffees für dieses achtzehnte Jahrhundert ist ... klar gegeben und dieses unmystische Jahrhundert ... hat es auch oft genug betont: der Kaffee verleiht einer riesigen Zahl geistig unbedeutender Menschen die nötigen geistigen Fähigkeiten« (Jacob). 1715 hatte Paris über 300 Cafés. 1684 wurde das *Procope* gegenüber der *Comédie française* von dem Italiener Procopio di Coltelli eröffnet. Im 18. Jahrhundert sah man hier, in der heutigen *Rue de l'Ancienne Comédie* u. a. Voltaire, Diderot, im 19. Jahrhundert Musset, Huysmans, Wilde. Auch das *Gradot* und das *Laurent* waren beliebte Treffpunkte. Das *Café de la Régence* (gegründet 1681) wurde durch Diderots *Neveu de Rameau* berühmt. Es lag an der *Place du Palais Royal*, zog jedoch 1845 in die *Rue Saint-Honoré* um. Im 19. Jahrhundert sah man hier u. a. Nerval und Baudelaire.

Im Gegensatz zu den Cafés war die Welt der Clubs relativ verschlossen. Sie erlebten im revolutionären *Club des Jacobins* einen Höhepunkt, haben jedoch im *Club de l'Entresol* einen wichtigen Vorläufer in der 1. Hälfte des 18. Jahrhunderts.

Im *Club de l'Entresol* traf sich 1720–1730 eine Gruppe reformfreundlicher Adliger. Bei schlechtem Wetter kam man beim Abbé Alary im *Entresol* des *Hôtel Hénault* an der *Place Vendôme* zusammen, bei gutem Wetter promenierte man in den Tuilerien. Hier las Montesquieu vor, hier entwarf der Abbé de Saint-Pierre sein *Projet de Paix Perpétuelle* (1713–1717). Sein *Discours sur la polysynodie* (1718) verlangt die Absetzung unfähiger Minister zugunsten spezialisierter Gremien. 1726 verlas Rollin hier seinen *Traité des études.* Fleury ließ den Club auflösen.

In den Salons, Cafés und Clubs änderte sich das Bild des *homme de lettres.* Hier wurde der moderne Journalismus geboren, sie sind der Resonanzboden für Diderots Kunstkritik, für Rousseaus Intervention im Opernstreit um Pergolesi und Rameau. Hier stirbt der Gallozentrismus der Versailles-Kultur. Neben der *Europe française* wird eine *France européenne* sichtbar:

*La France européenne.* Feldzüge, Handelsbeziehungen, Bücherexport, Reiseerlebnisse nähren eine Bewegung, die z. T. an Erscheinungen des 16. Jahrhunderts erinnert. England ist und bleibt in Mode. Montesquieus Sympathie für die englische Verfassung ist notorisch. Man lernt, Descartes Rationalismus am Empirismus Lockes zu messen. Richardson, Swift, Pope, Sterne, Defoe, Shakespeare nähren die französische Anglophilie, die sich durch Macphersons *Ossian*-Schwindel und die Nacht- und Gräberdichtung Youngs und Grays verstärkt. Viele Franzosen werden anglomane Teetrinker, englische Parks verdrängen den klassischen französischen Garten. Voltaire wollte »le roi de Prusse pour maître et le peuple anglais pour concitoyens«. Schon 1697 leben allein in Paris 15 000 Ausländer. Vom deutschsprachigen Raum her wirken bald Hallers *Alpen* und Gessners *Idylle*, die Ästhetik Winckelmanns und später der Sturm und Drang. Goethes *Werther* (1774) ist ein Vorläufer von *René, Oberman, Adolphe.* Schiller wird Ehrenbürger des revolutionären Paris. Seit 1720 gibt es in Frankreich eine *Bibliothèque germanique* und die *Observations historiques sur le littérature allemande* von Louis-Théodore

Hérissart (1781) gehören als frühes Zeugnis französisch-deutscher Komparatistik in die Vorgeschichte von *De l'Allemagne*. Lesage adaptiert demgegenüber spanische Stoffe in Frankreich. Die Kulturarroganz, die aus Masson de Morvilliers polemischer Frage »Que doit-on à l'Espagne?« spricht, war aufs Ganze gesehen eine Entgleisung, die zu scharfen Absagen (Denina, Ponz u. a.) führte. Außerhalb der französischen Grenzen richteten kulturnationalistische Tendenzen sich oft gegen den Überhang der französischen Kultur. Alfieri wird so zum *Misogallo,* Lessing widerlegt den Pseudo-Aristotelismus der französischen Regelklassik, Cadalso parodiert in den *Cartas Marruecas* den gallomanen Sprachgebrauch einer spanischen *petimetra.* In dieser Dialektik erfüllt sich möglicherweise der französische Beitrag zur Bewußtwerdung der Nachbarkulturen.

Aber das Frankreich des 18. Jahrhunderts war nicht nur europäisch, sondern auch kosmopolitisch:

*La France cosmopolite:* Der Orient bleibt in Mode. Der *turquerie* des 17. folgt die *chinoiserie* des 18. Jahrhunderts. Voltaire trinkt arabischen Kaffee aus chinesischem Porzellan. Man interessiert sich für Konfuzius und die Jesuitenberichte aus dem Fernen Osten. Türkei, Indien, Persien sind bekannt. Galland hatte durch seine Übersetzung die *Märchen aus 1001 Nacht* verbreitet. La Hontan berichtete aus Amerika, Bougainville von Tahiti. Der bürgerlich-demokratisch auftretende Benjamin Franklin schafft mit seiner Devise *Time is Money* ein neues Lebensgefühl. Vielfach wird ein weltweites Zusammengehörigkeitsgefühl bewußt, eine irreversible Verflechtung, zu dem die Begeisterung für das Amerika von 1776 ebenso gehört wie der von Raynal und Diderot so temperamentvoll bekämpfte Kolonialismus, dem man möglicherweise den literarischen Exotismus beiordnen darf. Im Bereich der Literatur brachte Goethe diese Verflechtungen auf die notorische Formel, derzufolge Orient und Okzident nicht mehr zu trennen sind. Es entsteht das Konzept einer Weltliteratur. »... la philosophie du XVIIIe siècle ... est cosmopolite et elle donne naissance à une littérature cosmopolite« (Lanson).

Zurück zu Frankreich. Im europäischen und kosmopolitischen 18. Jahrhundert ist Versailles nicht mehr Schwerpunkt des Kulturlebens. Diese Rolle beansprucht Paris, das damals ca. 500 000 Einwohner zählte (nur Lyon hat noch über 100 000). Der Hof kehrt nach Paris zurück, und die Bevölkerung der Hauptstadt wird es als Affront empfinden, als Ludwig XVI. ihr auf der Flucht vor der Revolution den Rücken kehren will. Paris ist das auch vom Ausland anerkannte geistige Zentrum des Landes. Luzán nannte es »el centro de las ciencias y artes, de las bellas letras, de la erudición, de la delicadeza y del buen gusto.«

## 3. Tendenzen auf dem Theater bis 1750

Dufresny, Regnard, Dancourt und Lesage hatten im Schatten Molières und seines Nachruhms die Komödie im theaterfeindlichen Frankreich der Mme de Maintenon lebendig gehalten. In der 1. Hälfte des 18. Jahrhunderts setzen sich diese Tendenzen z. T. in Auseinandersetzung mit neuen theoretischen Überlegungen fort:

Philippe Néricault Destouches (1680–1754), *habitué* der *Cour de Sceaux*, Schauspieler, Diplomat und seit 1723 Akademiemitglied, bearbeitete Cervantes' *Curioso impertinente* und zeigt in seiner Adaptation von Addisons *The drummer* den Willen zur Auseinandersetzung mit der englischen Bühne. In *Le glorieux* (1732) legt der verarmte Graf Tufière aus Liebe seine *vanité* ab. Destouches' Theater will belehren. Es zeigt die französische Bühne auf dem Weg zum sentimental-erbaulichen Rührstück, das sich schon in *Le philosophe marié* andeutet. Diesen Ansatz führen Gellert u. a. in Deutschland weiter.

Aléxis Piron (1689–1773) schrieb burgundische Dialektdichtungen und angriffslustige Epigramme gegen Voltaire, Fréron u. a. Die obszöne *Ode à Priape* (1718) kostet ihn seine Juristenkarriere. Für das *Théâtre de la Foire* schrieb er mit *Arlequin-Deucalion* eine Verballhornung des klassischen Mythos. Als Tragödienautor war er ziemlich erfolglos (*Gustave Wasa* 1733; *Fernand Cortez ou Montézuma* 1744). Sein größter Erfolg war *La Métromanie* (1738). Als Autor mehrerer *opéras comiques* wurde Piron zum Vorläufer des Vaudeville. Ludwig XV. verhinderte 1753 seine Wahl in die *Académie*.

Pierre-Claude Nivelle de La Chaussée (1692–1754) verschaffte dem pathetischen Rührstück Anerkennung. Mit der Schützenhilfe Voltaires weist er so den Weg zum bürgerlichen Drama, wie Diderot es definieren wird. 1733 entlockt *La fausse antipathie* dem Publikum tränenreiche Reaktionen. Es folgen *Le préjugé à la mode* (1735), *L'école des amis* (1737), *Mélanide* (1741), *Paméla* (nach Richardson, 1743), *L'école des mères* (1744), *L'école de la jeunesse* (1749), *L'homme de fortune* (1751). Der Akzent dieser Stücke verlagert sich von »der Erheiterung auf die Rührung« (Cazamian). In der zunächst spöttisch so genannten *comédie larmoyante* fordert die bürgerliche Wohlanständigkeit die Parteinahme mit der leidenden Unschuld heraus. Nivelle de la Chaussée, seit 1756 Mitglied der Akademie, verstand sich auf die ›normale‹ Komödie (z. B. *Amour pour amour* 1742), aber die Absage an den Lebensstil der ›feinen Gesellschaft‹ bleibt beherrschend. Im *Préjugé à la mode* ist sie vielleicht am ehesten gelungen, wenn die Vorurteile gezeigt werden, denen ein Mann ausgesetzt ist, der seine Frau liebt. Der Besucher einer *comédie larmoyante* lacht eben nicht über den Ehebruch. Er ist kein Mann von Stand, wohl aber von Anstand. In der Welt dieser Theaterstücke ist die Welt des 3. Standes in Ordnung. Darin lag vor 1789 ihre Brisanz. Aber von der Komödie haben sie oft nur den Namen.

Jean-Baptiste Gresset (1709–1777) schrieb ein Epos über den Papagei *Vert-Vert* (1734), der auf einem Handelsschiff ein Vokabular gelernt hat, mit dem er leicht das Nonnenkloster, in dem er schließlich landet, durcheinanderbringt. Gresset verließ den Jesuitenorden und machte sich als Salon-, Schäfer- und Theaterautor einen Namen. In der Epistel *La chartreuse* spann er Rabelais' *Thélème*-Idee weiter. Die Komödie *Le méchant* (1747) greift das *Tartuffe*-Problem auf. Es folgen u. a. *Le bourgeois* (1747), *L'école de l'amour propre* (1751), *Le parvenu magnifique* (1757). Seit 1751 war er *académicien.* Voltaire verspottete ihn zuweilen wegen seiner religiösen Vergangenheit, Ludwig XVI. adelte ihn, Friedrich II. machte ihn zum Mitglied der Berliner Akademie. Robespierre schrieb 1786 eine *Eloge de Gresset.*

Die französische Komödie der 1. Hälfte des 18. Jahrhunderts entfernt sich von der Tradition Molières. Die *comédie larmoyante* reizt nicht mehr zum spontanen Lachen, sondern beinhaltet Themen und Motive, die eher in die Richtung des ernsten ›Ideentheaters‹ weisen. Bestimmend sind Moral, Rührung, Empfindsamkeit, Tugend. *Le cœur* ist nicht mehr der Mut wie in Corneilles *Cid,* sondern bezeichnet eine Summe von Gefühlswerten, die darzustellen im klassischen Theater schon aus Gründen der *bienséance* kaum möglich gewesen wäre. Dazu bedurfte es neuer philosophischer Impulse, z. B. des Sensualismus, und einer dramatischen Form, in der Tragisches und Komisches sich mischen konnten. Louis de Boissy hatte hier durch seine Calderón-Bearbeitung (*La vie est un songe* 1732) Vorarbeit geleistet. Es bedurfte jedoch vor allen Dingen eines Abrückens vom Personenrepertoire der klassischen Tragödie. Insofern weist die Komödienentwicklung vielleicht mit der Ausnahme Pirons in die Richtung des *drame bourgeois* der 2. Jahrhunderthälfte. Andere Tendenzen, wie z. B. die *comédie spirituelle* des jungen Voltaire oder die *comédie psychologique* Marivaux' komplizieren das Bild.

Was die Tragödie betrifft, so hielt der erfolgreichste Tragödienautor der interessierenden Jahre, Voltaire, sie durchaus in klassischen Bahnen. Zeitgenossen wie z. B. Chateaubrun (*Mohammet II* 1714; *Astyanax* 1755; *Les Troiennes* 1756) eifern ihm nach. Mit Houdar de La Motte und Crébillon werden jedoch neue Tendenzen sichtbar:

Houdar de La Motte (1672–1731), Parteigänger der *modernes* in der *Querelle,* verfaßte Oden, Fabeln, Eklogen, *Comédies-Ballets,* Komödien, Tragödien, Farcen etc. Als Theoretiker vermutet er in der *Suite de réflexions sur la tragédie* (1730), daß die klassische Beschränkung auf ein antik-mythologisierendes Stoff- und Personenrepertoire eine Sackgasse sei. Er löste sich vom Alexandriner und ließ sich z. B. in *Romulus* (1722) nur mehr unvollkommen an die drei Einheiten binden. Seine bekannteste Tragödie *Inès de Castro* (1723) zeigt ihn auf dem Weg zum Rührstück, wobei – was sich möglicherweise aus der iberischen Stoffwahl (Bermúdez, Vélez de Guevara) begründet – das klassische Dialogtheater einem Aktionstheater mit Mantel- und Degen-Elementen weicht. Das Auftreten von Kindern auf der Bühne wirkte hier rührend, in der Klassik hätte man es getadelt. Französische Vorläufer in seiner Stoffwahl hatte der Autor mit Brillac (1688), Desfontaines (1722). Insgesamt existieren ca. 200 (auch parodistische) Bearbeitungen, von denen Montherlants *La reine morte* (1942) die bekannteste ist.

Crébillon der Ältere weist in die Richtung des blutrünstigen Horrorstücks:

Prosper Jolyot de Crébillon (1674–1762; Name nach Crais-Billon bei Dijon) umriß sein Theaterwerk mit den Worten: »Corneille a pris le ciel, Racine la terre; il me reste l'enfer.« Jesuitenschüler, Jurist, Mitglied der Akademie (1731), Mitarbeiter der Zensurbehörde, entfernt er sich in seinen Tragödien, die oft mit theoretischen Vorworten versehen sind, von der klassischen Dämpfung und gibt schauerlichen und brutalen Effekten Raum: *Sémiramis* (1717) lohnt den Vergleich mit Calderón *(La hija del aire)* und Voltaire. Crébillons *Catilina* wurde von Lessing ins Deutsche übersetzt. *Atrée et Thyeste* (1707) zeigt den Autor auf den Spuren von Sophokles und Seneca und als Darsteller blutrünstiger Details. *Rhadamiste et Zénobie* (1711) ist »ein vortreffliches Stück, erfüllt von der Ahnung drohenden Schicksals, dicht in der Struktur« (Cazamian). In Crébillons Horrortragödie ist die Grenze zum Grotesken, wie die Romantiker es fordern werden, verwischt. Crébillons Sohn Claude-Prosper wurde u. a. mit *Le sopha* (1742) als Autor erotischer Erzählungen bekannt.

Bei den genannten Autoren ist die *raison* nicht mehr die alleinige Richtschnur. *Cœur, sentiment* etc. verlangen ihr Recht. In der theoretischen Diskussion, in die sich u. a. Luigi Riccoboni, der Chef des *Théâtre Italien,* einschaltete, wird der Angriff auf die Normen und Formen der Klassik unüberhörbar (*Dissertation sur la tragédie moderne* 1728; *Observations sur la comédie et le génie de Molière* 1736; *De la réformation du théâtre* 1743). Die Praxis dieses Theatermannes weist in die gleiche Richtung. 1722 führt er Delisles *Arlequin sauvage* und *Timon le Misanthrope* auf, deren paradoxe Infragestellung der Zivilisation auf das philosophische System von Jean-Jacques Rousseau verweist.

## 4. Liebe, Zufall, Schicksal: Marivaux und sein Theaterwerk

Das Theater Marivaux' zeigt im verspielten Rokokogewand archetypische Konstellationen, soziale Spannungen, sexuelle Komplexe, atavistische Belastungen und kulturelle Tabus. Der Autor entwickelt seine Komödie nicht aus Handlungstricks und äußeren Peripetien, sondern aus der Psychologie der Protagonisten, die ihre Probleme meist der Komplexität des eigenen Seelenlebens verdanken. Diese Probleme kann keine *reconnaissance,* kein *Deus ex machina,* kein *coup de théâtre* meistern. Das kann nur die geduldige Analyse, die in der Sprache das Instrument zur Selbstfindung und Selbstbefreiung aufzeigt. Daß dabei nicht alles so ›rational‹ gelöst wird, wie manche ›Aufklärer‹ sich das gewünscht hätten, führte zu Voltaires Fehlurteil über das »poison de Marivaux«. Andererseits erkannte Helvétius die Bedeutung von Marivaux' Psychologie und setzte ihm – er konnte sich's leisten – eine Pension von 20000 Franken aus. Marivaux ist heute einer der wenigen populären Theaterautoren des 18. Jahrhunderts. Von Musset über Giraudoux bis hin zu Anouilh spürt man seinen Einfluß, der z.T. bis in den Wortlaut nachweisbar ist. Marivaux gehört zu den meistverfilmten bzw. für das Fernsehen inszenierten Klassikern der französischen Theatergeschichte.

Das Werk von Pierre Carlet de Chamblain de Marivaux (1688–1763) ist in der Edition von 1781 12 Bände stark. Als Journalist gab er 1722–1724 den *Spectateur français* heraus, das französische Gegenstück zum *Spectator* von Addison und Steele. 1728 war er Herausgeber des *Indigent philosophe* und 1734 des *Cabinet du philosophe,* 1751–1755 Mitarbeiter des *Mercure.* Als Romanautor wird er in einem anderen Zusammenhang behandelt. Er war Mitglied der *Académie* seit 1743 (Gegenkandidat: Voltaire!), Rechtslizenziat, 1721 Opfer des Law-Bankrotts, *Habitué* bei Mme de Tencin, Mme du Deffand und Mme Geoffrin. Er versuchte nicht zu verbergen, daß er Molières Komödienstil nicht schätzte. Nach D'Alembert (*Eloge de Marivaux* 1755) hat ihm das sehr geschadet, zumal er sich eindeutig auf die Seite der *modernes* gestellt hatte *(Iliade travestie, Télémaque travesti).* Lessing hat Marivaux weitgehend aus seiner Kritik am französischen Theater ausgenommen. Schon 1747 erschien in Hannover die deutsche Übersetzung einer Auswahl seiner Bühnenwerke.

Marivaux' *comédie psychologique* führt in die Verästelungen einer mit gesellschaftlichen Tabus belegten Liebeskasuistik und begreift von hierher die Zusammenhänge von Eros und Geld, Liebe und sozialer Hierarchie, die ihn sogar dazu anregen, gesellschaftliche Utopien auf das Theater zu bringen. Dabei gibt es greifbare Anklänge an die englische *restoration comedy* (z. B. Farquhar, *The Beaux' stratageme*), an spanische Motive und sogar an Aristophanes. Ein vielschichtiger Mikrokosmos menschlicher Beziehungen erschließt sich in diesem Theater, das über 30 Prosakomödien und die verunglückte Tragödie *Annibal* (1720) umfaßt.

In den allegorischen Komödien (u. a. *L'amour et la vérité* 1720) gibt es harte Attacken gegen die Finanzwelt (*Le triomphe de Plutus* 1728) und traditionelle Liebesgeschichten (*La réunion des amours* 1731). Demgegenüber sind *Le prince travesti* (1724) und *Le triomphe de l'amour* (1732) eher romanesken Inhalts. Sozialkritisch angelegt sind die utopischen ›Inselstücke‹: *L'ile des esclaves* (1725), *L'île de la raison ou les petits hommes* (1727), *La colonie* (1729). Das Hauptgewicht der Komödie Marivaux' liegt jedoch auf den psychologischen und Sittenkomödien: *Arlequin poli par l'amour* (1720), *La surprise de l'amour* (1722), *La double inconstance* (1723), *La seconde surprise de l'amour* (1728), *Le jeu de l'amour et du hasard* (1730), *L'école des mères* (1732; 1744: gleicher Stoff und gleicher Titel bei Nivelle de la Chaussée), *Le petit-maître corrigé* (1734, sozialkritische Behandlung des *Don-Juan*-Problems in der entdämonisierten Umwelt zynischer Rokokosalons, vgl. Anouilhs *Ornifle*), *La mère confidente* (1735), *Le legs* (1737), *Les fausses confidences* (1737), *L'épreuve* (1740), *La femme fidèle* (1755). 1966 wurde das Manuskript von *La commère* entdeckt. In *Les sincères* greift Marivaux nach Molières *Misanthrope* das Problem des menschenverachtenden Einzelgängers auf.

Obwohl Marivaux auch mit der *Comédie française* zusammenarbeitete, wurden die meisten seiner Stücke vom *Théâtre italien* aufgeführt. Insofern profitierte er von der kulturellen Liberalisierung nach dem Tode Ludwigs XIV. Die Zusammenarbeit mit der Schauspielerin Gianetta (Zanetta) Benozzi (1701–1758) war für Marivaux von großer Bedeutung. Der Marquis D'Argens lobte sie als die beste französische Schauspielerin. Sie war die Schwägerin Riccobonis, nannte sich Silvia und schrieb selber die Komödie *L'amant jardinier* (1756). Deutsche Zeitgenossen lernten Marivaux manchmal durch Caroline Neuber kennen. Das Zusammentreffen von Marivaux und Silvia ist ein Glücksfall der französischen Theatergeschichte. De Troy hat ein Porträt der Künstlerin hinterlassen.

Nur einige Stücke von Marivaux können im folgenden etwas detaillierter betrachtet werden:

*La double inconstance* (6. 4. 1723, Hôtel de Bourgogne) ist zentriert um die Entführung des Bauernmädchens Silvia, das der Fürst für sich gewinnen möchte, während ihr Verlobter Arlequin sich im Laufe des Stücks mit der Hofdame Flaminia tröstet. Die beiderseitige Unbeständigkeit bewirkt, daß es am Schluß doch zwei glückliche Paare gibt. Die Grundkonstellation erinnert an Racines *Bérénice* mit dem Unterschied, daß der Fürst bei Marivaux durch Gesetz zur Ehe mit einem Mädchen seines Volkes gezwungen wird und seinen Anspruch auf Glück durchsetzt. Arlequin hat gegen den Fürsten nie eine Chance, und dennoch ist seine Verbindung mit Flaminia nicht nur eine ›Notlösung‹. Die Liebe weist den Ausweg durch zweimalige Überwindung der sozialen Barriere. Dabei ist die Verspottung des adligen Ehrenkodex hier und da – etwa bei der Adlung Arlequins – deutlich greifbar. Anouilh hat um *La double inconstance* herum sein Stück *La répétition ou l'amour puni* konstruiert. Hier klaffen Rollenerwartung und tatsächliche Rolle auseinander. Anouilhs Stück endet tragisch. Es bedurfte der Begabung Marivaux' um es zu einem *happy end* zu führen.

*L'île des esclaves* (5. 3. 1725, Théâtre italien) ist eine utopische Komödie im antiken Dekor. Nach einem Schiffbruch müssen Herren und Diener mit ihren Kleidern auch die soziale *condition* tauschen. Erst am Ende wird diese ›verkehrte‹ Welt wieder ›in Ordnung‹ gebracht. Trivelins Moral: »La différence des conditions n'est qu'une épreuve que les dieux font sur nous« wird mit einem vielsagenden »faites vos réflexions là-dessus« verbunden.

In *L'île de la raison ou les petits hommes* (11. 9. 1727, Comédie française) wird *expressis verbis* auf Swifts *Gulliver's travels* angespielt. Der Grad des Vernunftgebrauchs auf der Insel der *raisonnables* ist proportional der Körpergröße und es zeigt sich, daß die schiffbrüchigen Europäer zunächst einmal als Zwerge erscheinen. Unter Anleitung des weisen Blectrue wachsen einige zu Vernunftmenschen normaler Größe heran, für den Arzt freilich ist der Fall schwierig, Philosoph und Poet sind ›unheilbar‹. Marivaux' Vernunftinsel zeichnet sich auch dadurch aus, daß die Initiative für Heiratsanträge, etc. von den Frauen ausgeht. Der Mißerfolg des Stücks erklärt sich wahrscheinlich aus technischen Schwierigkeiten. So sind die Groß-Klein-Mechanismen möglicherweise nur mit den Mitteln des Films adäquat darstellbar.

*La colonie ou la ligue des femmes* (18. 6. 1729, Théâtre italien) übernimmt das *Lysistrata*-Thema des Aristophanes und verlagert die Thematik des Liebesstreiks in eine bürgerlich-adlige Welt. Wenn die Solidarität der Frauen schließlich zerbricht, sind daran nicht zuletzt auch Standesmißverständnisse zwischen den beiden Anführerinnen Arthénice und Mme Sorbin schuld.

Am 23. 1. 1730 ging *Le jeu de l'amour et du hasard* über die Bühne des Théâtre italien. Das Stück gilt als Marivaux' Meisterwerk. Der doppeldeutige Titel kann das Wort *jeu* sowohl als Spiel um Liebe und Zufall deuten als auch als das Spiel, das Liebe und Zufall mit den Menschen spielen. In Anwendung des traditionellen Motivs der Liebesprobe tauschen Silvia und Dorante ihre Kleider mit ihren Dienern und verlieben sich in dieser Verkleidung ineinander, so daß jeder den Partner für den Diener des anderen halten muß. Das führt zur nachhaltigen sozialen Aufwertung des Dienerpaares Lisette und Arlequin, ohne daß letztlich die Verletzung des sozialen Tabus der *mésalliance* geschieht. Allerdings hält Silvia ihr Inkognito so lange durch, bis der adlige Herr ihr auch als Dienerin einen Heiratsantrag macht. Tendenziell zeigt sich hier, was im *Figaro* deutlich ausgesprochen wird: die in ihrem sterilen Verhaltenskodex befangenen ›Herren‹ sind ohne das fixe und naseweise Dienervolk verloren. Der Diener als Vertrauter ist im 18. Jahrhundert seinem Herrn ebenbürtiger als in früheren Epochen. Die mögliche Abhängigkeit Marivaux' von Fernando de Rojas' *Donde hay agravios no hay celos, y amo criado*, wo die Handlung des *Jeu* in den wichtigsten Punkten (Kleidertausch etc.) vorgezeichnet ist, bedürfte der näheren Erforschung. Das Stück wurde nach seiner Premiere über 1000mal gespielt.

Der Einakter *L'école des mères* (25. 7. 1732, Théâtre italien) spielt im Titel auf Molières *Ecole des femmes* an. Anouilhs *Cécile ou l'école des pères* (1953) verrät die Kenntnis dieser Tradition. Mme Argante versucht, ihre Tochter Angélique mit dem alten Damis zu vermählen, obwohl sie den jungen Eraste liebt. Es kommt zur Revolte und zum *happy end*, wobei jedoch die atavistisch belastete Rivalität zwischen Mutter und Tochter bis an die Grenze des Gewaltsamen durchgespielt wird.

Marivaux' Komödie entdeckt die Psychologie. Nicht die Götter, nicht die jansenistische Prädestination, sondern die z. T. mit Helvétius' Hilfe *(Traîté du plaisir)* entdeckten individuellen und sozial konditionierten oder gar atavistisch vorgegebenen Hemmnisse wirken bestimmend auf die Handlung: Stolz, Eitelkeit, Eifersucht, etc.

Diese Faktoren sind nicht weniger tyrannisch als das klassische Fatum. Wenn es dennoch Komödien und nicht Tragödien sind, die Marivaux geschrieben hat, dann vielleicht deshalb, weil er die Voraussetzungen dieser Art von Vorherbestimmung als zufällig erkannte. Möglicherweise ist der Zufall die dem ›ungläubigen‹ 18. Jahrhundert adäquate Metapher für das, was in der Tragödie des 17. Jahrhunderts als ›Schicksal‹ bezeichnet worden wäre. Daß Silvia und Dorante ›füreinander bestimmt waren‹, erfahren sie durch die Liebe, die sie zusammenführt. Es ist nicht Folge des Beschlusses ihrer Väter. Daß diese Liebe sich an der durch Kleidertausch als veränderlich suggerierten sozialen Wirklichkeit stößt, entlarvt eben diese Wirklichkeit als konventionell, arbiträr, historisch. In *La double inconstance* wird die soziale Schranke effektiv überwunden. Sie ist zufällig und stimmt zufällig nicht mit der Liebeswahl überein. Daß sozialer Milieuwechsel, Kleidertausch etc. nicht nur traditionelle Bühnentricks sind – das sind sie auch –, sondern daß sie zugleich kritische Impulse vermitteln, ist in der Phase, in der Marivaux' Theater seine Erfolge hatte, ein durchaus brisantes Faktum. Persönlichkeitswert und soziale Stellung sind gegeneinander ausspielbar. »Il n'est ni rang, ni naissance, ni fortune, qui ne disparaisse devant une âme comme la tienne«, sagt Dorante zu Silvia im *Jeu.* Die hier und da an Watteaus *Fêtes galantes* erinnernden Freiräume, in denen Marivaux seine Liebeskomödie ansiedelt, entsprechen sicherlich einem von der Tradition her motivierten pastoralen und bukolischen Rahmen mit den unverkennbaren Zügen des arkadischen Ideals der Isolation vom *profanum vulgus.* Sie entbehren zudem des ›realistischen‹ Lokalkolorits. Und dennoch: diese Landsitze mit ihren gepflegten Gärten, ihren Wasserspielen, ihrer kultivierten Atmosphäre, sind zugleich Freiräume des spielerisch angedeuteten sozialen Experiments. Sie haben etwas von der *Abbaye de Thélème.* Ihre Entfernung von der Wirklichkeit entspricht der aristokratischen Abkapselung, aber sie entspricht auch der utopischen Insel, auf der Verhältnisse herrschen, die die gewohnte und geglaubte Realität revolutionieren. Marivaux selber war kein Revolutionär. Er war ein Dichter der Liebe und nicht des Hasses. Er glaubte an die Kultur, was ihn von Rousseau unterscheidet. Zu seinem Menschenbild gehören Takt, Anstand, Bildung, Humor und kultivierte Erotik. Aber man soll sich nicht täuschen: Marivaux' Theater führt nicht aus der Wirklichkeit heraus, sondern mitten in sie hinein. Madeleine Renaud als Araminte und Jean-Louis Barrault als Dubois in *Les fausses confidences,* Jean Pierre Cassel in *La double inconstance,* Bertheau und H. Perdrière als Dorante und Silvia im *Jeu de l'amour et du hasard* haben die Aktualität dieses Theaters für das 20. Jahrhundert bewiesen.

Die potenzielle Brisanz dieses Theaters im Rokokogewand geht von einer Liebeskonzeption aus, die spielerisch – und gerade deswegen ist die Gegenwehr für die Betroffenen so schwierig – die sozialen Strukturen in Frage stellt. In der letzten Konsequenz stellt Marivaux das Problem von Sexualität und Repression, Trieb und Herrschaft. Die Liebe war bislang Gegenstand der Tragödie gewesen. Bei Racine ist sie Grund für Verbrechen, Wahnsinn, Tod. Bei Marivaux bedeutet sie Zärtlichkeit, Erotik, lebenserhaltenden Impuls, Tabuverletzung.

Die Tabuverletzung äußert sich zugleich durch eine Sprache, die ihre Aufgabe durch Regelfeindlichkeit erfüllt. Die subtile Unterscheidung zwischen dem sozial sanktionierten *épouser avec cérémonie* und dem tabufeindlichen *épouser sans cérémonie* weisen in diese Richtung. Soziale und individuelle Wertsetzungen können sich widersprechen, die Sprache als zugleich sozialer und individueller Sachverhalt folgt dieser Bewegung. Was ein *honnête homme* sich aufgrund seines Standes erlauben könnte, kann ein *homme honnête* sich aufgrund seines Anstandes noch lange nicht herausnehmen. Und ähnliches gilt für die *honnête fille* und die *fille honnête.* Marivaux' Sprache, die durchaus den derben Ton des Bauern und den dialektgefärbten Gebrauch des Dieners kennt, sagt mehr als sie bedeutet. Sie enthält Nuancierungen, die über die Regelgrammatik hinausweisen und ein ausgeklügeltes System sprachlicher Strategien sichtbar machen, mit deren Hilfe die Psychologie der Protagonisten – Zögern, Scham, Unwillen, Eifersucht, Ohnmacht, Abhängigkeit, etc. – nachgezeichnet wird. Wenn Silvia im *Jeu* schließlich sagt: »Je vois clair dans mon cœur«, dann ist ihr das u.a. deshalb gelungen, weil sie mit Hilfe der Sprache zur Selbsterkenntnis gelangen konnte. Diese Sprache ist zugleich Instrument der sozialen Kommunikation und der individuellen Gewissenserforschung. Insofern ist das *marivaudage* kein oberflächliches Sprachgeplätscher. In seinem Licht – und hier war die *préciosité* vorausgegangen – werden Abhängigkeiten und unbewältigte Konflikte bewußt: die Stellung der Frau als Lustobjekt; ihre Unterwerfung unter den Willen der Eltern oder des Gatten; das Schicksal der unverheirateten Mutter; die Doppelmoral der Männer, für die die Eroberung der Frau ein Gesellschaftsspiel ist, etc. Aber im Theater Marivaux' lassen sich die Frauen nicht übertölpeln. Angélique und Silvia wissen, was sie wollen. Sie denken bevor sie sich binden, denn ein Irrtum wäre in der Gesellschaft des 18. Jahrhunderts unkorrigierbar. Ihre *coquetterie* ist ein Akt der Selbstverteidigung. Marivaux ist ein engagierter Moralist.

Marivaux' Heldinnen und Helden sind allesamt jung. Sie erleben die Liebe *in statu nascendi.* Man kann sich nicht vorstellen, daß dieser Autor einmal die Probleme eines verheirateten Paares darstellen würde. Die Entzauberung wäre vielleicht unvermeidlich. Marivaux übergeht diese Frage. Er vertraut – und darin ist er ›aufklärerisch‹ – der Natur, dem Trieb, dem Instinkt, der Erotik, der Liebe, die er keineswegs ›sublimiert‹, ›entkörperlicht‹ oder ›platonisiert‹. Einer alternden Gesellschaft zeigte Marivaux, was sie nicht mehr war.

## 5. Der Roman in der 1. Hälfte des 18. Jahrhunderts

Der Komödie vergleichbar tendiert auch der Roman des beginnenden 18. Jahrhunderts, ohne einen eklatanten Bruch zu vollziehen, zu neuen Inhalten und Formen.

Alain-René Lesage (1668–1747) ist als Fortsetzer Molières in anderem Zusammenhang genannt worden. Nach dem Vorspiel des *Théâtre espagnol* (1700) macht er als Romanautor die Welt der spanischen *novela picaresca* für die französische Literatur des 18. Jahrhunderts verfügbar:

*Le diable boîteux* (1707) geht auf den *Diablo cojuelo* (1641) von Vélez de Guevara zurück. Die Hauptfigur ist Don Cléophas Léandro Pérez Zambullo, der den hinkenden Teufel Asmodée aus einer Flasche befreit und zum Dank unter die Dächer von Madrid sehen darf, wo er das Leben der Menschen, ihre Träume, Wünsche, Eitelkeiten beobachtet. In einer überarbeiteten Fassung von 1726 verstärkte Lesage die kritischen Bezüge zur französischen Wirklichkeit. Schon 1707 hat Dancourt den hinkenden Teufel dramatisiert.

In der *Histoire de Gil Blas de Santillane* (1716) griff Lesage auf den *Don Marcos de Obregón* (1599) von Vicente Espinel zurück und schuf, ohne daß Voltaires Plagiatsvorwurf gerechtfertigt wäre, den französischen Beitrag zum Schelmenroman:

Gil Blas aus Santillana wird bei einem Onkel in Oviedo erzogen und will mit 17 nach Salamanca zum Studieren. Er verläßt Asturien und damit beginnt sein abenteuerliches Leben, dessen Episoden nur durch die Figur des Helden zusammengehalten werden. Er fällt unter die Räuber, flieht mit einer vornehmen Dame, wird Gutsverwalter, Diener eines Erzbischofs, etc. Er kommt ins Gefängnis, heiratet, wird Witwer, heiratet zum zweiten Male und zieht sich schließlich auf sein Landgut zurück. Das Werk erhielt 1754 eine anonyme Fortsetzung. Es zeigt zudem eine bemerkenswerte Kenntnis der spanischen Geschichte z. Zt. Philipps II. und Philipps III. und benutzt das iberische Dekor auch zur Verkleidung für kritisierenswerte Zustände in Frankreich. Lesage informierte sich außer in spanischen Quellen auch bei Mme d'Aulnoy *(Voyages)*, Imhof *(Recherches historiques et généalogiques des Grands d'Espagne)* und Vayrac *(Etat présent de l'Espagne)*. Diese Kenntnisse zeigen sich u. a. auch in Lesages weiteren Spanienromanen *Guzman de Alfarache* (1732) nach Mateo Alemán, *Estevanille Gonzalès* (1734) und *Le bachelier de Salamanca* (1736). Die Entdeckung der bunten spanischen Welt bedeutete für den französischen Roman des 18. Jahrhunderts einen Schritt von der Allgemeingültigkeit der *Princesse de Clèves* hin zum Lokalkolorit, zur ›realistischen‹ Beobachtung, etc.

Wenn Lesage den Blick seiner Leser auf ein pittoreskes und unbekanntes Spanien richtete, so schärft das Romanwerk Marivaux' den illusionslosen Blick für die von Geld und Macht geprägten Realitäten der zeitgenössischen französischen, vorzugsweise hauptstädtischen, Gesellschaft. Am Anfang steht die Parodie des preziösen Romans (*Pharsamon ou les folies romanesques*, geschrieben 1712, gedruckt 1737); *Les aventures de *** ou les effets surprenants de la sympathie* 1713/14). Mit *La voiture embourbée* (1714) vollzieht sich eine realistische Wendung. Es folgen *La vie de Marianne* (1731/1741) und *Le paysan parvenu* (1735/36):

In *La vie de Marianne ou les aventures de la comtesse de **** gibt Marivaux vor, nicht Autor, sondern Finder, Überarbeiter und Herausgeber des Manuskripts zu sein. Cervantes hatte dafür mit der Fiktion seines Cide Hamete Benengeli ein frühes Beispiel gegeben. *Marianne* ist ein Memoirenroman, eine einsträngige Lebensbeichte, ein Briefroman, der sich an eine anonyme Adressatin richtet. Die Heldin *Marianne* verzichtet auf den sozialen Aufstieg durch Heirat. Im Alter von 50 Jahren macht Valville ihr einen Heiratsantrag. Die Ehe ist das Ende ihrer Liebe. Damit bricht der Roman ab. Mme Riccoboni (1714–1792), Autorin mehrerer englisch inspirierter Romane (*Fanny Butler* 1757; *Jenny Level* 1764) schrieb nach den 11 Teilen Marivaux' den 12. Teil (1745) von *Marianne.*

Auch *Le paysan parvenu* ist ein Memoirenroman. Er erzählt die Geschichte des Bauern Jacob aus der Champagne, der in Paris sein Glück macht. Marivaux verfaßte die ersten 5 Bücher, ein Anonymus die übrigen drei. Jacob schafft den Aufstieg. Er verdankt ihn seinem Durchsetzungsvermögen und der Protektion durch die Frauen.

Marianne und Jacob lernen beide ihre Umwelt auszunutzen. Beide müssen des öfteren Lehrgeld zahlen. Marianne erfährt hübsch, kokett und frivol die Chancen und Gefahren der Hauptstadt. Jacob wird im gleichen *ambiente* zum Emporkömmling, der eine sich wandelnde Gesellschaft sichtbar macht. Das Paris, in dem der unerfahrene junge Mensch seinen Weg finden muß, wird eine der Grundgegebenheiten der Romane Balzacs sein. *Marianne* und der *Paysan* sind in dieser Hinsicht durchaus *Scènes de la vie parisienne* im Sinne der *Comédie humaine.* Marianne ist zudem das lebensnahe und weniger rührselige Gegenstück zu Richardsons *Clarissa* und *Pamela,* die dem französischen Autor möglicherweise einiges verdanken.

Die Romane Richardsons werden dann vom Abbé Antoine-François Prévost d'Exiles (1697–1763) ins Französische übersetzt (*Paméla* 1742; *Clarisse Harlowe* 1751; *Grandisson* 1755), der dem französischen Roman damit die Welt des englischen Sentimentalismus erschließt.

Im Artois geboren, wurde Prévost Jesuit und Benediktiner. 1726 erhielt er die Priesterweihe, 1728 bricht er aus dem Kloster von Saint-Germain-des-Prés aus, wird Soldat, kommt über England in die Niederlande. 1735 versöhnt er sich mit seinem Orden, kommt nach Frankreich zurück, findet in Conti einen Mäzen. Spätere Reisen führen ihn in die Niederlande und nach Deutschland. Er stirbt in Frankreich. Außer seinen Predigten schrieb er heimlich im Kloster die vielbändigen *Mémoires et aventures d'un homme de qualité* (1731). In den Niederlanden publizierte er *Le philosophe anglais ou les mémoires de Cleveland, fils naturel de Cromwell* (8 Bde. 1732) und gründete nach dem Vorbild des *Spectator* seine Zeitschrift *Le pour et le contre* (1733–1740), die im Titel an ein Gedicht Voltaires (1722) erinnert. Es folgen *Le doyen de Killerine* (1735/1739) und *L'histoire d'une grecque moderne*, die die Emanzipation einer nach Europa verschlagenen Haremsdame erzählt. Des weiteren schrieb Prévost u. a. die *Campagnes philosophiques* (1741), *Le monde moral* (1760–1764), eine Serie von *Biographies romancées*, moralisierende *Mémoires pour servir à l'histoire de la vertu* und eine *Histoire générale des voyages*, die als kulturgeschichtliche Quelle bekannt ist.

Berühmt ist Prévost durch *Manon Lescaut*. Unter dem vollständigen Titel *La véritable histoire du chevalier des Grieux et de Manon Lescaut* ist dieser kleine Roman im 7. Band der *Mémoires d'un homme de qualité* (1731) enthalten. Die erste Einzelausgabe (1733) wurde beschlagnahmt.

*Manon Lescaut* erzählt die leidenschaftliche Liebe des Des Grieux zu Manon, die für ihn im Wortsinne eine *femme fatale* ist. Dem *coup de foudre* des ersten Zusammentreffens folgt der Persönlichkeitsverlust des Protagonisten. Er entführt sie, wird für sie zum Spieler und Mörder. Manon wird schließlich nach Louisiana deportiert, Des Grieux folgt ihr, tötet den Neffen des Gouverneurs im Duell. Das Paar flieht in die Prairie. Manon stirbt geläutert. Des Grieux' treuer Freund Tiberge holt ihn nach Frankreich zurück. – Es scheint in diesem Sittenroman nur den mit Geld erkauften Genuß zu geben, dessen Kehrseite Falschspielerei, Zuhälterei, Ausbeutung, Mord und Totschlag sind. Darüber hinaus ist *Manon Lescaut* eines der ersten Werke der französischen Literatur, in dem Amerika eine wichtige Rolle spielt. Deportationen von *filles de mauvaise vie* sind in der Tat um 1720 einige Male belegt. Die Männer in Amerika sind nicht so feige wie die Europäer. Synnelet, der Manon ebenso liebt wie Des Grieux, schlägt sich für sie. In dieser Neuen Welt ist Manons Tod zugleich Läuterung, denn ihre Unmoral – oder besser: Amoral – ist zu einem guten Teil Folge der Umstände, unter denen sie in Europa lebte. Sie ist schamlos, attraktiv, liebenswürdig, zärtlich und unfähig zur Treue. Da sie Luxus braucht und keiner Versuchung widersteht, macht sie Des Grieux zum Hampelmann. Pierre Louÿs *La femme et le pantin* ist eine Replik auf Prévost. Manon verkörpert den Widerspruch zwischen der aufklärerischen »Idee eines freien individuellen Gefühls« und dem »Streben nach Geld«, das »eine doppelte Moral schafft« (Schober). Dabei ist Manon nicht schlecht. Die Umstände ihres Todes lassen vermuten, daß sie in einer anderen Umwelt ein anderer Mensch gewesen wäre. Rousseaus Gedanke von der korrumpierenden Wirkung der Zivilisation konnte in den exotisch gefärbten Schlußkapiteln des Werks eine frühe Bestätigung finden.

Manon interessierte die Autoren und Künstler des 19. Jahrhunderts. Alexandre Dumas der Jüngere schrieb 1875 ein Vorwort zu *Manon Lescaut*, Maupassant veranstaltete 1898 eine Ausgabe des Werks. Massenets *Manon*-Oper stammt von 1884, Puccinis von 1893. Man hat die *passion*, die Des Grieux an Manon bindet, mit *Tristan et Yseut* in Verbindung gebracht. Die Handlung, des Romans hat die Unausweichlichkeit der Tragödie. Des Grieux' Frage: »C'est mon devoir d'agir comme je raisonne; mais l'action est-elle en mon pouvoir?« ist eine Infragestellung der Willensmoral eines Descartes. Sie verweist auf Jansenistisches. Prévost wollte sein Werk als *Traîté de morale* verstanden wissen und sah es im Zusammenhang mit der Pädagogik des *Télémaque*. Die Zeichnung der *amour-passion* sprengt jedoch diesen Kontext. Sie verbindet *Manon Lescaut* historisch mit der *Princesse de Clèves* und perspektivisch mit Rousseaus *Nouvelle Héloïse* und Goethes *Werther*.

## 6. Montesquieu zwischen Literatur und Politologie

»Pour faire de grandes choses, il ne faut pas être au-dessus des hommes; il faut être avec eux.« Nicht die Weltbeglückung ›von oben‹, sondern die Frage nach den Beziehungen *(rapports)* zwischen Menschen, Gruppen, Institutionen, Staaten bestimmt das Denken und Schreiben dieses westfranzösischen Adligen.

Charles-Louis de Secondat, Baron de la Brède et (seit 1716) de Montesquieu (1689–1755), wurde im Schloß von La Brède bei Bordeaux geboren. Er war Zögling der Oratorianer von Juilly, studierte Jura, wurde Beamter des *Parlement de Guyenne*. Er heiratet 1715. Für die Akademie von Bordeaux schreibt er naturwissenschaftliche Werke (*Sur les causes de l'écho, Sur l'usage des glandes rénales, Sur le flux et le reflux de la mer, Sur la pesanteur*, u. a.) und stiftet einen Anatomie-Preis. Zudem schreibt er eine Lobrede auf Cicero und als Attacke auf den Aberglauben die *Dissertation sur la politique des Romains dans la religion*. Die *Observations sur l'histoire naturelle* (1720) zeigen ihn als Anhänger Descartes'. Newton kannte er damals noch nicht. Seine literarische Tätigkeit erfaßt ferner Romane, Maximen, Dissertationen, Tagebücher etc.

1721 erschien in Köln der anonyme Band der *Lettres persanes*, als deren Autor man spätestens in der Diskussion seiner Aufnahme in die Akademie (1728) den Baron von Montesquieu erkannte:

Das Werk lebt aus der Konfrontation zweier Kulturen, die der Autor durch die Fiktion des exotisch verfremdeten Briefwechsels erreicht. Er läßt die auf einer Frankreichreise befindlichen Perser Usbek und Rica die französischen Verhältnisse an ihren orientalischen Gewohnheiten messen, womit ihre Allgemeingültigkeit und ihr normbestimmender Charakter nachhaltig verunsichert werden. Dabei steht Montesquieu in einer Zeitmode: Giovanni Paolo Marana (*L'espion du grand seigneur* 1684), Dufresny (*Amusements sérieux et comiques d'un siamois à Paris* 1699), Cotolendi (*Lettres écrites par un sicilien à un de ses amis* 1700), Bonnet (*Lettres écrites à Musala sur les mœurs et la religion des français* 1716), u.a. Den literarischen Mechanismus, aus dem die *Lettres persanes* leben, deutet J.-F. Bernard in seinen *Réflexions morales, satiriques et comiques sur les mœurs de ce siècle* (1711) an: »... qu'un Chinois, qu'un Mexicain fassent un jour nos ›caractères‹ ... je ne trouve là rien d'impossible, ni d'absurde, ni de singulier.« Montesquieus Publikum war ferner vorbereitet durch die Reisen Taverniers, Chardins und Gallands Übersetzung der *Märchen aus 1001 Nacht.* Hinzu kam das aktuelle Ereignis einer persischen Gesandtschaft in Paris. Das Wort *Roman* wendet der Autor nur nuanciert an, wenn er sein Werk als »une espèce de roman« bezeichnet. Insgesamt läßt er 21 Briefpartner an der Korrespondenz teilnehmen und bemüht sich um eine gewisse Gleichwertigkeit zwischen den Handlungsschwerpunkten in Frankreich und Persien. Einer düsteren Haremstragödie steht so die satirische Zeichnung französischer Verhältnisse gegenüber. Es gibt in der Nachfolge La Bruyères zahlreiche Porträts (u. a. Steuerpächter, *femme coquette,* alter Haudegen, Schürzenjäger, feister Beichtvater). Brief 34 enthält die kulturhistorisch interessante Beschreibung des Pariser *Café Laurent.* Der dort ausgetragene Streit um Homer gewährt einen Einblick in den Stil, in dem die *Querelle des anciens et des modernes* sich abgespielt haben muß. Die Handlung der *Lettres persanes* läßt sich zwischen 1711 und 1720 ansiedeln. Sie sind ein kritisches Buch. Unschwer erkennt man in der Beschreibung eines orientalischen Despoten Ludwig XIV. Zeitgenössische Tabus werden oft angesprochen: Ehescheidung (116), Hugenottenverfolgung (117), etc. Die Briefe 11–14 enthalten die Utopie vom Idealstaat der Troglodyten, der sich auf die *vertu* gründet. Der spanienfeindliche Brief 78 hat Cadalsos *Defensa de la nación española contra la carta LXXVIII de Montesquieu* herausgefordert.

Lanson verglich die *Lettres persanes* mit dem *Cercle* von Antoine Poinsinet und mit dem *Français à Londres* von Louis de Boissy. Auch der Vergleich mit den *Carnets du Major Thompson,* von Pierre Daninos erscheint nicht verfehlt. Was das 18. Jahrhundert angeht, so haben die *Lettres persanes* nicht nur in Frankreich eine Mode gemacht. Goldsmith *(Chinese Letters),* Cadalso *(Cartas Marruecas),* Pezzl *(Marokkanische Briefe),* Bernritter *(Wirttembergische Briefe)* u.a. zeugen von der originellen Rezeption jenseits der Grenzen. Man verfaßt türkische, peruanische, irokesische, etc. Briefe. Sie alle wenden den fingierten Brief als »Mittel politischer Satire« (Rogge) an. Der Marquis d'Argens schrieb *Lettres juives* (1736ff.), *Lettres chinoises* (1739ff.), *Lettres cabalistiques* (1741). Die ›Modernität‹ des Vorgehens zeigte Valéry, als er den *Lettres persanes* eine *Préface* (*Variété* II) widmete, in der er die literarischen Mechanismen von Perspektivismus und Verfremdung als Mittel der Ideologiekritik aufwies. Das »Comment peut-on être Persan?« gibt den Schlüssel dazu.

Nach dem Erfolg der *Lettres persanes* las Montesquieu im *Club de l'Entresol* den *Dialogue de Sylla et d'Eucrate* (1722) und reflektierte über eine *Monarchie universelle en Europe.* Sein *Traîté des pouvoirs* verrät die Lektüre von Pufendorfs *De officio hominis et Civis juxta legem naturalem* (1673). 1725 läßt er seinen galanten *Temple de Gnide* drucken, 1728 die nicht weniger galante *Voyage à Pophos.* 1728–1731 reist er durch Deutschland, Österreich, Ungarn, Italien, die Schweiz, die Niederlande und England. Hier lernt er Walpole, Swift, Pope, Holland u. a. kennen, interessiert sich für die englische Verfassung, wird Mitglied der *Royal Society.* Nach seiner Rückkehr liest er antike (Caesar, Livius, Tacitus, Plutarch, etc.) und moderne Historiker: Machiavelli *(Scorsi sopra la prima deca di Tito-Livio),* Paolo Paruta (*Discorsi politici* 1599), Saint-Evremond *(Réflexions sur les divers génies du peuple romain),* Bossuet *(Discours sur l'histoire universelle),* Walter Moyle (*Essay on the constitution of the roman government* 1726). Schon während seines Italienaufenthaltes hatte er sich mit Gian Vicenzo Gravinas *De romano imperio* (1713) beschäftigt. Auch Boulainvilliers Absolutismuskritik in der *Lettre de Thrasybule à Leucippe* (geschrieben 1722) sowie die Erinnerung an seine eigene *Dissertation* über die römische Religionspolitik konnten das historiographische Interesse verstärken. 1734 erschienen in Amsterdam die *Considérations sur les causes de la grandeur des Romains et de leur décadence.*

Die *Considérations* tragen, wie später Gibbons *History of the decline and fall of the Roman Empire* (1774 ff.) die Problematik von Aufstieg und Fall an die römische Geschichte heran. Die Gedankenbewegung des Werks, die D'Alembert in einer Analyse in der *Encyclopédie* nachzeichnet, ist nicht frei von problematischen Vitalklischees, die sich z. T. daraus erklären mögen, daß Montesquieu die Forschungsarbeiten des Niederländers Beaufort *(Dissertation sur l'incertitude des cinq premiers siècles de l'histoire romaine)* nicht kannte. Dennoch zeugt der Kernsatz der *Considérations*: »Ce n'est point la fortune qui domine le monde« von dem Anliegen, die Geschichte als von Menschen gemacht und machbar aufzuweisen. Die Geschichte ist nicht, wie z. B. bei Bossuet, der Tummelplatz der Vorsehung, sie folgt keiner metaphysischen Notwendigkeit. In diesem Sinne sind die *Considérations* ein durchaus aufklärerisches Werk. So beurteilte es jedenfalls Friedrich II., der im übrigen »sa sacrée Majesté le hasard« nicht unterschätzte.

1748 erscheint in Genf der *Esprit des lois*:

Dieses Werk ist die Summe 15jähriger Arbeit. Es umfaßt 31 Bücher, die in 6 Gruppen unterteilt sind. Diese zerfallen wieder in zahlreiche Kapitel und

Paragraphen. Die Mikrogliederung verrät die Orientierung des Juristen an der Form von Gesetzessammlungen. Der ästhetische Anspruch bleibt davon unberührt. Vor schwierigen und trockenen Kapiteln ruft Montesquieu die Musen um Hilfe an.

In Buch I gibt der Autor eine Definition seines Gesetzesbegriffs: »Les lois ... sont les rapports nécessaires qui dérivent de la nature des choses.« Dieser Begriff begründet sich aus der ›Natur der Dinge‹, was zugleich eine Absage an metaphysische Verankerungen bedeutet.

Die Bücher II–XIII sind eine Theorie der politischen Wissenschaft. Montesquieu unterscheidet die *Natur* einer Regierungsform von dem sie tragenden *Prinzip*. Der *Republik* ordnet er die *vertu* zu, der *Monarchie* die *honneur*, der *Despotie* die *crainte*. Die Gesetzgebung des Staates muß, will er sich selbst erhalten, auf die Wahrung des Prinzips eingestellt sein. So kann die Republik, je nachdem ob sie *demokratisch* oder *aristokratisch* aufgebaut ist, zur *Anarchie* bzw. zur *Oligarchie* degenerieren, die *Monarchie* wird durch die *Tyrannei* bedroht. Zur äußeren Definition eines Staatswesens gehören: Territorium, Bürger, Finanzen und die drei Gewalten: *exekutive, legislative, richterliche (judiciaire)*. Zur Wahrung der Freiheit sollten diese Gewalten unabhängig voneinander gehalten werden. Die Bücher XIV–XXV befassen sich mit Fragen des Raums und der Soziologie. »Plusieurs choses gouvernent les hommes: le climat, la religion, les lois, les maximes du gouvernement, les exemples des passées, les mœurs, les manières; d'où il se forme un esprit général qui en résulte.« Die Gesetze stehen zu diesem ›esprit général‹ in einem dialektischen Verhältnis. Sie sind Folge der Geschichte und beeinflussen sie zugleich. Die englische Verfassung wird als Beispiel für geschickte Ausbalancierung verschiedener Interessen dargestellt. Die Bücher XXVI–XXXI führen den Zeitfaktor ein und behandeln wichtige Scharniere der historischen ›Entwicklung‹, z. B. die römischen Erbfolgegesetze, die römisch-germanischen Grundlagen des französischen Zivilrechts, die Feudalgesetze der fränkischen Monarchie. Der *Esprit des lois* schließt mit praktischen Ratschlägen für den Gesetzgeber.

Der *Esprit des lois* wurde ein Riesenerfolg mit über 20 Neuauflagen in zwei Jahren und zahlreichen Übersetzungen. Den von den jansenistischen *Nouvelles ecclésiastiques* und den jesuitischen *Mémoires de Trévoux* vorgebrachten Kritiken begegnete Montesquieu in Briefen und in der *Défense de l'esprit des lois* (1751). 1751 kam das Werk auf den Index. Dabei ist hervorzuheben, daß der *Esprit des lois* keine Utopie ist, die den Idealstaat herbeizaubern soll. Das Werk soll vielmehr Konstanten unterhalb der sich ändernden Vordergrundrealitäten sichtbar machen. Das ist der Sinn des Wortes *esprit* im Titel, den Mme Du Deffand gründlich mißverstand, als sie meinte, es handele sich um »de l'esprit sur les lois«. Eine Gesellschaft wird nur begreifen, wer den ›Geist‹ ihrer Gesetze begreift.

Die am englischen Beispiel erarbeiteten Prinzipien einer politischen Verfassung (XI,6; XIX,27), die Freiheit und Toleranz garantiert, beruht auf der Theorie der *pouvoirs intermédiaires* und der *séparation des pouvoirs* (VI,9). Die Kenntnis der antiken Demokratie ist zwar vorhanden, richtet sich jedoch auf ein Ideal, das zu erreichen der Autor gar nicht erst versucht, trotz der verunglückten Parallelisierung von Rom und dem schweizerischen Bern. Was Frankreich angeht, so hält Montesquieu, der schon 1724 Notizen für eine *Constitution française* niedergelegt hatte, die Monarchie für dem französischen Geist entsprechend. Aber er kommt durch die Aufwertung der fränkischen Feudalmonarchie zu einer eindeutigen Absolutismuskritik. Er kratzt am Gottesgnadentum, wirft Richelieu, Mazarin und Ludwig XIV. vor, sie hätten die Monarchie durch Massenelend, Angriffskriege, *Lettres de cachet,* Intoleranz etc. zur Despotie degenerieren lassen. Demgegenüber unterstreicht er die Vorteile eines *régime modéré,* in dem selbstbewußte *pouvoirs intermédiaires* die Zentralgewalt begrenzen. Als solche Zwischeninstanzen sieht er die Aristokratie, der damit die in der Fronde verlorene politische Bedeutung wieder zuerkannt wird, und die *parlements,* deren spezielle Rolle die Geldbewilligung ist. Damit ist zwar noch keine Gewaltenteilung nach englischem Muster erreicht, aber dem *esprit* der französischen Monarchie wäre Rechnung getragen.

Letztlich weisen diese Überlegungen in die Richtung einer Absage an die von der *Bourgeoisie* begünstigte absolutistische Macht. Dies ist auch der Tenor des *Commentaire sur l'esprit des lois de Montesquieu,* den Destutt de Tracy im Frankreich der Restauration von 1819 verfaßte. Die antiabsolutistische Spitze geht einher mit einer eher konservativ ausgerichteten Aufwertung des Adels. Hier unterscheidet Montesquieu sich von der *Histoire critique de l'établissement de la monarchie française* (1734) des Abbé Du Bos, der insbesondere die im *Esprit des lois* so positiv beurteilte fränkische Adels-Monarchie als usurpativ und moralisch ungerechtfertigt erweist.

Der *Esprit des lois* ist die Summe des juristischen und politologischen Wissens der Zeit. Das bestätigt Maupertuis in seiner *Eloge de Montesquieu,* das bestätigt auch der 1950 in La Brède gefundene Bücherkatalog, der Auskunft über Montesquieus vorbereitende Lektüre gibt. Dabei war auch der *Esprit des lois* nicht frei von Einseitigkeiten. So tat die Entrüstung über den Sklavenhandel der England-Sympathie des Autors keinen Abbruch und die in Buch XXV, Kapitel 9 kritisierten Aspekte der Inquisition in Spanien und Portugal, die beide Länder undifferenziert behandeln, bezeugen eigentlich nur die Uninformiertheit des Autors. Hier zeigen sich gefühlsmäßige Parteinahmen bei einem Juristen, der die Auffassung vertreten wollte, daß die menschliche Wirklichkeit allein aus der *ratio* heraus formbar sei. Jaspers hätte eine solche Auffassung einer »falschen Aufklärung« zugerechnet. Vielleicht handelt es sich aber auch nur um eine einseitige Aufklärung. Montesquieu unterschätzte den Irrationalismus und konnte daher glauben, den Fanatismus des Inquisitors, die *libido dominandi* des Machthabers, das Geldinteresse des Sklavenhändlers räsonnierend zu meistern. Und da er die Religion für eine Erfindung kluger Gesetzgeber hielt, die diese jederzeit in der Hand zu halten vermögen, spricht er mehr von Indianern und Südseeinsulanern als von den Juden. Montesquieus Toleranz ist ehrlich. Realistisch ist sie möglicherweise nicht. Rousseau wird hier ungleich radikalere Antworten suchen.

Nach dem *Esprit des lois* veröffentlichte Montesquieu noch den orientalischen Roman *Arsace et Isménie* (1754) und das historische Fragment *Lysimaque* (1755). Für Diderots *Encyclopédie* lieferte er den Artikel *goût*. 1899 bis 1911 entdeckte man Montesquieus *Pensées et fragments*, 1941 wurden seine *Cahiers* publiziert. Sie bestehen aus Notizen, Reflexionen, Maximen und sagen manches unverblühmter als es in einem für die Veröffentlichung bestimmten Manuskript hätte geschehen können. Ludwig XIV. erscheint als politischer Scharlatan, Voltaire als Plagiator. Montesquieus Lebensphilosophie erinnert an Montaigne: »Cherchons à nous accomoder à cette vie; ce n'est point à cette vie à s'accomoder à nous.« Humor schätzt er, Pedantismus verabscheut er: »La gravité est le bouclier des sots.« Montesquieus Überlegungen zu Stil und Rhetorik enthalten den Satz: »Il faut bien distinguer quand un auteur a voulu dire une vérité, ou quand il a voulu dire un bon mot.« Darin steckt eine ganze Literaturtheorie.

## 7. »Ecrasez l'infame«: Voltaire

François Marie Arouet (1694–1778), der sich 1718 für den Namen Voltaire (Anagramm von *Arovet l(e) J(eune))* entschied, war Notarssohn und Schüler der Jesuiten von Louis-le-Grand.

1704 schenkt ihm Ninon de Lenclos 1000 Franken zum Bücherkauf. In *Le dépositaire* (1767) erscheint sie auf der Bühne. Voltaire kennt die *Société du temple*, d'Argental, Choiseul, d'Argenson. Sein Vater, dem die ersten poetischen Gehversuche seines Sohnes verdächtig sind, schickt ihn auf die *Ecole de droit* und später als Botschaftssekretär nach Den Haag (1713). Aus dieser Zeit stammt die *Ode sur les misères du temps*. Wieder in Paris beginnt Voltaire das *Poème de la ligue*, aus dem später die *Henriade* wurde. Der Abfassung von Spottversen gegen den Regenten verdächtigt, verschwindet er nach Sully-sur-Loire und lernt 1717 sogar für 11 Monate die Bastille von innen kennen. 1718 applaudiert Philippe d'Orléans dem *Œdipe*. *Artémire* (1720) und *Mariamne* (1724) waren Mißerfolge. Die *Henriade* (1723) hingegen, die Heinrich IV. als Kämpfer für Staatsräson und Toleranz zeigt, wurde – obwohl in Frankreich sofort verboten – aufgrund der zahlreichen ausländischen Subskriptionen ein Riesenerfolg. Voltaire erhält eine Pension vom Hof. Eine Erbschaft und der Rat der Bankiersfamilie Pâris erlauben ihm damals den

Beginn erfolgreicher Finanzspekulationen, die er lebenslang fortführt. Sie zeigen Voltaires widerspruchsvolle Identifikation mit den wirtschaftlichen Strukturen einer Gesellschaft, die er in vielen anderen Bereichen bekämpfte. Ein Ehrenhandel bringt ihn erneut in die Bastille. Es folgt das mehr oder weniger unfreiwillige Exil in England, wo er Bolingbroke, Hervey, Swift, Pope u. a. kennenlernt und im *Drury Theatre* zum ersten Male Shakespeare auf der Bühne sieht. Er ist Gast beim Prince of Wales und interessiert sich wie später Montesquieu für die politischen Strukturen des Landes. 1729 kehrt er als Bewunderer des Inselreichs nach Paris zurück. 1730 schreibt er seine durch Shakespeare angeregte *Brutus*-Tragödie (aufgeführt 1735).

1731 erscheint die *Histoire de Charles XII, roi de Suède*:

Das Werk zeigt, wie Karl XII. von Schweden, glänzend begabt und ausgebildet, an seinem beherrschten Gegenspieler Peter dem Großen scheitert. Das Beispiel des Schwedenkönigs gab Voltaire die Möglichkeit, laut über Angriffskriege, Machtpolitik, etc. nachzudenken, ohne daß der Bezug zur französischen Realität allzu deutlich geworden wäre.

Der *Histoire de Charles XII* folgen 1732 zwei Tragödien. *Eriphyle* – hier tritt ein Gespenst auf – fällt durch, *Zaïre* wird ein Erfolg.

In *Zaïre* (12. 8. 1723, Comédie française, gedruckt 1733) orientiert Voltaire sich in einigen Szenen auffällig an Shakespeares *Othello*. Mit Lessings *Nathan* verbindet das Stück die Toleranzproblematik und die Tatsache, daß hier ein Tragödienstoff im fanatisierten *ambiente* der mittelalterlichen Kreuzzüge angesiedelt wird. Dem kam die allgemeine Orientbegeisterung entgegen. In späteren Aufführungen wurde die Titelrolle meist von Mlle Clairon (1723 bis 1803) gespielt, deren Darstellungskunst unter Voltaires Einfluß von der klassischen Gedämpftheit zur sentimental beschwerten Interpretation tendierte. Im Verlauf der Tragödie erweist Voltaire die Religionszugehörigkeit als Folge der kulturellen Umgebung und der Erziehung. Zaïre:

> J'eusse été au bord du Gange esclave des faux dieux
> Chrétienne à Paris, musulmane en ces lieux.

Das Stück fordert implizit die Tolerierung Andersgläubiger und gewinnt vor dem Hintergrund der Hugenottenproblematik eine gewisse Brisanz. Carlo Gozzi übersetzte es ins Italienische.

Auf *Zaïre* folgen der *Temple du goût*, die historische Tragödie *Adelaïde Du Guesclin* (1734) und die *Lettres philosophiques* oder *anglaises*. Diese *Lettres* sind aufklärerische Kampfliteratur, die England als das Land der Freiheit in Religion, Wissenschaft, Philosophie, etc. erweisen. Sie enthalten zudem Voltaires Replik auf die *Pensées* von Pascal. Das Verdienst um die Gemeinschaft, so meint der Autor, findet in England verdiente Anerkennung. Newton liegt in Westminster neben Königen begraben. Die *Lettres philosophiques* führten zu einem Haftbefehl gegen Voltaire, er setzt sich nach Cirey zu seiner philosophisch interessierten Freundin Mme du Châtelet (1706–1749) ab, der er bis zu ihrem Tode verbunden blieb. Am 25. 1. 1736 wird im Schloß von Cirey die u. a. von Friedrich II. bewunderte Tragödie *Alzire ou les Américains* aufgeführt. Ebenfalls 1736 erscheinen *Le mondain, L'enfant prodigue* und die *Epître à Newton,* dem 1738 die *Eléments de la philosophie de Newton* folgen. Der *Essai sur la nature du feu* wird der *Académie des Sciences* vorgelegt. Damals entstehen auch *La Pucelle* und die sieben *Discours en vers sur l'homme,* die durch Popes *Essay on Man* angeregt sind. Es folgen eine *Vie de Molière* (1739), *Pièces fugitives en vers et en prose,* die Tragödien *Zulime* (1740) und *Mahomet* (1742):

*Mahomet,* in Brüssel gedruckt, im grenznahen Lille uraufgeführt, zeigt den islamischen Religionsstifter als kriminellen Tartuffe, dem die Religion zur Sicherung der politischen Herrschaft dient. Goethe übersetzte das Werk ins Deutsche.

1743 folgt mit *Mérope* eine Tragödie ›ohne Liebe‹, zugleich entstehen Materialsammlungen zum *Siècle de Louis XIV* und zum *Essai sur les mœurs.* 1744 ermöglicht D'Argenson Voltaire die Rückkehr nach Paris, wo er bis 1747 das Leben eines unabhängigen Weltmannes führt. Er verfaßt das *Poème de Fontenoy,* die *Princesse de Navarre* (1745), wird Hofhistoriograph, Mitglied der Akademie, glänzt an der *Cour de Sceaux.* Aber Ludwig XV. bleibt mißtrauisch und die Pompadour schätzt eher die Tragödien des älteren Crébillon. Schließlich kehrt Voltaire nach *Cirey* zurück. Die Frucht dieser Jahre ist, abgesehen vom *Commentaire sur Vauvenargues, Zadig*:

*Zadig ou la destinée* (1747; ursprünglich *Memnon, histoire orientale*) ist die orientalisch verbrämte Geschichte des enttäuschten *courtisan.* Der glänzend begabte Zadig erlebt zahlreiche Enttäuschungen, lernt den Wankelmut der Frauen, die Intrigen der *vie mondaine,* den Fanatismus der Priester kennen, heiratet schließlich zum Wohl des Volks die geliebte Königin. Das Zukunftsvertrauen des *Mondain* ist hier zögernd geworden. Die letzte Undurchschaubarkeit des Schicksals wird anerkannt.

1747–1749 schreibt Voltaire u. a. *Sémiramis* – sie lohnt den Vergleich mit Calderóns *Hija del aire* – *Oreste, Catilina ou Rome sauvée.* Er lernt Brüssel, Lille, Lunéville kennen. Als es ihm auch nach dem Tode von Mme du Châtelet nicht gelingt, in Paris Fuß zu fassen, folgt er der Einladung Friedrichs II. und kommt als Kammerherr an den preußischen Hof. 1750–1753 ist Voltaire in Berlin.

Hier fand er den berühmten Kreis vor, den Adolf Menzels Gemälde festgehalten hat: Maupertuis *(La Vénus physique),* D'Argens *(Thérèse philosophe,*

*Lettres chinoises)*, La Mettrie *(L'homme machine, L'art de jouir)*, u. a. Lessing widmet ihm einige Rezensionen, hat jedoch seine Schwierigkeiten mit Voltaires reizbarer Persönlichkeit. Immerhin ist der Enthusiasmus anfangs groß: »Cent cinquante mille soldats victorieux, point de procureurs, opéra, comédie, philosophie, poésie, un héros philosophe et poète, grandeur et graces, grenadiers et muses, trompettes et violons, repas de Platon, société et liberté.« Aber er ist nicht von Dauer: »... le temps commence à se mettre à un beau froid«, schreibt er am 6. 11. 1750 an Mme Denis. Er meint damit nicht nur das Wetter. Immerhin erhält er 20 000 Franken Rente.

In die Berliner Zeit fällt die Publikation mehrerer Werke:

*Le siècle de Louis XIV* (1751; unter dem Namen Francheville; veränderte Ausgaben 1756, 1763, 1768) verherrlicht die Kultur des klassischen Frankreich. Das 17. Jahrhundert wird zum »siècle le plus éclairé qui fut jamais«, aber auch der Sonnenkönig war kein idealer Herrscher. Er verantwortet Angriffskriege, Fanatismus etc. und muß sich an seinen Gegnern messen lassen. Wilhelm von Oranien macht dabei keine schlechte Figur.

Von 1752 stammen die ersten Vorarbeiten zum *Dictionnaire philosophique* (1764), das *Poème sur la Loi Naturelle* und *Micromégas*:

*Micromégas* (1752) ist ein Weltraummärchen nach Art der Werke von Cyrano. Micromégas kommt von seinem Heimatplaneten Sirius auf die Erde, wo er als Riese gilt. Er entdeckt die Erdbewohner und ihre Überheblichkeit, die sie, frei nach Descartes, glauben läßt, daß sie alle Verstand besäßen. Der Name *Micromégas* bedeutet *Klein-Groß*: Alles ist relativ. Die Zeitgenossen sahen in den thomistischen Besserwissern des Werks einen Angriff auf Wissenschaftsvulgarisatoren wie Fontenelle. Angegriffen fühlte sich vor allem der durch einen Streit mit dem König gereizte Maupertuis, der der Berliner Akademie vorsaß und die im *Micromégas* angegriffene These vertrat, daß mathematische und geisteswissenschaftliche Methoden zur Deckung zu bringen seien.

Voltaire attackiert Maupertuis direkt in der *Diatribe du docteur Akakia, médecin du Pape* (1753). Friedrich II. stellte sich auf die Seite seines Akademiepräsidenten:

Unter dem Vorwand einer Bäderreise nach Plombières packt Voltaire seine Koffer. In Frankfurt setzt die preußische Polizei ihn fest, bis er einige Dichtungen herausgibt, die aus der Feder Friedrichs II. stammten und mit deren Hilfe Voltaire das gebildete Publikum in Frankreich amüsieren wollte. Was der eigentliche Grund für die Verstimmung zwischen Voltaire und dem König war, ist schwer zu erklären: die Enttäuschung über die Machtpolitik des Philosophenkönigs? Die Enttäuschung über die Eitelkeit Voltaires? Die Unvereinbarkeit zweier starker Charaktere, die sich nur aus der Ferne schätzen konnten? – Jedenfalls enthält Voltaires Brief vom 18. 12. 1752 ein *Petit dictionnaire à l'usage des Rois*, das Auskunft über die Entzauberung des Höflings gibt. Andererseits setzte sich der Briefwechsel zwischen Voltaire und Friedrich intensiver denn je fort. Ein Brief Voltaires wird den König 1757 vom Selbstmord abhalten. Und das preußische Herzogtum Neuchâtel im Genfer Vorland war für Voltaire später ein Schutz vor der französischen Bücherpolizei. Denn weder in Frankreich noch in Genf war er willkommen. Nach einer Elsaßreise kauft er 1755 das Gut *Les Délices* bei Genf, läßt sich von D'Alembert als Mitarbeiter der *Encyclopédie* gewinnen und tritt in die Kontroverse um Rousseaus *Discours sur l'inégalité* ein. Der Rat von Genf untersagt jedoch die Einrichtung eines Theaters in *Les Délices.* D'Alembert ergreift Voltaires Partei im Artikel *Genêve* der *Encyclopédie.* Er handelt sich damit die Feindschaft Rousseaus ein und beschleunigt auch den Bruch zwischen Jean-Jacques und Voltaire. Nach Zwischenstationen in Lausanne und Gournay erwirbt Voltaire schließlich das Gut Ferney bei Gex. Hier lebte er von 1760 an. Damit beginnt eine neue Phase seines Lebens.

Diese Jahre der Unruhe waren zugleich Jahre intensiver literarischer Produktion. 1755 hatte Voltaire in *L'orphelin de la Chine* Dschingis Khan auf die Bühne gestellt, 1756 erschienen der *Essai sur les Mœurs* und das *Poème sur le désastre de Lisbonne*:

Die 200 Kapitel des *Essai sur l'histoire générale et sur les mœurs et l'esprit des nations* umfassen die französisch-europäische Geschichte von Karl dem Großen bis Ludwig XIV. Einzelne Kapitel waren schon 1745 im *Mercure* erschienen. Der *Essai* tendiert zur ›Universalgeschichte‹, die im 18. Jahrhundert vieldiskutierter Gegenstand der entstehenden Geschichtswissenschaft war: Herder, Schlözer u. a. Das Konzept einer Universalgeschichte, der wie z. B. Bossuets *Histoire universelle* der Gedanke eines göttlichen Heilsplans zugrunde lag, lehnt Voltaire ab. Wie später Boulanger (*Des origines du despotisme oriental* 1761) bezieht der *Essai* die Völker des nahen (Türken, Perser, Araber), des fernen (Chinesen, Japaner) Ostens und der Neuen Welt ein. Das Mittelalter bleibt in Voltaires Zeichnung eher finster. Die negative Zeichnung Calvins rief Genfer Gegenstimmen auf den Plan. Insgesamt vertraut Voltaire jedoch dem ›Fortschritt‹ und der ›raison‹.

Diesen Optimismus erschütterte ein Naturereignis. Das Erdbeben von Lissabon am 1. 11. 1755 soll ca. 60 000 Menschenleben gekostet haben. Leibniz' *Theodizee* und der Glaube an die rationale Planbarkeit der Geschichte gerieten ins Wanken:

Im *Poème sur le désastre de Lisbonne* äußert Voltaire Zweifel am Gedanken der prästabilierten Harmonie und fordert die Stellungnahme Rousseaus *(Lettre sur la providence)* heraus, der auch nach der Naturkatastrophe die Schuld bei der ›entarteten‹ Menschheit suchte: Man hätte ja keine Wohnhäuser zu bauen brauchen. Echos auf das Ereignis finden sich in Charles Andrés Tragödie: *Le tremblement der terre de Lisbonne* (1755), bei Lebrun-Pindare, Mercier, Feijóo, Kleist, Brecht u. a. Im Gesamtwerk Voltaires ist das *Poème* das entzauberte Gegenstück zum *Mondain.* Insofern präludierte es dem *Candide.* Später muß Voltaire sich gegen Fréron verteidigen, er schreibt *La pauvre Diable* (1758), *L'Ecossaise* (1760), bekämpft Lefranc de Pompignan *(La vanité)* und das *Journal de Trévoux (Relation de la maladie, de la confession, de la mort et de l'apparition du Jésuite Berthier* (1759). Eine Zeitlang ist Voltaire der prestigereiche Parteigänger der Enzyklopädisten.

*Candide ou l'optimisme* (1759; unter dem Pseudonym Dr. Ralph) ist Voltaires Replik auf Rousseaus *Lettre sur la providence.* Er ist zugleich Voltaires Absage an die Lehre von der besten aller möglichen Welten bei Leibniz und Wolff, die er freilich gewollt einseitig versteht. *Candide* dürfte z. T. während seines Aufenthaltes in Schwetzingen im Juli 1758 entstanden sein.

Jedes Kapitel des *Candide* ist eine grausame Infragestellung der besten aller Welten, die sein Lehrer Pangloss unerschütterlich predigt. Candide darf Spießruten laufen, wird zum Mörder, macht auf der Flucht vor Verfolgung und auf der Suche nach seiner vielgeliebten Kunigunde eine unfreiwillige Weltreise. Schließlich findet man sich in der Nähe Konstantinopels wieder zusammen und bescheidet sich mit der Moral des individuellen Anspruchs auf ein hart erarbeitetes Glück: »Il faut cultiver notre jardin.« *Candide* ist ein Episodenroman und zugleich ein Bildungsroman, oder besser ein Erfahrungsroman. Voltaire hat es sich zudem nicht nehmen lassen, Candide als naiven Deutschen zu zeichnen und zugleich auch die deutsche Sprache gehörig zu verballhornen: Thun-der-ten-Tronck, Valdberg-hoff-trarbk-didorff etc. Im aufklärerischen Kampf gegen das Vorurteil war Voltaire selber nicht frei davon.

In Ferney führt Voltaire das Leben eines großzügigen Patriarchen. Der Ort wird zum Experimentierfeld im Sinne des: »Il faut cultiver notre jardin.« Er gründet eine Uhrenfabrik, eine Seidenwirkerei und eine Kirche mit der Aufschrift *Deo erexit Voltaire.* Einer Nachfahrin Corneilles verhilft er zu einer Mitgift, indem er eine kommentierte (1745) Neuausgabe Corneilles veranstaltet. Sein Briefwechsel verbindet ihn mit Paris, Petersburg, Berlin, Bayreuth, Kopenhagen, London, Rom u. a. Fürsten und Minister legen Wert auf seinen Rat, er wird der *aubergiste de l'Europe*: der Fürst von Ligne, Turgot, Aranda u. a. besuchen ihn. In Paris, wo er nach wie vor unerwünscht ist, spielt man seine Tragödien, sein Prestige nutzt vorerst noch der Philosophengruppe um Holbach, bis mit Diderots *Rêve de D'Alembert* der Bruch unvermeidlich wird, da Voltaire die atheistisch-materialistische Konsequenz des Werks nicht mitvollzog. In Voltaires Nähe leben der Père Adam als sein Sekretär, der Arzt Tronchin, die Druckerfamilie Cramer, seine Nichte und Haushälterin Mme Denis. Mit der Rittertragödie *Tancrède* (1760), die Goethe ins Deutsche übertrug, nimmt er seine literarische Tätigkeit wieder auf. Er widmet das Stück der Pompadour. Es folgen u. a. *Les Guèvres, Les Scytes, Les lois de Minos, Irène* (1777).

Die zeitweilige Annäherung an Shakespeare, die z. B. in *Zaïre* greifbar war, glaubt er jetzt als Irrweg zu erkennen *(Réquisitoire sur Shakespeare).* 1762 erhält Voltaire Kenntnis vom *Mémoire* des Curé Jean Meslier (1664–1729), der das Christentum als Betrüger- und Unterdrückerreligion zu entlarven suchte. Voltaire besorgt eine zurückdatierte (1742) Teilausgabe des Manuskripts, dessen offen klassenkämpferische Tendenz er zu dämpfen suchte. Als Historiker interessiert er sich damals für die eigene Zeit *(Précis du siècle de Louis XV)* und die staatlichen Institutionen *(Histoire du parlement de Paris),* denen er ähnlich wie Montesquieu eine Rolle in der Beschneidung der Zentralgewalt zuschreibt. Ferner schreibt er philosophische Erzählungen *(Jeannot et Colin, L'ingénu, L'homme aux quarante écus, La princesse de Babylone),* einen exotischen Briefroman *(Les lettres d'Amabed)* und mehrere aufklärerische Kampfschriften: *Profession de foi des théistes, Relation de la mort du chevalier de la Barre, Singularités de la nature, Les droits de l'homme.* Der Dialogform bedient er sich u. a. in *Le catéchisme de l'honnête homme* (1763), *Les anciens et les modernes ou la toilette de Mme de Pompadour* (1765), *André Destouches à Siam, Le dîner du Comte de Boulainvilliers* (1767). Boulainvilliers (1658 bis 1722) galt als Vorläufer der aufgeklärten Philosophie. Seine *Histoire des Arabes* förderte die Orientmode des 18. Jahrhunderts. Zur Kampfliteratur der 60er Jahre gehören zudem Voltaires *Traité sur la tolérance* (1763) und das *Dictionnaire philosophique* (1669):

Der *Traité sur la tolérance* zeigt anhand historischer und zeitgenössischer Beispiele die Missetaten der religiösen Intoleranz auf. Das Werk predigt gegen Aberglauben und Fanatismus die *religion naturelle* von Liebe und Menschlichkeit. Es enthält die bekannte *Prière* an den »Dieu de tous les êtres«, die die These von Voltaires Glauben an einen persönlichen Gott zumindest für diese Phase seines Denkens stützt.

Am *Dictionnaire philosophique portatif ou la raison par alphabet* hatte Voltaire schon in Berlin gearbeitet. In späteren Editionen wurde dieses Werk mit den *Questions sur l'Encyclopédie* (1771–1773) und *L'opinion par alphabet* zusammengefaßt, so daß es heute ein Ensemble von 614 Artikeln zu den verschiedensten Themen (*Abbé, Christianisme, Martyrs, Prophètes,* etc.) darstellt. Der Artikel *Blé* geht geschickt von Volksweisheiten (z. B. »Crier famine sur un tas de blé«) aus, der Artikel *Dieu* zeigt die Unmöglichkeit, sich über eine Gottesvorstellung zu einigen, *Homme* ist eine satirische Absage an Rousseau. Für die literarischen Diskussionen des 18. Jahrhunderts sind u. a. von Interesse die Artikel *Anciens et Modernes, Art dramatique, Beau, Goût, Style, Tragédie,* etc., Leitmotive der Aufklärung werden sichtbar in *Esclaves, Guerre, Impôts,* etc. Im Artikel Religion sagt Voltaire zu Jesus: »Je vous prends pour mon seul maître.« Der Gedanke vom Uhrmachergott findet sich im Artikel *Athéisme.*

Die reichhaltige Produktion der Jahre von Ferney rechtfertigt das Wort von der »retraite frénétique« (Naves). Dabei vertraute Voltaire nicht nur auf die Wirkung seiner Publikationen, sondern stellt sich auch in konkreten Einzelfällen auf die Seite der Unterdrückten und der Menschenrechte. Seine Feder steht im Dienst der Entrechteten, die in Ferney immer offene Türen fanden. Voltaires *lutte philosophique* hat ihre höchst konkreten Seiten. Er deckt 1762 den Justizmord an Jean Calas auf und erreicht mit Hilfe des Anwalts Elie de Beaumont die Rehabilitation des auf dem Rad hingerichteten Calvinisten. 1764 erreicht er die Revision des Sirven-Verfahrens, 1766 engagiert er sich vergeblich für die Rehabilitation des Chevalier de La Barre, der ein Kruzifix geschändet hatte und als bekennender Voltaire-Jünger dafür hingerichtet worden war. 1767 plädiert Voltaire in den ähnlich gelagerten Prozessen Perra und Martin, 1770 benutzt er die Hinrichtung Montbaillis zum Angriff auf die Untersuchungsmethoden der französischen Gerichte. In der Affäre Lally-Tollendal betreibt er die Rehabilitation des Indien-Gouverneurs, der aufgrund seiner Niederlage gegen die Engländer ohne Gerichtsverfahren hingerichtet worden war. Während dieser Jahre verteidigt Voltaire erfolgreich 12000 Leibeigene gegen ihre Grundherren aus dem Jura.

Voltaires juristische Werke verdienen mehr Aufmerksamkeit als ihnen gemeinhin zugestanden wird. 1766 verfaßt er einen Kommentar zu Beccarias *Delle delitti e delle pene*, 1772 erscheint sein *Essai sur la probabilité en fait de justice*. Er enthält die Forderungen des modernen Rechtsstaats: keine Schuldannahme ohne Beweis, Angemessenheit der Strafe, Begründung des Urteils, Recht auf Verteidigung, Abschaffung der Folter, Beweispflicht des Gerichts etc. Voltaire steht mit diesem Engagement in einer Tradition, die von Marots Protest gegen den Justizmord an Semblançay bis zu Zolas *J'accuse* reicht.

Der Tod Ludwigs XV. (1774) ermöglicht Voltaire die Rückkehr nach Paris. 84jährig kommt er 1778 wieder in die französische Hauptstadt, die ihn triumphal empfängt. Bei einer Aufführung seiner *Irène*-Tragödie bekränzt man seine Büste auf der Bühne. Er wird Ehrenpräsident der *Académie française*. Am 30. 5. 1778 stirbt er im Haus seines Gastgebers Villette (Quai Voltaire 27). Zuvor hatte er ein letztes Glaubensbekenntnis abgelegt: »Je meurs en adorant Dieu, en aimant mes amis, ne ne haïssant pas mes ennemis, en détestant la superstition.« Er wurde in der Abtei von Scellières in der Champagne begraben. Friedrich II. war der erste, der Voltaire eine Grabrede widmete. Die *Constituante* von 1791 ließ seine sterbliche Hülle ins Pantheon überführen.

Voltaire war schon zu Lebzeiten ein Mythos. Das *Ecrasez l'infame*, das er seit 1759 gern als Briefschluß wählte, richtete sich gegen seine Hauptfeinde, den Aberglauben, den Fanatismus und damit zugleich gegen die institutionalisierte Religion. Hier waren Katholizismus und Genfer Calvinismus gleichermaßen betroffen. Beide haben ihren Haß auf Voltaire auch nicht zu verbergen gesucht. Voltaire hat diese Gegner ernst genommen. Er verbarg sich hinter ca. 200 Pseudonymen und verschaffte dem bedauernswerten Abbé Du Laurens, dessen Namen er benutzte, weil er ihn im niederländischen Exil sicher glaubte, eine mehrjährige Gefängnishaft beim Mainzer Erzbischof, aus der ihn erst die Truppen der Französischen Revolution befreiten.

Die Kehler Voltaire-Ausgabe von 1784–1789, die Beaumarchais, Condorcet und Decroix besorgten, umfaßt 72 Bände. Voltaires *Correspondance* geht über 20000 Briefe hinaus und beschäftigt ihre modernen Herausgeber um Theodore Besterman seit Jahrzehnten. Dabei hat Voltaire sich den eigentlichen Nachruhm vom Theater erhofft. In *La vision de Babouc* (1748) legte er dar, was er vom Theater erwartete: er sah es als Stätte des guten Geschmacks, der edlen Gefühle, der Eleganz, Schönheit und Kultur. Mit Rameau arbeitete er an der Oper *Samson*.

Für Goethe war Voltaire der »supreme Franzose« und der »höchste unter den Franzosen denkbare, der Nation gemäßeste Schriftsteller«. Für Rousseau war er aufgrund seiner Kulturgläubigkeit der Feind schlechthin. Chateaubriand warf ihm vor, den Menschen »sous un jour hideusement gai« gezeigt zu haben, Joseph de Maistre steigert das zu einem »rictus épouvantable« und in Mussets *Rolla* ist die Rede von Voltaires »hideux sourire«. Vigny verballhornt seinen Namen »vol-à-terre«. Nietzsche hingegen widmet ihm seine Schrift *Menschliches Allzumenschliches* und Lessing widmete ihm eine kritisch-anerkennende Grabinschrift:

Hier liegt – wenn man euch glauben wollte,
Ihr frommen Herrn! – der längst hier liegen sollte.
Der liebe Gott verzeih aus Gnade
Ihm seine Henriade
Ihm seine Trauerspiele
Und seiner Verschen viele;
Denn was er sonst ans Licht gebracht,
Das hat er ziemlich gut gemacht.

Diderot nahm Voltaire freilich nicht so wichtig, er nannte ihn »le second dans tous les genres«, aber das Voltaire-Porträt von Quentin de La Tour, Houdons Büste und das Denkmal, das Friedrich II. ihm setzen ließ, sprechen eine andere Sprache: sie zeigen einen sarkastischen, geistvollen und witzigen Charakterkopf, eine paradoxe Verbindung von »Epikuräertum und asketischer Arbeitswut« (Mönch). Vorsicht ist bei jedem Urteil angebracht. Man kann ein Werk dieses Umfangs und ein Leben von 84 Jahren nicht auf eine einfache Formel bringen. Natürlich gibt es Widersprüche. Dieser uninformierte Spanienfeind hat z. B. Teile von Calderóns *En esta vida todo es verdad y todo es mentira* ins Französische übersetzt. Seine Hoffnung setzte er allzu naiv auf die aufzuklärenden Despoten. Seine Spekulationsbegabung mag seinem revolutionären Humanismus widersprechen. Er hat an Waffenlieferungen für den Salomon des Nordens und die Semiramis des Nordens nicht schlecht verdient. Aber diese Widersprüche sind nicht eigentlich Widersprüche Voltaires, sondern seines Jahrhunderts. Auch der hier und da antibürgerlich sich gebende Diderot wollte seine Tochter möglichst bürgerlich verheiraten. Voltaire wollte sich nicht – *à la Rousseau* – gegen sein Jahrhundert stellen, er wollte in ihm wirken. Bequem ist Voltaire für die französische Gesellschaft seiner Zeit nicht gewesen. Ludwigs XV. Abneigung war begründet, und die französische Bücherpolizei hat praktisch jedes seiner Werke gejagt. Und dennoch war er das Orakel der gebildeten Salons, man las und diskutierte ihn und machte so die inneren Widersprüche einer Gesellschaft sichtbar, die gegen ihre eigenen Gesetze lebt. Dazu hat Voltaire seinen Beitrag geleistet.

»Un jour tout sera bien, voilà notre espérance. Aujourd'hui tout est bien, voilà l'illusion« (Saulnier).

## 8. Optimismus, Pessimismus, Aphorismus

»Die Moralisten des 18. Jahrhunderts sind die Fortsetzer der aphoristischen Tradition La Rochefoucaulds und La Bruyères« (Krauss).

Luc de Clapiers, Marquis de Vauvenargues (1715–1747), konnte keine militärische Karriere machen, da ihm im österreichischen Erbfolgekrieg beide Beine erfroren. Die Blattern verunstalteten sein Gesicht, so daß er auch in den Pariser Salons nicht sonderlich gern gesehen war. Mit Voltaire, der ihn schätzte, verbindet ihn der Glaube an die Besserungsfähigkeit des Menschen und der Gesellschaft. Seine literarische Produktion fällt in die Jahre 1745 bis 1747, die erste Gesamtausgabe seiner Schriften stammt von 1857. Zu seinen Lebzeiten erschien nur die *Introduction à la connaissance de l'esprit humain*, denen noch 575 *Maximes* hinzugefügt wurden. Sie machen die für das 18. Jahrhundert charakteristische Spannung zwischen Rationalismus und Sensualismus greifbar und leben z. T. aus der schon bei Pascal sich andeutenden Antithetik von *cœur* und *raison*. »La raison ne connaît pas les intérêts du cœur.« Er vertraut dem Instinkt mehr als der *Ratio*, an *Fausts* »Gefühl ist alles« erinnert die Aussage: »Le sentiment ne nous est pas suspect de fausseté.« Das Erfahrungswissen wird gegen das Denkwissen ausgespielt: »On paye chèrement les moindres biens lorsqu'on ne les tient que de la raison«, die Entscheidungen des Menschen sind immer vom Gefühl bestimmt und werden allenfalls nachher verstandesmäßig begründet: »Le sentiment a toujours précédé la réflexion.« *Ratio ancilla passionis:* »Les passions ont appris aux hommes la raison.« Auf Voltaires Rat hin hat Vauvenargues 1747 eine Neuausgabe der *Maximes* veranstaltet.

In einer gezielten *Critique de quelques maximes de La Rochefoucauld* setzt er sich mit seinem Vorläufer auseinander. Als Literaturkritiker tadelt er die Willensmoral Corneilles und lobt Fénelons »riche simplicité«. Den *Goût*-Begriff begründet er aus den Seelenkräften: »Il faut avoir de l'âme pour avoir du goût.« In der Moral wertet er die stoischen Ideale der *virtus* und der *actio* auf, er fordert einen wahren Kult der *action,* der in seiner Mischung mit Gefühlsbetontheit und Empfindsamkeit den Vergleich mit den Helden Stendhals erlaubt. Die *action* bleibt diesseitig und gesellschaftsbezogen. Da Vauvenargues die Eigenliebe *(amour propre)* nicht so negativ sieht wie La Rochefoucauld, hält er es für möglich, daß individuelles Handeln der Gemeinschaft zugute kommen kann. Er will die Menschen mit sich selber versöhnen. Hier und da wird ein nicht ganz unproblematischer Energiekult sichtbar: »Que ceux qui sont nés pour l'action suivent hardiment leur instinct . . .« – Es mag sein, daß diesen verhinderten Soldaten frei nach Karl Mohr vor seinem »tintenklecksenden Säkulum« geekelt hat. Leben bedeutet für ihn nicht wie für Montaigne, *sterben zu lernen,* sondern *große Dinge zu tun.* »Pour exécuter de grandes choses, il faut vivre comme si on ne devait jamais mourir.« Vauvenargues ist mit 32 Jahren gestorben. Posthum erschienen u. a. die *Conseils à un jeune homme, Réflexions critiques sur quelques poètes, Discours sur la gloire, Discours sur l'inégalité des richesses, Traité sur le libre arbitre,* u. a.

Vauvenargues war ein bewußter Aristokrat. Ein Auvergnat war Sébastien Roch, genannt Chamfort (1741–1794):

Kind unbekannter Eltern, wurde er von einem Pariser Gewürzhändler erzogen. Das *Collège des Grassins* muß er wegen Ungehorsams verlassen. Er arbeitet über Molière (*Eloge* 1769) und La Fontaine (*Eloge* 1774), schreibt Komödien (*La jeune Indienne* 1770) und Tragödien (*Mustapha et Zeangür* 1777), wird Mitglied der Akademie (1781), befreundet sich mit Mirabeau und Siéyès, begeistert sich für die Revolution: »Guerre aux châteaux, Paix aux chaumières«, wird Leiter der Nationalbibliothek (1792) und Sekretär des Jakobinerklubs. Während der *terreur* wird er verhaftet. Er hatte die *fraternité* der Französischen Revolution angesichts der Guillotine mit der Brüderlichkeit und Kain und Abel verglichen. Er stirbt an den Folgen eines Selbstmordversuchs. 1795 ediert Ginguené seine Werke, u. a. *Produits de la civilisation perfectionnée, Petits dialogues philosophiques* und vor allen Dingen die *Maximes et pensées,* die ihn in die aphoristische Tradition Vauvenargues stellen.

Durch die Erfahrung der Rousseau-Lektüre und die Entzauberung der degenerierenden Revolution hindurchgegangen, leugnet Chamfort die Perfektibilität des Menschen. Mißtrauen ist der beste Schutz: »Je ne conçois pas la sagesse sans défiance.« Vom Hofe enttäuscht (»Amitié de Cour, foi de renards et société de loups«), wird er zum Weltverächter und zum Menschenverächter: »... tout homme qui à quarante ans n'est pas misanthrope n'a jamais aimé les hommes.« Der Rückzug von der Gemeinschaft bedingt eine egozentrische Lustmoral: »Jouis et fais jouir, sans faire de mal ni à toi, ni à personne...« Der Rest ist Lachen: »La plus perdue de toutes les journées est celle où l'on n'a pas ri.« Moralischer Machiavellismus geboren aus Weltverachtung und Enttäuschung. Einer der *Petits dialogues philosophiques* lautet:

»Vous avez trop mauvaise opinion des hommes: il se fait beaucoup de bien!« – »Le diable ne peut pas être partout!«

Dem Optimisten Vauvenargues ist der Pessimist Chamfort gefolgt. Der Weltschmerz des ›großen Unverstandenen‹ wird der Romantik nicht fremd sein.

Antoine, Comte de Rivarol (1753–1801), war Sohn eines adligen Gastwirts.

Er bricht sein Theologiestudium in Avignon ab, treibt seit 1777 in Paris als Chevalier de Parcieux witzige Konversation. Sein *Discours sur l'universalité de la langue française* (1784) bekommt den Preis der Berliner Akademie. Sein berühmtester Satz: »Ce qui n'est pas clair n'est pas français« macht das von der Sprachwissenschaft längst als nur ideologisch begründbar erkannte Klischee von der beispielhaften Klarheit der französischen Sprache bekannt. Für Rivarol handelte es sich freilich gar nicht um eine unverrückbare Tatsache, sondern um ein literarisches und sprachliches Programm. Während der Französischen Revolution macht er sich mächtige Feinde *(Les Actes des Apôtres, Petit Almanach de nos grands hommes)*, im *Journal politique national* verteidigt er das gemäßigte Königtum, 1792 muß er fliehen, er stirbt 1801 in Berlin. 1827 wurde sein *Essai sur les causes de la Révolution française* veröffentlicht. Den 3. Stand verachtete er *(Discours sur l'homme intellectuel* 1797; *De l'influence des passions)*. Grimms *Correspondance littéraire* enthält einige kleinere Schriften aus Rivarols Frühzeit zu literarischen Themen (*Récit du portier* zu Beaumarchais, *Lettre sur les jardins* zu Delille, u. a.). In die aphoristische Tradition von Vauvenargues und Chamfort gehören die verstreuten *Maximes et reflexions* (posthum 1802).

Der anti-aufklärerische Kern seines Denkens ist in dem Satz: »Vouloir détromper les hommes, c'est attenter à leur bonheur« enthalten. Die Mechanismen der revolutionären Rhetorik durchschaut er deutlich, wenn er unter Rückbezug auf das Revolutionslied *Ça ira* über den Demagogen Camille Desmoulins sagt, er habe sich mit Hilfe dreier *mots savants,* nämlich *nation, lanterne* und *aristocratie,* einer großen Menschenmenge verständlich zu machen gewußt. Dabei hat Rivarol keine Angst vor heiligen Kühen. Über Mirabeau schreibt er: »... l'argent ne lui coûte que des crimes, et les crimes ne lui coûtent rien.« Mit Rivarol hat die Französische Revolution einen scharfzüngigen Gegner gefunden.

Von La Rochefoucauld bis Rivarol spannt sich der Bogen aphoristischen Denkens und Schreibens, zu dem man im 18. Jahrhundert u. a. auch Montesquieu und Joubert (posthum *Pensées* 1838 ediert durch Chateaubriand) rechnen muß. Die apodiktische Endgültigkeit vieler in diesem Kapitel zitierter Beispiele ist rhetorisch suggeriert. Sie kann sich aus der ursprünglichen Bedeutung des Wortes Maxime als Urteil, Sentenz o. ä. erklären. Maximen und Aphorismen dulden wenig Widerspruch. Und damit stehen sie in der Tradition der Aufklärung ebenso wie in der ihrer Gegner.

## 9. Buffon oder: Das Ende des Anthropozentrismus

Die naturwissenschaftlichen Fortschritte des 18. Jahrhunderts erklären viel vom Optimismus der philosophischen Aufklärung.

Linné, Gómez Ortega, Geoffroy Saint-Hilaire, Alexander von Humboldt sind nur einige Beispiele für den naturwissenschaftlichen Kenntnisdrang der Epoche. Galvani, Volta, Herschel, Euler, Bering, Monge u. a. verdienten hier Erwähnung. Dabei war u. a. dank Fontenelle in Frankreich ein Klima entstanden, in dem das naturwissenschaftliche Interesse als dem literarischen und schöngeistigen gleichberechtigt angesehen wurde. Voltaires Tragödien, Montesquieus *Esprit des lois,* Holbachs *Système de la nature,* konnten gleichermaßen Gegenstand gebildeter Salongespräche sein. Rousseau widmet Linnés Klassifikationsschema eine seiner *Rêveries,* Voltaire schreibt über *La nature du feu,* Goethe interessiert sich für Farbenlehre und Antonio Ponz, der 1783 in den Niederlanden war, interessiert sich für Tulpenzwiebeln.

Vor diesem Hintergrund gewinnt auch das Werk Buffons seine Bedeutung. Sie liegt vielleicht darin, daß hier nicht ein literarisch interessierter Autor zum Amateurnaturwissenschaftler wird – man denke an Rousseau und seine Herborisiertrommel –, sondern daß hier ein Naturwissenschaftler zur Öffnung auf die *sciences humaines* tendiert.

Georges-Louis Leclerc (1707–1788), den Ludwig XV. 1772 zum Comte de Buffon erhob, stammte aus Montbard in Burgund und wurde 26jährig Mitglied der *Académie des sciences.* Reisen führen ihn u. a. nach Italien, England und in die Schweiz. Er übersetzt Hales' *Vegetable statics* und Newton ins Französische, wird 1739 Leiter des *Jardin du Roi* (heute: *Jardin des plantes*). Er richtet Treibhäuser und ein Naturalienkabinett ein, glänzt im Salon von Mme Necker, erträgt gelassen die Angriffe Voltaires und faßt den

Plan zu einer umfassenden Beschreibung der Natur. Das Ergebnis ist die nach Plinius so genannte *Histoire naturelle.* 1753 wird Buffon Mitglied der *Académie française.* Seine *Correspondance* (posthum 1860) beweist den Zusammenhang von Aufklärung und naturwissenschaftlicher Erkenntnis.

Buffon beherrschte das naturwissenschaftliche Schrifttum seiner Zeit. Er kannte Pluche (*Spectacle de la nature* 1732), Réaumur (*Histoire des insectes* 1734–1742), Boureau-Deslandes *(Recueil de différents traités de physique et d'histoire naturelle).* Geschickt wählte er seine Mitarbeiter aus: Guéneau de Montbéliard und der Abbé Bexon schrieben über Ornithologie, Guyton de Morveau und Faujas de Saint-Fond über Mineralogie, Daubenton über Anatomie. Lacepède, Latreille und Brisseai-Mirbel führten das Unternehmen nach Buffons Tod weiter.

Buffon kannte den Wert des Experiments. Darin ist er Locke und Newton näher als Descartes. »La seule vraie science est la connaissance des faits.« Er sezierte, mikroskopierte, beobachtete die Fortpflanzung der Vögel, die Schmelzprozesse der Metalle, rekonstruierte den Brennspiegel des Archimedes und versuchte vor Franklin, einen Blitzableiter zu bauen. Den Enzyklopädisten folgte er, solange sie Aufklärung nicht mit Ideologie gleichsetzten. Systemfeindlichkeit bestimmt auch seine letztliche Absage an Linné.

Die *Histoire naturelle, générale et particulière* (36 Bände, 1749–1789) ist z. T. mit kunstgeschichtlich bedeutsamen Abbildungen versehen und wurde, gewissermaßen als Gegenstück zur *Encyclopédie,* in der für zeitgenössische Verhältnisse hohen Auflage von 3000 Exemplaren verbreitet. Die ersten Bände fanden sofort deutsche und englische Übersetzer. Insgesamt gliedert sich das Werk wie folgt: T. I: *Théorie de la terre* (1749: enthält den später korrigierten Gedanken, die Form der Erdoberfläche sei Folge von Wassereinwirkung); T. II und III: *Histoire naturelle de l'homme* (1749); es folgen insgesamt 12 Bände über *Les quadrupèdes vivipares* (1753–1778); 9 Bände über *Les oiseaux* (1770–1783); 5 Bände über *Les minéraux* (1783–1788) und 7 Bände *Suppléments* (1774–1789). Diese enthalten u. a. die Beschreibung der *Epoques de la nature,* in der entgegen der in Band I vertretenen Wasserthese die Oberflächengestaltung der Erde als Folge von Feuereinwirkung (Lava, Vulkane, etc.) erklärt wird.

Die *Histoire naturelle* gibt Auskunft über einen geistigen Werdegang:

Am Anfang steht der Glaube an die Unveränderlichkeit der *species*: das Pferd ist kein Verwandter des Esels, der Mensch kein Verwandter des Affen. Aber die Entdeckung verschiedener Klimazonen, die Tatsache, daß jenseits des Ozeans andere Verhältnisse in Fauna und Flora herrschen und das geologische Funde Veränderungen in Tier- und Pflanzenwelt, sowie riesige Wanderungen bestätigen, bringen diese Einstellung ins Wanken: »... la nature est dans un mouvement de flux continuel.« Klima, Ernährung, Lebensumstände, etc. gewinnen einen Stellenwert in der Naturbeobachtung. Diese tendiert zur Anerkennung des in Deutschland u. a. von K. Friedrich Wolff (1759) verbreiteten Evolutions-, ja des darwinistischen Überlebensprinzips: »Les espèces les moins parfaites, les plus délicates, les plus pesantes, les moins agissantes, les moins armées, ont déjà disparu ou disparaîtront.«

Das Finalitätsdenken ist zerstört: »La nature est donc bien loin de s'assujettir à des causes finales dans la composition des êtres.« Das widersprach sowohl der christlichen Schöpfungslehre als auch dem Naturglauben Rousseaus und seiner Jünger. Bernardin de Saint-Pierre, der in den *Etudes de la nature* Ebbe und Flut aus der Eisschmelze erklärte und die Gliederung der Melone als Beweis dafür ansah, daß sie geschaffen sei, den Hunger einer vielköpfigen Familie zu stillen, konnte Buffons Ergebnissen nichts abgewinnen.

In den *Epoques de la nature* (Band V der *Suppléments*) ist Leben ein Zustand der Materie. Alles ist Materie. Die Planeten sind losgesprengte Teile der Sonne, um die sie kreisen. Auch die Erde ist ein langsam erkalteter Feuerball. Aufgrund der gemeinsamen Urgeschichte der Planeten ist Leben auch auf anderen Sternen möglich. Und genauso, wie die Planeten des Sonnensystems auf einen gemeinsamen Ursprung hindeuten, sind auch die Erscheinungsformen des Lebens auf der Erde Variationen eines Grundprinzips. Pflanzen, Tiere, Menschen bestehen aus organischen Molekülen, deren Funktionen sich im Laufe der Geschichte des Lebens differenziert haben. Die am höchsten entwickelte Spezies auf der Erde ist der Mensch. Die Sprache hat ihm erlaubt, zum *animal civile* zu werden. Seine Berufung ist die Naturaneignung, seine Größe die Wissenschaft, seine Aufgabe der Friede und die Bewahrung der Natur.

Nicht alle Gedanken Buffons sind bestätigt worden. Manche Hypothesen wurden falsifiziert. Wo die Naturwissenschaften nicht weiterhalfen, formulierte er metaphorisch, poetisch. Wo der Historiker mit papiernen Dokumenten arbeitet, fordert er die Lektüre in den »archives du monde«, d. h. die Auswertung geologischer Ablagerungen und Spuren. Der Epochenbegriff im Titel seiner Schrift brachte ihn unwiderruflich in Konflikt mit der biblischen Schöpfungslehre, für deren Vertreter im 18. Jahrhundert die Erschaffung der Welt ca. 7000 Jahre zurücklag. Buffons Hypothese führte in eine sehr viel frühere Vergangenheit, über deren chronologische Tiefe – heute setzt man ca. 3 Milliarden Jahre an – er sich freilich auch noch täuschte.

Was die Frühgeschichte der Menschheit angeht, so lohnt ein Vergleich zwischen Buffons *Septième époque* und Rousseaus Beschreibung des *homme primitif* im ersten *Discours*. Buffon weist nach, wie die Kultur, z. B. die Herstellung von Werkzeugen und Waffen, einer Notwendigkeit folgte, an deren Ende keineswegs die Korruption des Menschen durch die Zivilisation stehen muß. Die Kultur schafft Lebensvoraussetzungen, sie kann daher keinen Irrweg bedeuten. Als einer der ersten greift Buffon Jussieus These auf, daß Feuersteine zu den ersten Waffen des Urmenschen gehörten.

Man hat die *Septième époque* mit Buch V des *De rerum natura* von Lukrez verglichen. Rousseau widersprach Buffons Naturauffassung. Für ihn ist die Natur Mutter, Freundin, Kraftreservoir. Für Buffon ist sie das zwar auch, aber sie ist zusätzlich noch Umwelt, Forschungsgegenstand. Die aufgeklärten Philosophen um die *Encyclopédie* lehnten Buffons Thesen ab. Sie waren ihnen zu unabhängig und auch zu wenig radikal. Den kompromißlosen Materialismus von Holbachs *Système de la nature* konnte Buffon nicht nachvollziehen. Eher wäre er mit Diderots transformationalistischem Denken konform gegangen. Vielleicht gehört es zu den verpaßten Gelegenheiten des 18. Jahrhunderts, daß keiner von Buffons ›aufgeklärten‹ Gegnern über das naturwissenschaftliche Detailwissen verfügte, das die Aufnahme eines wirklichen Dialogs ermöglicht hätte. Mit Diderot verbindet Buffon jedenfalls der Glaube an die Kultur, die Ablehnung des Sklavenhandels, der Kampf um den Frieden und das »meilleur gouvernement possible«. Die Naturwissenschaften führen bei Buffon mitten hinein in die Probleme der Gesellschaft. Goethe, dessen Metamorphosenlehre (1796) nicht weit von Buffon entfernt ist, schrieb, daß beim Autor der *Histoire naturelle* »Sondern und Verknüpfen zwei unzertrennliche Lebensakte sind« und er betonte, er habe die »Außenwelt« als ein »in wechselseitigen Bezügen sich begegnendes Ganzes« begriffen. Damit bescheinigt er ihm ein dialektisches Denkprinzip.

Daß Buffon sich Gedanken über Wirkmöglichkeiten seines Werkes machte, beweisen seine Überlegungen zur Rhetorik. Sie sind enthalten im *Discours sur le style,* der Antrittsrede für die *Académie* von 1753:

Buffon fordert einen unterkühlten Stil. Da er nicht überzeugen, sondern die Wahrheit sagen will, stellt er Ethik über Pathos und fordert die Einheit von Denken, Schreiben und Sagen: »Bien écrire, c'est tout à la fois bien penser, bien sentir et bien rendre... Le style n'est que l'ordre et le mouvement qu'on met dans ses pensées.« – Der berühmte Satz »Le style est l'homme même« ist oft mißverstanden worden. Buffon propagiert nicht die Exteriorisierung individueller Seelentiefen, er ist kein Romantiker. Sein Satz besagt lediglich, daß ein Gedanke, der eine Wahrheit enthält, nicht dem Autor, sondern allen Menschen gehört. Dem Autor gehört jedoch das Sprachkleid, mit dem er diesen Gedanken vorbrachte. Daher macht die Sprache, nicht der Gedanke den Wert des Autors, seine Unverwechselbarkeit aus. Von daher motiviert sich Buffons Absage an das Wissenschaftschinesisch. Ein guter Autor nennt die Dinge »par les termes les plus généraux«, hier schwingt das Bildungsideal des *honnête homme* mit. Die Notwendigkeiten der Wissenschaftssprache hat Buffon vielleicht unterschätzt. Die Möglichkeit ihres Mißbrauchs als Machtmittel hat er klar erkannt.

Buffons Wirken bestimmte die Arbeitsweise vieler französischer Naturwissenschaftler. Lagrange (1736–1814) verdankt ihm sein Interesse an der Astronomie, Lavoisiers (1743–1794) *Traité de chimie* (1789) verrät seine Vorarbeit, Lamarck und Geoffroy Saint-Hilaire bekannten sich als seine Schüler.

## 10. Diderot

Denis Diderot (1713–1784) stammt aus einer Familie von Messerschleifern aus Langres.

Er studiert bei den Jesuiten Latein, Griechisch, Englisch, Italienisch, Mathematik und Physik. 12jährig erhielt er die Tonsur. In Paris besucht er später das *Collège Harcourt,* vielleicht auch das *Collège Louis-le-Grand.* 1732 wird er *maître ès arts.* Dann zieht er das Bohème-Leben dem Jura-Studium vor. Er lehrt Mathematik, obwohl er nichts davon versteht, wird Ghost-Writer eines Missionars, befreundet sich mit Rousseau (1742), Grimm, Condillac, D'Alembert, heiratet heimlich die Wäscherin Anne-Toinette Champion. Für seine Tochter Angélique sucht er eine bürgerliche Partie. Mit seinem deutschen Freund Wille liest er sentimentale Romane, ansonsten ist sein Lebenswandel während dieser Jahre nicht immer erbaulich: der Kleinbürger umgibt sich mit »Typen, wie sie in der Welt von Rameaus Neffen dahintreiben, lebend, liebend, schmarotzend, dichtend oder geigend« (Mönch). Später liiert er sich mit der abenteuerlichen Mme de Puisieux, für die er im Rückgriff auf den Fabliau *Le chevalier qui faisait parler les cons* die *Bijoux indiscrets* (1748, gedruckt in Holland) schreibt, deren 38. Kapitel Lessings *Hamburgische Dramaturgie* anregte. Die Gunst von Mme de Meaux teilt er mit drei weiteren Liebhabern, erst 1756 gewinnt er die Freundschaft von Sophie Volland, die Anlaß zu dem bekannten Briefwechsel gab.

Die Jahre der *Bohème* bringen u. a. die Übersetzungen vom Temple-Stanyans *Histoire de la Grèce,* James' *Dictionnaire médical,* Shaftesburys *Inquiry concerning virtue and merit.* Und sie bringen 1746 die Bekanntschaft des Verlegers Le Breton, der ihn beauftragt, für 100 Franken pro Monat die *Cyclopedia or universal Dictionary of the Arts and Sciences* von Ephraim Chambers (London 1727) für französische Leser umzuarbeiten. Nach dem Ausscheiden von Gua de Malves wurde Diderot bald zum Herausgeber des größten französischen Lexikonunternehmens vor Larousse.

In diesen Jahren erschienen auch die deistischen und öffentlich verbrannten *Pensées philosophiques* (1746), die *Promenade du sceptique* (1747), die

*Lettre sur les sourds et muets* (1751), die den Vergleich mit Feijóos *Sordomudos* lohnt. Die *Lettre sur les aveugles à l'usage de ceux qui voient* (1749) bringt ihn für 4 Monate ins Gefängnis von Vincennes, wo Rousseau ihn besuchen wird. In der *Lettre* geht Diderot von einer Staroperation aus, die Réaumur gemacht hatte und stellt durch den englischen Mathematiker Saunderson die Frage nach dem Ursprung der menschlichen Kenntnisse. Die *ideae innatae* werden abgelehnt, Diderot dringt zu der 1746 auch in Condillacs *Origine des connaissances humaines* verbreiteten Ansicht vor, alle Kenntnis sei über die Sinne vermittelt. Im Bereich der Ästhetik führt das zur Ablehnung ›ewiger‹ Prinzipien.

Der Gefängnisaufenthalt bremst Diderots Angriffslust. Man wird seinen Namen z.B. in Voltaires Kampf gegen Justizwillkür und Rechtsbeugung vergeblich suchen. Die *Encyclopédie* sollte offenbar wegen allzu eindeutigen Engagements nicht in Gefahr geraten. Trotzdem enthalten die *Pensées sur l'interprétation de la nature* (1755) einen materialistischen Kern, den erst Auguste Comte wirklich aufdecken wird. Diderot lernt in dieser Zeit Holbach kennen, und macht dann auf Schloß Granval die Bekanntschaften von Galiani, Damilaville, Saint-Lambert, Mme d'Houdetot, Mme d'Epinay u. a. Letztere besucht er oft auf dem Gut *Les Chevrettes*. Die Freundschaft mit Rousseau zerbricht 1757 in der Auseinandersetzung um den Artikel *Genève* der *Encyclopédie*. Rousseau wird für Diderot der verhaßte Antiphilosoph.

Von den Entwicklungen auf dem Theater seiner Zeit angetan, fördert Diderot die Erneuerungsbewegung. *Le fils naturel* und das *Entretien avec Dorval* sollten den Durchbruch des bürgerlichen Dramas bringen:

*Le fils naturel* (gedruckt 1757 in Amsterdam; aufgeführt 1771) ist ein rührseliges Prosastück über das auch bei Goldoni behandelte *(Il vero amico)* Motiv der Freundestreue. Zwei Freunde, die das gleiche Mädchen lieben, übertreffen einander in tränenreicher Großherzigkeit, bis schließlich eine *reconnaissance* – Dorval ist Rosalies Halbbruder – das *imbroglio* löst. Im Anschließenden *Entretien avec Dorval* umreißt Diderot z.T. unter Rückgriff auf Kapitel 38 der *Bijoux indiscrets* die Ziele seiner »tragédie domestique et bourgeoise«. Sie hebt sich vom aristokratischen Ambiente der Klassik ab, die Personen werden nach Maßgabe der jeweiligen gesellschaftlichen Bedingungen, der *condition,* charakterisiert. Als Publikum wünscht Diderot sich freilich keine kleinen Leute, sondern die abstrakte *humanité. De facto* begründet Diderots Theorie im Nachhinein eine Praxis, die sich seit Nivelle de la Chaussée und Destouches bereits gezeigt hatte. Als frühes Beispiel für die Verwirklichung seiner eigenen Theorie sah Diderot die *Silvie* (1741) von Paul Landois an.

Im erfolglosen *Père de famille* (1758; aufgeführt 1760), der von Unwahrscheinlichkeiten strotzt, versucht Diderot erneut die Umsetzung seiner Idee vom *genre sérieux.* Auch diesmal läßt er eine theoretische Abhandlung folgen, den Grimm gewidmeten *Traité sur la poésie dramatique.*

Der *Traité* ist ein Manifest. In 22 Kapiteln vertieft Diderot seine Überlegungen zu *comédie sérieuse* und *drame philosophique,* bzw. *drame moral,* sowie zur gesamten ›äußeren‹ Theaterwissenschaft: Kulissen, Kostüme, Gestik, Regie, Pantomime, Verhältnis von Bühne und Tageskritik etc. Das Theater soll auf der Realität beruhen, sie jedoch pathetisch steigern, so daß die Zuschauer das Ende der Vorstellung mit einem Erleichterungsseufzer quittieren. Es gilt, Emotionen zu wecken. Die im klassischen Theater mythologisch verschleierte Motivation menschlichen Handelns wird psychologisiert: Ursprung der Tragik ist nicht das Fatum, auch nicht die Prädestination, sondern die menschliche *méchanceté.* Daß Dichtung »quelque chose d'énorme, de barbare et de sauvage« sei, ist eine Lektion, derer sich der Sturm und Drang erinnern wird. In der klassikfeindlichen Haltung Diderots sahen seine Gegner alle bekämpfenswerten Aspekte der Aufklärung vereinigt. Palissot de Montenoy, der Tragödien im klassischen Stil schrieb (*Zarès* 1749), behauptete Diderot gegenüber die auch von Voltaire gestützte Persistenz der klassischen Ideale. Fréron machte seine *Année littéraire* zum Instrument des Kampfes für die traditionelle Tragödie (seit 1754). Daß es ihm dabei mehr um philosophische Reaktion als um Ästhetik ging, beweist die Tatsache, daß er auch ein unversöhnlicher Gegner Voltaires war, dessen Tragödienpraxis er eigentlich hätte stützen müssen.

Zwischen 1777 und 1781 schrieb Diderot eine Komödie, in der er selber auf der Bühne steht: *Est-il bon? Est-il méchant?* (aufgeführt 1904 im Odéon). Hier thematisiert er die Schwierigkeit, ein Stück zu schreiben. Mit *Le paradoxe sur le comédien* (1773), das 1830 vor dem Hintergrund der *Bataille d'Hernani* veröffentlicht wurde, versucht er eine neuartige Grundlegung der Schauspielkunst:

Das Werk ist eine Rhetorik der Schauspielkunst. Es verneint den Gedanken, daß ein Schauspieler seine Rolle ›leben‹ müsse und betont demgegenüber die Technik des Metiers. Ein guter Schauspieler muß unabhängig von seinem Seelenzustand in Rollen schlüpfen, Masken verkörpern können, er muß eine Marionette des Autors sein. Es zählt allein die erzielte Wirkung, nicht der Seelenzustand. Diderot war ein Bewunderer des englischen Schauspielers Garrick, den er 1764/65 in Paris kennen lernte. Er schätzte ferner die Schauspielerinnen Clairon, Duclos, Dumesnil und die Mimen Baron, Le Kain, Quinault-Dufresne, Riccoboni u. a.

Lessing übertrug den *Fils naturel* und den *Père de famille.* Andererseits war Diderot auch bereit, sich von Deutschland her anregen zu lassen. Aus dem Briefwechsel mit Sophie Volland geht hervor, daß er eine Übersetzung von Lessings *Miss Sarah Sampson* plante. Der Entwurf einer Vorrede ist erhalten.

Aber Diderot versuchte sich nicht nur auf dem Theater. Seit dem Artikel *Beau,* den er für die *Encyclopédie* schrieb, interessierte er sich für Kunst und Kunstkritik. Er sammelt Bilder und Stiche, befreundet sich mit La Tour, Van Loo, Falconet, Greuze und Vernet. 1759 bis 1781 (Ausnahmen: 1773, 1777, 1779) schreibt er für Grimms *Correspondance littéraire* seine *Salons.* Er ist ein aufmerksamer Besucher der Pariser Kunstausstellungen, insbesondere der im Zweijahresrhythmus stattfindenden Louvre-Salons. Von 1765 stammt Diderots *Essai sur la peinture.* Auch in den Briefen an Sophie Volland finden sich bemerkenswerte Kunstkritiken. Er vertieft seine Ideen in *Sur l'origine de la nature du beau* und in den *Pensées détachées sur la peinture.* Dabei hat er im Grafen Caylus (*Salons* 1751, 1753) einen illustren Vorläufer. Baudelaire, Apollinaire u. a. werden sich an seiner literarischen Kunstkritik messen lassen müssen.

1760 vollendet Diderot *La religieuse* (posthum 1796):

Dieser Roman – Diderot zögerte zwischen den Bezeichnungen *Roman, Conte, Ouvrage* – ist die in Memoirenform gekleidete Geschichte der Nonne Suzanne Simonin, die die ihr aufgezwungene Profeß annullieren lassen will. Der realistische Zug des Werks geht u. a. daraus hervor, daß es, wie Grimm in der *Correspondance littéraire* nachweist (1770), auf tatsächlichen Vorgängen beruht. Darüber hinaus weist es mit der Schilderung von Perversität, Askese und sado-masochistischen Entgleisungen in die Richtung der im 18. Jahrhundert beliebten lizenziös-antiklerikalen Literatur. Der empfindsame Ton der *Religieuse* verrät, daß Diderot ein Leser Richardsons war. Ihm widmet der Autor eine Eloge im *Journal étranger* von 1761.

1762 beginnt die Arbeit am Dialogroman *Le neuveu de Rameau*:

Im *Café de la Régence* an der *Place royale* siedelt Diderot den Dialog zwischen *Moi* und *Lui* an. Er führt zur Entdeckung eines zynischen Tagediebs, der als Bohémien und Schmarotzer von Rang die Kehrseite der zeitgenössischen Gesellschaft entlarvt. Rameau, der Neffe des Komponisten, hat als Organist und Musiklehrer tatsächlich im Paris Diderots gelebt. Mercier beschreibt ihn als sympathischen Nichtstuer. Im *Neveu* hingegen wird er zum Antiaufklärer schlechthin: »Il n'y a rien d'absolument, d'essentiellement, de géneralement vrai ou faux.« Seine pseudo-revolutionären Paradoxien entwickelt er mit allen Finessen seiner mimischen Begabung. Er ist der Outlaw, der das Genie schätzt, der verkrachte Künstler, der um seine vergebenen Chancen weiß. Er kann in Verzückung geraten, wenn er Musik hört, gibt bald sich selber, bald der Umwelt die Schuld an seinem verkrachten Leben, hat weder die Kraft zur Revolte noch zur Selbstdisziplin. Er weiß sich als Opfer und heult mit den Wölfen: »Je suis moi et je reste ce que je suis, mais j'agis et je parle comme il convient.« Die Äußerungen des *Neveu* sind ein Feuerwerk von gewagten Hypothesen, unorthodoxen Vorbringungen, unlogischen Gedankenführungen, exzentrischen Verhaltensweisen und ›aveux inavouables‹.

Der *Neveu de Rameau* bezeichnet zugleich ein interessantes Kapitel französisch-deutscher Kulturgeschichte:

Da Diderots Manuskript zu seinen Lebzeiten verlorenging, blieb Goethes Übersetzung von 1805 die Grundlage für die Rückübersetzung ins Französische von Saur und Saint-Geniès (1821). Das Originalmanuskript des *Neveu* fand Monval 1891 bei den Bouquinisten des Pariser Seineufers.

Der Erzähler Diderot bediente sich außer des Dialogs auch noch anderer Gattungen. *Les deux amis de Bourbonne* (1770) und die *Regrets sur ma vieille robe de chambre* (1772) sind *contes* und gehören damit einer Gattung an, deren Theorie Diderot in *Ceci n'est pas un conte* darstellt. Dabei ordnet er im Rückgriff auf rhetorische Kategorien dem *conte merveilleux* das Pathos zu, dem *conte plaisant* das Ethos, dem *conte historique* das Pragma. Diderots punktuelle Inhalte, deren moralische Bewertung schwerfällt, weil sie nur um den Preis vorschneller Generalisierungen geschehen können, weisen in die Richtung der modernen Kurzgeschichte. Die Jahre 1773–1774 verbringt Diderot auf einer Reise durch Rußland.

Seit 1763 stand er mit Katharina der Großen in Verbindung, die nach seiner Auffassung zugleich Caesars und Brutus' Seele besaß und diese »avec toutes les séductions de Cléopatre« vereinigte. Die Zarin linderte die Geldnöte ihres Schützlings, indem sie ihm seine Bibliothek abkaufte, sie ihm jedoch lebenslang zur Benutzung beließ. Mit dem *Plan d'une université pour le gouvernement de la Russie* hoffte Diderot die Aufklärung in Rußland zu verbreiten.

Damals entstand auch *Jacques le fataliste et son maître* (geschrieben 1773/1775; Teildruck in der *Correspondance littéraire* 1778–1780):

*Jacques le fataliste* wurde durch eine Episode aus Sternes *Tristram Shandy* (VIII) angeregt und baut zudem auf dem vom *Quijote* überkommenen Schema der Wanderung von Herr und Diener auf, die sich die Zeit durch Gespräche vertreiben. Gesprächsgegenstand ist die Fatalität. Die versprochene Schilderung von Jacques' Liebesabenteuern wird ständig durch unvorhergesehene Ereignisse unterbrochen. Nach Art von Cervantes fügt Diderot kurze Novellen in sein *Récit* ein, z. B. die Geschichten vom heuchlerischen Pater Hudson oder von der Kupplerin Mme de la Pommeraye, die Schiller unter dem Titel *Merkwürdiges Beispiel einer weiblichen Rache* noch vor Erscheinen des vollständigen französischen Textes (1796) ins Deutsche übertrug (1785). Diderot verstand das Werk als Exemplifikation seiner Erzähltheorie: »Il est bien évident que je ne fais pas un roman, puisque je néglige ce qu'un romancier ne manquerait pas d'employer. Celui qui prendrait ce que j'écris pour la vérité, serait peut-être moins dans l'erreur que celui qui le prendrait pour une fable.« Jacques, der alles für vorherbestimmt hält, ist in Wahrheit der freiere Gesprächspartner. Während sein Herr konkret von drei ›Dingen‹ abhängt – von seinem Pferd, seiner Tabaksdose und von Jacques – hängt der Diener ›nur‹ vom Schicksal ab. Das Fatalismusthema ist in Wahrheit das Thema der menschlichen Freiheit.

Im Titel auf Ciceros *Somnium Scipionis* anspielend, hatte Diderot schon 1769 im Anhang des *Entretien entre D'Alembert et Diderot* seinen *Rêve de d'Alembert* geschrieben. Hier vereinigt er D'Alembert, Bordeu und Mlle de Lespinasse in einer Gesprächsrunde, in der sich als These herausschält, daß die *matière sensible* im Verlauf evolutionistischer Prozesse die verschiedensten Formen des Lebens hervorzubringen vermag. Leben ist ein Zustand der Materie: Marmor wird Humus, Humus ernährt die Pflanze, die Pflanze das Tier oder den Menschen. Der materialistische Grundton des Werks blieb den Zeitgenossen nicht verborgen. Voltaire vollzog nach dem *Rêve* den Bruch mit der Philosophengruppe. Diderot fügte noch eine *Suite de l'entretien entre D'Alembert et Diderot* an. Um 1772 schrieb er eines seiner revolutionärsten Werke: das *Supplément au voyage de Bougainville*:

Es handelt sich um einen kommentierenden Dialog zum *Voyage autour du monde* (1771), in dem Louis-Antoine Bougainville (1729–1811) seine Weltumseglung von 1766–1769 erzählt hatte. Der Seefahrer, der bereits als Übersetzer von Polignacs *Lucretius sive de Deo et natura* (1745) hervorgetreten war, lieferte mit dem *Voyage* das französische Gegenstück zum *Voyage around the World* von Johann Forster. Bougainvilles Tahitiepisode, die aufgrund der dort geschilderten Gastprostitution als besonders lesenswert galt, ist der Ausgangspunkt für Diderots *Supplément.* Es führt zur ideologiekritischen Infragestellung der europäischen Moralbegriffe und behauptet die Relativität kulturgebundener Evidenzen. Kolonialismus und christliche Missionstätigkeit werden kritisiert, die *Adieux du Vieillard* gehören zum Härtesten, was Diderot in dieser Hinsicht geäußert hat. Dieser Text zeigt zugleich den souveränen Umgang mit der Topik des ›Guten Wilden‹ als Kontrastträger zum ›verderbten‹ europäischen Zeitgenossen. Diderots Mitarbeit an Raynals *Histoire des Deux Indes* weist in die gleiche Richtung. Mit dem *Supplément* steht Diderot zudem am Beginn der französischen Tahitimythen, die bis hin zu Pierre Loti und Paul Gauguin wirken sollten. Giraudoux schrieb ein *Supplément au voyage de Cook.*

Dem *Supplément* folgt die *Réfutation d'un ouvrage d'Helvétius intitulé L'Homme* (1773/74), das sich kritisch auf Helvetius' *De l'homme, de ses facultés intellectuelles et de son éduction* bezieht und Diderots Bemühen um eine positive Moral zeigt. Dennoch führt Diderots Philosophie zum Materialismus. 1776 publiziert er *L'entretien d'un philosophe avec la maréchale de ***.* Im *Essai sur les règnes de*

*Claude et de Néron* (1778) bemüht er sich erneut um moralische Grundlegungen und arbeitet gleichzeitig an den *Eléments de physiologie* (1774–1778). Er stirbt am 20. 7. 1784.

Diderot war kein Gelehrter, aber ein »Vielwisser« (Jan): Kunstkritiker, Essayist, Philosoph, Romanautor, Dramatiker, Theologe und Erbauer einer tragbaren Druckmaschine, erschien er A. W. Schlegel als »geistreicher Sophist«. Sainte-Beuve schätzte ihn gar nicht, Taine verabscheute ihn, die Brüder Goncourt rehabilitierten ihn. Oft verrät er die Unsicherheit eines Geistes, der an die Wahrheitsfindung im Gespräch glaubt und auch nicht davor gefeit ist, sich zu verschiedenen Zeiten von verschiedenen Argumenten überzeugen zu lassen. Er bekennt sich als gespaltenes Wesen: »J'enrage d'être empêtré d'une diable de philosophie que mon esprit ne peut s'empêcher d'approuver, et mon cœur de démentir.« So wird seine Philosophie zu einer eigenartigen Mischung von »Materialismus und Erosmetaphysik« (Mönch). Es gilt zu unterscheiden: »La clarté est bonne pour convaincre; elle ne vaut rien pour émouvroir.« In der Kunst jedoch gilt die Empfindsamkeit bis hin zum pathologischen Gefühlskult als Ziel: »Poètes ... soyez ténébreux.« Im Artikel *Génie* der *Encyclopédie* zeigt Diderot, wie das *Génie* seiner Auffassung nach über Inspirationsquellen verfügt, die den Konflikt mit der *Ratio* und mit dem gesellschaftlich genormten *goût* unvermeidlich machen. Das *Génie* wird damit zum Außenseiter. Und auf die *hirsutes* der Romantik verweist die an Montaignes berühmte Formel von der »tête bien faite« anknüpfende Äußerung: »Une tête ébouriffée me plaît plus qu'une tête bien peignée.«

Die Konstanten müssen gleichsam statistisch aus Diderots Werk herausgefiltert werden: »... notre véritable sentiment n'est pas celui dans lequel nous n'avons jamais vacillé, mais celui auquel nous sommes le plus habituellement revenus.« Die theologische Dreieinigkeit wird ästhetisch umreflektiert: »... le vrai est le père, et qui engendre le bon qui est le fils, d'où procède le beau qui est le saint-esprit.« Das Wahre, Gute und Schöne: Diderot bedient sich des Begriffsapparats der deutschen Klassik.

Diderot ist kein Philosoph der individuellen Freiheit. Sein Materialismus ist ein Determinismus. »Nous ne sommes que ce qui convient à l'ordre général, à l'éducation et à la chaîne des événements.« Diderot und Rousseau konnten sich nicht verstehen: »La vie intérieure n'est rien; la vie sociale est tout.« Diderots Werk zirkulierte zu seinen Lebzeiten oft nur handschriftlich. Auch Naigeons Ausgabe (15 vol., 1798) ist unvollständig. In der Ausgabe von Varloot füllen heute allein seine Briefe über 15 Bände. Diderots widerspruchsvoller Charakter reizte Auguste Jal zur dramatischen Bearbeitung (*L'ombre de Diderot et le bossu du Marais* 1819). Fragonards Porträt zeigt ihn arbeitend am Schreibtisch. Der Salonunterhalter und »philosophe du décousu« (May) war zugleich der zielstrebige Herausgeber der *Encyclopédie*.

## 11. Philosophen, Materialisten und Intriganten im Umfeld der Großen Enzyklopädie

Der Kampf um die *Encyclopédie* und die damit zusammenhängenden philosophischen, juristischen und naturwissenschaftlichen Problematiken führen über jene Grenzen hinaus, innerhalb derer der Literaturwissenschaftler sich noch kompetent äußern könnte. Die im folgenden anklingenden Fragen bedürfen daher zu ihrer Klärung der in der Forschung inzwischen tatsächlich in Gang gekommenen Zusammenarbeit von Historikern, Philologen, Politologen, Philosophen und Naturwissenschaftlern.

Seit er 1746 die Bekanntschaft Le Bretons gemacht hatte, arbeitete Diderot kontinuierlich an der *Encyclopédie,* deren Veröffentlichungsprivileg D'Arguesseau am 1. Januar dieses Jahres unterzeichnet hatte. Die Voraussetzungen für eine französische Bearbeitung von Chambers englischer *Cyclopedia,* wie sie Le Breton vorschwebte, waren in Frankreich günstig. Furetière, Bayle, Moréri und die Jesuiten von Trévoux hatten den Boden bereitet und auch die Lexika-Unternehmungen der Akademie sowie das 1696 in Brüssel erschienene umgangssprachlich orientierte *Dictionnaire des Halles* gehören in die Vorgeschichte. Fontenelle hatte zudem eine Neuausgabe von Thomas Corneilles *Dictionnaire des Arts et des Sciences* veranstaltet und es um mathematische Artikel erweitert. Einzelne Wissensgebiete verfügten bereits über eigene Lexika. Es gab ein *Dictionnaire économique* des Abbé Noël Chomel, ein *Dictionnaire de Droit et de Pratique* von Ferrière, ein *Dictionnaire universel de commerce, d'histoire naturelle, d'arts et métiers* von Savary Desbroulons. Der Titel *Enzyklopädie* erscheint erstmalig 1630 im Lexikon von Johann Heinrich Alsted. Für Diderot sollte Chambers Vorbild sein. Die *Encyclopedia Britannica* erschien 1768–1771.

Diderot faßte seine Aufgabe so auf, daß die *Encyclopédie* die »connaissances actuelles« der Menschheit umfassen und eine *machine de guerre* der Aufklärung sein sollte. Sein erster Mitarbeiter war D'Alembert.

Nach vorbereitenden Arbeiten 1746–1749, die durch den Gefängnisaufenthalt in Vincennes unterbrochen wurden, konnte 1750 in 8000 Exemplaren ein *Prospectus* erscheinen, der auf die bevorstehende Publikation von Band I der *Encyclopédie ou dictionnaire des sciences, arts et métiers, par une société de gens de lettres, mis en ordre et publié par M. Diderot ... et par M. D'Alembert ...* hinwies. Der *Prospectus* umreißt Diderots Ziele: es geht um ein umfassendes »tableau général des efforts de l'esprit humain dans tous les genres et dans tous les siècles« als Beitrag zum »progrès des connaissances humaines«.

Der im Titel erscheinende Begriff der *arts* ist nicht nur im Sinn von *Künste* zu verstehen. Er weist vielmehr in die Richtung von griechisch *techné* und bezeichnet somit auch die *Arts mécaniques* und den Bereich der angewandten Wissenschaften.

Der *Prospectus* brachte ca. 2000 Subskriptionen.

Am 1. Juli 1751 erscheint mit einer Widmung an D'Argenson der 1. Band der *Encyclopédie* mit dem bekannten wissenschaftstheoretischen *Discours préliminaire* von D'Alembert.

Der *Discours* fordert die Unterwerfung des Denkens unter die Gesetze der *raison.* Er stellt heraus, daß die *connaissances humaines* in ihrer Systematik und in ihrer historischen Entwicklung, d. h. ihrem *enchaînement* dargestellt werden sollten. Die Wissenschaften werden klassifiziert. Der Geistestätigkeit der *mémoire* entspricht als Wissenschaft die *histoire.* Der *raison* wird die *philosophie,* der *imagination* die *beaux-arts* zugeordnet. Über die Etappen der Erudition während des Humanismus, so meint D'Alembert, sei die Geistesentwicklung über die *belles-lettres* des 17. Jahrhunderts zur *philosophie* des 18. Jahrhunderts vorgedrungen. Sie gilt es zu verwirklichen.

Im Oktober 1751 folgt Band II. Dann häufen sich die Widerstände. Die Sorbonne erkennt dem Abbé Jean-Martin de Prades – er verfaßte den Artikel *Certitude* – den theologischen Doktorgrad ab, den sie ihm kurz zuvor aufgrund seiner dogmenkritischen Thesen zuerkannt hatte. Prades wird Vorleser bei Friedrich II. Die Jesuiten des *Journal de Trévoux* und die Jansenisten der *Nouvelles ecclésiastiques* gehen zum Angriff auf die *Encyclopédie* über:

Im Februar 1752 untersagt der *Conseil d'état* die Verbreitung der bereits gedruckten Bände. Es zeugt von den Schizophrenien der zeitgenössischen Gesellschaft, daß ausgerechnet der liberal eingestellte Chef der Zensurbehörde, Malesherbes, die Manuskripte des dritten Bandes dem Zugriff der Bücherpolizei entzog, indem er sie an dem einzigen Ort versteckte, wo niemand sie vermutete: in seiner eigenen Wohnung. Er weiß sich dabei der Sympathie der jesuitenfeindlichen Mme de Pompadour sicher. Die Subskriptionen werden zahlreicher, die öffentliche Meinung steht gegen die Zensur. 1753–1757 erscheinen die folgenden vier Bände ohne Schwierigkeiten.

Man hatte damals in Paris andere Gesprächsthemen. Sie drehen sich u. a. um die sog. *querelle des buffons* (1752–1753), wobei die Gruppe um die Königin – »le coin de la Reine« – die italienische Musik lobte, während »le coin du Roi« eher die französische Musik vorzog. Grimm (*Le petit prophète de Boehmischbroda),* Diderot und Rousseau haben an diesem Streit teilgenommen, der zeitweise den Kampf um die *Encyclopédie* übertönte. Während dieser Jahre wurden die Salons von Mme du Deffand und Mme Geoffrin Schwerpunkte der Enzyklopädisten. Die Gegner verbuchen Erfolge:

1757 publiziert der *Mercure de France* ein antiphilosophisches Pamphlet von Jacob Nicolas Moreau unter dem Titel *Premier mémoire sur les Cacouacs*, dem bald das *Nouveau mémoire pour servir à l'histoire des Cacouacs* folgt. Die Cacouacs sind ein wilder Volksstamm, hinter dem man leicht die Philosophenpartei errät. Sie stören die Moral und wollen den Glauben abschaffen. Das witzige Pamphlet schadete den Enzyklopädisten, weil es die Lacher auf seine Seite brachte. Auch war während der Ahndung des Damien-Attentats auf Ludwig XV. die allgemeine Stimmung den ›gefährlichen‹ Büchern nicht günstig. Fréron, dessen *Année littéraire* Voltaire gerne als *L'âne littéraire* verunglimpfte, schrieb bösartige Epigramme, Chaumaix publiziert die *Préjugés légitimes contre l'Encyclopédie* und Palissot de Montenoy, der Rousseau in der Komödie *Les originaux* (1755) angegriffen hatte, verfaßt seine *Petites lettres sur les grands philosophes* (1757) gegen Diderot und seine Mitarbeiter. Zwar wird man bald durch das Verbot der *Année littéraire* um einen Gegner ärmer, aber der Sturm, den Helvetius' Buch *De l'esprit* (1758) auslöst, hätte fast das ganze Unternehmen unmöglich gemacht. Das sensualistisch-relativistische Werk, das jede absolute Ethik leugnet, wird von Henkershand verbrannt, was um so peinlicher war, als es mit königlichem Privileg gedruckt worden war. Es kommt zur Verurteilung der *Encyclopédie* durch Papst Klemens VII. Am 8. 3. 1759 wird der Verkauf des Lexikons in Frankreich untersagt. Die Buchhändler werden zur Rückzahlung der Subskriptionen verpflichtet. Nicht ein Abonnent besteht darauf. In Palissots Komödie *Les philosophes* (1760) werden Dortidius-Diderot, Valère-Helvétius u. a. Philosophen witzig lächerlich gemacht. Frontin-Rousseau, der damals schon ein Feind der Enzyklopädisten war, kriecht hier auf allen Vieren über die Bühne und kaut an einem Salatblatt: Zurück zur Natur. Das Stück ist komisch und wurde den Enzyklopädisten gefährlich. Rationalismus und Humor vertragen sich selten. Morellet replizierte in *La vision de Palissot*. Der Streit zog sich hin mit A. Cailleau (*Les philosophes manqués* 1760), Cadet de Beaupré (*Les philosophes de bois* 1760) u. a. In der *Académie française* wettert Lefranc de Pompignan gegen Diderot. Diese Mikroliteraturgeschichte der *Querelle encyclopédique* führt auch zum Bruch zwischen D'Alembert und Rousseau wegen des *Genève*-Artikels mit der Folge, daß D'Alembert sich entmutigt von dem ganzen Unternehmen zurückzog.

Diderot gab jedoch nicht auf. Er wußte, daß sein Unternehmen auch Freunde hatte. Ludwig XV. war von seiner Nützlichkeit überzeugt und die Austreibung der Jesuiten brachte 1762 weitere Entlastung. Zudem glättete Le Breton oftmals allzu unvorsichtige Texte und zog es vor, einen falschen Drucker, den auf preußischem Territorium lebenden Samuel Fauche in Neuchâtel, anzugeben. Auf der Rechtsgrundlage einer *permission tacite* konnten so 1765 die Bände VIII–XVII erscheinen. Kurzfristig folgten 5 Bände mit kunst- und handwerksgeschichtlich bedeutsamen *Planches*. 1772 folgten 6 weitere Bände mit Abbildungen. Zwar mußte das Werk offiziell unter der Hand verbreitet werden, aber sein Erfolg war nicht mehr in Frage zu stellen. Man las es im Ausland, handelte es zu überhöhten Preisen, versuchte, handlichere Ausgaben herzustellen. Im Verlauf der *bataille encyclopédique* hatte sich gezeigt, daß die Gesellschaft des *ancien régime* von Widersprüchen durchzogen war, die es ihr nicht mehr erlaubten, die von den eigenen Institutionen erlassenen Bücherverbote wirklich durchzusetzen.

Unter den Mitarbeitern der *Encyclopédie* finden sich bekannte Namen: Buffon, Montesquieu, Rousseau, Voltaire, etc. Hinzu kommen zahlreiche anonyme Beiträge, namentlich in den Bereichen der eigentlichen *métiers*. So sind die ungezeichneten Beiträge *Moulin* oder *Soie* von höchstem technikgeschichtlichem Interesse. Le Blon schrieb über Taktik, Blondel über Architektur, Belin über Nautik und Schiffsbau. Im Artikel *Encyclopédie* betont Diderot, daß sein Unternehmen nur als Kollektivarbeit konzipierbar war. Viele seiner Mitarbeiter gehören möglicherweise »zu den Denkern zweiten Ranges« (Baruzzi), obwohl einige durchaus versuchten, zu eigenständigen Systemen vorzudringen.

Diderots Beitrag zur *Encyclopédie* umfaßt ca. 1000 Artikel (z. B. *Aristotélisme, Génie, Tabac, etc.)* zu literarischen, ethischen, politischen, ökonomischen, etc. Fragen. Sein anfänglicher Mitherausgeber Jean-Le-Rond, genannt D'Alembert (1717–1783), der uneheliche Sohn von Mme de Tencin, ist der Autor des umstrittenen Artikels *Genève.* Er stand im Briefwechsel mit Friedrich II. und mit dem Marquis d'Adhémar, der die *philosophie* am Hof der Wilhelmine von Bayreuth vertrat. 1762 schrieb er seine *Mémoires sur la destruction des Jésuites.* Seine *Mélanges de littérature d'histoire et de philosophie* (1783) nehmen u.a. zum *Esprit des lois* Stellung. Posthum erschien die *Histoire des membres de l'Académie française morts depuis 1700 jusqu'à 1770* (1785). 1780 kam auf seine Anregung hin das Preisausschreiben *Est-il utile de tromper le peuple?* zustande. D'Alembert war seit 1754 Mitglied der *Académie française.* Einen großen Anteil am konkreten Gelingen der *Encyclopédie* hat Louis de Jaucourt (1704–1779), Autor einer *Histoire de la vie et des œuvres de Leibniz;* er behandelte naturwissenschaftliche, medizinische, juristische, politische u. a. Gebiete. Zugleich erarbeitete er das an Bayle erinnernde System der Querverweise in der *Encyclopédie.* Die Mitarbeit Daubentons (1716–1800), der an Buffons *Histoire naturelle* partizipierte, erstreckte sich u. a. auf Anatomie und Medizin. Nur kurz währte die Teilnahme von César Chesneau Du Marsais (1676–1756) am *Encyclopédie*-Unternehmen. Der ideologiekritische Autor des *Essai sur les préjugés* (posthum 1769, ediert von Holbach), schrieb u. a. eine Rhetorik *(Les tropes)* und zahlreiche Artikel zu Problemen der Grammatik. Was die wirtschaftstheoretischen Ansätze der *Encyclopédie* angeht, so verdanken sie ihr vorwiegend physiokratisches Gepräge der Mitarbeit von François Quesnay (1694–1774) und Anne-Robert-Jacques Turgot (1727–1781). Quesnay ist Autor der Artikel *Fermiers* und *Grains* und selbständiger wirtschaftswissenschaftlicher Analysen (*Analyse du tableau économique* 1760: *La physiocratie* 1768, u. a.). Turgot veröffentlichte 1766 seine *Réflexions sur la formation et la distribution des richesses.* In literarischer Hinsicht prägte u. a. Jean-François Marmontel (1723–1799) das Gesicht der *Encyclopédie.* Seine literarischen Artikel faßte er 1787 in den *Eléments de littérature* zusammen. Als fruchtbarer Autor selbständiger Werke erscheint er in einem anderen Zusammenhang. Der weitgereiste La Condamine (1701–1774) schrieb über mathematische und geographische Probleme. Die philosophische Ausrichtung der *Encyclopédie* bestimmten u. a. Helvétius, Condillac, Holbach und Morellet.

Claude-Adrien Helvétius (1715–1771) war ein streitbarer Atheist, dessen *De l'esprit* die *Encyclopédie*-Unternehmung hätte gefährden können. Der posthum erschienenen Schrift *De l'homme, de ses facultés intellectuelles et de son éducation* (1773) widmete Diderot eine *Réfutation.* Die u. a. in *Du plaisir* entworfene Psychologie ist sensualistisch und stellt lange vor Freud das Lustprinzip als mächtigsten Antrieb des menschlichen Handelns heraus. Seine Geschichtsphilosophie ist zyklisch, Demokratie hält er vornehmlich in kleinen Staaten für möglich. Der Fortschritt relativiert sich bei Helvetius zum Kreislauf des ewig Gleichen, da das Schicksal menschlicher Gesellschaften der Mechanik von *Grandeur* und *Décadence* unterworfen ist. Helvétius glaubte nicht an den linearen Fortschritt, er weiß um die Gegenkräfte und dringt in der Erforschung der hier vermuteten Dialektik zur Definition des *ancien régime* als einer ›Endzeit‹ vor.

Etienne Bonnot, Abbé de Condillac (1715–1780, schrieb ökonomische und psychologische Artikel für die *Encyclopédie.* Er stand den Physiokraten nahe (*Le commerce et le gouvernement considérés relativement l'un à l'autre* 1776) und ist philosophiegeschichtlich Locke und dem Sensualismus verpflichtet: *Essai sur l'origine des connaissances humaines* 1746; *Traité des sensations* 1754). Wie Feijóo fragt er nach der Sprache der Tiere. Descartes *ideae innatae* lehnt er ab. Er wirkte als Erzieher des Thronfolgers von Parma und gab in dieser Eigenschaft die *Cours d'études* (16 Bände 1758–1767) heraus.

Einen wichtigen Rückhalt fanden die oft bürgerlichen Enzyklopädisten beim Baron Paul Heinrich Dietrich von Holbach (1723–1789) aus Edesheim in der Pfalz. Er bekämpft die christliche Offenbarungsreligion (*Le christianisme dévoilé* 1767; *Le système de la nature ou les lois du monde physique et du monde moral* 1770). Er fordert eine diesseitige Tugendmoral: »Sois juste, sois bon, sois vertueux ... en un mot sois homme«, man ist auf dem Weg zu Goethes edlem, hilfreichem und gutem Menschen. Für die *Encyclopédie* verfaßte Holbach 376 chemische und mineralogische Artikel, in denen er z. T. deutsche naturwissenschaftliche Erkenntnisse (Haeckel, Wallerius, Stahl u. a.) nach Frankreich vermittelte. Als konsequenter Materialist (*Histoire critique de Jésus-Christ* 1770; *L'esprit du judaisme* 1769) bedient er sich oft des Anonymats und publiziert auch Schriften Boulangers, Du Marsais' u. a. In seiner *Ethocratie ou le gouvernement fondé sur la morale* (1776) will er individuelles und kollektives Glücksstreben zusammenführen. Posthum erschien *Le bon sens du curé Meslier* (1792).

Der Abbé André Morellet (1727–1819) schrieb über Theologie und Philosophie. Im *Traité sur les délits et les peines* (1765) macht er Beccaria in Frankreich bekannt. Als Lexikograph lieferte er ein *Dictionnaire universel de géographie* (1800).

Im weiteren Umfeld der *Encyclopédie* sind zahlreiche Autoren zu nennen, die ohne regelmäßig mitzuarbeiten doch vergleichbare philosophische und politische Tendenzen verfolgten.

Gabriel Bonnot, Abbé de Mably (1709–1785), der Bruder Condillacs, entwickelte sich als politischer Theoretiker von Montesquieu (*Parallèle des romains et des français par rapport au gouvernement* 1740) zu Rousseau (*De la législation ou principe des lois* 1776; *Des droits et des devoirs du citoyen*, posthum 1789). Vor dem Hintergrund der polnischen Teilung entstand *Du gouvernement de la Pologne* (1783). Mably rechtfertigt den Bürgerkrieg, wenn er der Durchsetzung politischer Freiheiten dient.

Morelly ist ein nicht weiter identifizierter Autor, der mit seinem *Code de la nature* (1755) auf Babeuf und Cabet wirkte. Im antimachiavellistischen *Prince, les délices du cœur ou traité des qualités d'un grand roi* (1751) und dem utopischen Roman *La Basiliade du célèbre Pilpai* (1753) zeigt er einen frühen Sozialismus mit greifbaren kollektivistischen Tendenzen. Das *ancien régime* fußt auf der Dummheit seiner Untertanen. Freilich schreibt Morelly der Familie eine Bedeutung zu, »die dem vollendeten Kommunismus widerspricht« (Krauss).

Guillaume Thomas, Abbé de Raynal (1711–1796), Briefpartner von Luise-Dorothea von Sachsen-Gotha, war in der *Histoire philosophique et politique des établissements et du commerce des européens dans les deux Indes* (1770, ca. 30 Auflagen bis 1789) ein temperamentvoller Gegner des europäischen Kolonialismus, der freilich der *leyenda negra* hier und da unkritisch aufsitzt. Diderots Anteil an der *Histoire* ist möglicherweise sehr groß. Dem Christentum setzt Raynal eine optimistische Liebesreligion entgegen. 1775 mußte er Frankreich verlassen. In Lüttich begrüßte Nicolas Bassenge ihn begeistert mit *La nymphe de Spa à l'abbé Raynal.* Gegen die Jakobiner trat er als Toleranzapostel auf. Sie enteigneten ihn.

Der Benediktiner Dom Deschamps (1716–1774) widersprach Morelly in *Le vrai système* im Namen »anarchisch-kommunistischer« Ideen (Krauss). Er ist kein Materialist, sondern erhofft sich die ideale Zukunft von der moralischen Vervollkommnung der Menschheit. Von hierher werden sich Eigentum, Ungleichheit, Gesetze, Militär, Priester und alle Zwänge eines Tages erübrigen. Deschamps beeinflußte Rousseau, Diderot, Restif de la Bretonne u. a.

Jean-Baptiste René Robinet (1735–1820) schrieb einen aufklärerischen Traktat *De la nature* (1761) und eine *Analyse de Bayle* (1770). Sein *Diction-*

*naire universel des sciences morales* (1773–1783) umfaßt 30 Bände und ist ein wichtiger Akzent in der Lexikographie des 18. Jahrhunderts. Voltaire machte er sich zum Feind, als er einen unüberlegten Manuskriptverkauf tätigte. Später wurde er Zensor und fand unter dem Eindruck der revolutionären Entgleisungen zum Katholizismus zurück.

Jean Louis Larra (1742–1793) war Philosoph (*Le faux philosophe démasqué* 1772) und Mitarbeiter Merciers an den *Annales patriotiques*. Er wagte eine Kritik an Robespierre und starb auf der Guillotine.

Marie Jean-Antoine Caritat, Marquis de Condorcet (1743–1794), war Mathematiker, Wirtschaftstheoretiker und Philosoph. Für die *Encyclopédie* lieferte er mathematische Artikel, verteidigte Turgots Wirtschaftspolitik gegen dirigistische Angriffe und beobachtete die politischen Umwälzungen seiner Zeit (*L'influence de la révolution d'Amérique sur l'Europe* 1786). Seine Suche nach rationalen Begründungen auch des politischen Handelns machte ihm während der Revolution Feinde in der Jakobinerpartei und auch beim liberalen Adel. 1792 wurde er Parlamentspräsident. Als er gegen die Enthauptung Ludwigs XVI. stimmte, wurde er für vogelfrei erklärt. Er starb einen Tag nach seiner Verhaftung an einer bislang ungeklärten Vergiftung. Seine *Esquisse d'un tableau des progrès de l'esprit humain* (1794), die in einem Pariser Versteck geschrieben wurde, gehört zu den optimistischsten Büchern des ganzen 18. Jahrhunderts.

Jean-Baptiste Delisle de Sales liefert 1770 seine *Philosophie de la nature.* Er setzt sich für eine Änderung existierender Institutionen ein und erhofft sich davon auch eine Änderung der Moral. Jeden Fanatismus, auch den der Neuerer, lehnt er ab. Sein *Essai sur le journalisme depuis 1735 jusqu'à l'an 1800* ist eine unentbehrliche Quelle für die Kenntnis des Journalismus im französischen 18. Jahrhundert.

Ein umfangreiches Kapitel der *bataille de l'Encyclopédie* spielte sich außerhalb der französischen Grenzen ab. Pierre Rousseau aus Toulouse, der zu den unternehmungslustigen Buchproduzenten des 18. Jahrhunderts gehört, konzipierte eine Vulgarisierung der *Encyclopédie* in Form einer periodischen Publikation. Dieses *Journal encyclopédique* erschien zwischen 1756 und 1793 zunächst in Lüttich und dann in Bouillon. Es fanden sich sogar italienische Übersetzer. Insgesamt sind die französischsprachigen Gebiete des heutigen Belgien trotz der pessimistischen Äußerung des Fürsten von Ligne: »On ne sait pas lire dans mon pays«, ernsthafte Verbündete gewesen. Duval-Pyraus *Catéchisme de l'homme social* (1776) und François de Nélis' *Fragment sur les principes du vrai bonheur* (1763) bemühen sich um originelle Verbindungen zwischen Philosophie und Christentum. In Lüttich entsteht die erste Voltaire-Gesamtausgabe.

Die Gegner der *Encyclopédie* ließen sich nicht zum Schweigen verurteilen, wobei die Haltung der Obrigkeiten sich in erster Linie durch Inkonsequenz auszeichnet. Man verbietet die *Encyclopédie* und ermöglicht ihren Druck mit Hilfe einer *permission tacite*. Man sucht nach Verbündeten gegen die Materialisten und treibt die Jesuiten aus. Delisle wird eingelocht, Mably wird geduldet. Man untersagt die Publikation der amerikanischen *Declaration of human rights* und beliefert George Washington mit Waffen. In Frankreich vereinigt mancher heterodoxe Abbé seine Pfründe mit antikatholischer Philosophie. Aber es mangelt insgesamt gesehen doch auch nicht an konservativen, ja sogar reaktionären Publikationen. »Chaque ouvrage ›philosophique‹ est refuté jusqu'à dix fois« (Saulnier), zwischen 1715 und 1789 dürfte sogar der größte Teil der innerfranzösischen Bücherproduktion diese Tendenz verfolgt haben. Der *Déisme réfuté par lui-même* des Abbé Bergier (1765) erlebt 7 Auflagen. Der Gefühlskult Rousseaus wurde auch von seinen Gegnern ausgeschlachtet. Der Pater Fidèle schreibt einen *Chrétien par le sentiment* (1764), der Abbé Lamourette verfaßt lesenswerte *Délices de la religion*. Das Publikationsschicksal vieler aufklärerischer und antiaufklärerischer Schriften, die oft als Manuskripte zirkulierten, oft in verkürzter – und auch vereinfachter – Form von Bücherschmugglern und Kolporteuren weitergegeben wurden, wird vor diesem Hintergrund verständlich. Hier kann der Literaturhistoriker der Mithilfe des Historikers, des Soziologen und historisch interessierten Juristen nicht entraten. Insofern führt die Beschäftigung mit dem 18. Jahrhundert auch zur Problematisierung unseres Literaturbegriffs. In den hier besprochenen Jahren kann Literatur nicht nur die Selektion der von den Handbüchern sanktionierten Höhenkammproduktionen sein.

## 12. Jean-Jacques Rousseau oder: Le retour du refoulé

»Ich weiß nicht, was man für eine heimliche Ehrfurcht für einen Mann empfindet, welcher der Tugend gegen alle gebilligten Vorurteile das Wort redet, auch sogar alsdann, wenn er zu weit geht« (Lessing). Jean-Jacques Rousseau gilt als der Judas der aufgeklärten *confrérie*. Voltaire gibt ihm die Schuld an den Rückschlägen der Aufklärung, Diderot sah in ihm die Verneinung der Kultur schlechthin. Und dennoch soll dieser »Gegner des philosophischen Materialismus«, der den »Glauben der Aufklärer an einen ständigen Fortschritt der menschlichen Gesellschaft nicht teilte«, die »Entwicklung der Gesellschaft« klarer erkannt haben als die ›Aufklärer‹, da seine Kritik nicht nur dem Absolutismus galt, sondern auch den »entstehenden neuen bürgerlichen Verhältnissen« (Schober). Rousseau war in Lebensstil und im Kampf mit den ungemeisterten Tiefen seiner Psyche zugleich Bürger und Bürgerschreck. Er war vielleicht der ›modernste‹ unter den Neinsagern seiner Zeit.

Am 28. Juni 1712 wurde er in Genf als Uhrmacherssohn geboren. Seine Mutter hat er nie gekannt. Frühreif liest er die *Astrée* und Plutarch. Die Jahre beim Pastor Lambercier genießt er, der Lehre beim Kupferstecher Ducommun entflieht er 16jährig. Seine Wanderschaft endet vorläufig bei Mme de Warens. Er wird Katholik, Seminarist, Hauslehrer, Musiker, Lakai, kommt nach Turin und kehrt zu Mme de Warens zurück, die auf ihrem Landgut *Les Charmettes* eine Pension des Königs von Sardinien verlebte. Sie wird seine Geliebte bis er von seinem Rivalen Wintzenried verdrängt wird. 1741 ist er in Paris, wo er vergeblich versucht, die *Académie des sciences* für sein neues System der Notennotierung zu interessieren. 1743 ist er in Venedig, wo er sich u. a. mit Manuel Ignacio Altuna anfreundet. 1744 kommt er nach Paris zurück und lernt Voltaire, Réaumur, Marivaux, Fontenelle, Diderot u. a. kennen. 1746 ist er Sekretär bei Mme Dupin. Bald gefährden jedoch seine Verbindungen zu der Wäscherin Thérèse Levasseur seine gesellschaftlichen Kontakte. Die Kinder aus dieser lebenslangen Gemeinschaft gibt Rousseau im Findelhaus ab. Die daraus resultierenden Gewissensbisse verstärken schnell seinen Außenseiterkomplex, obwohl er sich mit diesem Akt durchaus in Übereinstimmung mit den Sitten seiner Zeit befand. 1772 wurden ca. ein Drittel aller Pariser Neugeborenen bei den *enfants trouvés* abgegeben. Rousseau wollte auch in dieser Hinsicht ›Volk‹ sein und war dennoch höchst egozentrisch. Sein erstes Bühnenstück ist ein *Narcisse.*

Das Jahr 1750 macht ihn berühmt. Auf dem Weg zum Vincennes-Gefängnis, wo er den wegen der *Lettre sur les aveugles* einsitzenden Diderot besuchen wollte, las er im Sommer 1749 die Preisausschreibung der Akademie von Dijon über das Thema: »Si le rétablissement des sciences et des arts a contribué à épurer les mœurs.« In der sogenannten *illumination de Vincennes,* einer offenbar krisenhaft sich entladenden ›Erleuchtung‹, hat er die *inspiration subite* seines späteren philosophischen und gesellschaftskritischen Systems: Kultur und Zivilisation sind nicht Ausdruck menschlichen Fortschritts, sondern das genaue Gegenteil. Sie sind Ausdruck der Entfernung von den ursprünglichen Tugenden des Naturmenschen und fortschreitender Dekadenz. Das im *Discours sur les sciences et les arts* (1750) brillant ausgeführte Paradox gewinnt den Preis der Dijoner Akademie. Erudition, Kunst, Wissenschaft haben den Menschen nicht gebessert, sondern nur seine moralische Verwahrlosung verschleiert. Nicht Kultur, sondern Natur bedingt den Fortschritt, nicht Kunst, Philosophie oder Technik, sondern die Tugend. Dieser *Vertu*-Begriff dient nicht – wie bei Machiavelli – der Meisterung der *fortuna,* sondern stellt sich dar als Summe der ›natürlichen‹ Anlagen des Menschen, die nach Rousseau nicht schlecht sein können.

Der *Discours* ist eine Kampfansage an den Optimismus der Aufklärung. Der Bruch mit Voltaire, Diderot u. a. war nur mehr eine Frage der Zeit.

Die Ursprünge des hier temperamentvoll sich niederschlagenden antiaufklärerischen Denkens müssen möglicherweise im schweizerischen Antirationalismus gesucht werden, zu dessen Sprechern sich u. a. Turretin, Béat de Muralt und der Abbé Pluche *(Le spectacle de la nature)* gemacht hatten. Innerhalb dieser Tradition zeigt sich, daß Rousseau nicht der Einzelkämpfer war, zu dem er sich gern hochstilisierte. Für Rousseau war der *Discours* Anlaß für einen radikalen Wechsel seines Lebensstils, er kleidete sich fortan in grobe Wolle und schockierte seine Besucher durch eine armenische Mütze. Zwar kommt er, der spätere Theaterfeind, mit *Le devin du village* noch zu einem beachtenswerten Publikumserfolg und verfaßt im Musikstreit seine temperamentvolle *Lettre sur la musique française* zugunsten der Italiener. Aber er glaubt sich zusehends von Feinden umgeben, weigert sich, dem König vorgestellt zu werden und vertieft seine philosophische Reflexion.

1755 erscheint der *Discours sur l'origine et les fondements de l'inégalité parmi les hommes* als neuerlicher Beitrag zu einer Preisfrage der Akademie von Dijon.

Dieser zweite *Discours* unterstreicht den Grundgedanken von 1750. Die Menschheitsgeschichte erscheint als fortschreitende Entfernung vom Urzustand und damit nicht als Weltaneignung durch Kultur, sondern als Irrweg. Der Urzustand wird unter Mißachtung der auch damals schon vorliegenden wissenschaftlichen Erkenntnisse – Buffons *Histoire naturelle* war immerhin schon bis Band III gediehen – eher poetisch als sozialwissenschaftlich beschrieben. Als eigentlicher ›Sündenfall‹ erscheint die Herausbildung des Privateigentums und die Arbeitsteilung, z. B. im Zusammenhang mit der Entwicklung der Metallurgie. Daß der naive Naturmensch gut sei und daß er erst durch die ›Geschichte‹ korrumpiert wurde, deckt freilich einen ungelösten Widerspruch auf: denn wenn der Urmensch korrumpierbar war, kann er ja nicht absolut ›gut‹ gewesen sein. Auf logische Einwände dieser Art reagiert Rousseau gereizt: »l'homme qui médite est un animal dépravé«. Hier ist die extreme Gegenposition zu jenen Philosophien erreicht, die – man denke an den »roseau pensant« bei Pascal – im Denken die eigentliche Würde des Menschen begründet sahen.

Die Dijoner *Académie* versagte dieser Schrift ihren Preis, aber Rousseaus Berühmtheit war damit besiegelt. Hier wurden Fragen angesprochen, die eine auf Harmonisierung abzielende Aufklärung nicht meistern konnte: das Eigentum als Ursprung objektiv ausbrechender Interessengegensätze, die durch eine zwangsläufig parteiliche Gesetzgebung stets nur provisorisch geordnet werden können. Die Entdeckung der sozialen Realität als Motor einer Geschichte, deren Leistungen sich allzu oft auf dem Rücken der Unterprivilegierten vollzogen, markiert einen Punkt, hinter den es in der sozialphilosophischen Diskussion kein Zurück mehr geben konnte. Die Sozialisten späterer Generationen haben diesen Rousseau für sich in Anspruch genommen. Fast gleichzeitig erschienen sein *Discours sur l'économie politique* und eine nuancierte Auseinandersetzung mit dem *Projet de paix perpétuelle* des Abbé Saint-Pierre.

1756–1757 ist Rousseau auf der *Ermitage* seiner Gönnerin Mme d'Epinay bei Montmorency. Dieses ›Idyll‹ wird jedoch durch die Leidenschaft für Sophie d'Houdetot getrübt. Saint-Lambert, Diderot, Grimm u. a. schwärzen ihn bei Mme d'Epinay an, er verläßt die *Ermitage* und bricht 1758 vollends mit den Enzyklopädisten:

Der Grund für diesen Bruch liegt außer im Persönlichen in der durch D'Alemberts *Genève*-Artikel ausgelösten Theaterkontroverse. Wo die *Encyclopédie* die Vorteile eines Theaters für das protestantische Genf herausstrich, lehnt Rousseau es als Brutstätte des Lasters ab. Der Autor des *Devin du village* und der *Découverte du Nouveau Monde* kritisiert, daß das Theater jenseits des vielleicht lobenswerten ›Engagements‹ der Autoren immer mehr das *plaisir* als die *utilité* fördere. Der Zuschauer delektiere sich an sterilen Situationen. Wenn Racines Titus sich schließlich für die Staatsräson entscheidet, haben die männlichen Zuschauer allesamt Bérénice längst geheiratet. Die französische Komödie erscheint als besonders gefährlich, da ein Autor vom Genie Molières Dinge belachen läßt, die man lieber beweinen solle. Für Rousseau war der *Misanthrope* kein verliebter Reaktionär, sondern eine tragische Gestalt. Vielleicht gibt es schlimmere Dinge als das Theater, wenn man sich die verdorbene Gesellschaft Frankreichs ansieht. Für die sauberen Bergbewohner seiner Schweizer Heimat hält Rousseau jedoch andere Schauspiele, z. B. Militärparaden, für geeigneter. Diese Gedankenführung, deren Moralapostelei z. T. an Molières devote Feinde erinnert, hatte keine Gemeinsamkeiten mehr mit Voltaire, Diderot und allen, die das Theater als »moralische Anstalt« (Lessing) ansahen.

Der Bruch mit den *philosophes* war gründlich und endgültig. Die Angriffe von dieser Seite verstärken seinen ins Pathologische sich steigernden Verfolgungswahn. 1758–1762 lebt er in Montlouis bei Montmorency und verzichtet, abgesehen von seinen Besuchen bei Mme de Luxembourg, auf Sozialkontakte. 1761/62 erscheinen dann innerhalb von 15 Monaten seine drei Hauptwerke: *La nouvelle Héloïse*, *Le contrat social* und *Emile ou de l'éducation.*

*Julie ou la nouvelle Héloïse* (1761) erschien unter dem Titel *Lettres de deux amants habitants d'une petite ville au pied des Alpes.* Der endgültige Titel erscheint erst 1764 unter Anspielung auf die mittelalterliche Liebesgeschichte von Abélard und Héloïse, wobei in Rousseaus Roman jedoch das arkadisch-alpine *ambiente* eine Lösung des Konflikts im Sinne gutbürgerlicher Wohlanständigkeit nahelegt. Die Liebenden trotzen der Versuchung. Saint-Preux wird sogar der Erzieher von Julies Kindern. Julie stirbt an den Folgen eines Rettungsversuchs für ihre Kinder im Genfer See. Die *Nouvelle Héloïse* ist eine »Utopie des Gefühls« (Friedrich) und verrät die Vorarbeit Richardsons, Marivaux' und wohl auch, was die Verwendung der unberührten Naturdekors angeht, der *Astrée*. Die Willensmoral des Werks verweist möglicherweise auf cartesianische Wurzeln: »Elle imprègne le libre arbitre comme pouvoir de choix dont tout homme est porteur« (Besse). Die Brieffiktion, derer Rousseau sich bedient, verstärkt die Mode der Briefromane im 18. Jahrhundert, die oft für stark sentimental beschwerte Stoffe herangezogen wurden und zudem die Aufnahme autobiographischer und episodischer Elemente erleichterten. Der Theaterfeind Rousseau verschafft sich im Briefroman die Möglichkeit, verschiedene Personen an einem Gespräch zu beteiligen. Zudem war er der Meinung, daß verdorbene Völker Romane brauchen. So wird *La nouvelle Héloïse* zum Liebesroman um Pflicht und Neigung und zum Thesenroman, der die moralische Entscheidungsfähigkeit des Individuums ins Zentrum rückt. Er aktualisiert das Klischee vom unverdorbenen Landleben und verknüpft es mit egalitären Gedankengängen zu einem Werk, über dessen sozialkritische Brisanz die Zeitgenossen sich nicht getäuscht haben.

Der *Contrat social* ist Rousseaus Beitrag zur politischen Wissenschaft des 18. Jahrhunderts. Hier sieht der Autor die gesellschaftliche Verwirklichung der Menschheit auf der Grundlage eines Gesellschaftsvertrags basierend, dem sich der einzelne frei und aus Respekt vor dem Allgemeinwohl und der *volonté générale* unterordnet. Vorbilder für dieses Idealbild sind die Stadtrepubliken von Sparta und Genf, die Problematik einer Übertragung seiner Gedanken auf große Flächenstaaten hat Rousseau nicht geleugnet. Ausgangspunkt ist die Erkenntnis des konventionellen und arbiträren Charakters sozialer Bindungen, deren ethische Begründung oft erst im Nachhinein erdacht wurde. Die Forderung nach Gleichheit aller Bürger führt den Autor zum Gedanken der Volkssouveränität, die sich durch das Mittel des Referendums äußert. Die repräsentative Demokratie, wie sie wenig später in den revolutionären USA Anwendung fand, lehnt er ab. Die Freiheit des Individuums wird dem Willen des Souveräns, also *de facto* der Mehrheit, untergeordnet. In Ausnahmesituationen sind Diktatur und Zensur vorgesehen. Eine Zivilreligion, die Rousseau eigens zu schaffen wünscht, soll dieses Staatswesen stützen. Das Problem der *volonté générale* beschäftigt die Rousseauforschung stets von neuem, da die Äußerungen des Autors keine Gebrauchsanleitung für den Konfliktfall enthalten und somit nicht sagen, was mit den Minderheiten geschieht, die sich dem Souverän nicht unterwerfen. In den problematischen Phasen der Französischen Revolution erhob der unnuanciert als Mehrheit verstandene Souverän, der freilich nie durch Wahl oder Referendum befragt wurde, »sein Haupt und zwang, jedoch ohne ihnen schaden zu wollen, alle, die sich geirrt hatten, mittels Fallbeil zur Freiheit« (Friedell). Es wäre zu undifferenziert, die Schuld an Robespierres Entgleisungen den Theorien Rousseaus geben zu wollen. Dennoch ist der *Contrat social* ungleich radikaler als der *Eprit des lois.* Rousseau hat kein Vertrauen in die ausgewogenen Strukturen eines Staatswesens, er stellt die Massen ins Zentrum seiner Politologie. Und indem er sie zum Souverän erklärt, zeigt er, daß er selber nicht ernsthaft an jenes ›Zurück zur Natur‹ denkt, das ihm nachgesagt wird, obwohl es an keiner Stelle seines Werks *expressis verbis* nachgewiesen werden kann. Da nicht daran gedacht werden kann, zum isolierten und ›guten‹ Naturmenschen zurückzukehren, muß eben die staatliche und soziale Organisation der Verwirklichung von Freiheit und Gleichheit dienen. Die Tugend des unwiederbringlich verlorenen Naturmenschen muß durch die Sittlichkeit des Kulturmenschen ersetzt werden. Rousseau wollte die Geschichte nicht abschaffen, er weist ihr ein Ziel. Es hat sich als brauchbar und mißbrauchbar zugleich herausgestellt.

Wenn der *Contrat social* Rousseaus gesellschaftliche Philosophie umreißt, wenn der Autor im *Gouvernement de Pologne* und in einem Verfassungsentwurf für Korsika um die konkrete Verwirklichung seiner Theorien ringt, dann soll der Erziehungsroman *Emile ou de l'éducation* die Pädagogik aufzeigen, mit deren Hilfe der Mensch zu diesen Verwirklichungen befähigt werden kann. Für Pädagogik hatte er sich schon im *Projet pour l'éducation de M. de Sainte-Marie* interessiert, er kannte Lockes *Some thoughts concering education* (1693) und den *Télémaque.* Auf diesen Grundlagen erzählt er in 5 Büchern den Bildungsgang *Emiles* und seiner späteren Frau Sophie. Emiles Bildung liegt in der Hand eines elitären Einzellehrers, Bücher- und Regelzwang werden abgelehnt, der Kontakt zur Gesellschaft wird so lange wie möglich vermieden, das Kind wird als Kind respektiert, es braucht als Baby z. B. keine Windeln zu tragen. Emile lernt ein Handwerk, er wird zum guten, toleranten, naturliebenden Menschen, der dogmenlos an das *être suprême* glaubt, das der *Vicaire savoyard* predigt. Von hierher begründet sich eine ethisch fundierte Instinktreligion: »Conscience, conscience! instinct divin ... guide assuré d'un être ignorant et borné.« Der Emile ist ein freiheitliches Buch: Freiheit von Zwang, von Buchkultur, sozialen Bindungen, staatsbürgerlichen Verpflichtungen. Emile wird ein liebenswerter Naturbursche und, wie man kritisch wird voraussehen müssen, als Ehemann Sophies ein Familienegoist werden. Sozialen Umgang, Durchsetzungsvermögen in der Gruppe, Kompromißbereitschaft hat er nicht gelernt. Der Begriff der abstrakt eingebrachten *devoirs de l'homme* – Mazzini schreibt im 19. Jahrhundert seine *Doveri dell'uomo* – scheint keinen ausreichenden Schutz gegen das Privatisieren zu bieten. Die Entdeckung des Kindes als Kind – hier werden Basedow, Pestalozzi, Fröbel, Montessori u. a. Rousseau folgen – befähigt dieses noch nicht dazu, das Leben zu meistern. Insofern gibt es eine Diskrepanz zwischen dem *Contrat social* und dem *Emile.* Das Werk führte zu einem Haftbefehl gegen Rousseau. Es wurde von Richterhand verbrannt. Rousseau flieht aus Paris.

Vergeblich sucht er seine Genfer Landsleute in den *Lettres écrites de la montagne* umzustimmen. Auch dort ist er unerwünscht. Die *lapidation de Mortiers* und die offenbar von Voltaire stammende Schrift *Le sentiment des citoyens* machen ihm schnell klar, daß eine Änderung der Meinung zu seinen Gunsten nicht erwartet werden kann. Als der Berner Senat dann auch noch sein selbstgewähltes Exil auf einer Insel im Bieler See untersagt, nimmt er die Einladung David Humes an und geht für 13 Monate nach England. Im Unterschied zu vielen Franzosen des 18. Jahrhunderts, für die England zum Bildungserlebnis wurde, ist die Erfahrung für Rousseau negativ. Er bricht mit Hume, ist unfähig, sich für die politische Verfassung des Gastlandes zu interessieren und gibt sich seinem verstärkten Verfolgungswahn hin. 1767 ist er wieder in Paris, wo er sich nach einigen Wanderetappen 1770 endgültig niederließ. Der Haftbefehl gegen ihn besteht weiter, wird aber nicht ausgeführt.

Zwischen 1765 und 1770 schreibt Rousseau seine *Confessions*:

Der an Augustinus erinnernde Titel enthält in Wahrheit eine Selbstrechtfertigung. Das Werk wurde erst posthum (1782/1789) publiziert. An Montaigne erinnert Rousseaus Zieldefinition: »Je veux montrer à mes semblables un homme dans toute la vérité de sa nature et cet homme, ce sera moi.« Das apologetische Anliegen der Selbstrechtfertigung geht jedoch über Augustinus und Montaigne hinaus. Er beschreibt u. a. seine Jugend – mit der nie verwundenen Affäre des *ruban volé* –, seine Zeit als Lakai und Hauslehrer, seine Verhältnisse zu Mme de Warens und Mme d'Epinay, den Bruch mit der *côterie holbachique*, etc. Die *Confessions* verraten einen pathologischen Hang zur Selbstentblößung, krankhaften Egozentrismus, Verfolgungswahn und die Fähigkeit zur brutalen Selbstanalyse, die ihre Wirkung auf den modernen Leser im Sinne von Baudelaires »hypocrite lecteur, mon semblable, mon frère« nicht verfehlt.

Seit 1770 wohnt Rousseau in der Pariser Rue de la Plâtrière, die von den französischen Revolutionären in Rue Jean-Jacques Rousseau umbenannt wurde. Er vereinsamt zusehends, lediglich der junge Bernardin de Saint-Pierre hält den Kontakt zu ihm aufrecht. Zwischen 1772 und 1776 schreibt er in Dialogform *Rousseau juge de Jean-Jacques* als wirklichkeitsfremde Selbstrechtfertigung, in der das sich spaltende Ich die schärfste Diagnose ermöglicht. Die Intelligenz stellt sich hier in den Dienst der Absurdität. Von aller Welt mißverstanden und in der Tat von zahlreichen Feinden aus dem aufklärerischen, protestantischen und katholischen Lager umgeben, versucht er, seine Selbstrechtfertigung auf dem Altar von Notre-Dame niederzulegen. Als das mißlingt, glaubt er sich zusätzlich auch noch von Gott verlassen. Auf der Straße verteilt er Sendschreiben an die Nation: »A tout Français aimant encore la justice et la vérité.« Niemand fühlt sich angesprochen. Zum Trost verfaßt er die *Rêveries du promeneur solitaire*:

Das ursprünglich auf einer Serie von Spielkarten konzipierte und nur fragmentarisch ausgeführte Werk – Rousseau ist über der 10. *Rêverie* gestorben – macht in abgeklärtem Stil noch einmal die Hauptetappen eines nunmehr den Freuden des philosophischen *far niente* (5. *Promenade*) hingegebenen Lebens verfügbar. Schlüsselerlebnisse wie die Bandaffäre, die Zeit auf der *Ile Saint-Pierre*, die Freuden des Herborisierens, Glücksmeditationen und das Verhältnis zu Kindern werden noch einmal sprachlich ›bewältigt‹. Kulturgeschichtlich interessant ist die Auseinandersetzung mit Linnés Klassifikationssystemen und der hier erscheinende Gebrauch des Wortes *romantique* zur Vertiefung von Landschaftsbeschreibungen. Die Fixierung der Vergangenheit mit Hilfe der Sprache, die Bewußtwerdung der Mechanismen einer *Mémoire*, die Vergangenes aktualisiert, verweisen auf Überlegungen, die u. a. im 20. Jahrhundert, z. B. bei Proust, eine Rolle spielen werden. Einige Glücksmeditationen, die um die Vergänglichkeit intensiver Glücksmomente kreisen, wurden von Goethe (»... verweile doch, du bist so schön«), Lamartine (»Oh temps, suspends ton vol!«) u. a. aufgegriffen. Allgemein läßt sich sagen, daß die *Rêverie* nach Rousseau so etwas wie eine literarische Gattung wurde: Senancour schrieb *Rêveries sur la nature primitive de l'homme* (1799), Volkmann-Leander, Schumann u. a. werden sich dieses Begriffs der *Träumerei* bedienen.

Die letzten Wochen seines Lebens verbrachte Rousseau auf dem Gut seines Freundes René-Louis, Marquis de Girardin, in Ermenonville. Girardin, Autor eines Buchs über Gartenbau (*De la composition des paysages* 1777) mit interessanten Belegstellen zur Geschichte der Vokabeln *romantique* und *romanesque*, kannte Rousseau seit 1774. Vielleicht ist seinem Einfluß die Beruhigung von Rousseaus Pathologien gegen Ende seines Lebens mit zu danken. Sein Grab fand der Autor der *Rêveries* im Park des Schlosses von Ermenonville auf der *Ile des peupliers* inmitten eines kleinen Sees. 1794 werden seine Gebeine ins Pantheon überführt.

Rousseau ist bis heute umstritten. Palissot verspottete ihn, Diderot stellt ihn im *Essai sur les règnes de Claude et de Néron* schlicht als heuchlerischen Verbrecher dar. Demgegenüber ergriffen die Intellektuellen der späteren Generationen – z. B. Mme de Staël, Mercier, Bernardin de Saint-Pierre, Lamartine, Goethe, Schiller, Fichte, Marx, Lassalle u. a. – seine Partei. Die Jakobiner ließen seine Büste in der Nationalversammlung aufstellen. Die Girondisten, Saint-Just, Robespierre bekennen sich zu Rousseau, auch wenn sie *de facto* wenig um die *volonté générale* geben. Bouilly dramatisiert Rousseaus letzte Lebensphase in *Rousseau à ses derniers moments* und Burke bemerkt gleichzeitig in den *Reflections on the revolution in France* (1790), daß die Menschheit keine Narren als Gesetzgeber brauchen könne. Mercier äußerte sich hingegen enthusiastisch in *De Jean-Jacques Rousseau considéré comme l'un des premiers auteurs de la Révolution* (1791).

Théodore Desorgues publiziert 1794 ein Gedicht über *Rousseau et l'enfance.* Quentin de La Tour hat ihn als Vertreter einer gepflegten Rokokokultur gemalt, Houdons Plastik des *Rousseau âgé* zeigt ein von unbewältigten inneren und äußeren Widrigkeiten zerfurchtes Gesicht. Für Bernardin de Saint-Pierre war Jean-Jacques »le philosophe des malheureux«. In dem Sinne, daß sein Werk auf der Basis enttäuschter Hoffnungen zur Suche vorwärtsweisender Lösungen vordringt, gewinnt es hier und da eine utopische Brisanz: »Le pays des chimères est en ce monde le seul digne d'être habité.«

## 13. Tendenzen in der erzählenden Prosa während der 2. Hälfte des 18. Jahrhunderts

Jacques-Henri Bernardin de Saint-Pierre (1737–1814) verband Rousseaus Pseudo-Mythos vom guten Naturmenschen mit der Erfahrung exotischer Kulturen und Länder. Aus Le Havre gebürtig, war er als Kind nach Martinique und im 7jährigen Krieg in verschiedene europäische Länder gekommen. 1765 hatte er die *chronique scandaleuse* von Warschau bereichert. 1767 wurde er Planungsingenieur für Kolonialfragen und lernte in dieser Eigenschaft die *Ile de France,* die heutige *Ile Saint-Maurice,* kennen. Später (1797) wurde er Leiter des Pariser *Jardin botanique.* Den alternden Rousseau kannte er seit 1773. Im gleichen Jahr publiziert er sein *Voyage à l'île de France, à l'île de Bourbon, au cap de Bonne Espérance* und arbeitet 1784 bis 1788 mit wissenschaftlichem Anspruch an den *Etudes de la Nature.* Sein *La vie et les ouvrages de Jean-Jacques Rousseau* (1781) ist eine wichtige Quelle. Im Revolutionsjahr 1789 publiziert er die Erzählung *Arcadie* und widmet Ludwig XVI. die *Vœux d'un solitaire.* Mit *La chaumière indienne* (1790) und *Le café de Surate* (1791) macht er sich einen Namen, der zu seiner Berufung an die *Ecole Normale* führt. Während dieser Jahre entsteht eine umfangreiche *Correspondance.* Im 4. Band der *Etudes de la Nature* findet sich der exotische Roman *Paul et Virginie* (1788), dem Bernardin de Saint-Pierre seine Berühmtheit verdankt:

»Als moralisierender Kasus ist dieser idyllische Roman wohl gegen Werke von Restif de la Bretonne und Choderlos de Laclos gerichtet« (Engler). Er handelt von den Naturkindern Paul und Virginie, die auf der *Ile de France* aufwachsen und offenbar füreinander bestimmt sind. Auf einer Parisreise erlebt Virginie die Gefahren der Zivilisation. Sie kehrt nicht zurück, da ihr Schiff – symbolisch am 24. Dezember – sinkt. Paul stirbt ihr nach. Die Handlungsführung erinnert an Longus' *Daphnis und Chloe,* gewinnt jedoch im Kontext des 18. Jahrhunderts durch die Verwendung des exotischen Dekors die Funktion eines Bindeglieds zwischen Rousseaus Ideal vom guten Naturmenschen und Chateaubriands exotischen Helden. Dabei erweist sich, wie schon in einigen Theaterstücken Marivaux' und im *Robinson Crusoe* der Inselmythos als Träger utopischen Denkens, was seit Bougainvilles Entdeckungen auf gesteigertes Publikumsinteresse stieß. »J'ai désiré réunir à la beauté de la nature entre les tropiques, la beauté morale d'une petite société.«

Arnaud Berquin (1750–1791) setzte in der Nachfolge Rousseaus den idyllischen Roman fort, ohne sich der exotischen *machina* zu bedienen. Seine empfindsamen Geschichten (*L'ami des enfants* 1784; *Lectures pour les enfants* 1787, u. a.) galten bis ins 19. Jahrhundert als moralische Lektionen. Auch die *Lettres écrites de Lausanne* (1786) der Mme de Charrière verraten die Vorarbeit Rousseaus, ebenso die anonymen *Lettres de Milord Rodex pour servir à l'histoire des mœurs du XVIIIe siècle* (1768), die freilich auch Züge des »roman cynique et libertin« (Rustin) aufweisen.

Pierre-Claris de Florian (1755–1794), ein Verwandter Voltaires mit einer spanischen Mutter, schrieb mit *Galatée* (1783) und *Estelle et Némorin* (1787) empfindsame Pastoralromane, die den Einfluß der *Diana* des Jorge de Montemayor sichtbar werden lassen. Er begann eine Übersetzung des *Don Quijote* und zeigt im Aufgriff der Fabeltradition La Fontaines (*Fables* 1792) die im zeitgenössischen Frankreich seltene Kenntnis der *Fábulas* von Tomás de Iriarte. Seinen Roman *Numa Pompilius* (1786) hatte er voreiligerweise Marie-Antoinette gewidmet. Die Revolutionäre von 1789 sperrten ihn dafür ein, bis er mit Merciers Hilfe freikam und einen *Guillaume Tell* schrieb. Als Theaterautor zeigt er sich u. a. mit *Arlequin roi, dame et valet* (1778) unter dem Einfluß des *Re pastore* von Metastasio.

Das belehrende Kinderbuch vertreten u. a. Mme de Genlis (1764 bis 1830), die Erzieherin des Duc de Chartres (1777), die von Napoléon I. zur Aufseherin der Volksschulen befördert wurde, Mme Cottin (1770 bis 1807) und Mme de Souza (1761–1836), die während der Revolution emigrierte.

Als *moralistes cruels* gelten Restif de La Bretonne, Choderlos de Laclos und der Marquis de Sade. »Elèves de Richardson, sentimentaux et vertueux, ils ont tous trois montré le vice, en toute crudité: pour en dégoûter, disent-ils, le lecteur, et par dessein de vertu. Un trio honteux. Voyants ou voyeurs« (Saulnier).

Restif de La Bretonne (1734–1804), füllte im Laufe seines Lebens 194 Bände. Drucker, Sozialutopist in der Nachfolge Babeufs, schrieb er einen *Paysan perverti ou les dangers de la ville* (1775), eine *Paysanne pervertie,*

*La vie de mon père,* die das naturnahe Leben verherrlichen. *Monsieur Nicolas ou le cœur dévoilé* ist autobiographisch angelegt. In *Les contemporaines ou aventures des plus jolies femmes de l'âge présent* (42 Bände, 1780–1786) und den *Nuits de Paris* beschreibt er moralistisch das vorrevolutionäre und das revolutionäre Paris. Die literarischen Gegenstücke zu den *Nuits* sind Merciers *Tableau de Paris* und Sues *Mystères de Paris.* Restif kannte Mme Riccoboni, Colette Fournier, Jeannette Rousseau; philosophisch greift er u. a. auf La Mettrie, Diderot, Rousseau und wohl auch Thomas Morus zurück. In den *Idées singulières* äußert er sich zu Theater *(Le mimographe),* Juristerei *(Le thesmographe),* Pädagogik *(L'éducographe),* Prostitution *(Le pornographe),* etc. Gegen Sades *Justine* richtet er eine *Anti-Justine.* Als Beobachter von Paris gehört er in die Vorgeschichte von Balzacs *Comédie humaine,* z. B. mit *La dernière aventure d'un homme de quarante ans* (1783). Restif ist »der Vorgänger des Realismus des 19. Jahrhunderts ... Humboldt, Schiller und Goethe haben ihm Achtung gezollt« (Krauss). Nerval würdigt ihn in den *Illuminés.* Er verstand sich als aufklärerischer »dépréjugeur«.

Choderlos de Laclos (1741–1803) war Soldat, Schöngeist, Poet, Briefpartner von Mme Riccoboni, Kritiker von Vauban, Offizier der Rheinarmee. Robespierre ließ ihn einlochen, Napoléon I. machte ihn zum General. Als Rousseau verpflichteter Pädagoge schrieb er über *L'éducation des femmes,* juristisch argumentierte er im *Traité de la loi du divorce.* 1790–1791 redigierte er das jakobinische *Journal des amis de la constitution,* er schreibt über Pressefreiheit, Petitionsrecht, etc., äußert sich zum *Numérotage des rues et des maisons de Paris.* Sein Hauptwerk bleiben jedoch die unter dem Titel *Les liaisons dangereuses* bekannten *Lettres recueillies dans une société et publiées pour l'instruction de quelques autres* (1782). Formal an Rousseau, Richardson, etc. orientiert, stellt dieses Werk den frauenverführenden Valmont, einen gefühllosen Nachkommen von Richardsons Lovelace, ins Zentrum einer Handlung, in der er mit destruktiver Verführungskunst seine Opfer ins Unglück treibt. Cécile landet im Kloster, Mme Tourvel stirbt an gebrochenem Herzen. Aber die Moral siegt: Valmont fällt im zynisch akzeptierten Duell, seine herzlose Helferin, die Marquise de Merteuil, wird durch die Blattern entstellt. Die *Liaisons dangereuses* zeigen die sozialen Grenzen einer Leidenschaft, um deren individuelle Befreiung Rousseau gekämpft hatte. Tugend und Liebe unterliegen dem Kalkül derer, die die Herrschaft über die Psyche ihrer Mitmenschen besitzen. Die *Liaisons* sind der Roman der Gehirnwäsche. »Au fond cette œuvre révélait soudain la toute-puissance de la sensualité et mettait à nu la force invincible de cet instinct qui peut devenir un redoutable moyen d'exercer sur autrui sa force et son emprise quand on en connaît les secrets et qu'on est prêt à les exploiter sans scrupule« (Favre). Ob Laclos' moralisierendes Vorwort ernst gemeint ist, kann kaum mehr geklärt werden. Stendhal, der Laclos in Mailand kennenlernte, war von den *Liaisons* beeindruckt. Baudelaire schrieb *Notes sur les Liaisons dangereuses.* Roger Vadim verfilmte das Werk aktualisiert (1959) mit Valérie Lagrange und Gérard Philipe nach einem Drehbuch von Roger Vailland. Melchior Grimm nannte Laclos den »Restif de la bonne compagnie«. In der Tat richtet sich seine moralistische Aufmerksamkeit nicht auf die *bas-fonds* der Hauptstadt, sondern auf die Gesellschaftsspiele der feinen Leute. Der Fürst von Ligne meinte, die *Liaisons* seien lange nicht so gefährlich wie die *Nouvelle Héloïse.* Das stimmt, wenn Freiheitspathos ein Kriterium ist. Wenn Moral jedoch etwas anderes als zynische Selbstverwirklichung ist, bleibt Bourgets Urteil erwägenswert: die *Liaisons* sind nicht unmoralisch, sie sind gefährlich. Sie sind zugleich die Verwirklichung einer Literaturtheorie, die Laclos auf die Formel des *observer, sentir* und *peindre* brachte. F. Nozière brachte 1908 die *Liaisons dangereuses* auf das Theater.

Donatien-Alphonse-François, Marquis de Sade (1740–1814), verbrachte 27 Lebensjahre in den Gefängnissen und Irrenanstalten der Monarchie, der Revolution und des Empire. Die neurotische Porno-Schriftstellerei des ›göttlichen‹ Marquis, der mit Rousseau korrespondierte, im 7jährigen Krieg kämpfte, vereinigt krankhaft obszöne Träumereien mit dem Hang zur aktiven Gewalttätigkeit bis hin zum kunstvoll herausgezögerten Lustmord. Nach einem solchen wurde er 1772 *in contumaciam* hingerichtet. Seine Werke entstanden im Gefängnis. Sie bestätigen Camus' Wort vom Prometheus, der an seinen Felsen geschmiedet zwangsläufig zum Onan wird. Mit seiner atheistischen Freiheitslehre und dem Rousseau umkehrenden Glauben an die grundsätzliche Schlechtigkeit der Natur vertritt Sade die extreme Gegenposition zum ›positiven‹ Menschenbild der ›Aufklärung‹. Er wird damit zum Anreger der schwarzen Romantik, Baudelaires, Lautréamonts und der Surrealisten. Seine Wiederentdeckung für das 20. Jahrhundert verdankt er Guillaume Apollinaire. Sade schrieb oftmals das gleiche Werk in mehreren Fassungen. *Aline et Valcour* – wenig verändert als *Histoire de Sainville et de Léonore* – schildert ein utopisches Reich, in dem der staatliche Kollektivismus herrscht. *Les 120 jours de Sodome ou l'école du libertinage* (1785) sind eine unvollendete, formal am *Decamerone* orientierte Novellensammlung. Sie behandeln alle Varianten individueller und kollektiver Lustbefriedigung im Dekor düsterer Klöster und Schlösser. 1791 folgt mit *Justine ou les infortunes de la vertu* Sades berühmtestes Werk. *La philosophie dans le boudoir* (1795), *La nouvelle Justine* (1797), *Histoire de Juliette, sa sœur* (1797), das Drama *Oxtiern ou les malheurs du libertinage* (1797), die Novellensammlung *Les crimes de l'amour* (1800), der Roman *La Marquise de Ganges* (1813) und der *Dialogue entre un prêtre et un moribond* (posthum 1926) markieren weitere Etappen. Die radikale Vereinzelung von Sades Helden, besonders der Leidenden, aber auch der ewig unbefriedigten Lüstlinge, fordert Sades radikale Antworten heraus. Simone de Beauvoir fragte 1953: »Faut-il brûler Sade?«, Roland Barthes wies tiefe Strukturähnlichkeiten bei Sade, Fourier und Loyola nach, Peter Weiss benutzte Sades Theateraktivität in Charenton für ein sadistisches Psycho-Drama.

Mit Restif, Laclos und Sade öffnen sich die Perspektiven der französischen Romantik. »Sade annonce le romantisme frénétique et noir. Restif annonce Balzac, Laclos ... annonce Stendhal« (Saulnier).

Eine weitere Mode des 18. Jahrhunderts, die erst in der Romantik zur vollen Blüte kam, manifestiert sich im wachsenden Interesse an der Literatur der nationalen Vergangenheit. So werden die Ritterromane des Mittelalters in der *Bibliothèque bleue* (Herausgeber Tressant, später: Raynouard, Marchangy) wieder zugänglich gemacht. Man ediert den *Roman de la Rose*, Villon, die Troubadours. La Curne de Sainte-Palaye vertieft diese Tendenzen wissenschaftlich mit der *Histoire des Troubadours*, dem *Dictionnaire des antiquités françaises*, den *Mémoires sur l'ancienne chevalerie*. Der gotische Baustil wird zunehmend als ästhetisch reizvoll entdeckt. Diese im Nachhinein als ›frühromantisch‹ erkennbaren Tendenzen doppeln die bleibende Mode der im pseudo-antik-orientalischen Dekor angesiedelten erotischen Romane im Stil von Meunier de Querlons *Psaphion ou la courtisane de Smyrne*. Ein Skandalerfolg wurde *Le sopha* des jüngeren Crébillon (1742), der damit den Auftakt zu einem umfangreichen erzählerischen Werk (*La nuit et le moment* 1755; *Les égarements du cœur et de l'esprit* 1756; *Œuvres complètes* 1772) gab, das auf Laclos, D'Argens, Mercier u.a. wirkte und noch Apollinaire beschäftigte. Crébillon, der den Roman für die nützlichste literarische Gattung hielt, wurde 1759 Beamter der Zensurbehörde. Exotisch gab sich der Musketier Jacques de La Morlière (1719–1785) mit *Angola, histoire indienne* (1746). Das Interesse an Orientalischem verbreitete Graf Caylus (1692–1765), der als Archäologe (*Recueil des antiquités égyptiennes, étrusques, romaines, gauloises* 1752–1765) Winckelmann vorbereitete, eine *Vie de Watteau* verfaßte und als Erzähler mit den *Nouvelles histoires orientales* erfolgreich war. Sein Mitarbeiter war der satirische Moncrif (1687–1770; *Les âmes rivales, Histoire des chats* u. a.). Auf der Guillotine starb Jacques Cazotte (1719–1792), der die später von E. T. A. Hoffmann weitergeführte fantastische Novelle propagiert (*La patte du chat* 1741, u. a.). Seinen *Diable amoureux* (1772) siedelt er in einem neapolitanisch-spanischen *ambiente* an. Er war im Jesuitenkolleg von Dijon der Mitschüler von Rameaus Neffen und widmete ihm eine *Nouvelle Raméide*. Mit *Rachel ou la belle juive* greift er den Stoff des *Raquel*-Dramas von García de la Huerta auf. Autor zahlreicher Romane ist Claude François Lambert (1705–1765), der u. a. nach Marivaux *La nouvelle Marianne* (1760) und später die pseudo-spanischen *Mémoires de Don Iñigo de Pascarrilla* (1764) schrieb.

Ein vielgelesener Autor war der bereits in anderem Zusammenhang erwähnte Jean-François Marmontel, dessen *Contes moraux* (1771) optimistischen Aufklärungsglauben verbreiten. Sein *Bélisaire*-Roman (1767) verherrlicht die zu Unrecht verfolgte Tugend und brachte es trotz kirchlichen Widerstandes auf eine Auflage von über 40000 Exemplaren. In Deutschland wurde *Bélisaire* Schullektüre. Mit *Les Incas*

(1777), die er während eines Kuraufenthaltes in Aachen begann (1767), schrieb er das Amerika-Epos der zweiten Hälfte des 18. Jahrhunderts mit einer Widmung an Gustav von Schweden und mit einer der *leyenda negra* widersprechenden Zeichnung Pizarros. Wie Marmontel interessierte sich auch Louis-Sébastien Mercier (1740–1814), Freund Crébillons des Jüngeren, für den exotischen Wilden. Sein *Homme sauvage* (1767) brachte einen erfolgreichen Amerikastoff auf das Theater, der sich z.T. als eng an Pfeils Erzählung *Der Wilde* angelehnt entpuppt. *Le sauvage* zeigt die Tragik des Kulturkonflikts im Dekor der Welt der amerikanischen Indianer und präfiguriert die einschlägige Thematik bei Chateaubriand. Merciers utopischer Roman *L'an 2440* führt in eine Welt der *science-fiction* (Telefon, Flugzeuge, u. a.) und Sozialutopie, in der die Widersprüche des *ancien régime* aufgehoben sind. Der Glücksanspruch der Menschheit ist hier sogar beim Vollzug der Todesstrafe verwirklicht: sie ist ein erhebender Festakt. Luxus ist verboten, eine Zensur hindert die Verbreitung ›gefährlicher‹ Gedanken. Voltaire ist untersagt.

## 14. Tendenzen auf dem Theater in der 2. Hälfte des 18. Jahrhunderts

Während Voltaire seine aufklärerischen Gedanken mit den Formen der klassischen Tragödie verquickte, hatten sich mit Destouches, La Chaussée, Gresset, La Motte, Crébillon dem Älteren u. a. neue Tendenzen auf dem Theater gezeigt, die z.T. im Rückgriff auf Diderots theoretische Überlegungen von den Forderungen des klassischen Theaters wegführten. Die Geschichte dieser Bewegung wird u. a. greifbar im *Dictionnaire des théâtres de Paris* (7 vol., 1767) von François Parfaict (1698–1753). Die Welt der Bürger auf die Bühne zu bringen, jenseits des mythologisch-adligen Personenrepertoires der klassischen Tragödie und der nie ganz ernst genommenen ›niedrigen‹ Gattung Komödie ein Theater zu begründen, in dem die gattungsgegebenen Grenzen von *bienséance, vraisemblance,* etc. zugunsten einer dramatischen Verschmelzung des ›Hohen‹ mit dem ›Niedrigen‹ realisiert und damit auf das Alltagsleben bezogen wurde, ist möglicherweise zuerst Michel Jean Sedaine (1719–1797) gelungen:

In *Le philosophie sans le savoir* (1765) wird im Zusammenhang mit einer standesverschiedenen Eheschließung die ökonomische – und potenziell politische – Emanzipation des über mobiles Geldvermögen verfügenden Bürgers gegenüber dem an den Landbesitz gebundenen Adel sichtbar gemacht. Das geht bei Sedaine nicht ohne Rührseligkeit ab, die – vergleichsweise gemäßigt dosiert – den Erfolg des Stücks begründete. Sedaine wußte zudem um den Wert antiker *(Amphitryon)*, und mittelalterlicher *(Aucassin et Nicolette, Barbe-Bleue, Guillaume Tell*, etc.) Stoffe.

Die Frage nach der *condition* des bürgerlichen Zuschauers, der sich auf der Bühne als ›Held‹ wiederfinden sollte, stellte auch Louis-Sébastien Mercier (1740–1814):

Merciers Stücke haben oft das Volks- und Arbeitsleben des 3. Standes zum Inhalt. Mit *Nathalie, Le Juge, Le faux ami, L'indigent, La brouette du vinaigrier* u. a. weist er in diese Richtung, in der auch Platz ist für historische Themen *(Childeric I., La destruction de la Ligue)* und Auseinandersetzung mit illustren Vorläufern (*Molière* nach Goldoni). *Les tombeaux de Vérone* macht Bezüge zu Shakespeare sichtbar, *L'habitant de la Guadeloupe* (1786) und *L'homme sauvage* führen in die Welt Lateinamerikas. Mit *Jean Hennuyer* und *Fénelon* werden kritische Kleriker der französischen Geschichte zu Theaterhelden. Mit *Les crimes de Philippe II* weist er thematisch in die Richtung von Schillers *Don Carlos* – und Verhaerens *Philippe II.* Merciers Vorworte sind z. T. als theoretische Beiträge konzipiert. Sein *Essai sur l'art dramatique* (1773) ist ein Frontalangriff auf die französische Klassik.

Der erfolgreichste Dramatiker des Zeitalters war Beaumarchais (1732–1799). Dieser Uhrmacherssohn, der den Königstöchtern Harfenunterricht gab, Georges Washington mit Waffen versorgte, mit dem käuflichen Richter Goezman prozessierte, Clavijo y Fajardo zum Duell forderte (was Goethes *Clavigo* inspirierte), der sich einen Adelstitel kaufte, ein Spionage-Rollkommando befehligte und die Kehler Voltaire-Ausgabe mitedierte, ist zugleich der Dramatiker, der die französische Bühne von der *Comédie larmoyante* zur vorrevolutionären *Figaro*-Trilogie führte.

Seine Karriere begann mit dem Mißerfolg von *Eugénie* (1767) und *Les deux amis* (1770). *Le Barbier de Séville* (1775), der später durch Rossinis Musik weltberühmt wurde, war zunächst ebenfalls ein Mißerfolg, wennschon man bald – ein Verbot sorgte für die nötige Reklame – in der Gestalt des pikaresken *Figaro*, der die Liebesnöte des Grafen Almaviva meistert, den Sprecher des unzufriedenen Volkes sah. Dem im *Essai sur le genre dramatique sérieux* (1767) formulierten Ziel eines »intermédiaire entre la tragédie héroique et la comédie plaisante« wird das Stück nicht gerecht, es bedient sich vielmehr des gesamten Trickreservoirs der traditionellen Komödie: Verwechslungen, Verkleidungen etc. Der Stoff weist zudem augenfällige Analogien zu Molières *Ecole des femmes* auf. Der Untertitel *La précaution inutile* verweist auf einen Scarron-Titel, auf den sich schon Molière bezogen hatte. Beaumarchais' erfolgreichstes Stück ist *Le mariage de Figaro* (1784). Bei der Uraufführung gab es drei Tote. Hier tritt in der Tat der »demokratisierende Zug« (Jan) hervor, der Figaro im berühmten Monolog (Akt V,3) gegen sein

Standesschicksal protestieren läßt. Hinzu kommen Invektiven gegen die trügerischen Weiberherzen (»O femme! femme! femme! créature faible et décevante«) und das Bekenntnis zur Überlebensmoral des *débrouillard*: »Le savoir-faire vaut mieux que le savoir.« Für Figaro gibt es keine Frage: »A malin, malin et demi« und es wird ihm gelingen, dem alternden Almaviva, der sich seiner Verlobten Susanne nähert, eine Lektion zu erteilen. Der graue Don Juan erleidet Niederlage auf Niederlage, wobei das von Beaumarchais aufgezeigte Schicksal der vernachlässigten Gräfin (Akt II) und die pubertäre Liebe Chérubins zu dieser reifen Frau die nachdenklichen Züge unter der sprühenden Komik des Stücks sichtbar machen. Mozarts Musik (»Sagt mir ihr Frauen ...«) hat gerade diese Szene besonders geglückt hervorgehoben und war, aufs Ganze gesehen, vielleicht der beste Verbündete des kritischen Denkens von Beaumarchais. »Was da gespielt wird, ist eine außergewöhnliche Mischung von Libertinage und Tugend, von Dreistigkeit und Zurückhaltung, von Kühnheit und Schüchternheit« (Krauss): Sentimentalität, Zynismus, Aufruhr. 1792 hat Beaumarchais seine *Figaro*-Stücke zur Trilogie ausgeweitet. *La mère coupable* weist in die Richtung einer um die Familienehre konstruierten *comédie larmoyante.* Napoléon I. täuschte sich in der Retrospektive nicht: »Figaro, c'était la révolution en marche.«

1789 wurde Beaumarchais beauftragt, den Abbruch der *Bastille* zu beaufsichtigen. 1792 wurde er inhaftiert. Seine *Mémoires,* die *Correspondance* und die *Notes et réflexions* sind inhaltsreiche Geschichtsquellen, die u. a. interessante Deutschlandbeschreibungen enthalten.

Mit *Figaro* war der vorsichtigen Aufwertung des 3. Standes in der *Comédie larmoyante* die Infragestellung der gesellschaftlichen Strukturen gefolgt. Parallel dazu brachten selbst die Autoren, die – wie z. B. Voltaire – der klassischen Form treu blieben, unerwartete Inhalte ein. Es wird die Tendenz spürbar, zugunsten einer fortschreitenden Entdeckung der nationalen Geschichte die antike Inspiration zurückzudrängen. Pierre Laurent Buirette, genannt Dormont de Belloy (1727 bis 1775), läßt einem antiken *Titus* (1759) einen *Siège de Calais* (1765) und einen *Gaston et Bayard* (1770) folgen. La Place und Le Tourneur erleichtern die Shakespeare-Rezeption durch ihre Bearbeitungen. Episoden der nationalen Vergangenheit greifen u. a. Baculard d'Arnauld (*Coligny ou la Saint-Barthélémy* 1739), Marie-Joseph Chénier (*Charles IX, ou la Saint-Barthélémy* 1789; *Jean Calas* 1781), Francois-Juste-Marie Raynouard (*Les templiers* 1805) auf. Jean-François Ducis (1733–1816) macht Shakespeare durch freie Übersetzungen in Frankreich heimisch (*Hamlet* 1769; *Macbeth* 1784; *Othello* 1792), was freilich nicht ohne Verfälschungen des Originals zugunsten eines anderen Geschmacksideals abging. Demgegenüber aktualisiert La Harpe (1739 bis 1803), der mit seinem *Lycée* zum Literaturhistoriker seiner Zeit wurde, nach Ausflügen in englische Stoffe (*Warwick* 1763), nach

Plutarch und Shakespeare das historische Repertoire (*Coriolan* 1784). Eine ähnliche Mischung vertritt Antoine Le Mierre (1723–1793) mit *Artaxerxes* (1766), *Guillaume Tell* (1767), u. a. Was die Komödie angeht, so wird die Bedeutung von Beaumarchais nicht beschnitten, wenn man ihn vor dem Hintergrund der übrigen zeitgenössischen Realisationen sieht. So setzte z. B. Jean-Baptiste La Noue (1701–1761) die psychologische Komödie Marivaux' fort (*La coquette corrigée* 1757), während Charles Collé (1716–1783) mit den Worten: »Ombre de Molière, arme-toi!« gegen das *genre larmoyant* wetterte und in *La partie de chasse de Henri IV* den Volkskönig als Beglücker armer Leute zeigte. Louis Carrogis, genannt Carmontelle (1717–1806), mit seinen *Proverbes dramatiques* (1768/1781) ein Gesellschaftstheater schuf, das in der Verbindung von Sprichwort und Theater – »Le proverbe dramatique est ... une espèce de comédie« – auf einschlägige Versuche Mussets im 19. Jahrhundert verweist. Collin D'Harleville (1755 bis 1806) schrieb gut konstruierte Gesellschaftskomödien (*L'inconstant* 1784; *Châteaux en Espagne* 1789; *Le vieux célibataire* 1792), die die Kenntnis Marivaux' vermuten lassen. Philippe-François Nazaire Fabre D'Eglantine (1755–1794), der das Volkslied *Il pleut, il pleut Bergère* schrieb, sah im Theater ein Mittel der revolutionären Propaganda. Mit *Le Philinte de Molière* (1780) wertet er Molières menschenfeindlichen Alceste auf Kosten des *honnête homme* auf. Seine Sympathie für die Revolution bewahrte ihn nicht vor der Guillotine. Der in Lothringen gebürtige Jacques-Marie Monvel (1745–1811) schrieb historisch inspiriertes Theater (*La jeunesse du duc de Richelieu ou le Lovelace français* 1796), *Raoul de Créqui* 1798) und bürgerliche Dramen (*Clémentine* 1781; *Mathilde* 1799). Mit Pigault-Lebrun (1753–1835) werden Stoffe des bürgerlichen Alltags aufgegriffen (*Charles et Caroline* 1790; *Les mœurs ou le divorce* 1794; *Angélique et Jeanneton* 1799; *La famille Luceval* 1806; *L'homme à projets* 1819), die z. T. direkt auf Balzacs *Scènes de la vie parisienne* und *de la vie privée* einwirkten.

Während der Revolution erlebt das Theater einen kurzzeitigen Aufschwung:

Das Paris des Jahres 1791 hat ca. 50 Theater, die nach der Aufhebung der Zensur – sie dauerte nur bis 1794 – ein buntes Repertoire bieten, zumal 1791 alle Repertoire-Monopole aufgehoben wurden. Zwischen 1789 und 1799 entstehen an die 1500 dramatische Dichtungen, die sich oft aus der Tagespolitik nährten. Die Schauspieler wurden gleichberechtigte Bürger, das Tabu, mit dem ihr Beruf traditionell belegt war, fiel. Andrieux, Lemercier, Arnauld, M.-J. Chénier u. a. verschafften der ›Stimme des Volkes‹ auf dem Theater Gehör, was nicht selten eine plebiszitäre Zensur bedeutete. *Andromaque*, *Tartuffe*,

*Phèdre* wurden verboten. An *La papesse Jeanne* hingegen freute sich das revolutionäre Publikum.

Aus der hier zwangsläufig lückenhaft umschriebenen Vielzahl von Tendenzen, Stoffen und Lösungsversuchen wird sich das romantische Theater der folgenden Generationen entwickeln.

## 15. Die französische Lyrik im 18. Jahrhundert

Lanson nannte das 18. Jahrhundert ein »siècle sans poésie« und schon zeitgenössische Intellektuelle haben dieses Klischee genährt. »Je crois donc que l'art des vers est un art frivole« heißt es beim Abbé Pons und Fontenelle meint im *Traité sur la poésie,* »qu'il y a de la puérilité à gêner son langage uniquement pour flatter l'oreille«. Andererseits ist jedoch im 18. Jahrhundert eine ständige theoretische Beschäftigung mit der Lyrik konstatierbar. Louis Racine, der Sohn des Dramatikers, schreibt *Réflexions sur la poésie*, Leblanc de Guillet gibt einen *Discours en vers sur la nécessité du dramatique et du pathétique en tout genre de poésie* (1783), Delille schreibt eine *Imagination*, Chénier *De l'Invention.* Und was die lyrische Produktion des 18. Jahrhunderts angeht, so ließe sich möglicherweise ein Florilegium zusammenstellen, »das Verse von einer lyrischen Intensität enthielte, wie man sie – nach allgemeinem Vorurteil – im 18. Jahrhundert kaum für möglich halten würde« (Schon).

In einer solchen Anthologie würde Guillaume Amfrye de Chaulieu (1639 bis 1729) das lebensfrohe Rokoko (*Poésies* 1725) vertreten. François de Bernis (1715–1794), Kardinal, Außenminister (1757) und Briefpartner Voltaires, verkörperte hier den galanten Salonabbé, dessen feinsinnige Lyrik als das »Gegenstück zur Gravierkunst eines Fragonard« (Jan) angesprochen wurde. Casanova, mit dem er um die Gunst einer schönen Italienerin wetteiferte, hat ihn beschrieben. Mit dem von Voltaire geschätzten Parny (1753–1814) und mit Bertin (1752–1790) weitete sich der Blick auf exotische Thematiken aus. Evariste Désiré de Parny, der sich auf La Réunion in eine Kreolin verliebte, die er nicht heiraten durfte, hat empfindsame *Poésies érotiques* (1778) hinterlassen und 1777 eine pathetische Epistel *Aux insurgés de Boston* verfaßt. Antoine de Bertin, auf La Réunion geboren, auf Haiti gestorben, brachte die Kenntnis exotischer Flora und Fauna in seine anakreontische Rokokopoesie ein (*Les amours* 1770) und hinterließ eine kulturgeschichtlich interessante Beschreibung seines *Voyage de Bourgogne* (1777).

Vor diesem Hintergrund heben sich einige Namen ab. Jean-Baptiste Rousseau (1671–1741) galt lange Zeit als bedeutender Autor, bis

Sainte-Beuve dieses Bild zerstörte. Als Theaterautor war er eher erfolglos (u. a. *Le café* 1694), dafür wurden seine Oden (*A Monsieur le Marquis de La Farce, Sur la mort de Monseigneur de prince de Conty*, u. a.) geschätzt. Als Pamphletist machte er sich bald Feinde unter den Stammgästen des *Café Laurent* und mußte Frankreich verlassen. Er starb in der Nähe von Brüssel. Weniger Feinde hatte Louis Racine (1692–1763), dessen religiöse Dichtungen (*La grâce* 1720; *La religion* 1748, u.a.) intelligente Orthodoxie mit scharfer Gedankenführung vereinen und so in einem greifbaren Gegensatz zur geläufigen bukolisch-anakreontischen Rokokolyrik stehen. In lautstarke Querelen mit Voltaire verstrickt war Jean-Jacques Le Franc de Pompignan (1709 bis 1784), dessen *Poésies religieuses* (1751) z.T. über das Lateinische auf hebräische Vorlagen zurückgreifen und zu aufklärungsfeindlichen Tönen kommen: »Pour allumer le flambeau de la Philosophie, on éteint celui de la foi.« Antoine-Léonard Thomas (1732–1785) hielt seine Antrittsrede in der Akademie über *L'homme de lettres considéré comme citoyen* (1766). Er legte sich, wie auch Claude-Joseph Dorat (1734–1780), mit Voltaire an und hinterließ in seinen *Poésies* eine *Ode sur le temps* (1762), deren Einfluß auf Lamartines *Le Lac* bis in den Wortlaut greifbar ist. Ob Ponce Denis Ecouchard Le Brun (1729 bis 1807) den Namen Lebrun-Pindare wirklich verdiente, sei dahingestellt. Bis Ende des 19. Jahrhunderts war er in den französischen Schulanthologien vertreten. Berühmt wurde er durch seine Oden auf das Erdbeben von Lissabon (1755) und einige weitere Poesien (*A Buffon, Le vengeur*, u. a.). Seine frechen Epigramme, u. a. an La Harpe, geben einen Einblick in die literarische Streitsucht der Epoche. Jean-Baptiste Legouvé (1764–1812) scheiterte als Dramatiker (u. a. *Etéocle et Polynice* 1799), verherrlichte in *Le mérite des femmes* die Frauen, die an der Großen Revolution teilgenommen hatten und sprach mit seinem *Mélancolie*-Gedicht die *sensibilité* seiner Leser wirksam an. Alle Merkmale einer melancholischen Stimmungslyrik finden sich dann in *La chute des feuilles* des Elegikers Charles-Hubert Millevoye (1782–1816). In eine ähnliche Richtung weisen die *Poésies diverses* (posthum 1791) von Bernard Bonnard (1744–1784). Auch die *Elégies* (1778) von Ramond de Carbonnières (1755–1827) stehen in dieser Strömung, in der sich viel von dem Naturgefühl Rousseaus niederschlägt. Zeitphilosophische Probleme griffen Jean-François Saint-Lambert (1716–1803) auf und Jean-Antoine Roucher (1745–1794) auf. Saint-Lamberts *Saisons* (1769) eifern den *Seasons* von Thomson nach, Rouchers *Les mois* (1779) widmen sich philosophisch dem Jahresrhythmus von Erneuerung und Kreislauf des Ewig-Gleichen. Roucher starb auf der Guillotine, nachdem er mit den *Consolations de ma captivité* zum

Zeugen der Schreckensherrschaft geworden war. Der frühverstorbene Nicolas-Joseph-Laurent Gilbert (1751–1780) war ein Bauernsohn, der die Aufklärung bekämpfte und in der Satire auf *Le XVIIIe siècle* und in *Mon apologie* (1775, 1778) die fortschrittsgläubige Rokokogesellschaft verspottete. Den Romantikern Nerval und Vigny erschien Gilbert als Musterbeispiel des verkannten Genies. Als »poète de la Révolution« bezeichnete sich zeitweise Michel Dorat-Cubières (1752–1820), dessen galante *Opuscules poétiques* (1791) schon im revolutionären Frankreich erschienen. Unter der Restauration wurde Dorat Postbeamter. In der *Lettre à Ximénès sur l'influence de Boileau* (1787) und im *Essai sur l'art poétique* (1812) zeigt er sich als Dichtungstheoretiker. Jacques Delille (1738–1813) gewinnt innerhalb der Lyrik seiner Zeit insofern eine Sonderstellung, als er – durch Louis Racine und Voltaire ermutigt – eine Naturdichtung vertritt, die jenseits der rousseauschen Schwärmerei den Willen zu Distanz und klassischer Dämpfung verrät. Geschult an Vergils *Georgica* betont er diese Tendenz in *Les jardins ou l'art d'embellir les paysages* (1788), *L'homme des champs ou les Géorgiques françaises* (1800), u. a. Dabei werden auch die klassischen Sprachtabus angekratzt, wenn Delille sich statt *le coursier* für *le cheval* und statt *la génisse* für *la vache* entscheidet. Was das Landschaftsarrangement angeht, so wendet er sich gegen die »alignements monotones« und fordert die »jardins libres et irréguliers«. In der Vorrede zu *L'Imagination* (1806) geißelt er die »pauvreté dédaigneuse« der klassischen französischen Lyrik. Vieles verweist hier auf die folgende Romantik, ohne daß die aufklärerischen Wurzeln verraten würden. Zu seinen auch heute noch bekanntesten Gedichten gehört das Loblied auf *Le café* aus *Les trois règnes de la nature*. Die Überlegenheit der *modernes* über die *anciens* wird hier originell aus der Sitte des Kaffeetrinkens begründet:

> Il est une liqueur, au poète plus chère
> Qui manquait à Virgile et qu'adorait Voltaire.
> C'est toi, divin café ...

Delille ist eine Verbindungsklammer zwischen dem 18. und dem 19. Jahrhundert.

Der vielleicht bedeutendste Lyriker des französischen 18. Jahrhunderts ist André Chénier. Für Pierre Louÿs ließ sich die gesamte Lyrikgeschichte Frankreichs in drei Phasen zusammenfassen: »création par Ronsard, destruction par Boileau, résurrection par Chénier«. In der Tat neigt Chénier über die oft nur noch äußerlich akzeptierten Bindungen seiner Zeit an die Ästhetik des *grand siècle* der Pléiade und der wiederzuentdeckenden Antike zu. Er vertritt eine *Renaissance* und präludiert zugleich, von Jean-Jacques Barthélémy *(Voyage du jeune Anarchis en Grèce)* unterstützt, der Griechenlandbegeisterung Byrons und der französischen Romantik.

André Chénier (1762–1794) war in Konstantinopel als Sohn eines französischen Diplomaten und einer griechischen Mutter geboren. Nach Studien am *Collège de Navarre* wurde er Botschaftssekretär in London, begeisterte sich für die Französische Revolution und starb auf der Guillotine. Die erste Gesamtausgabe seiner Werke stammt von 1907/1919. Zwischen 1785 und 1787 schrieb er die *Bucoliques*, mehrere *Elégies* und die theoretische *Perfection des arts*. Dichtung muß alle ansprechen, ohne daß diese demokratische Forderung bildungsfeindlich wäre. In *L'invention* fordert Chénier eine Lyrik, in der Buffon und Newton anerkannte Größen sein sollen:

... Les sciences humaines
N'ont pu de leur empire étendre les domaines
Sans agrandir aussi la carrière des vers.

Die Vorbildlichkeit der Antike bleibt ein Faktum, jedoch ist sie der Anerkennung der Moderne komplementär, nicht antagonistisch zugeordnet: »Sur des pensers nouveaux faisons des vers antiques.« Und so kann Chénier, der in *L'aveugle* das Alter Homers beschreibt, der in *Le jeune malade* und *La jeune Tarantine* an klassischen Versen feilt, mit der gleichen Sprachkultur eine Ode über den *Serment du jeu de Paume* verfassen, gegen die Enthauptung Ludwigs XVI. polemisieren und die jakobinische Tyrannei in seinen *Iambes* attackieren, die in einem Wäschepaket aus dem Gefängnis herausgeschmuggelt wurden:

Car l'honnête homme enfin, victime de l'outrage,
Dans les cachots, près du cercueil,
Relève plus altier son front et son langage ...

Mit *La jeune captive* stellt er sich auf die Seite der unschuldig eingelochten Duchesse de Fleury. Dieser gemordete Dichter war ein Autor der Menschenwürde und ein angesichts der Realität desillusionierter Revolutionär. In *L'Amérique* klingen panerotische Töne an, die auf eine *poésie scientifique* hindeuten. Möglicherweise wäre Chénier zu einem *lyrisme cosmique* vorgedrungen, der ihn in die Tradition der Renaissance gestellt hätte.

Andrés Bruder Marie-Joseph Chénier (1764–1811) kämpfte gegen die Kritik, er habe nichts zur Rettung seines Bruders unternommen *(Epître sur la calomnie)*. Als Tragödienautor kam er zu kurzlebigen Erfolgen, als Lyriker besang er die patriotische und republikanische Begeisterung, z. B. in *Le chant du départ* (1794). Damit löst er die Erinnerung an einen anderen Dichter jener Jahre aus: der Artillerieleutnant Rouget de Lisle schrieb 1792 in Straßburg den *Chant de guerre pour l'armée du Rhin*, der als *La Marseillaise* die französische Nationalhymne wurde. Anonym sind zahlreiche Gesänge der französischen Revolution: *Ça ira* (1790), *La Carmagnole* (1792), u. a.

## 16. Literarische Äußerungen während der Revolution

Die Revolution führte zu einer Blüte der parlamentarischen Rhetorik und des Journalismus. Hier wird der Weg greifbar, den das Land vom Sturm auf die Bastille über die *Etats généraux* (1789), die *Constituante* (1791), die *Convention* (1792), den Fall Robespierres, das *Directoire* bis hin zur Herrschaft des ›starken Mannes‹ Napoléon I. ging. In dieser Gebrauchsliteratur werden oft die Ideale der Römischen Republik beschworen: die Gracchen, Brutus, Mucius Scaevola sind in Mode, zur *sensibilité* der Rousseau-Jünger tritt hier und da die rhetorisch wirksame Beschwörung der »klassisch strengen Überlieferungen«, die manchen Revolutionären die Selbsttäuschung ermöglichte, »derer sie bedurften, um den bürgerlich beschränkten Inhalt ihrer Kämpfe sich selbst zu verbergen und ihre Leidenschaft auf der Höhe der großen geschichtlichen Tragödie zu halten« (Marx/Engels). So glänzte in den *Etats généraux* und in der *Convention* Honoré-Gabriel Riquetti, Comte de Mirabeau (1749–1791). Im *Essai sur le despotisme* (1774) hatte er schon früh liberale Sympathien gezeigt, die u. a. durch einen Aufenthalt in Preußen (*La monarchie prussienne* 1788) vertieft wurden. Die Antwort an Dreux-Brézés »Nous sommes ici par la volonté du peuple ...« begründete seinen Nachruhm. Beschwörend wirkt seine Rede *Contre la banqueroute* und auch die Einlassungen zu *Sur le droit de paix et de guerre* und *Sur la liste civile du clergé* zeigen den geschickten Rhetoriker. Maury und Zazalis waren keine Gegner für ihn, aber er unterschätzte Barnave, den Abgeordneten von Grenoble, der im *Discours sur le droit de paix et de guerre* gegen das Königtum Stellung bezog. Ein gewitzigter Redner war auch Vergniaud, der 1792 mit *Sur la patrie en danger* den Durchhaltewillen der Revolutionäre stärkte und der am 10. 4. 1793 die Girondisten gegen den Vorwurf des Modernantismus in Schutz nahm. Seine Kritik an Robespierre bezahlte er mit dem Leben. Als »Mirabeau de la populace« galt Danton (1759 bis 1794). Er fanatisierte die *Assemblée* gegen die Fürstenarmee des Herzogs von Braunschweig, indem er »De l'audace, encore de l'audace« forderte und das Revolutionstribunal gegen innere ›Abweichler‹ errichten ließ. Er wurde selber Opfer dieser Institution. Seine Worte »Robespierre, tu me suis« waren prophetisch. Büchner hat ihm sein Drama *Dantons Tod* gewidmet. Der ›unbestechliche‹ Robespierre, ein Advokat aus Arras, konnte als Rousseaujünger über einen toten Vogel weinen und allein im Juli 1794 1285 Menschen öffentlich enthaupten lassen. Er argumentierte gedankenreich und fanatisch (*Contre les Girondins*). Seine Verteidigungsrede vom 26. Juli 1794 verrät die revolutionäre Rhetorik des Idealisten, seine Rede *Sur les principes de morale politique qui doivent guider la Convention* (7. 2. 1794) lohnt den Vergleich mit Kants *Über die Moral in der Politik.* Mißt man Robespierres Rhetorik an seinen Handlungen, so tut sich die Diskrepanz zwischen Wort und Tat auf, die seinen eigenen Untergang besiegelte. Bescheiden war er nicht. Im *Discours sur les rapports des idées religieuses et morales avec les principes républicains, et sur les fêtes nationales* begründet er Frankreichs menschheitsbeglückende Mission daraus, daß dieses Land dem Rest der Welt um 2000 Jahre voraus sei. Als fanatischer Moralprediger und wohl auch -schnüffler schuf er eine jakobinische Inquisition, die ihn – wie schon Michelet herausarbeitete – in Wahrheit als maskierten Klerikalen entlarvt. Er setzte die Verfassung außer Kraft, liquidierte Feinde und kritische Freunde, schließlich seine Helfershelfer. Eine Puppe, die den Atheismus darstellen sollte, verbrannte er eigenhändig und verordnete dem Volk den Glauben an ein *être suprême* und an die Unsterblichkeit der Seele. Als er am 28. Juli 1794 selber auf der Guillotine starb, wurde der Weg für eine Direktoriumsverfassung frei, die das demokratische Prinzip der Gewaltenteilung respektierte. Ebenfalls auf der Guillotine starb Louis-Antoine de Saint-Just (1767–1794), der der vielleicht begabteste Revolutionsredner war. Er vertrat das Departement Aisne und machte sich für die Hinrichtung Ludwigs XVI. stark. In einer Schrift über den *Esprit de la Révolution* (1791) ergreift er Partei für Condorcets Verfassungsentwurf. Opposition ließ er nicht gelten: »Ce qui constitue une République, c'est la destruction totale de ce qui lui est opposé.« Ihm gegenüber trat Emmanuel Siéyès (1748–1836) als Redner wenig in Erscheinung. Aber er versorgte mit seinem *Essai sur les privilèges* und *Qu'est-ce que le tiers état?* (1789) viele Revolutionäre mit Argumenten. Sein Feind Robespierre nannte ihn den ›Maulwurf der Revolution‹. Die Frage nach seiner Tätigkeit während der Schreckensherrschaft beantwortete er mit: »J'ai vécu.« Napoléons Machtantritt am 18. Brumaire brachte seinem Verfassungsentwurf weitgehende Geltung. Er verkündet somit das Ende der Revolution. Siéyès stimmte für die Enthauptung Ludwigs XVI. und ließ sich von Napoléon I. in den Adelsstand erheben. Während der Restauration nach 1815 war er im Exil und kehrte nach 1830 nach Paris zurück.

Jean-Paul Marat (1744–1793) war Revolutionsredner und Journalist. Dieser Sohn sardischer Einwanderer, der – Lamartine schrieb eine Novelle darüber – von Charlotte Corday in der Badewanne ermordet wurde, hatte schon in *Les chaînes de l'esclavage* (1774) den Gedanken des Gesellschaftsvertrages propagiert und forderte während der Revolution als Herausgeber des *Ami du peuple* die vorbehaltlose Enteignung des Adels und die konsequente ›Sauberkeit‹ der Revolution im

Hinblick auf eine Politik zugunsten der Entrechteten. Mirabeau war für ihn nur ein schönredender Ehrgeizling. In Peter Weiss' *Marat*-Stück (1966) steht er zusammen mit Sade auf der Bühne.

Nach dem 18. Brumaire hatte nur noch einer das Sagen: Napoléon I. Wie viele Revolutionsredner benutzte er gern römische und pseudorömische Traditionen. So lobte er die *descendants de Brutus* und *Scipion,* wenn es galt, die Witwen gefallener Soldaten zu trösten. Als er Kaiser war, wurden die Anspielungen auf die römische Republik seltener. Napoléons *Correspondance* ist eine Geschichtsquelle ersten Ranges. Das *Mémorial de Sainte-Hélène,* das sein Sekretär Las Cases niederlegte, sind die perspektivenreiche Analyse von Aufstieg und Fall des Empire.

Der Journalismus der Revolutionäre ist u. a. durch das Aufkommen der Meinungspresse charakterisiert:

»De 1789 à 1800, il parut en France près de 1500 titres nouveaux, soit en 11 ans au moins deux fois plus que pendant les cent-cinquante années précédentes« (Albert). Mit dem *Journal de Paris* gab es schon seit 1777 eine Tageszeitung, die u. a. Condorcet und André Chénier zu ihren Mitarbeitern zählte (sie erschien bis 1840), aber erst unter der Revolution erstarkte der Journalismus. Im August 1789 gründete man das *Journal des débats politiques et littéraires,* das über die *Assemblée nationale* berichtete und später zum Sprachrohr des Empire-Klassizismus wurde. Es existierte bis 1944. Die *Révolutions de France et de Brabant* wurden von Camille Desmoulins ediert. Anwalt und Demagoge brachte er die Volksmassen dazu, die Bastille zu erstürmen. In der Zeitschrift *Le vieux cordelier* bekämpfte er Robespierres Schreckensherrschaft und starb dafür auf der Guillotine. Sein Ausspruch: »Les Dieux ont soif« inspirierte den berühmten Roman von Anatole France. In Anouilhs *Pauvre Bitos* (1958) steht er als Deschamps auf der Bühne. Mit *La décade philosophique, littéraire et politique* erscheint 1794–1807 die Zeitschrift, um die sich bald die Gruppe der Ideologen schart. Sie ist ein Einfallstor ausländischer Einflüsse und berichtet über Schiller, Kotzebue, Wieland, Meléndez Valdés, Alfieri, etc.

Zu den Autoren, die direkt mit dem Alltag der Revolution in Verbindung standen, gehört der Sozialreformer François-Noël Babeuf, der sich aus republikanischer Begeisterung Gracchus nannte. Schon vor 1789 arbeitete er an einem *Cadastre perpétuel* und an einer Steuerreform und ließ sich von Helvétius und durch Rousseaus *Contrat social* in seinem egalitären Denken bestärken. Als Verwalter des Départements Somme bekämpfte er die radikalen Mordhorden von Jean-Baptiste Carrier und sah seine Aufgabe in der konkreten Sozialarbeit. Seine Zeitschrift *Le tribun du peuple* ergreift Partei für die 24 Millionen »ventres creux« Frankreichs, die er zum Kampf gegen den Tyrannen Robespierre nach Art kommunistischer Kollektive organisierte. Als er geköpft werden sollte, beging er Selbstmord. Die Revolutionäre ließen es sich nicht nehmen, auch noch den Leichnam öffentlich zu guillotinieren. In Babeuf erkannten die Sozialisten späterer Generationen einen Vorläufer, der über den kleinbürgerlichen Radikalismus der Schreckensherrschaft hinaus die Möglichkeiten einer ›Diktatur des Proletariats‹ erkannt haben könnte. Auch der Girondistenführer Brissot de Warville (1754–1793), den Lamartines *Histoire des Girondins* (1847) als demokratische Alternative zum jakobinischen Fanatismus herausstellt, war ein engagierter Schriftsteller. In den *Recherches philosophiques sur le droit de propriété et sur le vol* nähert er sich Proudhons radikaler These, daß Eigentum Diebstahl sei und fordert eine Umverteilung der Reichtümer mit Hilfe reformierter Erbschaftsgesetze.

## 17. Zeugen, Reporter, Historiker

Das 18. Jahrhundert ist eine Zeit des Memoirenschrifttums, der autobiographischen Zeugnisse und der moralistischen Beobachtung. Viele dieser Werke haben, wie z. B. Rousseaus *Confessions* Bekenntnischarakter. Im Spiegel dieser Literatur werden die Tiefenstrukturen der Epoche anhand zahlreicher Details und Dokumente greifbar. So sind die posthumen *Mémoires secrets pour servir à l'histoire de la République des Lettres* (seit 1777) von Louis Petit de Bacheaumont (1690 bis 1771) eine Fundgrube für die Kenntnis der literarischen Querverbindungen der Zeit, für Zensurprobleme, Intrigen und für das Schicksal der oft im Untergrund wirkenden Libertinerkreise, von denen einer die sog. *Paroisse* war, der der Autor selber angehörte. Als Gegenstück zu diesen *Mémoires,* die die literarische Halb- und Unterwelt behandeln, können die *Mémoires d'un père pour servir à l'instruction des enfants* von Marmontel angesehen werden. Sie enthalten zahllose Details zum Leben der Salons und den literarischen Diskussionen im 18. Jahrhundert. Charles Pinot Duclos (1704–1772) gibt in seinen *Mémoires* (posthum 1791) reiche Informationen zur Kulturgeschichte seiner Zeit. Nach Anfängen, die ihn in die Nähe Crébillons des Jüngeren führten (*Confessions du comte de ***,* u. a.), ergreift er seine Chronistenaufgabe in den *Considérations sur les mœurs de ce siècle* (1751). Seine spät veröffentlichten *Considérations sur l'Italie* (posthum 1791) wurden von Stendhal herangezogen, als er an den *Promenades dans Rome* arbeitete. Eine ähnliche Wirkung hatte Charles de Brosses (1709–1777), der mit seinen *Lettres d'Italie* (geschrieben 1739/40) zahlreiche Informationen lieferte und als Freund Buffons auch Einblicke in die Welt der Gelehrtenrepublik hatte. Das Frankreich der Revolution wird greifbar in den *Mémoires* von Marie-Jeanne Roland de la Platière (1754–1793), einer begeisterten Rousseauleserin, die in ihrem Salon 1789 viele Politiker der Revolution empfing. Ihre Preisarbeit für die Akademie von Besançon, *Comment l'éducation des femmes pourrait contribuer à rendre les hommes meilleurs,* basiert auf einer Gefühlspädagogik, die die Lektüre der *Nouvelle Héloïse* ahnen läßt. Mme Roland bekämpfte Robespierre im Namen der Menschenwürde und starb auf der Guillotine. Ihr Mann Jean-Marie beging am folgenden Tag Selbstmord. Ebenfalls auf der Guillotine starb Nicolas-Simon Linguet (1734–1794), der mit den *Annales poétiques* (1777 ff.) und den *Mémoires sur la Bastille* (1783) ein Zeuge seines Jahrhunderts wurde. Von dokumentarischem Wert sind auch die *Mémoires sur la Révolution* von Dominique Joseph Garat (1749 bis 1833), der studierter Historiker und 1792/93 Justiz- und Innenminister war. Seine *Mémoires* lohnen den Vergleich mit den 1822 publizierten *Mémoires sur le XVIIIe siècle et sur la Révolution* von Morellet (1727–1819). Werke dieses Typs stehen an der Grenze zwischen Erlebnisbericht und historiographischer Vertiefung. Sie verweisen damit auf Michelets *Histoire de la Révolution française.* Von den ausländischen Berichten über das revolutionäre Frankreich seien hier wenigstens die Briefe und Beschreibungen Marchenas erwähnt. Eine literarische Fundgrube besonderer Art ist die von Grimm, Diderot und Meister edierte *Correspondance littéraire philosophique et critique adressée à un souverain d'Allemagne.* Als Gegenstück zu dieser umfangreichen Unternehmung ist die *Correspondance littéraire adressée à Monseigneur le Grand-duc de Russie* von La Harpe zu erwähnen.

Im französischen Europa des 18. Jahrhunderts waren auch ausländische Memoirenschreiber, die sich des Französischen bedienten, wichtige Zeugen. Casanova, der sich zum Chevalier de Seingalt adelte, war nicht nur der berühmte Frauenheld (1725–1798), sondern erlaubt als Schriftsteller manchen Einblick in das *ancien régime.* In Venedig wurde er wegen Gottlosigkeit eingekerkert und brach aus den Bleikammern aus. 1757 war er Lotteriedirektor in Paris, eine Offiziersstelle in Preußen lehnte er ab. Er spionierte für Venedig, kannte Warschau, Petersburg, Madrid, verkehrt mit Voltaire, D'Argens, Cagliostro. Seine im Schloß Dux in Böhmen geschriebene *Histoire de ma vie* enthielt so viele Informationen über lebende Personen, daß eine Gesamtausgabe erst nach 200 Jahren möglich wurde. Mit seinem utopischen Roman *Icosaméron, ou histoire d'Edouard et d'Elisabeth qui passèrent 81 ans chez les Megameickes* (1788/1790) ist Casanova ein Vorläufer von Jules Verne. Die *Mémoires authentiques* (1785) von Cagliostro sind zwar erdichtet, aber sie lassen dennoch ahnen, wie man im vorrevolutionären Europa mit Schwarzkunst, Gespensterglauben und Goldmacherei zu höchsten Ehren gelangen konnte. Cagliostro inspirierte Katharina die Große zu einer Komödie und lieferte den Stoff für den *Geisterseher* (1789) von Schiller.

Ein aufgeklärter Kritiker der Enzyklopädisten war Charles-Joseph de Ligne (1735–1814) aus Brabant. Sterbend verlangte er nach seinem Degen, um sich für Maria-Theresia zu schlagen. Seine »douce morale« definierte er als »chrétiennement philosophique«. Als intelligenter Kosmopolit stand er in Verbindung mit Friedrich und Katharina, mit Rousseau, Voltaire, Marie-Antoinette, Goethe, Mme de Staël. Er fühlte sich als »Autrichien en France, Français en Autriche, l'un ou l'autre en Russie«. Napoléons Erfolge ruinieren seinen Traum vom Schlachtenruhm. So widmet er die letzten Jahre seines Lebens den 34 Bänden seinen *Mélanges militaires, littéraires et sentimentaires* (1795/1811). Sie erschienen in Dresden und sind eine Fundgrube für die Kenntnis des 18. Jahrhunderts. Seine Vorliebe für gepflegte Gärten und Parks verbindet den Fürsten mit Delille. Den Park seines Schlosses bei Tournai besingt er in *Un coup d'œil sur Belœil* (1781). Die neun *Lettres à la marquise de Coigny* (1801) beschreiben die Dnjepr-Reise Katharinas der Großen, an der er teilnahm. Der Fürst von Ligne verfolgte aufgeklärte und klassische Tendenzen. Er stellte den *esprit* über den Gefühlskult der aufkommenden Romantik. »Der Fürst befand sich in Wien, als die Nachricht eintraf, daß die Brabanter Freiwilligen in Gent und Brüssel eingerückt seien und entging so der Verlegenheit, im Konflikt mit dem Landesfürsten Partei nehmen zu müssen« (Delfos). – In ähnlicher Weise als Geschichtsquelle interessant ist das *Journal* des Marquis de Bombelles (1744–1822). Es berichtet vom Reichstag in Regensburg, von den Botschaften in Lissabon und Venedig und ist generell eine Fundgrube für die Kenntnis des untergehenden *ancien régime* und des *Empire*.

# Das 19. Jahrhundert

## 1. Das 19. Jahrhundert: Strukturen, Übergänge, Perspektiven

Das 19. Jahrhundert ist bunt, widersprüchlich, kontrastreich. Was die Revolutionäre begonnen hatten, vollendete Napoléon I.:

Er knebelte die liberale Opposition, trieb Intellektuelle ins innere oder äußere Exil, ließ den Duc d'Enghien erschießen und überzog Europa mit Krieg. 1804 wird er Kaiser. Der Luxus staatsbürgerlicher Freiheiten fällt Fouché zum Opfer, der revolutionäre Elan wird gegen ausländische Gegner gelenkt. Die Universitätsreform von 1808 zentralisiert und diszipliniert das Geistesleben und führt damit das Werk fort, das Richelieu mit der Gründung der *Académie française* begonnen hatte. Hatten sich die Revolutionäre hier und da in der Attitude altrömischer Republikaner gefallen, so belebt das Empire den Kult des römischen Kaiserreichs und des *Grand siècle.* Die Devise des Kaisers: »L'antiquité et le siècle de Louis XIV.« Diese Kulturpolitik vertieft den Graben zwischen dem imperialen Frankreich und dem übrigen Europa, womit freilich die Hervorbringungen der Künstler des Empire, z. B. des Malers Jacques-Louis David (1748–1825), nicht vorschnell herabgesetzt werden dürfen.

Auf Napoléon I. folgen Restauration, Julimonarchie, die 2. Republik, das 2. Kaiserreich, die 3. Republik. Der Vielfalt politischer Lösungsversuche entspricht die Komplexität des sozialen und kulturellen Lebens zwischen 1815 und 1914:

Viele Intellektuelle des 19. Jahrhunderts, von Vigny bis Barrès, sind engagierte Politiker. Lamartine, Autor einer Broschüre *Sur la politique rationnelle* (1831), kämpft 1848 für die Trikolore, Hugo verspottet Napoléon III., »le petit«, Zola ergreift Partei im Dreyfus-Skandal. Liberalismus und Romantik erkennen sich zeitweise als Verbündete. Katholisch-soziale (Lamennais, Lacordaire, Leroux), utopisch-sozialistische (Saint-Simon, Fourier), nationalistisch-sozialistische (Proudhon, Blanqui) und internationalistisch-sozialistische (Marx, Engels) Tendenzen verraten die Gärung eines Geisteslebens, das sich mit vielfältigen ungelösten Fragen konfrontiert sieht: Industriegesellschaft, soziale Frage, Kolonialismus, etc.

Frankreichs Bild auf der Landkarte ist im 19. Jahrhundert nicht konstant. War man dank Talleyrand und englischer Harmonievorstellungen vom europäischen Konzert aus dem Wiener Kongreß relativ ungeschoren hervorgegangen, so brachte die Annexion Savoyens und Nizzas eine erhebliche Vergrößerung des Territoriums (1861), während der Verlust von Elsaß-Lothringen im Krieg 1870/71 eine politische Hypothek schuf, die das französisch-deutsche Verhältnis bis 1914 belastete. Alle Regime des 19. Jahrhunderts förderten die koloniale Expansion.

Wie im 18. so wirkten auch im 19. Jahrhundert wissenschaftliche Entdeckungen unmittelbar auf die Literatur ein:

Leverrier entdeckt den Saturn, Pasteur entwickelt das Tollwutserum. Allein zwischen 1815 und 1820 werden Jod, Brom, Strychnin, Traubenzucker und Schwefelsäure entdeckt bzw. chemisch dargestellt. Comte glaubte an eine logisch erfaßbare Sozialphysik, Taines *race-milieu-moment*-Theorie, der Darwinismus, Claude Bernards *Médecine expérimentale*, Mendels Vererbungsforschungen, etc., beeinflußten eine Literatur, die sich nach dem Sieg der Romantik je nachdem realistisch, naturalistisch, naturwissenschaftlich, symbolistisch definierte. Die symbolistische Theorie der *instrumentation verbale* wird sich auf Helmholtz' Lehre von den Obertönen berufen und in der Problematisierung der Zeitkategorie bei Bergson, Mach und Einstein naturwissenschaftliche Begründungen suchen. Dabei bestimmen Restauration, Industrie, Kapitalismus, Sozialismus, Kolonialismus, gründerzeitlicher Optimismus, romantische *mal du siècle*- und dekadentistische *fin de siècle*-Stimmung das Suchen nach Antworten, auch da wo diese zugunsten einer resignativen Entscheidung für das *l'art-pour-l'art* ausfallen. Die periodisierenden Etiketten des 19. Jahrhunderts – Romantik, Realismus, Naturalismus, Parnass, Symbolismus, Idealismus, Positivismus, Exotismus, Regionalismus, ›Belle Epoque‹, etc. – sind dabei im ständigen Bemühen um die Gleichzeitigkeit von Phänomenen zu erarbeiten, die im historischen Nachhinein als ungleichzeitig erscheinen könnten. Hugos ›romantische‹ *Notre-Dame de Paris* erscheint 1831 ebenso wie Stendhals ›realistisches‹ *Le Rouge et le Noir*.

Einige Stichwörter beleuchten die schwer analysierbare Vielfalt der Strömungen des 19. Jahrhunderts:

*Emigranten.* Revolution und Empire zwangen viele Intellektuelle ins Exil. Rivarol, Mme de Staël, Delille u. a. nehmen ausländische Erfahrungen in sich auf und bringen sie in die französische Literatur ein. Sie erweitern den Horizont der *Europe française*. Das Emigrantenschicksal wird greifbar in *L'émigré* (1797) von Sénac de Meilhan. Die Kenntnis fremder Sprachen und Kulturen führt zu einer frühen Komparatistik. Charles de Villiers (1765 bis 1815) wird Philosophieprofessor in Göttingen und schreibt eine *Philosophie de Kant* (1801), einen *Essai sur Luther* (1804), eine *Erotique comparée* (1807). Unter den Emigrantenschicksalen des *Second Empire* ist Hugo das bekannteste Beispiel.

*Ideologen.* Seit Ende des 18. Jahrhunderts traf sich in der Pariser Wohnung der Witwe Condorcets die Gruppe der sog. *idéologues*. 1796 wird hier erstmalig das Wort *Idéologie* gebraucht. Hier vertrat Antoine-Louis-Claude Destutt de Tracy (1754–1836) in der Nachfolge Condillacs die sensualistische These, daß im Zentrum jeder Erkenntnisphilosophie die Analyse der Begegnung des Subjekts mit der Außenwelt zu stehen habe. Er legt seine Lehre in den *Eléments d'idéologie* (1817/18) nieder. Politisch trat er hervor, als er 1814 im Senat den Sturz Napoléons beantragte. Zur Ideologengruppe zählt noch Pierre-Jean-Georges Cabanis (1757–1808) mit seiner materialistischen Psychologie (*Rapports du physique et du moral de l'homme* 1802), seinen Übersetzungen der *Ilias* und Goethes und Meißners (*Mélanges de littérature allemande* 1797). Aus dem Kreis um Holbach stammte Volney (1757 bis 1820), Autor eines *Voyage en Syrie et en Egypte* (1787) und Autor von *Les ruines ou méditations sur les révolutions des empires* (1791), wo er als lyrischer Geschichtsschreiber die Weltschmerzstimmung thematisiert, die seit Ossian in Mode war. Er betrachtet die Ruinen von Palmyra, meditiert über das revolutionäre Frankreich, geißelt *cupidité* und *despotisme* und erhofft sich von einem *amour éclairé de soi* einen Fortschritt, der gleichermaßen dem Individuum und der Gesellschaft zugute kommt. *Les ruines* wirken auf Chateaubriand, Mme de Staël, Hugo, Lamartine u. a. Volney ist auch ein orientalistisch interessierter Linguist, der bis hin zu Renan wirkte. Hier leistet er Vorarbeit für Charles-Claude Fauriel (1772–1844), der zu den Begründern der modernen Komparatistik zählt und 1830 den Lehrstuhl für *Littératures étrangères* an der Sorbonne übernahm. Er publizierte u. a. *Chants populaires de la Grèce moderne* (1824), *Histoire de la Gaule méridionale sous la domination des conquérants germains* (1836), *Dante et les origines de la poésie provençale* (posthum 1854). Marie-François-Pierre-Gonthier Maine de Biran (1766–1824) stand zunächst den *idéologues* nahe, erarbeitete jedoch dann ein eigenes System. In den Determinismus der Sensualisten bringt er den Gedanken des *effort* ein, der hier und da auf Bergsons *élan vital* verweist: *Considérations sur les rapports du physique et du moral de l'homme* (1811). Sein *Journal intime* fand viele Leser.

*Mystiker, Illuministen, Spiritualisten.* Im 18. Jahrhundert hatte sich Louis-Claude de Saint-Martin (1743–1803) unter dem Einfluß Swedenborgs für mystische, theosophische, okkultistische und wohl auch freimaurerische Praktiken interessiert. Er verteidigt theokratische Ideale gegen die Jünger Rousseaus (*Lettre à un ami sur la Révolution française* 1795) und findet in *Eclair sur l'association humaine* (1797) Töne, die auf Balzac und einige Romantiker verweisen. Pierre-Paul Royer-Colard (1763–1845) wurde unter Napoléon I. Philosophieprofessor und vertrat nach 1815 die *Charte.* Seine Grundsätze formulierte er in *Les derniers fondements de la certitude.* Jouffroy, Cousin, Guizot u. a. bekannten sich als seine Schüler. Pierre-Simon Ballanche (1776 bis 1847) ist ein *raison*-feindlicher Kunstkritiker (*Du sentiment considéré dans ses rapports avec la littérature et les arts* 1801), der Christentum, Liberalismus und Fortschrittsglauben versöhnen will (*Essai sur les institutions sociales dans leurs rapports avec les idées nouvelles* 1818). Sein Geschichtsbild wirkte auf Hugos *Légende des siècles* und ist durch die Mechanismen von Aufstieg und Verfall charakterisiert. Seine *Palingésie sociale* blieb unvollendet.

*Traditionalismus.* Metternichs Prinzipien verteidigte Louis-Gabriel-Ambroise de Bonald (1754–1840), der zeitweise im Heidelberger Exil lebte. In der *Théorie du pouvoir politique et religieux dans la société civile* (1796) und der *Législation primitive considérée dans les derniers temps par les seules lumières de la raison* (1802) bekämpft er die Revolution und wirkt auf Balzac. Ähnliche Tendenzen vertritt Joseph-Marie de Maistre (1754–1821), der Bruder von Xavier de Maistre. Er stand in sardischen Diensten (*Considérations sur la France* 1795, *Du pape* 1819). Bekannt wurden seine *Soirées de Saint-Pétersbourg* (1821), 11 Dialoge zwischen einem Exilfranzosen und einem mystisch interessierten Russen. Posthum erschien sein *Examen de la philosophie de Bacon* (1836). Er hinterließ eine umfangreiche *Correspondance*.

*Liberalismus.* Den Liberalismus z. Zt. des Empire und der Restauration vertritt u. a. Paul-Louis Courier de Méré (1772–1825). Er übersetzte Herodot, Xenophon, Longus, schrieb gegen Justizwillkür (*Pétition aux deux Chambres* 1816), für die Erhaltung von Chambord (*Simple discours* 1821), gegen das sonntägliche Tanzverbot (1822). Stilistisch wurde er mit Pascal verglichen. Viollet-Le-Duc, Delécluze, Ampère, Stendhal und viele Journalisten des *Globe* sympathisierten mit ihm.

*Reformkatholiken, Sozialisten.* Hugues-Félicité-Robert de Lamennais (1782 bis 1854) bekämpft den Rationalismus im *Essai sur l'indifference en matière de religion* (1817/1821), fordert in der Zeitschrift *L'Avenir* 1830 die Trennung von Staat und Kirche. In den *Paroles d'un croyant* (1834) propagiert er einen christlichen Sozialismus, der die Volkssouveränität religiös begründet. Thomas von Kempens *Imitatio Christi* übersetzte er ins Französische. Ähnlich wirkte Jean-Baptiste Lacordaire (1802–1861). Beide Autoren vertreten ein demokratisches Christentum in einer Zeit, in der das Bild der Religion oftmals von der eher dekorativen Optik von Chateaubriands *Génie du Christianisme* bestimmt war. – Claude-Henri de Rouvroy, Comte de Saint-Simon (1760–1825), der Neffe des Memoirenautors aus dem 18. Jahrhundert, führte ein abenteuerliches Leben und unternahm 1823 einen Selbstmordversuch. Sein z. T. christlich gefärbtes sozialistisches Modell vereinigt alle produktiv Tätigen (Arbeiter, Unternehmer, Intellektuelle) in der Frontstellung zu den Parasiten (Aristokraten, Kleriker, Juristen), ohne daß es zur Formulierung klassenkämpferischer Positionen käme. Saint-Simon gründete die Zeitschrift *L'Industrie* (1816–1819) und publizierte u. a. *L'industrie ou discussions politiques, morales et philosophiques, dans l'intérêt de tous les hommes livrés à des travaux utiles et indépendants* (1817) und den *Catéchisme des industriels* (1823). Sein Modell kennt keine Erbschaftsgesetze, die Industrie trägt zur Internationalisierung des Handels und Wandels bei und fördert einen *nouveau christianisme*. Der *Saint-Simonisme* fand Echos in zahlreichen Zeitschriften: *Le Globe, Le Producteur, La femme libre, La tribune des femmes, La Revue sociale,* etc. Als Schüler Saint-Simons bekannten sich u. a. Lesseps, Rathenau, Henry Ford, Enfantin, Leroux, Buchez. Enfantin wird später in Ménilmontant eine Saint-Simonistische Brüdergemeinde gründen, die zur mystischen Sekte wurde. Aus kleinbürgerlichen Verhältnissen stammte Charles Fourier (1772–1837). Sein Konzept (u. a. *Théorie des quatre mouvements et des destinées générales* 1808, *Traité de l'association domestique et agricole* 1822) sieht vor, daß Frankreich in Gemeinschaften von jeweils 1500 Personen, sog. *phalanges*, eingeteilt wird, die sich selbst versorgen. Die Proudhonisten werden während des Pariser Kommuneaufstandes eine Aufteilung Frankreichs in ca. 40 000 selbständige Gemeinden fordern: eine extreme Gegenposition zum Zentralismus der Revolutionäre von 1789. Considérant, Zola, Breton u. a. berufen sich später auf Fourier.

Innerhalb dieser fruchtbaren Ideenliteratur sind Lyrik, Theater, Roman und Kritik in vielfachen Fazettierungen vertreten:

*Lyrik.* Fabre d'Olivet und Creuzé de Lesser verweisen in Fortsetzung des 18. Jahrhunderts schon früh auf die Romantik, indem sie mittelalterliche Stoffe aufgreifen. Népomucène Lemercier (1771–1840) versucht sich als Ependichter (*Les âges français* 1803) und in der *poésie scientifique* (*L'Atlantide ou Théogonie newtonienne* 1812). Delilles Bukolik untermischt sich mit dialektischen Elementen bei Lioult de Chênedollé (1769–1833), der mit Klopstock, Mme de Staël und Chateaubriand bekannt war. Er arbeitete theoretisch (*L'invention* 1795) und war mit seinen *Etudes poétiques* erfolgreich (1820). Eher klassisch orientiert sich Louis de Fontanès (1757–1821), der Mercier bekämpfte und sich mit Chateaubriand befreundete *(Stances à M. de Chateaubriand)*. 1817 wurde er geadelt und später Minister.

*Theater.* Das Empire brachte einen zeitweiligen Sieg der ›Alten‹ (z. B. Luce de Lancival, *Hector* 1809) und war auch biblischen Stoffen günstig (z. B. Baour-Lormian, *Joseph en Egypte* 1806). Etienne (*Les deux gendres* 1810), Andrieux (*Le souper d'Auteuil* 1804), Picard *(La petite ville* 1801) kommen zu kurzlebigen Erfolgen. Lemerciers Bemühungen um die *comédie historique* machen ihn zum Vorläufer der Romantik (*Pinto* 1800, *Clovis* 1821). Sein *Christophe Colomb* (1809) führt in bewußt Shakespeareschem Stil bei der Uraufführung im *Odéon* zu einer Saalschlacht mit einem Toten. Dieses antiklassische Konzept war vorerst undurchsetzbar. Noch 1821–1823, vor allem nach der Ermordung des Duc de Berry, quittierte das Publikum eine Shakespeareaufführung mit faulen Tomaten. Erst durch die Romantiker wurde Lemercier bestätigt. Pierre Lebrun (1785–1873) schrieb außer klassizistischer Lyrik u. a. auch die Tragödie *Ulysse* (1815) und folgte Schiller mit einer *Marie Stuart* (1820). René-Charles Guilbert de Pixérécourt (1773–1844) vertritt demgegenüber das populäre *genre* des Melodramas mit *Le château des Apenins* (vgl. Walpoles *Castle of Otranto*), *Coeline ou l'enfant du mystère* (nach Ducray-Duminil), u.a. Einen ähnlichen Hang zu grotesk-diabolischen Stoffen zeigt Joseph-Marie Loisel de Tréogate (1752–1812) mit *Le château du diable* (1797).

*Romane.* Etienne-Pivert de Senancour (1770–1846) erzählt in *Oberman* (1804) von der selbstquälerischen Ich-Analyse eines halben Helden, der – hier klingt Rousseau nach – im Schweizer Gebirge seine Lebensunfähigkeit erkennt. Er sucht sein weltschmerzliches Vergnügen im Rückzug von der Verantwortung und akzeptiert seine Niederlage kampflos. 15 Jahre nach dem Sturm auf die Bastille zeigt *Oberman* eine Jugend, die keine Revolte mehr kennt, dafür jedoch ein ausgeprägtes visionäres, illuministisches, geistiges Assoziationsspiel, das hier und da an Saint-Martin erinnert. Ähnliches gilt für Benjamin Constants (1767–1830) *Adolphe* (1816). Dieser Roman des Scheiterns erzählt vor dem Hintergrund der Liebe zu Mme de Staël die Geschichte eines jungen Mannes, der letztlich das Opfer seiner eigenen Bindungsunfähigkeit wird. Ähnliche Züge zeigt Constants *Cahier rouge.* Im *Journal intime* erzählt der Autor u. a. seine Beziehung zu Mme Récamier. Von 1809 stammt seine *Wallenstein*-Übertragung. Xavier de Maistre (1765–1852) findet boshaft-sensible Töne, u. a. in *Voyage autour de ma chambre* (1794), *Le lépreux de la Cité d'Aoste* (1811). Der englische Schauerroman – Walpole, Lewis, Radcliffe – kam durch Ducray-Duminil (*Victor ou l'enfant de la forêt* 1796; *Coelina* 1798) zu weiter Rezeption in Frankreich. Ducray lieferte zahlreiche Sujets für die *Mélodrames* von Pixérécourt. Pigault de L'Epinoy, genannt Pigault-Lebrun, schrieb nach erfolglosen Theaterversuchen *(Les mœurs ou le divorce* 1794) über 40 vielgelesene Romane z. T. fröhlichen und komischen Inhalts (u. a. *L'enfant du Carnaval* 1792; *L'homme à projets* 1819).

*Kritik.* Das Schicksal von Schlegels *Comparaison entre la Phèdre de Racine et celle d'Euripide* (1807) beweist, daß die *Querelle des anciens et des modernes* unter Napoléon I. noch nicht ausgestanden war. Simonde de Sismondi *(De la littérature du Midi de l'Europe)* sucht, u. a. im Rückgriff auf vorgängige Klimatheorien, nach ethnokulturellen Erklärungen literarischer Phänomene. Schlegels *Vorlesungen über dramatische Kunst und Literatur* erschienen 1813 in der – sehr freien – Übersetzung von Mme Necker und vertiefen den Gedanken, daß generell einem ›romantischen‹ Norden ein ›klassischer‹ Süden gegenüberzustellen sei.

Mit Anne-Louise-Germaine Necker, Bankierstochter, Baronin und unbegeisterte Ehefrau des schwedischen Botschafters in Paris, gewinnen die umschriebenen Tendenzen eine neue Dimension.

Mme de Staël (1766–1817), die eine Ehe mit dem jungen Pitt ausschlug, kannte die Aufklärung (*Lettres sur les écrits et le caractère de J.-J. Rousseau* 1788), begrüßte die Revolution und empfing in ihrem Salon in der Rue du Bac u. a. Noailles, Talleyrand und Constant, mit dem sie 1794–1808 eine turbulente Liebesbeziehung verband. Ihre republikanische Begeisterung brachte ihr die Feindschaft Napoléons I. und die spätere Antipathie Stendhals ein. Sie lernte das Exil in Wien, Moskau, Petersburg, Stockholm, London, etc. kennen. In Deutschland war sie 1803/04 und 1807. Sie machte die Bekanntschaft von Tieck, Fichte, Schlegel, Goethe. In ihrem Schweizer Familiengut Coppet traf sich das antinapoleonische Europa: Sismondi, Chamisso, Friderike Brun, Byron, Prosper de Barante u. a. Mme de Staël wird zum Symbol für das ›andere‹ Frankreich, zur effektiven Vorbereiterin der liberalen Romantik. Daß sie das auf der Basis eines höchst einseitigen Deutschlandbildes wurde, bedeutet freilich für die folgenden Generationen eine schwere Hypothek.

Schon in *De l'influence des passions des individus et des nations sur le bonheur* (1796) zeigt sich ›Frühromantisches‹, das sich u. a. auch im Novellenwerk (*Zulma, Mirza, Adelaïde*, etc.) andeutet. Goethe übersetzt den *Essai sur les fictions* (1796) für Schillers *Horen* ins Deutsche. Den 18. *Brumaire* quittiert sie mit dem Manuskript *Des circonstances actuelles qui peuvent terminer la Révolution.* Den Weg zu einer neuen Literaturwissenschaft weist sie mit *De la littérature considérée dans ses rapports avec les institutions sociales* (1800). Der *France silencieuse* widmet sie den Roman *Delphine,* dessen feministische Untertöne, z. B. in der Forderung nach Ehescheidung, eine liberale Ausrichtung verraten, die zur Verbannung der Autorin aus Paris führte. In Italien konzipiert sie dann *Corinne, ou les malheurs d'une femme de génie* (1807) mit stärkeren feministischen Zügen. Napoléon I. sah dieses Werk, das ein sehr positives Italienbild zeichnet, als Zeugnis des Hochverrats an, das der französischen *gloire* schade. Die Jahre des Exils bringen jedoch vor allen Dingen die Entdeckung Deutschlands.

*De l'Allemagne* leitet den Kulturdialog der französischen und der deutschen Romantik ein. Diese Kulturgeschichte der Goethezeit ist stark komparatistisch orientiert und kennt nicht nur unkritische Begeisterung für ein Deutschland, das es politisch gar nicht gab. Die Deutschen erscheinen bei Mme de Staël als »un peuple de doux métaphysiciens sans caractère« (Lanson), Heinrich Heine wird dieses Bild energisch bekämpfen. Dennoch zeugt das Werk insgesamt von minuziöser Detailinformation. Hier werden Goethe, Schiller, Herder u. a. erstmalig in der französischen Kritik umfassend gewürdigt. Mit *De l'Allemagne* erfährt man in Frankreich erstmalig Details zur deutschen Religionsgeographie, zum Pietismus, zum geistigen Klima der kleinen Höfe mit den großen Dichtern. Das Deutschland der gerissenen Geschäftsleute, des preußischen Machtanspruchs etc. hat sie noch nicht gesehen oder noch nicht sehen können. Aber das Deutschland Goethes, Novalis' und Kants hat sie nach Frankreich herein vermittelt und wohl auch ehrlich geliebt. Vielleicht galt ihr Interesse damit dem ›besseren‹ Deutschland, wobei sie in ihren Wertungen die seit dem *Esprit des lois* verfügbaren klimatheoretischen Voraussetzungen in literatur- und kulturwissenschaftliche Analysen einbringt. So kann das von *De l'Allemagne* geprägte ›romantische‹ Deutschlandbild in Frankreich denn seine aufklärerischen Wurzeln auch nicht verleugnen. Als Beispiel für die Möglichkeiten des französisch-deutschen Kulturdialogs lohnt das Buch den Vergleich mit Montaignes *Journal de voyage* und Descartes einschlägigen Schilderungen. Es ist zugleich ein aufschlußreiches Gegenstück zu Voltaires negativen Erfahrungen. Für den Kaiser der Franzosen war *De l'Allemagne* offenbar eines der gefährlichsten Bücher der Zeit. Er ließ die 10000 Exemplare der Erstauflage (1810) konfiszieren und vernichten. Die Neuauflage erfolgte 1813 in London.

Mme de Staël verkörperte während der napoleonischen Zeit für viele Europäer das ›bessere Frankreich‹. Ihre *Dix années d'exil* legen Zeugnis davon ab. Gleichzeitig arbeitet sie an romantischen *Réflexions sur le suicide* und als selbstbewußte Frau an einem *Sappho*-Drama. Nach der Flucht aus der Halbgefangenschaft in Coppet (1812) beginnt sie ein Buch *De la Russie et des royaumes du Nord*. 1816 heiratet sie heimlich den im Spanienkrieg verwundeten John Rocca. Sie stirbt am 14. Juli(!) 1817. Für die Revolutionäre von 1830 und 1848 wird sie zum Symbol geistiger Opposition gegen usurpierte und aggressive Gewalt. Und sie bleibt aktuell, wenn sie vor kultureller Inzucht im Zeitalter des Nationalismus warnt: »...on se trouve donc bien en tout pays d'accueillir les pensées étrangères; car, dans ce genre, l'hospitalité fait la fortune de celui qui reçoit.«

Zwei weitere Damen gehörten zu den Gegnerinnen Napoléons:

Barbara Juliane von Krüdener (1764–1824), in Riga geboren, mit Zar Alexander I. befreundet, schrieb in französischer Sprache den Briefroman *Valérie* (1803), der sich in der Werthernachfolge ansiedelt. Ihre *Correspondance* verbindet sie u. a. mit Jean Paul. Mit Mme de Staël stand sie seit 1801 in Verbindung, wie sie war sie Gattin eines reiselustigen Diplomaten.

Jeanne-Françoise-Julie-Adelaïde Récamier (1777–1849), Bankiersgattin, hatte schon früh Verbindungen zu Chateaubriand, Mme de Staël u. a. Oppositionellen. Ihr Salon war bis 1811 einer der Brennpunkte der antiimperialen Kritik. Dann wurde die Gastgeberin verbannt und kam erst nach Napoléons Sturz nach Paris zurück. Zeitweilig lebte sie in Coppet, wo Prinz August von Preußen sich in sie verliebte. Ihre *Correspondance* u. a. mit Constant ist eine Fundgrube kulturhistorischer Einsichten. Das Gemälde von François Gérard zeigt sie schön und selbstbewußt in einem pseudo-antiken Säulendekor. Maurice Rostand (1891–1968) stellte sie 1949 auf die Bühne. Sie wurde später die Freundin Chateaubriands und teilte dann auch seine restaurativen politischen Sympathien.

## 2. Chateaubriand l'enchanteur

»François-René de Chateaubriand est vraiment l'homme d'entre-deux-siècles« (Madaule).

1768 in der Bretagne geboren, reist Chateaubriand 1791 nach Amerika, wo er u. a. die Niagarafälle, Philadelphia kennenlernt und sich um die Bekanntschaft mit Indianern bemüht. Während der Revolution kämpft er für die Alliierten, wird verwundet, muß ins englische Exil (1793). Eine religiöse Krise führt ihn 1800 zum Christentum zurück. Napoléon I. machte ihn zum Botschaftssekretär in Rom. Der Bruch kommt, als der Kaiser den Duc d'Enghien erschießen läßt. Chateaubriand wird zum Oppositionellen. Seine Antrittsrede in der *Académie française* kann er 1811 nicht halten, erst nach der Rückkehr der Bourbonen macht er weiter Karriere. Konservativ aber unabhängig vertritt er die Restauration, kommt 1821 nach Berlin, 1822 nach London, 1828 nach Rom. Als Außenminister verantwortet er den Krieg mit

Spanien, der 1823 den Liberalismus auf der Pyrenäenhalbinsel entscheidend schwächte. Die Julimonarchie lehnt er ab und zieht sich zurück, zumal er nach Hugos *Hernani* auch das literarische Feld anderen überlassen muß. Im Salon der alternden Mme Récamier ist er fortan das Orakel. Abgesehen von einer Reise zu Karl X. ins Prager Exil (1823) benutzt er die letzten Lebensjahre für literarische Arbeiten.

Chateaubriand beginnt mit Gelegenheitsdichtungen (*Tableaux de la nature,* geschrieben 1784/1790), die den Einfluß von Bernardin de Saint-Pierre und von Gessners *Idyllen* verraten. Die Amerikareise wirkt auf sein ganzes folgendes Werk. 1797 publiziert er, von der Revolution enttäuscht, den *Essai historique, politique et moral sur les révolutions anciennes et modernes dans leurs rapports avec la Révolution française de nos jours.* In einer späteren Ausgabe fügt er in dieses Werk die Schilderung einer erfundenen Begegnung mit George Washington ein (1827). Die mit dem Tode seiner Mutter verknüpfte religiöse Krise von 1800 (»Je pleurai et je crus«) führt ihn zu christlichen Thematiken, die mit exotischen und historischen Studien vertieft. So erscheinen *Atala* (1801) und *René* 1802), die ihren Platz in dem groß angelegten *Génie du christianisme* finden sollten:

*Atala* ist die traurig-erhabene Geschichte eines zum Christentum bekehrten und der Jungfrau geweihten Indianermädchens, dessen Liebe zu Chactas unerfüllt bleiben muß. *René* erzählt von einem »homme civilisé qui s'est fait sauvage«. Um einer allzu starken Zuneigung zu seiner Schwester zu entgehen, wandert er nach Amerika aus, wo er nun dem alten Indianer Chactas seine Geschichte erzählt. Vor dem Hintergrund der Verträge, die 1803 zum Verkauf Louisianas an die Vereinigten Staaten führten, hatten Chateaubriands dort angesiedelte Stoffe eine große Aktualität für den zeitgenössischen Leser. Im Gefüge des *Génie du christianisme* sollten *Atala* und *René* die Poetik des *merveilleux chrétien* in seiner Verbindung mit dem Kult des *bon sauvage* exemplifizieren. Eine solche Rehabilitation des Christentums läßt an das Konkordat Napoléons mit dem Heiligen Stuhl denken, das den revolutionären Kult des *être suprême* zugunsten des zu erneuernden Katholizismus abschaffte, wobei es Chateaubriand nicht um die Erneuerung des Christentums als *fides quae creditur* geht, sondern um die Einbringung seiner gemütsbewegenden, psychologischen und fantasieanregenden Elemente, die in ihrer ›Schönheit‹ und Dekorativität eine Katalysatorfunktion für die kulturelle Kreativität der christlichen Völker hatten. Dieser eher ästhetische Ansatz führt Chateaubriand zu grundlegenden kulturwissenschaftlichen Einsichten und zur Entdeckung eines christlichen Gedanken- und Zeichenreservoirs, das die Aufklärer des 18. Jahrhunderts vielleicht vorschnell geopfert hätten. Chateaubriand schreibt über den gotischen Baustil, über Ruinen, exotischromantische Landschaften, etc. Die Bibel ist in dieser Perspektive zunächst einmal ein literarisches Werk. Dante, Milton, Tasso, Pascal etc. erscheinen als Baumeister dieser christlichen Kultur, die – so läßt sich Chateaubriands These auf eine Formel bringen – eine stetige Quelle der Poesie sein kann. Darin liegt auch des Autors Kritik an den als führend geltenden Autoren des 18. Jahrhunderts. Dabei sollen Kopernikus, Newton, Descartes nicht etwa abgeschafft werden. Es gilt nur zu verhindern, daß der Wissenschaftsglaube die Menschheit der »enchantements de l'imagination« beraubt. Logizistische Fantasielosigkeit wäre somit dem historischen Rückschritt gleichzusetzen. Das *Génie du christianisme* soll gewissermaßen die Welt der Symbole, der Ästhetik, der Emotion, auch der Komplexe und Pathologien retten, weil sie Kreativität begründen können. Aus diesem Reservoir wird die Romantik schöpfen. Daß diese Zeichnung des Christentums auch ein ästhetisches Mißverständnis der biblischen Botschaft bedeuten könnte, tat der Wirkung des Werks keinen Abbruch. In der Frontstellung gegen die offizielle Neoklassik des Empire war das *Génie* sogar ein potenziell oppositionelles Werk, mochte Napoléon I. auch in Chateaubriand zunächst einen Verbündeten seiner Konkordatspolitik sehen.

In *De Buonaparte et des Bourbons* (1814) wird deutlich, daß Chateaubriand den Kaiser für einen Usurpator hielt, der für *oppression, esclavage* und *mensonge* und für die Perversion der Begriffe verantwortlich sei, wenn er behauptete, ein Verräter sei ein guter Untertan. Den Napoléonmythos schufen Dichter, die nicht mehr unter ihm gelitten haben: Hugo, Heine, Stendhal.

Die christliche Thematik läßt den Autor nicht los. Er reist nach Jerusalem und beschreibt diese Erlebnisse im *Itinéraire de Paris à Jérusalem et de Jérusalem à Paris, en allant par la Grèce et revenant par l'Egypte, la Barbarie et l'Espagne.* Diese Reisebeschreibung war gedacht als Vorarbeit für die umfangreiche Religionsgeschichte *Les martyrs ou le thriomphe de la religion chrétienne* (1809), erschien jedoch 1811 auch als eigenständige Publikation mit großem Erfolg:

Der *Itinéraire* zeigt Chateaubriand eher als poetisch beeindruckten denn als sachlich informierenden Autor. Vor Byron beschreibt er Griechenland unter der Herrschaft der Türken, evoziert die ›Poesie‹ der mittelalterlichen Kreuzzüge, den Enthusiasmus der Pilger von einst. Er evoziert die Welt der Apostelgeschichte, des Hellenismus. Mehr als Napoléons verunglückter Ägyptenfeldzug prägte Chateaubriand das Bild der Zeitgenossen vom Nahen Osten und weckte ein Kulturinteresse, das u. a. 1822 zur Entzifferung der Hieroglyphen durch Jean-François Champollion (1790–1832) führte. Auf der Rückreise wird Chateaubriand die Welt der spanischen Mauren zum Erlebnis. In den *Aventures du dernier Abencérage* (1826) schlägt sich dieses Ereignis, literarisch verstärkt durch den Rückgriff auf Ginés Pérez de Hita und durch das Wiedersehen mit Nathalie Laborde in Granada, nieder. Bis hin zu Aragons *Fou d'Elsa* wird das maurische Granada ein beliebtes literarisches Dekor bleiben. Der *Itinéraire* ist eine entscheidende Etappe zwischen Volneys *Voyage en Egypte et en Syrie* (1787) und Lamartines *Voyage en Orient* (1838).

Nach 1815 arbeitet Chateaubriand am ultrakonservativen *Le conservateur,* aber er macht sich mit *De la monarchie selon la Charte* und den *Mémoires sur la vie et la mort du duc de Berry* (1820) nicht nur Freunde, zumal er nach dem als »croisade contre le libéralisme« apostrophierten Spanienkrieg von 1823 selber liberale Sympathien zu entwickeln scheint, die sich in der Mitarbeit am *Journal des débats* niederschlagen. So gehört er zu Gründern der *Société des amis de la liberté de la presse* und macht sich Polignac zum Feind. Er vollendet u. a. den *Congrès de Vérone* und *Les Natchez* (1826), ein amerikanisches Prosaepos vor dem Hintergrund des französischen Indianermassakers von 1721, das die Lektüre von Marmontels *Incas* verrät und als Beitrag zur Geschichtsbewältigung angesichts der lateinamerikanischen Unabhängigkeitsbewegungen gelten konnte. In *Le voyage en Amérique* (1827) erzählt Chateaubriand mit dichterischer Freiheit von seiner Amerikareise. Die dortigen Äußerungen zu Flora und Fauna lassen sich fundierter bei Alexander von Humboldt und Bonpland finden. Chateaubriand hat Humboldt 1821 in Berlin kennen gelernt.

Nach 1830 erträumt er sich eine *Grande République* und schreibt die Werke, deren Resonanzboden der Salon von Mme de Récamier wurde:

Der *Essai sur la littérature anglaise* (1836) verstärkt die Englandbegeisterung der Romantiker und lohnt den Vergleich mit Lamartine und Taine. Der *Discours historique sur la chute de l'Empire romain* dient als Einleitung zur *Analyse raisonnée de l'histoire de France* und verweist auf Späteres, z. B. Michelets *Histoire de France. La vie de Rancé* führt in das Frankreich des 17. Jahrhunderts und zeigt am Beispiel des Reformators des Trappistenordens (1636–1700) die für Chateaubriands Zeitgenossen so charakteristische Spannung zwischen politischer Aktivität und resignativer Selbstbescheidung, angereichert durch Liebesenttäuschung, Exil, Unsicherheit und durch den Hang zur moralisierenden Askese. *La vie de Rancé* kennt wenig Heilsgewißheit, aber viel *mal du siècle.* An den *Mémoires d'outre-tombe* arbeitete Chateaubriand, seit er 1836 aus Geldnot die Rechte auf seine Lebenserinnerungen verkauft hatte. Teilabdrucke erschienen 1848 in *La presse,* die erste Buchausgabe erschien 1848/1850 in Brüssel. Auf der Basis der philologischen Korrekturen Edmond Birés vom Ende des 19. Jahrhunderts konnte dann 1948 die erste wissenschaftliche Ausgabe der *Mémoires* erscheinen. Sie schaffen Chateaubriands Mythos, das Bild, von dem der Autor hoffte, daß er darin überleben könne. Er erzählt von seiner Jugend in Combourg, seinem Exilschicksal, entwickelt nachträglich eine gewisse Anerkennung für Napoléon I. und stilisiert seine Rolle während der Restauration, indem er von »ma guerre d'Espagne« spricht und Pius VIII. als »mon Pape« bezeichnet. Insgesamt parallelisiert er »le drame de ma vie« mit »le drame de la France«, wobei er sich der Feindschaft Talleyrands und Metternichs rühmt. Von Rousseaus *Confessions* setzt er sich ab: »Je n'entretiendrai pas la postérité du détail de mes faiblesses.«

Die *Mémoires* enthalten Augenzeugenberichte aus der Zeit des *ancien régime*, der Revolution, des Empire, etc. Die Beschreibung des Rückzugs der *Grande Armée* bleibt lesenswert. Hinzu kommen minuziöse Porträts einzelner Persönlichkeiten: Mme Récamier, Mirabeau, Danton, Ludwig XVIII., Karl X., Louis-Philippe. Auch Naturbeschreibungen – Vögel, Säugetiere, Landschaften – sind eingegangen. Sie tendieren hier und da von der exakten Beobachtung zur freien Rêverie, für die Rousseaus Spätwerk ein frühes Beispiel ist. Die ästhetisch verstandene Religiosität mancher Passagen nährt einen wahren Predigtstil, dessen Suggestionskraft sich nur wenige Leser der Zeit entzogen haben.

Hugo meinte, man müsse »Chateaubriand ou rien« zu sein versuchen. Stendhal bewunderte die »petites hardiesses de style« des *Sachem*. Sainte-Beuve wandte sich an *René* mit den Worten: »Nous sommes vos fils.« Faguet sah in Chateaubriand den Erneuerer der »imagination moderne« und der Autor selber umreißt seine Bedeutung für sein Jahrhundert mit folgenden Worten: »En dedans et à Côté de mon siècle, j'exerçai peut-être sur lui ... une triple influence religieuse, politique et littéraire.« Seine bretonischen Landsleute ehrten ihn 1948 mit einem Denkmal von Armel-Beaufils, das den Aufbauwillen des zerstörten Saint-Malo verkörperte. Er galt den Zeitgenossen als *l'enchanteur*, als *le sachem*, der Hoffnungen und Enttäuschungen einer Generation verkörperte, die die Guillotine, Austerlitz, Waterloo, den weißen Terror und die Restauration erlebte. »Entre le XVIIIe et le XIXe siècle, il y a Chateaubriand; pour passer de l'un à l'autre, il faut traverser son jardin« (Remy de Gourmont).

## 3. Die romantische Schlacht

1830 gewinnt Hugos *Hernani* die *bataille romantique* in der *Comédie française*. Damit siegt eine Bewegung, die ein »quatre-vingt-neuf« der Literatur bezweckte, da sie die Abschaffung des *ancien régime* in der Kunst im Frankreich Robespierres, Napoléons und der Restauration nicht erfüllt sah. Die »liberté littéraire« war als »fille de la liberté politique« noch zu erkämpfen. »A peuple nouveau, art nouveau.« *Hernanis* Skandalerfolg, den Gautiers skandalerregende rote Jacke symbolisierte, war zugleich das Datum des Auseinanderbrechens jener Gruppen, die während der 20er Jahre durch die gemeinsame antiklassische Frontstellung zusammengehalten worden waren. Aléxis Paul Paris gibt in der *Apologie de l'école romantique* (1824) darüber Auskunft. Insgesamt bestätigt sich hier die Tendenz, die durch Lamartines *Méditations* (1820) und die *Elégies et romances* von Marceline Desbordes-Valmore, durch Mme de Staël, Constant, Chateaubriand u. a. präfiguriert und durch diverse ausländische Einflüsse verstärkt wurde.

*Ausländische Anregungen.* Duráns *Romancero general* (1822), Creuzé de Lessers *Romances du Cid* (1824) wirken auf *Hernani.* Fauriel propagiert seit 1823 die *Tragedie* von Manzoni. Guizot überarbeitet Letourneurs Shakespeare-Übersetzungen, Pichot überträgt Byron (1822/1825), Barante Schiller (1821), Loeve-Veimars gibt 1825 seine *Ballades, légendes et chants populaires de l'Angleterre et de l'Ecosse,* Nerval übersetzt 1828 Goethes ersten *Faust.* Trotz der greifbaren Präsenz Südeuropas betont man gerne die nordeuropäische Inspiration: »Vivent les Anglais et les Allemands« liest man 1826 im *Mercure,* womit Baudelaires spätere Äußerung, der *romantisme* sei ein »fils du Nord« frühe Nahrung erhält. In den Diskussionen der 20er Jahre (Stendhal, *Racine et Shakespeare* 1825; Hugo, *Préface de Cromwell* 1827) kämpft man um Genremischung, gegen klassische Normen, Sprachtabus, Ständeklausel etc. Guizot polemisiert im *Essai sur la vie et les œuvres des Shakespeare* (1821) gegen die Bindung des Theaters an die »classes élévées du XVIIe siècle« und Manzoni hatte in der *Lettre à M. C*** sur l'unité du temps et du lieu dans la tragédie* ähnlich argumentiert.

Verschiedene romantische Gruppen waren durchaus verschieden orientiert:

Die *hirsutes,* auch *les bousingots* genannt, gefielen sich als langhaariger Bürgerschreck und wild-romantische Avant-Garde unter dem Namen *Jeune France.* Bald wird es eine *Jeune Belgique* und ein *Junges Deutschland* geben. Antibourgeoises Unbehagen kann sich hier vage melancholisch im *mal du siècle* artikulieren, es kann sich im Typ des *dandy* auch zum raffiniert-zynischen Lebensstil des *Boulevard de Gand* verdichten. Der *Snob* verunsichert geglaubte Sicherheiten, der Geschmack an dem, was man damals als *l'Hénaurme* bezeichnete, weist in die gleiche Richtung. Eine *schwarze Romantik* führt die Schauertraditionen des 18. Jahrhunderts fort und bezeugt die Lebendigkeit der Rezeption von E. T. A. Hoffmann, die sich – wie z. B. in Jules Janins *L'âne mort et la femme guillotinée* – bis zum parodistisch gefärbten *roman chargogne* steigern kann. Dumas der Ältere schöpft demgegenüber aus der romantisierenden Sicht der nationalen Geschichte und George Sand findet z. T. im Rückgriff auf pastorale Elemente zur Produktion vielgelesener Volksromane, die nicht vorschnell als ›trivial‹ abgetan werden dürfen. In anderen Fazettierungen gibt die Romantik sich als antirationalistische Kulturrevolution. »Il faut déraisonner« hält Musset Boileaus »Aimez donc la raison« entgegen, bevor er selber zu einem kulturellen Synkretismus kommt, der über jede Nur-Opposition erhaben ist:

> Racine rencontrant Shakespeare sur ma table
> S'endort près de Boileau qui leur a pardonné.

Nach 1830 will Musset sich ›deshugotisieren‹. Damit erleichtert er die Aufgabe jener Autoren, die der Romantik gewichtige Vorfahren in der Geschichte zu verschaffen suchten: Sainte-Beuve (*Tableau de la poésie au XVIe siècle* 1828), Philarète Chasles (*Tableau de la marche et des progrès de la langue et de la littérature françaises depuis le commencement du XVIe siècle jusqu'en 1610* 1828), Ozanam (*Les poètes franciscains en Italie au XIIIe siècle* 1852).

Bevor die romantische Bewegung sich diversifizieren konnte, mußte sie siegen. Die Grundlagen für diesen Sieg wurden u. a. in hart umkämpften journalistischen Kampagnen gelegt:

1822 entstand *La muse française* auf Anregung von Emile Deschamps (1791–1871), der mit *Le tour de faveur* (1818) als Theaterautor hervorgetreten war. Er versammelte seit 1820 eine neuerungsorientierte Gruppe von Intellektuellen um sich, unter denen sich Latouche, Hugo, Soumet u. a. befanden. Als Übersetzer von Goethe und Schiller brachte Deschamps zudem ausländische Einflüsse ein. In der *Muse* fanden Hugo, Vigny, Marceline Desbordes-Valmore u. a. ihre ersten Leser, hier finden sich Aufsätze zu Scott, Byron, Shakespeare etc. 1824 gründete Paul Dubois *Le globe,* das Organ, durch das sich die französische Hoffmannrezeption vollzog, an der sich u. a. Ampère, Sainte-Beuve und Stendhal beteiligten, die hier eine frühe Publikationsmöglichkeit fanden. Bezeichnend für die Diskussionen jener Jahre ist u. a. Louis Vitets (1802–1872) *Globe*-Artikel vom 2. 4. 1825 über *Le goût en France attend son 14 juillet.* Außerhalb der französischen Grenzen findet sich im Lütticher *Mathieu Laensbergh* von 1826 eine Leserbriefkampagne, die für die Intensität der Diskussion zeugt: »La littérature romantique est celle qui a pour but de répondre aux besoins actuels des esprits, sans s'inquiéter aucunement des exigences qui ont pu exister à une époque antérieure et de la manière dont elles ont été satisfaites.« Aus der Bindung an die *besoins actuels* folgt die Verwischung von *klassisch* und *romantisch* als Epochenbezeichnung: »Les romantiques n'ont pas besoin . . . de rabaisser Racine . . . car Racine était romantique, puisqu'il savait écrire pour son siècle.« Junius Castelneau schrieb 1825 einen *Essai sur la littérature romantique*, in dem die Literatur als »expression de la société« verstanden wird.

Zu den Initiatoren der französischen Romantik gehört u. a. Charles Nodier (1780–1844), der in seiner Jugend die Schreckensherrschaft erlebt, 16jährig den *Werther* liest, 1803 eine Satire gegen Napoléon schreibt und ihn dann bittet, ins Gefängnis gesteckt zu werden. Auswanderungspläne in die Vereinigten Staaten zerschlagen sich, er wird Bibliothekar in Laibach, später (ab 1824) am *Arsenal* in Paris. In *Les proscrits* und *Le peintre de Saltzbourg* zeigt sich eine an *Werther* erinnernde *sensibilité,* in seinen Artikeln für das *Journal des débats* treten klassische Vorlieben zu Tage, im *Bulletin politique et littéraire du département du Doubs* trägt er zur Wiederentdeckung seines bisontinischen Landsmanns Chassignet aus dem 16. Jahrhundert bei. Ab 1818 zeigt er sich zunehmend unter dem Einfluß wild-romantischer Tendenzen *(Jean Sbogar, Thérèse Aubert),* die melodramatische *(Le vampire)* und alptraumhafte (*Smarra ou les démons de la nuit* 1821) Ausprägungen erhalten. 1822 folgt nach einer Schottlandreise und einem Besuch bei Scott die phantastische Erzählung *Trilby*.

Zwischen 1824 und 1830 ist Nodier Gastgeber des *Salon de l'Arsenal*, wo sich u. a. Deschamps, Dumas der Ältere, Balzac, Nerval, Hugo, Lamartine, Gautier trafen und Querverbindungen zur Malerei (Boulanger, Delacroix) und bildenden Kunst (David d'Angers) fanden. Hier vermittelte Nodier u. a. das dramatische Werk Merciers. 1828 publiziert er seinen *Faust*. Als die Hochzeit seiner Tochter Marie ihn in eine psychologische Krise stürzt, findet der *Arsenal*-Salon 1830 sein Ende. Hugo hatte sich schon vorher distanziert, da er Nodiers negative Rezension der *Orientales* nicht verkraftete. 1833 wird Nodier Mitglied der Akademie, 1834 gründet er das *Bulletin du bibliophile*. Er wird zum Bewunderer Balzacs und widmet sich zunehmend der phantastischen Erzählung. Seine Entdeckung der Welt der *lunatiques (Le songe d'Or, La fée aux miettes)* präludiert Nervals *Aurelia* und den *Chimères* und begründen, warum Nodier den Surrealisten als Vorläufer erscheinen konnte: Verbrecher, Menschenfresser, Hexen, Feen, Vampire etc. werden hier zu Metaphern für unbewältigte psychische Tiefen und umreißen die Möglichkeiten einer frenetischen Romantik, an der u. a. auch Hugo, Balzac und später Maupassant teilhaben werden.

Ein wirklicher Kristallisationspunkt der Romantik war der *Cénacle* von Victor Hugo:

Seit der *Préface de Cromwell* trafen sich neuerungswillige Literaten in der Rue Notre-Dame-des-Champs in diesem Kreise (1827–1830), den Hugo mit Sainte-Beuve, mit dem es später zum Bruch kam, gegründet hatte. Musset, Vigny, Gautier, Mérimée, Nerval, Balzac u. a. bereiteten hier die *bataille romantique* vor, die mit dem Skandalerfolg von *Hernani* 1830 gewonnen wurde. Hugo (1802–1885) ist die treibende Kraft dieses Kreises. Das Vorwort seiner *Orientales* (1829) hat Manifestcharakter: »L'Art n'a que faire des lisières, des menottes, des bâillons, il vous dit: va! et vous lâche dans le grand jardin de poésie où il n'y a pas de fruit défendu.«

Bis 1830 ist Hugo der *Chef de file* der Romantik, danach wird er zum Patriarchen der französischen Literatur schlechthin. An ihm müssen sich während des 19. Jahrhunderts alle jungen Autoren und alle literarischen Richtungen messen lassen.

Hugo kam als Kind nach Neapel (1808) und Spanien (1811/12), lernte auf Louis-le-Grand. Sein Programm: »Je veux être Chateaubriand ou rien.« 1820 schreibt er eine kritische *Ode sur la mort du duc de Berry*. *Bug-Jargal* (1820/1826) führt ins aufständische Haiti, *Han d'Islande* ins skandinavische Nebeldekor (1823). Er publiziert im *Conservateur littéraire* und erreicht mit den *Odes et ballades* (1822/1824/1826) eine königliche Gratifikation, die ihm die Eheschließung mit Adèle Foucher erlaubt. In der *Préface de Cromwell*

(1827) entwirft er eine Kunstphilosophie, die z. T. an Schlegel erinnert. Er unterscheidet drei Zeitalter der Kultur. Den *temps primitifs* ordnet er als literarische Äußerung die Lyrik zu, den *temps antiques* das Epos, den *temps modernes* das Drama. Regelfeindlichkeit, Lokalkolorit, Freiheitsforderung. Nisard wird diese Positionen im *Manifeste contre la littérature facile* (1833) kritisieren. Die *Orientales* (1829) enthalten einige von Hugos bekanntesten Gedichten: *Les Djinns, Clair de lune, Navarin.* Mit *Le dernier Jour d'un condamné* greift er in die Diskussion um die Todesstrafe vor dem Erfahrungshintergrund der *terreur blanche* ein. *Un duel sous Richelieu* (1829), bekannter als *Marion Delorme*, stellt den Erfolg von Dumas' *Henri III et sa cour* ein. Karl X. versagt dem Stück bald die Aufführungslizenz. Hugo schreibt daraufhin im August/September 1829 *Hernani ou l'honneur castillan,* das am 25. 2. 1830 in der *Comédie française* uraufgeführt wurde. Hugos Freunde rekrutierten Beifallsklatscher im *Quartier latin,* die dem Stück gegen das zurückhaltende Publikum der Logen zum Erfolg verhalfen. *Hernani* führt inhaltlich in die haßerfüllte Welt des spanischen 16. Jahrhunderts, wo Don Carlos (Karl V.) und der Rebell Hernani ihre Liebesrivalität um die schöne Doña Sol austragen. Politik und Liebe, Tragik und Komik, Schillersche Räuberromantik und Anklänge an Corneilles *Cid* und den *Romancero general* mischen sich hier. Schauplätze sind u. a. Zaragoza und Aachen. Das Stück verhalf dem u. a. von Stendhal abgelehnten Versdrama zu einem kurzfristigen Erfolg, getreu den Forderungen der *Préface de Cromwell*: »Nous n'hésitons pas à considérer les vers ... comme une des digues les plus puissantes contre l'irruption du commun.« Der Sieg von *Hernani,* der durchaus Züge eines *happenings* trug, markiert fortan eine Position, hinter die es kein Zurück mehr gab. Der Blick der romantischen Generation wurde frei für weitergehendes Engagement. Nach 1830 geht Lamartine in die Politik, George Sand und Flora Tristan verbinden Literatur und Feminismus, Lamennais sucht reformkatholische Ansätze, Balzac analysiert die Ökonomie als die prägende Kraft der bürgerlichen Gesellschaft. Die Befreiung der Kunst sollte zugleich die Befreiung der Menschen bringen. Die Revolutionäre von 1830 und 1848 und noch viele Kommunarden von 1870/71 verstehen sich von hier.

Mit dem Sieg in der *bataille romantique* war nicht nur eine literarische Position gewonnen. Saint-Simons Jünger Barrault schreibt 1830 in *Du passé et de l'avenir des beaux-arts,* daß der Künstler die Aufgabe eines *praeceptor humanitatis* zu erfüllen habe. Wer die Kunst befreit, arbeitet in Wahrheit für »l'émancipation des femmes, l'affranchissement des classes laborieuses desheritées de la fortune, l'activité humaine dans la triple direction des arts, des sciences et de l'industrie, sous l'invocation d'un Dieu agrandie de tous les progrès de l'humanité.«

## 4. Die romantische Generation

Daß die Aufklärung des 18. Jahrhunderts großenteils Sache einer Minderheit geblieben war, beruht nicht zuletzt auf ihrer weitgehenden Gefangenschaft in einer von der Versailleskultur des 17. Jahrhunderts geprägten Elitensprache. Erst die Ausdehnung der *Egalité*-Forderung der Französischen Revolution auch auf das Sprachgut der Nation gab der angestrebten politischen Befreiung eine solche der Kunst und Literatur zur Seite. Der *titre honorifique* ›Madame‹ wird so zur gängigen Anrede für jede Frau, und die Beleuchtung einer Pferdekutsche bezeichnet der Lyriker nicht mehr als ›les étoiles des chars‹, sondern als ›les lanternes des voitures‹. Victor Hugo zog dem aristokratischen ›long fruit d'or‹ die demokratische ›poire‹ vor. Diese Sprachbefreiung im Bereich der Lyrik wurde durch das populäre Chanson beschleunigt, in dem die Volkssprache ohne ständische Reserven angewendet wurde:

Pierre-Jean Béranger (1780–1857), Kellner, Drucker, Schreiber, hatte Napoléon I. verherrlicht und während der Restauration Klerus, Adel, Politik verspottet. 1821–1828 saß er im Gefängnis. 1848 stand er auf republikanischer Seite, Napoléon III. gab ihm ein Staatsbegräbnis. Seine Chansons begleiten die gesamte erste Hälfte des 19. Jahrhunderts. *Chansons morales et autres* (1815, 1821), *Chansons nouvelles* (1825), *Chansons inédites* (1828), *Chansons nouvelles et dernières* (1833), *Dernières chansons* (1834–1851). Casimir Delavigne (1793–1843) besang Napoléon I. (*Dithyrambe sur la naissance du roi de Rome* 1811) und geißelte am Beispiel von Spartanern und Messeniern die Ausbeutung durch die Sieger von 1815 (*Les Messéennes* 1818). Auguste Barbier (1805–1882) wurde mit *La curée* als Satiriker bekannt und kritisiert in den *Iambes* (1831) unnachsichtig die Verhältnisse nach der Revolution von 1830. 1884 erschienen posthum seine *Souvenirs personnels*. Er bekämpfte u. a. den Eisenbahnbau. In dem von seinen Chansonnier-Kollegen verherrlichten Napoléon I. sieht er den Verräter der republikanischen Idee. Der in Genf gebürtige, deutschstämmige Rodolphe Toepffer beschreibt in einer an Spitzweg erinnernden Weise den Alltag des oft einer skurrilen Originalität nicht entbehrenden Spießbürgers (*Nouvelles genevoises* 1840; *Rose et Gertrude* 1845 u. a.). Seit 1842 gab er den *Courrier de Genève* heraus.

In einem dergestalt vorbereiteten *ambiente* vollzog sich die Erneuerung der französischen Lyrik.

Alphonse de Lamartine (1790–1869), ein kleiner Aristokrat aus Macon, las als Jugendlicher auf dem Schloß von Milly Rousseau, Vergil, Horaz, Chateaubriand und opponierte gegen das Empire. Seine Italienreise von 1811–1812 beschreibt er später in *Graziella* (1849). 1815 wird er Leibgardist Ludwigs XVIII. und kehrt nach Waterloo auf sein Gut Milly zurück, wo sein Lebensstil hier und da an den Voltaires von Ferney erinnert. Er schreibt eine Tragödie *(Médée)*, beginnt mit Vorarbeiten für ein Epos, liest Idylle und Elegien aus dem 18. Jahrhundert. Zum Schlüsselerlebnis wird die Bekanntschaft mit der schwindsüchtigen Julie Charles 1816 in Aix-les-Bains. Als Elvire – in diesem Namen werden auch noch andere Frauenbekanntschaften zusammengefaßt – wird Julie die Inspiratorin einiger der bekanntesten Gedichte der zunächst anonym erscheinenden *Méditations poétiques* (1820):

Unter den 24 Gedichten der Sammlung finden sich einige der bekanntesten der französischen Literatur des 19. Jahrhunderts: *Le lac, L'immortalité, L'isolement, Le vallon, L'automne, Dieu,* etc. Besinnung, innere Einkehr, enttäuschte Hoffnungen nach Napoléon und während der Restauration nähren hier eine melancholische Empfindsamkeit mit z. T. christlichem Unterton *(Le chrétien mourant)* und orientierendem Blick nach England *(A Lord Byron)*. Aber es gibt auch die epikuräische Aufforderung zum Lebensgenuß: »Hâtons-nous, jouissons!« In Verbindung mit der topischen Klage über die entrinnende Zeit drängen sich hier Erinnerungen an Ronsard, an Rousseaus *Rêveries* und Baudelaire auf. Zwar ist der Mond für Lamartine damals noch *l'astre au front d'argent*, insgesamt ist die Sprachattitude der *Méditations* jedoch bereits allgemein verständlich. Die Projektion eines konkreten Seelenzustandes in eine Landschaft hat in *Le vallon* einen bemerkenswerten topographischen Genauigkeitsgrad erreicht: »Ce vallon est situé dans les montagnes du Dauphiné, aux environs du Grand-Lemps ...« – In späteren Editionen wurden die *Méditations* erheblich erweitert (1823). 1848 umfaßte das Werk 49 Stücke.

Die *Méditations* machten Lamartine berühmt. Er bekommt eine Stelle an der französischen Botschaft in Neapel, heiratet seine englische Freundin Mary-Ann Birch, kommt 1822 nach England. 1823 erscheint *La mort de Socrate*, 1825 *Le dernier chant du pèlerinage d'Harold.* 1825–1828 ist der Autor in Florenz, wo Teile der *Harmonies poétiques et religieuses* entstehen. Sie sind Lamartines Beitrag zum Sieg der Romantik von 1830.

Die *Harmonies* verstärken das spontane Naturerlebnis durch Rückgriff auf platonisch-pythagoräische Harmonievorstellungen und fragen nach den mystischen »degrés pour monter à Dieu«: *L'infini dans les Cieux, Eternité de la nature, Brièveté de l'homme,* etc. Einige Todesmeditationen sind christlich (»O Dieu de mon berceau, sois le Dieu de ma tombe!«), pantheistisch (»O Terre, o mer, o nuit, que vous avez de charmes!«) und hier und da zweifelnd (»L'éternité vaut-elle une heure d'agonie?«)

Lamartines Sympathie für den Liberalismus entsteht unter Dargauds Einfluß. 1831 schreibt er eine *Réponse à Némésis*, eine Broschüre über

*La politique rationnelle*, eine *Ode sur les révolutions*. 1832 ist er in Griechenland, Libanon, Palestina. In Beirut stirbt seine Tochter Julia, die daraus resultierende Krise wird greifbar in *Géthsémani* (1834). Ab 1833 ist Lamartine Abgeordneter. Seine Reden betreffen Eisenbahnbau, Todesstrafe, Sklavenhandel, die Trikolore, die bretonische Minderheit (*Toast porté dans un banquet des Gallois et des Bretons* 1838). Literarisch tendiert er zur *littérature sociale*, möglicherweise unter dem Eindruck Lammennais'. *Le voyage en Orient* (1835), *Jocelyn* (1836), *La chute d'un ange* (1838), die *Recueillements* (1839) zeigen die Entwicklung seiner religiösen Auffassungen. *Jocelyn* war als Anfang eines umfassenden Epos' der Menschheitsgeschichte gedacht, gewissermaßen ein Gegenstück zu Hugos *Légende des siècles*. Innerhalb der französisch-deutschen Rheinproblematik beantwortet Lamartine Beckers *Sie sollen ihn nicht haben* mit der *Marseillaise de la paix* (»Roule libre et royal entre nous, ô fleuve«) wobei er auch einen nationalistischen Unterton nicht vermeidet: »La vérité, c'est mon pays.« Politisch ist Lamartine ein konservativer Demokrat. 1847 schreibt er eine *Histoire des Girondins*, 1848 proklamiert er die Republik und wird mit 1600000 Stimmen in die verfassunggebende Versammlung gewählt. Den fanatisierten und konzeptionslosen Massen stellt er sich entgegen und verscherzt sich als Förderer Cavaignacs die Sympathie seiner Wähler. Zum Präsidenten der neuen Republik wird Napoléon gewählt, der ihr plebiszitär orientierter Totengräber werden sollte. Lamartine erhielt bei der Präsidentenwahl ganze 18000 Stimmen. Seine letzten Lebensjahre verbringt er in Armut und durch die Not aufgezwungener literarischer Aktivität. Es entstehen die Jugenderinnerungen (*Confidences* mit *Graziella, Raphael* 1848), die sozialen Romane (*Geneviève, Le tailleur de pierres de Saint-Pierre* 1851), Geschichtswerke (*Histoire de la Restauration* 1851/1853; *Histoire des Constituants* 1854; *Histoire de la Turquie* 1854/55; *Histoire de la Russie* 1855) und die Biographiensammlung *Histoire de l'humanité par les grands hommes* (1852/1856). Ab 1856 versorgt er seine Subskribenten mit den regelmäßigen Lieferungen des *Cours familier de Littérature*, in denen u. a. *La vigne et la maison* (1857, vollständig posthum 1894) enthalten ist.

Vor dem Hintergrund der burgundischen Weinernte findet Lamartine mit diesen *psalmodies de l'âme* zur Lyrik zurück. Aufgrund des intimen Tons und der symbolisch und spiritualistisch orientierten Metaphorik gilt dieses Werk als Synthese des Gesamtschaffens von Lamartine, das der Autor selber mit Petrarca in Verbindung brachte. Dieser Dialog zwischen dem *Moi* und *L'âme* erfüllt sich angesichts einer geschickt ausgeschlachteten Weinmetaphorik in genießerischer Melancholie:

Sur ce cep de vigne qui t'aime,
O mon âme! ne crois-tu pas
Te retrouver enfin toi-même
Malgré l'absence et le trépas? ...

1860 verließ Lamartine das burgundische Milly. Er wohnt jetzt in Paris, wo er von Napoléon III. unterstützt wird. Er stirbt 1867. Seine Familie lehnt ein Staatsbegräbnis ab.

War Lamartine ein *poète du cœur,* so ist Alfred de Vigny (1797 bis 1863) aus Loches ein *poète philosophe,* der »Vauvenargues du XIXe siècle« (Saulnier). Als Aristokrat verachtete er die Parvenus des Empire. Er studierte auf der *Ecole polytechnique,* wurde während der Restauration Mitglied der Roten Musketiere. Er eskortierte Ludwig XVIII. als Napoléon I. von Elba zurückkehrte. Sein langweiliges Garnisonsleben ließ ihm Zeit für die Literatur. 1825 tritt er wegen einer Lungenkrankheit aus der Armee aus. Ehre, Verzicht, Stoizismus charakterisieren seine literarischen Werke. »Personne n'a vécu dans la familiarité de M. Alfred de Vigny«, sagte sein Nachfolger in der Akademie, Doucet. Entscheidend für Vigny war die Lektüre von Chénier, Chateaubriand, Byron, Mme de Staël, der Bibel. Er hatte Kontakte zum *Cénacle,* schrieb im *Conservateur.* Während des Spanienkrieges führt er seine Leser in die Welt des *Rolandsliedes* zurück *(Le cor)* und beginnt sein Menschheitsepos *Eloa,* das – inkorporiert in die *Poèmes antiques et modernes* (1837) – eine historische Dreiphasentheorie nach dem Beispiel von Hugos *Préface de Cromwell* vertritt. Es zerfällt in ein *Livre mystique (Moïse, Eloa, Le déluge),* ein *Livre antique (la fille de Jephté, Symétha, Le bain d'une dame romaine,* u. a.) und ein *Livre moderne* (*Le cor, La neige, Dolorida, Le trappiste,* u. a.). Später finden auch aktuelle Ereignisse Aufnahme: *Paris, Les amants de Montmorency.* Beherrschend bleibt das Motiv von der Einsamkeit des *homme de génie*: »Je vivrai donc toujours puissant et solitaire?« *(Moïse).* Vigny arbeitet auch in anderen Gattungen. Er schreibt einen historischen Roman über *Cinq-Mars* (1826), einen melodramatischen *Stello* (1832), eine desillusionierte *Servitude et grandeur militaire* (1835). Seine *Othello*-Version *Le more de Venise* kommt 1829 zu einem Erfolg in der *Comédie française.* Es folgen *La maréchale d'Ancre* (1831) und der durch Marie Dorval als Kitty Bell zum Erfolg getragene *Chatterton* (1835).

Während der Revolution von 1830 nähren sich Vignys republikanische Sympathien aus Lamennais und Saint-Simon. Er erkennt Soldaten und Dichter als Parias der Gesellschaft, heiratet seine englische Freundin Lydia Bunbury, wird enterbt, trennt sich vom *Cénacle.* Nach und nach entstehen *La mort du loup* (1838), *La colère de Samson*

(1839), *Le mont des Oliviers* (1839), *La maison du berger* (1844), *La bouteille à la mer* (1848). Die Ereignisse von 1848 bringen ihm keine politische Karriere. 1863 stirbt er an Magenkrebs. Posthum erscheinen die *Destinées* (1864):

Diese Sammlung philosophischer Gedichte umfaßt Werke, die seit 1843 an verschiedenen Orten verstreut erschienen waren. Erst jetzt wird jedoch der innere Plan deutlich, dem sie folgen. Es wird eine Bewegung sichtbar, die von der Erkenntnis der Versklavung zur Forderung nach Befreiung führt. Das Anfangsgedicht *Les destinées* zeigt die Bewußtseinsdiktatur des Heidentums, mit *L'Esprit pur* ist der Abwurf aller Fesseln erreicht. Etappen auf diesem Wege sind u. a. *La mort du loup* als Beispiel für das vereinsamte Elitewesen (»Gémir, prier, pleurer est également lâche«) und *La bouteille à la mer* als Beispiel für die Eroberung der Freiheit im Namen eines optimistischen Humanismus:

Jetons l'œuvre à la mer, la mer des multitudes,
Dieu la prendra du doigt pour la conduire au port.

Dieses Gedicht präludiert Rimbauds *Bateau ivre.*

Sein Dichterbild umreißt Vigny im *Journal d'un poète*: »Le poète est toujours malheureux . . .« Romantische Einsamkeitsschwärmerei und der Flirt mit der eigenen Seelentiefe führen jedoch nicht in die Menschenverachtung, sondern in die Solidarität: »J'aime l'humanité, j'ai pitié d'elle.«

Alfred de Musset (1810–1857), das »enfant du siècle«, war in Paris geboren, im *Arsenal* und im *Cénacle* eingeführt, mit Vigny, Nodier, Hugo bekannt, George Sand zeitweise in Liebe verbunden, Kenner von Byron und Goethe, E. T. A. Hoffmann und Jean Paul verpflichtet; die *Contes d'Espagne et d'Italie* (1830) gelten einem pittoresk mißverstandenen Südeuropa:

*Don Paez* evoziert ein blutrünstiges Pseudo-Spanien in goyesken Farben: Fanatismus, Eifersucht, Ehre, Giftmischerei. In *Les marrons du feu* dient das epikuräische *ambiente* des italienischen 18. Jahrhunderts als Hintergrund für eine galant-blutige Liebesgeschichte. *Portia* erzählt von der Überführung einer Gattenmörderin und ihrer Heirat mit dem Fischer Dalti. *Le lever* behandelt einen mittelalterlichen Stoff. Die berühmt gewordene *Ballade à la lune* legt dann den schon vorher aufkommenden Verdacht nahe, daß Musset die reichlich angewendeten romantischen Ingredienzen parodistisch versteht:

C'était, dans la nuit brune
Sur le clocher jauni,
La lune
Comme un point sur un i.

Mussets Bruch mit dem *Cénacle* und der Fazettenreichtum seiner

Texte beweisen, daß der Autor eigene Wege innerhalb der romantischen Bewegung suchte. Er lenkt den Blick auf Hellas: »Je suis concitoyen de tes siècles antiques« und findet Verbindungen zwischen den »classiques bien rasés« und den »romantiques barbus«. Der politischen Poesie nach 1830 entzieht er sich. Aber er will die neue Kunst vom »hideux sourire« Voltaires befreien, schreibt autobiographische *Confessions d'un enfant du siècle* und dringt mit den *Nuits* zu einer persönlich gefärbten Lyrik vor:

Die Nacht war – nach dem frühen Vorspiel von Youngs *Night thoughts* – seit Novalis' *Hymnen an die Nacht* ein romantisches Thema *par excellence.* Musset vereinigt die *Nuit de mai,* die *Nuit de décembre* (1835), die *Nuit d'août* und die *Nuit d'octobre* (1836, 1837) mit einer theoretisch orientierten *Lettre à Lamartine.* Die *Nuits* sind seine erste poetische Äußerung nach dem Bruch mit George Sand, nächtliche Zwiesprachen mit der Muse, die die Korrelation von Seelenzustand und lyrischer Äußerung herstellen: »Les plus désespérés sont les vers les plus doux.« Dichtung ist hier Evasion, z.T. auch Rückkehr in die Geborgenheit einer beschützten Kindheit: »Mon courage éteint chancelle et s'abat.«

*Rolla* (1833) ist eine verzweifelte Verserzählung, die mit dem Selbstmord des Helden endet, der nicht in einer Zeit ohne Gott zu leben vermag. In *Souvenir* (1841) evoziert Musset die Zeit mit George Sand, in *L'espoir en Dieu* (1838) tendiert er erfolglos zur Schutzsuche in der Religion. *Une soirée perdue* zeigt ihn in der für einen Romantiker seltenen Ehrerbietung gegenüber Molière. Mme Menessier-Nodier widmet er zwei ausgefeilte Sonette und schreibt in einem Moment luzider Selbsterkenntnis das später von Alfred Tattet entdeckte Meistersonett *Tristesse*:

Dieu parle, il faut qu'on lui réponde.
– Le seul bien qui me reste au monde
Est d'avoir quelquefois pleuré.

Baudelaires *Bénédiction* wird im Schmerz die »noblesse unique« sehen. Geibel, Freiligrath u. a. haben Mussets Lyrik ins Deutsche übertragen. Beckers *Sie sollen ihn nicht haben ...* beantwortete er mit einem *Nous l'avons eu, votre Rhin allemand.* Mit *Sur trois marches de marbre rose* führt er den Leser ins Dekor des Versailler Parks wie später Verlaine in den *Fêtes galantes.* Mit *Mimi Pinson, Frédéric et Bemerelle, Histoire d'un merle blanc, Croisilles, Margot, Les deux maîtresses* u. a. zeigt er sich als ausgewogener Prosa-Autor. 1852 wird er Mitglied der *Académie française.* Er stirbt mit 46 Jahren.

Mussets Theaterwerk gilt als bedeutende Etappe zwischen Marivaux und Giraudoux:

*Namouna* ist ein dramatisches *Conte oriental, La nuit vénétienne* (1830) stand trotz unbestreitbarer Qualitäten im Schatten von *Hernani.* Die Einakter *La coupe et les lèvres* (1831), *A quoi rêvent les jeunes filles* (1831) sind mit *Namouna* im Sammelband *Un spectacle dans un fauteuil* (1832) enthalten und weisen, wie schon der Titel verdeutlicht, in die Richtung des Lesedramas. Mussets Interesse an Südeuropa bringt ihn bald in Kontakt mit der Welt der italienischen Renaissance. In *André del Sarto* (1833) zeigt er das offenbar in der eigenen Zeit vermißte Vollblutmenschentum vergangener Zeiten, die gleichzeitig entstandenen aber erst 1851 in revidierter Fassung aufgeführten *Caprices de Marianne* führen in die neapolitanische Renaissance und verdeutlichen in den Gestalten des Libertiners Octave und des leidenschaftlichen Celio zwei Tendenzen der Romantik, die im Sinne des *mal du siècle* zwischen Aggressivität und unbewältigter Seelentiefe schwankt. In *Une matinée de Don Juan* (1833) zeigt Musset einen ausgebrannten Frauenhelden, der keinem Kitzel widersteht. Über weitere Etappen – u. a. *Fantasio* (1834), *La quenouille de Barberine, Le chandelier* (1835), *Un caprice* – findet Musset dann zur Gattung des *Proverbe dramatique.*

Dem *proverbe dramatique* verdankt Musset einige seiner großen Theatererfolge. Sie zeigen zudem den ernsten Versuch, sich durch die gescheiterte Bindung an George Sand nicht aus der Bahn werfen zu lassen. Historisch konnte er auf eine seit Carmontelle vorgezeichnete Mode zurückgreifen, die in den Salons des 18. Jahrhunderts häufig nachweisbar ist und die zwischen 1820 und 1830 in Théodore Leclerq (1777–1851) einen eifrigen Propagator gefunden hatte. *Il ne faut jurer de rien* (1836), *Il faut qu'une porte soit ouverte ou fermée* (1845), *On ne badine pas avec l'amour* (1834) sind Beispiele für die Möglichkeiten eines romantischen Theaters, das sich nicht vorschnell den Forderungen Hugos, Dumas' und anderer Wortführer der *bataille romantique* beugt.

Ursprünglich unter dem Arbeitstitel *Camille et Perdican* geplant, wurde *On ne badine pas avec l'amour,* an dem auch Mussets Bruder Paul beteiligt ist, 1861 in der *Comédie française* uraufgeführt. Saint-Saëns und Honegger schrieben später erfolgreiche Szenenmusiken dazu. In Aufbau und Handlungsführung zeigt Musset sich hier als origineller Leser Shakespeares und Marivaux', der seinen tragikomischen und dennoch pathetisch-dramatisch endenden Stoff dergestalt psychologisch vertieft, daß er seine Protagonisten Perdican und Camille letztlich an den unbewältigten Beweggründen des eigenen Herzens scheitern läßt. Gesellschaftlichen Konventionen folgend betreiben sie die Liebe wie ein Spiel, das ihnen entgleitet und zur dramatischen Konsequenz des Selbstmordes führt.

Mit *Lorenzaccio* (1835) führt Musset wieder in die Welt der italienischen Vergangenheit:

Das Stück, das 1896 mit Sarah Bernhardt in der Titelrolle uraufgeführt wurde, greift auf einen Stoff zurück, den Benedetto Varchi in der *Storia fiorentina* berichtet. Es handelt sich um den Mord Lorenzos de' Medici an seinem Vetter Alessandro, den u. a. auch George Sand in ihrem posthumen Dialog *Une conspiration en 1537* bearbeitet hatte. *Lorenzaccio* ist ein düsteres Drama, in dem ein an sich hochbegabter Fürst das Opfer der Fatalität des eigenen Charakters wird. Hippolythe Fortoul fand in *Lorenzaccio* »kritische Bemerkungen zum Regime Louis-Philippes und Sympathie für die Demokratie« (Guthmüller).

Mussets Werk ist den verschiedensten Beurteilungen unterworfen gewesen. Der Mussetcentenaire von 1957 gab Anlaß zu kritischer Neubesinnung. Wo Baudelaire, Flaubert, Valéry u. a. eher kritische, wenn nicht gar feindselige Töne fanden, wählte 1960 die kommunistische Weltfriedensbewegung Musset zu ihrem Dichter. Aragon unterstrich, daß er einem jungen Autor am ehesten die Lektüre von *Namouna* empfehlen würde: »C'est ici, et non dans Mallarmé, la perfection du vers.«

Théophile Gautier (1811–1872) aus Tarbes freundete sich im Pariser *Collège Charlemagne* mit Gérard de Nerval an, studierte bei Rioult Malerei und sammelte wildromantische *hirsutes* um sich: »Il était de mode alors dans l'école romantique d'être pâle, livide, verdâtre, un peu cadavéreux ... Cela donnait l'air fatal, byronien ...« In der *bataille d'Hernani* spielt er den Bürgerschreck in knallroter Weste, gleichzeitig erscheinen seine ersten *Poésies* (1830). Mit *Albertus* (1832) folgt ein fantastisches Gedicht mit mittelalterlichem Dekor, mit *Les jeunes France* (1833) setzt er sich halb-ironisch von einer Romantik ab, die Lebensnähe einem stilisierten Geniekult opferte und der Frenesie den Vorzug vor der *raison* gab. Der Roman *Mademoiselle de Maupin* (1835/36), der sich z. T. des Schemas der Korrespondenz bedient, zeigt ihn auf der Suche nach einer neuen Ästhetik, die – wie im Vorwort ausgeführt – von der Romantik wegführt, da diese, im Bestreben um Volkstümlichkeit und *couleur locale*, mit der Frage des Kunstschönen nicht zurecht komme. Ohne daß die Formel gebraucht würde, vertritt Gautier hier bereits den Gedanken des *l'art pour l'art*, der ihn unter Rückbezug auf Victor Cousin zum Baumeister der späteren Schule der *Parnassiens* macht. In dem Gedicht *L'Art* aus *Emaux et camées* ($^2$1852) wird diese Ästhetik dann *expressis verbis* vertreten:

Tout passe. – L'art robuste
Seul a l'éternité;
  Le buste
Survit à la cité.

Diese interessanterweise in einem auf komplizierte Traditionen verweisenden Steinbuch vertretene Idee wird über verschiedene Etappen – u. a. *La comédie de la mort, Poésies diverses* (1838), u. a. – erreicht, wobei die in *Tra los montes* (1843) und *España* (1845) sich niederschlagende Spanienerfahrung hervorgehoben zu werden verdient. Es lohnt, diese als Beispiel für den literarischen Reflex des Nachbarlandes in der französischen Literatur der Romantik zu analysieren: *Une corrida en 1840* eignet sich vorzüglich als Begleittext für Goyas *Tauromaquía*, die Auseinandersetzung mit der spanischen Malerei, z. B. Ribeira (»Comme un autre le beau, tu cherches ce qui choque«), und den iberischen Landschaften (»J'aime d'un fol amour les monts fiers et sublimes«) festigt den Kult der Schönheit und bleibt nicht ohne Einfluß auf die Ästhetik Baudelaires. Der Romantiker Gautier war kein Feind der Klassik. Hugo nannte ihn »fils de la Grèce antique et de la jeune France«. In diesem Sinne ist sein Steinbuch eine wichtige Etappe. Im Augenblick schwierigster politischer Entscheidungen in Frankreich ziseliert Gautier an einer Ästhetik der *impassibilité*: Musikalität, Synästhesien, gewagte Metaphorik und gesuchte Symbolik stehen im Zentrum dieser Bemühungen. Daß sie erfolgreich waren, wird bezeugt durch so bekannte Gedichte wie *Symphonie en blanc majeur, Nostalgies d'Obélisques* (es spricht der Obelisk auf der *Place de la Concorde*), *Ce que disaient les hirondelles* u. a.

Gautiers Prosawerk führt ins alte Rom (*Arria Marcella* 1852), ins alte Ägypten (*Le roman de la momie* 1858), in die Welt des fahrenden Volkes des 17. Jahrhunderts (*Le capitaine Fracasse* 1863). *Le Spirite* (1863) erzählt von einer idealen Liebe; *La pipe d'Opium, Le club des Hachichins* (1866) zeigen Gautier in der Auseinandersetzung mit problematischen Inspirationsquellen, von denen sich verschiedene Zeitgenossen – u. a. Baudelaire, Quincey, den Musset schon 1828 nach Frankreich hinein vermittelte – neue Ideen versprachen.

Gautiers Ästhetik weist über die Romantik der Kampfjahre hinaus. »Il n'y a de vraiment beau que ce qui ne peut servir à rien; tout ce qui est utile est laid« *(Mlle de Maupin, Préface)* lautet der Grundsatz dieser Ästhetik, die die Anhänger des *Parnasse* weiter steigern werden: Unabhängigkeit der Kunst von Moral, Politik, Emotion, Impression, etc. Es zählt allein die Meisterung der Schwierigkeit, sie verschafft dem Kunstwerk Dauer. Insofern ist Gautiers Forderung auch nicht ohne Bedeutung für Flauberts Streben nach *impassibilité* und *plasticité* gewesen. Wörter haben für Gautier hier und da den Wert von Edelsteinen: »Il y a des mots diamant, saphir, rubis, émeraude, d'autres qui luisent comme du phosphore quand on les frotte«, Mallarmé, der Jugendstil, die Symbolisten werden sich dessen erinnern. Für die relative *facilité* der Romantik der Kampfjahre ist hier kein Platz mehr. Gautier rehabilitiert die gemeisterte Schwierigkeit in der Kunst. Für Baudelaire war er ein »poète impeccable«. Dabei gilt es das Klischee zu bekämpfen, als sei die hier erhobene Forderung des *l'art pour l'art* ein Rückfall in bindungsloses Ästhetisieren und in politisch-soziale Blindheit. Roger Vailland hat das stichhaltig zurückgewiesen: »L'opposition entre l'art engagé et l'art pour l'art est fallacieuse. C'est un problème mal posé. L'engagement particulier à l'artiste en tant que tel c'est ›descendre aux entrailles des choses‹ et de ›rendre exactement ce qu'il a découvert‹. Si l'on veut absolument qu'il soit utile, ce sera précisément en mettant à nu le réel dans toutes ses profondeurs, ce qui par définition ne peut servir que des causes justes« (Interview im Express, 12. 7. 1957).

Im übrigen war gerade Gautier ein wacher Beobachter seiner Zeit und ihrer Wirklichkeit: Er beschreibt Italien (*Voyage en Italie* 1852), die Türkei (*Constantinople* 1853), Rußland (*Voyage en Russie* 1867). Um kunst- und literaturhistorische Vertiefungen bemüht er sich in *Les grotesques* (1844), Les *beaux-arts en Europe* (1855 ff.), *Histoire du romantisme* (1874) und im *Guide de l'amateur au musée du Louvre* (posthum 1892).

Gérard Labrunie, genannt Gérard de Nerval (1808–1855) war früh Halbwaise, wuchs im Valois auf, lernte am *Lycée Charlemagne*, verkehrte in Hugos *Cénacle*. Er war mit Heine und Gautier befreundet, las E. T. A. Hoffmann, Goethe, Jean Paul. Seine Übertragung von *Faust I* (1828) brachte ihm das Lob Goethes, 1840 übersetzt er *Faust II*. Im Gedichtband *Napoléon ou la France guerrière* (1826) baut er am Napoleonmythos, sein Vater hatte bei der Rheinarmee (1808) gedient. Er gründete die erfolglose Zeitschrift *Le monde dramatique* (1835/36), verliebt sich unglücklich in die Schauspielerin Jenny Colon. Diese Verbindung begründete eine Bewußtseinstrübung, einen Komplex, in dem Erosmetaphysik, Astrologie, Physik und Metaphysik, Frenesie und Fantastik miteinander verschwimmen, wobei Dante, Swedenborg und Novalis ihren Anteil haben. Seit 1841 ist Nerval geisteskrank, Blanche kann ihn in seiner Klinik am Montmartre nicht heilen. Auch Reisen in den Orient, nach Belgien und Deutschland bringen keine Entlastung. Aber *Le voyage en Orient* und *Lorely, souvenirs d'Allemagne* sind lesenswerte Zeugnisse romantischer Reiseerfahrung, letzteres mit einer an Jules Janin gerichteten Würdigung der Geschichte von der *fée du Rhin*. Überhaupt wird das Thema des ›Ewig-Weiblichen‹ nach und nach beherrschend. Gretchen, Helena, Maria, Isis, Venus, *la sainte, la fée* bestimmen fortan eine Poesie, deren zunehmend frenetisch-fantastischer Charakter in den Augen einiger Symbolisten und Surrealisten Nervals Vorläuferrolle rechtfertigt: *Les illuminés, Les filles du feu, Sylvie, Les chimères* (mit dem berühmten *Desdichado*), *Aurélia, Pandora, Les petits châteaux de Bohème, Conies et facéties.*

Am 26. 1. 1855 wurde Nerval erhängt aufgefunden. Die letzten Monate vor seinem Tode hatte er sich frei in Paris bewegt und war zum intensiv beobachtenden *flâneur* geworden, dem später Apollinaire u. a. Dichter der französischen Hauptstadt nacheifern sollten. War Gautier ein Bindeglied zwischen Romantik und Parnass, so kann Nerval als Klammer zwischen Romantik, Symbolismus und Surrealismus gelten. Barrès, Rimbaud, Mallarmé schätzten seine hermetische Lyrik und sein Ringen um die sprachliche Fixierung von Träumen und Gesichten. Giraudoux edierte *Aurélia.* Das Manuskript des *Desdichado* gehörte später Paul Eluard. Der Titel vertieft den offenbar zum Dichterbild der Zeit gehörenden Gedanken des Außenseiters, wie er in Apollinaires *Mal-aimé* wiedererscheint. Er erinnert an die Wappenaufschrift eines Kampfgefährten von Richard Löwenherz bei Walter Scott.

Alexandre Dumas (1803–1870 der Ältere, von Balzac als »une des forces de la nature« angesprochen, war der Sohn des 1762 auf Haiti geborenen Generals Davy, der sich – Sohn eines französischen Marquis und einer Schwarzen – durch seine Mäßigung bei der Niederwerfung des Vendée-Aufstandes von 1793/94 den Haß Robespierres zugezogen hatte. In Paris wurde Dumas zunächst von General Foy gefördert, erhielt eine Sekretärsstelle beim Duc d'Orléans, dem späteren Bürgerkönig. Er liest Byron, Schiller, Scott, Shakespeare, etc., läßt sich durch die *Mémoires* von Pierre de L'Estoile zu dem Drama *Henri III et sa cour* anregen (1829), das – obwohl anonym publiziert – noch vor *Hernani* zu einem Erfolg in der *Comédie française* kam und ihm einen Bibliothekarsposten einbrachte.

Weitere Dramen festigen Dumas' Ruf als eines exzentrischen und gern mit Schauerelementen und historischen Stoffen arbeitenden Autors: *Charles VII chez ses grands vassaux* (1831), *Richard d'Arlington* (1831 zusammen mit Deudin und Goubaux), *Antony* (1831), *La tour de Nesle* (1832, ca. 800mal aufgeführt), *Catherine Howard* (1834), *Don Juan de Maraña* (1836), *Paul Jones* (1838), u. a. Hinzu kommen die Komödien *Mademoiselle de Belle-Isle* (1839), *Un mariage sous Louis XV* (1841), *Les demoiselles de Saint-Cyr* (1843), etc. Dumas' Gesamtwerk, in dem sich möglicherweise auch Plagiate und unter seinem Namen veröffentlichte Fremdwerke nachweisen lassen, umfaßt ca. 300 Bände. Außer Dramen, schrieb er Novellen, Memoiren, Reisebilder (*Excursion sur les bords du Rhin* 1841), Skizzen, Feuilletons, etc.

Im Bereich des Romans schrieb Alexandre Dumas einige der bekanntesten Werke der französischen Literatur überhaupt:

*Les trois mousquetaires* (1844) baut auf einem Entwurf von Adrien Maquet auf und verarbeitet auch die *Mémoires de d'Artagnan* (1701/02) von Courtilz de Sandras. Das Dreigestirn Athos, Porthos und Aramis erlebt hier in der pittoresk aufbereiteten Welt um den bösen Kardinal Richelieu und die verräterische Lady Winter eine Reihe spannender Abenteuer, in deren Verlauf sich der Gaskogner D'Artagnan als Draufgänger und Frauenheld das Musketierpatent verdient und die bedrohte Ehre der Königin rettet. Die *Drei Musketiere* sind das Musterbeispiel für die Übertragung des Ansatzes von Walter Scott auf französische Verhältnisse. Sie sind bis heute eines der meistgelesenen Bücher der französischen Literatur. Die Fortsetzungen *Vingt ans après* (1845) und *Le vicomte de Bragelonne* (1850) konnten an diesen Erfolg nicht anknüpfen. Verfilmungen der *Trois mousquetaires* lieferten u. a. Caserini (1909), Méliès (1909), Lee (1935), Martínez Solares (1955). Ralf Benatzky ließ 1930 seine Musketieroperette in Berlin aufführen, Roger Planchon kam mit seiner Dramatisierung anfangs der 70er Jahre zu großen Erfolgen.

*Le comte de Monte-Cristo* (1845/46) verzichtet auf zeitliche Entrückung. Der Roman behandelt die Geschichte des Seemanns Edmond Dantès, der durch falsche Freunde um Braut, Vermögen und Karriere betrogen und als vermeintlicher Napoleon-Anhänger 14 Jahre im Château d'If eingekerkert wird. Nach seiner Flucht nimmt er furchtbare Rache, ihre Schilderung forderte u. a. den Vorbehalt der katholischen Kirche heraus, verleiht dem Roman jedoch eine dramatische Dichte, die ihm bis heute seine Leser sichert.

Weitere Erfolgsromane Dumas' sind u. a. *La reine Margot* (1845), *Le chevalier de Maison-Rouge* (1846), *La Régence* (1849). Nach einer Spanienreise eröffnet er das erfolglose *Théâtre historique.* Schulden zwingen ihn 1852, sich nach Belgien abzusetzen. Politisch engagiert er sich für die italienische Einigung. *Les Garibaldiens* (1861) haben den Reiz des Augenzeugenberichts. Die *Histoire de mes bêtes* und *Nanon ou la guerre des femmes* (1867) sind Mißerfolge, auch scheiterte Dumas mit der Gründung einer Saucenfabrik. Er starb 1870 in Puys bei Dieppe. Gustave Doré gestaltete das Dumas-Denkmal auf der Pariser Place Malesherbes. Aus der Ehe mit Ida Ferrier (1840) stammt Alexandre Dumas der Jüngere.

Prosper Mérimée (1803–1870) kannte Courier, Ampère und Fauriel und fand in der Novelle das literarische Betätigungsfeld, das ihm erlaubte, nicht auf dem Gebiet des Romans mit seinem Freund Stendhal konkurrieren zu müssen.

Er begann mit *Le théâtre de Clara Gazul* (1825), einer Serie von *Entremeses* im spanischen Stil. Mit *Les Espagnols en Danemark* findet er den Weg zum historischen Drama. In *La Guzla* – Anagramm von Gazul – faßt er unter dem Pseudonym Maglanowitsch pseudo-illyrische Balladen zusammen, die zeitweise für authentisch gehalten wurden. Seit 1831 war er Aufseher der staatlichen Denkmäler und leistete Pionierarbeit auf dem Gebiet des Denkmalschutzes. In diesem Zusammenhang bereiste er Frankreich, Italien, Griechenland, Spanien, Kleinasien. Mit Manuela de Montijo, der Schwiegermutter Napoléons III. war er befreundet. 1844 wurde er Mitglied der Akademie, 1853 Senator, 1866 Ehrenlegionär.

Als Erzähler beginnt Mérimée anonym mit *La Jacquerie* (1828), es folgen La *famille de Carvajal* und das Theaterstück *Le carosse du Saint-Sacrament,* das in das komödienhaft aufbereitete Peru der Kolonialzeit führt. *La chronique du règne de Charles IX* (1829) ist eine Mischung von historischem Roman und Geschichtsanalyse vor dem

Hintergrund der Hugenottenkriege. Mit seinen Veröffentlichungen in der *Revue de Paris* (seit 1829) wird er zum Novellenautor der Romantik:

Am Anfang steht *L'enlèvement de la Redoute* (1829). Es folgen *La vision de Charles XI* (Horrorvision in Skandinavien), *Mateo Falcone* (korsische Vendetta), *Tamango* (Sklavenaufstand), *Le vase étrusque* (1830), *La partie de Tric-Trac* (1830), *La double méprise* (1833), *Les âmes au purgatoire* (1834), *La Vénus d'Ille* (1837). Mit *Colomba* (1840) und besonders *Carmen* (1845) schuf Mérimée die Frauengestalten, die seine Berühmtheit ausmachen. *Colomba* kreist um den korsischen Ehrenkodex, *Carmen* evoziert ein pittoreskes Spanien in grellen Farben. Die Novelle erzählt die später von Gustave Doré illustrierte Geschichte des baskischen Offiziers Lizzarrabengoa, der sich in Sevilla in das Mädchen Carmen verliebt und an dieser Leidenschaft zerbricht. *Carmen* lebt aus dem Klischee der *España de pandereta* und aus Mérimées literarischer Sympathie für Outlaws, die ihn z. B. zur faktenreichen Information über den Ursprung der spanischen Zigeuner veranlaßt. Bizets Oper *Carmen* mit dem Libretto von Meilhac und Halévy (1875) machte das Werk weltberühmt. Eine Filmadaption des Stoffs gelang Oskar Preminger mit *Carmen Jones* (1954), in dem das Problem ins Milieu der amerikanischen Neger übertragen wird.

Erwähnenswert ist Mérimées literarische Vermittlerrolle. Er machte Puschkin, Gogol, Turgenjev in Frankreich bekannt. *Lokis* (1859) führt in ein litauisches Schauermilieu, *Djoumane* ist eine afrikanisch geprägte Traumvision. Seine präzisen archäologischen und historischen Kenntnisse erlaubten ihm, Flauberts *Salammbô* als dilettantisches Machwerk zu entlarven. Seine *Portraits historiques et littéraires* (posthum 1874) und die umfangreiche *Correspondance* bedürften der neuerlichen Erforschung.

Charles-Augustin de Sainte-Beuve (1804–1869) ist der Begründer der literarischen Kritik im 19. Jahrhundert:

Er verhalf den Romantikern mit dem *Tableau historique et critique de la poésie française et du théâtre français au XVIe siècle* (1828) zu gewichtigen historischen Vorläufern, schrieb mit *Port-Royal* (1840) die klassisch gewordene Kulturgeschichte des französischen Jansenismus und lieferte mit den *Portraits littéraires* (1840), *de femmes* (1840) und *contemporains* (1846) zahlreiche vorwiegend – nicht ausschließlich – der *l'homme-et-l'œuvre*-Methode verpflichtete literarische und historische Kurzanalysen. Die *Causeries du lundi* (1849 ff.) und die *Nouveaux lundis* (1863 ff.) sind Würdigungen von Autoren und Künstlern aus Vergangenheit und Gegenwart, die jeweils in den Montagsnummern des *Constitutionnel* und später des *Moniteur* erschienen. Im 20. Jahrhundert sah Proust sich zu einem *Contre Sainte-Beuve* veranlaßt (posthum 1954), ohne daß die kanonbildende Kraft des Kritikers nachhaltig hätte zerstört werden können. Unter diesem Gesichtspunkt übertrifft

Sainte-Beuve bei weitem die übrigen Kritiker seiner Generation, u. a. Désiré Nisard (1806–1888; *Histoire de la littérature française* 1844/45), Saint-Marc Girardin (1801–1870; *Cours de littérature dramatique* 1854), Villemain (1780–1870; *Tableau de la littérature au moyen âge, au XVIIIe siècle* 1828/29). Das Nebeneinander von theoretisch-kritischer Reflexion und schöngeistig-literarischer Kreation wird seit Sainte-Beuve verstärkt auftreten. Es charakterisiert u. a. weite Teile des Werks von Mallarmé, Valéry u. a.

In historischem Versmaß schrieb Sainte-Beuve u. a. *Vie, poésies et pensées de Joseph Delorme* (1829). Als Leser Swedenborgs und Saint-Martins zeigt er sich in den mystisch-romantischen *Consolations* (1830). Seine unglückliche Leidenschaft für Mme Hugo drängt in dem Roman *Volupté* (1834) zur unnachsichtigen Selbstanalyse, die hier und da an Flauberts *Education sentimentale* denken läßt. Der ›halbe Held‹ zwischen drei Frauen konstatiert seine Niederlage, sein Lebensstil deutet in einzelnen Zügen bereits auf Des Esseintes hin. 1926 wurden Sainte-Beuves *Mes poisons* veröffentlicht. Sie bestätigen als intimes Tagebuch diesen Eindruck.

Drei schriftstellernde Damen stehen für die *littérature féminine* in der 1. Hälfte des 19. Jahrhunderts:

Marceline Desbordes-Valmore (1786–1859) war Lyrikerin, Sängerin, Schauspielerin. Ihre Verbindung mit Valmore war unglücklich, bestimmend wurde für sie die Passion für Henri de Latouche, den Freund Chateaubriands und Übersetzer von Schillers *Maria Stuart*. Sie verlor vier Kinder und wurde wegen ihres konventionsfeindlichen Lebensstils von Verlaine den *poètes maudits* zugerechnet. In Douai geboren, bedichtet sie u. a. die Landschaften ihrer Heimat, »où de limpides eaux / Font bondir la chèvre et les roseaux«. Ihre Lyrik wurde von Sainte-Beuve, Montégut u. a. geschätzt. »Die glaubwürdige Naivität, in der sie ihr Gefühl verströmte, wirkte als Bürgschaft für dessen Echtheit« (Siebenmann). Das gilt für *Elégies et Romances* (1819), *Les pleurs* (1833), *Pauvres fleurs* (1839), *Bouquets et prières* (1843), *Poésies posthumes* (1860). Berühmt wurde das Gedicht *La couronne effleurée,* dessen religiöser Unterton auf Verlaines *Sagesse* verweist. Stefan Zweig widmete der Autorin 1927 eine Monographie.

Flora Tristan (1803–1844) war die Großmutter von Paul Gauguin und galt zeitweise als eine der begehrenswertesten Frauen von Paris. Ihr Vater war Peruaner, der Familie Bolívars freundschaftlich verbunden. Aus der Ehe mit Chazal, der sie später ermorden wollte, brach sie aus, wurde Putzfrau in England, suchte in Südamerika die Ursprünge ihrer Familie, ernährte ihre Kinder ohne fremde Hilfe. Eine Verbindung zu George Sand wurde nicht weiter vertieft, aber ihr soziales und feministisches Engagement verstärkt sich mit jedem Werk: *Nécessité de faire bon accueil aux femmes étrangères* (1835), *Pétition pour le rétablissement du divorce* (1837). *Méphis* (1838) ist ein humanistisch-sozialistischer Roman mit minuziösen Beobachtungen der französischen Arbeitswelt. Fast gleichzeitig entstanden die autobiographischen

*Pérégrinations d'une paria* und die *Pétition pour l'abolition de la peine de mort.* Ein neuer Englandaufenthalt bringt sie unter den Einfluß O'Connells und führt zur Abfassung der *Promenades dans Londres* (1840; ursprünglich: *La ville monstre*). Die Vereinigung der Arbeiter zur Durchsetzung als notwendig erkannter sozialer Verbesserungen bezweckt die *Union ouvrière* (1843): »Ouvriers ... unissez-vous, l'union fait la force.« Flora Tristan starb 1844 auf einer Frankreichreise, bei der sie Anhänger für ihre Ideen suchte.

Amandine-Lucile-Aurore Dupin, Baronin Dudevant (1804–1876), schrieb den Roman *Rose et Blanche* (1831) zusammen mit Jules Sandeau (1811 bis 1883) und entschied sich seither für das Pseudonym George Sand. Ihr Vater Maurice, General des Empire, war ein Enkel von Moritz von Sachsen. Ihre Jugend verlebte sie unbeschwert auf Schloß Nohant im Berry, dann studierte sie bei den englischen Fräulein in Paris. Sie trug gern Männerkleidung und erreichte schließlich die Scheidung von dem ungeliebten Dupin, den sie 18-jährig geheiratet hatte. 1836 wurden ihr die Kinder zugesprochen. Mit *Indiana* (1823), *Valentine* (1832), *Lélia* (1833) beginnt ihre literarische Laufbahn, sie wird eine feministische Symbolfigur. Ihre Bewunderer sind u. a. Musset, Liszt, Chopin, Berlioz, Delacroix, Balzac. 1833 reist sie mit Musset nach Italien, in Venedig bricht sie mit ihm. In *Jacques* (1834) zeichnet sie den idealen Liebhaber, in der *Revue des deux mondes* erscheinen dann *Léone Léoni, André, Mattea, Simon, Mauprat, La dernière Aldini, Spiridon,* etc. Das Italienerlebnis ging auch ein in die *Lettres d'un voyageur* (1834). Lamennais und Leroux verstärken ihr soziales Reformdenken. Es zeigt sich, z.T. mit stark feministischen Untertönen, in *Le Compagnon du tour de France* (1840), *Horace* (1842), *Jeanne* (1844), *Le meunier d'Angibault* (1845), *Le péché de M. Antoine* (1847), u. a. *Consuélo* (1842/1844) entstand unter dem Eindruck des Mallorcaaufenthaltes mit Chopin und erzählt die Geschichte einer unabhängigen Künstlerin – Vorbild: Pauline Viardot(?) –, die ihrer Karriere zuliebe auf Liebeserfüllung verzichtet. In *La comtesse de Rudolstadt* (1843/1845) wird die Fabel in Richtung auf einen mystischen Sozialismus weitergesponnen. Seit 1844 zeigt George Sand Sympathie für Louis Napoléon. Mit *Tévérino* (1846), *Lucrezia Floriani* (1847), *Le Piccino* (1848) wendet sie sich von der politisch engagierten Literatur ab und schreibt mehrere pastoral und folkloristisch, auch pseudo-folkloristisch, inspirierte Bauernromane: *La mare au diable* (1846), *François le Champi, La petite Fadette* (1849), *Les maîtres sonneurs* (1853) u. a. Die Februarrevolution verfolgt sie mit Sympathie (*Lettres au peuple,* Artikel im *Bulletin du ministère de l'Intérieur*). Vom Ablauf der Revolution enttäuscht, zieht sie sich jedoch bald nach Nohant zurück, wo sie noch an die 40 Romane schrieb, u. a. *Jean de La Roche* (1860), *Le marquis de Villemer* (1861; dramatisiert 1864). In *Elle et Lui* (1859) erzählt sie taktlos von ihrer Beziehung zum gerade verstorbenen Musset. Paul Musset verteidigt daraufhin seinen Bruder mit dem aggressiven *Lui et Elle.* Es folgen u. a. noch *Mlle La Quintinie* (1863), *Laura* (1865), *Pierre qui roule* (1870), *Conte d'une grand'mère* (1873). Die 12 Bände ihrer *Histoire de ma vie* sind eine Fundgrube für die Kenntnis ihrer Familiengeschichte und der Literatur des 19. Jahrhunderts.

Clésinger schuf 1877 eine Sand-Statue, die im *Théâtre français* aufgestellt wurde. Balzac verlieh seiner Félicité des Touches aus *Béatrix* Züge der Autorin. Insgesamt reflektiert ihr Werk die verschiedensten Tendenzen: Politisches, Persönliches, Engagiertes, Nostalgisches. Ihr Werk ist heterogen wie die Zeit, in der es entstand. Es entzieht sich der Reduzierung auf einen bequemen Hauptnenner. So bestärkte diese auf Volkstümlichkeit bedachte Autorin Gautier in seiner Suche nach dem Idealschönen jenseits jeder Utilitätserwägung. Die Problematik der Frauenemanzipation hat George Sand nicht nur literarisch eingefangen. Sie hat sie gelebt. Friedrich Engels rechnet sie zusammen mit Eugène Sue und Charles Dickens in die »neue Klasse von Romanschriftstellern«. Ihr Sohn Maurice Dudevant (1825–1889) schrieb unter dem Namen Maurice Sand ein theaterwissenschaftliches Werk über die italienische Komödie (*Masques et bouffons* 1860). Er war der Schwiegersohn Calamettas.

Die Entdeckung des Alltags der arbeitenden Bevölkerung, der großen Städte, der Integrierten und der Außenseiter ist u. a. eine Leistung von Eugène Sue (1804–1857). Er war Marinearzt und Roman-Autor, begann mit Piraten- und Abenteuergeschichten (*Kernock le pirate* 1830; *La Coucaratcha* 1832/1834), widmete seinen *Atar-Gull* (1831) Fenimore Cooper. *Mathilde ou les Mémoires d'une jeune femme* (1841) weist in die Richtung des Sitten- und Sozialromans, die sich unter dem Einfluß Fouriers, Proudhons u. a. in *Les mystères de Paris* (1842) verstärkt. Es handelt sich um eine vielschichtige Darstellung der Pariser Welt der 1. Hälfte des 19. Jahrhunderts, deren Erfolg z. T. auf der Veröffentlichungsart als Fortsetzungsroman im *Journal des débats* beruht. Karl Marx widmete diesem Werk seine einzige erhaltene Romanrezension, Balzac sah in den *Mystères* eine Konkurrenz für seinen eigenen Romanstil. Mit *Le juif errant* (1845), *Les sept péchés capitaux* (1847), *Les mystères du peuple* (1849/1856) setzt Sue sein Romanwerk fort. Einige seiner Typen wurden volkstümliche Verkörperungen des Pariser ›Milieus‹, das hier und da an Zille erinnert: Rose Pompon, Pipelet, La Chouette. Das satirische Element bei Sue wird vertieft bei Louis Reybaud (*Jérôme Paturot à la recherche d'une position sociale* 1843) und Claude Tillier (*Mon oncle Benjamin* 1841), dem ›Schulmeister‹ von Clamecy, der durch seine Kontroversen mit dem Bischof Dufêtre bekannt wurde. Etienne Champfleury (1820–1889) wurde mit seinem umfangreichen Romanwerk (u. a. *Chien-Caillou* 1847; *Les aventures de Mlle Mariette* 1853) zum Mitbegründer der realistischen und später naturalistischen Schule. Zola sah in ihm einen Vorläufer. Seine Theorie ist in *Le réalisme* (1857) enthalten. Sein Werk zeichnet sich durch unerwartete Stoffwahl – z. B. die niederziehende Atmosphäre eines Altenheims in *Les amoureux de Sainte-Périne* – und eine große Sympathie für das ›ungebildete‹ Publikum aus: »le public du livre à vingt sous, c'est le vrai public«. Dem Maler Le Nain widmete Champfleury eine Biographie (1850), in den *Vignettes romantiques* (1883) zeigt er sich als früher Historiker der romantischen Bewegung.

Die Vielfalt späterer Entwicklungen zeichnet sich auch in einer Gruppe von Autoren ab, die der Einfachheit halber oft mit dem problematischen Etikett der *romantiques mineurs* belegt werden:

Alphonse Rabbe (1784–1830) schrieb im *Album d'un pessimiste* (posthum 1835) zusammengewürfelte Essays und Prosagedichte, Félix Arvers (1806 bis 1850) ist der Autor von *Mes heures perdues,* die z. T. durch Marie Nodier inspiriert wurden. Auguste Brizeux besang seine bretonische Heimat in *Marie* (1831) und ist in den 24 Gesängen von *Les Bretons* (1845) der interessierte Beobachter von Lebensweise, Folklore, etc. der Bretagne, ein Mitbegründer jenes ›Regionalismus‹, der in der Folgezeit viele Autoren – Daudet, Loti, im 20. Jahrhundert Queffelec, Marie Gevers u.a. – fesseln sollte (1806–1858). Hégésippe Moreau (1810–1838) ist der früh verstorbene Dichter von *Myosotis* und zugleich Autor sozialkritischer Pamphlete im Zusammenhang mit der Revolution von 1830. Demgegenüber ist Victor Laprade (1812–1833) ein philosophischer Dichter (*La colère de Jésus* 1840; *Psyché* 1841), der später den Parnass verstärkte (*Symphonies* 1855). Seine Erfahrung als Abgeordneter nach 1871 schlägt sich nieder in den *Poèmes civiques* (1873). Petrus Borel (1809–1859) vereinigt revoltierende Romantik (*Rhapsodies* 1832) mit z. T. makabren und sadistischen Sujets (*Champavert* 1833) und endzeitlichen Visionen (*Madame Putiphar* 1838). Er hielt Sade für eine Zierde des französischen Geistes, seine hier und da von unterschwelligem Humor getragene Schauerromantik, seine Freude am Häßlichen und Verfaulten, wirkte auf Baudelaire, Barbey d'Aurevilly, Villiers de l'Isle-Adam u. a. Ähnlich orientieren sich Xavier Forneret und Philotée O'Neddy (1811–1875), der eigentlich Théophile Dondey hieß und mit dem Schlachtruf »A nous la guillotine« das Recht auf Selbstmord garantiert sehen wollte. Seine *bousingot*-Gedichte sind in *Feu et flamme* (1833) enthalten. Bekannt wurden *Rodomontade* und *Nécropolis.* Zu den *mineurs* auf dem Theater gehört u. a. Philippe-François Dumanoir (1806–1865) aus Guadeloupe, der viele seiner Stücke – u. a. *Les premières armes de Richelieu* (1839), *L'école des agneaux* (1855) – für die Schauspielerin Déjazet schrieb.

Wegweisend für die Ästhetik der folgenden Jahrzehnte wurden Aloysius Bertrand (1807–1841) und Maurice de Guérin (1810–1839). Bertrand, Sohn einer Italienerin und eines Lothringers, wies mit *Gaspard de la nuit* (1842) den Weg zu Baudelaires Prosagedicht. Der Untertitel *Fantaisies à la manière de Rembrandt et de Callot* verweist auf eine Tradition der Fantastik, in die der Autor sein Werk stellen wollte: Nodier, Hugo, E. T. A. Hoffmann (der selber *Phantasiestücke in Callots Manier* schrieb). 1909 gab Ravel Teilvertonungen des *Gas-*

*pard* heraus. Maurice de Guérin kannte Lamennais und Barbey. Er schrieb außer *Journal, lettres et poèmes* (1842) zwei Gedichte, die von Baudelaire als Präludium seines formalen Anliegens des *Poème en prose* erkannt wurden. *La bacchante* (geschrieben 1836, publiziert 1862) und *Le Centaure* (geschrieben 1835, publiziert 1840 durch George Sand) leben aus einem gewagten Spiel mit Symbolen, Zeichen, Mythen und hermetischen Bezügen. Sie bezeugen die poetische Erinnerung an Ovids *Metamorphosen* und, was den Kentaurenmythos angeht, Chéniers Griechenlandpoesie. Rilke übertrug den *Centaure* ins Deutsche. Barbey d'Aurevilly hat in *Amaïdé* Einzelheiten zu Guérins Leben und seinen literarischen Beziehungen mitgeteilt. Der Kentaur wird bis in den Jugendstil hinein eine große Rolle für die französische Kunst und Literatur spielen. Guérins Tagebuch *Le cahier vert* weist in die Richtung eines erotischen Pantheismus. Bertrand und Guérin waren zu ihrer eigenen Zeit »völlig unbekannt und werden erst seit kurzem in ihrer wegweisenden Bedeutung erfaßt« (Suchanek). Hier werden Bereiche der ästhetischen Erfahrung eröffnet, denen der zeitlebens am klassischen Ideal festhaltene Viennet (1779–1869) sich stark wiedersetzte. Auch in diesem Festhalten an der Klassik liegt im Zeitalter Hugos, Mussets und George Sands etwas ›romantisches‹.

## 5. Visse, scrisse, amò: Stendhal

Die Frauen, die Scala Milano und Tracys *Idéologie* waren seine Lehrmeister. Die Namen seiner Liebessiege – Mélanie Guilbert, Angela Pietragrua, Métilde Dembowski, Angéline Bereyter, Giulia Rinieri, u. a. – ließ er in seine Hosenträger einsticken. Anders als Rousseau, mit dem ihn der Hang zur Selbstanalyse verband, besaß er »Neigung und wohl auch Fähigkeit zum praktischen Handeln« (Auerbach). Insgesamt steht er Voltaire näher als Rousseau, seine Romanhelden haben oft etwas von *Candide.* Stendhal nahm an den Diskussionen um die Romantik teil, haßte Konventionen, erklärte sich zum Atheisten und Jakobiner und wählte später sein Pseudonym nach dem Geburtsort Winckelmanns, den er verehrte. Aus Opposition gegen seinen Erzieher Raillane ließ er sich von seinem freigeistigen Großvater Gagnon für die Literatur des 18. Jahrhunderts begeistern, las Mme de Staël, Tracy, Cabanis, Chateaubriand und wollte später seine Romane als *Chroniques* verstanden wissen, die Auskunft über das gesellschaftliche Leben seiner Zeit gaben. Sein bürgerlicher Name war Henri Beyle. Seiner Lebensphilosophie gab er den Namen b*eylisme: Chasse au bonheur, passion, vie dangereuse, épicurisme, individualisme, énergie, ›égotisme‹.*

Er war in Grenoble geboren, machte Darus Italienzug von 1800 mit, wurde Adjutant von Michaud, lernte Wien und Schlesien kennen, begleitete den großen Generalstab 1812 nach Rußland. Seit 1801 führte er ein *Journal*. Als Dramatiker erfolglos – trotz geglückter Goldoni-Übersetzungen – verließ er nach Napoléons Sturz Frankreich. 1814 bis 1821 ist er *Arrigo Beyle, Milanese*. Italien wird seine Wahlheimat. Er wird *Carbonaro*, entdeckt das *arte di godere* und schreibt unter dem Namen Bombet ästhetische und kunstkritische Studien: *Lettres écrites de Vienne en Autriche sur le célèbre compositeur Joseph Haydn; suivies d'une vie de Mozart, etc.*, (Paris 1815, z. T. nach dem Italienischen Carpianis). Es folgen eine *Vie de Haydn, Mozart et Métastase* und, ebenfalls 1817, *Rome, Naples et Florence*. Italienisch schreibt er die Skizze *Del romantismo nelle arti* (1819), in *Histoire de la peinture en Italie*, deren erstes Manuskript er beim Rußlandfeldzug verlor, zeigt er sich als gebildeter Tourist. 1818 erschien seine Napoleonbiographie. Der österreichischen Polizei ist er suspekt, 1821 muß er Mailand verlassen. Es folgt die Pariser Zeit (1821–1830), die im Zeichen des *égotisme* steht.

*Egoïsme* und *égotisme*. »On a quelquefois confondu l'égoïsme et l'égotisme: l'égoïsme est un mot français qui signifie amour excessif de soi; L'égotisme est un mot anglais qui signifie la manie de parler de soi« (Littré). In der Tat ist die zum literarischen Gegenstand erhobene »hybride Ichbezogenheit« (Engler) seit Rousseau ein vielfach konstatierbares Faktum, das sich z. B. bei Maurice Barrès zum *culte du moi* verdichten wird. Die *Académie française* nahm das Wort *égotisme* erst 1878 auf.

Während der Pariser Jahre nimmt Stendhal am Kulturleben der Hauptstadt teil. Er kennt die Gruppe um Paul Dubois und den *Globe*, die *habitués* des Salon Delécluze, nimmt Schauspielunterricht bei Dugazon. Die Bewältigung seiner stürmischen Liebe zu Métilde Dembowski aus italienischen Tagen betreibt er in *De l'amour* (1822):

Die hier entwickelte Liebestheorie baut sich um den Begriff der *cristallisation* herum auf. Der Kristallisationstheorie entgegengesetzt, aber nicht weniger gültig, ist die Theorie des *coup de foudre*. *De l'amour* umfaßt in Teil II eine vergleichende Erotik mit dichten Ausführungen zu Mädchenerziehung, Liebesbräuchen, Stellenwert der Liebe im sozialen Umgang, etc. *De l'amour* ist neben Balzacs *Physiologie du mariage* ein interessantes Zeugnis der Liebesreflexion der 20er Jahre des 19. Jahrhunderts. Das Werk kann fruchtbar zur Erklärung von Stendhals Romanen herangezogen werden.

In die romantische Diskussion griff Stendhal mit *Racine et Shakespeare* (1823) ein. Gleichzeitig entstanden die *Vie de Rossini* und 1827 *Armance* mit dem Untertitel *Quelques scènes d'un salon de Paris 1827*:

Das Werk kreist um das Thema der Impotenz, die die vom ›Helden‹ Octave angestrebte Partnerbeziehung unmöglich macht und ihn dazu treibt, sein ›Geheimnis‹ mit in den selbstmörderischen Befreiungskampf der Griechen gegen die Türken zu nehmen. Hier verdichtet sich der Komplex des Außenseiters, dessen Hang zum intensiven Leben an der Wirklichkeit zerbricht.

Nach dem Scheitern einer Bewerbung als Bibliothekar, verläßt Stendhal Paris. Metternichs Polizei verbietet ihm Italien, in Spanien ist er *Persona non grata.* Die *Promenades dans Rome* (1829) zeigen ihn als literarisch und kunsthistorisch interessierten Touristen, als *dilettante* im Sinne des 19. Jahrhunderts, der zahlreiche Kenntnisse über das Nachbarland vermittelt.

1831 erscheint *Le Rouge et le Noir*:

Der Roman entstand 1829/30 auf der Basis eines in der *Gazette des tribunaux* (1827) veröffentlichten Kriminalfalls. Die als *Chronique du XIXe siècle* aufgefaßte Fabel erzählt die Geschichte des *roturier* Julien Sorel, der zwischen der Erinnerung an Napoléon I. und der restaurativen Wirklichkeit nach 1815 um sozialen Aufstieg kämpft. *Le rouge* evoziert dabei das Prestige des Soldatenrocks der Napoleonära, *le noir* den Priestertalar und zugleich das restaurative Prinzip. Sorel wurde zur Symbolfigur: äußerlich schüchtern, innerlich von Leidenschaft und Ehrgeiz verzehrt. Den Aufstieg erhofft er sich über die Kirche, *Le Rouge et le Noir* ist ein Roman der Heuchelei, die an Molières *Tartuffe* denken läßt. Sorel gewinnt die Liebe der gut-bürgerlichen Mme de Rênal, muß sie verlassen, scheint durch die Ehe mit der exaltierten wild-romantischen Mathilde de La Mole den Aufstieg zu schaffen, wird von Mme de Rênal als Heuchler entlarvt, versucht, sie in der Kirche zu erschießen, kommt vor Gericht, stirbt auf dem Schaffot. Zuvor entlarvt er den Mechanismus, der unter Wahrung einwandfreier juristischer Formen, die Justiz als Bremse des Emporkömmlings erkennen läßt. Ein Grundproblem von Camus' *Etranger* klingt an. In Sorels Welt hängt der Erfolg von Heuchelei, Liebe, Frauenbekanntschaften ab. Mathilde bemächtigt sich des Kopfes des Hingerichteten und begräbt ihn in einer Höhle im Jura. In der Tat ist Mathilde mit ihrer exaltierten »Ausrichtung am Vorbild des Renaissanceadels« eine höchst »anachronistische Figur« (Bürger), eine einzige Verneinung der objektiven Situation ihrer Kaste in der bürgerlichen Gesellschaft. Sie verkörpert Protest und kann sich von daher wirklich in Julien verlieben. Mme de Rênal stirbt an gebrochenem Herzen. Beide Frauengestalten dürften zudem autobiographische Elemente enthalten. Mme de Rênal wurde mit Angela Pietragrua, Mathilde mit Métilde Dembowski in Verbindung gebracht.

Nach der Revolution von 1830 wurde Stendhal durch Molés Vermittlung Konsul in Triest. Als ihm die österreichische Verwaltung das *exequatur* verweigert, geht er 1831 als Konsul nach Civitavecchia. Auch hier beargwöhnte man seinen Liberalismus. Er nennt sich nunmehr gern Henri Brulard und lebt als Diplomat und Schöngeist das

Leben eines epikuräischen Dilettanten. Er reist viel und schreibt autobiographisch gefärbte Werke:

Die *Souvenirs d'égotisme* (begonnen 1832) evozieren seine Pariser Zeit, das umfangreiche, aber unvollendete Romanfragment *Lucien Leuwen* (begonnen 1834) zeigt einen ›halben‹ Helden, der in Armee, Liebe und Diplomatie scheitert und die Gesetze von Heuchelei und Kaltblütigkeit erst lernen muß. Das Werk erschien vollständig erst 1926, seine stilistischen Qualitäten (»Cela est écrit comme le code civil«) verweisen auf die *impassibilité* der Realisten. Die *happy few,* denen *Lucien Leuwen* gewidmet ist, konnten ihn freilich auszugsweise schon in den *Nouvelles inédites* (1855) unter dem Titel *Le chasseur vert* lesen. *La vie de Henri Brulard* (posthum 1890) behandelt mit antiromantischer Sprachattitude Stendhals Kindheit und Jugend: »Je n'ai qu'un moyen d'empêcher mon imagination de me jouer des tours, c'est de marcher droit à mon sujet.« 1838 erschienen die *Mémoires d'un touriste,* damals wurden auch die *Chroniques italiennes* (posthum 1855) vollendet, u.a. mit *L'Abbesse de Castro, Vittoria Accoramboni, Les Cenci, Vanina Vanini* (1896 von Paul Heyse dramatisiert). Diese Novellen schöpfen aus einem an der italienischen Renaissance orientierten Klischee des Vollblutmenschentums, das Stendhal im zeitgenössischen Frankreich, dessen bürgerliche Gesellschaft durch die höchst unideale Jagd nach dem Geld bestimmt war, für nicht mehr existent hielt. Noch Montherlant wird, z.B. in *Malatesta,* dieses energiegeladene Italien der französischen Wirklichkeit entgegenhalten.

Mit *La Chartreuse de Parme* (1839) schreibt Stendhal den Roman Italiens als des Landes der *énergie,* der *passion,* des Heroismus. Vor dem Hintergrund der italienischen Kleinstaaterei des beginnenden 19. Jahrhunderts und mit deutlichen Anspielungen auf die Ereignisse in der Neuen Welt, erlebt hier der Held Fabrice del Dongo eine Reihe von Abenteuern, deren Aneinanderkettung dem Werk etwas von der Struktur der *novela picaresca* verleiht. Möglicherweise ließ Stendhal sich von Stoffen, Motiven und Konstellationen aus der italienischen Renaissance anregen, verlegt jedoch die Handlung in die eigene Zeit: Fabrice distanziert sich stolz vom reaktionären Regime der Habsburger, Gina, die Witwe eines neapolitanischen Offiziers, erlaubt sich im Hinblick auf die Toleranzhorizonte des 19. Jahrhunderts geradezu unglaubliche Freiheiten. Daß auch diese ›Helden‹ letztlich scheitern, begründet sich aus der Lethargie einer substanzlosen Umgebung, die keinem Genie erlaubt, sich auszuleben. Nicht umsonst hat die Beschreibung der Schlacht von Waterloo einen besonderen Stellenwert in der Ökonomie des Werks.

In der *Chartreuse* wird die Welt des sich vorbereitenden *risorgimento* engagiert und temperamentvoll beschrieben und in eine persönlich empfundene Landschaft gestellt: Comer See, Mailand, Parma, Neapel, Bologna,

Ferrara, etc. Daß Stendhal das zur Einigung drängende Italien mit bestimmten Psychologismen der Renaissance ausstattete, macht die *Chartreuse* zu einem eminent politischen Buch. Für Balzac war es »le roman que Machiavel écrirait«. Wie einst die Borgia lieben, rauben, morden einige Personen aus Stendhals Roman, aber sie unterschätzen dabei die realen Machtstrukturen einer bürgerlich bestimmten Welt, die andere – vorwiegend ökonomische – Mittel der Durchsetzung erfordert. Daher können Stendhals Helden nicht so eindeutig siegen, wie diejenigen Corneilles es konnten. Stendhal selber bedauerte das offensichtlich, als er sich beklagte, nicht als italienischer Aristokrat um 1650 auf die Welt gekommen zu sein. Ein Hauch rückwärtsgewandter Nostalgie mischt sich so in die Schilderungen der *Chartreuse.* Ihre Hauptfiguren erhielten vom Autor die leidenschaftlichen Züge eines bis zum Anarchismus gesteigerten Seelenadels. Insofern haben sie hier und da auch etwas Theatralisches, etwas Opernhaftes. In der Welt kapitalistischer und industrieller Wirtschaftsformen fühlen sie sich kaum zu Hause.

Stendhals letzter Roman ist *Lamiel.* 1839 erhält er in Italien den Besuch Mérimées, kommt mit ihm nach Rom und Neapel. 1842 stirbt er in Paris. Den geliebten Besitz in Civitavecchia vermacht er Donato Bucci.

Mit seiner Beobachtungsgabe und seiner illusionslosen Analyse menschlicher Motivationen gilt Stendhal als früher Realist. Barbey d'Aurevilly kritisierte an ihm den Geist der Verneinung, d. h. möglicherweise in der letzten Konsequenz das aufklärerische Erbe. Zola sah in Stendhal »notre père à tous«, was Kritik im einzelnen nicht ausschloß. Taine, Bourget, Nietzsche u. a. verschafften ihm dann auch in der Kritik den kanonisierten Platz, den er bis heute einnimmt. In diesem Sinne läßt sich vielleicht der Satz verallgemeinern, den Charles van Lerberghe zur Charakteristik des Kunsthistorikers Stendhal niederschrieb: »Celui-là commence à voir.«

## 6. Honoré de Balzac zwischen Realismus und Magnetismus

Honoré de Balzac (1799–1850) wollte der Buffon der menschlichen Gesellschaft werden. Er schrieb über 90 Romane und Novellen, 30 Erzählungen, 5 Dramen, die Rabelais nachempfundene Sammlung der *Contes drôlatiques* und eine riesige *Correspondance.* Wie Rabelais, Ronsard, Du Bellay u. a. stammte er aus dem Garten Frankreichs, erlebte in Kindheit und Jugend Aufstieg und Fall des Empire. Er lernte bei den Oratorianern von Vendôme (1807–1813) und wurde 1816 Student der Rechte in Paris. Bald folgen erste literarische Gehversuche:

Die *Cromwell*-Tragödie von 1821 scheitert. Der sentimentale *Sténie*-Roman und der schauerromantische *Falthurne* bringen auch keinen Erfolg. Balzac vertieft seine Scott-Lektüre, tut sich zeitweise mit Arago und Le Poitevin de L'Egreville zusammen, publiziert unter dem Pseudonym Lord R'Hoone den schwarzen Roman *L'héritière de Birague* und *Jean-Louis* nach dem Erfolgsrezept von Pigault-Lebrun. *Clotilde de Lusignan* greift dem Beispiel Scotts folgend auf einen mittelalterlichen Stoff zurück. *Le Centenaire* ist eine fantastische, *Le vicaire des Ardennes* eine verwickelt-sentimentale Geschichte. Unter dem Pseudonym Horace de Saint-Aubin entsteht *Argow le Pirate* mit der Zentralgestalt eines beunruhigenden Outlaw, der auf den Vautrin der *Comédie humaine* verweist. *La dernière fée* ist ein Ausflug ins Fantastische, *Wann Chlore* ein mit dramatischen Konstellationen arbeitender psychologischer Roman.

1824–1829 macht Balzac die Erfahrung der Geschäfts- und Geldwelt. Mit finanzieller Hilfe seiner Freundin Laure de Berny macht er eine Druckerei in der Rue Visconti auf und muß dann fast lebenslang den Schuldenberg aus seinem Konkurs abtragen. Er scheitert als Silbergräber auf Sardinien, als Papierhersteller. Er knüpft Verbindungen zu Latouche und Raisson, beginnt, sich für die physiognomischen und phrenologischen Theorien von Lavater (1741–1801) und Gall (1758 bis 1828) zu interessieren, die für das Verständnis seines späteren Werks wichtige Hilfen liefern. Er liest Swedenborg, Saint-Martin, Swamerdam, Spallanzani, Leuwenhoeck, Cuvier und findet in *Sur le principe de l'unité de composition organique* des älteren Geoffroy Saint-Hilaire (1772–1844) den Grundgedanken der *unité de composition,* den von den Naturwissenschaften auf die soziale Realität zu übertragen, sein großes Anliegen wurde. 1825 befreundet er sich mit der Duchesse d'Abrantès, seine Umweltbeobachtung reflektiert sich u. a. im *Dictionnaire des enseignes* und im *Code des gens honnêtes.* Der Mode der Physiologien opfert er mit der *Physiologie du mariage* (1829), an deren Erfolg später die *Femme de 30 ans* anknüpfen sollte. Mit *Le dernier Chouan ou la Bretagne en 1800* (1829) liefert Balzac ein wichtiges Werk zur Kenntnis der königstreuen Aufstände von 1799/1800 und macht zugleich ein Kapitel aus jener unbewältigten Vergangenheit Frankreichs greifbar, die die in der *Comédie humaine* zutage tretenden Spannungen erklärt. Er ist nun kein Unbekannter mehr. Er besucht die Salons der Hauptstadt, fühlt sich mit Nodier und Stendhal in einer *école du désenchantement* vereinigt und produziert fortan ohne Unterbrechung, wobei das *Manoir de Saché* bei Tours mehr und mehr zur Arbeitsbasis wird. Seit 1951 enthält es ein Balzacmuseum.

Nach 1830 entsteht in schneller Folge die Serie von Werken, die Balzac berühmt machten, wobei zunächst ein gewisser Hang zur Kurzfiktion sichtbar wird, der jedoch schnell überwunden wurde:

Es entstehen u. a. *Un épisode sous la terreur* (1830), *Le bal de Sceaux* (1830), *La Vendetta* (1830), *Etude de femme* (1830), *Une passion dans le désert* (1830), *El Verdugo* (1830), *Gobseck* (1830), *L'Auberge Rouge* (1831), *La peau de chagrin* (1831; mit dem Grundgedanken von Wildes *Portrait of Dorian Grey*), *Maître Cornélius* (1831), *Les proscrits* (1831), *Le Colonel Chabert* (1832), *La bourse* (1832), *L'Illustre Gaudissart* (1832), *Eugénie Grandet* (1833), *Le père Goriot* (1834), *La Recherche de l'Absolu* (1834), *Le Lys dans la Vallée* (1835), *La Muse du Département* (1835; thematisch Molières *Précieuses ridicules* verwandt), *Séraphita* (1835), *Les deux poètes* (1837; Teil I von *Illusions perdues*), *César Birotteau* (1837), *Splendeurs et Misères des Courtisanes* (4 Romane, 1838/1847), *Béatrix ou les amours forcés* (1839/1844/1845), *Un grand homme de province à Paris* (1839; Teil II von *Illusions perdues*), *Ursule Mirouët* (1841), *Une ténébreuse affaire* (1841), *Eve et David* (1844; Teil II von *Illusions perdues*), *La cousine Bette* (1846), *Le cousin Pons ou les deux musiciens* (1847). Während der Jahre 1832–1837 entstanden zudem die der Rabelaischen Sprachattitude verpflichteten *Contes drôlatiques*.

Seit 1834 versucht Balzac eine innere Strukturierung seines Gesamtwerks. Unter der übergeordneten Rubrik *Etudes de mœurs* faßt er die *Scènes de la vie privée, de la vie parisienne, de la vie politique, de la vie militaire, de la vie de campagne* zusammen und fügt später noch die Sektionen *Etudes philosophiques* und *Etudes analytiques* hinzu. 1842 entschließt er sich, möglicherweise durch den Marquis de Belloy angeregt, für den Gesamttitel *Comédie humaine* (vgl. Vigny, *La maison du berger*: »Je sens passer sur moi la comédie humaine«). Ab 1845 plant er dieses Gesamtwerk, das ein Gegenstück zu Dantes *Divina Commedia* sein sollte, jedoch auch dem Gedanken des Großen Welttheaters Raum gibt, auf 143 Romane, von denen ca. ein Drittel ungeschrieben blieb. Von den naturwissenschaftlichen Prämissen dieses Plans zeugt, daß Balzac auf der Basis der Kenntnis der *espèces zoologiques* zur Erkenntnis der *espèces sociales* vordringen wollte. Das Ziel: »l'histoire et la critique de la société, l'analyse de ses maux et la discussion de ses principes«. Letztlich sollte die *Comédie humaine* »faire concurrence à l'Etat Civil«, wobei der *Avant-Propos* eine vertiefte Kenntnis sowohl der naturwissenschaftlichen als auch der soziologischen Theorien der Zeit beweist. Der Vergleich mit Dante ist am ehesten in bezug auf das *Inferno* tragbar: »einige Figuren der Sitten-Etüden sind Ausgeburten der Hölle, ... Andere holt der moderne Dante wie scheußliches Geschmeiß aus den Kloaken von Paris ans Licht ... ein ganzes Naturalienkabinett ... Ihn interessieren die seltsamen, kranken, verworfenen Geschöpfe; er läßt sie in dem Schlamm der Großstadt wimmeln und zappeln, dringt in die Existenzweise der Spieler, Kupplerinnen, Wucherer, Mörder, Spione und aller Arten von Gaunern und Schuften ein, stellt eine faszinierende Galerie von Abnormitäten vor uns auf, eine Verbrecherserie von sexualpathologischen und -kriminellen Fällen...« (Mönch). Das Prinzip der Wiederkehr der Personen wendet Balzac seit 1833 an. Trotz eines Gehirnschlages im Jahre 1836 arbeitet er wie ein Besessener. Zeitweise öffnet er nicht einmal mehr die Fensterläden, hüllt sich in eine Dominikanerkutte, steckt seine Füße in Maroquinpantoffeln. Seine robuste Gesundheit ruiniert er durch exzessiven Kaffeekonsum. Dabei intensiviert sich mehr und mehr die Verbindung zu der polnischen Gräfin Eva Hanska-Rzewska. Er besucht sie in Deutschland und Rußland, heiratet sie schließlich nach dem Tode ihres Gatten und stirbt wenige Wochen später, bereits von ihr verlassen. Die *Lettres à l'étrangère* sind eine reichhaltige Quelle für die Entstehungsgeschichte der *Comédie humaine* und der zugrunde liegenden Epochen- und Persönlichkeitsstrukturen.

Nur einige wenige Etappen der *Comédie humaine* können im folgenden besprochen werden:

*Un épisode sous la Terreur* (1830; seit 1846 in *Scènes de la vie politique*) erzählt mit dichterischer Freiheit aus dem Leben von Charles-Henri-Nicolas Sanson (1767–1840), des Henkers der Französischen Revolution. Er wird als innerlich königstreu dargestellt, woraus sich düster-realistische Möglichkeiten der Gestaltung ergeben, wenn er nach der Hinrichtung des Königs bei verfolgten Kirchenleuten eine Totenfeier sicherzustellen versucht.

*L'Auberge rouge* (1831; *Etudes philosophiques*) schildert ein Phänomen telepathischer Gedankenübertragung, die zum Mord an einem Aachener Nadelfabrikanten und zu einem Justizmord führt. In der erzählerischen Rückblende erweist sich dann der wahre Mörder von einst als eine Stütze der restaurativen Gesellschaft. Der Mord bleibt ungesühnt. *L'Auberge rouge* enthält interessante Schilderungen des Rheinlandes vor dem Hintergrund der napoleonischen Kriege.

*Les proscrits* (1831; seit 1846 in den *Etudes philosophiques*) führt in das mittelalterliche Paris von 1308, wo zwei Unbekannte – in Wahrheit Dante und Graf Gottfried von Gent – den Vorlesungen Sigers von Brabant folgen. Die Erzählung kreist um das Problem der mystischen Wahrheitssuche und des wissenschaftlichen Experiments. Das Einheitsprinzip alles Seienden wird greifbar in den Forschungen der beiden ›*proscrits*‹, die die Sphären der Mineralogie, des Belebten, Beseelten, Spirituellen und Göttlichen ineinander überführen.

*Eugénie Grandet* (1833; *Scènes de la vie de province*) ist der Roman des alles zerstörenden Geizes, der den Vergleich mit Molières *Avare* herausfordert. Der alte Grandet zerstört das Leben seiner Tochter. In seiner Monomanie ist er jedoch zugleich der bürgerlichen Beschränktheit seiner Umgebung überlegen. Die pathologische Deformierung seiner Psyche macht ihn zur Inkarnation des Geizes schlechthin, der freilich nicht nur als individuelles, sondern auch als gesellschaftlich zerstörendes Element dargestellt wird. *Eugénie*

*Grandet* enthält zudem minuziöse Milieu- und Dekorbeschreibungen, die als reale Verwirklichungen später formulierter Forderungen der Realismustheorie gelten können.

Seinen *Père Goriot* (1834; *Scènes de la vie privée*) hat Balzac »zwischen Kriminalroman, faustischem Drama und Komödie« (Pollmann) angesiedelt. Am Beispiel eines senilen Nudelfabrikanten, der von seinen Töchtern ausgenutzt wird, zeigt das Werk den Kampf ums Geld in der Gesellschaft nach 1830. Die Schilderung der schmuddeligen Pension Vauquer in der *Rue Neuve-Sainte-Geneviève* wird gern als Beispiel für Balzacsche Milieuschilderungen herangezogen. Im *Père Goriot* lernt der junge Rastignac die Gesetze des Pariser Dschungelkampfes kennen, die ihn zu der berühmt gewordenen Herausforderung führen, die er der Hauptstadt vom *Père Lachaise* aus entgegenschleudert: *A nous deux maintenant.* Vautrin, der im *Père Goriot* vergeblich versucht, über Rastignac an das Vermögen der reichen Erbin Victorine Taillefer heranzukommen, wird als zynisch-faszinierender Verbrecher noch weitere Werke der *Comédie humaine* beleben. Der Medizinstudent Horace Bianchon wird später der Arzt der *Comédie humaine* werden. Er spielt u. a. eine wichtige Rolle in *La Messe de l'Athée* (1836).

*La Recherche de l'Absolu* (1834; seit 1845 in den *Etudes philosophiques*) ist der Roman des wahrheitsbesessenen Balthazar Claes aus Douai, dessen historisches Vorbild Bernard Palissy (1510–1590) ist. Auf der Suche nach dem Absoluten vernachlässigt er Haus, Hof, Geschäft und macht schließlich das Unglück seiner Familie. Goldmacherei und Fantasterei zeugen in der *Recherche* in Verbindung mit minuziösen naturwissenschaftlichen Studien von einem auf das Außerordentliche zugeschnittenen Geniebild, das Balzac möglicherweise mit Goethe verbindet, zugleich jedoch auch auf illuministische und theosophische Strömungen des 18. Jahrhunderts verweist. Die Naturwissenschaften sind für Balthazar das, was für Grandet der Geiz und für Goriot die Vaterliebe sind: eine unsteuerbare Monomanie.

*Séraphita* (1835; seit 1846 in den *Etudes philosophiques*) entstand auf der Basis von *Falthurne* und erzählt von dem androgynen Wesen Séraphita-Séraphitus aus dem Geschlecht Swedenborgs. In der Hauptfigur materialisiert sich das Mysterium der *coincidentia oppositorum,* der *unio mystica:* »Tout est un comme Dieu.« Schließlich fährt Séraphita als Seraph gen Himmel. Die Menschen, die ihr/ihm auf Erden in Liebe verbunden waren, finden Trost im Gebet. Balzac sah dieses Werk möglicherweise als Bekenntnisbuch. Grillparzer sprach von den philosophischen »Hanswurstereien« des Autors.

*Le Lys dans la Vallée* (1835; zunächst *Scènes de la vie de province,* später *Scènes de la vie de campagne*) entstand als Replik auf *Volupté* von Sainte-Beuve. Die Lilie im Tal ist die sanfte Henriette de Mortsauf, vordem Ziel der Liebesträume von Félix de Vandenesse. Was wie eine reine Seelenfreundschaft aussah, entpuppt sich jedoch als abgrundtiefe und ungemeisterte Leidenschaft, an deren Eingeständnis Henriette zugrunde geht. Die Geographie des Werks ist im Indre-Tal bis ins Detail nachzuvollziehen. Der Provinzadel der Jahre 1814–1820 scheint hier ein wenig *Princesse de Clèves* zu spielen, ohne daß der Seelenadel der klassischen Heldin im bürgerlichen Frankreich der Restauration die gleiche *générosité* erreicht.

Die *Illusions perdues (Scènes de la vie de province)* umfassen drei Teile: *Les deux poètes* (1837), *Un grand homme de province à Paris* (1839), *Eve et David* (1844). Der komplizierte Sitten- und Gesellschaftsroman ist auf die Gestalt des Dichters Lucien de Rubempré zentriert, der im Sumpf der Hauptstadt scheitert. Der Verbrecher Vautrin erscheint in den *Illusions* in der Maske des falschen Priesters Herrera. Als Lucien auch in der Provinz nicht wieder Fuß zu fassen vermag, geht er erneut nach Paris. In *Splendeurs et Misères des courtisanes* wird sein weiterer Werdegang bis hin zum Selbstmord in der Gefängniszelle erzählt.

*Béatrix ou les amours forcés* (Teile 1, 2 1839; Teil 3 1844/45) ist in den *Scènes de la vie privée* enthalten und offensichtlich durch den Bruch zwischen George Sand und Jules Sandeau angeregt. Von fern erinnert das Werk auch an die Verbindung zwischen Liszt und Mme d'Agoult.

*Ursule Mirouët* (1841; *Scènes de la vie de province*) zeigt die sanfte Heldin umgeben von Schmarotzern und Erbschleichern. Der Postmeister Minoret-Levrault zeigt, ganz im Sinne von Balzacs physiognomischen Theorien, den fortschreitenden Zerfall einer von Habgier zerfressenen Persönlichkeit. Schließlich gibt es doch ein *Happy end*, Ursule heiratet Savinien, den sie seit ihrer Jugend liebt. Das von der Ökonomie bestimmte Handlungspattern gewinnt durch die Hereinnahme von Visionen, Träumen, physiognomischen Reflexen etc. eine psychologische Tiefe, die Balzac in einem umfangreichen *Précis sur le magnétisme* in Kap. 6 umreißt.

Unter der gemeinsamen Überschrift *Les parents pauvres* fanden *La cousine Bette* (1846) und *Le cousin Pons* (1847) Eingang in die *Scènes de la vie parisienne*.

Die *Cousine Bette* ist ein haßerfüllter weiblicher Tartuffe, die es fertigbringt, ihre ganze Umgebung in einem Netz von Intrigen zu verstricken. Dabei entpuppt sich Baron Hulot als haltloser Erotomane, Crevel als neureicher Arrivist, auf den die Beschreibungen des Bürgerkönigs Louis-Philippe passen. *La cousine Bette* ist die illusionslose Beschreibung einer Wirklichkeit, die zur Aufrechterhaltung der wohlanständigen Fassade vor keiner Niedrigkeit zurückscheut. Das Werk verweist auf den Naturalismus.

*Le cousin Pons ou les deux musiciens* (1847) erzählt die Geschichte des von der Bric-à-Bracomanie besessenen Pons, dessen einziges Laster sein Hang zu gutem Essen ist. Er spielt daher an der Tafel seiner reichen Verwandten die Rolle des verachteten Parasiten bis man begreift, daß er eine immens wertvolle Kunstsammlung besitzt. Während seines langsamen Dahinsiechens sieht er sich von einer niederziehenden Erbschleichergesellschaft umgeben: Mme Cibot, Rémonenq, Mme de Marville, Elie Magus etc. Sein Nachlaßverwalter Schmucke, ein trotteliger deutscher Musiker, der dem von Mme de Staël propagierten Deutschlandbild entspricht, ist diesen Gegnern nicht gewachsen. Seine fehlerhafte Aussprache unterstreicht seine Lebensuntüchtigkeit. In einem *Traité des sciences occultes* kommt Balzac auch im *Cousin Pons* auf seine parapsychologischen Theorien zu sprechen, die für die Interpretation des Romans eine wichtige Hilfe sind. Im trüben Personenrepertoire dieser Geschichte ist die kurz auftretende Schauspielerin Hélène Brisetout eine eher erfrischende Gestalt.

Balzac ›gerecht zu werden‹ kann nicht Ziel der Behandlung im vorliegenden Rahmen sein. Er erkannte das *enrichissez-vous* des Bürgerkönigs als den kategorischen Imperativ eines Lebensstils, dem auch er sich nicht entziehen konnte. Daß Sue für die *Mystères de Paris* und den *Juif errant* über 300 000 Franken verdiente, hat ihn geärgert, den erfolgreichen Paul de Kock hat er offen beschimpft.

Marx sah in Balzac den »Schöpfer jener Prototypen, noch im Zustand des Embryo, die in der Folge ihre Entwicklung unter Napoléon III. vollendet haben«. Dabei waren seine politischen Sympathien eher konservativ, sie haben mehr mit Bossuet, Bonald und de Maistre als mit Saint-Simon oder Lamennais gemeinsam. Den Katholizismus hielt er für »le plus grand élément d'Orde Social«, bei der Wahl zur *Assemblée* erhielt er 1848 ganze 20 Stimmen. Zeitlebens interessierte er sich für politische Literatur: Machiavelli, Hobbes, Montesquieu, Kant. Und er vertiefte die Beobachtung der zeitgenössischen Gesellschaft durch historische Rückgriffe: Hugenottenkriege, Bartholomäusnacht, Terreur etc. Daß es neben dem Balzac ›balzacien‹ auch den Balzac ›visionnaire‹ gibt, erkannten Gautier, Baudelaire, später Hofmannsthal. Baudelaire: »son principal mérite était d'être visionnaire«. In diesem Sinne sind Barbey d'Aurevilly und Villiers de l'Isle-Adam genauso Balzacs Nachfolger wie Flaubert und Zola. Für Barbey war er »un maître et un grand maître«. Zolas Wort von der »zoologie humaine« machte Fortune, Taines Balzac-Bewunderung äußert sich in einem wegweisenden Essay. Dickens, Pérez Galdós, Michelet, Tolstoi, Romains u. a. schöpften aus dem Beispiel der *Comédie humaine* die Kraft für eigene literarische Riesenunternehmungen. Proust nahm sich an ihm ein Beispiel. Die *nouveaux romanciers* hingegen warfen Balzac eine unkritische »confiance dans une logique des choses« (Robbe-Grillet) vor, Lukács warnt jedoch vor einer nur-soziologisierenden Balzac-Lektüre. Dabei ist die Konfrontation von Balzac *réaliste* und Balzac *visionnaire* vielleicht Folge einer falschen Fragestellung, die schon Wellek entlarvte: »Auf seinen niederen Stufen sank der Realismus dauernd zu Journalismus ab, ... zu Nicht-Kunst. Auf seiner höchsten Stufe ... schuf er Welten der Phantasie.« Diese Fantasie nährt sich jedoch aus Realität. Für Philarète Chasles war Balzac »un conteur, un amuseur de gens qui prend pour base la criminalité secrète, le marasme et l'ennui de son époque«.

Rodins *Balzac*-Statue (1897) steht seit 1939 am Boulevard Montparnasse.

## 7. Ego Hugo

Die Frage nach dem größten französischen Dichter beantwortete André Gide mit: »Victor Hugo, hélas.« Baudelaire bestätigte dem Autor von *Hernani* »non seulement la grandeur, mais l'universalité«. Hugo selber fühlte sich als das »écho sonore de son siècle«. Wie Voltaire engagierte er sich für die Bürgerrechte, ging nicht ohne einen Schuß verletzter Eitelkeit ins Exil. Wie Voltaire erhoffte er sich zudem die Unsterblichkeit von seinem Theaterwerk. Er kämpfte gegen Todesstrafe, für Pressefreiheit, verfolgte Napoléon III. mit seiner spitzen Feder und wurde mit seinem wegweisenden literarischen Œuvre zum Literaturpapst, der bis 1885 die Literaturgeschichte des 19. Jahrhunderts begleitete. Für viele Jüngere war sein Werk eine ästhetische Hypothek, die nur langsam abgetragen werden konnte. Mit dem Drama *Hernani* hatte er 1830 zum Sieg der Romantik beigetragen. Ein umfangreiches Theaterwerk sollte in die gleiche Richtung wirken: *Le roi s'amuse, Lucrèce Borgia, Ruy Blas, Les burgraves, Marie Tudor, Torquemada, Angelo.* Auch in den Zeiten der sich überlebenden Romantik bleiben die einmal verkündeten liberalen Ziele intakt. Sainte-Beuve zerstörte seine Ehe. Bei Juliette Drouot fand er Trost. Seit 1841 war er Mitglied der *Académie française.*

Mit *Notre-Dame de Paris* (1831) schrieb Hugo den Prototyp des romantischen Romans in Frankreich:

Das u. a. durch die Verfilmungen mit Charles Laughton (1939) und Antony Quinn (1956) weithin bekanntgemachte Werk evoziert das spätmittelalterliche Paris Ludwigs XI. in einer wirkungsvollen Mischung dramatischer, erhabener und grotesker Ingredienzien. Für Lamartine wurde Hugo damit zum «Shakespeare du roman». Dabei integriert der Autor die bekannte Handlung um Quasimodo und Esmeralda in einen weiten kulturhistorischen Rahmen, zu dessen Absteckung u. a. die Gestalt des Dichters Pierre Gringore als des vom Autor eingeführten Beobachters dient. Hugo hat Sade gelesen. Die Beschreibung der *fête des fous,* der Umgang mit *Argot* und flammengotischen Stilelementen machen das Werk zum französischen Gegenstück der Bemühungen Walter Scotts um Lokalkolorit und historische Dramatik. Die Beschreibung der Zigeuner und *truands* verrät eine deutliche Sympathie für soziale Randgruppen. Vergleicht man *Notre-Dame de Paris* mit Stendhals fast gleichzeitigem Roman *Le Rouge et le Noir,* zeigt sich die ganze Spannweite der französischen Literatur nach 1830. Hugos Darstellung des Paris' der Gauner, Diebe, Crétins und Unterprivilegierten erinnert hier und da an ähnliche Töne in Cervantes' *Rinconete y Cortadillo* und seine durch minuziöses Studium erreichte Sprachcharakteristik bestimmter sozialer Herkunftsbereiche fordert den Vergleich mit Quevedos Meisterung des *germanía*-Jargons heraus.

Die Jahre bis 1840 sind zugleich durch eine intensive lyrische Produktion gekennzeichnet: *Feuilles d'automne* (1831), *Chants du crépuscule* (1835), *Les voix intérieures* (1837), *Les rayons et les ombres* (1840). Hier zeigt sich ein Kosmopolitismus nicht ausschließender Patriotismus, der – verknüpft mit der Liebe zu Juliette Drouot und einem verklärten Andenken an den eigenen Vater – schließlich zur unkritischen Mythisierung Napoléons I. und des *Premier Empire* führt. *Pan* aus *Feuilles d'automne* ist eine pantheistische Naturhuldigung, die sich auch in *Passé* aus *Voix intérieures* unter der Geometrie klassischer Parkanlagen fassen läßt und möglicherweise den *Fêtes galantes* von Verlaine präludiert. In *Les rayons et les ombres* gehen Liebe, Natur und Humanismus eine Synthese ein, in der romantische Empfindsamkeit sich, z. B. in *La tristesse d'Olympio*, auslebt:

> L'air était plein d'encens et les prés de verdures
> Quand il revit ces lieux où par tant de blessures
> Son cœur s'est répandu.

Indem er die Giebelfiguren des Pantheons – sie stammen von David d'Angers (1788–1856) – beschwört, zeigt Hugo hier zudem seine Sicht des Künstlers als eines Missionars, der das eigene Land und die eigene Sprachgemeinschaft als Teil der bewußten Menschheit definiert und verherrlicht.

1842 hält Hugo in dem Reisetagebuch *Le Rhin* Erinnerungen an eine Deutschland-Reise fest, die ihn als Kenner und Bewunderer des Rheinlandes ausweisen, freilich mit der eindeutigen Tendenz, französische Prätentionen auf das linke Rheinufer zu begründen. In der Folgezeit scheint der tragisch erlebte Verlust seiner Lieblingstochter Léopoldine, die 1843 in der Seine ertrank, die literarische Produktion zeitweise zu behindern. Hingegen verstärkt sich das politische Engagement. Seit 1845 ist Hugo *Pair de France*. Er tendiert zum Liberalismus, ist jedoch gegenüber der Linken reserviert. Die Repressalien von 1848 hat er gutgeheißen, Cavaignac hat er freilich als Feind der Pressefreiheit bekämpft. Seine Zeitschrift *L'événement* ist ein Sammelbecken konservativen Demokratieverständnisses. Napoléon III., den er kurzzeitig unterstützt, wird ihm bald zum Symbol des Verrats an der republikanischen Idee. Vergebens versucht er in der *Assemblée* vom 17. Juli 1851 Widerstand gegen den Staatsstreich zu leisten. Seine Schrift *Napoléon le Petit* ist neben Proudhons *Coup d'état* und Marx' *Der 18. Brumaire des Louis Bonaparte* ein wichtiges Dokument der damaligen Pamphletliteratur. Hugo geht ins Exil. Nach einem kurzen Aufenthalt in Belgien lebt er 1851–1855 auf Jersey und 1855–1870 auf Guernesey. Sein *Hauteville-House* ist ein Zentrum der antibonapartistischen und – wie Hugos Kontakte mit Mazzini beweisen – der linksliberalen Opposition.

Fortan publiziert er meist in Brüssel. Seine *Histoire d'un crime* (1853) stellt die Ereignisse parteilich und aus republikanischer Sicht dar, die *Châtiments* (1853) sind eine literarische Abrechnung von dantescher Härte des Urteils und erinnern in Ton und Grundorientierung an die *Tragiques* von Agrippa d'Aubigné:

Die 6000 Verse der *Châtiments,* die trotz Verbotes in Frankreich weite Verbreitung fanden, sind politische Kampfliteratur. Die Gegner heißen Dupin, Montalembert, Veuillot... Der Vergleich des *Second* mit dem *Premier Empire* läßt den Bonapartismus als lächerlichen Abklatsch vergangener Größe erscheinen, die episch aufbereiteten Taten der *Grande Armée* tun ein übriges, um die Kleinheit des Augenblicks zu karikieren. In *Stella* zeigt sich jedoch der Fortbestand der Freiheitsidee trotz Napoléon III., und der Sturz des Cäsarismus wird unter Herbeiziehung des biblischen Bildes von den Trompeten von Jericho – *Sonnez, sonnez toujours* – vorausgesagt. Chansons im Béranger-Stil, Visionen, Pamphlete, historische Kolossalgemälde verleihen dem Band seinen Charakter als zeitgeschichtliches Dokument von großer thematischer und formaler Vielfalt.

Mit *Les contemplations* (1856) entfernt sich Hugo vom konkreten Engagement und sucht nach lyrischen Inspirationsquellen:

Der Band umfaßt Gedichte, die seit 1840 erarbeitet worden sind, Kindheit, Jugend, Liebe, Natur, Weltschmerz, Metaphysik, Verzweiflung über den Verlust Léopoldines, persönliche Enttäuschungen etc. werden hier thematisiert und scheinen hier und da eine Rivalität zu Lamartines *Méditations* zu bezeugen. In zwei Sektionen – *Autrefois* und *Aujourd'hui* – zu je drei Büchern unterteilt, zeigt das Werk das Bemühen um ausgewogene Komposition. Bekannt sind u. a. die Gedichte *Vere novo* an Juliette Drouot, das sozialkritische *Melancholia,* die mystischen Titel *Horror, Spes, Ibo* etc. Sie erleichtern die Beurteilung des Werks als einer Summe des bisherigen Lebens des Autors: »Vingt-cinq années sont dans ces deux volumes.« Mit *La fête champêtre chez Thérèse* evoziert Hugo ein epikuräisch-pastorales Rokoko, das an verlorene Paradiese *à la Watteau* erinnert und möglicherweise auf Verlaines *Fêtes galantes* wirkte.

Nach den lyrischen und von naivem Naturgefühl geprägten *Chansons des rues et des bois* (1855) liefert Hugo mit *La légende des siècles* (1. Teil 1859; letzter Teil 1883) eine Vignys *Poèmes antiques et modernes* (1826) vergleichbare »Bilderfolge aus der Geschichte der Menschheit vom Anfang der Welt bis ins 19. Jahrhundert« (Schober).

Der beherrschende Gedanke der *Légende* ist der Aufstieg der Menschheit zu immer höherer Sittlichkeit. Nach einem Blick auf Kernpunkte der biblischen Geschichte, werden die Welt Roms, des Islam, der Kreuzzüge und der mittelalterlichen Ritterlichkeit (*Bivar, Roland, Aymerillot,* etc.) evoziert. Auch der malerische Orient *(Sultan Mourad)* wird einbezogen, ebenso wie das pagane Prinzip der Renaissance *(Le Satyre)* und das freudlose Regiment der spanischen Inquisition *(La rose de l'Infante)*. Was die eigene Zeit angeht, so bringt Hugo u. a. politische *(Le crapaud, Après la bataille)* und soziale *(Les pauvres gens)* Fragen zur Sprache. Seine Gedichte zum 20. Jahrhunderts enthalten u. a. technische Utopien (*Plein-ciel*: Luftfahrt), *La trompette du jugement* führt in eine ferne Zukunft. Das gesamte Werk ist vom Fortschrittsglauben charakterisiert. Mit Hilfe des *Dictionnaire* von Moréri hat Hugo sich über zahllose historische Details und Zusammenhänge informiert, sein Glaube an ein »immense mouvement d'ascension vers la lumière« verleiht dem Werk eine eschatologische Grundorientierung, die durchaus auch anderen Geschichtsbildern des 19. Jahrhunderts, z. B. dem sozialistischen, vergleichbar ist.

Der Glaube an die Möglichkeit des Fortschritts inspiriert auch die umfangreichen *Misérables* (1862), an denen Hugo schon seit 1850 gearbeitet hatte.

Dieses »Mittelding zwischen historischem und Kriminalroman« (Jan) behandelt innerhalb des Zeitrahmens 1815–1833 das Problem des Pauperismus, der notbedingten Kriminalität und Prostitution und die gar nicht romantischen Aspekte des Proletarierdaseins. Hugo wollte das Werk als »poème de la conscience humaine« verstanden wissen. Seine Fantine wird zur Prostituierten, um die Forderung der erpresserischen Familie Thénardier zu erfüllen, der flüchtige Häftling Jean Valjean, der beim Bischof von Digne Zuflucht findet, ist, nicht erst seit seiner Filmverkörperung durch Jean Gabin, zum Symbol von Lebenswillen und ethischer Entscheidungsreife geworden. Der Straßenjunge Gavroche schließlich, eine Mischung aus Rotznase und Revolutionär, stirbt auf den Barrikaden einen Tod, der schon durch die Aufklärung des 18. Jahrhunderts herausgefordert wurde, da sie ihre Versprechungen nicht zu halten wußte: »C'est la faute à Voltaire . . ., C'est la faute à Rousseau.« Das humanistisch-romantische Pathos von *Les Misérables* verweist auf einen Zusammenhang mit frühsozialistischen Philanthropievorstellungen und gewinnt durch die Integration in einen behutsam recherchierten historischen Rahmen einen realistischen Zug. Die Kirche setzte das Werk auf den Index.

Der Hugo der *Misérables* ist der Zeitgenosse von Balzac, Dumas und George Sand. Er bleibt es auch in seinen anderen Romanen. Mit *Les travailleurs de la mer* (1866) zeichnet er den Lebenswillen eines modernen Robinson, dessen durch die See bestimmter Lebensrhythmus mit Lotis *Pêcheur d'Islande* in Verbindung gebracht werden kann. *L'homme qui rit* (1869) führt in das England des 18. Jahrhunderts, *Quatre-vingt-treize* (1874) behandelt den Zustand der Französischen Revolution im Jahre 1793. *William Shakespeare* (1864) ist eine Huldigung an das England, das ihn vor dem Zugriff Napoléons III. bewahrte. Das Ende des *Second Empire* führt Hugo nach Frankreich zurück. 1871 wird er Abgeordneter, nach dem Arrangement zwischen Thiers und Bismarck legt er sein Mandat nieder. Seine Brüsseler Wohnung wird zum Unterschlupf für verfolgte *communards*, wennschon er mit Kritik an der politischen Praxis der *Commune* nicht sparte. In *L'année terrible* (1872) behandelt er die Ereignisse mit einer Widmung an die toten *Communards*. Er kehrt nach Frankreich zurück und ruft dazu auf, im Rahmen der 3. Republik für Fortschritt und Demokratie zu kämpfen. 1876 ist er Senator, 1881 feiert das *Tout-Paris* seinen 80. Geburtstag. Hugo selber schreibt für seine Enkelkinder *(L'art d'être grand-père* 1877), gibt sich antiklerikal (*Le pape* 1878), deistisch (*Religions et religion* 1880) und vollendet die *Légende des siècles* durch eine *Nouvelle série* (1877) und eine *Dernière série* (1883). In der Edition von 1885 findet das Werk dann seine endgültige Form unter Einbezug so bekannter Gedichte wie *Dieu, La fin de Satan, Vision de Dante, Le cimétière d'Eylau,* etc. In *Le théâtre en liberté* (posthum 1886) kommt Hugo zum Theater zurück. *A la lisière d'un bois* kündigt Mallarmés *Après-midi d'un Faune* an, *La forêt mouillée* läßt Bäume, Vögel, Blumen etc. zu Wort kommen und kann in den Kontext des symbolistischen Theaters gestellt werden. In *Les quatre vents de l'esprit* äußert Hugo sich theoretisch über die satirischen, epischen, lyrischen und dramatischen Aspektes seines Werkes (1881). Sein Leben geht aus den *Choses vues* hervor. Hinzu kommen als interessante Quellentexte die Reisebeschreibungen *Alpes et Pyrénées* und *France et Belgique.*

Als Hugo 1885 starb, wurde sein Sarg, nachdem das Volk von Paris am Triumphbogen Abschied von ihm genommen hatte, ins Pantheon überführt. Er war schon zu Lebzeiten ein Mythos und blieb es auch nach seinem Tode.

Als Kaiser Wilhelm II. der Stadt Rom ein Goethedenkmal schenkte, »glaubte der Präsident der französischen Republik, diesen Vorstoß ausgleichen oder überbieten zu müssen, und entsandte nach der Ewigen Stadt einen marmornen Victor Hugo« (Vossler). In der Villa Borghese stehen sie sich noch heute gegenüber. Der Reichtum seines Werks hat auf manchen jüngeren Autor entmutigend gewirkt. Dabei mischt er prophetische Visionen mit unerwartetem Realismus nicht nur da, wo erschreibt, sondern auch da, wo er zeichnet. Seine Karikaturen, die der neuerlichen Erforschung bedürften, erinnern an Bertall und Daumier, seine *Paysages fantastiques* zeigen Schlösser, die nicht ohne Anklang an die Bauwut Ludwigs II. von Bayern sind. Im Zeitalter des Realismus und Naturalismus behauptet er die Bereiche des Fantastischen, Übersinnlichen, Symbolischen und Metaphorischen und wird so zur Klammer zwischen Romantik und Symbolismus. Die seit der *Préface de Cromwell* angestrebte Sprachbefreiung erschien ihm als ständig zu erneuernde Forderung: »Une langue ne se fixe pas.« Vielmehr ist das Zeichen- und Symbolreservoir einer Sprachgemeinschaft die Grundlage jener Denk- und Kombinationsmöglichkeiten, mit deren Hilfe sie sich der Zukunft versichern wird: »Les mots sont les passants mystérieux de l'âme.«

Nach einer Phase der Abgrenzung und Selbstdefinition werden sich viele Vertreter der nachfolgenden literarischen Bewegung zu Recht auf Victor Hugo berufen.

## 8. Philosophie und Geschichtsschreibung im Umfeld von Romantik und Positivismus

Mit Cousin, Comte, Saint-Simon, Leroux, Enfantin und ihren jeweiligen Schulen hatten sich vielfältige Strömungen im Bereich der philosophischen und sozialen Lehren herausgebildet, die nicht auf einen kurzen Hauptnenner zu bringen sind. Lamennais, Lacordaire, Montalembert u. a. stehen dabei für einen demokratischen Katholizismus, der auch den Konflikt mit dem Vatikan nicht scheute.

Montalemberts *Histoire de Sainte-Elisabeth de Hongrie* (1836) zeigt am Beispiel der Marburger Stadtheiligen die brisante Verbindung von Glaubensstärke und sozialem Engagement. Diesen Tendenzen erwuchs u. a. mit Louis Veuillot (1813–1883) ein unnachgiebiger Gegner, der – seit 1848 als Redakteur des *Univers* – seine ultramontanen Kampagnen im engen Zusammenhang mit den Diskussionen über die päpstliche Unfehlbarkeit führte. Seine *Libres-Penseurs* und die *Odeurs de Paris* sind kämpferische Schriften zur Unvereinbarkeit von Katholizismus und Demokratie. Ihre antibourgeoise Spitze gewinnen sie aus dem Vorwurf, die rationalistische Gewinnsucht habe das Glück der Lohnabhängigen zerstört, die in der Unwissenheit glücklicher gewesen seien. Dabei bleibt jedoch eine christlich begründete Egalitätsforderung erhalten. Veuillot kann in mancher Hinsicht als Vorläufer des *renouveau catholique* gelten, dem sich später Bloy, Bourget, Huysmans u. a. verbunden fühlen werden. In *Molière et Bourdaloue* (1877) vollzieht sich dann der Brückenschlag zum 17. Jahrhundert mit seinen ähnlich gearteten Diskussionen um Gassendismus, Quietismus und Jansenismus.

Eine sozialistische Konsequenz aus diesen Diskussionen zog Pierre Proudhon (1809–1865):

Sein *Mémoire sur la propriété* (1840/41) enthält die berühmt gewordene Formel: »La propriété, c'est le vol«, die entfernt an Brissot de Warville erinnert. Mit der Logik des Aufsteigers – er war Druckereiarbeiter – denkt er über die sozialen Zustände nach: *Système des contradictions économiques* (1846), *La justice dans la Révolution* (1856). Posthum erschien die *Théorie de la propriété*. Seine *Philosophie de la misère* provozierte Marx' Replik *Das Elend der Philosophie* (1847), die *Confessions d'un révolutionnaire* (1849) sind eine wichtige Hintergrundschrift für die Ereignisse von 1848. Im Unterschied zu Marx und Engels hat Proudhon eine zusammenhängende Theorie der Kunst- und Literaturkritik versucht (*Du principe de l'art et de sa desti-*

*nation sociale* 1865). Den Realismus Courbets verteidigt er gegen spätromantische Angriffe. Der Pariser Kommune verlieh seine Infragestellung des traditionellen Zentralismus revolutionären Schwung (*Du principe fédératif* 1868/1876). In moralischer Hinsicht war er ein sozialistischer Puritaner, der u. a. in George Sand die Zentralfigur des Sittenverfalls sah *(La pornocratie ou les femmes dans les temps modernes).* Von 1852–1862 lebte er im belgischen Exil.

Was die Geschichtsschreibung angeht, so hatte die romantische Kulturrevolution das allgemeine Interesse an der nationalen Vergangenheit geschärft und ein stark poetisch gefärbtes Geschichtsbild gefördert, das bald den Widerspruch der Fachleute herausforderte. Man brachte erneut den Wert des Dokumentenmaterials und seiner wissenschaftlichen Aufbereitung ins Spiel und es entstand hier und da eine Historiographie, die sowohl wissenschaftlich befriedigend als auch im Kanon der schöngeistigen Literatur akzeptabel war. Eine Reihe materieller Voraussetzungen lieferte die Basis dafür:

Hierher gehören u. a. Champollions Entzifferung der Hieroglyphen (1822), die Begründung der Numismatik durch Charles Lenormant, der Paläographie durch Natalis de Wailly. Hinzu kommen die Gründung der *Ecole des langues orientales* (1795), der *Ecole des Chartes* (1816), der *Ecole d'Athènes* (1846). Seit 1837 existiert die *Commission des monuments historiques,* schon 1833 wurde die Reihe der *Documents inédits relatifs à l'histoire de France,* das französische Gegenstück zu den *Monumenta germanica,* gegründet.

Auf einer dergestalt entwickelten Basis entstand die Geschichtsschreibung der Zeit. Jules Michelet (1798–1874), Sohn eines Druckers, wurde Professor am *Collège de France* und – bis zur Amtsenthebung 1851 – Leiter der historischen Abteilung des Nationalarchivs.

An Vico, Herder und Vergil geschult, schrieb er u. a. *Histoire romaine* (1831), *Histoire de la France au moyen âge* (1833/1844), *La Révolution française* (1847/1853), *Histoire de France des XVIe, XVIIe et XVIIIe siècles* (1855/1867) und ein landeskundliches *Tableau de la France* (1833). Im Unterschied zu vielen Kollegen war Michelet auch naturhistorisch interessiert: *L'oiseau* (1856), *L'insecte* (1857), *La mer* (1861), *La montagne* (1867). Hinzu kommen philosophische Essays (*Le peuple* 1846; *La bible de l'humanité* 1864) und poetisch-erotische Meditationen über die Frau, die Liebe, die Psychologie: *L'amour* (1858), *La femme* (1859), *La sorcière* (1862). Michelet konnte in reflektierter Weise parteilich sein und sah die Aufgabe der Geschichtsschreibung u. a. in der Entmythologisierung: »La raillerie des faux dieux est le premier devoir de l'historien.« Der Krieg 1870/71 erschütterte ihn. Die letzten Jahre seines Lebens widmet er unter dem Eindruck dieser Ereignisse einer *Histoire du XIXe siècle.* Sie endet mit Waterloo ... Jacob Burckhardt verdankt Michelet seine berühmte Formel zur Charakteristik der Renaissance: *La découverte du monde et de l'homme – Die Entdeckung der Welt und des Menschen.*

Augustin Thierry (1795–1856) erklärte die Geschichte aus dem jeweiligen Verhältnis erobernder und besiegter Rassen und ihrer verschiedenen Mischungsgrade. Als Beispiel wählt er das Entstehen der britischen Nation aus der Vermischung von Normannen und Sachsen (*Conquête de l'Angleterre par les Normands* 1825), ohne daß es freilich zu elitär-rassenbiologischen Begründungen von der Art käme, wie sie später von Gobineau (1816–1882; *Essai sur l'inégalité des races humaines* 1853/1855) vertreten wurden. Thierrys *Récits des temps mérovingiens* (1840) variieren dieses Grundthema. Nach 1830 wurde der Autor Minister. Sein *Essai sur l'histoire de là formation et des progrès du tiers état* (1850) zeigt ein großes institutionsgeschichtliches Interesse und nähert sich in der Wertung der *Etats généraux* den Ergebnissen der modernen Verfassungsgeschichte. In der Nähe Walter Scotts siedelte sich Prosper de Barante (1782–1866) an. Seine vielbändige *Histoire des ducs de Bourgogne* atmet den Geist *Quentin Durwards,* ist jedoch eine Fundgrube von Stoffen, Problemstellungen und Motivationen, die besonders im Zusammenhang mit der Entstehung Belgiens im Jahre 1830 – als eines burgundischen Nachfolgestaates – von Interesse sind. François Guizot (1787–1874) verband den Blick auf England (*Histoire de la Révolution d'Angleterre* 1826/27) mit der Aufarbeitung des Fortschrittsdenkens des 18. Jahrhunderts und verknüpfte es im *Cours d'histoire moderne* (1828/1830) mit dem sozialen Aufstieg der Mittelschicht. Mit der *Histoire de la civilisation en Europe* (1828/1860) schrieb er ein frühes Beispiel wissenschaftlicher Kulturgeschichte. Adolphe Thiers (1797–1877), Jurist, Staatsmann und 1871 erster Präsident der 3. Republik, schrieb eine *Histoire de la Révolution* (1822/1827) und *Du Consulat à l'Empire* (1840/1855). Wie Hugo schmiedete er am Napoléon-Mythos, seine *Discours parlementaires* sind aufschlußreiche Geschichtsquellen. Thiers Freund François Mignet (1796–1884) widmete sich ebenfalls der *Histoire de la Révolution française* (1824). Henri Martin (1810–1883) schließlich arbeitete jahrzehntelang an seiner *Histoire de France* (1833–1854). Edgar Quinet (1803–1875), Freund Michelets und von Herder beeinflußt, bemühte sich um geschichtstheoretische Grundlegungen. Sein Laizismus brachte ihn in Konflikt mit Guizot, 1848 gehört er zur extremen Linken. Sein *Ahasuérus* (1833) ist ein metaphysisches Epos, in Versen folgen *Napoléon* (1833) und *Prométhée* (1838). Sein *Génie des religions* (1842) ist als Replik auf Chateaubriands *Génie du Christianisme* gedacht. Ferner schrieb er über *Les Révolutions d'Italie* (1848/1852) und die Französische *Révolution* (1865). Louis Blanc (1812 bis 1882) war Schüler Saint-Simons und Herausgeber der *Revue du progrès* (1839). In *De l'organisation du travail* (1840) zeigt er sozialistische Tendenzen, seine *Histoire de dix ans* (1844) behandelt die Regierungszeit von Louis-Philippe. Aléxis de Tocqueville (1805–1859), Außenminister der 2. Republik, sah die Revolution von 1789 als notwendige Folge der politischen Entwicklung des *ancien régime* an und vermittelte den Franzosen in *La démocratie en Amérique* (1835/1840) den ersten politikwissenschaftlich fundierten Einblick in das Funktionieren einer Demokratie angelsächsischen Typs. Dabei bringt er, namentlich im Hinblick auf das Demokratieverständnis der Vereinigten Staaten, die Strukturen des politischen Lebens in enge Verbindung mit der Landesgeographie, was ihn hier und da in die Nähe vorgängiger Klimatheorien führt. Föderalismus, soziale Zielsetzung des Gemeinwesens, Beherrschung egalitärer Umgangsformen, Demokratie als ›Technik‹ werden kenntnisreich beschrieben. Tocqueville kannte Amerika aus eigener Anschauung. Sein Werk wurde auch von den Amerikanern als gültig anerkannt. Tocquevilles unterkühlter Stil erinnert an Montesquieus *Esprit des lois.*

Auf den dergestalt gesicherten Grundlagen vollzogen sich vielfältige Entwicklungen in Philosophie und Historiographie.

Fustel de Coulanges (1830–1889) schrieb eine Dissertation über Polybius (1858), wurde Professor in Straßburg, an der Ecole Normale, an der Sorbonne. Seine Forderungen nach strikter Dokumentenbindung der Geschichtswissenschaft erinnert z. T. an die theoretischen Fundierungen des Realismus und des Naturalismus. Voreilige Parteilichkeit hält er für unwissenschaftlich: »Le patriotisme est une vertu, l'histoire est une science, il ne faut pas les confondre.« In *La cité antique* (1864) erhellt er die religiösen Fundamente antiker Hochkulturen. In der *Histoire des institutions de l'ancienne France* (1875/1891) erklärt er das *ancien régime* aus den Wurzeln Rom, Völkerwanderung, fränkische Monarchie.

Ernest Renan (1823–1892) aus dem bretonischen Tréguier sollte Priester werden und wurde Professor für Hebräisch am Collège de France. In *Averroès* (1852) zeigt er sich skeptisch, nach einer Palästinareise (1861) erwärmt er sich für Religionsgeschichte. Seine *Vie de Jésus* (1863) beurteilte Engels als »schauerlich flach«, wennschon das Werk das frühsozialistische Interesse am Urchristentum durchaus gefördert hat. Es folgen die *Histoire des origines du christianisme* (1863/1881) und die *Histoire du peuple d'Israel* (1887/1893). Von biographischem Interesse sind die *Cahiers de jeunesse.* Bekannt wurde das enthusiastische Werk *L'Avenir de la science* (geschrieben 1848, gedruckt 1890), in dem die latente Gefahr sichtbar wird, daß dem *l'art-pour-l'art*-Prinzip in der Kunst ein wissenschaftliches Prinzip zur Seite gestellt wird, das man als *la-science-pour-la-science* bezeichnen könnte. Das naturalistische Glaubensbekenntnis dieser Schrift lautet, daß man eine Poesie fordern müsse »qui sera la réalité même, qui sera à la fois science et philosophie«. Später ging Renan den Weg in einen allgemeinen positivistisch geprägten Kulturpessimismus. Seine *Histoire générale et système comparé des Langues sémi-*

*tiques* (1855) und der *Essai sur l'Origine du langage* (1858) gehören zu den grundlegenden Leistungen der französischen Sprachwissenschaft des 19. Jahrhunderts. Renan macht hier u. a. die folgenschwere Unterscheidung zwischen Ariern und Semiten, die ihn in die rassenbiologischen Begründungen führt, deren Folgen sich später nicht nur in der französischen Rechten zeigen sollten. Renans *Dialogues philosophiques (Certitudes, Probabilités, Rêves)* weisen den Weg in den schöngeistigen Dilettantismus (1876), der offenbar aus der positivistischen Sackgasse heraushelfen soll. Ähnliches gilt für die philosophischen Dramen (*Caliban, L'eau de jouvence* etc.). Seit 1878 Mitglied der *Académie* beschreibt Renan seine *Souvenirs d'enfance et de jeunesse* mit einem starken künstlerischen Zug und einer besonderen Hochachtung vor den Leistungen antiker Hochkulturen (vgl. *Prière sur l'Acropole*). Sein Nachruf auf George Sand zeigt Renan als kritischen Leser, der sich der sozialen Bedingtheiten des Kunstwerks – nach Mme de Staël und ihren Nachfolgern – zu jedem Augenblick bewußt ist.

Hippolyte Taine (1828–1893) war ein »poète-logicien« (Lemaître), dem man gern eine unbewältigte Comte-, Hegel- und Mill-Rezeption nachsagt. Ein »homme de lettres« wurde er »par accident« (Carloni-Filloux), da er nach dem Scheitern seiner Philosophie-Agregation in den Jahren 1850/1852 den Weg in die Literaturkritik suchte. Sein *Essai sur les fables de La Fontaine* (1853) wurde zum Ausgangspunkt des bekannten Werks *La Fontaine et ses Fables* (1860). Dieses Musterbeispiel positivistischer Literaturkritik, das Karl Voßler zu seiner Replik *La Fontaine und sein Fabelwerk* veranlaßte, bleibt eine Fundgrube lesenswerter Einzelanalysen La Fontainescher Fabeln. Taine produziert ununterbrochen: *Voyage aux eaux des Pyrénées* (1855), *Essai sur Tite-Live, Les philosophes français du XIXe siècle* (gegen Cousin und seine Schule), *Essais de critique et d'histoire* (1858, 1865, 1894) mit grundlegenden Synthesen zu Balzac, Shakespeare, Goethe u. a. Die oft vereinfacht dargestellte Theorie von *race, milieu* und *moment* ist klar formuliert im Vorwort der *Histoire de la littérature anglaise* (5 Bände 1863). Sie entstand aus dem Bedürfnis, den Geisteswissenschaften zu einer Methodengrundlage zu verhelfen, die mit dem Objektivitätsanspruch der zeitgenössischen Naturwissenschaften konkurrieren konnte. In der *Philosophie de l'Art* (1867/1869) wird dieser Ansatz allgemein auf die menschliche Kulturfähigkeit angewendet im Sinne einer Botanik des Menschen, der Gesellschaft und der Kultur: »Le vice et la vertu sont des produits comme le sucre et le vitriol.« Die Determinismen von *race, milieu* und *moment* werden gemildert durch die *faculté maîtresse*, die Hegels »wesentlicher Eigenschaft« vergleichbar ist. So erklärt Taine z. B. La Fontaines *Fables* aus der *faculté maîtresse* der *imagination poétique*, die die Gegebenheiten von *race* (die gallische Herkunft), *milieu* (die Champagne) und *moment* (das Frankreich Ludwigs XIV.) durchdringt. Dabei ist Taines *Race*-Begriff nicht frei von rassenbiologischer Arroganz, z. B. bei den Begründungen für die Blüte der niederländischen Malerei oder die allgemeine ›Literaturlosigkeit‹ der Belgier. Die elitären Übersteigerungen Gobineaus (1814–1882; *Essai sur l'inégalité des races humaines* 1853/1855) hat Taine allerdings vermieden. In *De l'intelligence* (1870) liefert er die erkenntnistheoretischen Begründungen seines Systems und legt zugleich ungewollt seine Widersprüche offen. Er war ein Kenner Italiens (*Voyage en Italie* 1866) und Deutschlands, das er wegen des Kriegsausbruchs 1870 vorzeitig verlassen muß. Er schreibt ein demokratiekritisches *Suffrage universel* (1871) und beginnt die monumentalen *Origines de la France contemporaine* (1876/1894). Seine *Correspondance* ist umfang- und ideenreich. In *La vie parisienne* finden sich seine journalistischen Beiträge, die in den *Notes sur Paris* unter dem Pseudonym Thomas Graindorge zusammengefaßt werden.

So stehen spätestens seit Comtes *Cours de philosophie positive* die philosophischen und wissenschaftstheoretischen Diskussionen der Zeit auf der Grundlage eines fortschrittsgläubigen Positivismus, der sich jedoch unter dem Eindruck nachhaltiger Enttäuschungen – Scheitern der Republik 1850/1852, Krieg 1870/71 – zusehends pessimistisch färbt. Der bedeutsamste Grundgedanke bleibt dabei, daß man naturwissenschaftliche Paradigmen auf die kulturellen und künstlerischen Hervorbringungen übertrug. Littré definiert im *Dictionnaire de médecine*: »L'Homme: animal mammifère de l'ordre des primates, famille des bimanes.«

Es ist eine große Zeit des Glaubens an die Klassifizierbarkeit menschlichen Wissens, eine große Zeit der Lexikographie. Littré gibt nach *De la philosophie positive* (1845) seine *Histoire de la langue française* (1862) und sein *Dictionnaire de la langue française* (1863/1872). 1852 wird das Verlagshaus Larousse mit dem Wahlspruch »Je sème à tout vent« gegründet. Auf Darwin, dessen Lehre seit 1859 bekannt ist, bauen auf Claude Bernard (*Introduction à l'étude de la médecine expérimentale* 1865) und Prosper Lucas (*Traité de l'hérédité naturelle* 1847/1850). Sie legen die Grundlagen für Realismus und Naturalismus. Für die Fortschritte der Philologie stehen die Gründungen der Zeitschrift *Romania* (1876) und der *Revue de Philologie* (1877). Ernest Lavisse gibt seine *Histoire générale*, Petit de Julleville seine *Histoire de la littérature française* (1896/1900). Gaston Paris betreibt seine mediävistischen Forschungen, Brunetière verdammt Zola (*Le roman naturaliste* 1883) und schreibt sein *Manuel* (1898) der französischen Literatur. Gleichzeitig wirken Francisque Sarcey (1827–1899) und Emile Faguet (1847–1916) und daß Kritik die »art de jouir des livres« sei, ist das impressionistische Bekenntnis von Jules Lemaître (1853–1914) gewesen (*Les contemporains*, *Impressions de théâtre* 1885/1899). In Letourneaus *Physiologie des passions* (1868) ist die Psychologie eine reine Naturwissenschaft.

Vor diesem hier nur angedeuteten Hintergrund wissenschaftlichen Schrifttums vollziehen sich die literarischen Bewegungen der folgenden Jahrzehnte.

## 9. Le vide et le noir et le nu: Charles Baudelaire

»Baudelaires *Fleurs du Mal* sind wohl nach Petrarcas *Canzoniere* und Shakespeares *Sonetten* das bedeutendste Buch der jüngeren Vergangenheit europäischer Dichtung« (Mönch). Nach Victor Hugo hat Baudelaire einen »frisson nouveau« in die französische Lyrik gebracht:

Charles Baudelaire (1821–1867), gebürtiger Pariser, verwand nie die zweite Ehe seiner Mutter mit dem ungeliebten General Aupick. Er besuchte das Lycée Louis-le-Grand, studierte in Lyon, fuhr nach La Réunion. Als Dandy lehnte er geregelte Arbeit ab. Er wollte kein »homme utile« werden. Das ererbte Vermögen verschleuderte er, bis man ihn unter Vormundschaft stellte. Seit 1841 schrieb er Gedichte, Kritiken, journalistische Beiträge. Er verbindet sich mit Jeanne Duval, schwärmt für die tugendsame Mme Sabatier. Seine Teilnahme an der Revolution von 1848 ist enthusiastisch und wenig dauerhaft. Er kleidet sich als vornehmer Dandy, lebt das Leben eines Bohémien, der seine Absage an das ›Volk‹ als »supériorité aristocratique« versteht. Nach einer von Mißverständnissen überschatteten Belgienreise, bei der er u. a. Jules van Praet besuchte, starb er 1867 an den Folgen eines Schlaganfalls in Duvals Klinik in der Rue du Dôme.

Zur wichtigsten ästhetischen Erfahrung wurde Baudelaire die literarische Begegnung mit Edgar A. Poe, dessen Erzählungen er ins Französische übertrug (*Histoires extraordinaires* 1852/1855) und literaturkritisch vertiefte (*Notes nouvelles sur E. Poe* 1857). Hier fand er jene Verbindung von Formvollendung und blasiertem Nervenkitzel, die auch weite Teile seines eigenen Werks charakterisiert.

In *Mon cœur mis à nu*, das posthum erschien, schreibt Baudelaire: »Il y a dans tout homme, à toute heure, deux postulations simultanées, l'une vers Dieu, l'autre vers Satan.« Diese durch einen *gouffre* pascalschen Ausmaßes getrennten Extreme verdichtet er in den Begriffen von *Spleen* und *Ideal*. Dabei schult er seine Ausdrucks- und Empfindungsfähigkeit zunächst als Kunstkritiker. Seine *Salons* von 1845, 1846 und 1859 sowie die Notizen zur *Exposition universelle de 1855* machen ihn zum zweiten bedeutenden literarisch orientierten Kunstkritiker nach Diderot. Er schreibt über Constantin Guys als *Peintre de la vie moderne*, würdigt Delacroix. Später zählt er ihn zusammen mit Rubens, Da Vinci, Rembrandt, Michelangelo, Puget, Watteau und Goya zu den *Phares*, die die Nacht der menschlichen Kunstbemühungen erhellen. In den *Curiosités esthétiques* (posthum zusammengefaßt, 1868) entwickelt er einen unorthodoxen Modernitäts-Begriff mit einer klaren Absage an den Realismus und einer deutlichen Tendenz zur Aufwertung von Imagination und Einbildungskraft. 1857 erscheinen die *Fleurs du Mal*. Wie *Madame Bovary* fordern sie einen Immoralismusprozeß heraus. Der Autor wird zu einer Geldstrafe verurteilt und muß einige Stücke durch Überdruck unlesbar machen lassen. Sie erscheinen später unter dem Titel *Epaves* in Brüssel. In der zweiten Ausgabe (1862) werden die *Fleurs du Mal* um 35 Stücke erweitert.

Baudelaire arbeitete seit 1840 an dieser Sammlung und beabsichtigte zunächst einen Titel wie *Les lesbiennes* oder *Les limbes.* In der Endfassung der *Œuvres Complètes* (Herausgeber Asselineau/Banville, 1868/1870) gliedern sich die *Fleurs du Mal* in folgende Sektionen: *Au lecteur, Spleen et Idéal* (87 Gedichte), *Tableaux parisiens* (18 Gedichte), *Le vin* (5 Gedichte), *Les Fleurs du Mal* (12 Gedichte), *Révolte* (3 Gedichte), *La mort* (6 Gedichte). Die beherrschenden Themen sind der unbewältigte Spleen, Isolations- und Kastrationskomplexe, Zeitklage, Auflehnung gegen Zeitbindung und Tod. Die Schönheit ist ein unerreichbares und unmenschlich kaltes Ziel, nach dem der Künstler sich verzehrt. Die Mittel der Evasion – Rausch, Erotik, Alkohol, Halluzinogene, Reise, Exotismus, etc. – sind wie Pascals *puissances trompeuses* trügerisch, selbst der Tod, »qui, comme un élixir, nous monte et nous enivre«, kann Befreiung nur außerhalb der Welt bedeuten: *Any where out of the world* heißt eines von Baudelaires *Poèmes en prose.* Der Begriff des *Spleen,* den Diderot 1760 ins Französische eingeführt hatte, ist bei Baudelaire keine ›typisch‹ englische Attitüde mehr, sondern bedeutet eine pervertierte Empfinfindung von außerordentlicher Intensität im Sinne des dekadentistischen *Ennui.* So besteht die im Nachhinein als wegweisend erkannte Ästhetik der *Fleurs du Mal* denn auch in dem bewußten Versuch, durch die künstlerische Überhöhung des Häßlichen, Abstoßenden, Obszönen tabuisierte Themen- und Motivbereiche zu erobern. Ein sadistischer Zug charakterisiert diesen *esprit du mal,* den Baudelaire damit umschrieb, daß nichts ihn zwingen könne »de confondre l'encre avec la vertu«. Dabei wird auch die Selbsterniedrigung, z. B. in der Sexualität, masochistisch ausgekostet. Das Dekor läßt hier und da auf den schmerzlich erlebten aber irreparablen Verlust des Glaubens schließen. Jeder idealistische Aufschwung endet in der pervertierten Einsamkeit des Spleen. Leidensfähigkeit und Empfindung werden durch Synästhesien und sensitive Interpenetration gesteigert: »Les parfums, les couleurs et les sons se répondent« heißt es in *Les Correspondances,* womit jene »ténébreuse et profonde unité« der Sinneserfahrung umschrieben wird, die im Symbolismus zu den unentbehrlichen Voraussetzungen gehört. Das satanische Prinzip hält die Geschichte in Bewegung, nicht Abel, sondern Kain *(Abel et Caïn).* In einem schon auf Bergsons *Le rire* verweisenden Essay über *L'essence du rire* behauptet Baudelaire, daß selbst das menschliche Lachen satanisch sei. Nicht Gott, sondern der Teufel wird in *Les litanies de Satan* als Tröster angerufen. Die Frau, jahrhundertelang Ziel lyrischer Verherrlichung, wird in diesem Universum zur lebensbedrohenden Verkörperung von Frigidität und Unfruchtbarkeit *(Sed non satiata, Métamorphoses du vampire),* ja, sie gewinnt ihre Attraktivität aus der Nähe zu Schmerz und Trauer *(A une passante).* Schwarz-romantische Elemente gehen einen perversen Flirt mit der systematisch gepflegten Häßlichkeit ein *(La charogne, Danse maca-*

*bre).* Wie *Idéal* und *Invitation au voyage* zeigen auch *La vie antérieure, La prière d'un payen* traumhafte Urerinnerungen, die jedoch unerreichbar bleiben. Sicher ist nur die Vergänglichkeit: »O douleur, o douleur! Le temps mange la vie« *(L'ennemi).* In der Hoffnung, die Zeitlichkeit im Kunstwerk überwinden zu können *(Hymne à la beauté),* nähert Baudelaire sich dem *l'art-pour-l'art*-Ideal. Er gießt die Zerrissenheit seiner Themen in vollendete Formen, schreibt geschliffene Sonette, ausgefeilte Alexandriner. Seine Bewunderung für Malherbe ist keine skurrile Bohémien-Attitüde. »Baudelaire, quoique romantique d'origine ... peut quelquefois faire figure d'un classique« (Valéry). Aber er ist zu sinnlich, um die *impassibilité* der Parnassiens erfolgreich anzustreben. Sein *Albatros* leidet im Exil des Alltagslebens, wo der *Albatros* von Leconte de Lisle seine unbeirrten Bahnen zieht. *Les Chats* wurden im 20. Jahrhundert Ausgangspunkt einer methodologisch grundlegenden Interpretation von Claude Lévi-Strauss und Roman Jakobson. Stefan George übertrug die *Fleurs du Mal* ins Deutsche.

Der Künstler Baudelaire war auch ein Kritiker. Er analysiert die Romantik als »fils du Nord« *(L'art romantique)* und macht als erster Wagners Anliegen vom Gesamtkunstwerk in Frankreich bekannt *(Richard Wagner et Tannhäuser).* George Sand verfolgt er mit der Konsequenz des Frauenhassers als »créature imbécile« *(Mon cœur mis à nu).* In den *Paradis artificiels* (1860) verknüpft er die Problematiken von Drogengenuß und künstlerischer Kreativität unter Rückgriff auf Quinceys *Confessions of an english opium-eater.* Dieses »tableau de voluptés artificielles« legt den Vergleich mit Cocteaus *Opium – Journal d'une désintoxication* nahe. Deutlich arbeitet Baudelaire die Lähmung der Willensfreiheit durch die Droge bei gleichzeitiger Erkenntnis des Tuns- und Vollbringenswerten heraus. Der Ichbezug des Süchtigen, der meint, der Gesellschaft nicht mehr zu bedürfen, übersteigt pathologisch das komplexierte Gehabe des *maudit,* des *dandy* oder auch des als solches sich fühlenden einsamen Genies. 1864 unternimmt Baudelaire eine Belgienreise. Sie bringt gewollte Mißverständnisse, Krankheit und die kunsthistorisch bedeutsame Entdeckung des belgischen Barock.

Als thematisch verwandtes Gegenstück zu den *Fleurs du Mal* war der *Spleen de Paris* mit dem Untertitel *Petits poèmes en prose* (posthum 1869) gedacht.

Aufbauend auf der stilistischen und formalen Rezeption von Aloysius Bertrands *Gaspard de la nuit* und Maurice de Guérins *Centaure* realisiert Baudelaire im *Spleen* eine ›Prosapoesie‹, die schon in ihrer eigenen Bezeichnung oxymorontisch wirkt. Im *Salon* von 1859 spricht Baudelaire von einer Malerei, die »dangereuse comme la poésie en prose« sei, womit er auf die Einmaligkeit seines Unternehmens hindeutet: »d'appliquer à la description de la vie moderne, ou plutôt d'*une* vie moderne ..., le procédé qu'il (gemeint ist Bertrand) avait appliqué à la peinture de la vie ancienne ...« Ursprünglich dachte er an den Titel *Le promeneur solitaire* oder *Le rôdeur parisien.* Offenbar sah er sich in der Nachfolge von Rousseaus *Rêveries.* Der *Rôdeur* läßt an Apollinaires späteren *Flâneur des deux rives* denken. Absicht Baudelaires ist, die Großstadt – die »villes énormes« – der lyrischen Behandlung fähig zu machen als Hexenkessel, sozialer Brennpunkt, Kristallisation von Atomisierung, Vereinsamung, als Bühne des Elends, der Perversion, der Gegensätze, der Verwahrlosung, der käuflichen Liebe. Baudelaires Paris hat etwas von Verhaerens *Ville tentaculaire.* Es ist zugleich höchste Verwirklichung des Weltgeistes und »hôpital, lupanar, purgatoire, enfer, bagne«, ein Vergleich mit Balzacs Paris der gesellschaftlichen Dschungelkämpfe drängt sich auf. Vereinsamung, Vermassung, »Multitude, solitude: termes égaux et convertibles...« – Die *Petits poèmes en prose* enthalten einige der bekanntesten Texte von Baudelaire überhaupt. *L'étranger* inspiriert die Schlußszenen von Camus' gleichnamigem Roman. Mit Stücken der *Fleurs du Mal* gibt es mehrere thematische Analogien: *Un hémisphère dans une chevelure, L'invitation au voyage, Le crépuscule du soir,* etc.

Banville sah in Baudelaire den Dichter des modernen Menschen »avec ses défaillances, avec sa grâce maladive, avec ses agitations impuissantes«. Er ist zugleich der Dichter der modernen Stadt und der modernen Kunst. Er gefiel sich in der Rolle des Ausgestoßenen. Ob dieser narzißhafte Selbstbezug nur um den Preis des sozialen Klassenverrats ermöglicht wurde – so u. a. die These Walter Benjamins – sei dahingestellt. Im Erlebnis der eigenen psychischen Entgleisungsfähigkeit kann Baudelaire jedenfalls leidensfähiger und mitleidensfähiger erscheinen als mancher ›engagierte‹ Autor. Sein Werk erlaubt einen Blick in die Zerrissenheiten einer Zeit, die trotz technischer und wissenschaftlicher Fortschritte, politischer Grabenkämpfe und Revolutionen noch nicht eines ihrer Probleme wirklich gelöst hatte.

## 10. Der Parnaß

In der zeitlichen Umgebung Baudelaires und nach ihm vollzog sich die Fortentwicklung der Lyrik von der *facilité* der Romantik zu formbewußteren und komplizierteren Techniken. Die Poesie sollte – und da liegt der Ursprung des Schulnamens der *parnassiens* – wieder auf den Musenberg zurückgeholt werden. »L'Art«, so meinte Verlaine, »n'est pas d'éparpiller son âme«, und er fragt: »Est-elle en marbre ou non, la Vénus de Milo?« Aufbauend auf Gautiers *l'art-pour-l'art*-Überlegungen tritt so 1866 die *école parnassienne* mit der Sammelveröffentlichung *Le Parnasse contemporain* (2. Band 1871; 3. Band 1876) hervor. Die hier enthaltenen Namen stehen für die Lyrik der Epoche:

Baudelaire, Banville, Gautier, Leconte de Lisle, Coppée, Dierx, Sully-Prudhomme, Ménard, Mendès, Hérédia, Verlaine, Mallarmée, etc. Unbestrittener Anführer der Gruppe war lange Zeit der auf La Réunion gebürtige Kolonialfranzose Charles-Marie Leconte de Lisle (1818 bis 1894), Nachfolger Hugos in der *Académie française.* Er bringt die Kenntnis exotischer Natur- und Lebensbedingungen – auch Indiens und der Sunda-Inseln – mit zum Jurastudium nach Rennes, kommt nach Paris, wird Anhänger Fouriers, Gegner Napoléons III. Er schreibt in *La Phalange,* gibt in *Niobé* ein hellenistisch verkleidetes humanistisches Glaubensbekenntnis ab. In diesem Hellenismus, der durch die Bekanntschaft mit Louis Ménard (*Rêveries d'un païen mystique* 1876) bestärkt wurde, verschwimmen bald griechisch-römische, arabische, hinduistische, vorderasiatische Elemente, die sich später noch durch das eifrige Studium nordischer Mythologie und Literatur anreicherten.

*Les poèmes antiques* (1852/1874) zeigen Kenntnisse der Veda, der indischen Epen und Mythen, die Leconte z. T. den orientalistischen Forschungen Eugène Burnoufs (1801–1852) verdankt. Ein Strom exotischen Gedankengutes findet hier Eingang in die französische Literatur und bereitet den Weg für Loti, René Ghil, aber auch für Malraux u. a. Die griechisch-römische Antike wird thematisch ausgeschlachtet: Anakreon, Horaz, Theokrit. *Hélène* behandelt den trojanischen Krieg, der vor dem Hintergrund der Ausgrabungen Schliemanns (1870/1882) eine neue Aktualität gewann. Die *Odes anacréontiques* weisen zudem in die französische Renaissance zurück.

In den *Poèmes barbares* (1862/1878) begeistert sich Leconte für primitives Heldentum. Indien, Griechenland, Ägypten, Skandinavien, Persien, die Bretagne, das spanische Mittelalter bilden den Rahmen barbarischer, teils auch ›übermenschlicher‹ Vollbringungen. *Le soir d'une bataille, L'épée d'Argantyr, Le cœur d'Hjalmar* zeigen dabei erneut die Rolle des Autors als Vermittler nordischer Stoffe und Themen. Andere Gedichte führen in tropische Urwälder, aufs Malaiische Archipel. Exotische Fauna und Flora beleben diese Poesie: Entdeckerfreude, Formvollendung, physische *inactivité,* Treibhausklima. In Des Esseintes Gewächsgarten wird man einiges davon wiederfinden.

In den *Poèmes tragiques* (1884) verbindet sich dieser Exotismus noch stark mit zeitlicher Entrückung und antichristlichen Thematiken, die auf die Einwirkung des Laizismus der 3. Republik hindeuten. Die *Poèmes* leben aus dem Klischee vom ›finsteren‹ Mittelalter und propagieren des Autors Sympathie für indische Reinigungs- und Entrückungskulte. Am Ende steht die leere Idealität, das Nirwana.

Ein *Poème tragique* ist auch das Äschylus nachgestaltete Drama *Les Erynnies.* 1895 erschienen posthum Lecontes *Derniers poèmes.* Im Unterschied zu Baudelaire oder den Romantikern enthalten die Werke von Leconte wenig Information über den Autor und seine Zeit. Das entspricht dem Grundansatz des *L'art-pour-l'art* und der z. B. von Flaubert geforderten *impassibilité.*

Das Werk soll sich selbst genügen, aus eigener Kraft wirken, einem objektiven, ja wissenschaftlichen Anspruch entgegenkommen. Aber es ist keineswegs nur »gegenwartsflüchtige Gedankendichtung« (Engler), sondern propagiert ein beachtenswertes archäologisches, historisches und mythologisches Wissen, ähnlich wie Flauberts *Salammbô.* Es bezeugt die Nähe des Parnaß zum Realismus.

Auf der Linie von Leconte de Lisle bewegen sich die Vertreter der parnassischen Schule mehr oder weniger frei. Eine Reihe ephemerer Zeitschriften – z. B. *La revue du progrès* von Louis-Xavier de Ricard und *L'Art* (1865/66), wo Leconte selber oft schrieb – reflektieren die Bewegung. Zu ihren Sympathisanten gehören u. a. Albert Mérat, André Lemoyne, Léon Valade, Armand Silvestre, etc., sowie die regionalistisch orientierten Lyriker Gabriel Vicaire, François Fabié, Jean Aicard u. a. Victor de Laprade (1812–1883) gehörte wegen seines formalen Credos zum Parnaß, von dem er sich durch seine christlichen Themen (*Psyché* 1842; *Poèmes évangéliques* 1852) unterschied. Mit Théodore de Banville (1832–1891) erfolgt die Wiederentdeckung traditioneller Lyrikformen – Dizain, Sonett, Rondeau, Ode – und eine theoretische Definition des Parnaß im *Petit traité de poésie française* (1872). Seine *Stalactites* (1846), *Odelettes* (1857), *Odes funambulesques* (1869) sind virtuos gestaltete Bände mit oft ironischem Unterton, die *Trente-six ballades joyeuses* (1873) und die *Rondels* (1875) zeigen ihn im Dialog mit Villon und Charles d'Orléans. Mit der Komödie *Gringoire* (1866) führt er in das Frankreich von Ludwig XI. und *Notre-Dame de Paris.* Mit der *Histoire du romantisme* (1874) zeigt er sich als belesener Kritiker. Léon Dierx (1838–1912) stammte wie Leconte de Lisle von La Réunion. Seine *Aspirations poétiques* (1858) und die *Poèmes et poésies* zeigen ihn auf der Linie des *l'art-pour-l'art,* ebenso die *Lèvres closes* (1867). Mit *Les amants* gewann er die Anerkennung Verlaines. Nach Mallarmés Tode wurde er 1908 zum *Prince des poètes* gewählt. Sully-Prudhomme (1839–1907) arbeitete bei Schneider-Creuzot, bevor er Philosophie studierte. In *Stances et poèmes* (1865), *Les solitudes* (1869), *La révolte des fleurs* (1874) tendiert er zur *poésie scientifique. La justice* (1878) und *Le bonheur* (1888) sind philosophische Dichtungen humanistischen Inhalts, Baudelaires Titel *Les épaves* ziert auch seine posthum erschienenen Dichtungen (1908). Als parnassischer Theoretiker betätigte er sich ähnlich wie Banville und schrieb seine *Réflexions sur l'art des vers* (1892). Sein *Journal intime* (posthum 1922) erlaubt einen Blick in die Empfindungswelt des Parnaß und die literarischen Querverbindungen der Zeit, auch in die resignativen Tendenzen, die hier und da zu baudelaireschen Tönen führen. Demgegenüber verbindet Catulle Mendès (1841–1909), der Schwiegersohn Gautiers, parnassische Lyrik (*Hesperus* 1869; *La légende du parnasse contemporain* 1884) mit freizügiger Romanschriftstellerei (*Le roi vierge* 1881; *Folies amoureuses* 1883) und symbolistischem Theater (*Médée* 1898; *La vierge d'Avila* 1906). Seit 1861 leitet er die *Revue fantaisiste,* in der die Parnassier und die frühen Symbolisten zu Wort kamen.

François Coppée (1842–1908) war Archivar der *Comédie française* und antisemitischer Parteigänger von Barrès in der Dreyfus-Affäre. Mit *Le reliquaire* (1866) und den *Intimités* (1868) folgt er dem Parnass, später nähert er sich den Themen des naturalistischen Romans mit *La grêve des forgerons* (1869), *Les humbles* (1872). Damit handelt er sich den Tadel der Symbolisten ein und durchbricht den Hermetismus der parnassischen Schule. Als *promeneur sensible* beobachtet er die kleinen Leute, ohne in die romantisierende Perspektive der *Misérables* zu verfallen. In diesem Versuch einer Verbindung von parnassischem Erbe mit ›Volksnähe‹ werden Pierre Louÿs und Albert Samain ihm folgen. Demgegenüber verblassen Coppées historische Dramen (*Madame de Maintenon* 1881) und seine Romane (u. a. *Une idylle pendant le siège* 1875). Wie Dierx, Leconte – und der in Montevideo gebürtige Lautréamont – war auch José-María de Hérédia (1842 bis 1905) ein Kolonialfranzose. Sohn eines Spaniers und einer Französin war er auf Cuba geboren, studierte an der *Ecole des Chartes,* begeisterte sich als Lyriker für den Exotismus und das mittelalterliche Spanien. In *Les trophées* (geschrieben 1865/1892, gedruckt 1893) vertritt er eine *poésie pure,* die – und das erklärt auch die Titelwahl – dem Vergessen entrissen werden soll.

118 kunstvoll ausgefeilte Sonette behandeln die Themenbereiche *La Grèce et la Sicile, Rome et les Barbares, Le moyen âge et la Renaissance, L'Orient et les Tropiques, La Nature et le Rêve.* So entsteht eine entrümpelte *Légende des siècles,* innerhalb derer die 12 der Bretagne gewidmeten Sonette eine besondere thematische Einheit bilden. Formal fallen u. a. die Bildgedichte *(Médailles)* auf sowie die Versuche zur Wiederbelebung der Terzine.

Als Hérédia 1894 in die *Académie française* aufgenommen wurde, war sein parnassisches Glaubensbekenntnis ungebrochen: »La vraie poésie est dans la nature et dans l'humanité éternelles, et non dans le cœur de l'homme d'un jour ...« – Dabei wurden die *Trophées* auch von den Symbolisten anerkannt. Henri de Régnier, der Hérédias Schwiegersohn war, sah das Werk als Bindeglied zwischen Parnaß und Symbolismus. Das gilt sicherlich für die behandelten Themenbereiche. Hérédias Salon war eine Drehscheibe des Pariser Literaturlebens. Seine erst 1970 publizierte *Correspondance* gibt Einblicke in die literarischen Gärungsprozesse der Zeit.

## 11. Flaubert und der realistische Roman

*Realismus.* Als Stilgebärde ist der Realismus in Frankreich nicht an das 19. Jahrhundert gebunden. Die *Fabliaux,* Rabelais, Marivaux, Laclos sind mit guten Gründen als ›realistisch‹ bezeichnet worden. Um 1850 bedeutet ›Realismus‹ zunächst die Abwendung vom romantischen Erzählen und Dichten, wobei Gautier das Wort durchaus im Sinne der aristotelischen *Mimesis*-Forderung als »imitation de la nature telle qu'elle est« versteht. Das zeigt auch seine Nähe zum Naturalismus-Begriff. Als 1855 auf der Weltausstellung die Bilder Courbets (1819–1877) verweigert wurden und der Maler daraufhin eine Sonderausstellung inszenierte, stellte er diese unter den Titel *Le Réalisme.* Die Realismus-Diskussionen sind bis heute nicht abgeschlossen, wie die Vielzahl von Realismus-Begriffen in Literatur- und Kunstwissenschaft bezeugt. Die Bedeutung von *réalisme* bewegt sich heute zwischen *pragmatisme, crudité, ressemblance exacte,* etc., wobei die philosophiegeschichtlichen Implikationen – z. B. der mittelalterliche ›Realienstreit‹ – und die jüngeren Sinnbereicherungen – z. B. im Sinne des ›sozialistischen Realismus‹ – weiterer Kommentare bedürften. In Arsène Houssayes *Histoire de la peinture flamande et hollandaise* sind Realismus und Naturalismus Synonyme.

Im Streit um Courbets Malerei ergriffen viele Autoren Partei, die die Sache des Malers zu der ihren machten. Sie scharten sich z. T. um die *Revue de Paris,* während die *Revue des Deux Mondes* die Gegenseite vertrat. Nach Champfleury gehören hierher u. a. Louis-Duranty (1833 bis 1880), Schwiegersohn Mérimées und Freund von Courbet, Manet und Dégas. Er gründete u. a. die Zeitschrift *Le Réalisme* und schrieb wegweisend für das *Théâtre des marionnettes du jardin des Tuileries* (1863). Von ihm stammt das realistische Credo: »La poésie est interdite sous peine de mort«, das er u. a. in den Romanen *La malheur d'Henriette Gérard* (1860) und *La cause du Beau Guillaume* (1872) illustrierte. Als ›Realist‹ fühlte sich auch Henri Murger (1822–1861), dessen umfangreiches Werk vor allem mit den *Scènes de la vie de Bohème* (1851) überlebte und die Opern Puccinis (1896) und Leoncavallos (1897) inspirierte. Dieses Werk, das nicht frei ist von sentimentaler Verzerrung, bestimmte lange Zeit das bürgerliche Bild von den Pariser Künstlermilieus. In der literarischen Gangart erinnert es z. T. an den spanischen *costumbrismo,* z. B. die *Escenas matritenses* (1831) von Mesonero Romanos. Ein mächtiger Verbündeter erwuchs dem Realismus durch die positivistische Philosophie, die wissenschaftstheoretisch und erkenntnisphilosophisch von der Romantik wegtendierte, den Kult des Dokuments, des Experiments, der philosophischen Evidenz, etc. forderte. Einige Autoren schlossen sich der Bewegung nur von ferne an: Octave Feuillet (*Roman d'un jeune homme pauvre* 1857), Edmond About (*Le roi des montagnes* 1857), Victor Cherbuliez

(*Le comte Kostia* 1863). Andere versuchten, den Ansatz für den historischen Roman verfügbar zu machen, z.B. Alexandre Chatrian und Emile Erckmann in ihren auf die napoleonische Ära bezogenen *Romans nationaux*. Das regionalistische Gegenstück zu dieser zeitlichen Entrückung war die Félibrige-Bewegung von Aubanel und Roumanille, die auf eine Wiederbelebung der provenzalischen Literatur abzielte und mit Mistrals *Mireò* (1859) zur Blüte geführt wurde.

Der Autor, der diese heterogenen Konzepte zusammenführte und damit zum kanonisierten Hauptvertreter des französischen Realismus wurde, ist Gustave Flaubert (1821–1880). Seine Vielseitigkeit kann freilich nur in den Grenzen eines toleranten Realismus-Konzepts eingefangen werden.

Flauberts äußerlich ereignisarmes Leben zeigt sentimentale Beeindruckbarkeit und rationale Bemühung um Objektivität. In dieser inneren Spannung erfüllen sich die durch Elternhaus und Erziehung vorgegebenen Hypotheken, die das Flaubert-Bild noch in Sartres *Idiot de la famille* bestimmen. Im Ärztemilieu Rouens aufgewachsen, von wertherischer Liebe zu Madame Schlésinger geprägt, die er unter Rückgriff auf einen Quevedo-Titel im *Songe d'enfer* zu meistern suchte, macht er seine literarischen Gehversuche seit 1835. Die Juristenlaufbahn gibt er auf, liest Byron, Goethe, Hoffmann. Er beginnt ab 1838 mit der 1. Version der *Education* und zieht sich bald auf seine Besitzung Croisset bei Rouen zurück. Er befreundet sich mit Louise Colet, liest 1849 seinen Freunden Louis Bouilhet und Maxime du Camp die erste Version der *Tentation de Saint-Antoine* vor. Sie raten ihm, sich lieber an einem »sujet terre à terre« zu versuchen. Er reist 1849/1851 in den Orient und lernt beobachten. Mit der Rückkehr nach Croisset beginnt seine *retraite travailleuse*. Ihre erste Frucht ist *Madame Bovary*.

Inhaltlich beruht *Madame Bovary* – wie Stendhals *Le Rouge et le Noir* – auf einem Zeitungsbericht. Diese dokumentarische Grundlage, die den Selbstmord der Delphine Delamare aus Ry berichtete, wurde bei Flaubert romanhaft ausgestaltet und in der *Revue de Paris* (1856) und später als Buch (1857) publiziert. Es führt zum ersten Immoralismus-Prozeß des Jahres 1857, der zweite sollte sich an Baudelaires *Fleurs du Mal* entzünden. Seit 1851 hatte Flaubert an *Madame Bovary* gearbeitet und um die literarische Wiedergabe jener trivialen Wirklichkeit gerungen, in der seine Emma versauert. Flaubert macht sie zum romantischen Charakter. Sie hat Scott und Byron gelesen, träumt von großen Erfüllungen, die ihr die Ehe mit dem farblosen Charles nicht gibt. So wird sie das leichte Opfer des erfahrenen Rodolphe, des verklemmten Léon. Aus dem Netz der folgenden Verstrickungen, Halbwahrheiten, Fantasien und Schulden entkommt sie schließlich durch Selbstmord. Der Apotheker Homais, ein Nachkomme der Atheisten des 18. Jahrhunderts, sieht die Vorgänge als ganz persönlichen Triumph, Charles gewinnt in der Trauer um seine Frau an menschlicher Substanz. Emma wurde zum Vorbild einer ganzen Frauenliteratur, ihre Nachfolgerinnen sind Fontanes *Effie Briest*, Claríns *Regenta*, Zolas *Madeleine Férat*. Auch George Sands *Dernier amour*

(1866) verweist auf eindeutige Handlungsparallelen. Sainte-Beuve widmete *Madame Bovary* eine Rezension im *Moniteur* von 1857. »Madame Bovary – c'est moi«, sagte Flaubert und zeigt damit, daß er bei allem angestrebten *effacement* und bei aller *impassibilité* kein Unbeteiligter ist. Der *Bovary*-Roman lieferte den Ausgangspunkt für den sog. *Bovarysme.* Das Wort bezeichnet seit Jules de Gaultier (1892) »das fatale Mißverhältnis von Wunschbild und Wirklichkeit als eine typische, weitverbreitete Lebenshaltung« (Kindler 1879). Renoir hat *Madame Bovary* 1934 verfilmt. In Feydeaus *Fanny* (1858), die das von Flaubert vorgegebene Pattern aufgreift, fand Flaubert einen erfolgreichen Nachfolger und Nachahmer.

Nach einer Orientreise, die seine historischen Kenntnisse von Karthago vertiefte, gibt Flaubert mit *Salammbô* (1862) seinen Beitrag zum historischen Roman. Mérimée kritisierte ihn als dilettantisch, aber davon abgesehen fand Flauberts Dokumentationsbasis durchaus positive Kommentare.

*Salammbô* evoziert mit den Mitteln einer Sprache, die auch für Muttersprachler nicht immer ohne Lexikon verständlich ist, die blutrünstige Welt der karthagischen Söldneraufstände nach dem 1. Punischen Krieg, wobei er sich u. a. auf Polybius stützte. Flaubert versucht in *Salammbô,* den *per definitionem* eher gegenwartsbezogenen ›Realismus‹ auf einen historischen Stoff zu beziehen, er schreibt einen realistisch-antiken Roman, einen »Roman historique d'érudition« (Saulnier), wie er durch Gautiers *Roman de la momie* präfiguriert war. Grausamkeiten, Kämpfe, Massenszenen bilden den Rahmen für die Liebe zwischen der Tanit-Priesterin Salammbô und dem Aufrührer Matho, der schließlich, von der Menge gelyncht zu ihren Füßen stirbt. Sie folgt ihm in den Tod. Lukács sah *Salammbô* als einen Irrweg an. Er übersah dabei, daß die von Flaubert freskenhaft und rhetorisch evozierte Vergangenheit durchaus als eine exotisch-antik-erotisch-sadistische Evasion gelten kann, die an Baudelaire und die *Parnassiens* erinnert.

Auf *Salammbô* folgen Flauberts Erfahrungsromane:

Die *Education sentimentale* (1869) erinnert an Sainte-Beuves *Volupté* (1834), Balzacs *Illusions perdues* (1843). Die *Education* ist wie diese ein Roman des Versagens. Dieses Versagen charakterisiert eine Generation, die die Enttäuschung nach 1848 erlebte. Der ›halbe Held‹ Frédéric Moreau kann seine hohen Ansprüche in Erotik und Literatur nicht zur Deckung mit seinen spärlichen Möglichkeiten bringen. Ein Walter Scott Frankreichs wird er nie werden, und auch sein nach politischem Lorbeer strebender Freund Deslauriers scheitert. Bleibt der Ausweg in die Resignation. In der Welt bourgeoiser Realitäten sind Liebe und Macht unerreichbare Ideale, nur in der Verwässerung des Alltags greifbar. So wird die *Education* zum Roman der begrabenen Träume und des Unvermögens, Gides *Faux-Monnayeurs* vergleichbar. Die *Education* ist auch ein Roman der Lächerlichkeit: der Adel um Dambreuse ist lächerlich, die besseres Wissen durch Glaubensinbrunst ersetzenden

Sozialisten sind lächerlich, ihr Traum von der »démocratie vertueuse« in einem amerikanischen Sparta ist ein Klischee, Robespierres Guillotine, Napoléons I. Knobelbecher, das Paraplü von Louis-Philippe: alles ist gleichermaßen lächerlich. Scheitern auf der ganzen Linie, Gefangenschaft in den *Idées reçues*. Es klafft die Schere zwischen Wollen und Können, die viel über die unbewältigten Schizophrenien der Zeit aussagt.

Mit der *Tentation de Saint-Antoine* (1874) findet Flaubert zur Darstellung der – diesmal christlich-antiken – Vergangenheit zurück. Aufbauend auf den frühen Versionen von 1849 und 1856 resümiert er in diesem Werk seine Lebenserfahrung, wobei ein wichtiger Impuls von der Italienreise des Jahres 1845 ausgegangen ist. Damals lernte er im Palazzo Balbi Senarega in Genua Breughels *Versuchung des Heiligen Antonius* kennen, der ihn zur Lektüre der Antoniusbiographie des Athanasius führte. In der *Tentation* versucht Flaubert in einem breit angelegten Fresko die wechselseitige Durchdringung von christlicher Askese und späthellenistischem Rausch einzufangen. Antonius, der sich zutraut der Premierminister des Kaisers Konstantin zu werden, geht seinen Weg zur Heiligkeit durch das Labyrinth einer politischen und religiösen Umbruchszeit: erotische Fantasien, Teufelsspuk, Häresie, die Götter der todgeweihten Antike und des Fernen Ostens verwirren ihn. Auf Ernst Haeckels *Natürliche Schöpfungsgeschichte* (1868) scheint dabei der Grundgedanke hinzuweisen, daß Tod und Leben einander bedingen. Nur wo Materie zerstört wird, wandelt sie sich zu neuen Lebensformen. Lust und Schmerz, Freud und Leid, Tugend und Sünde, Hunger und Sättigung, Kasteiung und Sensualität fordern sich gegenseitig heraus, stehen gerade in ihrem extremen Spannungsverhältnis für die *coincidentia oppositorum*, die *unio mystica*, die der Heilige in seiner Vereinigung mit Gott finden wird. Diese trägt durchaus die Züge eines positivistischen Pantheismus. Flauberts philosophische Vorarbeit zur *Tentation* ist beängstigend: Neuplatoniker, antike Häresien, das Konzil von Nikäa, Kabbala, Hexerei, Schwarzkunst, Alchimie. Dazu kommt die Welt der Märchen und die Kenntnis der fantastischen Literatur der eigenen Zeit: Hoffmann, Novalis, Tieck, die Faustlegende. So wird die *Tentation* die entscheidende literarische Etappe zwischen Breughel und Salvador Dali und zugleich zum Ausdruck der Sehnsucht, jenseits der naturwissenschaftlichen Begründungen des 19. Jahrhunderts die Bereiche des Symbols, der Metapher, der poetischen Assoziation neu zu erobern.

Die *Trois contes* (1877) enthalten die *Légende de Saint-Julien l'Hospitalier*, *Hérodias* und *Un cœur simple*. Die *Légende* wurde u. a. durch die Betrachtung der Glasfenster der Kathedrale von Rouen inspiriert, hinzu kommt ein Denkmal in Caudebec und die Kenntnis literarischer Vorlagen (Jacobus von Voragine, *Legenda aurea*; Vincent de Beauvais, *Speculum mundi*). Sie erzählt, wie der gewissenlose Jäger, der von der Fatalität einer Weissagung getriebene Julian, durch Bußanstrengungen trotz allem das Paradies erreicht. *Hérodias* thematisiert *Markus* 6, vv. 21–29, d. h. den in der zeitgenössischen Literatur geschätzten Salome-Stoff vor dem Hintergrund eines durch grausamen Prunk charakterisierten antiken Palästina. In *Un cœur simple* wird ein ausgestopfter Papagei für eine alternde Jungfer zur Verkörperung des

Heiligen Geistes, wobei Flaubert mit nachsichtigem Verständnis die religiösen Bedürfnisse einer Menschheit rehabilitiert, die aufgrund wissenschaftlicher Fortschritte tabuisiert, aber nicht überflüssig gemacht worden waren. Im Zeitalter des Positivismus freilich entladen sie sich vorwiegend im Aberglauben.

Unvollendet blieb *Bouvard et Pécuchet* (1881, posthum), eine »bittere Anprangerung mittelständischer Dummheit« (Cazamian), eine »épopée du dégoût«, die die als Hauptpersonen fungierenden Büroangestellten zu Karikaturen macht, die über der Diskrepanz zwischen Wollen und Vollbringen resignieren. Die mit Halbwissen verbundene Prahlerei dieser *farce laborieuse* ist ebenso Symptom wie Pécuchets Gelbsucht während der Revolution von 1848. Flaubert hat das Werk möglicherweise als Replik auf *Les deux greffiers* von Maurice konzipiert. Den Schluß sollten offenbar das *Dictionnaire des idées reçues* und der *Sottisier des livres* bilden, Kehrichtsammlungen positivistischer Halbwahrheiten und philisterhafter Gemeinplätze, an denen Flaubert seit 1847 arbeitete. In *Bouvard et Pécuchet* zeigt Flaubert schon den Ungeist des Autodidakten aus Sartres *Nausée* auf.

Flauberts Arbeitsmethode ruinierte schnell seine Gesundheit. Er las und exzerpierte Unmengen von Büchern: Anatomie, Geschichte, Pathologie, Philosophie, Physiologie, etc. Seine *Correspondance*, die ihn mit zahlreichen Vertretern des zeitgenössischen Geisteslebens verbindet, beginnt mit dem Satz: »Le jour de l'an est bête.« Sie endet mit den Worten: »Je me sens las jusqu'aux moelles« (1880). Zwischen diesen Polen vollzieht sich ein fortschreitendes *désenchantement*. Nicht immer hat Flaubert seine Forderungen nach *impassibilité* und *effacement* durchgehalten. Realist ist er, wenn er Milieus beschreibt, Landschaften, Bauernhochzeiten, Söldnerbewaffnungen. Aber manchmal evoziert seine Sprache mehr als sie sagt. Rot ›bedeutet‹ Sensualität, grün ›bedeutet‹ wissenschaftliche Neugier, blau ist »Symbol von Illusion und Desillusion«, weiß kennzeichnet »aristokratische Schönheit« (Zimmermann).

Im Umkreis von Flaubert sind die Grenzen zwischen Realismus und Naturalismus nicht immer klar zu ziehen.

Eugène Fromentin (1820–1876), der als Maler Delacroix und Corot nacheiferte, schilderte realistisch seine Afrikaerfahrungen *(Un été dans le Sahara, Une année dans le Sahel)*, beschrieb als Kenner die niederländische Malerei (*Les maîtres d'autrefois* 1876) und lieferte mit *Dominique* (1863/76) sein Gegenstück zur *Education sentimentale.* Jules Verne (1828–1905) verband realistische Technik mit utopischer Inspiration: *Cinq semaines en ballon* (1863), *Voyage au centre de la terre* (1864), *De la terre à la lune* (1865), *Vingt mille lieues sous la mer* (1869), *Le tour du monde en 80 jours* (1873) sind getragen vom Vertrauen in die Technik und allgemeinem Humanismus. Als ›Realisten‹ verstanden sich ferner die Brüder Edmond und Jules de Goncourt (1822–1896 bzw. 1830–1870). Sie erarbeiteten grundsätzliche Gesellschafts- und Kulturanalysen: *Histoire de la société française pendant la*

*Révolution* (1854), und ... *pendant de Directoire* (1855). Ihr *La femme au XVIIIe siècle* (1862) ist bis heute grundlegend, ebenso die erotikgeschichtliche *Analyse de l'Amour au XVIIIe siècle.* Mit *L'art du XVIIIe siècle* wirkten sie auf Verlaines *Fêtes galantes,* das Werk *L'art japonais* (1893) ist die erste wissenschaftliche Auseinandersetzung mit den Grundlagen des zeitgenössischen Exotismus. Von Wirklichkeitsfanatismus zeugen die Goncourt-Romane: *Sœur Philomène, Renée Mauperin, Germinie Lacerteux, Manette Salomon, Madame Gervaisais.* Nach Jules' Tode steigert sich Edmonds Ästhetik des Häßlichen: *La fille Elisa, La Faustin.* Das *Journal* der Goncourts ist das wichtigste literarische Tagebuch der Zeit. Taines Milieu-Theorie lehnten sie ab. Aber der Schmutz der Pariser Banlieue in *La fille Elisa,* das Krankenhaus von Rouen in *Sœur Philomène* zeigen ihre Anwendung. In *Germinie Lacerteux* wollten sie die detaillierte Schilderung eines Kaiserschnitts unterbringen. Ihr Andenken wird wachgehalten durch die 1896 gegründete Académie-Goncourt, die seit 1903 bei einem jährlichen Traditionsessen bei Drouant den Goncourt-Preis vergibt. – Realismuskritische Töne gab es schon 1852 im *Feuilleton d'Aristophane:* »Je suis un réaliste ... J'aime ... les durillons, les cors aux pieds et les verrues, voilà le vrai ...« – Der Gegenschlag wird kommen. Zuvor aber kommt der Naturalismus.

## 12. Emile Zola und der naturalistische Roman

»Le Naturalisme continue le Réalisme, mais il oppose au souci de la joliesse la volonté d'un style nu« (Saulnier). »In noch stärkerem Maß als Flaubert und die Goncourts hatte Emile Zola den Ehrgeiz, als Wissenschaftler zu gelten« (Suchanek). »Ma grande affaire est d'être purement naturaliste, purement physiologiste« (Zola).

*Tendenzen.* Der Naturalismus baut philosophisch auf dem Positivismus auf, opfert jedoch hier und da die philosophische Stringenz der naiven Kleinigkeitskrämerei. Zwischen Zola und Taine gab es heftige Kontroversen, die Zolas Absage an den »esprit de Normale« nährten. Die »note ordurière« des Naturalismus, die man namentlich in Zolas *La Terre* zu finden glaubte, führte zu innernaturalistischen Abspaltungen im *Manifeste des cinq* (1887), die über Daudet und den *Grenier d'Auteuil* mit Zola in Verbindung standen: Bonnetain, Guiches, Descaves, Margueritte, Rosny. Für Barbey d'Aurevilly war Zola immer der »Michel-Ange de la crotte« und bei Hurets *Enquête* von 1891 tritt eine deutliche antinaturalistische Tendenz zutage. Das gilt zumindest für den Roman, wohingegen diese Richtung damals gerade die Bühnen zu erobern begann.

Nach anfänglichen Bekenntnisschriften (*Contes à Ninon* 1864) hat Zola entscheidende Weichenstellungen schon während des Second Empire vollzogen. *Thérèse Raquin* (1867) ist mit ihren verschiedenen

Vorworten ein frühes Beispiel naturalistischer Ästhetik, die sich den psychisch bedingten Verfallserscheinungen einer Persönlichkeit im Sinne von Letourneaus *Physiologie des passions* (1868) widmet, und schließlich zur Sühnung eines nie öffentlich aufgeklärten Mordes führen. *Madeleine Férat* (1868) weist in eine ähnliche literarische Richtung. Damals hat Zola, Sohn eines italienischen Vaters und einer französischen Mutter, auch die Idee, Balzacs Beispiel folgend seine Romane durch wiedererscheinende Personen miteinander zu verklammern. Allerdings geht er dabei nicht vom Gedanken der balzacschen *unité de composition* aus, sondern von den Determinismen der Natur- und Sozialgeschichte, die er unwiderlegbar glaubte.

So sind die Rougon-Macquart-Romane (1871–1893) gedacht als »histoire naturelle et sociale d'une famille sous le Second Empire«. Über 5 Generationen werden hier die Determinismen der Vererbung von Schwachsinn und Alkoholismus nachgezeichnet, wobei das soziale Elend als das wichtige *tertium comparationis* eingefangen wird. Wichtige Etappen innerhalb der *Rougon-Macquart*-Romane sind u. a. *La fortune des Rougon* (1871), *La Curée* (1874); *Le ventre de Paris* mit einer Sinfonie von Käsegerüchen (1874), *La conquête de Plassans* (1875), *La faute de l'abbé Mouret* (1875), *Son Excellence Eugène Rougon* (1875) mit ihrer Evokation des Kaiserhofs, *L'Assommoir* (1877) behandelt das Alkoholismus-Problem, *Nana* (1880) das der Prostitution, *Au bonheur des Dames* (1883) führt in die Gründungsgeschichte der großen Pariser Kaufhäuser, *Germinal* (1885) ist der wuchtige Roman um einen Arbeitskampf im französischen Norden, *La terre* (1887) greift das Bauernelend auf. Es folgen *Le rêve* (1888), *La bête humaine* (1890), *L'Argent* (1891) u. a. *La débâcle* (1892) enthält Zolas Bild des Krieges von 1870/71 und der *Commune*. Die *Rougon-Macquart* enden mit *Le docteur Pascal* (1893).

Der Erfolg des Naturalismus wurde nicht durch Zola allein, sondern durch eine Schule erkämpft:

Die *Médan*-Gruppe nannte sich nach Zolas Landhaus nordöstlich von Paris, wo man sich – ähnlich wie in der Brasserie Trapp oder in Zolas Stadtwohnung in der Rue Saint-Georges – zu literarischen Diskussionen traf. Hier wurde 1879 der Gedanke der *Soirées de Médan* geboren. Unter diesem Sammeltitel erschien 1880 ein Kollektivband, an dem Paul Aléxis *(Après la bataille)*, Henry Céard *(Sa saignée)*, Léon Hennique *(L'affaire du Grand 7)*, Huysmans *(Sac au dos)*, Maupassant *(Boule de Suif)* und Zola *(L'Attaque au moulin)* teilnahmen. Ziel dieser Illustration naturalistischen Literaturverständnisses war die Auseinandersetzung mit dem Krieg 1870/71, die literarische Vergangenheitsbewältigung. Nach diesem Sieg, der u. a. das Novellentalent Maupassants bewies, haben sich die Mitglieder der *Groupe de Médan* oft stark vom veristischen Naturalismus entfernt und eigene Wege gesucht. Aber die *Soirées* waren für alle eine wichtige Etappe.

Zola definierte die neue Ästhetik im *Roman expérimental* (1880) unter Anspielung auf Claude Bernards *Médecine expérimentale.* Er vertieft seine Theorie auch für das Theater: *Le naturalisme au théâtre* und emanzipierte sich doch selber auch zusehends von einem allzu engen Naturalismus-Begriff, dem sog. *naturalisme de laboratoire.* Die glückliche Verbindung mit Jeanne Rozerot seit 1888 nährt eine geschmeidigere Tendenz. Er schreibt die *Quatre évangiles* (1899–1903): *Fécondité, Travail, Vérité, Justice,* findet zur Stadtpoesie: *Lourdes, Rome, Paris* (1894–1898). Auch Zola entgeht also dem Vorwurf, er sei den Weg in den naturalistischen Elfenbeinturm gegangen. Der späte Zola ist nicht mehr der Zola von *Les romanciers naturalistes* (1881). Seine Produktion war nicht nur Spiegel der Wirklichkeit, sie war – und das spätestens seit *Germinal* – Botschaft, Aktion. Er konnte sogar hassen: *Mes haines* – was sich schlecht mit naturalistischer *impassibilité* vereinigt. Er erkannte zudem als einer der ersten die Bedeutung der impressionistischen Reaktion gegen den Naturalismus und befreundete sich mit Cézanne und Manet. In dem berühmten offenen Brief an den Präsidenten der Republik *J'accuse* (in *L'Aurore,* 13. 1. 1898) ergreift er die Partei des unglücklichen Dreyfus und setzt eine Campagne in Gang, die schließlich zur Entlarvung des französischen Antisemitismus und zur Rehabilitation des unrechtmäßig wegen Spionage verurteilten Hauptmanns führte. 300 000 Exemplare seines Aufrufs kamen unter die Leute, Zola selber brachten sie eine kurze Exilzeit in England ein. Mit dieser Campagne hat Zola eine Polarisierung der französischen Intelligenz erreicht, die literarisch für Rechts und Links gleichermaßen bestimmend war. Von Brüssel aus suchte Charles van Lerberghe ihm durch Gründung eines *Comité-Zola* zu helfen. »Être fraternel ...« war die Formel, auf deren Basis der alternde Naturalistenchef und der Symbolist sich trafen.

Eine südfranzösische Komponente im Naturalismus verkörpert Alphonse Daudet (1840–1897):

In Nîmes geboren, in Lyon ausgebildet, lebte Daudet seit 1857 in Paris, zunächst als herzoglicher Sekretär im Hause Morny, dann als freier Schriftsteller. Mit dem halbautobiographischen *Le petit-chose* (1868) und den *Lettres de mon Moulin* (1869) führt er den Leser in den Midi, nicht ohne Anklänge an regionalistische Töne z. B. aus George Sands Berry-Romanen. Der Drei-Akter *L'Arlésienne* wurde am 1. Oktober 1872 im Pariser Vaudeville-Theater mit der Musik von Berlioz aufgeführt. Er propagiert eine Naturmythologie, innerhalb derer sich die Liebe zwischen Frédéri und dem Mädchen aus Arles tragisch erfüllt, eine Naturmythologie, die sich noch im 20. Jahrhundert bei südfranzösischen Autoren, z. B. Jean Giono *(L'eau vive)* zeigt. Ein parodistisches Epos auf die provenzalische *exhubérance* liefert Daudet in seiner *Tartarin*-Trilogie: *Tartarin de Tarascon* (1872), *Tartarin sur les Alpes* (1885),

*Port-Tarascon* (1890). Hier steht naturalistische Dokumentationsakribie nicht im Dienst der Ideologie, sondern des Humors. Man hat Daudet mit Dickens verglichen. Daudet ist kein Pessimist und braucht den Pessimismus daher auch nicht zu überwinden. Aus dem naturalistischen Stoff- und Motivrepertoire leben u. a. die vom Krieg 1870/71 inspirierten *Contes du Lundi* (1873), sowie die Gesellschaftsromane *Fromont jeune et Risler aîné* (1874), *Jack* (1876), *Le Nabab* (1877), *Nouma Roumestan* (1881), *L'évangéliste* (1883), *L'Immortel* (1890): Finanzwelt, Politik, Kirche, Akademie. Daudets Arbeitsweise ist dem Naturalismus deutlich verpflichtet. Sein *Carnet* füllte sich mit Notizen wann immer es galt, Berichtenswertes festzuhalten. Zola gab viel auf Daudets Urteil, auch wenn dieser sich der *Médan*-Gruppe nicht anschloß.

Guy de Maupassant (1850–1893) ist kein Schüler Zolas, sondern der andere originelle Kopf der Bewegung, der Novellenautor vor allen Dingen:

Maupassant lernte auf dem Collège von Yvetot, korrespondiert mit Bouilhet, dient 1870 bei den Gardes Mobiles, ist seit 1871 Angestellter des Marineministeriums, seit 1878 des Erziehungsministeriums. Flaubert war ein Jugendfreund seiner Mutter. Er kannte zudem die russischen Realisten, besonders Turgenjev. Er schrieb Gedichte *(Le mur),* Theater *(Histoire du Vieux Temps), Contes* im Stile Poes und Hoffmanns (*En canot,* u. a.). Seine psychischen Probleme wuchsen sich seit 1876 zur Geisteskrankheit aus, die er in morbider Selbstbeobachtung realistisch beschrieb: *L'Apparition, Lui, La peur, Le Horla.* Sein Beitrag zu den *Soirées de Médan* machte ihn berühmt: *Boule de Suif.* Es folgen Novellen, Romane, Schauspiele, Artikel. Seine *Contes* füllen 17 Bände. Bekannt wurden *La maison Tellier, Mademoiselle Fifi, Contes de la bécasse.* Gern schrieb er für Zeitschriften, den *Gaulois,* den *Figaro,* den *Gil Blas.* Mit Flaubert vergleichbar ist seine Zeichnung der Normandie. *Yvette, Miss Harriet, Contes du jour et de la nuit, Toine* leben aus der naturalistischen Inspiration. Das gleiche gilt für die Romane: *Une vie* (1883), *Bel Ami* (1885), *Pierre et Jean* (1888), *Fort comme la Mort* (1889), *Notre cœur* (1890). Maupassant kennt die Welt der Bourgeoisie, nicht der Arbeiter. Das unterscheidet ihn von Zola. Seine Reiseberichte füllen drei Bände: *Au soleil* (1884), *Sur l'eau* (1888), *La vie errante* (1890). Die Selbstanalyse nährt die Angst vor dem Wahn, der ein wenig der Preis für die Reduktion des Menschen auf die naturalistischen Determinismen von Soziologie und Naturwissenschaft ist. Diese Spannung erkennt Maupassant als typisch für sein Werk: »Mes yeux disent à mon cœur 'cache-toi, vieux, tu es grotesque.«

Im weiteren Zusammenhang des Naturalismus sind auch die Belgier Camille Lemonnier (1844–1913) und Georges Eekhoud (1854–1927) anzusiedeln, ebenso Descaves' *Les sous-offs* (1889), Schwobs *Les vie imaginaires* (1896) und die sozial inspirierten Henri Fèvre (*Autour d'un clocher* 1884), Gustave Geffroy (*L'enfermé* 1896 – über die Gefängnishaft Blanquis). Daß abgesehen von einigen Aspekten im Werk

Daudets im Naturalismus die ernste Orientierung überwog, darf das Bild nicht verfälschen. Der Naturalismus war auch eine Mode mit komischen und fröhlichen Symptomen. So versammelte die *République des Lettres* am 16. April 1877 eine Reihe naturalistischer Autoren, u.a. Zola, Maupassant, Huysmans und Flaubert, zu folgendem Menu:

Potage ›purée Bovary‹
Truite saumonée à la ›fille Elisa‹
Poularde truffée à la ›Sainte-Antoine‹
Artichauts au ›Cœur Simple‹
Parfait ›naturaliste‹
Vin de ›Coupeau‹
Liqueur de l'›Assommoir‹

In unabhängiger Sympathie zum Naturalismus standen u. a. noch Octave Mirbeau (1848–1917) mit seinem »besoin de salir« (Cogny), Jules Renard (1864–1910) mit *Poil de carotte* und einem umfangreichen Romanwerk. Im erwähnten *Manifeste des cinq* macht sich eine innernaturalistische Opposition Luft, bis dann Paul Bourget die Auseinandersetzung in den *Essais de psychologie contemporaine* (1883) vertieft und in *Le disciple* (1889) erfolgreich definiert.

Eine aktuell begründete und im Nachhinein als wegweisend erkannte Emanzipation vom Naturalismus zeigt sich bei Jules Vallès (1832–1885):

Aus kleinen Verhältnissen stammend beendet er die Ecole Normale nicht, wird Schreiber beim konservativen Gustave Planche. Er tendiert zu Realismus und Naturalismus (*L'Argent* 1857; *Les réfractaires* 1866), gründet die Zeitschrift *La Rue,* sympathisiert mit sozialistischen Ideen, wird Chef des *Cri du peuple* und ein wacher Augenzeuge der Pariser *Commune.* Sein Werk weist bald über die Forderungen nach positivistischer Logik hinaus und schafft Platz für formale Techniken, die Vallès als Vorläufer der Dadaisten und Surrealisten, auch der Filmemacher, ausweisen. Nach der Niederschlagung der *Commune* ist er kurz in England, kehrt dann zum *Cri du Peuple* zurück, wo er u. a. mit Jules Guesde zusammenarbeitet. Seine autobiographische Trilogie *L'enfant* (1879), *Le Bachelier* (1881), *L'Insurgé* (1886) schreibt er unter dem Pseudonym Jean de la Rue, sie erscheint unter dem Sammeltitel *Jacques Vingtras. L'Insurgé* ist der ›Roman‹ der Pariser *Commune,* ein Werk, dessen historischer Quellenwert sich in avantgardistischen Formen erfüllt, ein »dramatischer Bericht über die Pariser ›Commune‹, ihren Heroismus und ihren Wahnsinn« (Cazamian), ein engagiertes Meisterwerk.

Weitere *Commune*-Romane stammen u. a. von Léon Cladel (1835 bis 1892; *Les va-nu-pieds* 1873; gedruckt 1921) und von Paul und Victor Margueritte (*La Commune* 1904). Die *Commune*-Literatur macht zudem eigene Traditionsstränge sichtbar, die der neuerlichen

Erforschung dringend bedürfen. Pierre Lachambeaudie (1806–1872) schrieb z. B. sozialistische Fabeln, Pierre Dupont (1821–1870) hatte schon von 1848 so bekannte Arbeiterlieder wie *Le pain* und *Le chant des ouvriers* geschrieben. Von Jean-Baptiste Clément (1836–1903) stammt das zum Volkslied gewordene *Le temps des cerises* (1866). Eugène Pottiers *Chants révolutionnaires* erschienen 1887. Er ist der Autor von *Le monument des Fédérés* und der *Internationale:* »C'est la lutte finale . . .«

## 13. Der belgische Eulenspiegel: Charles de Coster

Charles de Costers Schwankbiographie *La légende d'Ulenspiegel* ist eine Mischung von Marnix de Sainte-Aldegonde, *Don Quijote,* Balzacs *Contes drôlatiques* und einer vorweggenommenen Dreingabe von Dostojewskis *Idiot.* Sie ist ein eminent europäisches Buch: Die Eulenspiegelgestalt entstammt der deutschen Tradition des 15. Jahrhunderts, de Coster macht ihn zur Verkörperung des flandrischen Lebenswillens. 1944 drucken lütticher Widerstandskämpfer das Werk im Untergrund. Die *Légende* ist, wie Elsa Schulhoff in der Nationalzeitung vom 18./20. August 1901 schrieb, die »nationale Bibel« der Belgier, »ein Werk ... worin ein ganzes Volk sein Streben und Irren, seine Freuden und Leiden ausgesprochen findet und sich wiedererkennt.« Hermann Hesse: »Wir wollen neben ›Tyll Ulenspiegel‹ ruhig unseren Gustav Freytag und Ähnliches einpacken und zugeben, daß wir seit Grimmelshausen so etwas nicht gehabt haben.«

Charles de Coster (1827–1879), geboren in München, aufgewachsen in Brüssel, hatte wenig Interesse am bürgerlichen Erwerbsleben. Er träumte davon, einen Beitrag zur ›Nationalliteratur‹ seines 1830 gegründeten Heimatlandes zu leisten und nähert sich in dieser Hinsicht schon der späteren *Jeune Belgique.* 1856–1864 war er Mitherausgeber des *Uylenspiegel,* seit 1870 wirkte er als Deutschlehrer in Brüssel. Die Verwirklichung einer belgischen Nationalliteratur schien ihm möglich durch die Mischung von traditionel germanischen Inhalten mit der Aussagekraft der französischen Sprache. Unglücklich in Eliza van Spruyt verliebt (*Lettres à Eliza* 1894) schreibt er so seine *Légendes flamandes* (1858), seine *Contes brabançons* (1861) und eine Reihe anderer Werke: *Voyage de noce* (1872), *Le mariage de Toulet* (1880 in Zusammenarbeit mit Meurant), das Drama *Stéphanie* (posthum 1927).

*La légende et les aventures héroïques, joyeuses et glorieuses d'Ulenspiegel et de Lamme Goedzak au pays de Flandres et ailleurs* erschien 1868 nach einer Entstehungszeit von 10 Jahren. »Wie die Ilias urweltlich, kraftvoll und unvergleichlich am Anfange der griechischen Literatur, so steht de Costers Werk einsam und überragend in seiner Zeit« (Zweig). Dabei wirken die bald entstehenden Illustrationen von Félicien Rops und Frans Masereel wie kongeniale Schöpfungen, graphische Gegengewichte gegen einen Text, der in Sprachattitüde und Inhalt aus dem Rahmen fällt. Till Eulenspiegel wird bei Charles de Coster zum Anführer der Geusen des 16. Jahrhunderts. Der Narr als Widerstandskämpfer, Narretei als Kraftquelle politischer *Résistance* gegen einen Gegner, dem man sich in rationaler Einschätzung der Kräfteverhältnisse murrend unterwerfen würde. ›Tyll‹ und seine Freundin Nele verkörpern den Arm und das Herz Flanderns, sie können deswegen nicht sterben und nicht altern. Aber sie können leiden, lieben, kämpfen. Sie verkörpern das *Trotzdem*. Dabei kennt der Autor den Wert der Symbole. Sein Narr wird zur gleichen Zeit geboren wie Philipp II. von Spanien, der verhaßte Unterdrücker. Wo Karls V., selber Flame, noch ein gewisses Verständnis für sein Volk hat, auch wenn er seine Mutter Gent schändet, ist Philipp II. die Verkörperung der Tyrannei. Romain Rolland hat den Haß als das bestimmende Gefühl der *Légende* herausstellen wollen, er übersah dabei, daß auch die spanische Tyrannei bei de Coster nur Symbol ist, Symbol für die Unterdrückung, komme sie nun von Ludwig XIV., Napoléon I. oder dem faschistischen Deutschland. Das Paar Tyll–Lamme gleicht Don Quijote und Sancho, mit dem Unterschied, daß sie sich nicht in einer ›verrückten‹ Welt der Träume bewegen, sondern in einem präzisen zeitlichen Kontext: Folter, Verrat, Scheiterhaufen, Hexen, Inquisitoren, Bilderstürmer, Breughels Burlesken und Boschs Visionen. Stan van Offel (1885–1924) hat Tyll gemalt, wie er sich Renard vergleichbar vom Galgen freischwätzt.

Seine historischen Kenntnisse nahm Charles de Coster aus der *Histoire des Pays-Bas* (1618) des Emmanuel van Meteren. Vielleicht hat er auch Schillers *Abfall der Niederlande* herangezogen. Sein Sprachgebrauch lebt aus dem evokativen Archaismus, der zwar nie ein »source d'opacité« wird, aber als »une manière d'écran entre le lecteur et les faits que l'auteur narre« erkannt werden muß. »Le dépaysement temporel dans lequel nous plonge l'archaisme ne nous rend pas moins sensibles aux sentiments violents qui animent la tempête de l'Histoire« (Klinkenberg). Gewalt, Sadismus, Aberglaube. Auf Tylls Herz schlägt der Beutel mit der Asche seines auf dem Scheiterhaufen verbrannten Vaters. Realismus und Irrationalismus bedingen einander. Dazu kommt, namentlich in den eingeschobenen Versdichtungen, ein augenfälliger Wille zur Zweisprachigkeit, die zugleich belgische Einheit verheißt: »Slaet op den trommele, battez le tambour« singen die Geusen, wissend, daß sie gegen den Gegner nur dann eine Chance haben, wenn sie nicht in kleinkarierte Spracheifersüchteleien verfallen. Im Zeitalter des Nationalismus erkannte De Coster die Sprach- und Kulturarroganz offenbar als eine tödliche

Bedrohung für seine mehrsprachige Heimat. In Tyll und Nele, die ethnisch zu Flandern, sprachlich zur Wallonie gehören, scheinen diese Gegensätze aufgehoben. Seit dem *Ulenspiegel* gibt es Belgien nicht nur auf der Landkarte, sondern auch im Bewußtsein einer Nation, die die Mehrsprachigkeit – nicht ohne die bekannten Schwierigkeiten – als Integrationsfaktum erleben oder aber auseinanderfallen muß. Antoine Clesse schrieb:

> Sachez-le bien. Flamands, Wallons,
> Ce ne sont là que des prénoms;
> Belge est notre nom de famille.

De Costers *Ulenspiegel* erlebte die konfessionelle und politische Trennung der nördlichen Niederlande von den südlichen als Folge des Aufstands gegen die Spanier. Sein Autor erlebte die Gründung Belgiens im Aufstand gegen eben jene nördlichen Niederlande. Die Geschichte verläuft nicht immer nach erkennbar logischen Gesetzen. Aber das wäre auch das Letzte, was der kämpfende Narr verlangen würde.

## 14. Etappen der Lyrik

Das Werk von Lautréamont, Verlaine, Rimbaud und Mallarmé steht für ästhetische Erfahrungen, hinter die es kein Zurück mehr gab. Diese Namen sind Fixpunkte innerhalb einer kaum eindeutig umschreibbaren Bewegung, die sich mit den Etiketten Symbolismus, Dekadentismus, Modernismus, etc. nur verkürzt definieren läßt. Sie bezeichnen zugleich poetische Grenzwanderungen, die ihre anregende Kraft bis in den Surrealismus hinein und noch darüber hinaus behalten sollten.

Isidore Ducasse (1846–1870), der seine Werke als Comte de Lautréamont zeichnete, ist ein in Montevideo geborener Kolonialfranzose, der in Südfrankreich aufwuchs und in Paris die *Ecole polytechnique* besuchte. *Lautréamont* erklärt sich möglicherweise als *l'autre Amon*, der Engel des Bösen. Seine sechs *Chants de Maldoror* (1868/69) sind teils schwülstig-chaotische Prosadichtungen mit unerwarteten Sinnkombinationen und bizarren Gedankenverbindungen, in denen z. T. eine pathologische Selbstentblößung greifbar wird, die die durch Freud hindurchgegangenen Surrealisten als bahnbrechend erkannten. André Breton edierte die *Chants* 1919, Philippe Soupault fügte ihnen 1920 ein Vorwort hinzu. Sadismus, Masochismus, Horrorvisionen, *ennui*, Revolte, vielleicht auch Parodie, bestimmen die Inhalte, die hier und da an Nervals Theomanie gemessen werden können. Schizophrenie. Maldoror glaubt sich z. B. im Körper eines Schweins gefangen, es werden Totengräber, Päderasten und Hermaphroditen bemüht, der Mensch ist der »singe sublime«, Gott hätte dieses Ungeziefer besser nicht geschaffen. *Maldoror* wurde als *l'aurore du Mal* erklärt und verriete, wenn diese Erklärung stimmt, eine Orientierung an Baudelaire. Remy de Gourmont hielt Lautréamont schlicht für wahnsinnig. Das ändert nichts an seiner Wirkung, die z. T. auch auf einem ekelhaften *Bestiarium* beruht: Kraken, Kröten, Schnecken, Läuse, deren metaphorischer Wert auf ungemeisterte psychische Tiefen verweist. Hier werden dann auch romantische Erfahrungen, z. B. der Nacht- und Gräberdichtung, aktuell.

Paul Verlaine (1844–1896), in Metz gebürtig, bei der Pariser Stadtverwaltung tätig, lebte ein Leben zwischen Absinth und leichten Mädchen und quittierte Rubén Daríos Frage nach dem Ruhm mit den Worten: »Eh bien, la gloire ... Merde, et merde encore!« Ein Mordanschlag auf Rimbaud brachte ihn für zwei Jahre ins Gefängnis des belgischen Mons. Wie Novalis schätzte er »Übergänge und heterogene Mischungen«, Musik und Musikalität waren sein poetisches Credo: »De la musique avant toute chose ...« – Dabei war er nicht nur ein genialer Trunkenbold. Am Anfang steht der Parnaß: »Ce qu'il nous faut à tous, c'est l'étude sans trève.« Und in der Tat sind die Eugène Carrière gewidmeten *Poèmes saturniens* (1866) mit so bekannten Stücken wie *Nevermore, Mon rêve familier* (»Je fais souvent ce rêve ...«), *Soleils couchants, Chanson d'automne* (»Les sanglots longs ...«) vom Parnaß geprägt. George übersetzte sie z. T. ins Deutsche. Die *Fêtes galantes* (1869) sind offenbar durch die kunsthistorischen Studien der Goncourts angeregt und zeigen eine genaue Kenntnis Watteaus, die Verlaine aus der Galerie La Caze haben dürfte. Er belebt das Personenrepertoire des ›Mozart der Malerei‹, von Pierrot, über die Schäferin bis zum galanten Salonabbé. Das lebensfreudige, aber bereits tödlich bedrohte *ancien régime* hat den poetischen Reiz des nostalgischen Traums und seine Kraftlosigkeit. Selbst die Gaukler sind »tristes sous leurs déguisements fantasques« *(Clair de lune)*. Und das *Colloque sentimental* endet mit: »L'espoir a fui, vers le ciel noir.« Debussy hat einige Stücke der *Fêtes* komponiert. – Mit der Verlobung mit Mathilde Mauté de Fleurville findet Verlaine zu den persönlichen Tönen von *La bonne chanson* (1870). Hier ist der »pauvre Lélian« fröhlich, zärtlich, guten Willens: »Ç'en est fait à présent des funestes pensées.« Im Hause der Verlobten gibt es Kontakte zu Sivry, Chabrier. Fauré vertonte *La lune blanche*. Aber der Krieg 1870/71 und die Freundschaft mit Rimbaud werfen Verlaine aus der Bahn. Er zieht mit Rimbaud durch Belgien und England. In Brüssel schießt er 1873 auf den Freund. Im Gefängnis entstehen dann große Teile von *Romances sans paroles* (1874) und *Sagesse* (1881), das er Hugo schickte. Der Band *Cellulairement* wurde z. T. auf diese Bände verteilt. Die *Romances* enthalten u. a. sensible Beschreibungen belgischer Landschaften (*Malines*: »Vers les prés le vent cherche noise / Aux girouettes ...«; *Bruxelles I*: »... ciel divin / D'être pâle ainsi ...«). Das melancholische »Il pleure dans mon cœur« wurde zu einem der bekanntesten französischen Gedichte. In *Sagesse* zeigt Verlaine sich als reuiger Sünder, der freilich bald rückfällig wird. In *Jadis et Naguère* (1885) thematisiert er den Kampf zwischen physischer Fatalität und mystischem Aufschwung. Diese Spannung durchzieht auch sein weiteres Werk: *Amour, Bonheur, Liturgies intimes, Parallèlement, Chansons pour elle, Odes en son honneur, Elégies, Dans les limbes,*

*Chair.* Verlaines Wirkung war stark, aber nicht übertrieben. Ein Symbolist wollte er nicht sein: »Ça doit être un mot allemand, hein?« Auch wollte er nicht als Theoretiker gelten. Gegenüber Moréas und Ghil blieb er unabhängig. Die Heimat der Poesie suchte er jenseits bürgerlicher Toleranzhorizonte. In des *Poètes maudits* sucht er der Tradition Villons und Baudelaires. *Mes prisons* verweisen im Titel auf Silvio Pellicos *I miei prigioni.*

Verlaines Freund und vielleicht auch Verführer war Arthur Rimbaud (1854 bis 1891), Vivant, Voyant, Cabaliste, Homosexuel, Enfant terrible. Mit 19 hatte er seine poetische Botschaft von sich gegeben. Befreit wurde er Teppichhändler, Handlungsreisender, Zirkusdolmetscher in Hamburg, Freiwilliger der niederländischen Armee in Sumatra, Kaffeehändler, Waffenschmuggler. Er stammte aus dem ardennischen Charleville. Gefördert von George Izambart wollte er ein ›Seher‹ werden. An ihn und an Paul Demeny richtete er am 15. Mai 1871 die bekannte *Lettre du voyant* mit der Forderung nach einem »dérèglement systématique de tous nos sens« als Grundlage des neuen Sehens und Schreibens. Halluzination, neue ästhetische und synästhetische Erfahrungen, die historisch auf Nervals *Vers dorés* und Baudelaires *Correspondances* verweisen, bestimmen diesen Ansatz: »J'écrivais des silences, je notais l'inexprimable, je fixais des vertiges . . .« Als »l'homme aux semelles de vent« schrieb er früh *Sensation, Ma bohème, Roman, Bal des Pendus. Une saison en enfer* (1873) mischt Vers und Prosa zur poetischen Meisterung von Verlaines Mordanschlag. Sie führt möglicherweise zu einer Konsequenz im Sinne von Voltaires Gartenphilosophie aus dem *Candide.* So heißt es in *Adieu*: ». . . je suis rendu au sol, avec un devoir à chercher, et la réalité rugueuse à étreindre! Paysan!« Die *Illuminations* und die *Poèmes en prose* erschienen 1874/75. Ihre freie Form deutet auf Claudels *verset* hin. Für die *Commune* hat Rimbaud Sympathie, aber nicht das Geld, um nach Paris zu fahren. Er geht statt dessen mit Verlaine nach Belgien. Ein letztes Zusammentreffen des ungleichen Freundespaars fand 1875 in Stuttgart statt. *Le dormeur du Val, Rages de César* u. a. Dichtungen dieser Zeit sind Versuche der Auseinandersetzung mit dem Bonapartismus und seiner Niederlage. Sie führt Rimbaud in einen Nihilismus, der – ähnlich wie bei Dostojewski – in den Individualterror führen könnte. Er bleibt – anders als Verlaine – antiklerikal, antichristlich: *Les pauvres à l'Eglise, Les premières communions.* Von 1871 stammt *Le bateau ivre.* Es gleicht in der Tendenz Vignys *Bouteille à la Mer* (1847) und evoziert die Erinnerung an die ganze »Kollektion« ›trunkener Schiffe‹, die »durch die Dichtung des 19. Jahrhunderts segelte« (Mönch): Jules Verne, Gautier, Leconte. In einem mystischen Argonautenzug definiert dieses Gedicht eine Evasionsnostalgie, die Wagners *Fliegendem Holländer* und Lotis *Pêcheur d'Islande* nicht unverwandt ist. Gleichzeitig arbeitet Rimbaud am *dérèglement* seiner Sinne: Alkohol, Rauschgift. Das Sonett *Voyelles* ordnet jedem Vokal eine Farbempfindung zu: »A noir, E blanc, I rouge . . .« – Es ist vielleicht durch ein Kinderlesebuch inspiriert, in dem die Buchstaben in verschiedenen Farben dargestellt waren. Möglicherweise hat dieses für die symbolistische Literaturtheorie so grundlegende Vokalsonett etwas von einer *Chanson faussement naïve* wie *Bonheur, Fêtes de la faim,* etc. Posthum erschienen u. a. *Le reliquaire* (1891) und *Un cœur sous une soutane* (1924). Die Surrealisten beriefen sich auf Rimbaud. Seine *Correspondance* wurde erst 1965 publiziert.

Stéphane Mallarmé (1842–1898), Pariser Kleinbürger, Englischlehrer, mit einer Deutschen verheiratet, unterrichtete in Tournon, Besançon, Avignon, Paris. 1875 gab er *La dernière mode* heraus. Daß er bekannt wurde, verdankt er Huysmans *A Rebours* (1884). Seine Dienstage vereinigten jahrelang die führenden Autoren Frankreichs in theoretischen und literarischen Diskussionen. Ghil, Gide, Hérold, Louÿs, Kahn, Mockel, Viélé-Griffin, Saint-Pol Roux u. a. gehörten zu den ›Mardistes‹, hinzu kommen die Maler Dégas, Manet, Odilon Redon u. a. Seit 1894 lebt Mallarmé zurückgezogen in Valvins bei Fontainebleau. Seine Verehrer machen ihn zum *Prince des Poètes,* er waltete des Amtes mit priesterlicher Würde. Er übersetzte Poe, schätzte Wagner, bearbeitete indische Märchen, theoretisierte gern über seine eigenen Werke. Am Anfang stehen die als *Symphonie littéraire* zusammengefaßten Studien über Banville, Baudelaire, Gautier mit starker Tendenz zum Hermetismus. Sein *L'Après-Midi d'un Faune* (1876) inspirierte Debussy: Wiederbelebung von Lust, Lebensfreude, Paganismus. Schon 1866 ist er im *Parnasse contemporain* vertreten. *L'Azur* bedeutet ihm die unerreichbare Vollendung, Rubén Darío wird seinen ersten Gedichtband *Azul* nennen. Mallarmés *Hérodiade* ist das Gegenstück zu Flauberts *Hérodias.* Für die Reklame in *A Rebours* revanchierte er sich mit *Prose pour Des Esseintes* (1897), gleichzeitig erschienen die *Divagations. Un coup de dés jamais n'abolira le hasard* versucht sprachliche und musikalische Notierung zu verwischen. Weitere wirkungsvolle Texte sind u. a. *Crayonné au Théatre, Rêverie d'un poète français* (über Wagner), *Les mots anglais, Les dieux antiques,* etc. Mallarmés Anziehungskraft auf George, Moréas, Rilke, Rodenbach u. a. war groß. Man erkannte sein Werk als Ausfluß des Kampfes der Sprache mit einer zunehmend als chaotisch empfundenen Wirklichkeit. Am Ende könnte dabei als vollendetes Gedicht die leere Seite gelten. Poesie als Verstummen der Poesie. Synästhetische Reize verbinden sich mit magischer Sprachalchimie: »Aboli bibelot d'inanité sonore ...«, diese Poesie ist der Beschwörungsformel der Naturvölker näher als den französischen Traditionen. In *Brise marine* verquicken sich Kulturmüdigkeit und Aufbruchstimmung. Aus dem Kultur*ennui* der *Education sentimentale* (»La chair est triste, hélas! Et j'ai lu tous les livres«) erwächst der Aufbruchswille Pierre Lotis (»Lève l'ancre pour une exotique nature ...«). – Es ist nicht verboten, den klaren Mallarmé dem obskuren vorzuziehen.

Im Umkreis und in der Nachfolge der Werke Lautréamonts, Verlaines, Rimbauds und Mallarmés vollzog sich die ›symbolistische‹ Literaturdiskussion. ›Symbolismus‹ steht dabei für eine Vielzahl von -ismen und darf daher nicht als Definitionsetikett mißverstanden werden: *Vers-Librisme, Instrumentalisme-Verbalisme, Idéoréalisme, Décadentisme, Modernisme, Simultanéisme,* etc. Diese Gärungsprozesse vollziehen sich z. T. in ephemeren Zeitschriften: *Le Scapin, Lutèce* (hier veröffentlichte Verlaine die *Poètes maudits*), *La Vogue* (von Félix Fénéon), *La Cravache*, *La Revue Indédendante*, *L'Hermitage* (hier schrieb der junge Gide), *Les écrits pour l'art*, *La Plume* (von Léon Deschamps), *La Revue blanche*, *L'Ermitage*, *La Revue Wagnérienne* (von Théodore Wyzéwa). Die dauerhafteste Gründung war der *Mercure de France*. Hinzu kommen Gruppen, Grüppchen, Sekten: *Les Hirsutes*, *Les Hydropathes*, *Les jeunes*, *Les Zutistes*, *Les Jemenfoutistes*, *Nous autres* u. a.

Brunetières Titel *La faillite de la science* (1895) läßt ahnen, was diese Gruppen bewegte. Das Vertrauen in die Tragkraft der positivistisch-naturalistischen Wissenschaft war geschwunden, das Vertrauen auch in die Eindeutigkeit der Sprache, deren evokative und suggestive Kraft man wiederzugewinnen suchte: *Suggestion* anstelle von *Definition*. Diese Generation der spätgeborenen Romantiker vereinigte Endzeitstimmung mit Dekadenzbewußtsein und nostalgischer Liebe zu Traum und Mythos. Es konnte durchaus – wie z. B. bei Verhaeren – der Mythos der modernen Technik sein. *Symbole* ist nicht mehr im theologischen oder romantischen Sinne ›Symbol für Etwas‹ – z. B. ›dornige Rose‹ für ›widerspenstige Geliebte‹ –, sondern es verselbständigt sich, gewinnt seine Kraft aus den »correspondances entre le moi et les choses, entre les divers ordres de sensations« (Clouard). Hinzu kommt die Forderung nach Freiheit. Im Zeitalter der Eisenbahnen, sagt Saint-Pol Roux, kann der Dichter nicht mehr ohne weiteres *Au clair de la lune* oder die *Marseillaise* singen. So erhebt Marie Krysinska in der *Chronique parisienne* die Forderung nach Zerschlagung der Sprachlogik (1881), ihr folgte ein junger Soldat, der damals in der algerischen Wüste diente: Gustave Kahn (1859 bis 1936), der zum Vorkämpfer des *Vers libre* wurde (*Les palais nomades* 1887; *Premiers poèmes* 1897). Verlaines Meinung zum *Vers libre* war eindeutig: »De mon temps, on appelait cela de la prose.«

Es war der Grieche Johannes Papadiamantopulos, genannt Jean Moréas (1856–1910), der am 18. 9. 1886 im *Supplément littéraire* des *Figaro* diese Diskussionen in einem *Manifeste du Symbolisme* zusammenzufassen suchte:

»Ennemie de l'enseignement, la déclamation, la fausse sensibilité, la description objective, la poésie symbolique cherche à vêtir l'idée d'une forme sensible qui, néanmoins, ne serait pas son but à elle-même, mais qui, tout en servant à exprimer l'idée demeurerait sujette. L'Idée, à son tour, ne doit point se laisser voir privée des somptueuses simarrés des analogies extérieures; car le caractère essentiel de l'art symbolique consiste à ne jamais aller jusqu'à la concentration de l'idée en soi. Ainsi, dans cet art, les tableaux de la nature, les actions des humains, tous les phénomènes concrets ne sauraient se manifester eux-mêmes; ce sont là des apparences sensibles destinées à représenter leurs affinités ésotériques avec des Idées primordiales . . .«

Schon 1891 wird Moréas sich im Manifest der *Ecole romane* von diesen Theorien distanzieren. 1884 hatte er *Les Syrtes* geschrieben, die *Cantilènes* waren vorausgegangen, der *Pèlerin passionné* (1890), die *Stances* werden folgen. Als sich am 3. 2. 1891 auf Mallarmés Einladung hin das literarische Tout-Paris in der Rue Serpente im *Hôtel des Sociétés Savantes* zum sog. *Banquet du Pèlerin passionné* traf, war Moréas auf einmal der Führer des Symbolismus geworden. Alphonse Retté berichtet, wie man damals durch das nächtliche Paris zog und auf die Melodie von *Auf in den Kampf Torero* sang:

»Jean Moréas a publié / Le Pèlerin passionné
Buvons, amis, oui, oui, buvons avec excès
A sa gloire, à son succès
Et célébrons, et célébrons / Son immortalité ...«

Plötzlich verstand sich alle Welt symbolistisch. Im Café Voltaire wurden 1899 auch Gauguin und Sérusier zu Symbolisten geweiht. Zu Symbolisten der bildenden Kunst. Gauguin begriff nicht recht, was das eigentlich sollte: »Mais va pour le Symbolisme.« Moréas, der sich später mit Apollinaire befreundete und gern klassisch als Landsmann Chéniers gab, war ein auf Bürgerschreck abzielender Dandy mit Schnurrbart und Monokel, Henri Mazel belächelt seine vom griechischen Akzent bestimmte Haltung zur französischen Sprache: »Cé qu'il y a dé plus bo dans la langue françaisé cé sont les e muets.«

Die *Ecole romane* publizierte ihr Manifest am 14. 9. 1891 ebenfalls im *Figaro*. Voller neubelebter Griechenlandbegeisterung stellt Moréas sich hier auf die Seite der national-klassisch gesinnten Weggenossen von Tailhade (*Terre latine* 1898) und Maurras, propagiert ein neues Ideal von *romanité* und *latinité*, das in die literarische Vorgeschichte der *Action française* einging. Die Reaktion gegen die oft von Ausländern – Belgiern, Griechen, Amerikanern – getragene symbolistische Literatur war nicht frei von xenophoben Tönen, was vor dem Hintergrund der Dreyfus-Affäre erhellend ist:

Qu'un Américain comme Viélé-Griffin, qu'un sémite comme Kahn, qu'un Grec comme Moréas, qu'un Nieder-deutsch comme Verhaeren détruisent l'instrument poétique de la maison qui les a accueillis, il n'y a là rien qui doive surprendre. Les Romains de la décadence virent de même leur littérature envahie ... par les barbares (Gilkin).

Das sind die Töne der *Ethocratie* Péladans und der Hetzromane von Barrès. Sie konnten jedoch die Fortentwicklung des Symbolismus nicht verhindern.

Eine interessante Vertiefung symbolistischer Theorien versuchte René Ghil (1826–1925):

Ghils Theorie ist die sog. *Instrumentation verbale,* die nicht ohne Anklang an die Obertonforschungen von Helmholtz ist. Hatte Rimbaud im Vokal-Sonett Laute und Farbeindrücke zusammengefügt, so erstellt Ghil ein um musikalische Querverbindungen bereichertes System: A = schwarz, Orgel, *gravité*; E = weiß, Harfe, *fierté*; I = blau, Geige, *passion*; O = rot, Metallinstrumente, *triomphe;* U = gelb, Flöte, *ingénuité.* Diese Theorie ist struktural interessant, jedoch in ihrer Anwendbarkeit begrenzt. Die Schilderung eines Sonnenaufgangs bei René Ghil würde seiner eigenen Theorie zufolge mit Orgelmusik und der Farbassoziation ›Schwarz‹ einhergehen. Aber die Grundlage zu einer neuen *poésie scientifique* schien gelegt. Ghil vertiefte sie mit seinen z. T. indisch inspirierten Werken. Sein Opus ist nicht umfangreich: *Traité du Verbe* (1886), *Dire du Mieux* (1889/93), *Dire des sangs* (1898/1912), *Dire de la Loi,* wobei *Dire* die pseudo-archaische Bedeutung von *Poème* haben soll. Von 1902 stammt Le *pantoun des pantoun.*

Der Reichtum der symbolistischen Diskussionen, die z. T. mit einem gesteigerten Wagnerkult und Bewunderung für die Präraffaeliten einhergingen, zeigt sich in einer riesigen Produktion theoretischer Schriften. Es entstanden u. a.:

1886: Moréas, *Manifeste du symbolisme;* Ghil, *Traité du Verbe;* 1891: Moréas, *Manifeste de l'Ecole romane;* 1892: Robert de Souza, *Le rythme poétique;* 1894: Albert Mockel, *Propos de littérature;* 1896: Saint-Georges Bouhelier, *Manifeste naturiste;* 1898: Saint-Pol Roux: *Par le Symbolisme au delà du Symbolisme*; Rilke: *Dichtung und Einsamkeit* (1905); 1907: Claudel, *Art poétique;* 1908: Jules Romains, *La vie unanime II;* 1909: Apollinaire, *Manifeste du Futurisme;* 1912: Apollinaire, *L'esprit nouveau et les poètes.*

Viele Autoren wirken im Umfeld dieser Diskussionen: Saint-Pol Roux (*Féeries intérieures* 1898), Charles Cros (1842–1888; *Le coffret de Santal, Le hareng saur, L'Heure froide*), Tristan Corbière (1845 bis 1875; *Les amours jaunes* 1873), Germain Nouveau (1852–1920; *Valentine*). Die auffindbaren Tendenzen sind vielseitig. Das von den einen akzeptierte Etikett *Décadence* wurde von anderen verworfen, nicht anders ging es dem spanisch-südamerikanischen Wort *modernismo,* den Rubén Darío im zeitgenössischen Paris vertrat. Auch modern style oder Jugendstil, die sich auch auf den Bereich der bildenden Kunst ausdehnen, werden nur unter Einschränkungen als gültige Namen der Bewegung akzeptiert. Unter diesen vielfältigen Namen subsumiert sich eine der fruchtbarsten Epochen der französischen Literatur. Jules Laforgue (1860–1887), der als Vorleser am Berliner Kaiserhof fungierte, bringt – wie Lautréamont in Montevideo geboren – in diese Gärung die Gedanken von Schopenhauer und Nietzsche ein, wird zum Pessimisten und Weiberfeind (*Les complaintes* 1885; *L'Imitation de Notre-Dame de la Lune* 1886; *Le sanglot de la terre,* posthum 1901). Maurice

Rollinat (1844–1903) wirkt mit seinen *Névroses* (1883) auf Massenet und Gounod. Auch Albert Samain (1858–1900; *Au jardin de l'Infante* 1893), Henri de Régnier (1864–1936; *Les jeux rustiques et divins* 1897; *Les médailles d'argile* (1900), Francis Jammes (1868–1938; *De l'Angélus de l'Aube à l'Angélus du soir* 1898; *Le deuil des primevères* 1900; *Géorgiques chrétiennes* 1912( und Charles de Guérin (1873 bis 1907; *Fleurs de neige* 1895; *O'éros funèbre* 1900; *L'Homme intérieur* 1905) folgen diesen Erfahrungen. Paul Fort (1872–1960) verband sie mit folkloristischem Interesse. Für Mistral war er die *cigale du Nord*. Seine *Ballades françaises* (1897/1940) sind eine lyrische und deskriptive *Tour de France*. Sie enthalten so bekannte Stücke wie die *Histoire du petit cheval blanc*, die von George Brassens gesungen wurde. Anna de Noailles (1876–1933), greco-rumänischer Abstammung, erhielt 1921 den Literaturpreis der *Académie française* und wurde 1922 Mitglied der belgischen Akademie.Ihre meist in Alexandrinern geschriebenen Dichtungen (*Le cœur innombrable* 1901; *L'Ombre des jours* 1902; *Les vivants et les morts* 1913) vertiefen die symbolistische Erfahrung durch Naturinteresse und – in späteren Jahren – rationalistische Elemente (*L'honneur de souffrir* 1927; *Dernier vers* 1934).

## 15. Tendenzen auf dem Theater

Trotz des Eclats von *Hernani* (s. S. 228) 1830 hat das romantische Theater die französische Bühne nie allein beherrscht. Nach Michel Pichat (1790–1828) hat vor allen Dingen Eugène Scribe (1791–1861), z.T. in Zusammenarbeit mit Legouvé, das französische Theater mit über 350 Stücken versorgt, die nicht auf die durch Hugo und seine Freunde festgelegte Richtung eingesteuert waren. Scribe war Balzacs Kollege in der Anwaltspraxis von Merville gewesen und von diesem beeinflußt. Sein großer Publikumserfolg ist bis heute *Le verre d'eau* (1840). Mit *La Dame blanche* (1825) hatte er Fran5ois Boieldieu ein eingängiges Libretto geiefert. Später versorgt er auch Auber, Meyerbeer, ja sogar Verdi, mit Operntexten. Scribe verkörpert im 19. Jahrhundert – mit anderen – die Tendenz der *pièce bien faite*, die sich vielleicht ohne allzu bewußten Tiefgang auf das Studium der Gesellschaftsmechanismen und Sittenbeobachtung verlegte. Den Romantikern galt er deshalb, ähnlich wie François Ponsard (1814–1867; *Lucrèce* 1843; *Charlotte Corday* 1850) als Philister, aber er bereitete die Theaterpraxis der folgenden Generationen damit vor.

*Theatergeschichtliches.* »Zwischen 1830 und 1880 nahm das Theater überall einen gewaltigen Aufschwung« (Hartnoll). In Frankreich erwuchs der – infolge der Darstellungskunst der Schauspielerin Rachel nach wie vor unumstrittenen – *Comédie Française* bald im *Odéon* ein wichtiger Konkurrent. Mit Picards *La petite ville* (1801, aufgeführt 1829) kam man hier zu einem Riesenerfolg. Der deutsche Titel dieses Stücks ist *Die lustige Witwe.* Als Harel 1829 das *Odéon* übernahm, stellte man auf Sprechtheater um. Hier, wie auch im *Théâtre de la Renaissance* und im *Théâtre de la Porte Saint-Martin* glänzten berühmte Schauspieler wie Frédérick Lemaître (1800–1876). Debureau spielte am Boulevard du Temple, dessen Theater Haussmans Stadtplanung zum Opfer fiel. 1861–1875 wird die von Charles Garnier geplante Pariser Oper gebaut. In der *Comédie française* näherte man sich nur zögernd neuen Tendenzen, aber die übrigen Theater von Paris ließen sich nicht festlegen. Gegen Ende des Jahrhunderts entstanden neue Bühnen, z. T. experimentellen Charakters. Antoines *Théâtre libre* (1887) diente zunächst der Sache des Realismus, wurde jedoch später in *Théâtre de la Rose-Croix* umgetauft und änderte seine Richtung. Paul Forts *Théâtre d'Art* (1891) verfolgt symbolistische Richtungen und ersetzt die Illusionsbühne – *le décor trompe l'œil* – durch die Imaginationsbühne, *le décor d'atmosphère.* Hier arbeiteten zeitweise die Maler Anquetin, Denis, Gauguin und die Schauspieler Susanne Deprès und Paul Franck. Hier brachte man religiöse und philosophische Stoffe – z. B. das Hohelied, den Orpheusmythos, van Lerberghes *Pan* – auf die Bühne und goß manchmal, um die synästhetische Empfindungsfähigkeit des Publikums zu steigern, flaschenweise Parfum aus. Das von Lugné-Poe 1893 gegründete *Théâtre de l'œuvre* diente als Einfallstor für Björnson, Ibsen, Hauptmann. Hier wurde 1900 Gides *Roi Candaule* inszeniert.

Innerhalb dieser Außenstrukturen vollzieht sich die französische Theatergeschichte des 19. Jahrhunderts. François Ponsard (1814–1876) gibt sich antiromantisch und bürgerlich-familienfreundlich, seine *Lucrèce* verdankt einen Teil ihres Erfolges (1843) der Darstellungskunst von Rachel. Amile Augier (1820–1889) liefert mit *Le gendre de Monsieur Poirier* (1854) eine Replik auf Molières *Bourgeois gentilhomme.* Auch in *Les lionnes pauvres* und *Le fils du giboyeur* beobachtet er genau: Korruption, Eheprobleme, Presse, Geldadel etc. Victorien Sardou (1831–1908) glänzt mit realistisch politischen oder historischen Intrigen- und Sittenkomödien: *Les vieux garçons* (1865), *La famille Benoîton* (1865), *Patrie* (1869), *Théodora* (1884), *Robespierre* (1899). *La Tosca* (1887) wurde von Puccini vertont. Sardous bekanntestes Bühnenstück ist *Madame Sans-gêne* (1893), eine Rolle, in der im 20. Jahrhundert Mistinguett geglänzt hat. Sardou schrieb auch für Sarah Bernhardt, die große Konkurrentin der Duse. Im Theaterwerk von Edouart Pailleron (1834–1899) werden die *femmes savantes* der 3. Republik verspottet (*Le monde où l'on s'ennuie* 1881). Der möglicherweise bekannteste Dramatiker der Zeit war Alexandre Dumas der Jüngere, dessen Werk freilich oft im Schatten seines Erstlingserfolgs *La Dame aux Camélias* (1852) stand, der durch Verdis *Traviata* auf alle Bühnen Europas getragen wurde. Die Rolle dieser Edelkurtisane war Sarah Bernhardt auf den Leib geschrieben. Später wird sie sogar Rostands *Aiglon* und Maeterlincks *Pelléas* als Hosenrollen spielen.

Einen wichtigen Aspekt der französischen Theatergeschichte des 19. Jahrhunderts stellt – trotz des Fortlebens der ›heroischen‹ Romantik (Bornier, *La fille de Roland* 1871) – die Boulevardkomödie und die Operette dar. Ihr ungekrönter König in Paris war Jacques Offenbach (1819–1880), Wechselwirkungen mit der Wiener Operette und der spanischen Zarzuela erhöhten den Reiz dieser Kunstgattung für das zeitgenössische Publikum. Es fehlt ihr im übrigen nicht an realistischer Beobachtung und unterschwelliger Sitten- und Gesellschaftskritik. Boulevardkomödie und Operette gehen hier und da ineinander über:

Eugène Labiche (1815–1888), der 1880 Mitglied der *Académie française* wurde, arbeitete gern mit Gondinet und den Michel-Brüdern zusammen. Klassische Schulung zeigt er in *Le Misanthrope et l'Auvergnat* (1853), ein Dauererfolg wurde *Le voyage de Monsieur Perrichon* (1860). In *La Cagnotte* wird das Problem Hauptstadt–Provinz amüsant thematisiert, Burleske schließt Beobachtung nicht aus. Georges Ohnet (1848–1918) wird mit *Le Maître de forges* (1882) zum Augier der bürgerlichen Mittelmäßigkeit. Octave Feuillet (1821–1890), seit 1862 Mitglied der Akademie und 1868 durch Kaiserin Eugénie Bibliothekar in Fontainebleau, wandte sich gegen die Unmoral des Adels und galt als der *Musset des familles.* Seine Erfolgsromane – u. a. *Le roman d'un jeune homme pauvre* (1858) – entstanden parallel zu seinem Unterhaltungstheater, in dem die melodramatischen und romanesken Töne überwiegen: *La crise* (1848), *Le pour et le contre* (1853), *Monjoie* (1863). Demgegenüber war das »frivole Gespann« (Hartnoll) Henri Meilhac (1831 bis 1897) und Ludovic Halévy (1834–1908) der bevorzugte Lustspiellieferant des *Second Empire* und der Anfangsphase der 3. Republik. Die Operette kann als »das originellste und ausdrucksvollste Produkt des zweiten Kaiserreichs« (Hauser) gelten, und erreichte mit der Weltausstellung von 1867 einen Höhepunkt. *Frou-Frou* (1869) folgt auf *La Belle Hélène* (1865) und *La vie parisienne* (1866), *Mam'zelle Nitouche* folgt 1886. In *La vertu de Célimène* (1861) zeigt Meilhac sich der Tradition Molières verpflichtet, 1884 liefert er das Libretto zu Massenets *Manon.* Der bekannteste Roman Halévys ist der im Bürgermilieu angesiedelte *Abbé Constantin* (1882). Die Erfolge von Meilhac und Halévy griffen bald auch auf Wien über, wo sie auf die Konkurrenz von Johann Strauß, Millöcker und Suppé trafen.

Mit Henri Becque (1837–1899) gewinnt der literarische Naturalismus auf der französischen Bühne an Boden. Mit *L'enfant prodigue* (1868), *Michel Pauper* (1870), *Les honnêtes femmes* (1880), *Les corbeaux* (1882), *La Parisienne* (1885) bringt er »vor allem Konflikte der

Gründerzeit auf die Bühne« (Engler), die er z. T. nach Art der *comédie rosse* überzeichnet. *La Parisienne* zeigt dabei Analogien zu Dancourts Stück gleichen Namens von 1691 und zu Labiches *Le plus heureux des trois* (1870). In diesem Theater, das oft illusionslos Eheprobleme und Dreiecksverhältnisse zeigt, ist alles Konvention, Analyse, Sentenz, allenfalls halbherziger Sarkasmus. Der Bourgeois redet und findet sich dabei noch interessant, so z. B. in Jean Aicards *Le Père Lebonnard* (1889). Der Einbruch des Symbolismus in das Theater des 19. Jahrhunderts ist eine Leistung des Belgiers Polydore-Marie-Bernard-Maurice Maeterlinck (1862–1949):

Maeterlinck war in England, Deutschland, Frankreich gleichermaßen bekannt, mit Villiers de L'Isle-Adam, Saint-Pol Roux, Mallarmé u. a. eng befreundet. Im hohen Alter zwangen ihn die Nazis noch zur Emigration nach Nordamerika, ab 1947 leitete er den PEN-Club. 1911 erhielt er den Literaturnobelpreis. Als Dramatiker wurde er berühmt, u. a. mit *La princesse Maleine* (1889), *L'Intruse* (1890), *Les aveugles* (1890), *Les sept princesses* (1891). *Pelléas et Mélisande* (1892) wurde zur Summe symbolistischen Theaters. Dieses Drama in 5 Akten – 16. 5. 1893, *Théâtre des Bouffes-Parisiens;* mit der Musik Debussys am 27. 4. 1902, *Opéra Comique* – kreist um das Problem der Fatalität und ist nicht ohne Anklänge an die durch Wagner hindurch wiederentdeckte Geschichte von *Tristan und Isolde*, die sich z. T. mit Anklängen an *Romeo und Julia* verbinden. Das Märchenelement steht im Vordergrund: ein Schloß, ein schüchterner Liebhaber, ein Ring als Treuesymbol, Todesbereitschaft, die jede Schuldfrage sinnlos macht. Cyrill Scott und Gabriel Fauré lieferten Musiken zu dem Werk. Maeterlinck ließ ihm u. a. folgen *Intérieur* (1894), *La mort de Tintagiles* (1894), *Aglavaine et Sélysette* (1896), *Le trésor des humbles* (1896), *Ariane et Barbe-bleue* (1901). Sein größter Erfolg wurde *Monna Vanna* (1902) mit – allein in Berlin – 181 Aufführungen. 1909 folgt das »Märchen initiatique« (Gorceix) *L'Oiseau bleu*, und es folgt eine weitere dichte Produktion von Theaterstücken. Maeterlincks Anfangserfolge sind nicht zuletzt der Darstellungskunst von Georgette Leblanc zu danken.

Neben Maeterlinck verblassen ein wenig die Autoren, die die naturalistische Tendenz fortsetzen: Jules Renard (1864–1910; *Le pain de ménage* 1897; *Poil de Carotte* 1900 nach dem gleichnamigen Roman), Octave Mirbeau, der aus antisemitischem Haß die Verleihung des Goncourt-Preises an Apollinaire – der gar kein Jude war – hintertrieb (*Les mauvais bergers* 1897, *Les affaires sont les affaires* 1903), Emile Fabre (1869–1955; *L'Argent* 1892; *Les ventres dorés* 1905). Dreieckskomödien und Dreieckstragödien schrieben Henry Bernstein (1876 bis 1953), Maurice Donnay (1859–1945; *Amants* 1895), Henri Lavedan (1859–1940; *Le duel* 1905), George de Porto-Riche (1849–1930; *Le passé* 1897). Henry Bataille liefert mit *La marche nuptiale* (1905) ein

Eifersuchtsdrama, Antoine war der Entdecker von François Curel (1854–1929), der mit *Repas du lion* (1897) und *La nouvelle idole* (1899) schwierige soziale *cas de conscience* thematisiert: Unternehmer/Arbeiter, Medizin im Konflikt mit der Menschlichkeit, etc. Abel Hermant zeichnet in *Les Transatlantiques* (1898) den Kosmopolitismus seiner Zeit. Paul Hervieu (1857–1915) kritisiert die bürgerliche Ehe (*Les paroles restent* 1892; *Les tenailles* 1895) und Familie. *La course du flambeau* (1901) lohnt den Vergleich mit Cocteaus *Enfants terribles*. Eugène Brieux (1858–1922) thematisiert Erziehungsfragen (*Blanchette* 1892; *Les remplaçantes* 1901), George Feydeau (1862 bis 1921), Sohn von Ernest Feydeau, schrieb eingängige Komödien (*Occupe-toi d'Amélie* 1908), die auch heute noch erfolgreich aufgeführt werden. Ähnliches gilt für Tristan Bernard (1866–1947; *Les pieds nickélés* 1895; *L'Anglais tel qu'on le parle* 1899). Die erfolgreiche Boulevardkomödie vertreten in der Nachfolge Meilhacs und Halévys u. a. Robert de Flers (1872–1927), Armand de Caillavet (1869 bis 1915) und Alfred Capus (1858–1922; *La veine* 1901). Bei Georges Courteline (1861–1929) kann sich die Gesellschaftskomödie zur realistischen Farce steigern: *Un client sérieux* (1897), *Le gendarme est sans pitié* (1899), *Boubourouche* (1893). Das Lachen Courtelines verbirgt nur unvollkommen seinen gesellschaftlichen Pessimismus.

Erfolgreich waren Edmond Rostand mit seinem neuromantischen Theater und Alfred Jarry mit seiner epischen Farce.

Edmond Rostand (1868–1918) knüpft an das – u. a. von Hugo verteidigte – Verstheater der Romantik an. In *La princesse lointaine* (1898) entsinnt er sich des *Amour de lonh* Jaufré Rudels, seine *Romanesques* (1894) gehen auf Shakespeares *Romeo und Julia* zurück, *Cyrano de Bergerac* (1897) bezieht sich romantisierend auf das Schicksal des Autors aus dem 17. Jahrhundert und wurde einer der größten französischen Theatererfolge überhaupt. *L'Aiglon* (1900) zeichnet das Schicksal des unglücklichen Herzogs von Reichstadt nach, das auch Apollinaires *Chasse à l'aigle* inspiriert. 1910 wurde im *Théâtre de la Porte Saint-Martin* mit Sarah Bernhardt *Chantecler* aufgeführt, das Rostand in der Fabeltradition La Fontaines zeigt. Die Geschichte des Hahnes Chantecler, der weiß, daß ohne sein Krähen die Sonne nicht mehr aufgehen wird, steckt voller politischer und sozialer Desillusion. Er verliert das geliebte Goldfasanweibchen, ärgert sich über die preziös herumquatschende, intellektuelle Amsel, den brutalen Kampfhahn, die dümmlichen, seinem Schutz anvertrauten Hennen. Dieses Stück ist, allein schon wegen der Aufführungsschwierigkeiten eher ein Lesedrama. Im Krieg 1914/18 schrieb Rostand bösartige Haßtiraden.

Alfred Jarry 1873–1907) hat mit seinem ursprünglich als Marionettenspiel konzipierten *Ubu Roi* alle Königsmorddramen der Literaturgeschichte verballhornt. Im Publikum der von Lugné-Poe inszenierten Uraufführung im

*Théâtre de l'œuvre* 1886 saßen Mallarmé und Yeats. Der vollständige Titel lautet: *Ubu Roi. Drame en cinq actes en prose. Restitué en son intégrité tel qu'il a été représenté par les Marionnettes du Théâtre des Phynances en 1888.* Das Marcel Schwob gewidmete Werk steht unter dem unvermittelten Leitsatz: »Adonc le Père Ubu hoscha la poire dont fut depuis nommé par les Anglois Shakespeare, et avez de lui sous ce nom maintes belles tragoedies par escript.« Das Orchester, das Jarry sich vorstellt, besteht aus »Cervelas, oliphans verts, des sacquebutes et des galoubets«. Das erste Wort auf der Bühne ist »Merdre«. Erst langsam merkt der Zuschauer, daß *Ubu Roi* in Polen spielt, wo Ubu, der Rebell, König Venceslas ermorden läßt. Mère Ubu, die ihren Mann zu dem Verbrechen anstachelt, ist eine burleske Übersteigerung von Lady Macbeth. Als Ubu sich entdeckt glaubt, weint er: »Oh, merdre, jarnicoton bleu, de par ma chandelle verte, je suis découvert, je vais être décapité, hélas, hélas!« Als er die Macht hat, erfindet er eine *Trappe à Nobles* zum Zwecke seiner Bereicherung. Seine ganz persönliche Erfindung ist die *Machine à décervelage*, die Gehirnzermanschungsmaschine, die als Chanson, mit der Musik von Claude Terrasse, ein eigenes literarisches Schicksal hatte. Den Tod belegt Ubu mit einer Steuer, wer stirbt, hat 15 Franken zu entrichten. Jarrys Wortdeformationen – z. B. *démancher* = ausrenken; *comancher* als Analogbildung dazu – wurden möglicherweise durch Gustave Frérons *Les aventures du Colonel Ronchonot* (1884) angeregt, sein »alogischer Stilzwang« (Engler) wirkte bis auf Marinettis *Le roi Bombance* (1909). In Frankreich, wohin Ubu als Flüchtling kommt, macht er Karriere als *Maître des Phynances.* Die Moral des Stücks: »S'il n'y avait pas de Pologne, il n'y aurait pas de Polonais.« In *Ubu Roi* finden sich Anklänge an den *Bourgeois gentilhomme*, an *Monsieur Perrichon*, an *Macbeth*, an *La vida es sueño.* Das Stück wirkte auf Ionescos *Macbett.* Ubu lehrt, was passiert, wenn dem geistigen Embryo politische Macht gegeben wird, wenn der kindische Idiot über Völker und *Phynances* entscheidet. Ubu steigert die utilitaristische Logik ins Absurde: er mordet, um mehr Leberwurst essen zu können. Der Königsmord ist bei ihm keine revolutionäre Tat, sondern entspringt der Angst vor seiner Frau. Ubu ist ein Anarchist, nicht im Sinne Rousseaus oder Dostojewskis, sondern im Sinne eines materialistischen Interessendeterminismus. Er reagiert nur auf Gewalt, er ist ein Roboter, der Verbrechen ohne eigentliches Motiv begeht. Er ist ein Technokrat des Gratisakts. Mit Ubu endet das 19. Jahrhundert, das mit der Sympathie für den genialen Verbrecher, den romantischen ›Übermenschen‹, etc. angefangen hatte. Später schrieb Jarry noch eine Reihe anderer Werke: *Le surmâle* (1902), *La papesse Jeanne* (1908), *Gestes et opinions du docteur Faustroll, pataphysicien* (1911). Er ist der französische Übersetzer von Grabbes *Scherz, Satire, Ironie und tiefere Bedeutung*, das er unter dem Titel *Silènes* in Frankreich zugänglich machte.

## 16. Idealistisches Erzählen

Als Pierre Loti 1891 seinen *Discours de réception* vor der *Académie française* hielt – er war der Nachfolger von Octave Feuillet – umschrieb er das geistige Klima in Frankreich als vorwiegend idealistisch geprägt:

> L'idéal ... est éternel ... Déjà sur la fin de notre siècle, il est certain qu'il reparaît, avec le mysticisme, son frère; ils se réveillent ensemble, ces deux berceurs très doux de nos âmes; ils ne sont point tout à fait tels qu'autrefois, ils sont plus troublés, pris de vertige et ne sachant guère où se rattacher dans le désarroi de tout, mais ils vivent toujours, et on recommence à plus nettement les voir, derrière ce nuage de fumée du réalisme, qui s'est levé sur eux, des bas-fonds effroyables.

Diese deutliche Absage an den Naturalismus lenkt das Augenmerk auf die Tatsache, daß die realistische Erzähltechnik ihre Zeit nicht unangefochten beherrscht hat. Es gab Widerstände, Gegenbewegungen, Mischformen.

Als Dandy, Monarchist und Nonkonformist kultivierte Jules Barbey d'Aurevilly (1808–1889) sein Außenseiterimage. Er schmeichelte sich: »J'ai assez de talent pour déplaire«, er tat es mit der Freude dessen, für den Kompromisse *a priori* faul sein müssen. Wie Menéndez Pelayo verherrlicht er die Inquisition, idealistisch war er nur in dem Sinne, daß er antirationalistisch war. Daß er sich auch mit überlegenen Gegnern anlegte, spricht für seine Ehrlichkeit, nicht für seine Klugheit. Mit *L'ensorcelée* (1854), *Le chevalier Des Touches* (1864), *Un prêtre marié* (1865) trauert er dem traditionellen Katholizismus nach, die sechs *Contes* der *Diaboliques* (1874) stehen in der Nachfolge Hoffmanns und Poes. Sie kreisen um Mordlust, Eifersucht, Nymphomanie, Dämonie. Barbey nahm als Katholik den Teufel ernst. Für Des Esseintes war er gottlos und gläubig zugleich, *ange* und *bête*. Als Kritiker schrieb er im *Constitutionnel,* im *Gaulois,* im *Pays* und im *Réveil,* Zielscheiben seiner ultramontanen Intransigenz waren u. a. Flaubert, Hugo und Michelet. Für die Kenntnis der Literaturkritik des 19. Jahrhunderts sind seine *Les hommes et les œuvres 1861–1865* eine Fundgrube. Bei jeder Frage kann man sicher sein, daß Barbey sich ›gegen den Strich‹ äußert. Er ist ein Manichäer, der die Wahrheit nur bei sich selber vermutet. Sich in das Denken anderer zu vertiefen, erschien ihm verachtenswert. Für Bernanos, Mauriac, auch für Proust u. a. war Barbey jedoch mehr als nur ein »origineller Außenseiter«, der »für die symbolistische Prosa im ausgehenden 19. Jahrhundert« eine ähnliche Bedeutung hat, »wie sie Baudelaire für die Poesie besitzt« (Hofer). Er war gerade wegen seiner Unversöhnlichkeit ein wichtiger Anreger.

Ähnliches gilt für Auguste Villiers de l'Isle-Adam (1838–1889). Er schreibt *Poésies*, einen *Isis*-Roman (1862), publiziert im *Parnasse contemporain*, gründet die ephemere *Revue des Lettres et des Arts*. Seine an Poe inspirierten *Contes cruels* (1883) »bewegen sich gleichermaßen in den Bahnen scharf satirischer Gesellschaftskritik wie eines romantischen Okkultismus« (Jan). Dieser verarmte bretonische Adlige, der 1888 mit *Nouveaux contes cruels* seine Horrorästhetik vertiefte, war ein Freund Mallarmés und mischte Katholizismus, Hegelianismus und schwarze Magie. *L'Eve future* (1886) ist eine *science-fiction Story*, deren naturwissenschaftlich begründete Ausgangsposition darin besteht, daß eine Frau, die in Wahrheit ein Roboter ist, den Glauben an Liebe, Schönheit, Lebenserhaltung zerstört. Erst Charles van Lerberghe wird sich mit seiner *Chanson d'Eve* wieder der biblischen Eva entsinnen. Villiers Geschichte erinnert an Huxleys *Brave new World. L'Amour du Naturel* ist Villiers Rückgriff auf Longus' *Daphnis und Chloe*, in *Axel* (posthum 1890) nimmt die Spannung zwischen Spleen und Ideal den Zug der Auseinandersetzung zwischen hybrider Technik und entfremdeter Natur an.

In anderer Hinsicht ›visionär‹ sind Elémir Bourges (1852–1925) mit *Le crépuscule des dieux* (1884) und der Erfolgsautor Marcel Prévost (1862–1941) mit seinen an der Grenze zur Halbwelt angesiedelten Gesellschaftsromanen *Les demi-vierges* (1894), *M. et Mme Moloch* (1906), *Les Don Juanes* (1922). Sein Epos *La Nef* (1902/1924) ist eine späte Huldigung an den Elitemenschen im Zeitalter der Demokratie. Demgegenüber war Léon Bloy (1846–1917) ein fanatischer Katholik, der am liebsten seine Zeitgenossen – einem modernen Dante vergleichbar – allesamt in die Hölle verpflanzt hätte. Seine Romane (*Le désepéré* 1886; *La femme pauvre* 1897) sind Zeugnisse eifernden Hasses, die einiges über die Entgleisungsfähigkeit des bürgerlichen Intellektuellen dieser Generation aussagen. Bloys Kreuzzugsmentalität richtete sich gegen Demokratie, Wissenschaft, Toleranz. Glaube versetzt Berge, Kompromisse sind etwas Schlechtes. Wie Barbey nahm auch Bloy den Teufel ernst.

Idealistisches Erzählen verkörpert auch Marcel Schwob (1867–1905). Er übersetzt Shakespeare und Defoe, interessiert sich für historische Extremsituationen, sofern sie idealistische Antriebe bezeugen, z. B. *La croisade des enfants* (1896). Im *Livre de Monelle* (1894) zeigt er sich als symbolistischer Prosadichter, der mit *Cœur double* (1891), *Les vies imaginaires* (1896) vom *genre cloaque* des Naturalismus wegführt.

Joris-Karel Huysmans (1848–1907), in Paris gebürtiger Autor niederländischer Abstammung, ist den Weg vom Naturalismus über den Dekadentismus und Symbolismus in die Mystik gegangen.

*Le drageoir aux épices* (1874), *Marthe* (1876), ein kritischer Artikel über Zola, zeigen ihn in naturalistischen Bahnen. Mit *Sac au dos* ist er in den *Soirées de Médan* vertreten. Bald tendiert er zu einem spiritualistischen Naturalismus. Mit *Les sœurs Vatard* (1879), *En Ménage* (1881) und *A vau-l'eau* (1882) liefert er eine hoffnungslose Trilogie des Abstiegs und der Schwarzseherei. Der Tiefpunkt ist erreicht mit *En rade* (1884), wo offensichtlich auch die naturalistische Literaturtheorie als Sackgasse erkannt wird. Huysmans interessiert sich mehr und mehr für Baudelaire, Verlaine, Cézanne, Dégas, er erlebt den Reiz synästhetischer Empfindungen, 1884 erscheint mit *A Rebours* eines der beunruhigendsten Bücher der Zeit. Es beschreibt den verzweifelten Versuch des lebensunfähigen Adligen Des Esseintes, sich ein *paradis artificiel* aufzubauen und ›gegen den Strich‹ zu leben. Er verschafft sich Halluzinationen, begeistert sich für dekadentistische Kunst, liest Endzeitliteratur aus dem ausgehenden Altertum, züchtet exotische Gewächse. Er ist der lebensunfähige Nachkomme des romantischen *Mal du siècle.* In der Treibhausatmosphäre seiner gedämpft eingerichteten Wohnung genießt er Wagner und Berlioz; die erotischen Befriedigungen, die ihm sein schwächlicher Körper noch verschafft, sucht er durch schwüle Monstruositäten zu intensivieren. Schließlich sucht er einen Ausweg über die Religion. *A Rebours* ist die irreversible Abrechnung mit dem Naturalismus. Mallarmés *Prose pour des Esseintes* ist ein Hymnus auf diesen zweiten bedeutsamen Romanhelden nach Julien Sorel. Huysmans geht den eingeschlagenen Weg weiter, *Là-Bas* (1891) führt in Okkultismus und Schwarze Magie, *En Route* (1895) entdeckt die Poesie des Mönchslebens, *La Cathédrale* (1898) verherrlicht die Kathedrale von Chartres, die – nach Hugos *Notre-Dame de Paris* – zu einem zweiten literarischen Kristallisationspunkt architektonischer Art wird. Peguys *Tapisserie de Notre-Dame* (1912) verherrlicht ebenfalls die Kathedrale von Chartres. In *L'oblat* (1903) vollendet sich diese Bewegung Huysmans' im Mystizismus. Hier vollzieht sich auch die Handlung von *Les foules de Lourdes* (1906). Später interessiert Huysmanns sich noch für Heiligenleben und Wege zur mystischen Jenseitserfahrung. Die Absage an den Naturalismus, den er durch seine Teilnahme an den *Soirées de Médan* selber mit begründet hatte, ist vollkommen.

## 17. La deuxième vague: Der Symbolismus in Belgien

Mit der Gründung Belgiens im Jahre 1830 konnte eine zweite französischsprachige Literatur in Europa entstehen. Mit Octave Pirmez (1832 bis 1883) entstanden bald Tendenzen, die zu einer belgischen ›Nationalliteratur‹ führen sollten, für die sich vor allen Dingen Charles de Coster stark machte. Über den Prince de Ligne, Marnix de Sainte-Aldegonde bis hin zur burgundischen Blüte des 15. Jahrhunderts konnte man zudem eine kulturelle Vergangenheit einbringen, die in Malerei, Architektur, Musik und Literatur gleichermaßen studierenswert erschien. Taines Äußerung aus der *Philosophie de l'Art* von 1860: »Aujourd'hui leur littérature est presque nulle« war schon zum Zeitpunkt ihrer Niederschrift falsch und sollte sich in der Folgezeit als vollends unhaltbar erweisen.

Mit Max Wallers Zeitschrift *La jeune Belgique* (1881–1897) erfolgt die Absage an kulturelle Abhängigkeiten in Ost und West: »Soyons nous«. Dem Ringen um eine belgische Nationalliteratur dienten auch andere Gründungen, z.B. *La Wallonie* (1886–1892) von Albert Mockel, *Le coq rouge* von Verhaeren und Eekhoud, etc. Dabei scharte man sich gern um Camille Lemonnier (1884–1913), den Bewunderer des Parnaß und naturalistischen Autor von *Les charniers,* dem Sedan-Roman des politisch neutralen Beobachters, der nach Huysmans' Urteil als »le plus terrifiant pamphlet qu'on ait jamais écrit contre la guerre« gelten muß. *Un mâle* (1881) und *Happe-Chair* (1886) zeigen Lemonnier weiter in naturalistischen Bahnen. Mit *L'île vierge* (1897) und *Au cœur frais de la forêt* (1900) entdeckt er die Natur seiner Heimat, deren kunsthistorische Traditionen er mit der *Histoire des Beaux-Arts en Belgique* und der *Ecole belge de peinture* erhellt. Georges Eekhoud verfolgt Lemonniers Linie mit *Kees Doorik* (1883) und den *Contes* aus *Kermesses* (1884). In *La nouvelle Carthage* (1888) zeigt er illusionslos Antwerpens Aufstieg zur Handelsmetropole, seine Sympathie für Außenseiter findet sich wieder in *L'Autre vue* (1904). Hinzu kommen stoffreiche historische Studien: *Les fusillés de Malines* (1891), *Les libertins d'Anvers* (1912).

Wirklich internationale Bedeutung gewann jedoch erst die Gruppe der belgischen Symbolisten, die die von Frankreich geprägte Bewegung aufgriffen und originell weiterentwickelten:

Georges Rodenbach (1855–1898), Schüler von Coppée, Freund von Mallarmé, entwickelt das Motiv vom ›Reich des Untergangs‹ in *Bruges-la-Morte* (1892) weiter und erzählt die Geschichte des Witwers Hughues Viane, der die Doppelgängerin seiner toten Frau erwürgt, weil sie den Liebeskult, den er der Verstorbenen weiht, nicht zu achten im Stande ist. Haarfetischismus und Wassersymbolik sind die Jugendstil-Ingredienzen des Werks, das Korngolds *Tote Stadt* anregte. Meist in Paris wohnend, erkannte Rodenbach bald, daß seine flandrischen Inspirationen auch eine Verkaufsgarantie in einem allgemeinen literarischen Klima waren, das sich gerade für den ›Norden‹ begeisterte. Brügge war ein erreichbares Thule. Rodenbachs Lyrik zeigt die ästhetische Erfahrung der französischen Zeitgenossen: *Tristesses* (1879), *La mer élégante* 1881: Badeleben in Knokke), *L'hiver mondain* (1884), etc. In *La jeunesse blanche* (1886) finden sich sensible Beschreibungen alter Städte, Kanäle, Brücken, etc.:

Le gothique noirci des pignons se décalque
En escaliers de crêpe au fil dormant de l'eau,

Et la lune se lève au milieu d'un halo,
Comme une lampe d'or sur un grand catafalque.

Das Wasser als *élément mélancolisant* spielt hier die Rolle des Katalysators der »*ophélisation* d'une ville entière« (Bachelard). Ähnliche Töne finden sich in *Le règne du silence* (1891) und *Miroir du sol natal* (1898) wieder. Angedeutet hatten sie sich schon in *Les vies encloses* (1886). Sie bestimmen zudem weite Teile der Inspiration von Rodenbachs Novellen: *Le carillonneur, Le voile, Le rouet des brumes,* etc.

Rodenbachs Schulkamerad auf dem *Collège Sainte-Barbe* in Gent war – neben Van Lerberghe, Maeterlinck und Grégoire Le Roy – Emile Verhaeren (1855–1916), der ›europäische Whitman‹. Er ließ sich zunächst von Stoffen seiner engeren Heimat anregen (*Les Flamandes* 1883; *Les moines* 1886) und zeigte sich mit *Les soirs* (1887), *Les débâcles* (1888) als Leser Hugos und Baudelaires, eine Richtung, die sich schon mit *Les flambeaux noirs* (1880) andeutete. Er lernt Mallarmé kennen, schreibt seine zarten *Heures claires* (1886) und begeistert sich unter dem Eindruck seiner Freundschaft mit Emile Vandervelde (1866 bis 1938) mehr und mehr für die Welt der Arbeit und der Technik: *Les campagnes hallucinées* (1893), *Les villages illusoires* (1895), *Les villes tentaculaires* (1895). Liebe, Humanismus, soziale Gerechtigkeit erhofft er sich in *Les visages de la vie* (1899).

Verhaeren erkannte die Technik als Quelle eines neuen Mythos und damit als poetische Inspirationsquelle. Er weigert sich, sie zu verteufeln, obwohl er auch ihre Gefahren erkennt: *Les forces tumultueuses* (1902), *La multiple splendeur* (1906), *Les rythmes souverains* (1910). Daneben entsteht mit *Toute la Flandre* (1904) ein detailliertes Flandernbild. Hinzu kommt das Theater: *Les aubes* (1898), *Le cloître* (1900), *Philippe II* (1901), das den Vergleich mit Schillers *Don Carlos* und Verdis gleichnamiger Oper lohnt, *Hélène de Sparte* (1912) als Etappe zwischen Offenbachs *Belle Hélène* und Giraudoux' *Guerre de Troie*. Die Verletzung der belgischen Neutralität im Jahre 1914 hat auf Verhaeren ernüchternd gewirkt. Er engagierte sich nicht ohne Fanatismus für seine tödlich bedrohte Heimat und wurde von Romain Rolland dafür kritisiert. Er stärkt den Widerstandswillen gegen die deutschen Aggressoren: *Les flammes hautes* (1917), *Les ailes rouges de la guerre* (1916). Die Enttäuschung über die Sozialisten, auf deren Internationalismus er seine vergebliche Friedenshoffnung gerichtet hatte, macht sich Luft:

Ce fut en août, là-bas, au Reichstag, à Berlin,
Que ceux en qui le monde avait mis sa foi folle
Se turent quand sonna la mauvaise parole.
Un nuage passa sur le front du destin.

Verhaeren wurde 1916 auf einer Vortragsreise in Rouen von einem Zug überfahren. Stefan Zweig widmete ihm eine Monographie und übersetzte viele seiner Gedichte ins Deutsche.

Charles van Lerberghe (1861–1907) aus Gent, war in Sainte-Barbe zur Schule gegangen und hatte in Brüssel promoviert. Nach Reisen durch England, Deutschland, Italien lebte er vorwiegend in Bouillon:

Seine *Flaireurs* (1889) wurden 1892 in Paul Forts *Théâtre d'Art* aufgeführt. Sie wirkten auf Maeterlincks *Intruse.* Der Lyrikband *Les Entrevisions* (1898) lebt z.T. aus der Kenntnis der Präraffaeliten. 1904 erschien *La chanson d'Eve,* nach Remy de Gourmont die »éternelle chanson de l'âme«. Bei der Aufführung von *Pan* (1906) glänzte Colette in der Hauptrolle. Van Lerberghes Briefe, u. a. an Fernand Séverin, zeigen ihn als wachen Kenner der europäischen Kulturszene und der italienischen Kunst. Seine Freundschaft mit Marie Bashkirtseff bedürfte der weiteren Erforschung.

Max Elskamp (1862–1931) stammt aus Antwerpen.

In *La louange à la vie* (1898) vereinigt er mehrere Dichtungen, die ihn als Leser von Verlaine und Mallarmé ausweisen, z. B. *Six chansons de pauvre homme pour célébrer la semaine de Flandre* (1895). Die gleichzeitigen *Enluminures* spielen im Titel auf Rimbauds *Illuminations* an. Sein graphisches Talent zeigt Elskamp im *Alphabet de Notre-Dame la Vierge* (1901). Die Invasion von 1914 zwingt ihn ins niederländische Exil, wo er Teile von *Sous les tentes de l'Exode* (1921) konzipiert. Es folgen u. a. *Chansons désabusées* (1922), *Maya* (1923), *Remembrances* (1924) und – frei nach Horaz – *Aegria somnia* (1924). Posthum erschienen *Huit chansons* (1932), *Les fleurs vertes, Les joies blondes* (1934). Weite Teile von Elskamps Werk sind noch unediert.

Das Theaterwerk von Maurice Maeterlinck ist an anderer Stelle besprochen worden:

Als Lyriker gewann er mit *Serres chaudes* (1889) und den *XII* später *XV Chansons* (1897) sein Publikum. *Les débris de la guerre* (1919) enthalten seine während des 1. Weltkriegs entstandenen Artikel. Später schreibt er philosophische Abhandlungen (*La grande loi* 1933; *Avant le silence* 1934), interessiert sich für religiöse Fragen (*Devant Dieu* 1937; *La grande porte* 1939). Zeitlebens begeistert ihn die Naturphilosophie: *La vie des abeilles* (1901), *L'Intelligence des fleurs* (1907), *La vie des termites* (1926), *La vie de l'espace* (1928), *La vie des fourmis* (1930).

Mit den genannten Autoren, deren Namenskatalog sich erweitern ließe – Guido Gezelle, Albert Giraud, Valère Gille, Iwan Gilkin, etc. – erlebt der Symbolismus in Belgien seine Blüte und seine Vollendung. In dieser Zeit spricht die französische Literatur nicht nur mit ihrer Pariser Stimme. Das erkannte u. a. Barrès, als er am 5. 10. 1890 in *L'art moderne* schrieb: »Nous vous aimons, surtout quand vous êtes Belges, car nous n'avons pas cessé de souhaiter une forte décentralisation de la pensée française . . .«

# Das 20. Jahrhundert

## 1. Weichenstellungen

Das 20. Jahrhundert ist unser Jahrhundert. Das bedeutet, daß mit zunehmender zeitlicher Nähe auch der Literaturhistoriker sich in der Einschätzung seines Gegenstandes schwerer tut und möglicherweise im Konflikt zu jenen Kanonisierungsmechanismen steht, die sich in späteren Zeiten als die entscheidenden entpuppen werden. Dabei muß gerade der ausländische Betrachter sich hüten, die Kanonbildung, die nur Sache der französischen Gesellschaft sein kann, beeinflussen zu wollen, Tendenzen, Richtungen, Gattungen zu favorisieren, Bewertungen, Umbewertungen oder Neubewertungen vorzunehmen, die allein aus dem unmittelbaren Beteiligtsein entstehen können. Die kulturimperialistische Attitüde, die in der vorschnellen Bewertung französischer Literatur »aus deutscher Sicht« bestehen könnte, bleibt gefährlich, auch da, wo sie sich ›internationalistisch‹ gibt oder von einer aus persönlicher Erfahrung geborenen Sympathie bzw. Antipathie gegenüber bestimmten Tendenzen, Gattungen, Autoren, etc. getragen wird. Dabei erklärt sich die Vielfalt der französischen Literatur des 20. Jahrhunderts – und darin setzt sie Vergangenes fort – vor dem Hintergrund unbewältigter politischer, sozialer, technischer, etc. Probleme, ideologischer Parteilichkeiten und ›engagierter‹ Aktivitäten, die hier und da über den Bereich hinausweisen, in denen eine Literaturgeschichte sich kompetent äußern kann. Und so kann – was möglicherweise im Falle Sartres eingetreten ist – das vielerseits anerkannte ›Engagement‹ durchaus hier und da in einem Spannungsverhältnis zu seinen formalen Reussiten oder auch zu seinem formalen Neuerungswillen stehen. Die Tatsache, daß viele literarische Problematiken über Romane, Theater, etc. hinaus erst durch den Film propagiert und demokratisiert wurden, stellt den Literaturhistoriker zudem vor interessante, aber keineswegs ausdiskutierte Fragen. Unerläßlich erscheint zudem die – zwangsläufig verkürzte – Hereinnahme als entscheidend erkannter Scharnieren der politischen Geschichte Frankreichs und Europas in unserem Jahrhundert. Und auch hier wird der Betrachter nicht von seinen Parteilichkeiten abstrahieren können.

Das Frankreich vor 1914 ist durch seine unbewältigten Probleme charakterisiert. Die Nachwehen der Commune, Boulanger-, Panama-, Dreyfus-Skandale wirken polarisierend auf die Intellektuellenkreise und darüber hinaus.

Kolonialpolitik, Elsaß-Lothringen, Schulkampf, Marokko-Krise, zerrissene Parteienlandschaft bezeichnen weitere offene Fragen, die – wie die vielen innerliterarischen Theorieproblematiken – in zahlreichen neugegründeten Zeitschriften diskutiert werden. So verfügt die 1899 von Henri Vaugeois und seinem Kreis gegründete *Action française* seit 1908 über die gleichnamige Zeitschrift, die bis 1944 existieren wird. Léon Daudet, Maurras u. a. arbeiten mit. 1926 wurde das Unternehmen bereits vom Vatikan verdammt. Seit 1902 existiert die Zeitung *L'Humanité*, schon 1900 gründete Péguy die *Cahiers de la Quinzaine*, 1908 entsteht die N.R.F. im Kreis um Gide und Valéry, die seit 1911 mit dem Namen Jacques Rivière verbunden ist und im Rahmen einer Geschichte des Verlagshauses Gallimard zu würdigen wäre. 1908–1940 existiert auch Paul Léautauds *Mercure*. 1911 wird Jean-Richard Blochs *Effort libre* gegründet. Was den Krieg von 1914–1918 betrifft, so brachte er für die republikanische Staatsform in Frankreich eine Bestätigung, während er für Deutschland, Österreich, Rußland den Umbruch der staatlichen Organisation bedeutete. 1918 gehörte Frankreich zu den Siegern. Gegensätze zwischen Links und Rechts, Ruhrgebietsbesetzung (1923), Locarno-Vertrag (1925), wirtschaftliche und koloniale Krisen, aufkommende Faschismen in Italien, Deutschland und Spanien, Volksfront etc. bezeichnen stichwortartig einige zentrale Probleme der Zwischenkriegszeit. Die französische Unterschrift unter dem Münchner Abkommen (1938) kann als ein Tiefpunkt im Selbstverständnis der 3. Republik angesehen werden. Zerstrittenheit, politische Lethargie und Maginot-Mentalität besiegeln dann das Ende von 1940, an dem auch linksgerichtete Abgeordnete mitgewirkt haben. Die Kapitel Résistance, Vichy, Befreiung, Wiederaufbau, Dien-Bien-Phu, Algerienkrieg, deutsch-französische Verständigung, Mai 1968 etc. bezeichnen Fragenkomplexe, die in einer deutlichen Wechselwirkung zur literarischen Produktion Frankreichs stehen und eine Vielzahl von Themen und Parteinahmen bedingen konnten. Hinzu kommen zahlreiche interne Probleme: *planification, décentralisation, régionalisation*, ethnische Minderheiten. Sie alle bestimmen die französische Wirklichkeit von heute und damit, als einen Teil dieser Wirklichkeit, auch die französische Literatur des 20. Jahrhunderts.

Die Zeit vor 1914 ist eine Zeit der Weichenstellungen. In einer Mischung von tiefsitzendem Pessimismus und Tanz auf dem Vulkan bereiten sich in der *belle époque* Tendenzen, Parteiungen, Grundlegungen vor, die sich als bestimmend erweisen sollten. Krisenbewußtsein, Rückwendung zum Ich, Energiekult, Individualismus, Kollektivismus: »Nietzsche et d'Annunzio contre Tolstoi et Dostojewski« (Saulnier). Dabei gehen von den französischen Geisteswissenschaften entscheidende Impulse aus:

Maurice Blondel (1861–1949) fundiert mit *L'Action* (1893) eine Philosophie der Immanenz, Henri Poincaré (1856–1912; *La science et l'hypothèse* 1902; *La valeur de la science* 1905) und mehr noch Léon Brunschvicq (1869 bis 1942) vertiefen die im Symbolismus verunsicherten rationalistischen Ansätze der Geisteswissenschaften. Emile Durkheim (1858–1917; *Les règles de la méthode sociologique* 1895; *Le suicide* 1897) wird mit seinen Grundlagenforschungen zu Totemismus, Selbstmord und innersoziologischer Methodenproblematik zu einem Begründer der modernen Soziologie. Jean Jaurès schreibt lateinisch über die Ursprünge des Sozialismus. Seine *Histoire socialiste de la République française* (12 Bände 1901–1909) ist ein Standardwerk. 1914 wird er bei dem Versuch, den Krieg im Vertrauen auf die internationale Solidarität der Sozialisten zu verhindern, ermordet. Seit 1924 liegt er im Panthéon. Mit Henri Bergson (1859–1941), der 1927 den Nobelpreis für Literatur erhielt, vollziehen sich grundlegende philosophische Umorientierungen. Im *Essai sur les données immédiates de la conscience* (1889) vertieft er psychologisierend Descartes' *cogito* und kommt in der Auseinandersetzung mit dem Zeitproblem zur folgenschweren Unterscheidung von *temps* und *durée*, von absoluter und gelebter Zeit. Mit *Matière et Mémoire* (1896), *L'évolution créatrice* (1907), *L'énergie spirituelle* (1919), *Duré et simultanéité* (1922), *Les deux sources de la morale et de la religion* (1932), *La pensée et le mouvant* (1934) begründet er einen Intuitivismus, der sich mit dem Gedanken des *élan vital* verknüpft und so eine hoffnungsvolle Komponente in eine eher pessimistische philosophische Umgebung hineintrug. Mit *Le rire* (1900) stellt Bergson nach Baudelaire erneut die Frage nach der Essenz des Lachens und erklärt es am Beispiel Molières aus der Kollision von Lebenselan und Mechanismus. Mit seiner Problematisierung der Zeitkategorie steht Bergson in der Nachbarschaft von Mach, Einstein und Heidegger. Seine Wirkung auf Prousts Gedanken des *temps retrouvé* ist unleugbar, wennschon sie hier und da auch überschätzt wurde. Weitere geisteswissenschaftliche Impulse gingen aus von Ernest Lavisse (*Histoire de France* 1902–1921), Charles Brunot (*Histoire de la langue française* 1905 ff.), Brémond (*Histoire littéraire du sentiment religieux* 1916 ff.). Lansons *Histoire de la littérature française* erschien 1894, Remy de Gourmonts *Promenades littéraires* 1904–1913.

Was Frankreichs schöngeistige Literatur im 20. Jahrhundert betrifft, so wurde sie lange Zeit von der Generation der um 1870 geborenen Autoren bestimmt. Charles Maurras (1869–1952) war 1892 Mitträger der *école romane,* 1899 führender Kopf der *Action française,* 1938 Mitglied der *Académie française,* 1940 Vichy-Sympathisant. Er ist ein konservativer Demokratiekritiker mit royalistischen und antisemitischen Tendenzen. Sein *L'Avenir de l'intelligence* (1905) beeinflußte nicht nur Gleichgesinnte. Die *Amants de Venise* (1902) sind eine unromantische Absage an Musset und George Sand, ein engagiertes Nein zum Weltschmerz. Pierre Gaxotte war mehrere Jahre lang sein Sekretär. In die Jahre vor 1914 fällt auch das Frühwerk von Paul Claudel (1868–1955; *Cinq grandes odes* 1910), André Gide (1869–1951; *L'immoraliste* 1902; *Le retour de l'enfant prodigue* 1907; *La porte étroite* 1909) und Paul Valéry (1871–1945; *Monsieur Teste* 1896). Das Bild kompliziert sich durch die hellenistische Inspiration des mit Mallarmé,

Gide und Valéry befreundeten Belgiers Pierre Louÿs (1870–1925), dessen pseudo-apokryphe *Chansons de Bilitis* (1894) sogar Teile der Universitätskritik auf falsche Fährten lockten. Mit *Aphrodite* (1896) und *Le crépuscule des nymphes* (1925) vertieft sich diese Orientierung an Sappho, ebenso im posthumen *Psyché*-Roman (1927). *La femme et le pantin* (1898) diente dem Filmregisseur Roger Vadim als Ausgangspunkt für *Et Dieu créa la femme.* Liebestrieb und Todesnähe sind dem Jugendstil verpflichtete Ingredienzen der Werke von Pierre Louÿs, dessen Anregerrolle der näheren Erforschung bedürfte. Ähnliches gilt für die Anregerrolle von Théodore de Wyzéwa, der in Frankreich die Ideen Richard Wagners verbreitete, Franz von Assisi und Jacobus von Voragine übersetzte, mit *Nos maîtres* (1895) Mallarmé, Villiers, Laforgue, Anatole France u. a. würdigte und mit *Peintres de jadis et d'autrefois* zum Kunstkritiker in der Nachfolge Baudelaires wurde. Die hellenisierende Linie von Pierre Louÿs setzten u. a. Auguste Angellier und Fernand Gregh fort.

Julien Viaud (1850–1923), gen. Pierre Loti, seit 1892 Mitglied der *Académie française,* war Marineoffizier mit calvinistischem Elternhaus. Über seine persönliche Entwicklung gibt er in *Le roman d'un enfant* (1890), *Prime jeunesse* (1919) und *Un jeune officier pauvre* (1923) Auskunft. Sein Augenzeugenbericht im *Figaro* von der Eroberung Vietnams führte zu einer heftigen Kontroverse. 1900 war er Adjutant Pottiers bei der Niederwerfung des Boxeraufstandes (*Les derniers jours de Pékin* 1901). Mit *Le Maroc* (1879), *Le roman d'un Spahi* (1881), *Jérusalem* (1895), *L'Inde sans les Anglais* (1903), *Vers Ispahan* (1904) zeigt er europäische Kolonialgeschichte im literarischen Reflex. Seinen exotischen und erotischen Abenteuerromanen *Aziyadé* (1879), *Le mariage de Loti* (1882; aus *Rarahu* 1880), *Madame Chrysanthème* (1887), *Les désenchantées* (1906) stehen bald die regionalistischen See-Romane *Mon frère Yves* (1883), *Pêcheur d'Islande* (1886), *Matelot* (1893), *Ramuntcho* (1897) gegenüber. Verbindende Elemente sind immer See, Liebe und Tod, *la mer, l'amour, la mort.* In den exotisch inspirierten Werken, die dem Fernweh des *fin de siècle* – z. B. der allgemeinen Japanbegeisterung (*Japoneries d'automne* 1889) – entgegenkommen, zeigt Loti sich als französisches Gegenstück zu Laurids Bruuns, möglicherweise zu Dautendey. *Aziyadé* erzählt dabei die Geschichte seiner Liebe zu einer türkischen Haremsdame vor dem Hintergrund des Dardanellenkonflikts von 1877/78. Das Werk zeigt zugleich eine ›dekadente‹ Sympathie für den ›kranken Mann am Bosporus‹ und eine souveraine Beherrschung der mittelmeerischen *lingua franca,* des sog. *Sabir. Le mariage de Loti* ist der literarische Reflex eines Liebeserlebnisses mit der Tahitianerin Rarahu, die er nach Eingeborenenritus heiratet. Das Werk ist Bestandteil der französischen Tahitiliteratur, die mit Bougainvilles Reisebericht einsetzt und gerade im 19. Jahrhundert manche Evasionsträume nährte. So ist z. B. Gauguin tatsächlich in dieses ›verlorene Paradies‹ aufgebrochen. Reynaldo Hahns Oper *L'Ile du rêve* (1898) folgt Lotis Roman. *Madame Chrysanthème* atmet etwas vom Geist der *Madame Butterfly*. Hingegen ist *Pêcheur d'Islande* ein symbolistisch-sozialer Roman über die vom Naturalismus vernachlässigte Welt der bretonischen Fischer, die auf das Pariser Lesepublikum nicht weniger ›exotisch‹ wirkte als die in Übersee angesiedelten Handlungen:

Der *Islandais* Yann aus Paimpol verlobt sich leichtsinnig mit der See, die dann auch eifersüchtig sein Glück mit der schönen Gaud zerstört und das Leben des Geliebten fordert. Das Meer ist hier das Fatum, Träger einer möglicherweise calvinistisch, wohl aber auch tiefenpsychologisch ausdeutbaren Vorherbestimmung, die zudem durchaus Kampf und Revolte zuläßt. Landschaftsbeschreibungen, Charakterzeichnungen, nautisches Wissen etc. weisen hier weit über naturalistische Detailschilderung hinaus. Die bretonischen Lokalheiligen haben in diesem Roman etwas von heidnischen Rachegöttern. Mit Loti erwacht zudem der französische Bretagnetourismus, das Meeresland wird der literarischen Darstellung würdig und bleibt es bis hin zu Henri Queffelec u. a. Seine Kenntnisse über das Land verdankt Loti, der kein Bretone war, dem Kapitän Huchet du Guermeur. Michelets *La mer vue du rivage* dürfte ebenso wie Hugos *Les travailleurs de la mer* Lotis Sehweise literarisch mitbestimmt haben. Das Meer als Urmutter, Versuchung, Todesträgerin, eifersüchtige Geliebte, als Herausforderung und nie bezwungenes Prinzip des ständig sich entziehenden Wandels berechtigt Arnold Hausers Wort vom »heraklitischen Weltgefühl« in *Pêcheur d'Islande*. In Lotis übrigen Bretagneromanen und auch im Baskenroman *Ramuntcho* ist diese Intensität nicht wieder erreicht worden.

1914 wollte Loti wieder auf See, aber er war zu alt. Er stellte seine Feder in den Dienst der Propaganda *(L'hyène enragée, L'horreur allemande)* und beschäftigt sich auch weiterhin mit der französischen Rolle im Orient (*La mort de notre chère France en Orient* 1920). Sein zeitweiliger Freund und Weggefährte Claude Farrère (1876–1957) schrieb ebenfalls erfolgreiche exotische Romane (u.a. *Les civilisés* 1902; *Fumée d'opium* 1904). In *La bataille* (1911) zeigen sich dabei deutlich rechtsgerichtete und rassistische Tendenzen.

Lotis exotisch-regionalistische Doppelgesichtigkeit bestimmt deutlich erkennbar die zeitgenössischen und nachfolgenden Traditionen. Pierre Mac-Orlan (1883–1970) kennt die Pariser Unterwelt ebensogut wie die Welt der Fremdenlegion und der Schmuggler (*Petit manuel du parfait aventurier* 1920; *Les Pirates de l'avenue du Rhum* 1925). Pierre Mille (1864–1939) ist ein von

Kipling beeinflußter Reporter (*Mémoires d'un vagabond en retraite* 1932), Pierre Benoît (1886–1962) schreibt exotische Unterhaltungsromane mit z.T. kriminalistischen Ingredienzen: *Atlantide* (1919), *La châtelaine du Liban* (1924), *Les environs d'Aden* (1940), *Ville perdue* (1954). Georges Duhamels *Le prince Jaffar* (1924) und Henri Fauconniers *Malaisie*-Roman (1930) weisen in eine ähnliche Richtung. Die regionalistische Tendenz findet sich u. a. vertreten bei Anatole Le Braz (1859–1926), der sich um die Aufarbeitung der bretonischen Folklore verdient machte: *La légende de la mort chez les Bretons armoricains* (1892/1902), *Au pays des Pardons* (1894), *Le sang de la sirène* (1902), *Contes du soleil et de la brume* (1905). Charles Le Goffic schrieb lyrische Gedichte über die Bretagne (*L'Ame bretonne* 1902) und widmet sich kritisch der volkstümlichen Religiosität (*Le crucifié de Keraliès* 1892). Er war mit Anatole France und Maurice Barrès befreundet und inspiriert sich z.T. an der Artuslegende (*Morgane* 1898). Als Lyriker (*Le pardon de la reine Anne* 1902) ist er dem Parnaß nahe. Auch seine abenteuerlichen Geschichten (*Le pirate de l'île de Lern* 1913) zeigen seine ethnologischen Kenntnisse (*La Bretagne et les pays celtiques* 1904/1924). Der Regionalismus ergreift alle französischen Provinzen. Hier seien wenigstens genannt: *Provence:* Paul Arène (1843–1896), Joseph d'Arbaud (1874–1950), Jean Giono (1895 bis 1970), Henri Bosco (1888–1976), Thyde Monnier (1887–1967), Marie Mauron (geboren 1910). *Périgord:* Eugène Le Roy (1837–1907). *Pikardie:* Philéas Lebesque (geboren 1869), Louis Lengrand–Maria Craipeau (Reportageliteratur). *Auvergne:* Henri Pourrat (1887–1959), etc. Politische Nostalgie und Wiederbelebung der Regionalsprachen wären weitere Aspekte, die zu behandeln lohnend ist, jedoch auch über den Rahmen einer französischen Literaturgeschichte hinausweisen würden.

Neben exotischer und regionalistischer ›Evasion‹ verkörpert Henri Alain-Fournier (1886–1914) eine andere Art der Inspiration. Mit *Le Grand-Meaulnes* (1913) schrieb er den Roman eines Mannes »dont l'enfance fut trop belle«. Alain-Fournier war mit Rivière befreundet und hier und da Franz Hellens vergleichbar. Er fiel im September 1914 an der Front. Sein Grand-Meaulnes ist ein Außenseiter, der, z. B. bei der Annäherung an das Schloß von Ivonne de Galais, durchaus etwas von den Helden Franz Kafkas hat. Alain-Fourniers *Miracles* erschienen posthum 1923.

Mit Valéry Larbaud (1882–1957), der Spanien, Italien, Rußland, Deutschland, Griechenland kannte, findet der Kosmopolitismus in der französischen Literatur neuen Aufschwung. Im Zeitalter des Nationalismus vertieft er durch kenntnisreiche Schilderungen das Verständnis für fremde Länder und vermittelte durch seine Übersetzertätigkeit zahlreiche ausländische Autoren nach Frankreich hinein: Walt Whitman, Gómez de la Serna, Joyce, Eugenio d'Ors. Sein Erstlingsroman *Fermina Marquez* (1911) führt nach Columbien, der Held von *Le Journal d'A.O.Barnabooth* (1913) ist ein peruanischer Millionär.

Neben dieser aufgeschlossenen Tendenz zu Beginn des 20. Jahrhunderts finden sich jene Richtungen, die in ihrem literarischen Engagement die Polarisierungen der politischen Problemkomplexe der Zeit verdeutlichen. Maurice Barrès (1862–1923) wurde nach mehreren Zwischenstadien zum Vorkämpfer eines um theoretische Begründungen ringenden Nationalismus, der sich aus der antidemokratischen, antisemitischen und antideutschen Frontstellung heraus definiert. Seit 1906 war Barrès rechtsgerichteter Abgeordneter von Paris in der *Assemblée.*

Am Anfang steht ein individualistisch geprägter *Culte du moi* mit *Sous l'œil des barbares* (1888), *Un homme libre* (1889) und *Le jardin de Bérénice* (1891). *Culte du moi* bedeutet hier die systematische Ichpflege, die nicht ohne Anklang an Stendhals *Egotisme* ist. Über die Lektüre der *Ejercicios espirituales* von Ignatius von Loyola und über die geographischen Etappen Jersey, Lothringen und Italien gelangt Barrès' Held nach Liebesenttäuschungen und im Erlebnis südfranzösischer Landschaften zur Erkenntnis seiner Selbst als einer unausgeschöpften Energiequelle. Die Parteinahme für Boulanger überführt den Ichkult in politisches Handeln. Der zyklische *Roman de l'énergie nationale* führt über *Les déracinés* (1897), *L'Appel au soldat* (1900) und *Les bastions de l'Est* (1905/1909) zu problematischen Blut- und Bodenklischees, wobei das Problem der ›Entwurzelung‹ exemplarisch an den französischen Ostregionen aufbereitet wird. Ein antiliberaler, rassistischer Zug charakterisiert diese Werke, deren stilistische und formale Qualitäten – zumal in der komplizierten Parallel- und Engführung von 7 Einzelschicksalen in *Les déracinés* – unbestritten sind. Ein fiktives Gespräch mit Taine in den *Déracinés* macht Barrès' Absage an Wissenschaft und Rationalismus deutlich. Mit *Leurs figures* (1902) sucht er nach den Verantwortlichkeiten im Panamaskandal, mit *Au service de l'Allemagne* (1905) und *Colette Baudoche* (1909) radikalisiert sich die antideutsche Frontstellung nicht ohne interessante Nuancierungen zur Rolle der Französin in diesem Konflikt. Die Feststellung, daß französische Hunde im Unterschied zu deutschen eine Seele haben, krönt das politische Engagement von Maurice Barrès. Mit *La colline inspirée* (1913) wird der *genius loci* von Sion-Vaudémont in Lothringen beschworen. Den Krieg von 1914–1918 hat Barrès herbeigewünscht, seine *Chronique de la grande guerre* (1920–1924) füllt 9 Bände. Die französischen Aspirationen auf das Rheinland hat er mit verfehlten historischen Begründungen gestützt (*Le génie du Rhin* 1921), denen auch zahlreiche französische Intellektuelle widersprachen. Dennoch gehörte Barrès zu den bekanntesten Autoren seiner Zeit. Hurets Umfrage ergab schon 1891, daß er mehr gelesen wurde als Flaubert. Und in der Tat erhebt ihn sein Bemühen um die theoretische Fixierung des Nationalismus als einer politischen Philosophie (*Scènes et doctrines du nationalisme* 1902) über viele Zeitgenossen auch in anderen Ländern, denen das vage National*gefühl* wichtiger war als das begründete National*bewußtsein.* Darüber hinaus ist Barrès kein eigentlicher Frankozentriker gewesen. Er erkannte die Leistungen der Belgier an, schrieb übernationale kunstphilosophische Analysen (*Du sang, de la volupté, et de la mort* 1894;

*Gréco ou le secret de Tolède* 1912; *Une enquête au pays du Levant* 1923). Drieu La Rochelle, Mauriac, Montherlant u. a. haben diesem Barrès einiges zu verdanken. Er ist ein Nostalgiker, ein Romantiker, ein Nationalist. Er konnte hassen und verurteilen, auch ohne wirklich informiert zu sein. Aber er ist auch ein begabter Autor, dessen Qualitäten man gern im Dienst einer liberaleren Orientierung gesehen hätte.

Paul Bourget (1852–1935), Autor der *Essais de psychologie contemporaine* (1883–1885), sagt sich mit *Le disciple* (1888) von Taine und dem Positivismus los. *L'Etape* (1902) ist nicht frei von demokratiefeindlichen Tönen, *Un divorce* (1904) stellt die Frage nach der Unauflöslichkeit der Ehe im antiklerikalen Frankreich der Epoche. Die Konstanten bei Bourget sind Tradition und Katholizismus. In diesem Sinne sind René Bazin (1853–1932; *La terre qui meurt* 1899; *Le blé qui lève* 1907, u. a.) und Henry Bordeaux (1870–1963; *Les Roquevillard* 1906; *La croisée des chemins* 1910; u. a.) seine Nachfolger und Rivalen. Anfangs antiklerikal, später spiritualistisch orientiert sich Edouard Estaunié (1862–1943) mit *Le ferment* (1899), *La vie secrète* (1908), *L'appel de la route* (1921). Als Postbeamter schrieb er 1904 einen *Traité de télécommunication électrique*. René Boylesve (1867 bis 1926) war ein Landsmann von Descartes. Er beobachtet die Provinz, ohne ihrem Realismus die Poesie zu opfern: *Le médecin des Dames de Néans* (1896), *Le leçon d'amour dans un Parc* (1902), *Madeleine jeune femme* (1912). Manche Werke von Boylesve sind vom Umfang her eher Novellen.

Mit Anatole France (1844–1924) gewinnt die politische Realität das Übergewicht in der französischen Literatur der Zeit:

Frances erstes Werk, eine Studie über Vigny (1868) zeigt die Belesenheit des Buchhändlerssohns. Mit den *Noces corinthiennes* (1876) zeigt er sich dem Parnaß verpflichtet. Er arbeitet mit an *Le Temps* und an *Le monde illustré* und zeigt mit *Le crime de Sylvestre Bonnard* (1881) erstmalig das für sein späteres Werk entscheidende Grundthema: den Konflikt zwischen Humanismus und gesellschaftlicher Norm, bzw. den Strukturen der eigenen Psyche. Nach *Marguerite* (1886), *Balthazar* (1889), *Thaïs* (1890), *L'étui de nacre* (1892), *Le procurateur de Judée* (1892), *La rôtisserie de la Reine Pédauque* (1893; historischer Roman zum 18. Jahrhundert), *Le Lys rouge* (1894) folgt die Bergeret-Tetralogie *L'Histoire contemporaine* mit den Etappen *L'Orme du Mail* (1896), *Le mannequin d'osier* (1897), *L'anneau d'améthyste* (1899) und *Monsieur Bergeret à Paris* (1901). Dieser Zyklus ist eine Einführung in die inneren Strukturen Frankreichs mit antiklerikalen Tendenzen, mit einer Kritik der bürgerlichen Moral, des Karrieredenkens, des Beamtenapparats etc. Ihnen werden nicht ohne Ironie die wahrheitssuchenden Philosophen der Antike gegenübergestellt. *Le Jardin d'Epicure* (1894) hatte dieser Orientierung präludiert. Fortan bleibt jedoch das zeitgenössische Frankreich im Vordergrund der Beobachtung. 1901 wird *Crainquebille* eine der berühmtesten Erzählungen von France und eine bittere Satire auf Justiz und Rechtsempfinden. Auf diese *Histoire comique* folgen *Sur la pierre blanche* (1905), *L'Ile des pinguoins* (1908), *Les sept femmes de Barbe-bleue* (1909). 1905 kämpft Anatole France für die Freilassung Gorkis, mit *Les dieux ont soif* (1912) rechnet er mit dem revolutionären Fanatismus der Robespierre-Gruppe ab. *La Révolte des anges* wurde 1914 kurz vor Kriegsbeginn ein Skandalerfolg mit Riesenauflagen. Die Oktoberrevolution hat Anatole France begrüßt, er stärkte Barbusses *Clarté*-Bewegung, wurde Mitglied der Kommunistischen Partei Frankreichs. Seine letzten Werke sind eher lyrisch gefärbt: *Le petit Pierre* (1918), *La vie en fleur* (1924). Die Surrealisten haben an France kein gutes Haar gelassen. Sein liberal-skeptischer Epikurismus erschien ihnen als opportunistisch, seine persönliche Philosophie als zynisch. Das surrealistische Pamphlet *Un cadavre* faßt diese Vorwürfe zusammen. Sie sind nicht alle berechtigt.

Die kreativen Schwerpunkte von Romain Rolland (1866–1944) liegen sowohl vor als auch nach 1914/1918. Ein erster Dramenzyklus – *Les tragédies de la foi* – zeigt ihn 1897–1899 in der Auseinandersetzung mit Glaubensfragen und auf der Suche nach einem wirkungsvollen Volkstheater, dessen Theorie er in *Le théâtre du peuple* entwarf (1903). Ein weiterer Dramenzyklus – *Le théâtre de la Révolution* – illustriert dieses Anliegen mit *Les loups* (1898), *Danton* (1900), *Le 14 juillet* (1902), denen er später u. a. *Le jeu de l'amour et de la mort* (1925) und *Robespierre* (1938) folgen läßt. Mit *Pâques fleuries* (1926) lieferte er die theoretische Fundierung dieser Konstante in seinem Werk. Dabei läßt sich feststellen, daß Rolland unter dem Eindruck politischer Erfahrungen – Erster Weltkrieg, Faschismus, Stalinismus, etc. – zur Entlarvung der sozialen und ökonomischen Triebfedern revolutionärer Vorgänge vordringt, ohne seine humanistischen Ideale zu opfern. Schon vor 1914 ist er ein bewußter Europäer. Seine *Vies des hommes illustres* – der Titel erinnert an Amyot – enthalten wegweisende internationale Künstlerbiographien: *Beethoven* (1903), *Michel-Ange* (1906), *Tolstoï* (1911). Das monumentalste Werk vor 1914 ist der von musikalischen Thematiken durchzogene Zyklus *Jean-Christophe* (1904–1912), dessen 10 Bände ein weites französisch-deutsches Kulturpanorama aufreißen und in die Richtung einer national ungebundenen Geistesaristokratie tendieren. Das Bild des Rheinlandes bei Rolland bedürfte einer textnahen Würdigung. Es steht im krassen Gegensatz zu Barrès. Mit *Colas Breugnon* (1913/1914) schreibt Rolland einen historischen Roman über das Frankreich Richelieus, der erst 1919 publiziert wurde. Seinen Beitrag zur literarischen Bewältigung des 1. Weltkriegs leistet er u. a. in *Pierre et Luce* (1919) und *Clérambault* (1920). Der z. T. ostasiatisch inspirierte Zyklus *L'âme enchantée* (1922–1927) ist formal *Jean-Christophe* verpflichtet. Rollands Sympathie für die Oktoberrevolution hindert nicht die gleichzeitige Propagation der Ideen Ghandis. Das *Adieu au passé* (1931) wird zur kritischen Selbstanalyse und dient als Prolog zu *Quinze ans de combat.*

Weitere Aspekte der Literatur des Jahrhundertbeginns weisen in die verschiedensten Richtungen:

Charles-Louis Philippe (1874–1909) schreibt mit *Bubu de Montparnasse* (1901) einen Roman in der Nachfolge von Sues *Mystères. Le père Perdrix* (1903) führt in die Misere der französischen Provinz. Diese Welt der Unterschicht und der z. T. anarchistischen Lichtscheu wird in anderer Hinsicht bei Maurice Leblanc (1864–1941) lebendig. Leblanc ist der Schöpfer des Edelganoven *Arsène Lupin,* der ein riesiges Publikum gewann und aufgrund zahlreicher Bühnen- und Filmbearbeitungen zum bekanntesten Kriminalhelden der Zeit wurde. Das verbindet ihn mit dem genialen Verbrecher *Fantômas* aus dem gleichnamigen Werk des Romanduos Pierre Souvestre (1874 bis 1914) und Marcel Allain (1885–1954).

Sieht man von der unabhängig-frühsurrealistischen Linie von Alphonse Allais (1855–1905; *A se tordre* 1891; *On n'est pas des bœufs* 1896; *Silvéric ou les fonds hollandais* 1898; *Le boomerang ou rien n'est mal qui finit bien* 1902) ab, so entwickelt sich die Diskussion in einer unübersichtlichen Vielzahl poetischer und literarischer Lyrikgruppen.

Auf das symbolistische (1886) und das romanische (1891) Manifest folgt 1897 das *Manifeste du mouvement naturiste,* das wiederum im *Figaro* abgedruckt wird. Über die keineswegs strikt abgelehnten Grundsätze der vorgängigen Bewegungen hinaus wird hier ein besonderes Naturgefühl entwikkelt, ein Bekenntnis zu Lebenselan und Eros, das sich z. B. bei Anna de Noailles – »bacchante et nonne« (Chaigne) – und Francis Jammes niederschlägt. Auch in Gides *Nourritures terrestres* finden sich Echos der Naturistenschule.

Der Unanimismus war eine u. a. von Stuart Merrill (1863–1915) vorbereitete kombinierte Kunst- und Lebenslehre, die im Kreise der Abbaye – u. a. Duhamel, Vildrac, Arcos, Durtain – entstand und später weiterentwickelt wurde. Der entscheidende Träger der Bewegung war Jules Romains. 1908 veröffentlichten die Editions de l'Abbaye seine *Vie unanime* als Manifest und gleichzeitige Illustration der Lehre. Sie geht von dem Durkheim verpflichteten Grundgedanken aus, daß die ›Seele‹ ein das Individuum transzendierendes Faktum der Gruppenintegration ist:

Les marchands sont assis aux portes des boutiques;
Ils regardent. Les toits joignent la rue au ciel.
Et les pavés semblent féconds sous le soleil
  Comme un champ de maïs.

Les marchands ont laissé dormir près du comptoir
Les désirs de gagner qui travaille dès l'aube.
On dirait que, malgré leur âme habituelle,
Une autre âme s'avance et vient au seuil d'eux-mêmes,
Comme ils viennent au seuil de leurs boutiques.

Familien, Völker, Berufsgruppen, Bildungseliten, Kasernenhöfe, können so ihre ‹Gruppenseele‹ haben. Sie können – und in Romains weiteren Werken wird das oft die Triebfeder sein – Massenpsychosen, Hysterien und Gruppenwahnsinn nähren.

Neben dieser unanimistischen Richtung findet sich die ideologisch kaum fixierbare Gruppe der *fantaisistes.* Zu ihr gehören u. a. Francis Carco (1886 bis 1958; *La bohème de mon cœur* 1912), Tristan Derême (1889–1941; *Le poème de la pipe et de l'escargot* (1912), Tristan Klingsor, Jacques Dyssord. Jean-Paul Toulet (1867–1920) illustrierte die heterogenen Ansätze der Schule u.a. in *Le mariage de Don Quichotte* (1902), *Mon amie Nane* (1905) und den *Contre-rimes* (1920).

Innerhalb dieses poetischen Kontextes ist Charles Péguy (1973–1914) nicht festlegbar. Er stammte aus Orléans, war mit Jean Tharaud befreundet, schrieb früh ein *Jeanne-d'Arc*-Drama (1896) und näherte sich unter dem Einfluß seines Schwagers Marcel Baudouin sozialistischen Gedankengängen in *Marcel, premier dialogue de la cité harmonieuse* (1898). Im Dreyfusskandal steht er auf der Linken. In einem Keller gegenüber der Sorbonne entstehen die *Cahiers de la Quinzaine,* die zum richtungweisenden Periodikum vor 1914 werden. 1905 inspiriert die Algeciras-Konferenz sein nationalistisches *Notre Patrie,* seit 1908 bekennt er sich als Katholik und ergreift dennoch Partei gegen die Indizierung Bergsons. Er kritisiert den Antimilitarismus der Sozialisten in *L'Argent* (1913), eine Richtung, die er schon in *Notre jeunesse* (1910) vorbereitet hatte. 1910 entsteht das *Mystère de la charité de Jeanne d'Arc,* 1912 schreibt er nach einer Chartres-Wallfahrt die *Présentation de la Beauce à Notre-Dame de Chartres,* die er 1914 in die *Tapisserie de Notre-Dame* integriert. Die Kriegshysterie von 1914 hat Péguy mitgemacht. Er fiel am 5. 9. 1914.

In seiner katholischen Grundorientierung mit Péguy vergleichbar ist Paul Claudel (1868–1955), dessen schwierige Gedankenlyrik ebenso wie sein Ideentheater die Entwicklung der französischen Literatur der 1. Hälfte des Jahrhunderts begleitet und maßgebend prägt. Früh las er Rimbaud, Verlaine, Mallarmé, erlebte 1886 eine religiöse Krise, wurde Diplomat mit Kenntnissen des Fernen Ostens, Lateinamerikas, Deutschlands. Nach *Connaissance de l'Est* (1900) erscheinen 1910 die formal wegweisenden *Cinq grandes Odes, suivies d'un processional pour saluer le siècle nouveau.* Ihre antiaufklärerische Richtung ist deutlich: »Ne me perdez point avec les Voltaire, et les Renan, et les Michelet, et les Hugo ...« Was Claudels Dramatik angeht, so sind die Anfänge symbolistisch (*La ville* 1890; *Le repos du septième jour* 1896), bis er sich in *Partage de Midi* (1906, aufgeführt 1948), *L'Otage* (1910) und *L'Annonce faite à Marie* (1912) emanzipiert. Er begleitet das französische Theaterleben bis zu seinem Tode, wichtige Etappen sind u. a. *Le soulier de Satin* (1943) und der halb-mystische *Christophe Colomb* (geschrieben 1929, aufgeführt 1953). *Jeanne au bûcher* wurde nicht zuletzt dank der Musik Honeggers bekannt (1938). Bei Claudels Bewunderer und Rivalen Henri Ghéon (1875–1944) vertieft sich die Inspiration in Richtung auf eine Wiederbelebung des mittelalterlichen Mirakels mit *Le pauvre sous l'escalier* (1911), *Saint-Maurice ou l'obéissance* (1923) und *La mort de Lazare* (1931). In diese Richtung weist auch der Roman *Le Saint Curé d'Ars* (1925) u. a.

## 2. Le poète assassiné: Guillaume Apollinaire

Guillaume Apollinaire hat sein Leben lang den Komplex des *mal-aimé* gepflegt. Dieser Avant-Gardist ließ sich nicht einmal in seine eigenen Theorien einfangen. Er interessierte sich für Kubismus und Negerkunst, rheinische Landschaften, Zigeuner, schulte seine Sensibilität an der Lektüre Verlaines, Laforgues, Jarrys, durchlebte nie bewältigte Liebesenttäuschungen. Die Freundschaft Picassos, Vlamincks, Derains, Braques führt ihn zum Versuch einer ›kubistischen‹ Lyrik, Delaunay interessiert ihn für simultanistische Experimente, sein Anteil an Marinettis futuristischem Amoklauf ist groß, und schließlich gebrauchte er als erster das Wort *surréaliste.* So steht er zwischen Symbolismus und Surrealismus als bewußter Verwirklicher des literarischen Experiments. Picasso malte seinen Charakterkopf in Form einer Kaffeekanne, der Zöllner Rousseau wählte ihn zum Modell für *Le poète et la muse,* auch Matisse, Metzinger u. a. haben ihn gemalt.

Dabei ist dieser Freund von Blaise Cendrars (1887–1961; *Paques à New York* 1912; *Prose du Transsibérien et de la petite Jeanne de France* 1913) und Max Jacob (1876–1944; *La côte* 1911; *Le Phanérogame* 1918) überhaupt erst 1916 Franzose geworden. Er war als Wilhelm-Apollinaris-Albert Kostrowitzky 1880 in Rom geboren. Seine Mutter war die in Finnland gebürtige Polin Angelika von Kostrowitzky, sein Vater ein Graubündener namens Flugi d'Aspermont. Die Gerüchte um seine Abstammung, die ihn zum Sohn eines Prälaten oder Kardinals erklärten, hat Apollinaire gern genährt, unter dem abenteuerlichen Lebensstil seiner Mutter hat er eher gelitten. Sie bestimmte möglicherweise mit über sein gestörtes Verhältnis zu den Frauen, die ihn in manche unglückliche Liebe stürzten und zu vielen Gedichten inspirierten: die Wallonin Mareye, die Engländerin Annie Playden, die Jüdin Linda Molina da Silva, die Malerin Marie Laurencin, ferner Louise de Coligny, Madeleine Pagès und schließlich Jacqueline Kolb, die er heiratete, bevor er starb. Er wußte, daß er ein ungewolltes Kind war, in *Le poète assassiné* gibt er der Dichtermutter, die ihren Croniamantal unter einem wallonischen Schlehenbusch empfängt, den Namen von Guérins lyrischem Sprecher im *Centaure*: Macarée.

Apollinaire war ein engagierter Dichter, aber kein Fanatiker und kein Ideologe. Er wußte, was mancher Engagierte nach ihm vergaß, daß nämlich revolutionäre Form und revolutionärer Inhalt einander bedingen müssen, wenn ein Werk über den zeitlichen Kontext hinaus gelesen werden soll. Und so verknüpft er die Parteinahme für den französischen Kampf von 1914/1918 bald mit der revolutionären Sprach- und Schriftstrategie der *Calligrammes.* Dabei konnte er, wenn es galt Geld zu verdienen, triviale Romänchen schreiben oder auch seine fruchtbare Fantasie in den Dienst der Pornographie stellen: *Les onze mille verges, Les exploits d'un jeune Don Juan.* Im *Enfer* der Pariser Nationalbibliothek suchte er nach libertinischen Büchern der Vergangenheit, seine Sade-Anthologie von 1908 brachte die Wiederentdeckung des Göttlichen Marquis für das 20. Jahrhundert in Gang. Den *Enchanteur pourrissant* veröffentlichte er im von ihm selbst gegründeten *Festin d'Esope.* Wie Diderot und Baudelaire arbeitet er kunstkritisch. Seine *Chroniques d'Art* begleiten das Pariser Kunstleben von 1902–1918. Die *Casanova*-Komödie war bis 1952 unbekannt. Bis Kriegsausbruch hatte er enge Beziehungen zu Deutschland, besonders zum Berliner Kreis um Herwarth Walden und den *Sturm.* Aufgewachsen war er in Monaco, Cannes und Nizza, später arbeitete er bei einem Feuilletonschreiber und in einem Maklerbüro. Im belgischen Stavelot begeht er 1899 Hotelflucht und beschwört einen Haftbefehl gegen sich herauf. Damals erwacht sein Interesse an den wallonischen Landschaften (*Fagnes de Wallonie,* Anfang von *Le poète assassiné, Que vlo-ve?* = Que voulez-vous?) und an der wallonischen Sprache. Auf die *Marche romane* folgt die Entdeckung des Rheinlandes. 1902 wird er Lehrer bei der Vicomtesse de Milhau in Neu-Glück bei Brennerscheid. Er lernt das Rheinland als poetische Inspirationsquelle schätzen. Seine Bauwerke *(Rolandseck, Le dôme de Cologne)* die Geheimnisse seiner Städte *(Marizibill),* die Melancholie seiner Landschaften *(Mai, Rhénane d'automne, Les sapins)* inspirieren viele seiner Gedichte. Die *Loreley* ist eine gelungene Adaptation des gleichnamigen Gedichts von Clemens von Brentano. Die in Neu-Glück erwachende Liebe zur englischen

Hausdame der Vicomtesse, der calvinistisch erzogenen Annie Playden, verstärkt Apollinaires *outsider*-Komplex. Er wird sie später in England aufsuchen und sie schließlich durch seine ungestüme Liebeswerbung zur Auswanderung nach Amerika zwingen. Jedoch ist seine Deutschland-Erfahrung nicht auf das Rheinland beschränkt. Er sieht noch Berlin, Dresden, München, Nürnberg, Heidelberg, Speyer, Frankfurt/Main, Mainz, Koblenz und – jenseits der Grenzen – u. a. Wien und Prag. Reflexe dieser Reiseerfahrung finden sich u. a. in den *Rhénanes* innerhalb der *Alcools* (1913), im *Poète assassiné,* in *Hérésiarque et Cie,* etc. Später wird Apollinaire ein Vertreter der Pariser Bohème. Ob er mit dem Louvre-Einbruch von 1911 in Verbindung zu bringen ist, ist lange Zeit umstritten gewesen. Sein damaliger Gefängnisaufenthalt inspirierte den Zyklus *A la Santé* aus den *Alcools.* Daß der *Hérésiarque* den *Prix Goncourt* bekam, verhinderte Mirbeau, der aus Apollinaires Physionomie schloß, er sei Jude. Als Theoretiker der Malerei propagierte er den Kubismus in *Les peintres cubistes* (1913).

Sein Album *Bestiaire ou le cortège d'Orphée* (1911) versah Raoul Dufy mit Illustrationen. Zusammen mit André Billy schrieb er das Filmdrehbuch *La Bréhatine,* schon 1914 ließ er seine Stimme auf Schallplatte aufnehmen, die Tatsache, daß er anläßlich seiner Schädeloperation mit Hilfe von Röntgenstrahlen einen Blick in seinen eigenen Kopf tun konnte, hat ihn fasziniert. Diese Operation, die im Gefolge seiner Verwundung von 1916 notwendig wurde, schwächte ihn so, daß er 1918, am Vorabend des Waffenstillstandes, an der Grippe starb.

Als Mitglied der Pariser Bohème pflegte Apollinaire sein Außenseitertum. Als er aus Deutschland zurückkehrt, sind Léon-Paul Fargue, Toulet, Salomon, Paul Fort, Moréas seine Freunde. Er verkehrt in der Closerie des Lilas. Das kalligraphisch ausgestaltete ›kleine Auto‹, *La petite auto,* fährt ihn – unter Angabe falscher Daten – ins Kriegserlebnis und in das Bewußtsein einer neuen Zeit. Im *Poète assassiné* findet sich eine an Wells erinnernde Zeitmaschine, die diese Problematisierung der Zeitkategorie – Bergson – erotisch und existenziell vertieft. Im gleichen Band bewegt er sich mit *L'œil bleu* im Umkreis der Ästhetik Picassos, greift die Artuslegende und die Geschichte des unglücklichen *Aiglon* auf, setzt seiner Freundin Marie Laurencin in der Gestalt der Tristouse Ballerinette ein schwer ausdeutbares Denkmal. Im *Esprit nouveau et les poètes* sucht er nach neuen Programmatiken, *Les mamelles de Tirésias* sind das Urbild eines von Jarry präfigurierten absurden Theaters, dem die Surrealisten ihren – wenn z. T. auch später anders verstandenen – Namen verdanken. Die *Calligrammes* enthalten mit *La colombe poignardée et le jet d'eau* ein *Ubi sunt,* das in der Verlorenheit des Krieges nach den vermißten Freunden fragt: Raynal, Billy, Dalize, Cremnitz, Braque, Max Jacob, Derain: »Ceux qui sont partis à la guerre au Nord se battent maintenant.« – Apollinaires posthumes Werk ist umfangreich: *La femme assise* (1920), *Anec-*

*dotiques* (1926), *Les épingles* (1928), *Ombre de mon amour* (1947), *Couleur du temps* (1952), *Les diables amoureux* (1964), *Poèmes de la paix et de la guerre* (1966), *Paroles étoiles* (1970), etc.

Der Band jedoch, der im Sinne von Synthesebildung des Vergangenen und Richtungweisung für das Zukünftige als die entscheidende Etappe angesehen werden kann, sind die *Alcools* (1913):

Die Gedankenbewegung dieses auf den ersten Blick so heterogenen Werks führt vom »pessimisme initial« in *Zone* zum »optimisme plein d'espoir« in *Vendémiaire* (Bégué-Lartigue), vom Volksliedton in *Le pont Mirabeau* zum frühsurrealistisch-simultanistisch-kubistischen Experiment. Der Hang zum gewagten Synkretismus – z. B. Christi Himmelfahrt als Weltrekord im Höhenflug – ermöglicht die Grundlegung moderner Mythen und zeugen von einer Experimentierfreude, deren Modernismus nicht nur in der Absage an Bestehendes sich erfüllt. Als Leser Nervals, Heines, Laforgues u. a. kennt Apollinaire auch den traditionellen Romanzenton, z. B. in *Merlin et la vieille femme, Marie, La blanche neige.* Die *Chanson du Mal-Aimé* ist die poetische Kondensation einer Lebenserfahrung, deren archetypische Fundierung in der biblischen, antiken, indischen etc. Mythologie noch nicht vollständig erklärt sind. Eingeschoben in die *Chanson* sind kleinere Etappen: *Aubade chantée à Lætare un an passé* mit den pastoralen Zügen Watteaus, *Réponse des Cosaques Zaporogues au sultan de Constantinople* mit den bekannten skatologischen Sprüchen, *Les sept épées* mit seinen unterschwelligen Erotismen. Die mit »Voie lactée ô sœur lumineuse ...« eingeleitete Strophe hat den Charakter eines Wagnerschen Leitmotivs. In *Les Colchiques* verfremdet der Autor ein an sich regelmäßig konstruiertes Sonett zum formalen Experiment, das ein perverses Gedankenspiel um Liebe, Leben und Tod strukturiert. Dabei gehört es zu den Charakteristika des ganzen Bandes, daß der Wegfall jeglicher Interpunktion eine der Typographie, der Intonation, der Interpretation verpflichtete poetische Grammatik bewirken kann: *Ecriture* statt *Langue.* Selbst Fehler können hier eingehen: Mobile liegt in Alabama, nicht in Texas *(Annie);* die Form *absolvit* in *Loreley* müßte, wenn sie überhaupt gebildet werden kann, *absolut* heißen. Der Zyklus der *Rhénanes* ist das jugendstilistische Einfallstor der Rheinromantik nach Frankreich, der Rheinwein – »Mon verre est plein d'un vin trembleur comme une flamme« – stellt den Bezug zum Gesamttitel her. *Rhénane d'automne, Les Sapins, Les femmes, Mai, Les cloches,* etc. beweisen das Vorhandensein einer französischen Rheinlyrik, die zu erforschen sich lohnt.

Aus Kriegserfahrung, Zerstörung, Erniedrigung hätte Apollinaire nie den Schluß gezogen, die Poesie sei abzuschaffen. Im Gegenteil; er schreibt in *L'Esprit nouveau et les poètes*:

»Ceux qui ont imaginé la fable d'Icare, si merveilleusement réalisée aujourd'hui, en trouveront d'autres. Ils vous entraîneront tout vivants et éveillés dans le monde nocturne et fermé des songes ... Les poètes enfin seront chargés de donner par les téléologies lyriques et les alchimies archilyriques un sens toujours plus pur à l'idée divine, qui est si vivante et si vraie, qui est ce perpétuel renouvellement de nous mêmes, cette création éternelle, cette poésie sans cesse renaissante dont nous vivons ... Les poètes modernes sont donc des créateurs, des inventeurs et des prophètes. Ils demandent qu'on examine ce qu'ils disent pour le plus grand bien de la collectivité à laquelle ils appartiennent.«

Poesie bedeutet hier Eroberung des Unbekannten, Streben nach neuen Erfahrungsbereichen, Zielprojektion, Bedeutungsgewinn durch das Spiel mit Formen, Symbolen und Zeichen. Apollinaires Lyrik lebt aus der Verflechtung heterogenster Themenbereiche, aus der Formgebung an das Chaos. Man wird den Mekong neben dem Rhein, den Odet neben der Seine finden, Amerika, Ozeanien, Juden, Zigeuner, Nord und Süd, Chapultepec und den Prater. Mit Apollinaire verlor die französische Literatur 1918 ihren originellsten Anreger.

## 3. Der erste Weltkrieg als literarisches Thema

Der Krieg 1914–1918 hat eine unüberschaubare Literaturproduktion bedingt. Verhaerens Gedichtband *Les ailes rouges de la guerre* lebt aus der Indignation über die Verletzung der belgischen Neutralität durch die deutsche Armee. Massenpsychosen, Hysterie, die Ermordung von Jean Jaurès und verunglückte Haßparolen, wie das vielzitierte »A Berlin«, zeigen, daß es auch in Frankreich eine unsteuerbare Kriegsbegeisterung gab. Die Allianz der *France de Saint-Louis* mit der *France des droits de l'homme* zeigt, daß man auch dort keine Parteien mehr kennen wollte, sondern nur noch Franzosen. Die Tatsache, daß die Heiligsprechung der Jeanne d'Arc 1920 erfolgte, ist möglicherweise symptomatisch für das Bewußtsein, einen ›heiligen Krieg‹ geführt zu haben. Selbst der Humanist Anatole France macht sich zum Vorkämpfer solcher Bestrebungen. Im römischen Stil verfaßt er einen *Dialogue entre Xerxès et Démarate* und arbeitet mit an dem Sammelband *Sur la voie glorieuse*. Erst vor seinem Tod findet er die gewohnten Töne wieder: »Cette guerre a tué le génie français, et je meurs au seuil de la barbarie.« Gustave Hervé von der *Action française* schrieb in *La guerre sociale* über den Soldatentod und meinte:

Dans l'intérêt de l'Allemagne elle-même, dans l'intérêt de l'humanité, soldats de France, de Belgique et d'Angleterre qui êtes en face de soldats allemands, vous pouvez leur tirer dessus en toute sérénité. (Guerre sociale, 9. 8. 1914).

»Jeder Schuß ein Ruß« wird man auf der anderen Seite ›dichten‹. Und in der Tat dürfte es schwer gewesen sein, Siegfried zu lieben, wenn er an der Marne steht oder Bach zu hören, wenn die Kathedrale von Reims von deutschen Truppen in Brand geschossen wurde: »Si je lis Faust aujourd'hui, c'est l'Allemand, c'est-à-dire l'ennemi de ma race, qui m'intéresse par-dessus tout.« Die *Revue universitaire* vom Juni 1918 besingt den Marne-Helden in lateinischen Versen:

> Salve quae pacem fecisti, Gallia, terris!
> Summe ducum, belli multo doctissime Foch.

Barrès sprach von »des combats qui m'ont enchanté«, Marinetti lobte die »belli luci dei bombardamenti«, Apollinaire erhofft sich den baldigen Kriegseintritt Italiens als der lateinischen Schwester Frankreichs. In *La guerre* (1917) von André Fontainas und Georges Champenois redet man vom freudig akzeptierten Heldentod, in Henry Batailles *Divine Tragédie* (1916) – man beachte die Titelanspielung auf Dante – gibt es ähnliche Töne: »C'est beau à crier de plaisir.« Frankreichs Rolle als Welterlöserin betont u. a. Edmond Rostand:

> Qu'est-ce que la France – C'est la Grâce.
> Le monde n'ayant pas la France, aurait-il eu
> La possibilité de faire son salut?

Rolands *douce France* im Kampf mit der Barbarei ... Die vergleichende Aufarbeitung der Kriegsliteratur von 1914/1918 unter Einbezug aller beteiligten Sprachbereiche ist eine bisher ungelöste Forschungsaufgabe.

Ein interessantes Zeugnis der französischen Kriegsliteratur ist der 1915 mit dem *Prix Goncourt* ausgezeichnete *Gaspard* von René Benjamin. Der Held dieses Romans, ein Pariser Arbeiter, erlebt hier Heldentum, Ordensverleihungen, er verzeiht im Namen des Vaterlandes, daß seine Frau ihn betrogen hat: Opferbereitschaft, Liebe, Rhetorik. Der Krieg ist ein *Déjeuner sur l'herbe,* bei dem man sich vielleicht ein Bein bricht. Der Artikel *Dixmude* der von Charles Le Goffic 1915 in der *Revue des deux Mondes* publiziert wurde, lebt aus einem ähnlichen Repertoire: Mannesmut, heldenhafte Zweikämpfe: »Ecumant, la face pourpre, un marin qui a vu tomber son frère, jure qu'il aura la peau de vingt Boches. Il les compte, à mesure que sa baïonnette plonge ...« 1924 erschien die *Anthologie des écrivains français morts à la guerre* (6 Bände), die für die Kenntnis der Kriegsliteratur von 1914/1918 eine unerläßliche Quelle ist, die im übrigen durchaus nicht nur die aufgezeigten Einseitigkeiten und Vordergründigkeiten reflektiert. Der Held dieser ganzen Literatur ist der unrasierte Frontsoldat, der *Poilu,* der fast jedes Jahr durch einen neuen Roman von Jacques Péricard verherrlicht und mythologisiert wurde: *Debout les morts, La tranchée des baïonnettes,* etc.

Aber bald wurden, trotz scharfer Zensur, andere Töne hörbar. Georges Bonnets *L'âme du soldat* ist eine realistische Frontreportage und Pierre Chaine kommt in *Les mémoires d'un rat* zu einer Satire, die aus der Fiktion der Ratte lebt, die ihre Abenteuer im Schützengraben erzählt: »Mes parents m'ont nourri d'espoirs glorieux et de détritus militaires.« Und der Frontarzt Georges Duhamel raubte mit seinem *La vie des Martyrs* vielen Träumern die Illusionen, als er die Wirkung von Artilleriegeschossen auf den menschlichen Körper beschrieb. Jean-Galtier Boissière verunsichert in *En rase campagne* (1917) das Klischee des Soldaten, der ›keinen Fußbreit‹ Boden preisgibt: »C'est la fuite éperdue, la panique, l'horrible sauve qui peut.« Der Verlust an humanistischer Substanz bleibt kaum einem Beobachter verborgen. Erniedrigung und Verrohung sind der Stoff des *Carnet du combattant* von Mairet (1919), sie deuten sich schon an in Antoine Rédiers *Méditations dans la tranchée* (1916). Die Etappen der Kriegsliteratur sind möglicherweise an den Begriffen von Heldenwahn, Realismus, Nihilismus und Révolte festzumachen. Und das Erlebnis der vergewaltigten Landschaften, der geschundenen Natur, der verachteten Kreatur wird späterhin literarische Sehweisen bis hin zum Surrealismus beeinflussen. Neben dieser Möglichkeit der Bewußtseinserweiterung steht der Geist der *anciens combattants.* Montherlant nahm 1924 in *Mors et Vita* seinen *Chant funèbre pour les Morts de Verdun* auf, in dem er die »nostalgie de la guerre« cornelianisch mit der »nostalgie de la générosité« in Verbindung bringt.

Eine ganz andere literarische Produktion leitete sich für Romain Rolland aus dem Kriegserlebnis ab. Er befand sich bei Kriegsausbruch in der Schweiz und ergriff die Partei des Humanismus. Er ist ein Europäer im Sinne des *Europe*-Gedichts von Jules Romains:

> Europe! je n'accepte pas
> Que tu meures dans ce délire.

Der Autor von *Jean-Christophe* und der an anderer Stelle erwähnten Revolutionsdramen schrieb nach Kriegsbeginn einen offenen Brief an Gerhard Hauptmann, der unter dem Titel *Au-dessus de la mêlée* für den deutsch-französischen Kulturdialog eine ähnliche Bedeutung gewann wie Camus' *Lettre à un ami allemand* im 2. Weltkrieg. In diesem humanistischen Manifest wendet sich Rolland gegen die systematische Kultur des Hasses und der ökonomisch-nationalistisch-rassistischen Determination. »C'est parce que les hommes croient aux races, que les races existent« (Tison-Braun). Den Imperialismus, der keineswegs alleinige Sache eines Volkes ist, glaubt Rolland als den eigentlichen Feind zu erkennen. Nur ist die Frage, ob er tatsächlich hoffen konnte, daß seine Ideen – von Einzelechos abgesehen – im Europa der Fanatismen von 1914 Gehör fanden. Von der neutralen Schweizer Warte aus mag er diese Illusion eine Zeitlang genährt haben. Und die Tatsache, daß er sich von chauvinistischer Einseitigkeit befreit und mit der Frage des Hinterher beschäftigt, gibt ihm möglicherweise dennoch recht, wenn er alle Fragwürdigkeiten des Krieges rhetorisch aufreiht. »Le trait le plus frappant de cette monstrueuse épopée ... est ... l'unanimité pour la guerre ... Plus une pensée libre qui ait réussi à se tenir hors de l'atteinte du fléau ... Des combats singuliers se livrent entre les métaphysiciens, les poètes, les historiens. Eucken contre Bergson, Hauptmann contre Maeterlinck, Rolland contre Hauptmann, Wells contre Bernard Shaw; Kipling et d'Annunzio, Dehmel et de Régnier chantent des hymnes de guerre ... Hervé demande à mourir pour le drapeau d'Austerlitz. Les purs dépositaires de la pure doctrine, les socialistes allemands, appuient ... les crédits pour la guerre ...« – Dabei ist es nicht so, daß Rolland den Krieg grundsätzlich abgelehnt hätte. Er wollte Frankreich nicht unter deutscher Herrschaft sehen. Aber er forderte, daß ein Krieg, wenn er schon geführt wurde, nicht auch noch verherrlicht wurde. Und damit wurde Rollands Name zum Symbol für alle *hommes de bonne volonté*, die Verständigung und Zukunftsperspektive nicht ganz aus den Befangenheiten des Augenblicks auszuklammern bereit waren. Dem entsprach bald die Entzauberung der kämpfenden Truppe. Paul Rimbault notiert in seinem *Journal d'un officier de ligne*, daß – namentlich während der Marne-Schlacht, aber auch vor Verdun – das Bewußtsein der Verbundenheit mit dem Gegner eine psychologische Tatsache wurde: »Un pauvre diable a toujours eu pitié de son semblable et rien ne ressemble plus à un soldat allemand dans sa tranchée que le soldat français dans la sienne.« Und bald wird Albert Thierry in *Les conditions de la Paix* eine internationale Völkervereinigung fordern, von der der Völkerbund später nur ein schwacher Abklatsch war. Rolland war in den Schützengräben bekannt. Ohne ihn wäre die Zahl der Kriegsgegner nicht so schnell gewachsen, wie sie es tatsächlich tat.

Kennzeichnend für die wachsende Desillusionierung ist die Tatsache, daß im Jahre 1916 Barbusses Roman *Le feu* den *Prix Goncourt* bekommen konnte. Dieses französische Gegenstück zu *Im Westen nichts Neues* ist die literarisch wegweisende Kondensation der Kriegserfahrung des *poilu*.

Dieses *Journal d'une escouade* hat einen kollektiven Helden, es verfolgt keine Gegenpropaganda gegen das offiziell verordnete Heldentum, sondern es beschreibt, Arnold Zweigs *Erziehung vor Verdun* vergleichbar, Erfahrungen, Zustände, Schlußfolgerungen. Barbusse wollte einen *choc moral* bewirken, und er hat nie in Abrede gestellt, daß sein Werk keine Stärkung des Abwehrwillens gegen den Aggressor bedeutete. »Ce serait un crime de montrer les beaux côtés de la guerre, même s'il y en avait.« Das *grossissement* als ästhetisches Mittel hat Barbusse mit Zolas *Germinal* gemeinsam, der Versuch einer Verwendung des Landserslangs läßt das Werk aus dem Rahmen jener

Kriegsliteratur fallen, die sich in der Hochstilisierung des klassisch-französischen Elements gefiel. Dabei wird der Krieg nicht als Abenteuer gezeigt, beherrschend ist eher die Langeweile, gepaart mit traumatischen Horrorvisionen, die in ihrer kriegsbedingten Realität nur wie durch einen Schleier wahrgenommen werden. Barbusse hat sich auch in seinem späteren Werk – *Clarté* (1919), das Lenin schätzte – mit dem Kriegserlebnis auseinandergesetzt und ist konsequent den Weg in die französische Linke gegangen. 1923 trat er der KP bei und produzierte ein dichtes und keineswegs durchgängig erforschtes literarisches Werk: *La lueur dans l'abîme* (1920), *Les bourreaux* (1926), *Russie* (1930), *Connais-tu Thaelmann?* (1934). Hinzu kommen Romane – u. a. *Force* (1926) – und journalistische Aktivitäten. Neben Barbusse verdienten zahlreiche andere Autoren Erwähnung, die sich z. T. auf seiner Linie befinden. U. a. Emile Julia *(La mort du Soldat)*, Paul Vaillant-Courturier *(Une permission de détente)*.

Was die Propagandaliteratur angeht, so finden sich einige Zeugnisse des sog. *Service du moral*, der den Durchhaltewillen der Truppen stärken sollte. Henri Bersetin lieferte hierfür sein Stück *L'élévation*, Emile Sirac seine *Epis rouges*. *L'espionne de Guillaume, la fiancée du boche* ist ein Feuilletonroman, der jeder Französin zeigte, was sie erwarten konnte, wenn sie sich mit einem deutschen Soldaten einließ. Benjamins *Gaspard* findet Nachfolger: *Nénesse, Chignolle, Le Major Pipe*. Um Clémenceaus Zeitschrift *L'homme enchaîné* sammelten sich bald jene Kräfte, die den schwankenden Durchhaltewillen – auch wegen des Kriegseintritts der USA – wachzuhalten vermochten. Der Titel des Romans *Croire* (1917) von André Fribourg ist bezeichnend in dieser Hinsicht. Er steht unter dem Klischee der moralischen Regeneration eines anarchistischen Volks und einer nihilistischen Intelligenz durch das gemeinsame ›Blutopfer‹. Der *soldat anonyme* wird hier zum direkten Nachfolger jenes Christenmenschen hochstilisiert, der gotische Kathedralen zu bauen imstande war: »Guerre, tu impliques un acte de foi ...« In *La flamme au poing* (1917) verbindet Henry Malherbe solche Töne mit einem offen antidemokratischen Credo. Die Geister der Ahnen fliegen über das Schlachtfeld und sind gewiß, daß Frankreich sich wieder gefunden hat. Bei Jacques Arnoux in den *Paroles d'un revenant* verdichtet sich dieser Ansatz zur Verherrlichung von Askese und makabren Visionen, die mit dem Surrealismus in Verbindung zu bringen nicht abwegig ist. Und auch Roland Dorgelès Roman *Les croix de bois* ist nicht frei von Mystizismen. Sein Held Sulphard stinkt nach Schwefel, ist angefressen vom Nihilismus und wird aus Selbsterhaltungstrieb zum Helden im absurden Kriegstheater. Demgegenüber ist Léon Werths *Clavel Soldat* (1917) eine Aufzählung gegnerischer Greueltaten und ein Zeugnis der Langeweile verhinderter Helden. Der eigentliche Feind ist hier der »conformisme rouspeteur«.

Die Auseinandersetzung mit dem Kriegserlebnis wuchs sich nach Kriegsende zur literarischen Vergangenheitsbewältigung aus.

Zu dieser Literatur gehören u. a. Rollands *Clérambault* (1920), Alains *Mars ou la guerre jugée* (1921), Gabriel Chevalliers *La peur* (1930), Montherlants *Relève du matin*, Paul Raynalds *Le tombeau sous l'Arc de Triomphe*, Sargerets *Sociologie de la guerre et de la Paix*, Bernanos' *La grande peur des bien-pensants*, Bendas *Trahison des clercs*, Des Vallières' *Kavalier Scharnhorst* und *Spartakus Parade*, Vercels *Léna*, van der Meerschs *Invasion 14*, Jules Romains *Prélude à Verdun* und *Verdun*, etc.

Das Kriegserlebnis bestimmt auch weitgehend die Stoffwahl von Jules Romains, Roger Martin du Gard und Georges Duhamel.

Jules Romains (1885–1972) hatte als Mitbegründer des *unanimisme* seine Theorie u. a. in *Le bourg régénéré* (1906), *Mort de quelqu'un* (1911) und *Les copains* (1913) exemplifiziert. Nach der um Liebesthematiken kreisenden *Psyché*-Trilogie (1922–1929) publiziert Romains zwischen 1932 und 1947 seine *Hommes de bonne volonté* in 27 Bänden. Innerhalb der zeitlichen Pole 1908–1933 entwirft Romains hier ein Bild der französischen Gesellschaft, zu dessen zentralen Ereignissen das Kriegserlebnis gehört. Schon an einigen Titeln wird die Gedankenführung deutlich: *Le drapeau noir*, *Prélude à Verdun*, *Verdun*, *La douceur de la vie* etc. Insofern als unanimistische Theorien auch Hysterien und Psychosen erklären, sind sie eine Hilfe bei der Interpretation der Ereignisse. Jerphanion, der den *Hommes de bonne volonté* als Protagonist eine gewisse Einheit verleiht, wurde zu einer der bekanntesten Romangestalten der Zwischenkriegszeit. Historisch deutet Romains *Roman fleuve* auf die bei Balzac und Zola, aber auch in Hugos *Misérables* präfigurierte Romanattitüde hin. Von 1934 stammt *Le couple France-Allemagne*.

Roger Martin du Gard (1881–1958) erhielt 1937 den Nobelpreis für Literatur. In *Jean Barois* (1913) setzt er sich mit der Dreyfusaffäre auseinander, seine Farcen (*Le testament du père Leleu* 1923; *La gonfle, farce paysanne fort facétieuse* 1928) und Psychodramen (*Un taciturne* 1931) interessierten Louis Jouvet. Sein Familienroman *Les Thibault* (1922–1940) verdichtet die Kriegserfahrung von 1914/1918. Das Werk zerfällt in die Etappen *Le cahier gris*, *Le pénitencier* (1922), *La belle saison* (1923), *La consultation*, *La Sorellina* (1928), *La mort du père* (1929), *L'été 1914* (1936), *Epilogue* (1940). Dieser Zyklus sucht die beherrschenden Mentalitäten einer Generation einzufangen. Der alte Thibault wird zur reaktionären Symbolfigur, der revoltierende Jacques hat Kontakte zu Liebknecht und verkörpert Generationenspannung und schließliches Scheitern in der Hysterie von 1914, Antoine hingegen sieht seine Aufgabe nicht im Entwerfen von Programmen, sondern in individuellen Akten der Hilfeleistung. Die Diskussion über das Problem der Gewalt in *Eté 1914* stellt ungelöste Probleme, die Entscheidungen fordern, selbst auf die Gefahr hin, daß eine solche sich im Nachhinein als falsch erweist. *Les Thibault* sind ein pessimistisches Werk, in dem sich dennoch viele Franzosen wiedererkannten. Der Mikrokosmos einer Pariser Bourgeoisie, deren interne Spannungen – Väter–Söhne, Katholiken–Protestanten, Naturwissenschaft–Glaube, Kapitalismus–Sozialismus – beschrieben werden, scheint hier in sich selber zu ruhen und wird 1914 um so grausamer geweckt.

Georges Duhamel (1884–1966) kommt wie Romains vom Unanimismus her, den er zusammen mit Vildrac in den *Notes sur la technique poétique* (1910) (1910) theoretisch fundierte. Als ausgebildeter Arzt erlebt er den 1. Weltkrieg aus dieser Perspektive in *La vie des Martyrs* (1917) und *Civilisation* (1918). In *La possession du monde* (1919) weitet er das Thema der Krankheit aus und wird mit den umfangreichen Zyklen *Vie et aventures de Salavin* (1920 bis 1932, 5 Bände) und *Les Pasquier* (1933–1941, 10 Bände) zum Verkünder eines neuen, von kleinbürgerlichen Zügen nicht freien Humanismus. Die Werte der Familie und der Verwandtschaftsbeziehungen werden unanimistisch hervorgehoben, die Geschichte wird angesichts solcher Bindungen zum Mythos. Zwar wird der 1. Weltkrieg nicht *expressis verbis* ins Zentrum gerückt, aber er bestimmt die Grunderfahrung der handelnden Personen: Salavin als ›halber Held‹, Pasquier als illusionsloser Bürger, der ›zur Karriere verdammt‹ ist, Kindheitsprobleme, Kleinkriege unter Wissenschaftlern, Macht der Kunst und der Askese. 1935 wurde Duhamel Mitglied der *Académie*, er verteidigte individuelles Recht auf Glück und lieferte auch im französisch-deutschen Raum interessante kulturkritische Texte, u. a. *Entretiens sur l'esprit européen* (1928), *Géographie cordiale de l'Europe* (1931), *Refuges de la lecture* (1954).

## 4. Surrealismus, Surrealismen

1918 gehörte Frankreich zu den Siegern. Aber der Sieg war teuer erkauft. Huitzliupochtli vergleichbar hatte die *douce France* Menschenopfer für das nationale Überleben gefordert. Und in der dadaistisch-surrealistischen Kulturrevolution präsentierte man ihr die Rechnung.

Die Ursprünge liegen im schweizerischen Zürich, wo der rumänische Emigrant Tristan Tzara (1896–1963) eine avant-gardistische Gruppe um sich gesammelt hatte, deren politisch-intellektuell-künstlerisches Programm die absolute Verneinung war. Verbunden mit der Erfahrung des Schützengrabens wurde daraus nach 1918 eine kraftvolle literarische Bewegung, die etwas von der Geschäftsauflösung nach dem Bankrott an sich hat. Und das damals in Paris gern vorgeführte *spectacle-provocation* hat in der Tat etwas vom modernen *Happening*. André Breton trat mit zwei Revolvern als Ohrenschmuck auf, Paul Eluard tanzte im Tutu, Fraenkel verbarg sich in einer Kellnerschürze, Soupault kam in Hemdsärmeln auf die Bühne, die Dadaisten trugen als Kopfbedeckung Röhren, Trichter, Töpfe. Serner legt einen Blumenstrauß vor einer Schaufensterpuppe nieder, Hans Arp verbarg sich unter einem Zuckerhut, Huelsenbeck und Tzara tanzen als Bären oder in einem Sack und all das lief unter dem Titel *Le noir cacadou.* Aragon veröffentlicht in der Zeitschrift *Cannibale* sein Gedicht *Suicide:* es besteht aus den aufgereihten Buchstaben des Alphabets. In *Littérature 13* erscheint 1920 das *Manifeste du Dadaisme*, das gipfelt in der 7mal wiederholten Forderung nach dem *Nichts* und dem Hochruf: »Vivent les concubines et les concubistes.« Paul Dermée fordert »partout de la poudre à punaises« als Ausdruck des »Dada antitabou«. Die schwarze Spätromantik Lautréamonts, der methodische Wahnsinn der Romane Franz Kafkas, die Philosophie Husserls, das Wissen um eine Welt, die ein Sammelsurium von Phänomenen ist, sind grundlegende Ingredienzen der Bewegung. Hier fühlte sich eine Jugend durch den Krieg um ihre Jugend betrogen, vielleicht verkörpert Dada die infantile Revolution schlechthin, das Aufbegehren des Embryos gegen den Mutterleib. Arthur Cravan, der sich rühmte, im Krieg 17 Vaterländer verraten zu haben, berief sich auf Jarry, wenn er sich an den Füßen auf die Bühne ziehen ließ, um sich dort zu entkleiden, was ihm mehrere Verhaftungen eintrug. Als Tzara 1919 nach Paris kam, war er schon als Autor der *Première aventure céleste de Monsieur Antipyrine* bekannt (1916). Huelsenbeck, Arp, Breton, Soupault, Aragon, Picabia formen den ersten Nukleus in der französischen Hauptstadt. Breton schreibt über seinen gefallenen Freund Jacques Vaché, André Billy über Guillaume Apollinaire, damit ist auch die Frage der Vorläuferschaften geklärt. Und man versucht sogar eine Programmbildung: »Pour être poète, il suffit de t'en retourner à petits pas vers le temps où tu mettais tes doigts dans ton nez.«

Aus diesen Ursprüngen entstand auf Umwegen, die hier nicht nachgezeichnet werden können, der französische Surrealismus. Wo Dada ein Schießbudenspiel war, wurde der Surrealismus eine Protestbewegung. André Breton hatte den Mut, sich auf patriotischen Frontkämpfertreffen mit dem Ruf »Vive l'Allemagne« zerschlagene Knochen einzuhandeln. Das mag zwar geschmacklos sein, aber es war doch auch ideologiekritisch. Und die Darstellung einer *Mona Lisa* mit Bart ist witzig und kritisch zugleich, wenn es sich um die Verspottung des eingeschliffenen Kulturbetriebs handelt. Den Griff seines Wasserhahns ließ Breton als Kruzifix ausgestalten, und an die Direktoren der französischen Irrenhäuser schrieb er: »Tous les actes individuels sont antisociaux«, der Wahnsinn bedeutet die »révolte totale«, er reißt die letzten Fesseln der Sprache und des Bewußtseins ein, wird frei und lebensuntüchtig zugleich. In Madrid läßt sich Aragon am 18. April 1925 vernehmen:

»Monde occidental, tu es condamné à mort. Nous sommes les défaitistes de l'Europe ... Toutes les barricades sont bonnes ... Juifs sortez des ghettos. Qu'on affame le peuple afin qu'il connaisse le goût du pain de colère ... Voyez comme cette terre est sèche et bonne pour tous les incendies ... Riez bien. Nous sommes ceux-là qui donneront toujours la main à l'ennemi.«

Dabei gewann der Surrealismus, trotz zeitweise konstatierbarer Nähe einiger seiner Mitglieder zur politischen Linken, bald den Charakter einer eigenständigen Philosophie, die ihre Orthodoxie und ihre Exkommunikationen kannte. Die surrealistischen Apostel, allen voran André Breton, forderten ihre Jünger auf, der Vordergrundrealität des Alltags zu entrinnen, sich auf die mystische Perzeption des Surrealen vorzubereiten. Darin bestehe das Geheimnis der Poesie. Es ist auch das Geheimnis des Kaspertheaters, wie Jean Cocteau unterstrich: Alltagsstrukturen zu zerschlagen, um aus den Trümmern die neue, höhere Realität zu bauen. Diese »réceptivité au mystère« kann bedeuten, daß man einer Gasmaske die höhere Realität eines Zwitterwesens zwischen Helm und Löwen von San Marco zuschreibt. Okkultismus, Hypnose, Spiritismus, Magie, Traumdeutung, »écriture automatique« finden so ihre Verankerung in einem neu gedeuteten Alltag. In den Schlieren eines Bieres, in der Maserung des Marmors etc. können ungelesene Botschaften auf ihre Entzifferung warten, Aragon spricht von *Une vague de rêves*, die ihn auf einmal überkommt. Unerwartete Zeichenkombinationen verweisen auf neue Bedeutungen: »Le cadavre joyeux boit le vin nouveau.« Synästhesien, Korrespondenzen, Koinzidenzen, »hasard objectif« und neue Spracherfahrung weisen dabei auch über traditionelle Gattungsbindungen hinaus. Mit *Nadja* (1928) gibt André Breton die gattungsdefinitorisch nicht faßbare Illustration der surrealistischen Theorien, die er zuvor im Manifest von 1924 zusammengefaßt hatte:

*Nadja* (1928) folgt auf *Mont de piété* (1919), *Les Champs magnétiques* (1921) und geht der *Immaculée Conception* (1930) und der *Union libre* (1931) voraus. *Nadja* ist die mit zahlreichen Photographien durchsetzte Geschichte einer schicksalhaften Liebe zu einer geheimnisvollen Frau, die zugleich ein Geisteswesen, ein »génie libre« ist und sich so jedem Annäherungsversuch entzieht. Durch sie gehen einander ausschließende Lebens- und Erfahrungsbereiche ineinander über, sie endet im Wahnsinn. *Nadja*, wurde als Exemplifikation einer Theorie verstanden, die Breton in zahlreichen Manifesten erarbeitete: *Manifeste du surrealisme* (1924), *Poisson soluble* (1924), *Le surréalisme et la peinture* (1930), *Dictionnaire-abrégé du surréalisme* (1930). In dieser Richtung wirkte auch seine Lyrik, u. a. *Les vases communicants* (1932), *L'amour fou* (1937), *Fata Morgana* (1940), *Arcane* (1940) u. a. Bekannt wurde seine *Anthologie de l'humour noir* (1940, erweitert 1950). Julien Gracq hat dem ›Papst des Surrealismus‹ eine ausführliche Biographie gewidmet.

Während sich in der Malerei zahlreiche Künstler der surrealistischen Bewegung anschlossen – Chagal, Corti, Dali u. a. – und während Breton selber eine Schulenbildung betrieb, die bis zur Gründung einer surrealistischen Internationale reichte, fanden andere Autoren, ohne ihre Schuld gegenüber der ›Schule‹ je zu verleugnen, eigene Wege:

Paul Eluard (1895–1952) schrieb unter dem Eindruck des Kriegserlebnisses

*Le devoir et l'inquiétude* (1917), dem bald andere Werke u. a. *Poèmes pour la paix* (1917), *Les nécessités de la vie et les conséquences des rêves* (1921) folgten. Mit Max Ernst schrieb er *Les malheurs des immortels* (1922). Er folgt zeitweise unabhängig Breton und seiner Gruppe, u. a. mit *Capitale de la douleur* (1926), *La vie immédiate* (1923), *La Rose publique* (1934). Aber die Politik weist einen anderen Weg. Er beschäftigt sich mit García Lorca, engagiert sich in der Résistance: *Le livre ouvert I–II* (1940–1942), *Au rendez-vous allemand* (1944), *Dignes de vivre* (1945). Nach dem 2. Weltkrieg wird er sich unabhängig auf der Linken finden; seine letzten Werke verraten die Fortwirkung von Mallarmé, Apollinaire u. a.

Yvan Goll (1891–1950) war ein deutsch-französischer Zweisprachler, der Berlin, Paris, die Schweiz und die USA kannte. Schon 1915 veröffentlichte er seine *Elégies internationales.* Seine deutsch geschriebenen Dichtungen unter dem Titel *Der Eiffelturm* (1924) enthalten u. a. ein Albert und Juliette Gleizes gewidmetes Katzengedicht und ein Szenario für Charlie Chaplin. Seit 1925 schreibt er überwiegend Französisch. Mehr als Breton bleibt er der von Apollinaire vorgezeichneten Linie treu, die u. a. den Wert der Bücherbildung nicht leugnet. So schreibt er neben Liebesgedichten (*Poèmes d'amour* 1924, *Poèmes de jalousie* 1925, u. a.) auch *poésie scientifique,* z. B. *Le mythe de la roche percée* (1947), *Les cercles magiques* (1951) etc. Seine Frau Claire Suder-Goll ist selber eine bekannte Lyrikerin geworden und hat zu mehreren Anlässen als Muse auf Rilke gewirkt. Yvan Goll ist aufgrund seiner Zweisprachigkeit ein Bindestrich zwischen den Kulturen, er kennt Laforque und Corbière, Heine und Novalis. Er schreibt über Orpheus als »Musikant des Herbstes / Trunken von Sternenmost«, besingt die verbindende Kraft des Panamakanals, konzipiert seine *Chaplinade* zu Zeichnungen von Fernand Léger, schreibt *Süd* für Jean Cocteau und die *Frau auf dem Boulevard* für Robert Delaunay. Yvan Goll bedarf der Wiederentdeckung.

Louis Aragon (1897–1983) nimmt an der surrealistischen Bewegung bis 1930 teil. Aus dieser Phase stammen u.a . *Anicet* (1921), *Le paysan de Paris* (1926). Seit 1927 tritt er der KP bei und damit gewinnt seine Orientierung, von seiner Frau Elsa Triolet maßgebend beeinflußt, eine neue Richtung. In *Pour un réalisme socialiste* (1935) erfolgt die Absage an den Surrealismus, die Aragon möglicherweise unter dem Eindruck seiner Majakowskilektüre vollzog. Von 1934 stammt *Hourra l'Oural* mit einem enthusiastischen Gruß an den Bolschewismus. Aragons weiterer Weg ist kompliziert. Er war in der Résistance, protestierte 1968 gegen die sowjetischen Panzer in der Tschechoslowakei, ließ sich von der studentischen Linken während der Pariser Mai-Unruhen 1968 verhöhnen. Im Résistance-Erlebnis entstanden u. a. *Le crève-cœur* (1941), *Les yeux d'Elsa* (1943), *Le musée Grévin* (1943), *La Diane française* (1944). De Gaulle schätzte *Plus belle que les larmes* so, daß er es im Rundfunk zitierte, Georges Brassens machte aus *Il n'y a pas d'amour heureux* einen Chanson-Erfolg. Politisches und erotisches Erleben gehen bei Aragon ineinander über, seine Frau Elsa ist die wichtigste Anregerin in seinem Leben gewesen. Dabei bleibt das politische Engagement eindeutig, auch wenn es sich historischer Distanzierung bedient (*Elsa* 1959, *Le fou d'Elsa* 1964) oder zu räumlich entfernten Vorkommnissen Stellung nimmt (*Elégie à Pablo Neruda* 1966). Mit *Les communistes* schrieb er eine *Epopée-fleuve,* die hier und da aufgrund ihrer formalen Qualitäten über den sozialistischen Realismus hinausweist. Ähnliches gilt für seine Romane *Blanche ou l'oubli* (1967) und *Henri Matisse, Roman* (1971), wo es zu einer späten Rückbesinnung auf Bereiche zu kommen scheint, die ohne die surrealistische Erfahrung nicht zugänglich wären. In der *Histoire parallèle des Etats-Unis et de L'U.R.S.S.* (1962) arbeitete er mit Maurois zusammen. In 36 Bänden brachte er in den Jahren 1964–1970 seine gemeinsam mit Elsa Triolet produzierten Werke unter dem Titel *Œuvres romanesques croisées d'Elsa Triolet et d'Aragon* heraus. Aragons Werk entzieht sich einer voreiligen Reduzierung auf einen Hauptnenner. Er ist ohne die Teilnahme am frühen Surrealismus nicht denkbar, aber auch nicht nur daraus zu erklären. Sein Werk reflektiert eine französische Lebenserfahrung unseres Jahrhunderts und für viele auch einen politisch exemplarischen Lebenslauf.

Die surrealistische Erfahrung ist für zahlreiche Autoren bedeutsam geworden, auch wenn sie sich nur von ferne an diese Bewegung anschlossen. Robert Desnos (1900–1945), der als Deportierter starb, schrieb den der *écriture automatique* verpflichteten Band *Corps et Biens* (1930), Léon Paul Fargue (1876–1947) ließ sein *Sous la lampe* 1929 erscheinen. Paul Morand (1888–1976) schrieb Lyrik in der Nachfolge von Cendrars und Max Jacob. Seine Lyrikbände *Lampes à arc* (1919) und *Feuilles de température* (1920) zeigen die Tendenzen der Zeit, ebenso die späteren Werke, die z.T. Larbauds Kosmopolitismus parallel laufen: *Ouvert la nuit* (1922), *L'Europe galante* (1925), *Magie noire* (1928), *Paris–Timbouctou* (1928), *New York* (1930), *Air Indien* (1932). Morand wurde auch zum sensiblen Literaturkritiker (u. a. *Proust, souvenirs* 1949). Jules Supervielle (1884–1960) aus Montevideo bearbeitet lateinamerikanische Stoffe (*L'homme de la pampa* 1923; *Bolívar* 1936) und trat als Lyriker hervor mit *Les amis inconnus* (1934) und *La fable du monde* (1938). Bei Pierre-Jean Jouve (1887–1975) mischen sich unanimistische und surrealistische Ursprünge. Sie zeigen sich in *Les noces* (1928), *Kyrié* (1938), *Moires* (1962), *Diadème, suivi de mélodrame* (1970) wobei christliche Thematiken und erotische Unterschwelligkeiten konstatierbar bleiben. Pierre Réverdy (1889–1960) war mit Apollinaire und Max Jacob befreundet. Mit *Les épaves du ciel* (1924) zeigt er sich als Surrealist, später versucht er sich eher als Theoretiker (*Le livre de mon bord* 1948). Eine Verbindung von Surrealismus und Spiritualismus gibt dem Werk von Oscar Vladislas de Lubicz-Milosz (1877–1939) das Gepräge. Mit *Miguel Mañara* (1912) hatte er füh über die *Don-Juan*-Legende geschrieben, seine *Ars magna* (1924) und die *Arcanes* sind mystische Versuche, die – wie z.B. im *Cantique de la connaissance* (1927) – auch symbolistische Erfahrungen verwenden und hier und da zu an Bachelards Elementenphilosophie erinnernden Schlußfolgerungen führen. Max Jacob (1876–1944), Bretone und von den Nazis ermordeter Freund Guillaume Apollinaires, kannte den späten Symbolismus und brachte ihn in die surrealistische Erfahrung ein, wobei er sich u. a. hagiographischen und esoterischen Thematiken widmete (*Visions infernales* 1924; *Filibuth ou la montre en or* 1923; *Méditations religieuses* 1945). Marie-René-Alexis Saint-Léger Léger, genannt Saint-John Perse (1887–1975) stammt von Guadeloupe und verband immer wieder Europäisches und Amerikanisches. Der Nobelpreis von 1960 machte ein Werk bekannt, das diese Spannweite zu meistern sucht: *Anabase* (1924), *Exil* (1942), *Vents* (1947), *Oiseaux* (1963). Er begleitete Daladier 1938 in diplomatischer Mission nach München, gehörte dem Kreis um Roosevelt an und hatte als Diplomat Gelegenheit, viele Länder kennen zu lernen. Seine Bewunderer finden sich in der französischen Literatur ebenso wie im angelsächsischen Raum. Er vertritt eine kosmische Poesie, deren Stilattitüde z. T. an Claudel erinnert.

## 5. A la recherche de la conscience classique: Paul Valéry

Paul Valéry (1871–1945), geboren in Sête, befreundet mit Mallarmé und Pierre Louÿs, betrieb Literatur und Mathematik. In einer ersten Phase entstand die *Introduction à la méthode de Léonard de Vinci* (1895), wo er diese Doppelgesichtigkeit hervorheben konnte. Die *Soirée avec Monsieur Teste* (1896) gibt dann den Auftakt zum Teste-Zyklus, der das Schaffen des Autors lebenslang begleitet.

Die einzelnen Etappen sind: *La soirée avec Monsieur Teste* (1896), *Madame Emilie Teste* (1925), *La soirée avec Monsieur Teste avec préface et suivie d'extraits de son logbook* (1926). Die veränderte Edition von 1946 enthält noch *La promenade avec Monsieur Teste, Dialogue ou nouveau fragment relatif à Monsieur Teste, Pour un portrait de Monsieur Teste, Quelques pensées de Monsieur Teste, Fin de Monsieur Teste.* Die *Phrase d'attaque* dieses Zyklus lautet: »La bêtise n'est pas mon fort.« Als Zentralproblem kristallisiert sich dann die Wahrheitssuche in einem letztlich cartesianischen Sinne heraus. Monsieur Teste, der von Börsenspekulationen lebt, entgeht auf diese Weise der bürgerlichen Routine und unterwirft sich der strengsten geistigen Askese. Es gelingt ihm, ›die Marionette in sich zu töten‹, die Leerformeln der Sprache und des Geistes zu überwinden. Und so entdeckt er in sich ungeahnte Möglichkeiten, den »démon même de la possibilité«, dessen Potenz sein Bewußtsein eher bestimmt als seine Verwirklichungen. So wird *Monsieur Teste* ein Roman des Gehirns, der individuellen Selbstverwirklichung des

Geistes, eine methodische Ichdefinition. Sie wirkt nicht auf die Umwelt und kann auch den körperlichen Schmerz nicht meistern. Aber sie verhilft zu bewußterem Leben, freilich um den Preis der Abtötung der Spontanität. In der Oper gibt Monsieur Teste sich nicht dem Musikgenuß hin, sondern beobachtet das Publikum. Die Geistigkeit von Monsieur Teste ist essentiell elitär und letztlich ichbezogen.

Nach *Monsieur Teste* hat Valéry fast 20 Jahre nicht publiziert. Erst mit *La jeune Parque* (1917) tritt er wieder an die Öffentlichkeit und dann folgen in dichter Serie *Le cimetière marin* in der Sammlung *Charmes* (1922), *Vers et prose* (1925), *Poésies* (1929). 1925 wurde er Mitglied der *Académie française*, 1937 Professor am *Collège de France*.

Der *Cimetière marin* markiert eine Etappe im Werk Valérys. Auf die Entdeckung des Geistes in *Monsieur Teste* erfolgt hier die Konfrontation mit der Natur, den Elementen, der Lyrik. Rilke hat dieses aus 24 Strophen bestehende Gedicht ins Deutsche übertragen, Jorge Guillén übersetzte es ins Spanische. Vom Friedhof von Sète aus überblickt der Autor die Mittelmeerlandschaft und entdeckt sich selber als Teil einer bestimmten Natur und der durch diese geprägten Kultur. Nicht das Verharren in der *Meditatio*, sondern der Aufbruch in das Handeln steht am Ende dieses Bewußtwerdungsprozesses: »Le vent se lève ... Il faut tenter de vivre.« Alain, der dem ganzen Band der *Charmes* einen philosophischen Kommentar beigab, erkannte das »Agir« als die eigentliche Schlußfolgerung des *Cimétière* und als die Absage in den »cruel Zénon d'Elée« als den Philosophen der Inertie.

Parallel zu den poetischen Unternehmungen schreibt Valéry ein umfangreiches kritisches und essayistisches Werk. *Eupalinos ou l'architecte* (1923) ist eine philosophische Künstlermeditation, *L'âme et la danse* (1923) stellt in einem philosophischen Dialog die Frage nach der dionysischen ›Befleckung‹ des apollinischen Künstlertums. *Variété* (1924 bis 1944) ist eine mehrbändige Essay- und Rezensionensammlung, es folgen die *Propos sur l'intelligence* (1926) und die Aphorismensammlungen *Rhumbs* (1926) und *Autres Rhumbs* (1927). In *De la diction des vers* (1933), *Pièces sur l'art* (1934), *Analecta* (1935), *Introduction à la poétique* (1938) vertieft sich die kunstphilosophische Reflexion, die mit Essays über *Stendhal* (1927), *Goethe* (1932) und in einer umfangreichen *Correspondance* mit Gide an Relief gewinnt. Valérys frühe *Essais sur l'expansion germanique*, die schon 1897 unter dem Titel *La conquête allemande* erschienen, gewannen in der Betrachtung des »héro glacial«, der ein Techniker der Macht und damit ein Feind des Zufalls ist, eine unerwartete Aktualität während des 2. Weltkriegs. Die u. a. durch Nervals Goetheübersetzung präfigurierte französische *Faust*-Tradition greift Valéry mit *Mon Faust* auf, die 1941 als unvollendete *Ebauches* erschienen und 1945 in der *Comédie française* uraufgeführt wurden. Diese ›Komödie des Geistes‹ konfrontiert den Wahrheitssucher Faust mit dem *Solitaire*, der ihn wissen läßt, daß die letzten Erkenntnisse nicht mitteilbar seien, und mit seiner eigenen Unterwerfung unter das Lustprinzip, das sich in der *Demoiselle de cristal* namens *Lust* verkörpert. Faust endet in der Resignation, ja in der Verweigerung. Wo bei Goethe am Anfang die Tat stand, erinnert Valérys Fee den Helden daran, daß sein Ausgangsunkt das kompromißlose Nein gewesen sei.

Valéry verkörpert im 20. Jahrhundert das von vielen Seiten in Frage gestellte rationalistische Prinzip der Literatur. Nicht die Aufreißung des Unbewußten sieht er als seine Aufgabe an, sondern seine Bewußtmachung: »La poésie est l'essai de représenter ou de restituer par les moyens du langage articulé ces choses ou cette chose que tentent obscurément d'exprimer les cris, les larmes, les caresses, les baisers, les soupirs, etc.« Von daher erklärt sich sein Bekenntnis zur formalen Kleinarbeit, wie sie u. a. in seinen Sonetten *(L'Abeille, Les Grenades)* und Oden *(Aurore, La Pythie)* sichtbar wird. Dabei behält er das Bewußtsein, daß jedes seiner Werke ein geschaffenes, letztlich also arbiträres Zeichen ist, dem – durchaus im Sinne der Erkenntnisse der modernen Linguistik – keine zwangsläufige Verbindung zum ausgedrückten Objekt zukommen kann. Diese letztlich antinaturalistische Haltung drückt er so aus:

> Quant aux contes et à l'histoire, il m'arrive de m'y laisser prendre et de les admirer, comme excitants, passe-temps et ouvrages d'art; mais s'ils prétendent à la ›vérité‹, et se flattent d'être pris au sérieux, l'arbitraire aussitôt et les conventions inconscientes se manifestent; et la manie perverse des substitutions possibles me saisit.

Der Autor, der durch *Tel Quel* (1941–1943) der modernen französischen Kritik zu einem teilweise kämpferisch gebrauchten Etikett verholfen hat, zeigt sich hier als Vorläufer von Ergebnissen der *Nouvelle critique*. Diese Abhängigkeiten sind voll erkannt worden:

> Il y a donc chez Valéry une *idée* de la littérature qui est ... à la fois très moderne et très ancienne, et qui le rapproche non seulement du formalisme contemporain ..., mais aussi des recherches actuelles du structuralisme. (Genette).

## 6. Wider die Falschmünzer: André Gide

André Gide (1869–1951) gehörte mit Pierre Louÿs und Paul Valéry zu den jüngeren Gästen des *Cénacle* von Mallarmé. Seine puritanisch-calvinistische Erziehung bereitet ihm Probleme, die auch bei Pierre

Loti konstatierbar sind. Dieser Leser von Nietzsche, Dostojewski, Joyce und Pirandello arbeitete im Kreise der N.R.F. an einer neuklassischen Grundorientierung, die dem Formen- und Themenreichtum seines Werks keinen Abbruch tat. Als moralphilosophischen Ausgangspunkt wählt er dabei anfänglich die problematische Spontanitätsethik des Gratisaktes, der – bis hin zum Mord – der Zufälligkeit individueller Willensbestimmung entspringt. Lafcadios Hauptcharakteristikum ist, daß er nie eine Entscheidung treffen wird, die ihm seine sozialen Bindungen dergestalt bewußt machen würde, daß er darüber die freie Verfügung über seine Handlungsmöglichkeiten aufgäbe.

Nach den *Paludes* (1895) erfolgt mit den *Nourritures terrestres* (1897) die Selbstbefreiung von einer lästigen bürgerlichen Moral im Sinne eines dekadenten Energiekultes, der sich keiner Sozialethik verpflichtet. Dieser konsequente Amoralismus verschärft sich in *L'Immoraliste* (1902) in der Art einer kaum verfremdeten Lebensbeichte und eines Bekenntnisses zum vegetativen Leben, das Michel auch um den Preis des Todes seiner Freundin Marceline verwirklicht. Von bürgerlichen Schuldgefühlen dergestalt befreit, erfolgt bald die Bewußtseinskrise, die sich u. a. in der Behandlung religiöser Thematiken vollzieht. *La porte étroite* ist ein psychologischer Roman (1909) mit interessanten formalen Aspekten:

*La porte étroite* trug zunächst den Titel *Essai de bien mourir* und thematisiert die biblische Problematik der ›engen Pforte‹ unter dem Eindruck persönlichen Erlebens. Es ist ein Roman um Entsagung, Verzicht und Vergeblichkeit. Alissas Verzicht begründet keineswegs das Glück ihrer Schwester Juliette und ihre Ausrichtung auf religiöse Werte beschert ihr keine Seelenruhe. Das formal Wegweisende an *La porte étroite* besteht in der plötzlichen Perspektivenänderung: die anfänglich nach traditionellem Pattern aufgebaute Erzählweise wird später durch Alissas Tagebuch gewissermaßen ›wider den Strich‹ umreflektiert und verdeutlicht, daß Alissas Opfer letztlich nur das allgemeine Mißverständnis genährt hat. Nicht weniger als der Michel des *Immoraliste* ist auch Alissa eine Nonkonformistin, die sich wesentlich aus der Antihaltung heraus definiert.

Mit *Les caves du Vatican* (1914) schreibt Gide eine *Sotie* um das Gerücht der angeblichen Gefangennahme Leos XIII. im Jahre 1893.

Wenn Gide für dieses Werk den mittelalterlichen Gattungsbegriff *Sotie* gebrauchte, so unterstrich er damit die groteske Grundtendenz, die darin besteht, daß der kleinbürgerliche Apotheker Amédée Fleurissoire dem Papst nach Art eines Kreuzritters zur Hilfe eilen will und doch nur das Opfer des Hochstaplers Protos wird. Schließlich wird er von einem zufälligen Reisegefährten in einem unbegründeten Gratisakt aus dem Zug geworfen und stirbt. Dieser Reisegefährte ist Lafcadio, der u. a. deshalb der Strafverfolgung entgeht, weil die traditionelle Kriminologie auf der Motiverforschung beruht, die dem *acte gratuit* nun gerade nicht gerecht werden kann. Lafcadio ist in gewisser Hinsicht sogar ein Rebell. Mit dem beschränkten Fleurissoire wirft er festgefahrene Gedankenlosigkeit, dümmlichen Aberglauben und kleingeistige *idées reçues* im wahrsten Sinne des Wortes ›über Bord‹. Mitleid, Demut, Verständnis sind Lafcadio fremd, er handelt spontan, amoralisch, letztlich verantwortungslos. Erst im Nachhinein, als Protos unschuldig im Gefäng- sitzt und der Gedanke an Amédée ihn verfolgt, stellt er sich Fragen. Das Werk läßt offen, welche Konsequenz er daraus ziehen wird.

Religiös inspiriert ist auch die Thematik von *La symphonie pastorale* (1919):

Gide betrachtete dieses Werk als seine letzte Schuld gegenüber der Vergangenheit, die ihm in der Folge der *Caves du Vatican* die Feindschaft Claudels eingetragen hatte. Das Jean Schlumberger gewidmete Werk ist als Tagebuch strukturiert und problematisiert das Gleichnis vom verirrten Schaf nach *Matth.* 18,12. Der protestantische Pastor, der die 15jährige blinde Gertrude zu sich nimmt und sie so der Verwahrlosung entreißt, muß schließlich begreifen, daß seine Nächstenliebe nicht uneigennützig war und daß er letztlich an Gertrudes Selbstmord und der Konversion seines Sohnes Jacques zum Katholizismus schuldig ist: Nächstenliebe als Selbstbetrug. Das Werk enthält einen interessanten Reflex symbolistischer Theorien, wenn z. B. das blinde Mädchen über die Musik ihre ersten Farbeindrücke erlebt etc. Den Bezug zu Beethovens Musik erstellt der Autor, indem er Gertrude unter dem Eindruck der Pastoralsymphonie an eine umfassende Weltenharmonie glauben läßt, die dann, als sie nach einer Operation sehend geworden ist, zusammenbricht. Dem Nicht-Sehenden die heile Welt vorzugaukeln, darin liegt die eigentliche ›Sünde‹ des Pastors, seine – um es mit einem anderen Titel Gides zu sagen – Falschmünzerei.

Mit *Les Faux-Monnayeurs* (1925) schreibt André Gide einen Roman über die Unmöglichkeit einen Roman zu schreiben:

Das Roger Martin du Gard gewidmete Werk gleicht Thomas Manns *Doktor Faustus* (1949) in dem Sinne, daß auch hier der Roman eines Romans versucht wird. Hier entscheidet sich Gide selber für die Gattungsdefinition ›Roman‹: »Il me faut, pour écrire bien ce livre, me persuader que c'est le seul roman et le dernier livre que j'écrirai.« Nach Gides Willen sollte das Werk »quelque chose comme l'art de la fugue« werden, und dementsprechend versucht er, thematische Engführungen und Parallelführungen auf verschiedenen Ebenen. Auf der Ebene des »roman d'apprentissage« (Idt) spielt sich die Vordergrundhandlung um den jungen Bernard Profitendieu ab, der seine Familie verläßt und nach und nach seine Lebenserfahrungen macht. Parallel dazu vollzieht sich ein »roman d'aventures sentimentales«, der die Schicksale von Edouard und Olivier, Laura, Douvier, Molinier, Bernard, Sarah, Lady Griffith verknüpft. Parallel dazu »se déroulent une intrigue policière et un roman noir qui se rejoignent à la fin« (Idt): Georges, Oliviers Bruder,

Monolog, sind das Grundanliegen des gesamten Zyklus, der – durch das Temperament des *Narrateur* hindurch – ein eigenwilliges und kritisches Epochenbild erstellt, das keine vordergründige Spiegelung der Realität, sondern das existenzielle Erlebnis derselben darstellt. Proust, der früh asthmakrank wurde, hat hier eine fast lautlose Welt von unverhofften Querverbindungen, erinnerungsauslösenden Sinneseindrücken, Korrespondenzen und sozialen Beziehungen geschaffen, deren Ausdeutung nach wie vor unvollendet ist. Seine spät veröffentlichte *Correspondance* verband ihn mit Gide, Reynaldo Hahn u. a. Sie rücken ein wenig das Bild vom vereinsamten Proust zurecht, der freilich gegen Ende seines Lebens jeden Sozialkontakt mied und in einem lautisolierten Zimmer in der Rue Hamelin lebte.

Mit Prousts System der Zeitnivellierung mit Hilfe der Mechanismen der *Mémoire* war ein ganzes Gebäude geglaubter logischer Bezüge eingestürzt. Vor allem das Ursache-Wirkungsprinzip fand sich in besonderer Art ausgeweitet, wenn eine Tasse Tee als Katalysator der neuerlichen Verfügbarmachung von Ereignissen wirken konnte, die lange der Vergangenheit angehörten. Diese Illogizismen konnten in Revolte umschlagen und charakterisieren u. a. Teile des sog. Jugendromans nach 1918. Hierher gehören u. a. André Obey (*L'enfant inquiet* 1920), Benjamin Crémieux *(Le premier de la classe)*, Raymond Radiguet (*Le diable au corps* 1923), Jean Cocteau (*Les enfants terribles* 1929). Und von hierher erfolgen bald nachhaltige Infragestellungen der Bourgeoisie. Der *bourgeois* wird zur Obsession seiner Gegner: so der alte Thibault, der bekanntlich eine *Histoire de l'autorité paternelle à travers les âges* plant. Das hassenswerte Philistertum, das Mauriac in *Le nœud de vipères* (1932) beschreibt, steht für diese Bourgeoisie, die trotz allem einer neukatholischen Ahnung von Gnade offen bleibt. Ähnliches gilt für Mauriacs *Génitrix,* jenes französische Gegenstück der Bernarda Alba, in dem eine Mutter die Familie nicht als soziale Zelle, sondern als geschlossene Gesellschaft auffaßt, aus der es für den Sohn kein Entrinnen gibt. Erotik und Alkohol als Feinde des Clan-Bewußtseins: »La boisson et l'idéal, voilà les deux passions qui poussent l'homme à l'oubli de la femme et du foyer«, heißt es in *Le roi dort* (1933) von Charles Braibant. René Johannets *Eloge du bourgeois* (1927) ist demgegenüber die anachronistische Verherrlichung gründerzeitlicher Dynamik. Wenn der *Bourgeois* so zur Zielscheibe werden konnte, verfügte er möglicherweise doch über eine unerkannte Substanz. Jedenfalls stellt diese Literatur die Familie in ihrer traditionellen Erscheinungsform in Frage. Die große Zahl von Familienromanen und Ehedramen, die damals entstehen, zeigen – bis hin zu Mauriacs *Thérèse Desqueyroux* (1926) – die Spannweite der damit angeschnittenen Problematik.

Vor diesem Hintergrund heben sich einige Romanbewegungen der Zwischenkriegszeit ab. Jacques Chardonne (1884–1968) schreibt mit *L'Epithalame* (1921) einen Antiliebesroman, der Friedlichkeit des Zusammenlebens über die Erotik stellt. Auch *Eva* (1930) und *Romanesque* (1937) stellen das Problem des Zusammenlebens von Mann und Frau. *Les destinées sentimentales* (1934–1936) sind eine umfangreiche Familientrilogie im Zeitgeschmack der Zwischenkriegszeit. In diesen Zusammenhang des gesellschaftsanalytischen Romans gehört auch Victor Marguerittes Skandalerfolg *La garçonne* (1922), der die Geschichte einer sich selbst genügenden Frau erzählt. In *Le compagnon* (1924) und *Le couple* (1925) hat der Autor diese Thematik weiter verfolgt. Bei Jacques de Lacretelle (* 1888) stellt sich mit *Silbermann* (1922) und *Le retour de Silbermann* (1930) das Problem des Juden in der französischen Gesellschaft. Mit *La Bonifas* (1925) fragt er nach dem Schicksal der allein lebenden Frau in der Provinz und leistet dann ebenfalls seinen Beitrag zu den Familienzyklen der Zeit mit *Hauts-Ponts* (1932–1936), wo er die Geschichte einer Familie aus der Vendée generationsweit vertieft. Den Schritt von der individuell oder familiär bezogenen Analyse zur Betrachtung gesellschaftlicher Realitäten tut u. a. André Chamson (* 1900), der mit *Les hommes de la route* (1927) die Würde der Bewohner der Cevennen verteidigt, in *Héritages* (1932) eine heftige Bourgeoisie-Kritik übt und schließlich aktiv im Widerstand gegen die Nazis kämpfte. Die Kleinkariertheit der französischen Provinz nimmt Gabriel Chevallier (1895–1969) in seinem witzigen *Clochemerle*-Zyklus aufs Korn (*Clochemerle* 1934; *Clochemerle-Babylone* 1954; *Clochemerle-les-Bains* 1963). Bei Marcel Aymé (1902–1967), der einen großen Teil seines Erfolges seinen Theaterstücken (*Clérambard* 1950) verdankt, findet sich mit *La jument verte* (1933) eine vergleichbare Zeichnung der französischen Provinz, deren polternde Darstellung das angedeutete Romeo und Julia-Problem kaum vergessen macht.

Gegenüber diesen an der beobachteten Realität orientierten Autoren vertreten Montherlant, Malraux u. a. eine komplizierte Ideenliteratur, der man freilich den Bezug zur umgebenden Wirklichkeit nicht absprechen darf.

Henry de Montherlant (1896–192) vertritt einen Kraftkult, der sein Werk in der Nachfolge von Barrès, Nietzsche, d'Annunzio und z. T. auch Gide ansiedelt:

Mit dem 1. Weltkrieg setzt er sich in *Relève du matin* (1920) auseinander. Seine *Olympiques* (1924) verherrlichen den Sport. In *Les bestiaires* (1926) nährt er einen pittoresken Spanienmythos und den Glauben an eine sich selbst genügende Männlichkeit. In *Les célibataires* (1934) zeigt er den Verfall aristokratischer Lebensideale. Der Zyklus *Les jeunes filles* (1936–1939) enthält eine differenzierte Auseinandersetzung mit der Problematik der Geschlechter. In der Folgezeit gehört Montherlants Hauptinteresse dem Theater. Er wird dort im Zusammenhang zu behandeln sein. Erst in seiner letzten Lebensphase schreibt er wieder Romane: *Le chaos et la nuit* (1963), *La rose de sable* (1968), *Les garçons* (1969), *Un assassin est mon maître* (1970). Montherlant ist ein individualistischer Autor, der einen heroischen Ichbezug bezeugt. Er ist auch ein elitärer Zyniker, und revoltiert als solcher gegen geltende Moralimperative. Montherlant hat 1972 Selbstmord begangen.

Auch bei André Malraux (1901–1976) zeigt sich der bei Montherlant konstatierte Hang zum Energiekult und zum Abenteuer. In Laos betreibt er Archäologie, den chinesischen Bürgerkrieg erlebt er als Augenzeuge (*Tentation de l'Occident* 1926; *Les conquérants* 1928; *La voie royale* 1930; *La condition humaine* 1933), Hitlerdeutschland, das er in Berlin kennenlernt, inspiriert sein *Les temps du mépris* (1935), *L'espoir* (1938) ist die Frucht seines Kampfes auf seiten der spanischen Republikaner. 1939 gerät er in Gefangenschaft, wird später als ›Colonel Berger‹ aktiver *Résistance*-Kämpfer. *Les Noyers de l'Altenburg* (1945) sind der Reflex dieses Engagements.

Malraux' literarische Tätigkeit erschöpft sich nicht in der Zwischenkriegszeit. Er liefert 1947 eine *Psychologie du Cinéma,* begründet mit *Le musée imaginaire* (1947/49) eine originelle Kunstphilosophie. De Gaulle berief ihn zum Kultusminister, er schuf die legislatorischen Grundlagen des französischen Denkmalschutzes. Seine *Antimémoires* erscheinen 1967. Den Rücktritt De Gaulles kommentierte er in *Les chênes qu'on abat* (1971). Als Journalist, Autor, Politiker und Kämpfer hat Malraux das Kulturleben seines Landes nachhaltig beeinflußt.

Bei Antoine de Saint-Exupéry (1900–1944) verbindet sich der Energiekult mit der Beherrschung der Technik zu einem neuhumanistischen Ideal von Menschenwürde und Selbstachtung.

In Lyon geboren, mit Mermoz befreundet, war Saint-Exupéry ein Flugpionier, der bei der Compagnie Latécoère arbeitete und an den ersten Andenflügen der Argentinischen Postgesellschaft beteiligt war. *Courrier Sud* erscheint 1929. Mit *Vol de nuit* thematisiert Saint-Exupéry die ersten Andenflüge und bekommt den *Prix Fémina* 1931. *Terre des hommes* (1939) vereinigt mehrere Erzählungen um fliegerische Pionierleistungen. Nach der Niederlage in der *drôle de guerre* ist Saint-Exupéry in den USA. *Pilote de guerre* (1942), vor allen Dingen aber die *Lettre à un otage* – gemeint ist das besetzte Frankreich – sind erregende Zeugnisse der Widerstandsliteratur. *Le petit Prince* (1943) ist ein kosmisches Märchen in der Tradition von Voltaires *Micromégas.* Saint-Exupéry ist von einem Feindflug über das Mittelmeer nicht zurückgekehrt. Posthum erschien *La Citadelle* (1948). Für Exupéry – und darin gleicht er beinahe Verhaeren – ist Technik nichts Böses. Im Gegenteil, das Flugzeug wird mehr als einmal zum Instrument des *passer outre*, worin ein surrealistischer Zug liegen könnte.

Mit *Génitrix*, *Le nœud de vipères* und *Thérèse Desqueyroux* ist das Werk François Mauriacs (1885–1970) bereits erwähnt worden. Die menschliche Geworfenheit, psychische Abgründe, Glaubensentgleisungen stellen die thematischen Schwerpunkte dieses Werks dar, in dem eine unterschwellige Gnadenhoffnung als Konstante erkennbar bleibt: *Le baiser au Lepreux* (1922), *Le désert de l'amour* (1926), *Anges noires* (1936). Nach dem Kriege folgen *Le sagouin* (1951), *L'agneau* (1954), *Un adolescent d'autrefois* (1969). Auch Georges Bernanos (1888–1948) ist sichtbar von religiösen Problematiken beeindruckt.

Als Freund Léon Bloys kennt er die von Barbey d'Aurevilly und Villiers de l'Isle-Adam vorgezeichnete Tradition. In *Sous le soleil de satan* erzählt er die Geschichte des Mädchens Mouchette zwischen Verzweiflung und Gnade. Seit 1933 ist Bernanos Invalide, er lebt auf Mallorca (1934–1937) und wandert 1938 nach Brasilien aus. Erst 1945 kommt er nach Frankreich zurück. Das *Journal d'un curé de campagne* (1936) bedeutet die Neuschöpfung des theologischen Romans für das 20. Jahrhundert. *Les grands cimetières sous la lune* enthalten seine Erfahrung des Bürgerkriegs in Spanien. In *Monsieur Ouine* (1943) wird er Satan persönlich auftreten lassen. Ansonsten findet sich das Mysterium der Gnade oft in der Nähe der dämonischen Weiblichkeit angesiedelt: *La joie* (1928), *Jeanne relapse et sainte* (1929), *Nouvelle histoire de Mouchette* (1937). *Un crime* ist ein Ausflug in den Bereich des Kriminalromans (1935). Das Frankreich der Jahre 1940–1944 stärkt er u. a. durch erfolgreiche Propagandaliteratur gegen den deutschen Okkupanten: *Lettres aux Anglais* (1942), *La France contre les robots* (1944). Die *Dialogues des carmélites* (1949) stellen vor dem Hintergrund der Christenverfolgungen der Französischen Revolution das Thema der *Letzten am Schafott* von Gertrud von Le Fort dramatisch dar. Blanche de la Force gegen Robespierre. Bernanos beweist das Vorhandensein einer mächtigen Résistance im christlichen Namen. *Français si vous saviez* (1961) ist die unbequeme Abrechnung mit dem Kapitel Faschismus, Vichy und Résistance.

Ähnlich wie Bernanos ist auch Paul Nizan ein Analytiker der sich überlebenden III. Republik. Dieser Barrès verpflichtete Journalist der *Humanité* ist ein Philosophiehistoriker (*Les matérialistes de l'antiquité* 1936) von Rang und zugleich ein wacher Beobachter der III. Republik (*Antoine Bloyé* 1933; *La conspiration* 1938). Der Pakt zwischen Hitler und Stalin brachte ihn als Mitglied der KP in schwere Konflikte, die er mit dem Parteiaustritt für sich löste. Er fiel 1940 bei Dünkirchen.

Soziale Realitäten bieten auch die Grundlage für das Werk von

Marcel Jouhandeau (1888–1974), der sich besonders dem Provinzleben widmet (*La Jeunesse de Théophile* 1921; *Monsieur Godeau intime* 1926; *Monsieur Godeau marié* 1927; *Chaminadour* 1934; *Faute plutôt que scandale* 1949; *L'école des filles* 1961), wobei – und hier gleicht er Balzac – der Realismus manchmal eine spiritualistische Komplementierung findet, mit deren Hilfe der Autor Seelenregungen und Gnadenhoffnungen im Sinne eines neukatholischen Ansatzes – Bloy, Bernanos – bloßlegt. Ähnliches gilt für Julien Green (* 1900), der den Weg vom amerikanisch geprägten Protestantismus zum Katholizismus über den Buddhismus fand. Er begann mit einem *Pamphlet contre les catholiques de France* (1924), es folgen die spiritualistisch inspirierten Romane *Mont-Cinère* (1926), *Christine* (1927), *Léviathan* (1929), *Epaves* (1932), *Le visionnaire* (1934), *Minuit* (1936). Als Emigrant in den USA unterstützte er 1940–1945 die *Résistance.* Danach folgen u. a. *Moira* (1950), *Le malfaiteur* (1956), *Chaque homme dans sa nuit* (1960), *L'autre* (1971). Eine andere, weniger theologisch geprägte Sehweise der Realitäten vertreten die sog. *populistes,* die sich seit 1929/30 im Kreis um André Thérive (1891–1967; *Le charbon ardent* 1929; *Noir et or* 1930; *Fils du jour* 1936), Léon Lemonnier (*La femme sans péché* 1931), Eugène Dabit (1898–1936; *Hôtel du Nord* 1929; *Faubourg de Paris* 1933) u. a. zusammenfanden. Hier wird eine Wiederbelebung gemäßigt naturalistischer Ansätze versucht. Der Bretone Louis Guilloux (* 1899), der Gide 1936 in die UdSSR begleitete, verbindet diese Orientierung mit sozialem Engagement (*Dossier confidentiel* 1930; *Angélina* 1934; *Le sang noir* 1935) und mit der Analyse der Kleinstadtmentalität während der Zwischenkriegszeit (*Le jeu de patience* 1949). Gewisse regionalistische Aspekte, wie sie hier anklingen, finden sich verstärkt bei dem Schweizer Charles-Ferdinand Ramuz (1878–1947), der die literarische Evokation seiner Heimat (u. a. *La grande peur dans la montagne* 1926; *Le garçon savoyard* 1936) über die nostalgische Pflege der Folklore hinaushebt und hier und da ein schwerwiegendes Identitätsproblem bezeugt. Henri Pourrats (1887 bis 1960) Auvergneromane hingegen zeigen die Natur als Urkraft und Lebensquelle (*Les vaillances, farces et gentillesses de Gaspard des montagnes* 1922/1931; *Vent de mars* 1941; *Le chemin des chèvres* 1947, u. a.) Der Autor der Sologne und des Loiretals ist Maurice Genevoix (* 1890) mit *Raboliot* (1925), *Forêt voisine* (1931) *L'hirondelle qui fait le printemps* (1941). Als einer der ersten französischen Autoren überhaupt verbindet er Liebe zur Natur mit konkreten Forderungen nach Umweltschutz: *Mon ami l'écureuil* (1957), *Le petit chat* (1957), *Le roman de renard* (1958), *Derrière les collines* (1963), *La forêt perdue* (1967), *Bestiaire sans oubli* (1971). Henri

Bosco (1888–1976) hingegen macht seine heimatliche Provence zum arkadischen Paradies, in dem wilde Antagonismen freilich nicht ausbleiben: *L'âne culotte* (1938), *Le jardin d'Hyacinthe* (1940), *L'enfant et la rivière* (1945), *Les Balesta* (1955), *Un oubli moins profond* (1961). *Le Mas Théotime* (1946) ist sein bekanntestes Werk. Jean Giono (1895–1970) ist der Autor des französischen Südens. *La colline* (1929), *Regain* (1930), *Le grand troupeau* (1931) leben aus diesem Dekor, das manchmal in mystische und utopische Dimensionen führt (*Le chant du monde* 1934; *Batailles dans la montagne* (1937). Mit *La femme du boulanger* (1942) kam er zu einem nachhaltigen Theatererfolg, der Erzählungsband *L'eau vive* (1943) erschien ebenfalls während des Krieges. Es folgen *Le hussard sur le toit* (1951), *Les âmes fortes* (1949), *L'Iris de Suse* (1970) u. a., wobei die späteren, nach Stendhals Beispiel als *Chroniques* bezeichneten Romane hier und da über den provenzalischen Bezugsrahmen hinausweisen.

Die Offizierstochter Sidonie-Gabrielle Colette (1873–1954), ließ sich 1906 von dem 15 Jahre älteren Schriftsteller Henry-Gautier Villars, genannt Willy, scheiden und lebte ein unabhängiges Leben als Schauspielerin – z. B. *Pan* (1906) von Charles van Lerberghe – Kabarettistin, Chansonette, Kritikerin, Tänzerin.

Colette ist eine Dichterin der Natur, der Erotik, des vitalen Impulses, der Melancholie. Am Anfang stehen die *Claudine*-Romane (*Claudine à l'école* 1900, etc.), bekannt wurde sie durch *Chéri* (1920). *La vagabonde* (1910) und *L'entrave* (1913) stellen am Beispiel der Hauptfigur Renée das Problem der alleinlebenden Frau, wie denn überhaupt Liebe (*Le blé en herbe* 1923), Eifersucht (*La seconde* 1929), mütterliche Abgeklärtheit (*La naissance du jour* 1928) als Konstanten ihres Werks gelten können, das u. a. auch die Kurzfiktion und die Novelle nicht vernachlässigt: *Gigi* (1943). Colette liebt die Tiere (*Sept dialogues de bêtes* 1905), ihr Katzenroman *La chatte* (1933) ist die unübertroffene Beobachtung eines Eifersuchtsdramas zwischen der Katze Saha und der jungen Camille im Kampf um die Liebe Alains. Die Katze siegt um den Preis eines Fenstersturzes. In *Pour un herbier* (1948) bezieht Colette auch die Welt der Blumen in ihr auf natürliche Harmonie abgestelltes Universum ein. Sie ist die Autorin der Natur und des Instinkts *(Flore et Pomone)*, der Naturharmonie (*La paix chez les bêtes* 1916; *Bêtes libres et prisonnières* 1958), aber sie ist auch die Autorin des Pariser Lebens (*Mitsou* 1919) und der Poesie der Dächer von Paris (*Paris de ma fenêtre* 1944). Bei Colette steht das Erlebniselement im Vordergrund, die vegetative Existenz, die auch bei melancholischen Einsichten Ja sagt zur Natur, zum Trieb, zum Leben.

Jean Schlumberger (1877–1968) war der Freund Gides und Rivières als Mitbegründer der N.R.F. Er leitete zeitweise den *Vieux Colombier* und schrieb Romane über Heroismus und Willensstärke (*Un homme heureux* 1920; *La mort de Sparte,* Drama 1921; *Le camarade infidèle* 1922; *Le lion devenu vieux* 1924 über das Leben des Cardinal de Retz). Diesem Kraftkult entspricht seine Begeisterung für Corneille (*Plaisir à Corneille* 1936).

Eine gesonderte Betrachtung würde Georges Simenon (geboren 1903) verdienen. Dieser in Lüttich gebürtige Belgier schuf im Jahre 1929 die Gestalt des Kommissars Maigret, der zu einem der erfolgreichsten Roman- und Filmhelden unseres Jahrhunderts wurde. Vielleicht verblüfft er die internationale Verbrecherwelt nur deshalb so erfolgreich, weil sie bei einem Großstadtpolizisten die zähe Arbeitsmentalität des Lütticher Kleinbürgers unterschätzt.

Simenon kennt Kanada, die USA, die Riviera, die Schweiz. Nach anfänglicher Tätigkeit bei der *Gazette de Liège* schreibt er auf einem Segelboot im Hafen von Delfzijl seine ersten Romane. Seit 1923 ist er in Paris. Die unverwechselbare Atmosphäre seiner Werke ist von Anfang an konstatierbar: *Au pont des Arches* (1921), *La tête d'un homme* (1931), *L'ombre chinoise* (1932), *Liberty Bar* (1932), *Chez les Flamands* (1932), *Le coup de lune* (1933), *La maison du canal* (1933). Der Roman *Maigret* erscheint 1934. Dieser Kommissar, der seine Fahndungserfolge der Fähigkeit verdankt, sich in die Psyche des Verbrechers hineinzudenken, ohne ihn zu verurteilen, weiß um den Wert der rationalen Kombination *(La pipe de Maigret)* ebenso wie um den des guten Essens. Maigrets Vitalität erklärt sich zu einem guten Teil von hierher. Alle *Maigret*-Romane – u. a. *L'homme qui regardait passer les trains* (1938), *La neige était sale* (1948), *Les volets verts* (1950), *L'ours en peluche* (1960), *Maigret et les vieillards* (1960) – wurden Publikumserfolge, nicht nur dank der z. T. kongenialen Schauspielkunst Jean Gabins. Bis in unsere Tage hinein ist die Produktionskraft des Autors ungebrochen, wobei er keineswegs auf den Kriminalroman fixiert ist. *Les anneaux de Bicêtre* (1963) sind z. B. die scharf analysierende Lebensbeichte eines reichen Verlegers nach dem ersten Herzinfarkt und die psychische Entgleisungsfähigkeit, die Simenons Kriminalroman nährt, gibt in *Le chat* (1962) Anlaß zu einem psychologischen Roman, in dem die Frage nach Schuld und Sühne verfehlt wäre. Was die Auflagenziffern von Simenons Werk angeht, so wird er nur durch Jules Verne, Lenin und die Bibel übertroffen. Die Universitätskritik, die diesem Autor lange Zeit ablehnend gegenüberstand, hat sein Werk inzwischen als gültige Definition eines poetisch-realistischen Universums erkannt, das hier und da mit Balzac verglichen wurde. An der Universität Lüttich existiert inzwischen ein Spezialinstitut, das sich ausschließlich mit der Erforschung Simenons befaßt.

Ein Einzelgänger und Non-Konformist ist Louis-Ferdinand Céline (1894–1961). Er stammte aus elenden Verhältnissen, lernte Afrika, Amerika, Rußland kennen, wurde zum Kollaborateur, floh 1944 nach Dänemark. Sein Werk atmet Nihilismus und Hoffnungslosigkeit und nährt sich dabei aus Unflat und Argot. Insofern setzt es Rabelais fort, ohne freilich dessen humanistisches Engagement spürbar werden zu lassen. In *Voyage au bout de la nuit* (1932) erzählt er die tragisch-katastrophal-komischen Abenteuer seines Helden Bardamu, es folgen u. a. *Mort à crédit* (1936), *Mea culpa* (1936) und das antisemitische Pamphlet *Bagatelles pour un massacre* (1937). Diese Werke leben aus dem Haß gegen das Frankreich der Volksfront, das er als Vorreiter der Degeneration ansah. Der Zusammenbruch Vichys und Hitlerdeutschlands gewinnt für ihn die Züge einer makabren Farce, in die auch Rußland und die USA einbezogen werden (*Guignol's Band* 1944; *Casse-pipe* 1948, *Féerie pour une autre fois* 1852; *Normance* 1954; *D'un château à l'autre* 1957; *Le pont de Londres* 1964; *Rigodon* 1969). Célines z.T. zynische Offenheit, sein nonkonformistischer Hang zur Verunsicherung der Sieger von 1945, seine als skandalös empfundene Menschenverachtung haben lange Zeit den Blick für sein erzählerisches Talent verstellt. Das bösartige Lachen dieses Häretikers wirkt bis heute polarisierend und erschwert deshalb die Auseinandersetzung der Literaturwissenschaft mit seinem Werk.

## 8. Das Theater der Zwischenkriegszeit

Jacques Copeau gründete 1913 den Vieux Colombier und blieb bis 1924 sein Direktor. Dieses Theater wurde zum Brennpunkt einer Bühnentätigkeit, die sich angesichts der Fortschritte des Films neu definieren und affirmieren mußte und im Grunde bis auf den heutigen Tag muß. Im Vieux Colombier spielten Valentine Tessier, Louis Jouvet u. a., hier setzte man die Linien von Paul Fort und Lugné-Poe originell fort. Die Gruppe der *Copiaux,* d. h. der Freunde und Schüler von Copeau, bleibt auch nach dem Ausscheiden des Meisters 1924 zusammen und formt sich zur *Compagnie des Quinze.* Hier wurde Pariser Theatergeschichte gemacht, die direkt hineinführt in die Aktivitäten des sog. *Cartel des Quatre.*

*Le Cartel des Quatre.* In dieser Gruppe schlossen sich die vier Altersgenossen Gaston Baty (1885–1952), Charles Dullin (1885–1949), Louis Jouvet (1887–1951) und Georges Pitoëff (1884–1939) zusammen. Die Frontstellung war doppelt, sie richtet sich gegen den Stil der *Comédie française* und gegen das seichte Boulevardtheater, zugleich auch gegen Starkult und vordergründige Identifikation des Publikums mit dem ›Helden‹. Pitoëff kam von Tiflis über Genf nach Paris und weckte – später zusammen mit seiner Frau Ludmilla – das Interesse des Pariser Publikums für russische (Tolstoi, Gorki) und überhaupt ausländische (Ibsen, Pirandello, Shaw) Autoren. Bei Dullin, der von Copeau herkommt, finden sich Interessen für Achard, Salacrou, in seinem

*Théâtre de l'Atelier* spielt er Ben Jonsons *Volpone* in der Gemeinschaftsversion von Jules Romains und Stefan Zweig. Baty leitet ab 1930 das *Théâtre du Montparnasse*, wo es u. a. zu einer Wiederentdeckung Mussets kommt. Jouvet wird später Direktor der *Comédie des Champs Elysées* und 1934 des *Athénée*, wo er u. a. Molière inszeniert und Giraudoux zum Durchbruch verhilft.

Vor diesem Hintergrund vollzieht sich in der Zeit zwischen den Kriegen eine Theatergeschichte, deren Hauptmerkmal die Vielgesichtigkeit ist. Jean-Jacques Bernard (1888–1972), der Sohn von Tristan Bernard, dringt mit *Le feu qui reprend mal* (1921) und *Martine* (1922) in tabuisierte Gefühlsbereiche vor. Darin gleicht er u. a. Henri-René Lenormand (1882–1951), dessen psychologisierende Stücke nicht frei von moralistischer Grausamkeit sind: *Le mangeur de rêves* (1922), *L'Homme et ses fantômes* (1924), *Le lâche* (1925). Demgegenüber lebt Paul Raynals (1890–1971) *Tombeau sous l'Arc de Triomphe* (1924) aus der unmittelbaren Kriegserinnerung. Jean Sarmant (geboren 1897) betreibt demgegenüber eine Wiederbelebung des poetischen Theaters mit Bezügen zu Musset, Laforgue, Shakespeare. Er kam mit *Le pêcheur d'ombres* (1921) zu einigem Erfolg, läßt in *Le mariage de Hamlet* (1922) einen zynischen Shakespearehelden seine eigene Wirklichkeit spielen. 1842 bearbeitet er Schillers *Don Carlos.* Bei Marcel Achard (1899–1974), der als Kind Puppenspiele schrieb und längere Zeit Souffleur am *Vieux Colombier* war, vereinigen sich Humor und Poesie: *Marlborough s'en va-t-en en Guerre* (1924), *Jean de la lune* (1929), *Mistigri* (1931), *Noix de coco* (1936). Nach dem 2. Weltkrieg kam Achard mit *Savez-vous planter les choux?* (1951) und *Le moulin de la Galette* (1952) zu neuen Erfolgen. *Patate* (1956) steht in der komödiantischen Tradition des Boulevardtheaters, *Machin-Chouette* (1964) lebt aus der Kenntnis der Pariser ›Milieus‹. Armand Salacrou (geboren 1899) setzt die Tradition der *pièce bien faite* fort mit *L'inconnue d'Arras* (1935), *La terre est ronde* (1938). In *Les nuits de la colère* (1952) verarbeitet er die Résistance-Erfahrung. Danach schreibt Salacrou gehobenes Unterhaltungstheater, u. a. *Les invités du bon Dieu* (1953).

In die Richtung des komödiantischen Ideentheaters weist Jules Romains: Sein *Knock* (1923) wird ein Jahrhunderterfolg, der die traditionelle Ärztesatire unter Rückbezug auf unanimistische Theorien witzig zur Infragestellung einer gewissenlosen Wissenschaft verdichtet. In *Le dictateur* (1926) führt er in die Auseinandersetzungen zwischen Briand und Jaurès am Vorabend des 1. Weltkrieges, in *Donogoo* (1930) zeigt er auf, wie man in Kenntnis unanimistischer Theorien die Lüge zur Wahrheit machen kann, indem man sie zum Mythos macht. Mit *Musse ou l'école de l'hypocrisie* (1959) oder anderen ernsten Bühnenstücken hatte Romains weit weniger Erfolg als mit seinen Komödien. Erfolgreiches komödiantisches Theater schrieb auch Marcel Pagnol (1895–1974). Mit *Marius, Fanny* und *César* (1929/1931) wurde er zum Heimatdichter von Marseille, *Jazz* (1926) ist sein erstes selbständiges Stück, in *Topaze* (1928) zeigt er witzig und melancholisch zugleich, wie ein kleiner Schulmeister zusammen mit der moralischen Korruption auch die gesellschaftliche Anerkennung gewinnt. Er wird vom Dummkopf zum Salonlöwen. Pagnol hat später auch als Filmregisseur gewirkt und interessante *Mémoires* veröffentlicht. Auch Sacha Guitry (1885–1957) bewegt sich auf der Linie dieses Erfolgstheaters. Nach frühen Anfängen (z. B. *La prise de Berg-op-Zoom* (1913) kommt er mitten im 1. Weltkrieg mit *La jalousie* (1915) bei den *Bouffes-Parisiens* zu seinem ersten Erfolg. Er schreibt ein *Mozart*-Drama (1925), mehrere Komödien (*Désiré* 1927; *Quadrille* 1937) und seine *Mémoires d'un tricheur* (1937). Wirklich bekannt wurde er mit *Le mot de Cambronne* (1938). Der Kollaboration verdächtigt, saß er 1945 im Gefängnis. Als Filmregisseur brachte er Cazottes *Diable boîteux* (1948) auf die Leinwand. Edouard Bourdet (1887–1945) verspottet die Literatenmilieus der französischen Hauptstadt in *Vient de paraître* (1927), in *Le sexe faible* (1929) nimmt er den modernen Tourismus aufs Korn, *La fleur des pois* (1932) ist eine bösartige Adelssatire. *Fric-Frac* (1935) zeigt einen biederen Bürger im ›Milieu‹ der Hauptstadt. Jacques Deval (1890–1972) verfaßt Dreieckskomödien (*Une faible femme* 1920) mit bourgeoisiekritischen Implikationen (*Dans sa candeur naïve* 1931; *Mademoiselle* 1932). Sein *Tovaritch* (1934) führt in die russischen Emigrantenkreise von Paris.

Im Werk von Fernand Crommelynck (1888–1970) verquicken sich Farce und Lyrik.

Crommelyncks erster Erfolg war *Le cocu magnifique* (1921), den Lugné-Poe inszenierte. Da der Autor selber auch Schauspieler war, kennt er die internen Gesetze des Theaters. Er arbeitet mit symbolistischen Suggestionen, Gespenstererscheinungen und irrealen Steigerungen. So macht sich der eifersüchtige Bruno im *Cocu* als verkleideter Liebhaber Stellas selber zum Hahnrei. In späteren Stücken nimmt Crommelynck, der mehrere Jahre in Brüssel lebte, auch soziale Thematiken auf: *Carine ou la jeune fille folle en son âme* (1930), *Tripes d'or* (1930), *Une femme qui a le cœur trop petit* (1934), *Chaud et froid* (1941).

Die Kenntnis psychologischer Vorgänge und Mechanismen, die Teile des Werkes von Crommelynck inspiriert, ist die Grundlage eines erfolgreichen psychologischen Theaters im Frankreich der Zwischenkriegszeit. Charles Vildracs (1882–1971) *Le paquebot ›Tenacity‹* (1920) wurde zum Modell des intimistischen Theaters und stellt am Beispiel zweier zur Auswanderung nach Amerika entschlossener Freunde das Problem der Willensfreiheit und der Möglichkeiten des ›Aufbruchs‹. Nach *Michel Auclair* (1921) und *Le pèlerin* (1926) kommt Vildrac mit *La brouille* (1930) zu einem Erfolg an der *Comédie française*. Bei Denys Amiel (geboren 1884), der zeitweise mit André Obey (1892 bis 1975) zusammenarbeitete, führt das Theater zur Seelen- und zur Gesellschaftsanalyse. In *La souriante Madame Beudet* (1921) stellt sich das Problem einer ungleichen Ehepartnerschaft, in *Décalage* (1931), *Ma liberté* (1936), *Le nouvel amour* (1946) u. a. werden sentimentale und Generationskonflikte gezeigt. Und auch bei Paul Géraldy (geboren 1885) findet sich dieses Themen- und Motivrepertoire. *Aimer* (1921) ist die Geschichte eines verhinderten Ausbruchs aus der Eheroutine, *Robert et Marianne* (1925), *Son mari* (1927), *L'homme de joie* (1929), *L'homme et l'amour* (1951, Essayband), *La femme adultère* (1951) gründen sich ebenfalls auf Liebes-, Ehe- und Familienprobleme. Stève Passeur (1899–1966), der bei *L'Aurore* und *La Crapouille* als Journalist arbeitete, vertiefte die genannten Thematiken bis hin zu brutalen und zynischen Konsequenzen. Er ist u. a. der Autor von *La traversée de Paris à la nage* (1926), *L'acheteuse* (1930), *Les tricheurs* (1932), *Marché noir* (1941), etc. Passeur präludiert in mancher Hinsicht dem *Théâtre de la cruauté.*

Antonin Artaud (1896–1948) lebte seit 1920 in Paris. Er litt an Depressionen, die die literarische Tätigkeit hier und da als Versuch der kreativen Selbstbefreiung erscheinen lassen.

Vom Surrealismus beeinflußt kam Artaud zum Theater. Er gehörte der Gruppe um das *Cartel des Quatre* an, drehte Filme, bereiste Mexiko und Irland, lebte zeitweise in einer Pariser Irrenanstalt. Die Essaysammlung *Le théâtre et son double* (1938) enthält seine Theorie, die z. T. aus der Absage an den Surrealismus (*A la grande nuit ou le bluff surréaliste* 1927) lebt. Von 1932 stammt das *Manifeste du théâtre de la cruauté* (1932), 1935 begründete er ein *Théâtre de la cruauté,* indem er seine Tragödie *Les Cenci* (1935) zur Aufführung brachte. In der Nachfolge Jarrys sollte hier das traditionelle Spieltheater abgeschafft und durch ein globales Erleben unter Einbezug des Publikums ersetzt werden. Artaud hat selber kein Theater hinterlassen, das seiner Theorie entspräche, trotz *La coquille et le clergyman* (Film 1927), aber er hat auf Ionesco, Audiberti, Genet u. a. einen nie geleugneten Einfluß ausgeübt. Inwiefern sich möglicherweise Affinitäten zwischen dem Theater der Grausamkeit und dem ›Tragischen Lebensgefühl‹ Unamunos feststellen lassen, inwiefern es typologische Verwandtschaften mit der Welt der Zigeuner und der Flamenco-Kunst gibt, bedarf der Erforschung. Artauds *Correspondance* u. a. mit Rivière und Barrault, aber auch seine Reisebeschreibungen (*Au pays des Tarahumaras* 1945) liefern hier vielleicht ungehobene Materialien. Artauds *Van Gogh, le suicide de la société* stammt von 1948.

Artauds Mitbegründer des *Théâtre Alfred Jarry* (oder *Théâtre de la Cruauté*) war Roger Vitrac (1899–1952). Er kannte Breton und Tzara und wurde mit seinen übersteigerten, grausamen Burlesken (*Victor ou les enfants au pouvoir* 1930; *Le coup de Trafalgar* 1934; *Le loup-garou* 1946) zum Autor eines *réel supérieur*, das ahnen läßt, wie surrealistisches Erbe ins Theater der Grausamkeit hätte eingehen können.

Vor diesen Hintergründen vollzieht sich die Entwicklung Jean Cocteaus (1889–1963).

Geschult am Surrealismus hat Cocteau sich nie in den Grenzen einer Gruppenregel einfangen lassen, Er war Lyriker, Romanautor, Theatermann, Filmregisseur, Schauspieler, Kritiker, Choreograph, Maler, Musiker. Im 1. Weltkrieg wurde er Sanitäter und begleitet Garros auf seinen Versuchsflügen, er kannte Apollinaire, Chirico, Daghielev, geriet durch Radiguets Tod in eine Krise, die er durch Rauschgiftkonsum *(Opium)* zu meistern suchte. Er kannte Deutschland, die USA, den Orient, interessierte sich für Jazz und Charlie Chaplin. Picasso, Poulenc, Milhaud betrachteten ihn als Anreger. Nach dem Lyrik-Band *Poésie* (1916/1923) brachte er zusammen mit Picasso und Eric Satie sein *Parade-Ballett* (1917) auf die Bühne. Mit Milhaud folgt 1920 *Le bœuf sur le toit*. Dazwischen liegt der Roman *Le Potomak* (1919). Sein Ballettdrama *Les mariés de la Tour Eiffel* (1924) gab vielfältige Anregungen, ebenso die Romane (u. a. *Thomas l'imposteur* 1929; *Les enfants terribles* 1929). Aus dem umfangreichen Bühnenwerk sind u. a. zu erwähnen *Orphée* (1927), *La voix humaine* (1930), *Le sang d'un poète* (Film 1932), *La machine infernale* (1934), *Les chevaliers de la table ronde* (1939, Artusstoff), *L'éternel retour* (1944, Film), *La belle et la bête* (Film 1946).

Das Werk des Autors enthält die gewagtesten Gedankenverbindungen, die eigenartigsten Bildkombinationen ohne je in sensationelle Effekthascherei auszuarten. In einem umfangreichen essayistischen und kritischen Werk hat Cocteau seine kreative Produktion reflektierend begleitet (u. a. *Entretiens autour du cinématographe* 1951; *Démarche d'un poète* 1953; *Poésie critique* 1959). Sein *Impromptu du Palais-Royal* (1962) zeigt ihn im formenbezogenen Dialog mit Molière *(Impromptu de Versailles)*, er wechselte Briefe mit Gide, ließ sich von Jacques Maritain für den Thomismus interessieren (1926), arbeitete mit Georges Auric an einer Ballettkomödie (*Les fâcheux* 1924), griff antike Mythen (*Œdipe Roi* 1927; *Antigone* 1928) und Shakespearesche Stoffe (*Roméo et Juliette* 1928) auf, die er z. T. gewagt umdeutete. Ja, er begann 1953 sogar, sich unter Picassos Anleitung für Góngora zu interessieren und widmete ihm einen kenntnisreichen Essay in *Clair-Obscur* (1954). Von der akademischen und besonders von der ideologisch gebundenen Kritik ist Cocteau aufgrund der mangelnden Eindeutigkeit seiner künstlerischen Aussage manchmal nicht ganz ernst genommen worden. Aber die Künstler verloren mit seinem Tode einen originellen Anreger in den verschiedensten Bereichen. Jean Marais spielte 1972 die Hauptrolle in Maurice Béjarts Ballett *Cocteau et la danse,* das in Brüssel uraufgeführt wurde.

## 9. Jean Giraudoux

In Bellac im Limousin geboren, wurde Jean Giraudoux (1882–1944) Romanautor, Theatermann, Diplomat. Nach den *Provinciales* (1909) beginnt – z. T. unter dem Eindruck des Kriegserlebnisses 1914/1918 – zunächst die Serie seiner Prosawerke: *Simon le pathétique* (1918), *Adieu à la guerre* (1919), *Amica America* (1919), *Suzanne et le Pacifique* (1921), *Siegfried et le Limousin* (1922, später als Drama), *La Prière sur la Tour Eiffel* (1923), *Juliette au pays des hommes* (1924), *Bella* (1926), *Rues et visages de Berlin* (1930), etc. Poesie, Ironie, Distanzierung verbinden sich bei Giraudoux mit dem Willen, aus der Geschichte zu lernen. In *Siegfried et le Limousin,* das 1928 in dramatischer Bearbeitung auf die Bühne kam, stellt er ein französisch-deutsches Identitätsproblem vor den Hintergrund des traumatisch nachwirkenden Kriegserlebnisses, und auch der Rückgriff auf den antiken Mythos kann im Dienste eines humanistisch geprägten Friedenswillens stehen, der sich freilich nie zum Pazifismus um jeden Preis und damit zur Selbstaufgabe auswächst. Beispielhaft für diesen Ansatz ist Giraudoux' Meisterkomödie *La guerre de Troie n'aura pas lieu* (1935):

Der homerische Ausgangspunkt dient in der *Guerre* zur Analyse jener Mechanismen, die trotz besserer Einsicht den Krieg und den Untergang herbeiführen. Hektor und Odysseus wollen gegen die Geschichte aufbegehren und den Trojanischen Krieg verhindern, sie scheitern an dem Dichterling Demokos, der das Volk fanatisiert. Es wird Krieg geben, solange es schlechte Poeten gibt, die Schlußfolgerung kann kaum pessimistischer sein. Vor dem Hintergrund der deutsch-französischen Geschichte der 30er Jahre, namentlich der nationalsozialistischen Gewaltherrschaft, ist dieses Stück um Achtung und Anerkennung des Gegners ein interessantes Zeugnis für unzeitgemäße Verständigungsbereitschaft, das durch die Darstellungskunst von Jouvet und Madeleine Ozeray in seiner Wirkung noch erhöht wurde.

Auch in anderen Kontexten hat Giraudoux auf antike Mythen zurückgegriffen. Nach Molière und Kleist bearbeitet er den Amphitryon-Stoff in *Amphitryon 38* (1929) und verfremdet in *Electre* (1937) die Tragödie durch Einführung eines ironisch kommentierenden Gärtners. In die biblische Antike führen u. a. *Judith* (1931) mit einer Auseinandersetzung mit Friedrich Hebbel (1840), und *Sodome et Gomorrhe* (1943). Andere Kapitel der Vergangenheit werden aufgegriffen im *Supplément au voyage de Cook* (1935), das als Replik auf Diderots *Supplément au voyage de Bougainville* gedacht ist und keinen eindimensionalen Fortschrittsglauben mehr zuläßt. *Ondine* (1939) zeigt den Einfluß der *Undine* (1811) von Friedrich de la Motte Fouquet und ist ein weiteres Zeugnis von Giraudoux' deutsch-französischer Grenzgängerei. Das *Cantique des cantiques* (1938) führt ins biblische Altertum zurück, das *Impromptu de Paris* (1937) siedelt sich in der Nachfolge Molières an. *Intermezzo* (1933) ist eine fantastische Gespenstergeschichte, die das innere Gleichgewicht des Limousin stört, bis die junge Isabelle vernünftig und bürgerlich wird. Sie heiratet und »L'argent va de nouveau aux riches ...« Giraudoux posthumes Werk umfaßt u. a. *La folle de Chaillot* (1945), *Pour Lucrèce* (1953), die Romane *Les Gracques* (1958) und *La menteuse* (1969), die Essay- und Prosabände *Visitations* (1947, *Les contes d'un matin* (1952), *Portugal* (1958), und *Or dans la nuit* (1969). 1947 wurde die *Pochade L'Apollon de Bellac* unter der Regie von Louis Jouvet in Rio de Janeiro uraufgeführt:

Das ursprünglich *L'Apollon de Marsac* betitelte Werk, das erst 1947 in Paris und 1952 in Deutschland (in Aachen) dem europäischen Publikum zugänglich wurde, nimmt die durch Molière vorbelastete Heldin Agnès zum Ausgangspunkt für einen Versuch, der die Eitelkeit der Männer entlarven soll. Das in einem Büro tätige Mädchen erhält den Rat, jeden ihr begegnenden Mann einfach als ›schön‹ zu bezeichnen, nicht als charmant, stark, klug, gebildet, etc., sondern als ›schön‹. Der Effekt ist umwerfend und natürlich höchst theaterwirksam. Die Sache hat nur den einen Haken, daß derjenige, der Agnès den fatalen Rat gab, der Gott Apoll selber ist, der nun fürchtet, daß das Mädchen jedes Kriterium für die wahre Schönheit verliert. Er lehrt sie den Unterschied zwischen ›göttlicher‹ und ›menschlicher‹ Schönheit und überläßt sie dann sich selbst. Agnès weiß hinfort um die Relativität des Schönen, das sie nicht vom Kontext des jeweiligen Augenblicks trennen kann und will. Giraudoux hat hier zugunsten des gekonnten Theaters auf eine philosophisch stringent begründete ›Botschaft‹ verzichtet. Da er in Bellac geboren ist, verrät das Stück auch Selbstironie.

Giraudoux ist von Brasillach und Cocteau gleichermaßen gewürdigt worden, man hat ihn mit Marivaux und Musset verglichen. Seine Betroffenheit von deutsch-französischen Problemen erklärt sich aus der Kenntnis des Nachbarlandes, das er 1905 als Stipendiat im Hause des Herzogs von Sachsen-Meiningen und später auf mehreren Reisen kennen lernte. 1939/40 war er Propagandaminister der III. Republik. Er kennt die Sprachstrategien der *préciosité* und des *maurivaudage*, und verzichtet dennoch nicht darauf, vom Zuschauer Parteinahmen zu fordern. Das Fatum seiner Tragödienstoffe ist nicht im antiken Sinne die jenseitige Vorherbestimmung, sondern eher das menschliche Unvermögen, das Ungenügen, das Nicht-Gewachsen-Sein. Seine Frauengestalten sind Katalysatoren des Handlungsverlaufs, selten ihre eigentlichen Träger: Helena ruft den Trojanischen Krieg nicht hervor, aber sie wirkt bereits durch ihre Existenz katalysatorisch. Als Literaturkritiker sah Giraudoux die Rolle des Theaterautors nicht im Sinne eines individuellen Ruhmeserwerbs. Das Theater gilt, nicht der Autor, ja, in einem interessanten Wortspiel läßt Giraudoux die Rollen von *auteur* und *acteur* verschwimmen:

> L'auteur dramatique n'est pas une pensée, un style durable, c'est-à-dire une responsabilité. Il n'est qu'une voix, et pas la sienne. Il est ce qu'était tout auteur aux âges jeunes, l'organe même de la parole de son âge: un *acteur.* Il est le premier, par ordre chronologique ... des acteurs de sa troupe. Il a même cette particularité de les être tous, et de les rester tous. Sophocle, Lope de Vega, Corneille, ont été les créateurs et demeurent les doubles de tous leurs rôles ... *(L'auteur au théâtre).*

Giraudoux ist hier nicht weit entfernt von den Ergebnissen der *Nouvelle critique,* und er könnte nicht näher an der Lebenserfahrung Molières sein. Er kannte zudem sein Publikum: »Le Français peut aimer le spectacle, même si son fauteuil au théâtre est inconfortable, mais non si son siège dans la vie est incommode. L'impression qu'il ressent devant la tragédie, l'angoisse ou l'émotion, lui vient non de ce qu'il voit son sort joué sur la scène par des puissances supérieures, mais du remords et de la gratitude qu'il éprouve à sentir sa tranquillité sur cette terre assurée par des rançons payées au nom de Philoctète, Samson ou Agamemnon.« Giraudoux machte sich auch hier wenig Illusionen.

## 10. Der Kampf um die Selbstachtung: Literatur und Widerstand 1939–1945

»Mais la pureté spirituelle de l'homme ne saurait se sauvegarder audessus de la mêlée; quand les valeurs essentielles de la dignité humaine sont en cause, l'esprit se doit de prendre parti« (Debû-Bridel). – »... C'est avec les seules armes de leur chant, avec les seules munitions de leur talent, que les poètes venaient s'engager dans le combat clandestin« (Guérin). Angesichts des kläglichen Endes der III. Republik und der unehrlichen Schein-Unabhängigkeit des *Etat français* von Vichy wurde die Dichtung zu einer Waffe. Eine Unzahl z.T. vergessener Namen illustriert die Kampfliteratur im Widerstand, die keineswegs nur vom unreflektierten Haß auf den Gegner bestimmt war. Die Revue *La pensée libre* aus dem Kreis um Paulhan und Politzer, der Kreis um die *Editions de minuit* und viele andere Zeugnisse ließen sich anführen. Und Vercors Meisterroman *Le silence de la mer* (1942), geschrieben von einem aktiven Résistance-Kämpfer, ist trotz der zögernden Aussage Sartres in *Qu'est-ce que la littérature* ein Beweis dafür, daß der Kampf gegen die organisierte Barbarei nicht dem Manichäismus, sondern der Selbstachtung entspringt. Charles de Gaulle würdigte den Beitrag des *Front national des écrivains* für die Niederlage des Nationalsozialismus mit folgenden Worten:

> ... la dignité de l'esprit fut sauvegardée, malgré toutes les épreuves... Et ce sera l'honneur du Front national d'avoir voulu, et d'être parvenu à grouper, en dépit de tant de divergences, dans le même combat pour la patrie et la liberté des hommes comme Mauriac et Jolyot-Curie, Paul Eluard, Louis Aragon et Jean Paulhan, Gabriel Marcel, Mrg. Chevrot et Benda ...

Dabei ist ein grundlegender Unterschied zwischen jener Literatur, die tatsächlich im Widerstand produziert wurde und jenen Zeugnissen, die nach der Befreiung den einmal erreichten Bewußtseinszustand perpetuieren wollten, was einer durchaus konservativen Attitüde entsprechen kann. Zu den Zeitschriften des Maquis gehörten u. a. *Poésie 40*, *Fontaine* und *Les lettres françaises*. Maurice Toescas *Le soleil noir* (1946) steht unter dem unmittelbaren Eindruck dieses Erlebens. Pierre Daix' *Maria* und Jean Hougrons Darstellung des besetzten Frankreich im *Histoire de Georges Guersant* sind von vielen Beteiligten als ›realistisch‹ angesprochen worden. Die alliierte Invasion ist das Thema von *Quand la mer se retire* (1963) von Armand Lanoux. Salacrous *Nuits de la colère* (1946) beruhen auf authentischen Materialien, ebenso David Roussets *Les jours de notre mort* (1947), deren Autor von der Gestapo und seinen KZ-Aufenthalten berichtet. Maurice Clavels *Les incendiaires* (1947) tendiert hingegen bereits zur klassischen Stilisierung. Romain Gary, Pilot der Royal Air-Force, zeitweise Ehemann der Schauspielerin Jean Seberg, führt mit *L'éducation européenne* in die polnische *Résistance*. Und Jean Cassou, der Unamuno und Blasco Ibañez in Frankreich übersetzte und mit *Les massacres de Paris* (1935) zum Historiker der *Commune* wurde, publizierte 1944 seine *Trente-trois sonnets composés au secret*, mit deutlichen Anklängen an spanische Vorbilder. Robert Merle wurde mit *Weekend à Zuydcoote* (1949) zum Historiker der Schlacht von Dünkirchen (Prix Goncourt 1949) und analysiert in *La mort est mon métier* (1953) die Psyche eines KZ-Kommandanten. André Schwarz-Bart schrieb mit *Le dernier des justes* (1959, Prix

Goncourt) die Geschichte einer dezimierten jüdischen Familie, deren letzter Repräsentant in den Gaskammern der Nazis stirbt. Schwarz-Bart, Sohn eingewanderter Juden aus Polen, war aktiver *Résistance*-Kämpfer. Roger Vailland, dessen zeitweilige Mitgliedschaft in der KP seine Emanzipation von der offiziellen Parteilinie nicht verhindern konnte, schrieb mit *Drôle de jeu* (1944) einen *Résistance*-Roman in dem er den politischen Kampf mit sexuellen Beweggründen kollidieren läßt. Paul Eluard stellt sich u. a. mit *Le livre ouvert* (1940/1942), *Poésie vérité* (1941), *Au rendez-vous allemand* (1944), *Dignes de vivre* (1944), *Doubles d'ombre* (1945) in den Dienst des antifaschistischen Kampfes. Aragons Beitrag zur Résistance-Literatur wurde in anderem Zusammenhang gewürdigt, ebenso Saint-Exupéry und seine *Lettre à un otage*. Die *Lettre à un ami allemand* (1943) schrieb Albert Camus in der Lyonner *Résistance*, sie zeigt das Bestreben des humanistischen Kämpfers, seine Wertvorstellungen gegen den organisierten Wahnsinn der Nazis zu verteidigen, ohne dabei den Haß zum Lebensprinzip zu machen. Im besetzten Frankreich entstand auch Camus' Drama *Le malentendu*. Das Erlebnis von Absurdität und Revolte bestimmt Camus' philosophische Reflexion dieser Jahre. Seit 1939 schreibt er den *Etranger*-Roman nieder, die Erstausgabe des philosophischen *Mythe de Sisyphe* erschien 1942. Erst 1944 kam es zu einem Zusammentreffen mit Jean-Paul Sartre. Der *Résistance*-Beitrag dieses Autors, dessen kreativer Schwerpunkt in der Zeit nach der Befreiung liegt, besteht unmittelbar zunächst in den Theaterwerken *Les mouches* (1943) und *Huis clos* (1944). Während der Kriegsjahre wurde auch *L'être et le néant* (1943) als Summe der existenzialistischen Philosophie vollendet. Das Krippenspiel *Bariona* schrieb Sartre für seine Mitgefangenen im Kriegsgefangenenlager von Trier, wo er sich 1940/41 aufhielt. Seine *Baudelaire*-Studie (1946) widmet er Jean Genet. Für das Lebensgefühl im besetzten Frankreich kann Henri Queffelecs *La culbute* (1946) als charakteristisch gelten.

Was die Lyrik anbetrifft, so ist u. a. Préverts *Barbara* aus *Paroles* (1946) zur gültigen Definition der Kriegserfahrung, speziell der Zerstörung Brests, geworden:

> Quelle connerie la guerre
> Qu'es-tu devenue maintenant
> Sous cette pluie de fer
> De feu d'acier de sang
> . . .
> Oh Barbara
> Il pleut sans cesse sur Brest
> Comme il pleuvait avant

Dieses Gedicht ist zugleich Ausdruck der Kriegserfahrung und ein klassisches Echo auf Verlaines *Il pleut sur la ville.* Und bei Henri Michaux wird in *Epreuves* (1954) das biblische *Ecce homo* zum Ausgangspunkt einer poetischen Reflexion:

> J'ai vu l'homme
> ...
> Je n'ai pas vu l'homme répandant autour de lui l'heureuse conscience de la vie. Mais j'ai vu l'homme comme un bon bimoteur de combat répandant la terreur et les maux atroces.

Aber die lyrische Schöpfung, die den Widerstandswillen auch in den schlimmsten Zeiten aufrecht hielt, ist anonym. Sie wurde zum Volkslied und ist vielleicht das bekannteste Lied in Frankreich nach der *Marseillaise*:

*Le chant des partisans*

Ami entends-tu le vol lourd des corbeaux
sur la plaine?
Ami entends-tu les cris sourds du pays
qu'on enchaîne?
Ohé partisans, ouvriers et paysans
c'est l'alarme
Ce soir l'ennemi connaîtra le prix
du sang et des larmes!

Montez la mine, descendez des collines,
camarades!
Sortez de la paille les fusils, la mitraille,
les grenades!
Ohé les tueurs, à la balle ou au couteau,
tuez vite!
Ohé saboteur, attention à ton fardeau
dynamite!

C'est nous qui brisons les barreaux des prisons
pour nos frères,
La haine à nos trousses et la faim qui nous pousse
la misère,
Il est des pays où les gens au creux des lits
font des rêves,
Ici, nous, vois-tu, nous on marche, nous l'on tue,
nous l'on crève!

Ici chacun sait ce qu'il veut, ce qu'il fait
quand il passe,
Ami, si tu tombes, un ami sort de l'ombre,
prend ta place,

Demain du sang noir séchera au grand soleil
sur la route,
Sifflez, compagnons, dans la nuit la liberté
nous écoute!

Das Freiheitspathos dieses Lieds – unterstützt durch den punktierten Rhythmus seiner Melodie – konnte seine Wirkung nicht verfehlen. Es verfehlte sie auch nicht, als Viet-Minh-Rebellen es im vietnamesischen Urwald ihren französischen Gegnern über Lautsprecher zuspielten, bevor sie zum Sturm auf Dien-Bien-Phu ansetzten . . .

Die Niederlage von 1939/40 hat Frankreich nicht zum Verstummen gebracht. Im Gegenteil.

Auch Vichy-Frankreich hatte seine Dichter: Drieu La Rochelle, Céline. Robert Brasillachs *Poèmes de Fresnes* sind mit Villons Gefängnisgedichten verglichen worden. Selbst eine Bittschrift Aragons, der den Rang dieses seines Gegners erkannte, konnte den Kollaborateur nicht vor der Erschießung (1945) retten.

## 11. Nach 1945

Das Frankreich der ersten Nachkriegsjahre ist das Frankreich des Existenzialismus. Als Philosophie ist der Existenzialismus keine nur französische Sache, die Wurzeln führen über Jean-Paul-Sartre zurück zu Heidegger, Unamuno, Kierkegaard. Aber als Lebensgefühl, Lebensstil, Mode ist der Existenzialismus – und seine künstlerischen Auswirkungen – kaum ohne die französische Erfahrung der Jahre 1939–1945 denkbar. Im *Résistance*-Erlebnis war jene Mischung von Absurditätsbewußtsein und tragischem Lebensgefühl entstanden, die nach der Befreiung in vielfachen Äußerungen das kulturelle Leben bestimmt hat. Dabei fanden vor allen Dingen Sartre, Camus und Simone de Beauvoir eine große Leserschaft.

Jean-Paul Sartre (1905–1982), entfernter Vetter von Albert Schweitzer, Studiengefährte von Raymond Aron, ist der Autor eines vielschichtigen Werkes, das sich der eindeutigen Etikettierung entzieht, wennschon es für viele Leser als gültige Definition einer durch Faschismus, Widerstand und Nachkriegserfahrung geprägten Lebensphilosophie gilt.

Als Stipendiat des *Institut français* von Berlin lernte Sartre 1933 die Philosophie Husserls und Heideggers, sowie das Deutschland der Nazis kennen. Aus dem mehrmals überarbeiteten Manuskript *Mélancolie* wurde auf Umwegen der *Nausée*-Roman von 1938. Er erzählt die autobiographisch gefärbte Geschichte der Emanzipation des ›Helden‹ Roquentin von geglaubten Sicherheiten unter dem Eindruck der Jazzmusik und des unkritischen Humanismus, wie ihn der *autodidacte* vorlebt. Die wenig später folgende *Esquisse d'une théorie des émotions* erinnert im Grundanliegen an Descartes *Théorie des passions de l'âme.* Unter dem Eindruck des spanischen Bürgerkrieges erscheint der Novellenband *Le mur* (1939). Die Mauer wird hier zum Symbol von Inauthentizität, Kontaktlosigkeit, Absurdität, die sich in den Einzeletappen des Bandes in verschiedenartigen Brechungen spiegeln: *La chambre* (Irresein), *Erostrate* (totale Freiheit), *Intimité* (Homosexualität), *L'enfance d'un chef* (Freiheit und Entscheidungszwang). Die hier aufgezeigten Freiheits- und Absurditätsprobleme verdichten sich im Erlebnis von Niederlage – Sartre verbringt 1940/41 mehrere Monate in einem Kriegsgefangenenlager in Trier – und Widerstand zum philosophisch stringent durchdachten System des Existenzialismus Sartrescher Prägung. Etappen auf diesem Wege sind *L'être et le néant* (1943) mit der Grundproblematik von *être en soi* und *être pour soi, Les mouches* (1943) mit einer originellen Wiederbelebung des Ödipus-Mythos, und *Huis clos* (1944), ein Drama um Lebenslüge und Sinnlosigkeit mit der Schlußfolgerung *l'enfer, c'est les autres.* Den Titel seiner 1946 gegründeten Zeitschrift *Les temps modernes* – auch Merleau-Ponty und Simone de Beauvoir sind mit beteiligt – wählte er nach dem gleichnamigen Chaplin-Film, der auch auf *L'engrenage* (1948) abfärbte. Der breit angelegte Roman *Les chemins de la liberté* rankt sich um den Helden Mathieu, der im Engagement zu sich selbst findet. Nach den Etappen *L'âge de raison* (1945), *Le sursis* (1945), *La mort dans l'âme* (1949) läßt Sartre den 4. Teil *La dernière chance* unvollendet. Jean Genet, den er 1944 im Café Flore kennenlernt und der seine gesellschaftliche Definition über den Diebstahl zu erreichen versucht, ehrt er 1952 mit *Saint-Genêt, comédien et martyr.*

Immer wieder stellt sich Sartre das Problem, seine philosophische Erfahrung aus dem *Résistance*-Erlebnis durch Theaterstücke zu perpetuieren. In *Morts sans sépulture* (1946) konfrontiert er Vichy-Kollaborateure mit Vichy-Milizen zu einer pathetischen ›Abrechnung‹, in *Les mains sales* (1948) bearbeitet er – mit deutlichen Anklängen an das Drehbuch *L'engrenage* – das Problem von moskauhöriger Parteidisziplin und individuellem Glücksanspruch, auch von taktischem Kompromiß und ›reiner Lehre‹. In *Les séquestrés d'Altona* (1959) verlegt Sartre eine komplizierte Thematik von Kollektivschuld und *mauvaise foi* in das Hamburger Reedermilieu. Daß der hier inkriminierte Hitlerismus auch eine Metapher für den Algerienkrieg sein konnte, blieb nur den Naiven verborgen. Eine andere Art der Distanzierung versuchte Sartre in *Le Diable et le bon Dieu*:

Vor dem Hintergrund der deutschen Bauernkriege des 16. Jahrhunderts thematisiert Sartre in diesem Stück die fortschreitende Entwicklung des individualistischen Götz zum Atheisten und Existenzialisten, das Stück ist nicht ohne Anklänge an Goethes *Götz von Berlichingen,* ohne daß diese überbewertet werden sollten. Götz' Plan eines idealen Gottesstaates im kleinen Rahmen scheitert, löst nur die allgemeine soziale Revolution aus, und der Ritter kann sich dem Ruf der Bauern, ihre Führung zu übernehmen, auch in der klaren Perspektive der Niederlage nicht entziehen. Der Priester Heinrich, die Heilige Hilda, Tetzel, Karl u. a. sind überaus dankbare Rollen. Die Schauspieler Pierre Brasseur, Jean Vilar, Jean Toulot, R.-J. Chauffard, Maria Casarès und Marie Olivier hatten am Erfolg des Stückes entscheidenden Anteil. Der erste Regisseur war Louis Jouvet.

Andere Etappen des Theaterwerks von Sartre sind z. B. *La putain respectueuse* (1946) über eine dramatisch zugespitzte Rassenproblematik, *Les jeux sont faits* (1947) ursprünglich als Drehbuch konzipiert und mit einer eigenartigen Umkehrung des Orpheusmythos. Seine philosophische Reflexion vertiefte Sartre in *L'existentialisme est un humanisme* (1946) und in einer späteren Phase in der *Critique de la raison dialectique* (1960), in der Lévi-Strauss in seiner Replik in *La pensée sauvage* (1962) schwerwiegende Denkfehler nachzuweisen vermochte.

Sartre verweigerte 1964 die Annahme des Nobelpreises. Zusammen mit Simone de Beauvoir bereiste er die Sowjetunion, China, Lateinamerika. Die sowjetischen Interventionen in Ungarn und der Tschechoslowakei hat er verurteilt, De Gaulles Berufung an die Spitze der IV. Republik hat er bekämpft, obwohl sie sich in demokratischen Formen vollzog. Im Algerienkrieg und im Vietnamkrieg urteilte und verurteilte er eindeutig, der französischen KP warf er vor, sie habe den Mai 1968 verschlafen. Daß er auch vor Fehleinschätzungen nicht gefeit war, und daß er seine Freunde nicht immer kritisch auswählte, zeigt sein Besuch bei Andreas Baader in Stuttgart-Stammheim. Sartres Engagement trug ihm die Indizierung durch die katholische Kirche und durch den orthodoxen Kommunismus gleichermaßen ein. Wo die Entscheidung gefallen ist, schließt Sartre auch die Gewaltanwendung nicht aus, schon in *Qu'est-ce que la littérature* kritisiert er Vercors *Silence de la mer* aus dieser Perspektive. Der Schriftsteller als *homme dans le monde* ist stets in der Dialektik von *construction* und *négation* befangen, in ihr muß er sich auch um den Preis der ungesicherten Vorläufigkeit definieren. Erst mit *Les mots* (1964) hat Sartre diese individualistische Perspektive zugunsten des Blicks auf vor- und überindividuelle Bezogenheiten aufgegeben, von denen die erste und für den Autor bedeutsamste die Sprache ist. Das Problem der *idées reçues*, das schon Flaubert nicht los ließ, verdeutlicht dem Autor in diesem autobiographischen Rechenschaftsbericht, daß die Wirkung des literarischen Engagements höchst ungewiß ist und daß Bücher die Welt nicht einmal im Namen der Besserwisserei verändern können. Kultur, Literatur,

Kunst etc. sind eher Produkte der menschlichen Gesellschaft, nicht aber Ausgangspunkt für ihre Veränderung. Diese resignative Erkenntnis bedeutet freilich keineswegs die Absage an die Tätigkeit des *homme de lettres*. Nur hat sich der Glaube an kurzfristig konstatierbare Erfolge zu einem langfristig angelegten ›Prinzip Hoffnung‹ gewandelt. Hinzu kommt die späte Erkenntnis, daß Neues nicht auf einer kulturellen *Tabula rasa* entsteht. Sartres persönlich gefärbte Auseinandersetzung mit Flaubert in *L'idiot de la famille* (seit 1971) zeigt das deutliche Bemühen um das französische Kulturerbe. 1965 gab er gar eine Bearbeitung von Euripides *Troerinnen*. Die umfangreichen Artikel- und Essaysammlungen aus *Situations* (1947–1972) sind eine literatur- und kulturhistorische Fundgrube.

Simone de Beauvoir (* 1908) war jahrzehntelang Sartres Lebensgefährtin. Sie kennt Italien, Griechenland, Deutschland, Portugal, die USA, China. Während des Krieges veröffentlichte sie *L'invitée* (1943), es folgt der Essay-Band *Pyrrhus et Cinéas* (1944). *Le sang des autres* (1945), *Les bouches inutiles* (1945), *Tous les hommes sont mortels* (1946) stehen unter dem Eindruck des Kriegserlebnisses. Mit *Le deuxième sexe* (1949) rückt die feministische Problematik in den Vordergrund.

Das Werk entlarvt die Befangenheit der einer bestimmten Erziehung unterworfenen Frau in religiösen, ideologischen und ökonomischen Strukturen, die nicht mit der erfahrenen Wirklichkeit in Einklang zu bringen sind. Die Unterschiede zwischen Mann und Frau sieht sie ausschließlich in ihren sozialen Bedingtheiten, sie leugnet ihren ›natürlichen‹ Ursprung. Die Überwindung der inneren Spannung, die das Leben der Frau zwischen Gesellschaft und Persönlichkeit charakterisiert, hält Simone de Beauvoir in einer bürgerlichen Gesellschaft für unmöglich.

Die Illustration ihrer Thesen unternimmt die Autorin in einer Serie von z. T. autobiographisch inspirierten Romanen und Erzählungen: *Les mandarins* (1954), *Mémoires d'une jeune fille rangée* (1958), *La force de l'âge* (1960), *La force des choses* (1963), *Une mort très douce* (1964), *La femme rompue* (1967), *Les belles images* (1966), *Tout compte fait* (1972). In vielen dieser Werke wird das Bemühen um die Grundlegung einer existenzialistischen Ethik spürbar, in der die Emanzipation der Frau sich z. T. mit stoischen Untertönen vollzieht. Die Darstellung der linken Intelligentsia um Jean-Paul Sartre in *Les mandarins* ist z. T. greifbar ironisch. In den Jahren 1970/71 war Simone de Beauvoir Herausgeberin des linksextremen *Idiot international*.

Den kompliziertesten Weg unter den ›existenzialistischen‹ Autoren ist Albert Camus (1913–1960) gegangen.

Im Unterschied zu Sartre und Beauvoir hat Camus eine proletarische Abstammung. Er wurde in Mondovi/Algerien geboren und wird den Gegensatz von ›Sonnenland‹ und ›Regenland‹ zum unverzichtbaren Ingredienz seines Werkes machen. Vor dem Krieg erschienen bereits *L'envers et l'endroit* (1937) und *Noces* (1939). Den Nobelpreis (1957) für Literatur hat Camus im Gegensatz zu Sartre akzeptiert. Die Hauptphase seiner literarischen Produktion steht unter dem Erlebnis von Faschismus und Widerstand. 1940 redigiert er mit *L'étranger* (konzipiert 1937) einen Roman um geistige Heimatlosigkeit und resignierende Kontaktlosigkeit. Der Titel ist von einem Baudelaireschen Prosagedicht übernommen. Die juristisch einwandfreie Verurteilung des Mörders Meursault, der als Mitglied der französischen Kolonialplutokratie in Nordafrika einen Araber erschlägt, ohne eigentlich einen Grund dafür zu haben, sühnt letztlich einen Mord ohne Motiv, der viel von einem unreflektierten *acte gratuit* hat. Als Infragestellung der Todesstrafe legt *L'étranger* den Vergleich mit Hugos *Le dernier jour d'un condamné* nahe, ohne daß diese Affinität überstrapaziert werden dürfte. *L'étranger* ist der Roman einer Absurdität, die noch nicht zu Konsequenzen führt. In *Le mythe de Sisyphe* (1942) vertieft Camus diesen Ansatz zu einem philosophischen System: am Beispiel des antiken Sisyphus-Mythos zeigt der Autor das irreparable »divorce entre l'homme et sa vie«, das jedoch nicht in die Resignation, sondern in die bewußte Akzeptierung und damit in die Verachtung der ungerechten Götter führt. Von hierher ist es nur mehr ein Schritt zur Revolte. Auch der Titelheld des *Caligula*-Dramas (1945) ist in gewisser Hinsicht ein *étranger* in seiner Umgebung. Nach dem Tod der geliebten Schwester Drusilla wird er zum Deliranten und Mörder, der sich zwischen *Macbeth* und *Père Ubu* ansiedeln läßt. Die Suetonsche Vorlage wird hier zum Ausgangspunkt eines blutrünstigen Psychodramas, in dem der Soldatenkaiser sich zum Rächer an der ›bösen‹ Welt aufschwingt. Seine Omnipotenzvisionen weisen ihn letztlich als frustrierten Kleinbürger aus, der von einem Cäsar allenfalls den Wahnsinn hat. Er stirbt in einer Verschwörung. Die dankbare Titelrolle wurde bei der Uraufführung im *Théâtre Hébertot* von Gérard Philipe gespielt. Auch *Le malentendu* (1944) ist letztlich eine Variation des *étranger*-Themas, was übrigens auch dadurch zum Ausdruck kommt, daß Meursault in der Todeszelle die Grundfabel des Stücks auf einem Zeitungsblatt zu lesen bekommt. In der deutschen Literatur hat Camus bei der Gestaltung des Stoffes einen Vorläufer in Zacharias Werner (*Der 24. Februar,* 1815). *Le malentendu* erzählt die Geschichte des Heimkehrers Jan, der von seiner Mutter und seiner Schwester nach Jahren der Abwesenheit nicht erkannt wird und daher ihren Mordgewohnheiten zum Opfer fällt. Das erlösende Erkennungswort fällt nicht, die einzige menschliche Geste, so glaubt Jan, ist das Angebot einer Tasse Tee, die ihm seine Schwester macht. In ihr befindet sich das Gift...

Nach dem Kriege zeigte sich, daß Camus das Absurditätserlebnis im Sinne existenzialistischer Forderungen ins Engagement überzuführen imstande war. In *La peste* (1947) zeigt er im nordafrikanischen Dekor der Stadt Oran, wie eine durch die Krankheit gelähmte Gesellschaft in zäher Kleinarbeit und ohne Haß an ihrer Befreiung arbeitet. Letztlich besteht sie im Bekenntnis zum Don-Quijotesken Aufbegehren gegen das Schicksal, das sich dann als besiegbar erweist. Im zeitgenössischen Kontext wird man in der Pest eine Metapher für den Nationalsozialismus erkennen können. In der Bühnenbearbeitung des Stoffs unter dem Titel *L'état de siège* (1948) hat Camus die spanische Hafenstadt Cádiz als Schauplatz gewählt. Es ist dies einmal eine Huldigung an die liberalen Traditionen der Stadt, zum anderen jedoch auch das Bemühen um die geographische Fixierung einer ›Grenzsituation‹ im konkretesten Sinne. Aus dieser Situation bedarf es nur noch eines Schrittes, eines Entschlusses, um in neue Erfahrungsbereiche vorzudringen. Städte am Meeres- oder am Wüstenrand sind in Camus' Werk häufig Ausgangspunkte solcher Handlungen.

In *L'homme révolté* (1951) hat Camus die philosophische Grundlegung seiner Philosophie der Revolte gelegt. Der ideologiekritische Ansatz dieses Werks, der auch linksgerichtete Positionen in Frage stellte, führte zum Bruch mit Sartre. In *La chute* (1956) kommt es zu einer ironischen Lebensbeichte, in der der Held mit der Infragestellung der Welt auch eine Infragestellung seiner selbst verbindet. Insofern handelt es sich hier um eine Neuaufnahme der Thematik von *Les justes* (1950), wo der russische Individualterrorist Kalljaïev sich ein Gewissen daraus macht, mit der Zarenfamilie auch unschuldige Kinder in die Luft zu jagen. Camus' humanistische Zweifel, die er z.T. im Respekt vor der Glaubenswahrheit des Christentums äußerte, reflektieren sich auch in dem Novellenband *L'exil et le royaume* (1957), wo u.a. in *Jonas ou l'artiste au travail* der Künstler zwischen den verschiedene Orientierungen andeutenden Wörtern *Solidaire* und *Solitaire* schwankt.

Camus ist ein wichtiger Anreger. Er macht Faulkners *Requiem für eine Nonne* und Dostojewskis *Dämonen* dem französischen Theaterpublikum zugänglich und ist zugleich einer der Initiatoren der Wiederbelebung des klassischen spanischen Theaters auf französischen Bühnen. Da er selber Halbspanier war, war ihm diese Kultur vertrauter als seinen Zeitgenossen. So inszenierte er u. a. Caldérons *La dévoción de la Cruz* und Lope de Vegas *Caballero de Olmedo*. Auch hier zeigt sich, daß Camus seine Parteinahmen im Namen übergeordneter Werte vollzog oder das zumindest für möglich hielt, trotz – wie Sartre bemerkte – Machiavelli und dem Goldenen Kalb. Inwieweit spätantike Lichtphilosophien – Plotin, Augustinus, u. a. – an diesen Denkansätzen bei Camus beteiligt sind, bedarf der weiteren Erforschung. Jedenfalls läge hier ein möglicher Grund für die Differenzen mit Sartre.

Albert Camus ist 1960 bei einem Autounfall ums Leben gekommen. Seine *Actuelles* (1939/1953) begleiten kritisch die Ereignisse seines Lebens und seiner Zeit. Wie er sich als Algerienfranzose letztlich zu dem

Fragenkomplex Kolonialkrieg und algerische Unabhängigkeit gestellt hätte, ist wegen seines Todes nicht eindeutig zu sagen. Er hat an diesem Problem getragen und z. T. hilflose Stellungnahmen versucht. Posthum erschienen u. a. *Carnets* (1962 ff.), die *Cahiers* (1971 ff.), *La mort heureuse* (1971) und einige *Ecrits de jeunesse* (1973). Auch diese Werke zeigen ihn als Humanisten, nicht als Ideologen. Seine Äußerungen sind oft poetischer als die der übrigen ›Existenzialisten‹, er kennt den Reiz von Landschaften, Flora, Fauna, des Meeres. Sonne und Regen sind nicht nur Charakteristika, die es erlauben, die Welt des Mittelmeers der des Nordens gegenüberzustellen, sie sind auch poetische Gegensätze, die sich anziehen. In Camus' Werk gibt es Ehrbegriff, Skrupel, Zögern. Notwendige Entscheidungen – auch politische – fallen nicht immer mit der Eindeutigkeit, die manche von ihm erwartet haben. Er sah sich möglicherweise schließlich im Gegensatz zu allen Erlösungstheorien, auch zum Marxismus. Wo man Antworten von ihm erwartete, erlaubte er sich den Luxus, Fragen zu stellen. Camus ist ein Aufklärer, kein Besserwisser.

Neben den Namen von Sartre, Beauvoir und Camus verblassen hier und da die übrigen Träger der existenzialistischen Literatur. Pierre Gascar, den die Rote Armee aus einem deutschen Straflager in Polen befreite, hielt diese Erfahrung in *Le temps des morts* (1953) fest und zeigt das Leiden der geschundenen Tierwelt im Bombenhagel oder im Schlachthof mit *Les bêtes* (1953). Jean Cau, Redakteur beim *Express*, erhielt für *La pitié de Dieu* den Goncourt-Preis 1961. Zu den Philosophen, die den Existenzialismus kritisch behandelten, gehört der von Jacques Chevalier in Grenoble ausgebildete und mit Jacques Maritain befreundete Emmanuel Mounier (1905–1950) mit *Introduction aux existentialismes* (1947). Dabei zeigt sich bald, daß es einen Unterschied zwischen dem philosophischen und dem gelebten Existenzialismus gab. Auch Juliette Gréco prägte den existentialistischen Lebensstil nach 1945, wenn sie Mauriacs *L'ombre* oder Queneaus *Si tu t'imagines* sang. Die Darstellung einer hoffnungslosen, dem Weltschmerz und der entsublimierten Sexualität hingegebenen Jugend in den Nachkriegsjahren gelang in *Les pianos mécaniques* (1962, Prix Interallié) von H.-F. Rey. Für das allgemeine Klima jener Jahre ist auch die im Gefolge von Simone de Beauvoir sich ansiedelnde feministische Emanzipationsliteratur bezeichnend. Christiane Rochefort schrieb mit *Le repos du guerrier* ein Epos der sexuellen Liebe (1958), das Roger Vadim verfilmte. Die Belgierin Françoise Mallet-Joris fand nach *Le rempart des béguines* (1952) und *Les mensonges* (1956) den Weg in eine christlich gefärbte Spiritualität (1956), während Françoise Sagan in dieser Phase eine wunderkindliche Auseinandersetzung mit der bürgerlichen Moral betrieb: auf *Bonjour tristesse* (1954), *Un certain sourire* (1956) folgen andere trostlose Erfolgsbücher: *Dans un mois, dans un an* (1957), *Aimez-vous Brahms?* (1959), *Les merveilleux nuages* (1961).

## 12. Weiterentwicklungen des Surrealismus

Der Surrealismus lebte nach dem 2. Weltkrieg weiter und vertiefte seine nie geleugneten Verbindungen zur Romantik – Novalis, Nerval, Kleist – und zur freudianischen Entdeckung der Welten des Traums und des Unterbewußten. Auch in den Zeiten der Bedrückung nährte sich von hierher eine Literatur des positiven Elans, die oft eine echte Abenteuerliteratur ist.

André Dhotel (geboren 1900) führt in Traumwelten mit *Le village pathétique* (1943), *Le plateau de Mazagran* (1947), *Dans la vallée au chemin de fer* (1958). Mit *Le pays où l'on n'arrive jamais* (1955) bekam er den *Prix Fémina.* Mit kritischen Arbeiten zu *Rimbaud et la révolte moderne* (1952) und den Romanen Rousseaus zeigt er die Tendenz zur historischen Vertiefung seiner literarischen Arbeit. 1960 erhielt er den französischen Jugendliteraturpreis.

Georges Schéhadé (geboren 1910) aus Alexandrien ist als Lyriker am Surrealismus orientiert (*Poésies zéro* 1951) und vertieft diese Tendenz in seinen phantastischen Dramen *Monsieur Boble* (1951), *La soirée des proverbes* (1954), *Le voyage* (1961). Die Thematik des Aufbruchs und des *passer outre* siedeln viele seiner Werke auf der Grenze zur Märchenliteratur an. Die Libanesin Andrée Chedid folgt dieser Linie z. T. unter Rückgriff auf altägyptische Inspirationen, z. B. in *Nefertiti.*

Der Marxist Raymond Abellio (geboren 1907), der wegen Kollaboration mit den Nazis verurteilt wurde und in die Schweiz floh, stellt den spanischen Bürgerkrieg in *Les yeux d'Ezéchiel sont ouverts* (1949) dar und verbindet Kosmologie, Erosmetaphysik und religiöses Erleben in *La fosse de Babel* (1962). Theoretisch äußert er sich in *Vers un nouveau prophétisme* (1950), *Assomption de l'Europe* (1954), u. a. Dieses Werk atmet Esoterik, Fantastik, Hermetik.

Jean Cayrol (geboren 1911), der 1942–1945 im KZ Mauthausen saß, will eine lazarische Kunst schaffen. Er vereinigt surrealistisches Erbe mit biblischer Inspiration und psychologischer Beobachtung in *Poèmes de la nuit et du brouillard* (1945), *Pour tous les temps* (1955), u. a. Seine Kenntnis des Surrealismus gibt einmal Anlaß zu märchenhaften Geschichten (*Je l'entends encore* 1968, u. a.), nährt jedoch auch das Interesse an den Sprachmechanismen z. B. der Graffiti während der Mai-Unruhen von 1968 (*Poésie journal* 1969). Surrealistische Wurzeln haben auch die psychischen Mythen von Michel Leiris (* 1901), z. B. *Toro* (1951), *Mots sans mémoires* (1969) und die Romane von Georges Limbour (1900–1970). Zwar wurde dieser Autor 1929 von den Surrealisten aus ihrer Gruppe ausgeschlossen, aber er hat die dortigen Erfahrungen weiter angewendet, u. a. in *Le bridge de Madame Lyane* (1948) und in *Eloquente* (1966). Bei André Pieyre de Mandiargues (geboren 1909) verbindet sich die Kenntnis des Surrealismus mit einer weltweiten Reiseerfahrung (z.B. Mexiko). In *Dans les années sordides* (1943) hält er die Okkupationserfahrung fest, mit *Le lis de mer* (1947), *Feu de braises* (1959) u. a. bewegt er sich im Grenzbereich zwischen Erotik, Bewußtsein und Traum. Hier und da scheint er an die frenetischen Traditionen der schwarzen Romantik anzuknüpfen, z. B. in *Le musée noir* (1946), *Marbre* (1953), *Le cadran lunaire* (1957). Monstruosität und Verirrung geben diesen Geschichten ab und zu das Gepräge von fantastischen Kriminalstories. Diese Mischung findet sich u. a. bei dem Erzählerduo Pierre Louis Boileau (geboren 1906) und Thomas Narcéjac (geboren 1908) mit u. a. *Les visages de l'ombre* (1953) und *La porte du large* (1969). Aimé Césaire (geboren 1913), der auf Martinique geborene Autor, der als erster das Wort *négritude* gebrauchte, ist mit dem Surrealismus in dem doppelten Sinne verbunden, daß er die Kenntnis der afrikanischen Kunst propagiert und zugleich die französische Sprache durch Kontamination mit afrikanischen Sprachelementen verfremdet. Das geschieht in *Les armes miraculeuses* (1946). Der Titel *Soleil cou-coupé* (1948) erinnert an Apollinaires magische Sprachalchimie. Aimé Césaire kämpfte gegen den Kolonialismus (*Discours sur le colonialisme* 1950; *Lettre à Maurice Thorez* 1956) und arbeitet im Namen der *négritude* an einer eigenständigen afrikanisch-amerikanischen Literatur in französischer Sprache. Agitation und Magie verschwimmen in *Une saison au Congo* (1966), deren Held Lumumba ist. Claude Seignolle *(Le rond des sorciers)*, Marcel Schneider *(La première île)*, Noël Devaulx *(Le pressoir mystique)* bezeugen ebenfalls das Vorhandensein einer *deuxième vague* des Surrealismus in Frankreich nach dem 2. Weltkrieg.

Louis Poirier, genannt Julien Gracq (geboren 1910), ist der originelle Biograph Bretons und ein fruchtbarer Autor in der Nachfolge surrealistischer Theorien.

Gracq war Geschichts- und Geographielehrer am Pariser Lycée Claude Bernard, er hat, wie er in *Préférences* (1961) beweist, Ernst Jünger, Novalis, Racine, Balzac, Kleist gelesen und dem Surrealismus mit Studien zu Poe und Lautréamont zu gewichtigen Vorläufern verholfen. Freundschaften verbanden ihn mit Alain und Boisdeffre, *La littérature à l'estomac* (1950) ist ein leidenschaftliches Pamphlet gegen die Vermarktung und Kommerzialisierung des

Literaturbetriebs. Gracq ist ein »historien du rêve« (Riese Hubert) mit starken philosophischen Tendenzen.

Gracqs literarische Laufbahn beginnt mit *Au château d'Argol* (1938), wo er die dämonisch verfremdete Dreierbeziehung zwischen Herminien, Heide und Albert erzählt. Das Werk arbeitet mit Schauereffekten im Stil der *Gothic Novel* und mit zahlreichen um die *matière de Bretagne* kreisenden Bezügen. Mit *Un beau ténébreux* (1945) führt Gracq in die bretonische Küsteneinsamkeit des *Hôtel des vagues,* in dem der faszinierende Allan seine Selbstmordabsichten unbeirrt durchführt. Der schaurig-romantische Maskenball, den Gracq im *Ténébreux* schildert, ist eine Summe von Querbezügen der Weltliteratur. Es folgen der Gedichtband *Liberté grande* (1947), das Drama *Le roi pêcheur* (1948), u. a. Im Jahre 1951 erscheint *Le rivage des Syrtes* und erhält den *Prix Goncourt,* den der Autor nicht entgegennimmt.

*Le rivage des Syrtes* hat greifbare Ähnlichkeiten mit Ernst Jüngers *Auf den Marmorklippen* und Dino Buzzatis *Il deserto dei Tartari.* Das Werk kreist um das Problem des schlafenden Krieges, der von dem jungen Aldo durch eine Provokation geweckt wird und in den Untergang der sklerosierten Gesellschaft von Orsenna führt. Die Seerepublik Orsenna trägt die Züge von Karthago, von Venedig, von Bruges-la-Morte. Es handelt sich nicht um einen Schlüsselroman, den man etwa an den 2. Weltkrieg herantragen könnte, vielmehr ist *Le rivage des Syrtes* der Roman der Geschichte selber, der Roman auch der Kulturkatastrophen, die – so scheint daraus hervorzugehen – mit dem Sieg der barbarischeren Kultur enden. Gracq hat sich bei der Abfassung dieses Werks nachweislich mit Spenglers *Untergang des Abendlandes* befaßt, ohne daß freilich die Zwangsläufigkeit dieses philosophischen Werks nachvollzogen würde. Aldo handelt in eigener Regie und im Erlebnis einer persönlichen Freiheit des *passer outre.* Unterbewußte Gralssuche, die sich des technisch perfektionierten Werkzeugs eines Kriegsschiffs – des *Redoutable* – bedient. *Le rivage des Syrtes* ist ein vieldeutiges Werk über den Konflikt von sozialer Sklerose und nervlicher Überreiztheit, über politische Perspektivelosigkeit, die zugleich Frieden bedeutet, und provokatorischen Wahn, der Neues, vielleicht aber auch Untergang, bringt.

Gracq hat sich auf dem Theater mit einer Übersetzung von Kleists *Penthesilea* (1954) versucht, 1958 schreibt er mit *Un balcon en forêt* einen neuerlichen Kriegsroman, der dieses Mal sichtbar auf die *drôle de guerre* von 1939/40 bezogen ist. Die *Prose pour l'étrangère* (1953) hat der Autor nur einem kleinen Kreis zugänglich gemacht. 1967 erschienen literaturkritische Essays unter dem Titel *Lettrines,* 1970 folgte der Roman *La presqu'île,* 1981 der Essay-Band *En lisant, en écrivant.*

Julien Gracq hat nie hohe Leserzahlen gehabt. Von Sartres Engagement hat er sich ferngehalten, das Fehlen eines greifbaren moralischen oder politischen Engagements hat man ihm vorgeworfen. Man verkannte dabei »die über das Konkrete hinausweisende Transferierbarkeit« seines Ansatzes und damit sein »diagnostisches Anliegen« (Jüttner).

## 13. Französisches Theater zwischen Engagement, Konsum und Absurdität

Die Befreiung von 1944/45 brachte als Spätfolge die 1947 in die Wege geleitete *Décentralisation dramatique*. 1965 gab es bereits acht *Centres dramatiques nationaux* und neun *Troupes permanentes à la décentralisation*. Das *Théâtre de la cité* in Villeurbanne, der *Grenier* in Toulouse, das *Théâtre populaire des Flandres* u. a. sind zu Schwerpunkten des französischen Theaterlebens außerhalb von Paris geworden. Durch diese Theater vollzog sich z. B. die Brecht-Rezeption in Frankreich. Gleichzeitig brachte die *Décentralisation* auch die sog. *Aide à la première pièce*, eine Finanzhilfe, die so bekannten Autoren wie Adamov, Beckett, Gracq, Roblès u. a. den Durchbruch erlaubte. Der Schwerpunkt der französischen Theaterentwicklung liegt jedoch nach wie vor in Paris:

Unter den vielen namhaften Theaterregisseuren – u. a. André Barsacq, Roger Blin, Antoine Bourseiller, Sacha Pitoëff – ragen vor allem Jean-Louis Barrault und Jean Vilar hervor. 1946 gründen Jean-Louis Barrault und Madeleine Renaud die bekannte *Compagnie*. 1957 übernimmt Barrault das Odéon, das er bis 1968 leitet. Ihm folgt Jean Vilar (Shakespeare, Kleist, Eliot) und 1963 Jack Wilson. Eine der erfolgreichsten Gründungen der letzten Jahre ist das *Théâtre du soleil* der Ariane Mnouchkine.

Die französische Theaterproduktion zeigt nach wie vor die bekannte Vielgesichtigkeit. André Roussin (geboren 1911) bewegt sich in der Tradition von Achard und Feydeau mit *Nina* (1949), *La main de César* (1951), *La petite hutte* (1948), u. a. Jacques Audiberti (1899 bis 1965) schreibt stark verfremdete Dramen, u. a. *Quoat-Quoat* (1946), *Le cavalier seul* (1955), *Pomme, pomme, pomme* (1962), *L'opéra du monde* (1965). Der Belgier Félicien Marceau (geboren 1913) schreibt hingegen gesellschaftskritische, teils frivole Boulevardstücke (*Caterina* 1954, *La bonne soupe* 1958, *Le babour* 1969). Das ernste Drama wird hingegen vertreten von Thierry Maulnier (geboren 1909) mit *Jeanne et les juges* (1949) und *La maison de la nuit* (1953) sowie von Emmanuel Roblès (geboren 1914) mit *La vérité est morte* (1952) und *Mer libre* (1965). Claude-André Puget (geboren 1905) schreibt konventionelle aber wirkungsvolle Märchenstücke (*Le grand Poucet* 1943, *Un nommé Judas* 1954, u. a.). Die avant-gardistischen Versuche des ›großen‹ französischen Theaters unseres Jahrhunderts müssen vor diesem Hintergrund der ungebrochenen Traditionen gesehen werden, die allein erst die Selbstdefinition einer Avant-Garde ermöglichen. Und vor und neben der Avant-Garde stehen die Repräsentanten der klassischen Linie, die Repräsentanten von Frankreichs problematischem Ideentheater.

Henry de Montherlant (1896–1972) ist mit seinem Romanwerk in anderem Zusammenhang besprochen worden. Was das Theater betrifft, so kam er 1942 mit *La reine morte* zu seinem entscheidenden Erfolg:

*La reine morte* ist ein Rückgriff auf die traditionelle Handlung um *Inès de Castro* (Houdar de la Motte, Vélez de Guevara) und stellt den Auftakt zur geplanten *Trilogie catholique* dar, der auch *Port-Royal* und *La ville dont le prince est un enfant* zugerechnet werden. Mit diesem Stück entdeckt Montherlant die iberische Halbinsel als Lieferanten für Stoffe und Motive seines Theaters. In *Le Maître de Santiago* (1948) spielt sich so vor dem Hintergrund der spanischen Weltmacht der Vergangenheit ein hochtrabendes Drama um Ehre und Verzicht ab. In *Don Juan* (1958) zeigt sich ein alter Frauenheld, dessen Erotomanie Anlaß zu einer neuen Deutung des *Don Juan*-Mythos gibt, die nicht ohne frauenfeindliche Töne einhergeht. *Le cardinal d'Espagne* (1960) schließlich führt in die Zeiten der Rivalität zwischen Ximénez des Cisneros und Juana la Loca, wobei Montherlants Stierkampfmetaphorik zur einleuchtenden Charakteristik dieses von Machthunger und Intrigen geprägten Stücks beiträgt. Auch das im Italien der Renaissance angesiedelte Drama *Malatesta* (1950), das mit einem schlichten Mord auf der Bühne beginnt, führt in die Welt eines Vollblutmenschentums, das offenbar das theatrale Korrektiv zu einer bürgerlichen und elitefeindlichen Alltagswelt sein soll. In *Port-Royal* (1954) führt Montherlant in die Auseinandersetzungen um den Jansenismus hinein. *La Guerre civile* (1964) spielt sich vor dem Hintergrund der Kämpfe zwischen Caesar und Pompeius ab. Generationenprobleme bestimmen *Fils de personne* und *Demain il fera jour.*

Montherlants Theater kennt den gleichen Kraftkult wie sein übriges Werk. Das prunkvolle Drum und Dran, die hohe Wahl der Stil- und Darstellungsmittel verdecken nicht immer einen Hochmut, dessen Grenzen zum Zynismus fließend sein könnten.

François Mauriac (1885–1970) begann erst spät für das Theater zu schreiben:

Sein erster Erfolg ist *Asmodée* (1937). Der Hauslehrer Blaise Coutûre ist hier ein dämonischer Tartuffe, der mehrere Frauen unglücklich macht. Er verkörpert das teuflische Prinzip im Sinne der neukatholischen Moral, die auch Mauriacs Romane z. T. auszeichnet. *Les mal-aimés* (1945) sind ein fast klassisch konstruiertes psychologisches Drama. Die religiöse Problematik von *Le passage du malin* (1947) entzog sich dem breiten Publikum, ebenso *Le feu sur la terre* (1951).

Bei Mauriac setzen sich die Themen seines Romanwerks auch auf dem Theater fort: Dämonie, Herrschaftsansprüche, ungemeisterte Sinnlichkeit. Die Gnadenhoffnung bleibt in diesem trostlosen Räderwerk ungebrochen.

Gabriel Marcel (1889–1973), Karlspreisträger und Europäer schreibt selten gespielte Thesendramen mit christlich-existenzialistischer Thematik. In *Rome n'est plus dans Rome* (1951) – der Titel spielt auf Du Bellays Sonett ›Nouveau venu ...‹ aus den *Antiquitez de Rome* an – stellt Marcel die Frage nach der politischen Emigration vor dem Hintergrund der faschistischen Erfahrung. Er entlarvt den Gedanken, daß ethnische Entwurzelung die ethische Entscheidungsfreiheit des Individuums erhöhe als schwerwiegende Täuschung: »Nous avons eu tort de partir; il fallait lutter sur place.«

Bei den zuletzt behandelten Autoren wird die theoretische Diskussion vorwiegend auf der Ebene des Inhaltlichen geführt. Die formale Erneuerung vollzog sich hingegen außerhalb der bislang angedeuteten Strukturen. Sie bedeutete den Schritt zum sog. *nouveau théâtre*:

Möglicherweise läßt sich der theoretische Ansatz folgendermaßen fassen: Wo das klassische Theater Frankreichs überwiegend den bekannten Einheiten von Ort, Zeit und Handlung verpflichtet war, hatte die romantische Kulturrevolution die Einheiten von Ort und Zeit eingerissen. Nunmehr wird auch die letzte der Einheiten, die der Handlung, angegriffen und verunsichert. Die Sprache, die bislang den logisch nachvollziehbaren ›roten Faden‹ sichergestellt hatte, verliert ihre kommunikative Kraft, die Logik einer durchschaubaren Handlung wird damit unmöglich gemacht. Mit der Infragestellung der ›Einheit der Handlung‹ ist der letzte Rest der klassischen Theatertheorie gefallen, der Weg zum ›absurden‹ Theater ist frei.

Diese theoretischen Schritte wurden nicht auf einmal getan. Aber die gezeigte Überlegung macht die Entwicklung des französischen *nouveau théâtre* verständlich.

Samuel Beckett (geboren 1906), gebürtiger Ire, lebt seit 1936 in Paris. Mit seinem großenteils zweisprachig erschienenen Theaterwerk gehört er sowohl in die englische als auch in die französische Literatur. 1969 erhielt er den Nobelpreis für Literatur.

Am Anfang stehen Romane: *Murphy* (englisch 1938; französisch 1947), *Molloy* (1951), *Malone meurt* (1951), *L'innommable* (1953). Dann folgt mit *En attendant Godot* (1953) der Durchbruch auf dem Theater. Diese absurde Episode kreist um Vladimir und Estragon, die auf Godot warten, der nie kommen wird; zwar mag die ›Handlung‹ religiös deutbar sein, aber eine greifbare Aussage kann sie nicht haben. In diesem Theater, in dem Pozzo seinen Sklaven Lucky an der Leine führt und in dem ein Bote von Godots weißem Bart erzählt, haben Harlequin und die Clowns ihr Recht wiedergewonnen. Becketts weitere Produktionen beweisen das: *Ceux qui tombent* (1957), *Acte sans paroles* (1957), *La dernière bande* (1959), *Oh! Les beaux jours* (1961), u. a. In *Fin de partie* (1956) erleben Hamm und Clov eine irreparable Kontaktlosigkeit, Nagg und Nell sitzen in Mülleimern, passiv, ohne Initiative, wie Figuren eines Schachspiels, die darauf warten, bewegt zu werden. Becketts weiteres Werk umfaßt Hörspiele, kritische Essays, etc. In seinem Theater hat die Sprache jedoch weitgehend die Möglichkeit verloren, Kommunikation sicherzustellen. Sie ist reines Geschwätz, leere Formel, absurd.

Bei Arthur Adamov (1908–1970), der armenischer Abstammung ist und 1922–1924 in Mainz zur Schule ging, finden sich der Einfluß Artauds, Jarrys, Kafkas und – später – Brechts.

Adamovs Theaterkarriere beginnt mit *La parodie* (1947), *L'invasion* (1949), *La grande et la petite manœuvre* (1950), *Tous contre tous* (1952). Mit *Le professeur Taranne* (1953) stellt er eine pathologische Lehrermentalität dar, auf *Le sens de la marche* (1953) folgen Stücke, in denen der Wille zur politischen Aussage immer deutlicher wird: *Le ping-pong* (1955), *Paolo Paoli* (1957). *Le printemps 71* ist nach Brechts *Tagen der Commune* eine neue großangelegte Auseinandersetzung mit der Pariser Kommune. *Sainte-Europe* (1966) wird zur gigantisch-burlesken Abrechnung mit dem ›Christlichen Abendland‹ und seinen Mythen. Es folgen u. a. *Monsieur le modéré* (1968), *Off limits* (1969), *Si l'été revenait* (1970), etc.

Jean Genet (geboren 1910), der früh die Freundschaft Sartres gewann, schreibt Gedichte (*Le condamné à mort* 1942), Romane und Erzählungen (*Notre-Dame-des-Fleurs, Pommes funèbres* 1947, *Querelle de Brest* 1947, *Journal du voleur* 1949). Sein Theaterwerk beginnt 1947 mit *Les bonnes.*

Darauf folgen u. a. *Haute surveillance* (1949), *Le balcon* (1953), *Les nègres* (1958), *Les paravants* (1961), etc. Genet, der sich als Dieb außerhalb der bürgerlichen Normen anzusiedeln suchte, pflegt ein Theater, in dem immer Platz für Ausnahmewesen, mythische Elitemenschen, ist. Nicht Achtung von Moral und Ethik, sondern Durchsetzung gegenüber einer substanzlosen Kleinkariertheit ist das Thema dieses Theaters. Hier ist auch Platz für traumhafte Aktionen und Abreaktionen. In *Les nègres* verkleiden sich schwarze Afrikaner und führen ein groteskes Zeremoniell um einen Ritualmord an einer Weißen vor. Das shakespearesche Verfahren des Theaters im Theater wird hier ins Absurd-Surrealistische gesteigert.

Im Werke des gebürtigen Rumänen Eugène Ionesco (geboren 1912), der Frankreich zu seiner Wahlheimat machte, werden der »Leerlauf des Formalismus, besonders der formalen Logik, und die Beschränktheiten des Materialismus, besonders in seiner marxistischen Ausprägung« aufgezeigt, und zwar »nicht nur in seinen theoretischen Schriften, sondern auch anschaulich in seinen Dramen« (Krüger). Nach rumänischen Anfängen (*Elegii pentru fiintele mici* 1934) schreibt er 1950 sein erstes Drama: *La cantatrice chauve.*

Das Antistück von der kahlen Sängerin, dessen Handlung in keiner Beziehung zum Titel steht, zeigt die Gefangenschaft des Menschen in den Strukturen der Alltagssprache. Es gibt keinerlei ›roten Faden‹, der Austausch von Sprechakten reduziert sich auf die Patterns der Assimil-Methode. Über diese Sprachmechanismen vollzieht sich dann jedoch eine Annäherung an den banalen Tiefsinn, an das Geheimnisvolle. *La leçon* (1951) stellt einen sadistischen Schulmeister auf die Bühne, dessen kalkuliertes Philologengewäsch eine fatale Mordwaffe ist. Das Delirium des Intellektuellen, der sich an seiner Sprachbeherrschung berauscht, verquickt sich hier mit der sexuellen Pathologie des Bücherwurms zu einer tödlichen Mischung. Für die Schülerinnen gibt es kein Entrinnen. Es folgt mit *Les chaises* (1952) eine tragische Farce um ein altes Ehepaar, das glaubt, der Menschheit eine Botschaft übermitteln zu sollen. Weitere Etappen sind *Victimes du devoir* (1953), *La jeune fille a marier* (1953), *Jacques ou la soumission* (1955), *L'impromptu de l'Alma* (1955; vgl. Molière, *L'impromptu de Versailles*), *Le nouveau locataire* (1955), *L'avenir est dans les œufs* (1957), *Tueurs sans gages* (1958). Mit *Les rhinocéros* (1959) schrieb Ionesco sein bislang erfolgreichstes Stück. Das zuerst in deutscher Sprache im Düsseldorfer Schauspielhaus gespielte Stück beinhaltet die – in einer frühen Novelle vorweggenommene – Rhinozeroswerdung der Menschheit. Die Krankheit ergreift alle ohne Unterschied, bis auf Bérenger, den letzten Individualisten, der einen sinnlosen Widerstand versucht. Ob mit der Krankheit die ideologische Fanatisierung gemeint ist, womit *Les rhinocéros* eine Absage an Totalitarismen jeder Couleur wären, kann nicht mit Sicherheit gesagt werden. Viel hängt von der Tendenz der jeweiligen Aufführung ab. Möglicherweise faßt irgendwann einmal ein Regisseur Bérenger als den letzten Fußgänger auf. Auch in diesem Stück beruht die letztliche Vereinsamung des Individuums auf dem Verlust der Sprache, die als übergreifender Sachverhalt die Möglichkeit beinhaltet, mit dem Mitmenschen Kontakt aufzunehmen. Ionescos weiteres Theaterwerk ist dicht und inhaltsreich: *Le piéton dans l'air* (1962), *Le roi se meurt* (1963), *La soif et la faim* (1964), *La lacune* (1965), *Délire à deux* (1966), *Jeux de massacre* (1970). Letzteres ist eine lose Szenenfolge mit der Grundthematik der Pest, die einen Vergleich mit Camus' *Etat de siège* nahelegt. In *Macbett* (1972) steht ein Shakespeareheld auf der Bühne, der eher mit *Père Ubu* und *Caligula* in Verbindung zu bringen wäre.

Ionesco verunsichert geglaubte Wahrheiten, sein Antidrama lebt z. T. aus dem Willen zum *épater le bourgeois,* es lebt aus der Akausalität und zeigt die Beherrschung der Tradition.

Jean Tardieu (geboren 1903), der dem Maler Hans Hartung 1961 einen Essay widmete, hat ein umfangreiches Bühnenwerk produziert. Er übersetzte Goethe und Hölderlin und fand schließlich zum absurden Theater.

Einige Etappen seines dramatischen Werks sind u. a. *La serrure* (1955), *Monsieur Moi, Dialogue avec un brillant partenaire* (1952), *La sonate et les trois messieurs ou Comment parler musique* (1952), *Les amants du métro, Ballet comique sans danse et sans musique* (1954), *Une voix sans personne, Poème à jouer et à ne pas jouer* (1960). Tardieus Theater ist leicht sarkastisch und antilyrisch. Als Kritiker und zeitweiser Leiter der Musikabteilung des französischen Rundfunks ist Tardieu ein gut informierter Insider.

Die Suche nach einer neubegründeten politischen Aussage bestimmt das Werk von Armand Gatti (geboren 1924). Dieser Sohn eines italienischen Straßenkehrers und einer russischen Mutter ging durch die Erfahrung der *Résistance,* lernte Lateinamerika, die Sowjetunion, Korea kennen und schrieb eine imaginäre Biographie im Dienste der Befreiung des Proletariats (*La vie imaginaire de l'éboueur Auguste Geai* 1962).

Auf *Le poisson noir* (1957), *Le crapaud-buffle* (1959), *L'enfant-rat* (1960), *Le voyage du grand Tchou* (1961) u.a. folgt mit *Chant public devant deux chaises électriques* (1964) eine dramatische Auseinandersetzung mit dem Justizmord an Sacco und Vanzetti, der unter Heranziehung avant-gardistischer Stilmittel – z. B. Projektionen, etc. – rekonstruiert wird. Der Wille zur politischen Aussage verstärkt sich in *V comme Vietnam* (1967), *La passion du général Franco* (1968), u.a. In *Un homme seul, Petit manuel de la guerilla urbaine* (1970) stellt Gatti die Frage nach dem Beitrag des einzelnen zur Revolution. In *Rosa Spartacus prend le pouvoir* (1971) versammeln sich Alt- und Jungkommunisten mit den Mördern von Rosa Luxemburg zu einer Fernsehdiskussion.

Fernando Arrabal (geboren 1932), der seit 1955 in Paris lebt, schreibt ein ›panisches‹ Theater mit greifbarem Ichbezug. In schwer deutbaren Stücken bewältigt er die unausgesprochenen Mechanismen, die die Grundlage für Terror und Repression bilden, u. a. verdrängte Sexualität, Fetischismus, Mutterkomplexe, Sadismus, Libido, etc. Arrabal kennt das Theater der Grausamkeit und vertieft es durch Rückgriffe auf Allegorien, Chiffren, Blasphemien, die auch seine Romane und Gedichte bestimmen. In *El hombre pánico* (1962) hat er diese Sehweise begründet.

Arrabals französisches Theater ist umfangreich, einige Etappen sind u. a. *Pique-nique en campagne* (1952), *Les deux bourreaux* (1956), *Cérémonie pour un noir assassiné* (1956), *Concert dans un œuf. Cérémonie quichottesque*

(1958), *Guernica* (1959), *Dieu est-il devenu fou?* (1966), *Le couronnement* (1969), *Ars amandi. Opera panique* (1968), *J'irai comme un cheval fou* (1973, Film).

Es fällt auf, daß weite Teile des neuen französischen Theaters von Autoren geschaffen wurden, die ausländischer Abstammung sind und nicht durch das französische Schulsystem mit den französischen Traditionen vertraut gemacht wurden. Eine ähnliche Konstellation hatte es im Symbolismus bereits einmal gegeben. Und wenn damals der Beitrag der belgischen Autoren besonders zu würdigen war, so ist er auch fern jeder eindeutigen Schulenbindung im zeitgenössischen französischen Theater konstatierbar. Der *Rideau de Bruxelles,* das Lütticher *Théâtre de Wallonie* sind selbstbewußte französischsprachige Bühnen außerhalb Frankreichs, und immerhin haben Arthur Miller, Tennessee Williams, Christopher Fry, James Saunders, Arnold Wesker, Robert Bolt, Max Frisch, Friedrich Dürrenmatt, Dario Fo ihre ersten französischsprachigen Aufführungen nicht in Paris, sondern in Brüssel erlebt. Hinzu kommt eine eigenständige Tradition, die sich nicht ohne weiteres in die französischen Kontexte integrieren läßt, da sich hier bereits ein Sprachproblem stellt:

> Si un Francais appelle un de ses personnages monsieur Dupont, ce nom seul le situe socialement et commande déjà son langage. De même pour M. Smith en Angleterre ou Herr Müller en Allemagne. Nous n'avons en Belgique que M. Beulemans. (Paul Willems).

Zu internationaler Anerkennung kam Michel de Ghelderode (1898 bis 1962). Früh setzt er sich mit historischen Mythen auseinander (*La mort du docteur Faust* (1926; *Christophe Colomb* 1929, *Barrabas* 1929), er schreibt einen *Don Juan* (1929) und eine skatologische Buffotragödie *Fastes d'enfer* (1938). In der *Ballade du grand macabre* (1936) betrinkt sich der Tod und verpaßt seinen Auftritt. Mit *Hop, Signor* (1942), *Un soir de pitié* (1955) u. a. wurde er von den Absurden als Vorläufer entdeckt. In der *Ecole des bouffons* deutet Folial eine andere mögliche Tendenz Ghelderodes an, die ihn mit Artaud verbindet: »Le secret de notre art, du grand art, de tout art qui veut durer? ... C'est la CRU-AU-TE!« In Herman Clossons (geboren 1901) Theaterwerk werden die Sagen und Ereignisse der Vergangenheit verfügbar gemacht (*Borgia* 1945, *Sire Halewijn* 1954; *Le sang de l'Amazone* (1950). Pierre Nothomb schreibt einen biblischen *Izac* (1962), Roger Avermaete *La guerre de la vache* (1964), Antoine Lepage *Jeanne, fille de France?* (1962). Suzanne Lilars *Burlador* (1964) ist eine Aktualisierung des *Don-Juan*-Problems, Charles Bertin, Jean Mogin, Georges Sion u. a. würden eine längere Würdigung verdienen.

Der Autor jedoch, der in den letzten Jahren weit über Belgiens Grenzen hinaus zu wirken vermochte, ist Paul Willems (geboren 1912):

Paul Willems Theater ist fantastisch und psychologisch zugleich. Er beginnt mit *Le bon vin de monsieur Nuche* (1948), wo eine mit *poison* bezeichnete Weinflasche zur Tarnung eines exzellenten Tropfens dient. Es folgen *Lumentable Julie* (1949), *Peau d'ours* (1950), *Off et la lune* (1954), *Un merle n'est pas un merle* (1957), *Il pleut dans ma maison* (1958), *Phébus ou la plague aux anguilles* (1964), *Warna ou le poids de la neige* (1964). Mit *La ville à voile* (1966) erreicht er den Marzotto-Preis und definiert zugleich mit einer poetischen Huldigung an seine Heimatstadt Antwerpen eine desillusionierende Lebenserfahrung. 1970 folgt *Le soleil sur la mer.*

Das französische und französischsprachige Theater der Gegenwart erlaubt z. Zt. keine Aussage über die Richtungen und Tendenzen, die sich später einmal als die entscheidenden herausstellen werden. Fruchtbarkeit, Vielgesichtigkeit, Experimentierfreude und Offenheit gegenüber Anregungen aller Art bestimmen das Klima des Augenblicks.

## 14. Jean Anouilh oder: Von der Zitierbarkeit der Klassik

Der Name von Jean Anouilh (geboren 1910) ist bislang weitgehend ausgespart worden. Er steht für ein erfolgreiches Bühnenwerk in der Nachfolge Giraudoux' und für echte Beherrschung der Mittel des modernen Theaters, was zugleich Aneignung der Tradition bedeutet. Von Georges Pitoëff und André Barsacq lernte er die Technik der Inszenierung, sein Eintreten für die Begnadigung Brasillachs im Jahre 1945 verbindet ihn mit Aragon.

Anouilhs Anfänge fallen in das Jahr 1929, in dem er zusammen mit Jean Aurenche *Humulus le net* schrieb. Das Stück blieb unaufgeführt. Dieses Schicksal hatten alle Werke, die der Autor bis 1935 produzierte. Der Durchbruch erfolgte mit *Voyageur sans bagages* (1937) und *La sauvage* (1938), die von Georges und Ludmilla Pitoëff aufgeführt wurden. Barsacq inszeniert *Le bal des voleurs* (1938) und *Le rendez-vous de Senlis* (1941). Diese *pièces roses* bilden den Ausgangspunkt eines komödiantischen Strangs in Anouilhs Werk, dem er bald die *pièces noires* und später auch die *pièces grinçantes* gegenüberstellt. *Eurydice* (1942) bearbeitet den Orpheusmythos, *Antigone* (1943) greift z. T. bis in den Wortlaut hinein auf Sophokles zurück. Das 1944 unter den Augen der deutschen Besatzung aufgeführte Stück konnte als *Résistance*-Stück aufgefaßt werden, wennschon es in der Allgemeingültigkeit seiner Aussage auch über diesen konkreten Kontext hinausweist. Anouilhs Antigone ist eine *femme-enfant*, die kompromißlos und spröde ihren Weg geht und ihre angepaßte Umgebung, vor allen Dingen Créon, in ihrer ganzen Substanzlosigkeit entlarvt. Durch wörtliche Übernahmen aus dem griechischen Vorbild zeigt sich hier die Zitierbarkeit einer Klassik, die im aktuellen Bezug, den Anouilh ihr verleiht, nichts von ihrer Aussage eingebüßt hat. Zitierbare Klassik bestimmt auch das Drama *Roméo et Jeannette* (1946), das sich als Replik auf Shakespeare versteht und zu einer interessanten Verlagerung des Schuldproblems vordringt. Jeannettes Weigerung, erwachsen zu werden, erinnert an *Antigone*, ist jedoch egoistischer, zerstörender. Mit *L'invitation au château* (1948) beginnt die Serie der *pièces brillantes*. Die aus dem Zwillingsmotiv genährte Handlung wird zu einer sarkastischen Gesellschaftssatire mit pessimistischen Untertönen.

Anouilhs Theaterlaufbahn zeigt immer wieder die Fähigkeit des Autors zur stofflichen und formalen Erneuerung. Seine *Médée* (1947) lebt originell aus dem *Jason*-Mythos, es folgt *Ardèle ou la marguerite* (1948), eine unnachsichtige *pièce grinçante* über das Pariser Bürgermilieu und seine unbewältigten Sexualkomplexe. *Cécile ou l'école des pères* (1953/54) zeigt ihn im Dialog mit Molières *Ecole des femmes* und Marivaux' *Ecole des mères*. Anouilh schenkte dieses Stück seiner Tochter Catherine zur Hochzeit, es lebt aus der durch Kostüme und Requisiten erreichten Verfremdung des Rokokomilieus, eine *fête galante*, die um ihre mangelnde Echtheit weiß. In *La répétition ou l'amour puni* (1950) schreibt Anouilh ein Stück Rezeptionsgeschichte von Marivaux' *Double inconstance*. Lucile lernt im Kampf um ihre Liebe, daß es schon des Genies von Marivaux bedurfte, um eine ausweglose Situation zu einem *happy end* zu bringen. Die Gesellschaft, die sich in der *Répétition* um die Inszenierung der *Double inconstance* bemüht, schafft das nicht. Zahlreiche wörtliche Zitate, durch Kontextänderung verfremdet, zeigen Anouilh als aufmerksamen Leser Marivaux', was auch auf seine eigene Sprachattitüde abfärbt. Nach *La valse des toréadors* (1952) setzt sich Anouilh in *L'alouette* mit Jeanne d'Arc auseinander (1953). Rückgriffe auf Schiller und Shaw sprechen auch hier für die ›Zitierbarkeit‹ der Klassik, Anouilhs Johanna ist die Gefährtin von *Antigone* und *La sauvage*, aber die Geschichte, in die sie verwickelt wird, ist für sie eine Nummer zu groß. Innerhalb der Vielzahl von Jeanne-d'Arc-Bearbeitungen des 20. Jahrhunderts ist Anouilhs *Alouette* eine der bühnenwirksamsten. Johanna bleibt sich selber treu, wie viele der übrigen jungen Mädchen in Anouilhs Theater, die das nur um den Preis des Todes schaffen. Mit *Pauvre Bitos* (1956) schreibt der Autor ein Kostümstück, das in die Zeit Robespierres führt, *Ornifle ou le courant d'air* (1955) zentriert sich um einen bürgerlichen *Don Juan*, *L'Hurluberlu* (1959) ist die Geschichte eines gar nicht mehr komischen verliebten Reaktionärs in der Nachfolge des *Misanthrope*. Mit *Becket ou l'honneur de Dieu* (1959) schrieb Anouilh einen seiner größten Theater- und Filmerfolge.

Mit diesem Stück steht Anouilh in der umfangreichen literarischen Beckettradition, die durch die Namen Guernes de Pont Sainte-Maxence, C. F. Meyer, T. S. Eliot, Chr. Fry, u. a. umrissen wird. Das hier gestellte Problem der Heiligkeit weist über die Andeutungen in der *Alouette* hinaus, diesmal ist der Rebell kein zerbrechliches junges Mädchen, sondern ein intellektueller Sachse – mit möglicherweise maurischen Vorfahren – der seinem königlichen Freund und Feind Heinrich II. in jeder Hinsicht überlegen ist, mit Ausnahme der Repressionsmechanismen, die dieser als Vertreter der normannischen Herrenschicht in Bewegung setzen kann. In Gestalt der walisischen Gefangenen Gwendoline wird das dritte, das keltische Element sichtbar, das in diesem blutigen Kapitel der Entstehungsgeschichte der britischen Nation eine Rolle spielt. Beckets fantastische Gabe, an klar gestellten Fragen vorbeizuantworten, nährt die Dialogführung zwischen König und Bischof. Daß Anouilh die Problematik des Rassenantagonismus, der dem Verschmelzungsprozeß auf den britischen Inseln vorausging, aus Thierrys *Histoire de la conquête de l'Angleterre par les Normands* (1825) übernommen hat, ist inzwischen gesichert. Peter Brooks Verfilmung des Stücks trug zu seiner Verbreitung entschieden bei (1964).

Weitere Etappen des Theaterwerks von Anouilh sind u. a. *La grotte* (1964), *Cher Antoine ou l'amour raté* (1969), wo eine üble Erbschaftsaffäre bei den Klängen der *Marseillaise* und des *Deutschlandliedes* grotesk übersteigert wird. Es folgen u. a. noch *Ne réveillez pas Madame* (1970), *Tu étais si gentil quand tu étais petit* (1972), *Le directeur de l'opéra* (1972), etc.

Nach einem Wort von Gabriel Marcel ist Anouilhs Theater aus einer »blessure morale« entstanden. »Biographisch ist dieser Punkt nicht auszumachen, in den Theaterstücken aber könnte man jene Figurenreihe, von der wir hier sprechen, als eine Folge dieser ›Verwundung‹ betrachten: als die Verkörperungen eines brennenden, schmerzenden Bedürfnisses nach menschlicher Integrität, Aufrichtigkeit und Unbedingtheit, als Leitbilder einer Wesens- und Seinsart, die, mag sie auch im Leben, soweit es gesellschaftliche Organisationsform ist, nie ›zum Zuge kommen‹, für die Legitimierung des Lebens als humane Konzeption unentbehrlich ist« (Ruppel). Viele ›Helden‹ bei Anouilh eilen dem Untergang entgegen und der Autor zeigt mit den Mitteln des Theaters – Rückblende, vorweggenommener Schluß, Zitat, etc. –, daß sie durch ihren Tod Sand ins Getriebe der ›heilen‹ Welt geworfen haben, die sich bei näherem Hinsehen als verlogen, dem Mechanismus der Verdrängung unterworfen erweist. Das gilt für Becket, für Johanna, für Antigone u. a. Dabei gibt es jedoch keine ideologisch einseitige Stellungnahme. Dem ›anarchistischen‹ Element, das die meist jugendlichen ›Helden‹ verkörpern, steht die »ernst zu nehmende Verteidigung des Lebens gegen die ... Unbedingtheit« (Siepmann) entgegen, die Konformisten haben nicht *nur* das Unrecht auf ihrer Seite, wenn sie Kompromisse machen und gesellschaftliches Leben auch gegen die Vertreter der ›reinen Lehre‹ ermöglichen. Das Problem der schmutzigen Hände ist ein Grundproblem des Theaters von Anouilh. Wo Antigone, Johanna, Becket u. a. den ›Helden‹ verkörpern, mit dem bestimmte Identifikationsprozesse im Publikum bewirkt werden können, sind die ›anarchistischen‹ Figuren des Ornifle oder des Hurluberlu ohne weiteres hassenswert. Aber auch sie sind Rebellen und haben viel mit ihren ›sympatischen‹ Gegenstücken gemeinsam: Kompromißlosigkeit, Egozentrik, Zerstörungsfreude, die sich gegen das eigene Ich oder gegen die Gesellschaft richten kann. Das Theater von Anouilh ist eine wirkliche ›Comédie humaine‹. »Anouilh hat elementare Kräfte des Theaters neu erschlossen« (Klesczewski). Der Vergleich mit Pirandello ist nicht zu hoch gegriffen.

## 15. Roman und Neuer Roman

Das Panorama der französischen Romanproduktion wird mit schwindendem zeitlichen Abstand immer unüberschaubarer. Um historisch politische Standortbestimmung geht es bei Mouloud Féraoun in seinem *Journal* oder in *Les chemins qui montent,* wo der Algerienkrieg thematisiert wird. Raymond Jean führt mit *Le village* in die Extremsituation des Vietnamkrieges, Xavier Grall beschreibt in *Cantique à Mélilla* das Drama der OAS. Paul Vialar schreibt ab 1956 eine vielbändige *Chronique du XXe siècle,* Henri Troyat *(Les Eyglière),* Philippe Hériat *(Les Boussardel),* Maurice Druon *(Les grandes familles)* bewegen sich in der Tradition von *Les Thibault* und *Les Pasquier.* Serge und Anne Golon führen seit 1956 mit stets neuen Geschichten um *Angélique* und ihr Liebesglück in ein trivialromantisches *grand siècle.* Persönliches Erleben ist der Stoff der Romane von Roger Peyrefitte, Boris Vian, Roger Nimier *(Le hussard bleu),* Hervé Bazin, etc. Der Belgier Franz Hellens (1881–1972) ist ein Wiederentdecker des geheimnisvollen Flandern, mit psychologisch-sozialen Implikationen (*En ville morte* 1906, *Mélusine* 1921, *Naître et mourir* 1948, *Paroles sans musique* 1969, u. a.). Seine Landsmännin Marie Gevers (1883–1974) schreibt mit *La comtesse des digues* (1931) ein Gegenstück zu Storms *Schimmelreiter* und wird – unter Einbezug jahrelanger Kongo-Erfahrung – zur Regionalistin des Scheldegebietes und der Campine (*L'herbier légendaire* 1949, u. a.). Den Versuch einer Verunsicherung der ererbten Romanstrukturen und eines radikalen Verzichts auf die Geborgenheit in der Tradition unternahmen die Vertreter des sog. *nouveau roman.*

Inzwischen erforschte Bezugslinien verweisen auf Proust, Kafka, Joyce, Bataille, Blanchot, ja selbst Flaubert als Vorläufer dieser Bewegung, der Gracq vorwarf, sie reduziere die Welt auf ein mathematisches Gerüst, in dem das menschliche Möbel sich nicht mehr zu Hause fühlen könne. Dabei gilt für alle Vertreter dieser Richtung, daß sie keinen vorausberechenbaren Zusammenhang zwischen Zeichen und Bezeichnetem, zwischen Erzählmedium und Erzähltem, zwischen Mitteilung und Mitgeteilten mehr anerkennen. Ein verbales und gedankliches Puzzle tritt so an die Stelle der Komposition ›aus einem Guß‹, als deren Hauptvertreter man – nicht ganz zu Recht – Balzac inkriminierte. Die Fiktion wird in diesen ›Dingromanen‹ zum Selbstzweck, eine ›Botschaft‹, ein ›Anliegen‹, ein ›Engagement‹, in dessen Dienst das Kunstwerk stehen könnte, wird verneint. Es gibt weder ein greifbares erzählendes, noch ein greifbares erzähltes Ich, Ursache-Wirkungszusammenhänge brechen ein, Zeitstrukturen, geographische Gliederungen, die Trennung des *Ich* vom *Man* verschwinden. Dennoch ist das hier und da formulierte Ziel einer Abschaffung des Romans bislang nicht erreicht worden.

Den Auftakt zur Revolte der *nouveaux romanciers* gab Nathalie Sarraute (geboren 1902), deren Verhältnis zu Virginia Woolf der näheren Erforschung bedürfte. Nach den wenig bekannten *Tropismes* (1938) veröffentlichte sie 1948 ihr *Portrait d'un inconnu* mit einem Vorwort von Jean-Paul Sartre. Hier wie auch in *Martereau* (1953) findet sich ein Erzähler, wie man ihn jedoch »in der herkömmlichen Epik umsonst suchen würde« (Zeltner-Neukomm). Ihr Gegenstand ist nämlich nicht jene interessante oder ›unerhörte‹ Begebenheit, die des Berichtens wert wäre, sondern der höchst banale Kreis ihrer engsten Bekanntschaften. Und in *Le planétarium* (1959), *Les fruits d'or* (1963), *Entre la vie et la mort* (1968) ändert sich der epische Ansatz ebensowenig wie in den Hörspielen *Le silence – Le mensonge* (1967) oder *Isma* (1970). In *L'ère du soupçon* (1956) versucht sie die theoretische Grundlegung dieses Ansatzes, der sich vornehmlich aus der Polemik gegen die geglaubte *logique des choses* erklärt. Und das bedeutet zugleich die Absage an die *idées reçues.* Die andere weibliche Vertreterin des *nouveau roman,* Marguerite Duras (geboren 1914), die 1950 aus der französischen KP ausgeschlossen wurde, leistete mit dem Filmdrehbuch *Hiroshima mon amour* (1959) einen Beitrag zur Bewältigung des Résistance-Mythos und schrieb zahlreiche Romane. An Hemingway und Steinbeck orientiert, verlegt sie den Schauplatz von *Un barrage contre le Pacifique* (1950) in ihre indonesische Heimat; menschliche Begegnungen und ihre Unmöglichkeit beschreibt sie in *Les petits chevaux de Tarquinia* (1953) und *Moderato cantabile* (1958). Ihr eigentlicher

Beitrag zum *nouveau roman* beginnt nach 1953 mit u. a. *Le square* (1955), *Les viaducs de Seine-et-Oise* (1960), *Le ravissement de Lola V.* (1964), *L'amante anglaise* (1967). Der Jude in *Détruire dit-elle* (1969) ist mit Daniel Cohn-Bendit in Verbindung gebracht worden. Marguerite Duras versteht sich als *poéte engagée*, ihr Engagement verstärkt sich nach den Mai-Unruhen von 1968.

Auch Claude Simon (geboren 1913) ist wie Marguerite Duras, in den Kolonien (auf Madagascar) geboren. In Anspielung auf Swift schreibt er einen *Gulliver* (1952), mit *Le vent* (1957), *L'herbe* (1957) und *La route des Flandres* (1960) beschreitet er den Weg des *nouveau roman.*

Das Werk läßt ein Kriegsgeschehen erkennbar werden, daß sich in der Rückblende um den 1940 in Flandern gefallenen Rittmeister de Reixach rankt. Eine Episode aus der Französischen Revolution überrankt das Geschehen, das wie durch einen Schleier sichtbar wird und durch hochentwickelte formale Verfremdungstechniken – »Duplizität des Ich«, »Sprung zur Er-Form«, »Aktualisierendes Ich« (Wehle), etc. – der logischen Integration in ein Gesamtbild entzogen wird. Chronologie und Kausalitätsverlust lassen allenfalls ahnen, daß Reixach den Tod in der Schlacht aus Liebeskummer gesucht hat.

Simons weitere Werke setzen diese Liste fort – u. a. *Le palace* (1962), *Histoire* (1967), *Les corps conducteurs* (1971), *Le triptique* (1973). Die Sprache des Autors fällt durch häufige Verwendung des *participe présent* auf, womit die Tendenz zur Zeitauflösung unterstrichen wird.

Alain Robbe-Grillet (geboren 1922) ist der Theoretiker des *nouveau roman,* dessen Vorgeschichte er u. a. bis hin zu Flaubert und Proust vertieft. Als studierter Diplomlandwirt hat er immer wieder naturwissenschaftliche Kenntnisse in sein Werk einbringen können und es so der impressionistischen Kritik entzogen. Dabei kann die geometrische Welt seiner Romane durchaus Alptraumcharakter gewinnen.

Robbe-Grillet begann mit *Les gommes* (1953), es folgen *Le voyeur, La jalousie* (1957), *Dans le labyrinthe* (1959). Sein Drehbuch zu *L'année dernière à Marienbad* (1961) wurde erfolgreich verfilmt, ebenso *L'immortelle* (1963) und *Trans-Europ-Express* (1967), in dem die geometrische Welt des *nouveau roman* durch elementar ausbrechende Erotismen verunsichert wird. Als Theoretiker zeigt Robbe-Grillet sich in der Essay-Sammlung *Pour un nouveau roman* (1963). Der Roman *La maison de rendez-vous* (1965) verbindet auf mehreren Ebenen die Pariser Bourgeoisie mit der Geschichte eines Luxusbordells in Hong-Kong, in das die erotischen Träume jener Mitteleuropäer hineinprojiziert werden, die allzu eifrig *Suzie Wong* gelesen haben. *Projet pour une révolution à New York* (1970) trägt die Forderungen des *nouveau roman* an das Leben in der Millionenstadt heran. Hinzu kommt ein bemerkenswertes Filmwerk: *L'Eden et après, La sorcière* (1970).

Der erste Roman von Michel Butor (* 1926) ist *Passage de Milan* (1954). Dann folgt eine dichte Serie von Publikationen: *L'emploi du temps* (1956), *La modification* (1957), *Degrés* (1960), *Histoire extraordinaire, Mobile* (1962), *Portrait de l'artiste en jeune singe* (1967), etc., hinzu kommen kritische Essays (*La rose des vents* 1970, *Les mots dans la peinture* 1969), sowie die Oper *Votre Faust* (1962), deren Titel möglicherweise auf Valérys *Mon Faust* anspielt. Butors Romane zeigen den Menschen in einer Welt von vordergründigen Bezügen, innerhalb derer das Eigentliche nicht mehr sichtbar wird. Dabei fehlt es nicht an literarischen Querverbindungen z. B. zwischen *La modification* und *Mon plus secret conseil* von Valéry Larbaud. Andere Bezugslinien scheinen zu Kierkegaard zu führen, dem Butor in *Répertoire* (1960/1968) einen Essay gewidmet hat. Die Relativität von Zeit und Raum wird zum unverzichtbaren Ingredienz dieser Dingromane. In *L'emploi du temps* reflektiert sie sich bereits im Titel, die Zugfahrt zwischen Paris und Rom wird in *La modification* Ausgangspunkt der obsessionellen Analyse, die zwischen Gegenwart, Vergangenheit und Zukunft schwankt. Einstein und Wells Zeitmaschine gehören ebenfalls zu den Vorläufern des *nouveau roman*.

Weitere Vertreter des französischen Romans, die sich im Umfeld des *nouveau roman* ansiedeln, würden mehr Raum verdienen, als wir ihnen hier widmen können:

Robert Pinget (geboren 1919), dessen Interesse »sich von Anfang an auf das Erzählen« (Thomas) konzentrierte, schrieb nach dem Novellenband *Entre Fantoine et Agapa* (1951) verschiedene Romane im Stil der *nouveau romanciers*, u. a. *Mahu ou le matérieu* (1952), *Clope au dossier* (1961), *Quelqu'un* (1965), *Passacaigle* (1969). Als Theaterautor – *Architruc* 1961, u. a. – steht er der Compagnie Renaud-Barrault nahe. Pingets Jurastudium ermöglicht hier und da die Aufnahme besonderer Techniken der Kriminalschriftstellerei: Verhöre, Untersuchungen, etc., das gilt z. B. für *L'inquisitoire* (1962).

Auch das Werk von Jean-Marie-Gustave Le Clézio (geboren 1940) liegt im Umfeld des *nouveau roman*. Realität und Irrealität werden hier oft im Namen einer empfindsamen Phantasie aufgehoben oder in ein neues, nur assoziativ bestimmtes Verhältnis zueinander gebracht: *Le procès-verbal* (1963), *Le déluge* (1966), *Terra amata* (1967), *La guerre* (1970), *Les géants* (1973), etc.

Claude Mauriac (geboren 1941) schließlich, der Sohn von François Mauriac, nähert sich zeitweise durch seine sich verselbständigenden Detailbeobachtungen der Technik des *nouveau roman*. Das gilt vor allem für seinen Zyklus Le *dialogue intérieur*, der in folgende Teile zerfällt: *Toutes les femmes sont fatales* (1957), *Le dîner en ville* (1959), *La marquise sortit à cinq heures* (1961), *L'agrandissement* (1963). Theoretisch trat er mit *De la littérature à l'alittérature* (1969) hervor.

Weitere Vertreter dieser Richtung sind u. a. Claude Ollier (*Mise en scène* 1958; *Le maintien de l'ordre* 1961), und Robert André (*Un combat opiniâtre* 1960).

Der *nouveau roman* hat als formales und sprachspielerisches Experiment keine großen Leserzahlen aufzuweisen, sondern eher auf kleine Avant-Garden anziehend gewirkt. Das große Lesepublikum wandte sich vielfach dem vulgarisierenden und informierenden Sachbuch oder der erzählerisch zugänglicheren Abenteuerliteratur zu. Die Erfolge Papillons oder des Kriminalschriftstellers Jean Bruce sind ein Beweis dafür. Aus der Kenntnis des Fernen Ostens lebt das Werk von Pierre Boulle, dessen *Pont de la rivière Kwai* (1953) ein Welterfolg wurde. Einer zugänglichen Erzählweise bedient sich auch Georges Conchon (* 1925), der durchaus als ›realistischer‹ Erzähler angesprochen werden kann. Er greift brennende Themen – soziale Frage, politische Ordnung, Rassismus, etc. – auf und behandelt sie in spannenden Romanen: *Les grandes lessives* (1953), *La corrida de la victoire* (1959), *L'état sauvage* (1964), *L'apprenti gaucher* (1967). Mit *Nous la gauche devant Louis-Napoléon* (1969) reflektiert er die gesellschaftliche Situation in Frankreich nach den Mai-Unruhen von 1968. Auch Jorge Semprún (geboren 1923) hat seinen Weg außerhalb der Mode des *nouveau roman* gesucht, wennschon sie hier und da auf ihn abfärbt. In *Le grand voyage* (1963) stellt er seine Zeit im KZ Buchenwald dar, *La deuxième mort de Ramón Mercader* (1969) kreist um die Ermordung Trotzkis und ihre Folgen für die Beteiligten. *La guerre est finie* wurde von Alain Resnais verfilmt (1966). Gilbert Cesbron (geboren 1913) ist ein aufmerksamer Beobachter der Welt der Arbeiterpriester und der Jugendkriminalität: *Les saints vont en enfer* (1952). Marguerite Yourcenar (* 1903) tritt mit psychologischen und historischen Sujets hervor (*Mémoires d'Hadrien* 1951; *L'œuvre au noir* 1968) sowie als Übersetzerin moderner griechischer Autoren und Herausgeberin von Negro-Spirituals (1964). Sie wurde das erste weibliche Mitglied der *Académie française*. Jeder Schulenbildung entzogen haben sich auch Pierre Daninos und Raymond Queneau:

Pierre Daninos (geboren 1913) ist der Autor der humorvollen *Carnets du major Thompson* (1954), in denen er seine Erfahrung als Verbindungsoffizier während des 2. Weltkrieges niederlegt und zugleich die Kenntnis von Maurois' *Silences du colonel Bramble* (1918) bezeugt. Daninos ließ *Le secret du major Thompson* (1956) und *Le major tricolore* (1966) folgen. Auch mit *Eurique et Amérope* (1946), *Daninoscope* (1963) und *Snobissimo* (1966) zeigt er sich als einfallsreicher Moralist. Seiner Autobiographie gab er den Titel *Le pyjama* (1972). Für die gutlaunige Meisterung europäischer Verständigungsprobleme ist Daninos ein gern zitiertes Beispiel geworden – und ein erfolgreicher Schulautor.

Der Zugang zu Raymond Queneau (1903–1976) ist schwerer zu finden. Im Bemühen um eine neue französische Literatursprache, die sich von der klassischen Norm löst, ist er mit Barbusse vergleichbar. *Happy birthday to you* schreibt er *Api beursdé touillou,* das *Doukipudonktan* aus *Zazie dans le Métro* wurde zum Modewort. Als Mitarbeiter bei Gallimard, Mitglied der *Académie Goncourt* und des *Collège de Pataphysique* war Queneau ein ernsthafter Gesprächspartner für alle Schulen und Gruppen, ohne sich je vereinnahmen zu lassen. Er leitete u. a. die *Encyclopédie de la Pléiade.* Nach *Le chiendent* folgt eine dichte Werkefolge: *Gueule de pierre* (1934), *Les derniers jours* (1936), *Odile* (1937), *Les enfants du limon* (1938), *Un rude hiver* (1939). *Pierrot mon ami* (1942) ist der Roman einer Jahrmarktexistenz, die sich in bedeutenden Belanglosigkeiten erfüllt und in ihrer Akzeptierung das ihnen innewohnende Element der Absurdität überwindet. Auf *Loin de Rueil* (1944) folgen kritische Arbeiten und Essaybände (*Introduction à la lecture de Hegel* 1947; *Introduction à Bouvard et Pécuchet* 1947). Mit *Saint Glinglin* (1948) beginnt die Serie der erfolgreichen Nachkriegsromane, das Titelgedicht des Lyrikbandes *Si tu t'imagines* (1951) wurde durch Juliette Grécos Chanson-Interpretation berühmt. *Zazie dans le Métro* (1959) ist der moralistische Paris-Roman um eine naseweise Göre. Argot, Halbwelt, Unterwelt, das ›Milieu‹, nichts bleibt ihrer Neugier verborgen, auch nicht, daß ihr Onkel ein *hormosessuel* ist. Dieser Roman einer Jugendenttäuschung – Zazie kann wegen eines Streiks gar nicht mit der Métro fahren – bringt im Werke Queneaus die Rehabilitation der Alltagssprache mit ihrer banalen Begrenzung und ihrer latenten Poesie. In den Kneipen des – inzwischen abgerissenen – Hallenviertels macht Zazie ihre erste wirkliche Lebenserfahrung. Als sie wieder in die Schlafstadt der Banlieue zurück muß und nach ihren Pariser Erlebnissen gefragt wird, faßt sie zusammen: »J'ai vieilli.« Der Band der *Cent mille milliards de poèmes* (1961) ist eine kombinatorische Collage der Gedichtproduktion, es folgen die Trilogie *Les œuvres complêtes de Sally Mara* (1962), *Le vol d'Icare* (1973) und mehrere Gedichtbände. Über Queneaus Sicht der Grundproblematiken von Sprache und Stil geben die *Exercices de style* (1947) Auskunft, die einen banalen Vorgang in den verschiedensten Stilformen und auf den verschiedensten Stilebenen wiedergeben. Humor, Träumerei, Satire, Ironie und tiefere Bedeutung. Raymond Queneau ist ein Dichter des Pariser Lebensgefühls.

## 16. Lyrische Labyrinthe und Paradigmen

Für die französische Lyrik nach dem 2. Weltkrieg stehen Apollinaire, Mallarmé, Rimbaud und der Surrealismus für die ästhetische Erfahrung, hinter die es bislang kein Zurück gegeben hat. Dabei lassen sich zwei ›Gefahren‹ aufzeigen, zwischen denen der Lyriker seinen Weg suchen muß: die Vernachlässigung der Form zugunsten einer für alle bestimmten ›Botschaft‹ auf der einen Seite und auf der anderen Seite die Tendenz zur hermetischen Abkapselung in einem lyrischen Elfenbeinturm mit dem entsprechenden sektiererischen Gehabe der ›Initiierten‹. Innerhalb dieser Grenzmarkierungen sucht eine disparate Dichtergeneration nach Wegen und Auswegen, riskiert Irrwege und Umwege. Moderne Gedichte sind oft gedankliche Puzzle-Spiele, deren Sinn sich in der unerwarteten Zeichendisposition konstituiert. Eine Vielzahl möglicher Interpretationen wird geradezu herausgefordert, die Mehr- und Vieldeutigkeit ist ein unverzichtbares Ingredienz der modernen Dichtung. Insofern ist sie in der Tat Ausdruck eines um seine Wert- und Selbstdefinition ringenden Jahrhunderts. Der Titel eines Bandes von Patrice de la Tour du Pin (1911–1975) hat fast exemplarische Bedeutung. Er lautet *La quête de joie* (1933) und versucht im Zeitalter des surrealistischen Experiments eine Bilanzbildung ererbter Kulturelemente, die Bezugslinien zu Dante, Vergil, zur Romantik und zum Symbolismus zulassen.

Zu den Autoren, die ihren kreativen Schwerpunkt unbeschadet früherer Versuche nach dem 2. Weltkrieg haben, gehört u. a. Francis Ponge (geboren 1899). Seine *Dix-cours sur la méthode* (1946) spielen im Titel auf Descartes an, seine *Poèmes* (1949) und andere Dichtungen finden sich im *Tome premier* (1965) vereinigt. Sie ringen um Abgeklärtheit und Ruhe in einer sich der Fixierung entziehenden Welt, richten den Blick oft auf ungesehene Mikrostrukturen der belebten Natur: Blumen, Bäume, Kristalle, Steine, Muscheln etc. Diese *phénoménologie de la Nature* verbindet ihn u. a. mit den ihm befreundeten Malern, z. B. Georges Braque. Theoretische Arbeiten – *Pour un Malherbe* (1965), u. a. – runden diesen Ansatz ab. Bei Jean Follain (1903 bis 1971) verdichtet sich diese Tendenz zur Beobachtung bis hin zum Stilleben (*Objets* 1955; *D'après tout* 1967).

Gegenüber dieser, wenn auch nur mit einiger Anstrengung zugänglichen Lyrik versuchen jüngere Avant-Garden, die Lyrik von den Vorgegebenheiten der Sprache zu lösen. Die sog. *Lettristes* verfolgen eine reine Buchstabenkunst jenseits der Sprachnorm (Isidore Isou, *Bilan lettriste* 1947). Nicht ganz so weit gehen Jean Laude (*Le grand passage* 1955) und Roger Giroux, bei denen oft unzusammenhängende inhaltliche Elemente durch die Form des Gedichts zusammengezwungen werden. Diesen Charakter des Disparaten und Chaotischen besitzt auch das Werk von André du Bouchet (*Sans couvercle* 1953, *Dans la chaleur vacante* 1961). Der Bretone Eugène Guillevic (geboren 1907) steigert dieses Chaos bis ins Brutale. Er erreicht Schockwirkungen, indem er einfachste Ingredienzien, konkreteste Gegenstände und Objekte, aus ihrem gewohnten Zusammenhang löst und zu Trägern magischer Assoziationen und angstvoller Ahnungen macht. Insofern gehen seine späteren Werke (*Ville* 1969, *Encoches* 1971, *Inclus* 1973) weit über seine engagierte *Résistance*-Lyrik (*Exécutoire* 1947, *Gagner* 1948, *Terre à bonheur* 1952) hinaus.

Die von Claudel vorgezeichnete Linie einer christlich inspirierten Lyrik von hohen formalen Qualitäten verfolgen u. a. Jean Grosjean (*Apocalypse* 1962) und Jean-Claude Renard. Zum wirklich volkstümlichen Lyriker brachte es Jacques Prévert (1900–1977).

Jacques Prévert hat ursprünglich dem Surrealismus nahegestanden, darüber jedoch nicht die Ausdruckskraft der poetisch angewendeten Alltagssprache vergessen. Mit *Paroles* (1946) begann seine Berühmtheit, auch *L'ange garde-Chiourme* (1946), *Le cheval de Troie* (1946), *Vignette pour les vignerons* (1951), *Grand bal du printemps* (1955) wurden als Ausdruck eines von vielen geteilten Pariser Lebensgefühls empfunden. Mit *Hebdromadaires* (1972) zeigt er bereits im Titel seinen Hang zum witzigen *mot-valise* und zum sprachlichen Versteckspiel, in dem Hermetik und Calembour nicht immer eindeutig trennbar sind. Als Drehbuchautor ermöglichte er so bekannte Filme wie *Les visiteurs du soir* und *Les enfants du paradis.* In der Aufnahme des typographisch strukturierten Prosagedichts ist Jacques Prévert u. a. auch ein Erbe Apollinaires, z. B. beim Verzicht auf interpunktuelle Sinngliederung, die die Generierung von Bedeutung auf assoziativem Wege stören könnte:

> Il est terrible
> le petit bruit de l'œuf dur cassé sur un comptoir d'étain
> Il est terrible ce bruit
> quand il remue dans la mémoire de l'homme qui a faim
> elle est terrible aussi la tête de l'homme
> la tête de l'homme qui a faim
> quand il se regarde à six heures du matin
> dans la glace du grand magasin . . .

Prévert ist ein Dichter des Diesseits und des sprachlichen Versteckspiels. Viele seiner Gedichte wurden bekannte Chansons.

Ähnlich wie bei Jacques Prévert sind auch die Anfänge von René Char (geboren 1907) durch den Surrealismus geprägt. Seine Lyrik kreist um die Themen seiner heimatlichen Provence, um das Résistance-Erlebnis, um Traum und psychische Introspektion. Die Esoterik seiner Gedankenwelt steht dabei im Gegensatz zu seiner syntaktisch strengen Sprachhandhabung, in der elliptische Strukturen häufig sind. In *Feuillets d'Hypnos* (1946) erinnert er an die Kampfjahre, mit *Le poème pulvérisé* (1947) setzt die Serie seiner Nachkriegslyrik ein: *Fureur et mystère* (1948), *En trente-trois* (1956), *Commune présence* (1964), *Dans la pluie giboyeuse* (1966), etc. Dichtung ist für Char der Träger einer »Clarté énigmatique«, Denkanstoß, Gedankenexperiment im ungesicherten Raum der Zeichen. Albert Camus hat in René Char den Versuch einer Fixierung des Rätselhaften geschätzt, Paul Celan (1920 bis 1970 Selbstmord) verdankt ihm viel von seiner alogischen Metaphorik und enigmatischen Dichte.

Yves Bonnefoy (geboren 1924), der seine Sprache an Shakespeareübersetzungen schulte, ist gegenüber den aufgezeigten experimentellen Richtungen eher auf eine Linie festgelegt, die ihn in der Nachfolge Valérys ansiedelt. Dichtung ist für ihn Neuerschaffung einer Welt, Unbelebtes und Belebtes können in der Dichtung einander durchdringen, wenn die Sprache nicht zum abstrahierenden Selbstzweck wird, sondern den Bezug zum Konkreten sucht. Mit *Du mouvement et de l'immobilité* (1953) scheint er u. a. der Philosophie Husserls verpflichtet, der Titel *Pierre écrite* (1959) verrät eine Neuorientierung, die ihn in die Nähe von Bachelards Elementenphilosophie bringt. Mit seinem *Rimbaud par lui-même* (1961) zeigt Bonnefoy sich als Lyrikhistoriker und erleichtert damit auch das Verständnis seiner eigenen Dichtungen. Weitere Bezugslinien weisen zu Baudelaire, der für Bonnefoy der Dichter des *anticoncept* bleibt.

Weitere zeitgenössische Lyriker würden mehr Raum verdienen, als wir ihnen hier widmen können:

Marie Noël (1883–1967) vertritt den traditionellen Balladenton (*La rose rouge* 1960, *Chants d'arrière saison* 1961), Luc Estang (geboren 1911) vertritt in Roman und Essay einen *réalisme évangélique* in der Nachfolge des *renouveau catholique*, als Lyriker ist er mit *Au-delà de moi-même* (1938), *Transhumances* (1939), *Puissance du matin* (1941), *Le mystère apprivoisé* (1943) und *Les béatitudes* (1945) einer ähnlichen Inspiration verpflichtet. In *Les quatre éléments* (1956) und *D'une nuit noire et blanche* (1962) verstärkt sich ein christlich-spiritualistisches Engagement mit deutlich antikommunistischer Tendenz und bewußter Anlehnung an neuhumanistische Vorgänger, z. B. Bernanos (*Présence de Bernanos* 1946) und Saint-Exupéry (*Saint-Exupéry par lui-même* 1956).

Henri Pichette (geboren 1924) schließlich, der als Freund Antonin Artauds am *Xylophone contre la grande presse et son petit public* (1946) mitgearbeitet hatte, schuf ein neosurrealistisches Universum mit revolutionären poetischen Zielsetzungen. Der Titel *Apoèmes* (1946) ist bezeichnend in der Hinsicht einer Abwendung von Althergebrachtem. Mit *Lettres arc-en-ciel* (1950), *Les révendications* (1958), *Dents de lait, dents le loup* (1962) verstärkt sich dieser Zug auch in politischer Hinsicht zu einer Anklage gegen die Leiden der Menschheit. Den früh verstorbenen Gérard Philipe ehrte er mit einem Gedichtband *Tombeau de Gérard Philipe* (1962). – Der Benn-Übersetzer Pierre Garnier (geboren 1928) pflegt gleichermaßen traditionelle und avantgardistische Formen. Seine Raumgedichte, die z. T. den Einfluß des *groupe de Noigendres* zeigen, haben etwas von Apollinaires *Calligrammes*, z. B. das *Poème sémantique A penser* aus *Spatialisme et poésie concrète* (1968). Das Bemühen um eine Einbringung und Verquickung von Raum und Zeit bestimmt auch die *Poèmes mécaniques* (1965). Andere Lyrikbände des Autors sind z. B. *Les armes de la terre* (1954), *La nuit est prisonnière des étoiles* (1958), *Poèmes franco-japonais* (1966), *Esquisses palatines* (1971). Garniers Frau Ilse ist an mehreren seiner Werke beteiligt.

Der Belgier Henri Michaux (geboren 1899) kam als Matrose nach Amerika, Afrika, Indien, China, wurde Sekretär bei Supervielle. Er kennt die literarischen Impulse seiner poetischen Umgebung – Surrealismus, Exotismus, *Cruauté* – und dringt zu einer »vertieften Gedankenlyrik« (Engler) vor, in der Lebensangst und Todesfurcht, Melancholie und Entmutigung, Fantastik und Groteske einander durchdringen. Er kennt die flämischen Mystiker, Lautréamont, Kafka. Sein Roman *Un certain Plume* (1930) kreist um einen gemordeten Dichter, dessen Hauptwidersacher die banale Alltagswelt ist.

Das lyrische Werk Michaux' ist nach den frühen Anfängen (*Fables d'origine* 1923) und dem Résistance-Erlebnis (*Epreuves* 1945) von einer Tendenz zur mystischen Transposition gekennzeichnet, die im Gegensatz zu seinen präzisen Reiseberichten steht: *Ailleurs* (1948), *Passages* (1950), *Misérable miracle, la mescaline* (1956), *Connaissance par les gouffres* (1961), *Vents et poussières* (1962), *Façons d'endormi, façons d'éveillé* (1969). Den philosophischen Ergebnissen moderner Denker – Bachelard, Poulet, u. a. – entsprechend, kann Michaux von einem psychologisch definierbaren *espace du dedans* reden, in *Voyage en Grande Garabagne* (1936) und *Ici, Poddema* (1946) erfindet er Landschaften des Traums und der Einbildungskraft. In einer rätselhaften Welt (*Exorcismes* 1943; *Le lobe des monstres* 1944; *Labyrinthes* 1944; *L'infini turbulent*) erhofft, er sich von der Dichtersprache eine reinigende, wenn nicht beschwörende Kraft, gewissermaßen die *Paix dans les brisements* (1959). Die utopische Kraft einer Jenseitshoffnung nährt zumindest ein Prinzip der Hoffnung:

cependant qu'un froid extrême
saisit les membres de mon corps déserté
mon âme déchargé de la charge de moi
suit dans un infini qui l'anime et ne se précise par
la pente vers le haut
vers le haut
vers toujours plus haut
la pente
comment ne l'avais-je pas encore rencontrée?
la pente qui aspire
la merveilleusement simple inarrêtable ascension.

Auch formal zeigt dieses Gedicht aus *Paix dans les brisements* die ästhetische Erfahrung Apollinaires. Die Jenseitserfahrung ist hier »eine unmittelbare Erfahrung des Raumes, eine Entgrenzung, die nicht Auflösung ist« (Kallmeyer). Diese psychische Erfahrung ist nicht primär religiös, darin unterscheidet sie sich von der Inspirationsgrundlage der Lyrik Péguys und Claudels, wie sie seit den *Orphiques* (1950) von Daniel-Rops in den 50er Jahren erneuert worden war.

Mit Henri Michaux wurde der Blick auf die französische Literatur des aktuellen Belgien gelenkt, die hier nur andeutungsweise gewürdigt werden kann. Maurice Carême (geboren 1899) ist ein traditionsgebundener Autor, der sich gern an Kinder wendet (*La grande bleue* 1961, *Le mât de Cocagne* 1963). Roger Bodard, Thomas Braun, Lucienne Desnoues, Anne-Marie Kegels, Georges Linze, Auguste Marin und viele andere würden weit mehr romanistisches Interesse verdienen, als ihnen entgegengebracht wird, das gilt auch für die älteren: Norge, Vandercammen, Libbrecht, Ruet, etc. Liliane Wouters (geboren 1930) fand die Anerkennung Aragons und Alain Bosquets. Sie ist die Dichterin des flämischen Mittelalters und der flämischen Renaissance. Pierre della Faille (* 1906) erhielt den *Prix triennal de littérature* für ein Werk, das aus Lichtgegensätzen lebt, aus Aggression, Resignation und gewagten Oxymora (*Regarde l'eau noire, Autopsie de Sodome*). Für den Lebenswillen des kleinen Landes spricht Paul Neuhuys in einem Gedicht aus *Le secrétaire d'Acajou* (1946):

Mon pays tu n'es pas grand
Mais que j'aime tes beaux fleuves,
tes collines et tes plages
sous un beau ciel bleu de lin.

L'oiseau t'embrasse d'un coup d'aile
sur tes bonnes joues bien rondes.
Blonde avette, noire aronde
mon pays, peau de chagrin.

Vierge Sainte, doux Jésus
ah! que la vie est clémente
à l'artisan qui se contente
du peu qui lui est échu,

Et, mon Dieu faites en sorte
que renaisse de ses tourments
ce pays que la mer borde
comme une mère son enfant.

Der belgische Beitrag zur französischen Literatur bedarf der Erforschung. Er ist keine *quantité négligeable*. Die jüngsten poetischen Experimente von Jacques Izoard (geboren 1936), Michel Joiret (geboren 1942), Michel Stavaux (geboren 1948) u. a. bewegen sich am Rande dessen, was z. Zt. im Raum der avantgardistischen Lyrik an Neuland erobert wird. Aber – und das gilt für die gesamte hier versuchte Zusammenstellung eines Überblicks über die französische Poesie der Gegenwart – »il est difficile de situer dès aujourd'hui la place que l'historien des lettres réservera demain à ces poètes« (Burniaux-Frickx). Die Kanonbildung ist Aufgabe der Gesellschaft, in der ein literarisches Werk wirkt, verstanden oder mißverstanden wird. Sie ist nicht Sache eines noch dazu fremdsprachigen Literaturgeschichtsschreibers.

## 17. Tendenzen in Philosophie und Geschichtsschreibung

Von den französischen Geisteswissenschaften der jüngsten Vergangenheit und der Gegenwart gehen entscheidende Impulse aus. Claude Lévi-Strauss (geboren 1908), seit 1959 Professor am *Collège de France,* ist der Begründer einer strukturalen Anthropologie und des auf Saussure aufbauenden philosophischen Strukturalismus.

Von der Ethnologie herkommend (*Les structures élémentaires de la parenté* 1949; *Tristes Tropiques* 1955) widerlegte er in *La pensée sauvage* (1962) Sartres Kritik der dialektischen Vernunft. Seine Arbeiten zum Funktionieren ›kalter‹ und ›heißer‹ Gesellschaften sind enthalten in *Mythologiques* (1964 ff.), an deren Vollendung der Autor z. Zt noch arbeitet. Seine grundlegende Unterscheidung zwischen *Le cru et le cuit,* d. h. – grob gesprochen – zwischen Natur und Kultur, ist ebenso wie die *Origines des manières de table* oder *L'homme nu* (1971) in die wissenschaftliche Diskussion eingegangen. Insgesamt machen die Studien von Lévi-Strauss zu Mythen-, Symbol-, Magie- und Totemforschung unerwartete überindividuelle und übergesellschaftliche Abhängigkeiten sichtbar, die eine neue Definition von Freiheit zu erfordern scheinen. Den Vorwurf der Geschichtsfeindlichkeit, der generell gegen den philosophischen Strukturalismus erhoben wurde, hat Lévi-Strauss schon in *Race et Histoire* widerlegt. Sein Denkansatz bewirkte heftige Kontroversen mit der französischen Linken, bis Louis Althusser eine originelle Synthese mit dem Marxismus versuchte.

Die französische Universitätsphilosophie hat sich nicht nur mit der Suche nach Neuansätzen, sondern auch mit der Meisterung der Vergangenheit befaßt. Die Erforschung der mittelalterlichen Scholastik wurde durch Jacques Maritain, Etienne Gilson u. a. fortgetrieben, Gabriel Marcel, Maurice Blondel und Teilhard de Chardin haben ideenreiche Vertiefungen des katholischen Ansatzes vorgenommen. Die in Deutschland eng mit dem Namen Husserl verbundene phänomenologische Philosophie fand in Merleau-Ponty (1908–1961) mit seiner *Phénoménologie de la perception* (1945) eine originelle Replik. Über die Naturwissenschaften kam Gaston Bachelard (1884–1962) zur Philosophie. Seine auf der Kenntnis von Freud, Jung u. a. mit beruhende Elementenphilosophie erwies sich vor allen Dingen in der Literaturwissenschaft als wirksam: *Psychanalyse du feu* (1938), *L'eau et les rêves* (1942), *Poétique de l'espace* (1957), *Poétique de la rêverie* (1961). Bachelard ist ein unorthodoxer Autodidakt, dessen Gratwanderung zwischen Naturwissenschaft und frühem Strukturalismus hier und da in eine wissenschaftliche Dichtung führt. Das hohe schriftstellerische Niveau seiner Arbeiten wirkt auch da noch anregend, wo eine ganz anders orientierte Literatur- und Geisteswissenschaft sich ihnen nähert.

Überhaupt ist das schriftstellerische Niveau vieler Texte auffallend, die außerhalb der ›schönen‹ Literatur anzusiedeln sind. Das gilt für die historischen Analysen von Pierre Gaxotte (*La révolution française, Histoire de l'Allemagne*), Jean Sarrailh (*L'Espagne éclairée de la seconde moitié du XVIIIe siècle*), Paul Hazards klassische Untersuchungen zu *La crise de la conscience européenne* und *La pensée européenne de Montesquieu à Lessing*. Im französischen Sprachraum wird man auch die diversen Schriften von Charles De Gaulle ohne weiteres zur ›Literatur‹ rechnen. Und auch die Vertreter der Schulphilosophie von Lachelier (1932–1918), über Hamelin bis hin zu Léon Brunschvicq (1869–1942) und darüber hinaus gehören in den Rahmen dieser weiter gefaßten Literaturgeschichte. Ähnliches gilt auch für Roger Garaudy mit seinen Studien zu Hegel, Aragon und zu den philosophischen Möglichkeiten einer Öffnung des Marxismus auf das Christentum: *Pour un modèle français du socialisme* (1968), *L'alternative* (1972) u.a., die ihn schließlich zum Bruch mit der Orthodoxie der KP führten. Was Belgien angeht, so bedürfen u. a. Louis Dumont-Wilden (1875–1963) *L'évolution de l'esprit européen* 1937), Luc Hommel (1896–1960; *Marie de Bourgogne ou le grand héritage* (1945) und Carlo Bronne (geboren 1901) der Erwähnung (*Léopold Ier et son temps* 1942; *Histoires de Belgique* 1967). Auch Paul-Henri Spaak war ein politischer Analytiker mit beachtlichen schriftstellerischen Qualitäten. In der Universitätskritik und Philosophie erwiesen sich die Ansätze Georges Poulets (geboren 1902) als wegweisend: *Etudes sur le temps humain* (4 Bände 1949–1968), *La conscience critique* (1971). Schließlich bleibt in der mehrsprachigen belgischen Gesellschaft das Bewußtsein für Norm und Lehrbarkeit der Sprache oft stärker entwickelt als im eigentlichen Frankreich. Warnants *Prononciation française*, Grevisses *Bon usage* und Joseph Hanses *Dictionnaire des difficultés grammaticales et lexicologiques* sind auch in Frankreich unbestrittene Autoritäten.

Die französische Philosophie bekam u. a. von dem Rumänen Mircea Eliade (geboren 1907) etnscheidende Anregungen. Dieser Autor, der sich weitgehend für die französische Sprache entschied, analysierte scharf die Widersprüche zwischen individueller Entscheidungsfreiheit und überindividuellen Bindungen und Strukturen, in denen diese sich vollzieht. Archetypisches, Mythisches, Fantastisches kann so in einen Gegensatz zum Historischen treten, geschichtsphilosophisch führt sein System weg vom linearen Denken zur Erkenntnis einer logisch durchleuchtbaren Periodenphilosophie. Die Welt kann periodisch wiedererschaffen werden, eschatologische Ausrichtung ist eine existenzielle Hilfe. Bei Mircea Eliade ist Platz für Religionsphilosophie, Erosmetaphysik, Mythologie: *Traité d'histoire des religions* (1949), *Mythes, rêves et mystères* (1957), *La nostalgie des origines* (1971). Bei Roger Caillois (1913–1978), der 1971 Mitglied der *Académie française* wurde, vertiefte vergleichbare Überlegungen in der Essaysammlung *Au cœur du fantastique* (1965) und den gesammelten Studien *Approches de l'imaginaire* (1974). Schon im Werk von Pierre Teilhard de Chardin (1881–1955) war es – z. T. in Auseinandersetzung mit naturwissenschaftlichen Fragen – zu einer neuerlichen Wendung zur christlichen Wahrheit gekommen. Auch hier werden Ergebnisse erzielt – u. a. in *Le phénomène humain* (1955) – die eine Synthese mit marxistischen Ansätzen nicht ausschließt. Simone Weil (1909–1943) hat ähnliche Erfahrungen im existenziellen Erleben von Engagement und Arbeitswelt. Mystik und Selbsterlösung des Menschen sind hier nicht antagonistisch, sondern komplementär zu sehen: *L'attente de Dieu* (1950), *Oppression et liberté* (1955) sind unter dieser Perspektive bestechende Analysen.

Georges Bataille (1897–1962), der auch Romane und kunsthistorische Essays (*Manet* 1955) schrieb, ist als Philosoph ein atheistischer Mystiker, der den Wert von Tabus und Normen darin zu erkennen glaubt, daß erst sie die Möglichkeit der Emanzipation verwirklichen. Grenzüberschreitungen setzen zunächst einmal die Existenz einer Grenze voraus. Lautréamont, Rimbaud, auch Sade erscheinen ihm als Beweise für diese These, die er in mehreren Werken und Sammlungen illustrierte, u. a. *Somme athéologique* (1954), *La littérature et le mal* (1957), *Les larmes d'Eros* (1957). Die Rolle der Erotik bei der Befreiung des Menschen ist für Bataille kapital (*L'érotisme* 1957), sie ist das Sammelbecken potentieller Revolte gegen jede politische Repression, die mit Heils- und Erlösungsversprechen einhergeht, in Wahrheit jedoch neue Zwänge beinhaltet. Maurice Blanchot (geboren 1907) ist wie Bataille ein literarisch interessierter Kritiker und Essayist, der ebenfalls von Lautréamont beeinflußt wurde. Seine Versuche zur Wiederentdeckung Sades (*Lautréamont et Sade* 1949), sein Glaube an die Weltneuschöpfung mit Hilfe der Sprache (*Le livre à venir* 1959) definieren seinen Platz im Grenzbereich von Literatur und Philosophie. Er war lange Zeit Mitarbeiter der N.R.F. und wurde zu einem entscheidenden Auslöser der *nouvelle critique*. Inwieweit die in den letzten Jahren auftretende *nouvelle droite* mehr als eine Modeerscheinung der Pariser Intellektuellenmilieus ist, bleibt abzuwarten.

## 18. Wege der Literaturkritik

Im Bereich der französischen Literaturkritik sind wissenschaftliche Analyse und kreative Denkprosa oft untrennbar miteinander verbunden und auch die Grenzen zur Philosophie sind fließend. Nicht selten sind Dichter, Kritiker, Essayist, Philosoph und Literaturwissenschaftler sogar in einer Person vereinigt. Das gilt z. B. für die Gruppe, die sich seit 1908 um die N.R.F. scharte, es gilt auch für diejenigen, die 1953 die Neugründung des Unternehmens betrieben, das den Zusammenbruch der III. Republik 1940 nicht überlebt hatte.

Die N.R.F. verdankt ihr Niveau und damit ihre Anregerrolle immer wieder namhaften Mitarbeitern. Jacques Rivière (1886–1925), der seit 1911 Sekretär war, verstand es, u. a. Gide, Valéry, Schlumberger, Copeau u. a. heranzuziehen und war selber ein origineller Kunst-, Musik- und Literaturkritiker. Mit *Aimée* und *Florence* (1922, 1935) schrieb er zwei psychologische Romane, seine posthum veröffentlichte *Correspondance* verband ihn u. a. mit Gide, Proust, Claudel, Alain-Fournier, etc. Zum Kreis der N.R.F. gehört auch Drieu La Rochelle, dessen humanistisches Engagement (*Le jeune Européen* 1927, *L'Europe contre les patries* 1931) ihn, den Leser von Barrès und Claudel, nicht vor dem Einfluß faschistischer Ideen (*Socialisme fasciste* 1934, *Le Francais d'Europe* 1944) schützte. Er beging 1945 Selbstmord. Jean Paulhan (1884–1968) leitete die N.R.F. von 1925–1940 und nach der Neugründung von 1953–1968. Für Claudel, Giraudoux, Hellens u. a. war die Zeitschrift unter seiner Leitung eine Anregequelle und eine gern genützte Publikationsmöglichkeit. Paulhan selber, der 1941 an der Gründung der *Lettres francaises clandestines* beteiligt war, ist zugleich ein erfolgreicher Kritiker, Essayist und Förderer junger Talente gewesen: *Entretiens sur les faits divers* (1945), *Le Marquis de Sade et sa complice* (1950), *La peinture cubiste* (1971 posthum). Marcel Arland (geboren 1899) bekam 1929 den Goncourt-Preis für seinen Roman *L'ordre.* Im Kreis um die N.R.F. erkannte er als erster den Dadaismus als eine dem 20. Jahrhundert eigene Form des *mal du siècle* und nicht nur als unorthodoxe Protestbewegung. Auch in anderen Zeitschriften, z. B. in den *Cahiers du Sud* (1913–1966) veröffentlichte er literarische Kritiken. Sein *Marivaux* (1950) zeigt ihn in der Auseinandersetzung mit einer wichtigen Etappe der französischen Theatergeschichte.

Die französische Literaturkritik ist oft zugleich eine Kulturkritik gewesen. Julien Benda (1867–1956) berief sich auf Erasmus und den Humanismus und bekämpfte – selber Jude – Bergsons Intuitivismus. Romain Rolland, Maurice Barrès, Charles Maurras u. a. kritisierte er als Verräter des Intellekts, da sie seiner Meinung nach zu emotional argumentierten. Sein bekanntestes Werk wurde *La trahison des clercs* (1927), in *Esquisse d'une histoire des Francais dans leur volonté d'être une nation* (1932) und *Discours à la nation européenne* (1933) setzt er sich mit dem Problem des Nationalismus auseinander, während der Okkupation schrieb er das demokratiefreundliche *La grande épreuve des démocraties* (1942). An Chateaubriand erinnert seine Autobiographie *Souvenirs d'infratombe* (1952). Dieser Rationalist war ein eingeschworener Gegner aller Sentimentalismen und Irrationalismen. Wenigstens in dieser Hinsicht ähnelt ihm Paul Firmin Valentin Léautaud (1872–1956), dessen polemische Theaterrezensionen in der N.R.F. ihm nicht nur Freunde schufen. Sein umfangreiches *Journal littéraire* liegt bislang nur fragmentarisch vor, die vollständige Veröffentlichung wird erst 1986 erfolgen. Léautaud ist ein kritischer Leser mit großen Sympathien für Montaigne, Molière und Stendhal. Sein asketischer Lebensstil verhinderte, daß er früh bekannt wurde. Er suchte nach Harmonie und Rationalität, war ein Feind der Rhetorik und als solcher bekämpfte er u. a. Mallarmé und Claudel. Seine Aktivität als Tierschützer wurde hier und da belächelt, gewinnt jedoch im Zeitalter der Umweltschutzprobleme eine neue Aktualität.

Weniger polemisch, aber für die Evolution der französischen Literaturwissenschaft vielleicht zunächst wirkungsvoller, ist das Werk von Albert Thibaudet (1874–1936). Als Professor an der Universität Genf prägte er eine ganze Studentengeneration.

In zahlreichen literaturwissenschaftlichen Studien (u. a. *La vie de Maurice Barrès* 1921; *Verlaine, Rimbaud, Mallarmé* 1924; u. a.) drang er zu dem Prinzip vor, Literaturgeschichte nicht mehr nach Epochen, Jahrhunderten, Stil- oder Gattungsgesichtspunkten, sondern nach Generationen zu gliedern. Er problematisierte auch die Perspektive des ›allwissenden‹ Kritikers (*Physiologie de la critique* 1922) und plante die Verwirklichung seines Neuansatzes in der unvollendeten *Histoire de la littérature française de 1789 à nos jours.* Thibaudet hat immer wieder versucht, als Fachgelehrter das Verständnis für Literatur und vor allen Dingen die Freude an der Lektüre zu propagieren. Er war kein trockener Analytiker, sondern ein Wissenschaftler, der selber Freude an seinem Arbeitsgebiet hatte und diese mitzuteilen sich nicht schämte.

Demgegenüber war André Suarès (1868–1948) ein Einzelgänger. Seine Artikel für die N.R.F. sind oft elitär interpretierten Individuen gewidmet, er schrieb stoffreiche Studien zu Villon, Pascal, Napoléon I., andererseits hat er politische Totalitarismen bekämpft. Hier liegt er durchaus auf der Linie seines Freundes Romain Rolland. Der Anglo-Franzose Charles Du Bos (1882–1939) kannte Großbritannien, Italien, Berlin. Er war ein Feind des Rationalismus, religiös und intuitiv ausgerichtet und zugleich ein komparatistisch ansetzender Literaturkritiker von großer Belesenheit. In seinen *Approximations* (1922–1937) finden sich Ausführungen zu Goethe, Byron, Shakespeare, Stendhal, Proust etc. Sein *Qu'est-ce que la littérature* (1938) nimmt den bekannten Titel von Sartre vorweg, Mauriac widmete er seine Studie *Francois Mauriac et le problème du romancier catholique* (1933). Seine Arbeiten über Bernanos (1949), Anna de Noailles (1949) und seine *Correspondance* mit Gide (1950) sind erst posthum veröffentlicht worden. André Maurois (1855–1967) war der Schüler Alains und verstand sich als Teil der von den französischen Moralisten und Rationalisten überkommenen Tradition. Außer seinem Romanwerk und seinen umfangreichen Bemühungen um die angelsächsischen Kulturen (u. a. *Ariel, ou la vie de Shelley* 1923; *Byron* 1930; *Robert et Elizabeth Browning* 1955; *La vie de Sir Alexander Fleming* 1959) wurde er zum historisch interessierten Leser auch französischer Autoren. Seine *Lélia ou la vie de George Sand* (1952) macht zahlreiche Inedita zugänglich. Seine Studien zu Proust (1949), Dumas dem Älteren (1957), Madame de Lafayette (1961), Aragon und Montherlant (1967) sind originelle Interpretationen, die nicht selten aus der kontrastiven Aufbereitung vergleichbarer angelsächsischer Tendenzen leben. Mit Aragon zusammen ist er der Verfasser der *Histoire parallèle des Etats-Unis et de l'U.R.S.S.* (1962). Maurois ist als Literaturwissenschaftler ein – oft auch angegriffener – Vertreter der sog. *biographie romancée*, d. h. des auf Dokumentenstudium und Sachkenntnis beruhenden künstlerischen Nachvollzugs seiner Gegenstände. Damit steht er im Gegensatz zum Selbstverständnis der Universitätskritik, ohne daß man ihm den Vorwurf der ›Unwissenschaftlichkeit‹ machen könnte.

Was die französische Literaturwissenschaft der Gegenwart angeht, so entzündete sich am Fortleben des – einseitig verstandenen – Lansonismus die Revolte der sog. *nouvelle critique*. Zwar hat sie trotz der Lautstärke ihrer Kontroversen und Polemiken nie das Feld der französischen Universitätskritik allein beherrscht – hier waren Escarpit, Goldmann, Etiemble, Cornu u. a. stets in gleicher Weise unbestritten – aber sie hat dennoch Denkanstöße gegeben, die zwangsläufig auf die Vertreter der Tradition – z. B. Picard, Saulnier, Jasinski, Mauzi, u. a. – zurückwirkten.

Am Anfang steht die späte Erkenntnis, daß bestimmte Bewegungen im Ausland lange Zeit in Frankreich nicht zur Kenntnis genommen worden waren. Croce, Spitzer, Auerbach, De Sanctis, Wellek u. a. sind erst spät, dann jedoch um so nachhaltiger, rezipiert worden. Dabei kam es zu einer nicht immer klar abgrenzbaren, im ganzen jedoch bewußt durchgeführten Ideologiebindung an Strukturalismus, Psychoanalyse, Marxismus etc., ohne daß die verschiedenen Mischungsgrade immer eindeutige ›Einordnungen‹ zuließen. Maurons Psychokritik, Ballys Rhetorikforschungen, Benvenistes Semiologie sind weitere Grundlagen – und teils auch schon Ausflüsse – der *nouvelle critique*.

Am Anfang stand die Absage an eine Literaturwissenschaft, die sich vornehmlich als Literaturgeschichte verstand und ungerechterweise mit dem Lansonismus identifiziert wurde. Diese *critique érudite* stellte Roland Barthes (1915–1980) im Namen einer Literaturanalyse in Frage, die sich ihrer eigenen Ideologiebindung bewußt ist und diese offen ausspricht. Diese bei Barthes' Epigonen oft in Tatsachen- und Wissensfeindlichkeit ausartende Literaturanalyse exemplifizierte er in einem grundlegenden Essay *Sur Racine* (1963), die zu einem nachhaltigen Streit mit dem Sorbonne-Professor Raymond Picard (*Nouvelle critique ou nouvelle imposture* 1965) führte. Diese Kontroverse wirkte klärend auf die Definition der ideologischen Positionen vieler französischer Literaturwissenschaftler, ohne daß damit die periodisch auftretenden Eifersüchteleien zwischen den Pariser Hochschulen geringer geworden wären und ohne daß man Roland Barthes als den alleinigen Sieger in der Kontroverse mit Picard ansprechen könnte. Und auch der revolutionäre Elan des Anfangs – z. B. beim Treffen von Cerisy-La-Salle 1966 – ist insofern versiegt, als die Vertreter der *nouvelle critique* heute durchaus in den Rahmen der französischen Hochschulen integriert sind. Dabei stellt sich das Etikett *nouvelle critique* bei näherer Betrachtung als reichlich undifferenziert heraus. Poulets *Distance intérieure* (1952) zeigt eine ganz andere Auffassung als z. B. *L'univers imaginaire de Mallarmé* von Jean-Pierre Richard oder *Le dernier Baudelaire* (1966) von Charles Mauron (1899–1966). Jean Starobinskis (geboren 1920) Theorie von der »sympathie spontanée«, wie er sie in *La relation critique* entwirft (1970), unterscheidet sich stark von dem »approche sémiologique« der Bulgarin Julia Kristeva (geboren 1941), die seit 1966 in Paris lebt (*Séméiotikè. Recherches pour une sémanalyse* 1969; *Le texte du roman. Approche sémiologique d'une structure discursive transformationnelle* 1970; *La révolution du langage poétique* 1975). Und Philippe Sollers (geboren 1936), ihr Ehemann und Sprecher der *Tel-Quel*-Gruppe, Gründer der gleichnamigen Zeitschrift (1960), ist eher von Saussure und Robbe-Grillet beeinflußt als von den jüngsten Ergebnissen der Sprachwissenschaft und Sprachphilosophie. Jacques Derrida hingegen, Schüler Foucaults, kommt von der Philosophie her (*Marges de la philosophie* 1972; *Glas* 1974) und dringt bis zur nachhaltigen Infragestellung des wissenschaftlichen Literaturbetriebs vor. Eine wissenschaftliche Eindeutigkeit kann es für ihn solange nicht geben, wie auf Texte bezogene Analysetätigkeit selber wieder zur Produktion von Texten führen muß, was er u. a. in *De la grammatologie* (1967) und in *De la dissémination* (1972) nachzuweisen sucht. Jean-Paul Weber (geboren 1912), der sich selber als einen »critique maudit« bezeichnet, ist erst mit einigem Zögern in die Reihen der *nouvelle critique* aufgenommen worden. Seine »critique thématique« verzichtet auf den z. Zt. so modernen ›gesellschaftlichen‹ Bezug und rückt mehr als es zeitweise für eine Universitätskarriere opportun war »Person und Persönlichkeit des Künstlers« (Schüler) ins Interessenzentrum, wo sein besonderes Interesse Stendhal gilt (*Stendhal* 1969). Daß die ausländischen Grundlagen der *nouvelle critique* in Frankreich bekannt wurden, ist – soweit der russische Formalismus betroffen ist – weitgehend der Übersetzertätigkeit von Tzvetan Todorov zu danken. Er machte Texte von Ejchenbaum, Tomasevski, Jakobson u. a. bekannt, bevor er selber mit theoretischen Arbeiten auftrat (*Introduction à la littérature fantastique* 1970), die er gern der Sprache der Dichtung widmet (*Poétique* 1973). Hier steht er durchaus in der Nachfolge von Jean Cohen (*La structure du langage poétique* 1966). Ein origineller und eigenständiger Vertreter der *nouvelle critique* ist Gérard Genette (geboren 1930):

Gérard Genette ist an der *Ecole pratique des Hautes Etudes* tätig und bewegt sich frei innerhalb der ›neuen‹ Literaturwissenschaft. Seine von Methodentoleranz geprägten Arbeiten tendieren zu einem genetischen Strukturalismus, den er in mehreren Bänden seiner *Figures* (1966, 1969, 1972) exemplifiziert und durch eine Neuausgabe der Rhetorik von Dumarsais-Fontanier (1968) historisch vertiefte. Ausgangspunkt ist bei Genette – wie bei Barthes – die Auseinandersetzung mit dem 17. Jahrhundert, das er vornehmlich in seinen ›barocken‹ Dimensionen – Saint-Amant, Sponde, D'Urfé u. a. – erforschte. Zwar wurde ihm auch hier und da, z. B. von der Lütticher *groupe* μ widersprochen (*Rhétorique générale* 1970), aber der Grundgedanke, daß Literaturwissenschaft und Literatur aufgrund ihrer gemeinsamen Sprachbindung fließende Grenzen haben, daß die Ebene des Literaturwerks und die Ebene des Meta-Literaturwerks einander durchdringen, ist unbestritten. Für die Analyse literarischer Texte, z. B. Marcel Prousts, hat sich dieser Ansatz als brauchbar erwiesen. Mit Arbeiten zu Valéry, Mallarmé u. a. hat Genette sich zudem um illustre Vorläufer der *nouvelle critique* bemüht und sogar Verbindungslinien zur Rhetorik Pascals gezogen, die bekanntlich nicht in der *inventio,* sondern in der *dispositio* die originelle Leistung des Geistes sieht. In dem grundlegenden Essay *Structuralisme et critique littéraire* (1966) fragt er nach einer struktural ansetzenden Literaturwissenschaft, die sich an die großen Ideologien unseres Jahrhunderts bindet und diese Bindungen explizit macht anstatt sie stillschweigend vorauszusetzen oder zu verschleiern. Sprachwissenschaft, Anthropologie, Ethnologie bieten das Gedankenreservoir, aus dem auch Literaturwissenschaft sich nähren muß. Das ›wilde Denken‹ wie Lévi-Strauss es definiert, wird als Gefahr und Chance zugleich begriffen. Die Geschichtsfeindlichkeit, die manchen Vertretern der *nouvelle critique* möglicherweise zu recht vorgeworfen wurde, überwindet Genette durch die Aufarbeitung synchroner Schnitte, in deren kontrastiver Aufbereitung Historie sichtbar und erlebbar wird. Dabei gilt die Mehr- und Mißdeutigkeit des sprachlichen Zeichens als ein unverzichtbares Ingredienz jedes Kulturerbes. Nur von hierher wird Literaturwissenschaft überhaupt möglich, indem jede Generation sich nach ihrem Verständnis oder Mißverständnis des Tradierten neu zu fragen hat.

Mit Genettes Rückgriff auf sprachliche und damit auch zwangsläufig sprachwissenschaftliche Grundlagen der Literaturwissenschaft stimmt z. T. der Belgier Nicolas Ruwet (geboren 1933) überein, dessen Interessen sich im Grenzbereich zwischen *Langage, musique, poésie* (1972) lokalisieren lassen. Jean Thibaudeau (geboren 1933) wählt einen ähnlichen dreigegliederten Titel mit soziologischen Implikationen: *Socialisme, avant-garde, littérature* (1972).

Was den belgischen Beitrag zur französischen Literaturwissenschaft betrifft, so können hier nur einige Andeutungen gemacht werden:

Maurice Wilmotte (1861–1942) bewegt sich frei in der Tradition von Gaston Paris, Gustave Charlier leistete mit seinem *Mouvement romantique en Belgique* Pionierarbeit im Sinne einer von Lanson geprägten Literaturgeschichte. Gustave Vanwelkenhuysen lieferte einen wissenschaftlichen Klassiker mit *L'Influence du naturalisme français en Belgique* (1930), Raymond Trousson mit seiner stoffgeschichtlich orientierten Arbeit zu *Le thème de Prométhée dans la littérature européenne* (1964). Aus der Zusammenarbeit von Gustave Charlier und Joseph Hanse ging 1958 die *Histoire des lettres françaises de Belgique* hervor. Das *Panorama des littératures* (8 Bände 1966 bis 1970) von Léon Thoorens ist eine weitgefaßte Geschichte der Weltliteratur und Jean-Marie Klinkenberg lieferte mit seinem *Archaïsme*-Werk einen unverzichtbaren Schlüssel zum Verständnis des *Ulenspiegel* von Charles de Coster.

Insgesamt gesehen zeigt die in französischer Sprache vorliegende Literaturwissenschaft die Neuorientierungen und auch das Zögern, das das Geistesleben in den westeuropäischen Ländern heute allgemein charakterisiert. Auch die Literaturwissenschaft bezeugt so, wie ihr Gegenstand, die Literatur, gerade in ihrer Uneindeutigkeit und Vielfalt das Ringen um Lösungen für Gegenwart und Zukunft. Dabei kann die Wertung einzelner Erscheinungen und Tendenzen nicht Aufgabe eines Betrachters sein, der sich uneingeladen von einem Nachbarland aus zu Wort meldet. Diese Wertung ist Sache der französischen Gesellschaft und der in ihr wirksamen Mechanismen von Verdrängung, Wiederbelebung und Kanonisierung.

# Schlußbemerkung

Am Ende dieser französischen Literaturgeschichte zeigt sich, daß sie eigentlich nicht beendet werden kann. Denn es gehört zum Wesen der Geschichte, daß sie ›weitergeht‹. Das Wechselspiel von Beharren und Drängen, von Traditionalismus und Avantgarde, charakterisiert die französische Literatur nicht erst seit gestern. Vielmehr findet sich hier das bewegende Element, das Entwicklungen, Reaktionen, Diskussionen, Provokationen, Polemiken, etc. überhaupt erst möglich macht. Beim Betrachten des französischen Schrifttums seit den *Straßburger Eiden* haben sich viele eingeschliffene Klischees und Vorurteile verunsichern lassen. Es ist nicht so, daß »Ce qui n'est pas clair n'est pas français«. Die Herausstellung einer Tendenz, einer Kunstform, eines Gedankenstrangs geht immer auf Kosten der Verdrängung und des Verschweigens anderer. Am Beispiel des klassischen Frankreich des 17. Jahrhunderts, das zugleich ein barockes Frankreich war, wird das sehr deutlich. Und die Tatsache, daß wiederholte Male ausländische Anreger über das Vehikel der französischen Sprache in Frankreich zu wirken vermochten, ist ein weiterer Beweis dafür: die Symbolisten, die Vertreter des *théâtre absurde.* Sie gehören zur französischen Literatur, vertreten aber kaum die Ideale der *clarté.* Vielmehr bezeugen sie einen Geist der Offenheit und der weltweiten Rezeptionsbereitschaft, die aufs Ganze gesehen auch zu den Charakteristika der französischen Literatur gehören und sie zugleich mit den europäischen Nachbarliteraturen und heutzutage auch mit den französischsprachigen Ländern Afrikas und anderswo verbinden. In diesem Sinne hätten auch Léopold Senghor oder Louis Hémon Platz in einer französischen Literaturgeschichte finden müssen. Nur die arbiträre Beschränkung auf die europäische Perspektive führte zu ihrer Ausklammerung. In mehreren Phasen ihrer Geschichte hat die französische Literatur zudem auf die Nachbarliteraturen gewirkt. Im Mittelalter war Französisch eine Umgangssprache im Mittelmeerraum, im 18. Jahrhundert konnte man gar von einer *Europe française* sprechen, die – wie sich bei näherer Betrachtung zeigte – zugleich die Existenz einer *France européenne* bezeugte. Frankreich hat, wie alle europäischen Länder, in seiner Literaturgeschichte gegeben und empfangen. Die italienische Renaissance, das spanische *siglo de oro,* die englische Aufklärung, die deutsche Romantik, der russische Roman des 19. Jahrhunderts haben in den Zentren der französischen Literatur ihr nachhaltiges Echo gefunden. Nicht immer sind die nationalsprachlich orientierten Literaturwissenschaftler unseres Jahrhunderts dieser Tatsache gerecht geworden. Und so sollte im Bewußtsein des eigenen Ungenügens vor einem vielgesichtigen und ständig sich entziehenden Gegenstand diese französische Literaturgeschichte abschließend mit dem Fragezeichen versehen werden, das weitergehende Neugier und widersprüchliche Antworten herausfordern kann. Die französische Literatur ist ein Ausdruck von Kämpfen, Bedrohungen, Siegen, Verdrängungen und Augenblicken der Harmonie, wie sie auch die französische Geschichte charakterisieren. Wie sollte da auf der Meta-Ebene der Literaturwissenschaft eine Logik hineingelesen werden können, die anders als um den Preis des Verschweigens und Selektierens Konstanten, Kontinuitäten, Traditionen, etc. sichtbar macht? Zur Tradition gehört als Korrektiv und Gegenstück immer auch die Antitradition, zum Kanon der Antikanon. In ihrem Wechselspiel, in ihrer Dialektik, wird Geschichte, also auch Literaturgeschichte, erst möglich. Literaturgeschichte ist somit ein Aspekt auch der Gesellschaftsgeschichte und zugleich die Geschichte von Querverbindungen und Wechselbezügen innerhalb des Zeichensystems der Sprache als des Reservoirs der historischen Erfahrung. Literaturgeschichte wird, wie Geschichte überhaupt, zugleich gemacht und erlebt. Sie kann nicht *ge*schrieben, allenfalls *be*schrieben werden, und auch das nur lückenhaft und im Wissen um die Begrenztheit und Konditionierung der jeweiligen Perspektive. Literatur ist eine Lebensäußerung einer Gruppe, einer Gesellschaft. Sie macht künstlerisch verdichtet oder einfach sprachlich fixiert das Leben dieser Gesellschaft in jenen Teilbereichen, die sie zum Thema wählt, sichtbar, greifbar, lesbar. Der Literaturhistoriker sammelt, sichtet, analysiert diese Verdichtung bzw. Fixierung. Aber er kann sich nicht so von seinem Gegenstand distanzieren, daß er den Anspruch auf ›Objektivität‹ stellen dürfte. Er muß sich der Künstlichkeit seiner notwendigen Distanzierungsversuche bewußt bleiben. Er ist in das gesellschaftliche Leben involviert, spricht eine Sprache, die ihm nicht allein gehört, ist letztlich ein Leser, nicht besser und nicht schlechter als jeder andere auch. Auch wenn er sein Interesse der Literatur eines Nachbarlandes widmet, bleibt er betroffen, einbezogen, einberechnet. Literatur ist kein Spektakel, kein Guckkasten, in den er als Unbeteiligter hineinblicken könnte, um alsdann das Gesehene aus der Perspektive abgeklärten Besserwissens zu beschreiben oder gar zu be- bzw. verurteilen. Schopenhauer könnte recht haben, wenn er in *Die Welt als Wille und Vorstellung* schreibt: »Zu *sehen* sind diese Dinge freilich schön, aber sie zu *seyn* ist etwas ganz Anderes.«

# Bibliographische Hinweise

Die folgenden bibliographischen Hinweise dienen der grundsätzlichen Orientierung und sollen zugleich die Ausführungen in den einzelnen Kapiteln der vorliegenden Literaturgeschichte nachvollziehbar machen. Sie können bei dem Ausmaß der alljährlich neu produzierten Forschungsliteratur nur als informelle Vertiefungen gedacht sein und keinen Anspruch auf Vollständigkeit erheben.

## Bibliographien

*Romanische Bibliographie* 1965/1966, hg. von Gustav Ineichen, (zuvor Supplementbände der *Zeitschrift für Romanische Philologie* (seit 1887), zuletzt bearb. von Alwin Kuhn)

Bassan, Fernande – Breed, P. F. – Spinelli, D. C., *An annotated bibliography of french language and literature,* London–New York 1975, (=Garland Reference Library of the Humanities 26)

Cioranesco, Alexandre, *Bibliographie de la littérature française du XVIe, XVIIe, XVIIIe siècle* (4 Bde.), Paris 1959 ff.

*French VI, 19th century french literature bibliography,* New York 1962/1969

Fromm, Heinrich, *Bibliographie deutscher Übersetzungen aus dem Französischen 1700–1948,* Baden-Baden 1950–1953

Griffin, Lloyd W. – Clarke, Jack A. – Kroff, Alexander Y., *Modern french literature ad language. A bibliography of hommage studies,* University of Wisconsin 1976

Klapp, Otto, *Bibliographie der französischen Literaturwissenschaft,* Frankfurt/Main, seit 1960 (bisher 20 Bde.)

Mahaffey, Denis, *A concise bibliography of french literature,* London–New York 1975

Monglond, André, *La France révolutionnaire et impériale. Annales de bibliographie méthodique et descriptive des livres illustrés,* Grenoble–Paris 1930 ff.

Quérard, J.-M., *La France littéraire ou dictionnaire bibliographique des savants, historiens et gens de lettres de la France ... plus particulièrement pendant les XVIIIe et XIXe siècles* (12 Bde.), Paris 1827–1864, Reprint 1964

Ronge, Peter, *Studienbibliographie Französisch* (2 Bde.), Frankfurt/M. 1971

Talvart, J. – Place, J. – Place, G., *Bibliographie des auteurs modernes de langue française* (1801 ff.), Paris 1928 ff.

*The Year's Work in Modern Language Studies* (bish. 39 Bde.), Oxford 1931 ff.

Ferner sei verwiesen auf die Rezensionsteile der romanistischen Fachzeitschriften und die einschlägigen bibliographischen Hilfsmittel des Buchhandels, insbesondere das *Bulletin critique du livre français,* Paris seit 1946.

## Allgemeines zur französischen Literaturgeschichte und -theorie

Auerbach, Erich, *Mimesis: Dargestellte Wirklichkeit in der abendländischen Literatur*, Bern [5]1971, (= Sammlung Dalp 60)

Baader, Renate – Fricke, Dietmar, *Die französische Autorin vom Mittelalter bis zur Gegenwart*, Wiesbaden 1979

Bodart, Roger – Galle, Marc – Stuiveling, Garmt, *Guide littéraire de la Belgique, de la Hollande et du Luxembourg*, Paris 1972, (= Bibliothèque des Guides bleus)

Brereton, Geoffrey, *A short history of french literature*, Harmondsworth [2]1976, (= Penguin Books)

Burniaux, R. – Frickx, R., *La littérature belge d'expression française*, Paris 1973, (= Que sais-je? 1540)

Carloni, J.-C. – Filloux, J.-C., *La critique littéraire*, Paris [6]1969, (= Que sais-je? 664)

Castex, P.-G. – Surer, P., *Manuel des études littéraires françaises* (6 Bde., Bde. I–III zus. mit G. Becker), Paris 1966/67

Cazamian, Louis, *Geschichte der französischen Literatur*, aus dem Engl. v. W. Neft, München 1963

Charlier, Gustave – Hanse, Joseph, *Histoire illustrée des lettres francaises de Belgique*, Brüssel 1928, (= La Renaissance du Livre)

Chassang, Arsène – Senninger, Charles, *Les grandes dates de la littérature française*, Paris [2]1973, (= Que sais-je? 1346)

Cioranesco, Alexander, *Principios de literatura comparada*, La Laguna (Tenerife) 1964

Clouard, Henri, *Petite histoire de la littérature française des origines à nos jours*, Paris 1965

Curtius, Ernst Robert, *Gesammelte Aufsätze zur romanischen Philologie*, Bern 1960

Delfos, Leo, *Kulturgeschichte von Niederland und Belgien*, Bremen 1962

Elwert, W. Theodor, *Französische Metrik*, München [6]1966

Engelhardt, Klaus – Roloff, Volker, *Daten der französischen Literatur*, 2 Bde., Köln 1979

Engler, Winfried, *Der französische Roman von 1800 bis zur Gegenwart*, Bern 1965

ders., *Lexikon der französischen Literatur*, Stuttgart 1974, (= Kröners Taschenausgabe 388)

ders., *Geschichte des französischen Romans von den Anfängen bis M. Proust*, Stuttgart 1982 (Kröners Taschenausgabe 346)

Frappier, Jean, *Histoire, mythes et symboles. Etudes de littérature française*, Genf 1976, (= Publications romanes et françaises 137)

Frenzel, Elisabeth, *Stoffe der Weltliteratur. Ein Lexikon dichtungsgeschichtlicher Längsschnitte*, Stuttgart [3]1970, (= Kröners Taschenausgabe 300)

dies., *Motive der Weltliteratur*, Stuttgart 1976, (=Kröners Taschenausgabe 301)

Friedell, Egon, *Kulturgeschichte der Neuzeit*, neue Ausg. München 1974

Frye, Northrop, *Anatomy of criticism*, Princeton 1957

Genette, Gérard, *Figures I, II, III*, Paris 1966, 1969, 1972. – In: *Figures I*, bes. *Structuralisme et critique littéraire* (pp. 145–170)
Gourmont, Remy de, *La Belgique littéraire*, Paris 1915
Grimm, J. – Hausmann, F.-R. – Miething, Chr., *Einführung in die französische Literaturwissenschaft*, Stuttgart 1976 (Sammlung Metzler 1976)
Guillén, Claudio, *Literature as a system. Essays toward the theory of literary history*, Princeton 1971
Hartnoll, Phyllis, *Das Theater*, aus d. Engl. v. Flora Zandl, Wien–München–Zürich 1968, (= Molden Sammlung Kulturgeschichte)
Hauser, Arnold, *Sozialgeschichte der Kunst und Literatur*, München 1973
Heitmann, Klaus (Hg.), *Der französische Roman vom Mittelalter bis zur Gegenwart* (2 Bde.), Düsseldorf 1975
Henzel, Georg, *Spielplan. Illustrierter Schauspielführer von der Antike bis zur Gegenwart*, Stuttgart 1975
Hess, Rainer – Frauenrath, Mireille – Siebenmann, Gustav, *Literaturwissenschaftliches Wörterbuch für Romanisten*, Frankfurt/M. 1972
Heydenreich, Titus, *Tadel und Lob der Seefahrt. Das Nachleben eines antiken Themas in den romanischen Literaturen*, Heidelberg 1970
Hinterhäuser, Hans (Hg.), *Die französische Lyrik von Villon bis zur Gegenwart* (2 Bde.), Düsseldorf 1975
Henry, Albert, *Automne. Etudes de philologie, de linguistique et de stylistique, rassemblées et publiées par des collègues, des élèves et des amis de l'auteur*, Paris–Gembloux 1977
Jacob, Heinrich Eduard, *Sage und Siegeszug des Kaffees*, Reinbek bei Hamburg 1964
Jan, Eduard von, *Französische Literaturgeschichte, Heidelberg* [6]1967
Jasinski, René, *Histoire de la littérature française*, nouvelle édition revue et complétée, Paris 1966
Jauß, Hans-Robert, *Literaturgeschichte als Provokation*, Frankfurt/M. [2]1970 (edition suhrkamp 418), darin besonders die Aufsätze *Literarische Tradition und gegenwärtiges Bewußtsein der Modernität* (pp. 11–66) und *Literaturgeschichte als Provokation der Literaturwissenschaft* (pp. 144–207)
Jehn, Peter (Hg.), *Toposforschung. Eine Dokumentation*, Frankfurt/M. 1972, (= Respublica literaria 10)
Kibédi Varga, A., *Les constantes du poème. A la recherche d'une poétique dialectique*, 's-Gravenhage 1963
Klemperer, Viktor, *Geschichte der französischen Literatur im 18. Jahrhundert* (2 Bde.), Berlin 1954/1966
ders., *Geschichte der französischen Literatur im 19. und 20. Jahrhundert* (2 Bde.), Berlin 1956
Krömer, Wolfram (Hg.), *Die französische Novelle*, Düsseldorf 1976
Lange, Wolf-Dieter (Hg.), *Einführung in das Studium der französischen Literaturwissenschaft*, Heidelberg 1979 (UTB 715)
Lanson, Gustave, *Histoire de la littérature française, remaniée et complétée pour la période 1850–1950* par P. Tuffrau, Paris 1951
Lavalette, Robert, *Literaturgeschichte der Welt*, München [2]1954

Lope, Hans-Joachim, *Die Kultur Frankreichs II: Von der Jahrhundertwende bis zur Gegenwart,* Wiesbaden 1976, (= Kulturen der Völker)

ders. (Hg.), *Studia belgica. Aufsätze zur Literatur- und Kulturgeschichte Belgiens,* Frankfurt/M.-Bern ²1983 (Studien und Dokumente zur Geschichte der Romanischen Literaturen 6)

*Manuel d'histoire littéraire de la France,* par un collectif sous la direction de P. Abraham et R. Desné, Paris seit 1971

Maren-Griesebach, Manon, *Methoden der Literaturwissenschaft,* München ²1972, (= UTB 121)

Marx, Karl – Engels, Friedrich, *Über Kunst und Literatur* (2 Bde.), Berlin Ost 1967/1968

Mönch, Walter, *Frankreichs Kultur. Tradition und Revolte von der Klassik bis zum Surrealismus,* Berlin–New York 1972

Mor, Antonio – Weisgerber, Jean, *Le letterature del Belgio,* Mailand ²1968, (= Le letterature del mondo 11)

Morier, Henri, *Dictionnaire de poétique et de rhétorique,* Paris 1965

Otten, Michel (Hg.), *Etudes de littérature française de Belgique offertes à J. Hanse,* Brüssel 1978

Pabst, Walter (Hg.), *Der moderne französische Roman,* Berlin 1968

ders. (Hg.), *Das moderne französische Drama,* Berlin 1971

ders., *Themen und Texte. Gesammelte Studien zur romanistischen und zur vergleichenden Literaturwissenschaft,* mit einem Geleitwort von H. Hatzfeld zum 70. Geburtstag herausgegeben von E. Leube und L. Schrader, Berlin 1977

Pirot, Bernard, *Les critiques littéraires,* Paris 1968

Saulnier, Verdun-L., *La littérature française du moyen âge,* Paris ⁸1970, (= Que sais-je? 145)

ders., *La littérature française de la Renaissance,* Paris ⁸1967, (=Que sais-je? 85)

ders., *La littérature française du siècle classique,* Paris ⁹1970, (= Que sais-je? 95)

ders., *La littérature française du siècle philosophique,* Paris ⁹1970, (= Que sais-je? 128)

ders., *La littérature française du siècle romantique,* Paris ⁶1961, (= Que sais-je? 156)

Schober, Rita, u. a., *Französische Literatur im Überblick nach der von einem tschechischen Autorenkollektiv unter der Leitung von Jan. O. Fischer herausgegebenen ›Francouzká literatura‹* (Prag ²1964), dt. bearbeitet von einem Kollektiv unter Leitung von R. Schober, Leipzig 1970 [zit.: Schober]

Schober, Rita, *Von der wirklichen Welt in der Dichtung,* Berlin–Weimar 1970

Stackelberg, Jürgen von (Hg.), *Das französische Theater vom Barock bis zur Gegenwart* (2 Bde.), Düsseldorf 1968

Stanzel, Franz P., *Typische Formen des Romans,* Göttingen ³1967, (= Kleine Vandenhoeck-Reihe 187)

Schücking, Levin L., *Soziologie der literarischen Geschmacksbildung,* Bern–München ³1961, (= Dalp Taschenbücher 354)

Strelka, Joseph, *Vergleichende Literaturkritik,* Bern–München 1970

Suchanek-Fröhlich, Stefan, *Kulturgeschichte Frankreichs*, Stuttgart 1966, (= Kröners Taschenausgabe 358)
Theisen, Josef, *Geschichte der französischen Literatur*, Frankfurt ²1969
Thomas, Jean-Jacques, *Lexicologie et études littéraires*, in: Degré Second 1 (1977), pp. 217–244
Thompson, Stith, *Motif index of folk-literature*, Helsinki 1932–1935, (= Folklore Fellow Community, Nr. 106, 108, 116; auch in: Indiana University Studies, Nr. 96, 97, 101, 108, 109, 110)
Tieghem, Philippe van, *Les grandes doctrines littéraires en France de la Pléiade au Surréalisme*, Paris ⁸1968
Thoorens, Léon, *Panorama des littératures: La France*, Verviers 1977
Tober, Karl, *Urteile und Vorurteile über Literatur*, Stuttgart–Berlin–Köln–Mainz 1970, (= Sprache und Literatur 60)
Vossler, Karl, *Die romanische Welt, gesammelte Aufsätze.* Mit einem Vorwort von H. Friedrich, Stuttgart–Hamburg 1965
ders., *Frankreichs Kultur und Sprache*, Heidelberg 1929
Wais, Kurt, *An den Grenzen der Nationalliteraturen*, Berlin 1958
ders., *Ars Interpretandi. Interpretationen französischer Gedichte*, Darmstadt 1969/1970
Weimann, Robert, *Literaturgeschichte und Mythologie. Methodologische und historische Studien*, Berlin–Weimar 1974
Weinert, Hermann K., *Die Kultur Frankreichs I: Von den Anfängen bis zum Ende des 19. Jahrhunderts*, Wiesbaden 1976, (= Kulturen der Völker)
Wellek, René, *A history of modern criticism 1750–1950*, New Haven–London 1955/1965 (bisher 4 Bde.)
ders., *Concepts of criticism*, New Haven 1962
ders. – Warren, Austin, *Theory of literature*, London ³1966
Wilpert, Gero von, *Lexikon der Weltliteratur*, Bd. I: *Autoren*, Stuttgart ²1975

## Das Mittelalter

Alonso, Dámaso, *La primitiva épica francesa*, Madrid 1954
Auerbach, Erich, *Rolands Ernennung zum Führer der Nachhut des fränkischen Heeres*, in: *Mimesis*, Bern ⁵1971, pp. 95–119
Baader, Horst, *Die Lais. Zur Geschichte einer Gattung der altfranzösischen Kurzerzählungen*, Frankfurt/M. 1966, (= Analecta Romanica 16)
Becker, Philipp-August, *Der gepaarte Achtsilber in der französischen Dichtung*, Leipzig 1934
Bezzola, Reto, *Liebe und Abenteuer im höfischen Roman*, Reinbek bei Hamburg 1961
Boase, Roger, *The origin of courtly love. A critical study of european scholarship*, Manchester 1977
Braunfels, Wolfgang, *Karl der Große in Selbstzeugnissen und Bilddokumenten*, Reinbek bei Hamburg 1972, (= Rowohlts Monographien 187)
Burger, André, *La légende de Roncevaux avant la Chanson de Roland*, in: Romania 70 (1949), pp. 433 ff.

Combarieu, Micheline de, *Le goût de la violence dans l'épopée médiévale*, in: *Morale pratique et vie quotidienne dans la littérature française du moyen âge*, Aix-en Provence 1976, pp. 35–67

Curtius, Ernst-Robert, *Europäische Literatur und lateinisches Mittelalter*, Bern 41963

ders., *Das ›Carmen de proditione Guenonis‹*, in: Zeitschrift für Romanische Philologie 62 (1942), pp. 492–509

Edelstein, W., *Erudition und Sapientia. Weltbild und Erziehung in der Karolingerzeit. Untersuchungen zu Alkuins Briefen*, Frankfurt 1965

Garel, Jean, *La chanson de geste*, in: *Manuel d'histoire littéraire de la France*, s. unter Allg., t. I, pp. 92–139.

Grundmann, Heinrich, *Sacerdotium, Regnum, Studium*, in: Archiv für Kulturgeschichte 34 (1951), pp. 5–21

Harrison, Ann T., *Charles d'Orléans and the allegorical mode*, Chapel Hill 1975, (= North Carolina Studies in the Romance Languages and Literatures 150)

Horrent, Jacques, *La chanson de Roland dans les littératures française et espagnole au moyen âge*, Paris 1951

Huizinga, Johan, *Herbst des Mittelalters*, hg. K. Köster, Stuttgart 111975 (Kröners Taschenausgabe 204)

Jauß, Hans-Robert, *Untersuchungen zur mittelalterlichen Tierdichtung*, Tübingen 1959

Kamphausen, H.-J., *Traum und Vision in der lateinischen Poesie der Karolingerzeit*, Frankfurt/M. 1975, (= Lateinische Sprache und Literatur des Mittelalters 4)

Kanduth, Erika, *Der Rosenroman, ein Bildungsbuch?*, in: Zeitschrift für Romanische Philologie 86 (1970), pp. 509–524

Larmat, Jean, *Le réel et l'imaginaire dans la ›Navigation de Saint-Brandan‹*, in: *Voyage, Quête, Pèlerinage dans la littérature et civilisation médiévale*, Aix-en-Provence 1976, (= Sénifiance 2), pp. 169–182

Lausberg, Heinrich, *Zum altfranzösischen Alexiuslied*, in: Archiv für das studium der neueren Sprachen und Literaturen 191 (1956), pp. 285–320

Menéndez Pidal, Ramón, *La Chanson de Roland y el neotradicionalismo*, Madrid 1959

Payen, J.-C. – Garel, Jean, *Le roman médiéval au XIIe et au XIIIe siècle*, in: *Manuel d'histoire littéraire de la France*, s. unter Allg., t. I, pp. 186–230

Planche, Alice, *Charles d'Orléans ou la recherche d'un langage*, Paris 1975, (= Bibliothèque du XVe siècle 37)

Pollmann, Leo, *Geschichte der französischen Literatur*, Bd. I: *Feudalzeitalter*, Wiesbaden 1974

ders., *Die Liebe in der hochmittelalterlichen Literatur Frankreichs. Versuch einer historischen Phänomenologie*, Frankfurt/M. 1966, (= Analecta romanica 18)

Potansky, Peter, *Der Streit um den Rosenroman*, München 1972, (= Münchener romanistische Arbeiten 33)

Rissel, Maria, *Rezeption antiker und patristischer Wissenschaft bei Hrabanus*

*Maurus*, Frankfurt 1976, (= Lateinische Sprache und Literatur des Mittelalters 7)
Roques, Mario, *Les Serments de Strasbourg*, in: Medium Aevum 5 (1936), pp. 157–172
Rossman, Vladimir R., *Perspectives of irony in medieval french literature*, Den Haag 1975, (= De proprietatibus litterarum, series Major 35)
Schoell, Konrad, *Das komische Theater des französischen Mittelalters*, München 1975
Schurfranz, L., *The french swanknight legend*, Diss. University of North Carolina 1959
Smit, Anne Marie Marthe, *Contribution à l'étude de la connaissance de l'antiquité au moyen âge*, Leiden 1934
Togeby, Knud, *Ogier le Danois dans les littératures européennes*, Kopenhagen 1969
Varvaro, Alberto, *Il ›Roman de Tristan‹ di Berol*, Turin 1963
Vossler, Karl, *Zur Entstehung romanischer Dichtungsformen*, in: *Die romanische Welt*, s. unter Allg., pp. 11–47
Wais, Kurt, *Über themengeschichtliche Zusammenhänge des versenkten Schwertes von Roland, Arthur, Starkad und anderen*, in: Germanisch-romanische Monatsschrift 26 (1976), pp. 25–53
Waltz, Matthias, *Rolandslied, Wilhelmslied, Alexiuslied. Zur Struktur und geschichtlichen Bedeutung*, Heidelberg 1965, (= Studia Romanica 9)
Zaganelli, Gioia, *Donne e amore nella poesia di Arras dei secoli XII e XIII*, in: Spicilegio Moderno (Pisa) 4 (1975), pp. 9–25
Zink, Michel, *La prédication en langue romane avant 1300*, Paris 1976, (= Nouvelle bibliothèque du moyen âge 4)
Zumthor, Paul, *Histoire littéraire de la France médiévale: VIe–XIVe siècles*, Paris 1954

## Die Renaissance

Atkinson, Geoffroy, *Les nouveaux horizons de la renaissance française*, Paris 1935
Auerbach, *Die Welt in Pantagruels Mund*, in: *Mimesis*, s. unter Allg., pp. 250–270
ders., *L'Humaine condition*, in: *Mimesis*, s. unter Allg., pp. 271–296
Balmas, Enea, *La commedia francese del cinquecento*, Mailand 1967
Baïche, André, *La naissance du baroque français. Poésie et image de la Pléiade à Jean de La Ceppède*, Toulouse 1976
Buck, August, *Das Geschichtsdenken der Renaissance*, Krefeld 1957
ders., *Die humanistische Tradition in der Romania*, Bad Homburg vor der Höhe 1968
ders., *Die Rezeption der Antike in den romanischen Literaturen der Renaissance*, Berlin 1976, (= Grundlagen der Romanistik 8)
ders. (Hg.), *Renaissance und Barock*, Frankfurt 1972, (= Neues Handbuch der Literaturwissenschaft)

Buck, August – Heitmann, Klaus – Mettmann, Walter (Hg.), *Dichtungslehren der Romania aus der Zeit der Renaissance und des Barock,* Frankfurt/M. 1972, (= Dokumente zur europäischen Poetik 3)

Calin, William, *Ronsard and the myth of justice: A typological interpretation of Hymne de la justice,* in: Degré second 1 (1977), pp. 1–12

Forster, Elborg, *Die französische Elegie im 16. Jahrhundert,* Diss. Köln 1959

Forster, Leonard, *The icy fire. Five studies in European Petrarchism,* Cambridge 1969

Gourg, Jean-L. – Minvielle, Pierre, *Rabelais,* in: *Manuel d'histoire littéraire de la France,* s. unter Allg., Bd. I, pp. 425–454

Govaert, Marcel, *La langue et le style de Marnix de Sainte-Aldegonde dans son ›Tableau des différens de la Religion‹,* Brüssel 1953, (= Académie royale de Belgique, Classe des Lettres, Mémoires 48, Fasz. 1)

Grisé, Catherine, *Chassignet and Justus Lipsius,* in: Vivarium 8 (1975), pp. 153–164

dies., *Chassignet's debt to Seneca,* in: Bibl. Humanisme et Renaissance 37 (1976), pp. 357–164

Hallyn, Fernand, *Formes métaphoriques dans la poésie lyrique de l'âge baroque en France,* Genf 1976, (= Histoire des idées et critique littéraire 150)

Hassinger, Erich, *Das Werden des neuzeitlichen Europa,* Braunschweig 1959, (= Geschichte der Neuzeit I)

Heitmann, Klaus, *Die heutige literaturhistorische Definition der französischen Renaissance,* in: Bibl. Humanisme et Renaissance 39 (1977), pp. 329–366

Jondorf, Gillian, *Petrarchan variations in Pernette Du Guillet and Louise Labé,* in: Modern Language Review 71 (1976), pp. 766–778

Joukovsky, Françoise, *Paysages de la Renaissance,* Paris 1975, (= Publications de l'Université de Rouen, Série littéraire 26)

Leiner, Wolfgang, *Ronsard et Chassignet devant le spectacle de la mort. Etude comparative de deux sonnets,* in: Kentucky Romance Quarterly-Lexington 22 (1975), pp. 491–515

Margolin, Jean-Claude, *Libertins, libertinisme et ›libertinage‹ au XVIe siècle,* in: *Aspects du libertinisme au XVIe siècle.* Actes du colloque international de Sommières, Paris 1974, pp. 1–33

Ménager, Daniel, *Introduction à la vie littéraire du XVIe siècle,* Paris–Montreal 1968, (= Coll. Bordas Etudes 31)

Pabst, Walter, *Die Pforte von Thélème und Dantes Höllentor* (1955), in: *Themen und Texte,* s. unter Allg., pp. 119–125

Plattard, Jean, *La renaissance de lettres en France de Louis XII à Henri IV,* Paris 1967

Sacre, James, *Un sang maniériste. Etude structurale du mot ›sang‹ dans la poésie lyrique française de la fin du XVIe siècle,* Neuchâtel 1976

Silver, Isidore, *The marriage of poetry and music in France. Ronsard's predecessors and contemporaries,* in: *Poetry and poetics from ancient Greece to the Renaissance,* Studies in honor of J. Hutton, Hg. G. M. Kirkwood, Ithaca-London 1975, (= Cornell Studies in Classical Philology 385)

Simone, Franco, *Umanesimo, rinascimento, barocco in Francia,* Mailand 1968

Tans, J. A. O. (Hg.), *Invention et imitation. Etudes sur la littérature du XVIe siècle,* publ. sous la direction de . . ., Den Haag–Brüssel 1968
Tetel, Marcel, *Montaigne and Machiavelli; Ethics, politics and humanism,* in: Rivista di Letterature Moderne et Comparate (Florenz) 29 (1976), pp. 165–181
Wagner, Heinz, *Die Thematik und der Stil im ›Mespris de la vie et consolation contre la mort‹ von J.-B. Chassignet,* Frankfurt/M. 1972 (= Europäische Hochschulschriften, Französische Sprache und Literatur XIII, 11)
Weber, Henri, *Humanisme et réforme,* in: *Manuel d'histoire littéraire de la France,* s. unter Allg., t. I, pp. 376–424
Wittschier, Heinz-Willi, *Die Lyrik der Pléiade,* Frankfurt/M. 1971

## Das 17. Jahrhundert

Adam, Antoine, *Les libertins du XVIIe siècle,* Paris 1964
ders., *Histoire de la littérature française au 17e siècle* (5 Bde.), Paris 1962–1968
ders., *Du mysticisme à la révolte. Les jansénistes du XVIIe siècle,* Paris 1968
ders., *Le théâtre classique,* Paris 1970, (= Que sais-je? 1414)
Albaneze, Ralph jr., *Le dynamisme de la peur chez Molière. – Une anlyse socio-culturelle de Dom Juan, Tartuffe et l'Ecole des femmes,* University of Mississipi 1976, (= Romance Monographs, Inc. Num. 19)
Ansmann, Liane, *Madame de Lafayette: La Princesse de Clèves,* in: *Der französische Roman,* hg. von K. Heitmann, s. unter Allg., t. I, pp. 120–145 und 366–368
Atkinson, Geoffroy, *Le sentiment de la nature et le retour à la vie simple 1690–1740,* Genf 1960
ders., *The sentimental revolution. French writers 1690–1740,* hg. von A. C. Keller, Seattle-London 1965
Bray, René, *La formation de la doctrine classique en France,* Paris [3]1967
Buck, Evonne Patricia, *The Renaissance Pastoral Romance. A Study of genre and theme in Sannazaro, Montemayor, Sidney and d'Urfé,* Diss. University of Michigan 1975
Butler, Philipp, *Classicisme et baroque dans l'œuvre de Racine,* Paris 1959
Clarac, Pierre, *L'âge classique 1660–1680,* Paris 1969
Coulet, Henri, *Les chefs-d'œuvre peuvent-ils être réactionnaires? Le cas des œuvres classiques,* in: *Le dix-septième siècle* aujourd'hui, s. dort, pp. 169–175
Dalla Valle, D., *La frattura. Studi sul barocco letterario francese,* Ravenna 1970
Delcroix, Maurice, *Le sacré dans les tragédies profanes de Racine. Essai sur la signification du dieu mythologique et de la fatalité dans La Thébaïde, Andromaque, Iphigénie et Phèdre,* Paris 1970
ders., *Mot-thème et stylistique. L'exemple de Racine,* in: Francia 15 (1975), pp. 1–17
Démoris, René, *Le roman à la première personne. Du classicisme aux lumières,* Paris 1975, (= Publications de la Sorbonne IV, N.S. Recherches 15)

Doubrovsky, Serge, *Corneille et la dialectique du héros,* Paris 1963
Favre, Robert, *La mort au siècle des Lumières,* Lyon 1978
Garscha, Karsten, *Alexandre Hardy als Barockdichter,* Frankfurt/M. 1971
Genette, Gérard, *L'univers réversible,* in: *Figures I* (s. unter Allg.), pp. 9–20
Guichemerre, Roger, *La comédie avant Molière,* Paris 1972
Hatzfeld, Helmut, *Das Periodisierungsdilemma Barock-Klassik in Frankreich heute,* in: *Mélanges de langues et de littératures romanes offerts à C. Th. Gossen,* hg. G. Colón und R. Kopp, Bern–Lüttich 1976, pp. 325–340
Hipp, Marie-Thérèse, *Mythes et réalités. Enquête sur le roman et les mèmoires 1660–1700,* Paris 1976, (= Bibliothèque française et romane 53)
Hobert, Erhard, *Interpretationen französischer Barockpoesie: Chassignet-Des Barreaux-Dehénault,* in: Germanisch-romanische Monatsschrift 27 (1977), pp. 376–390
Köhler, Erich, *›Ingrat‹ im Théater Racines. Über den Nutzen des Schlüsselworts für eine historisch-soziologische Literaturwissenschaft,* in: Racine, hg. von W. Theile, s. dort, pp. 416–437
ders., *Vorlesungen zur Geschichte der französischen Literatur: Vorklassik, Klassik I, Klassik II,* hg. H. Krauß/D. Rieger, 3 Bde., Stuttgart 1983
Krömer, Wolfram, *Kurzerzählungen und Novellen in den romanischen Literaturen bis 1700,* Berlin 1973, (= Grundlagen der Romanistik 3)
Leblanc, Paulette, *Les paraphrases françaises des Psaumes à la fin de l'époque baroque 1610–1660,* Paris 1960
Lemmer, Klaus-J., *Französisches Barocktheater,* Berlin 1963, (= Rembrandt Reihe 46)
Martino, Pierre, *L'orient dans la littérature française au XVIIe et au XVIIIe siècle,* Paris 1906
Menéndez Pidal, Ramón, *Sobre los origines de El convidado de piedra* (1906), in: Estudois literarios, Madrid [8]1957, (= Coll. Austral 28), pp. 83–108
Read Baker, Susan, *Tragic vision in Racine's Iphigénie and Euripides' Iphigenia in Aulis,* in: Degré second 1 (1977), pp. 37–58
Romero, Laurence, *Molière: Traditions in criticism,* Chapel Hill 1974, (= North Carolina Studies in the Romance Languages and Literatures, Essay 1)
Roth, Oskar, *Die Gesellschaft der ›Honnêtes gens‹. Zur sozialethischen Grundlegung des ›Honnêteté‹-Ideals bei La Rochefoucauld,* Heidelberg 1981 (Studia Romanica 41)
Rothe, Arnold, *Französische Lyrik im Zeitalter des Barock,* Berlin 1974, (= Grundlagen der Romanistik 5)
Rousset, Jean, *La littérature de l'âge baroque en France,* Paris 1963
Segall, J.-B., *Corneille and the spanish drama,* New York 1902
Spink, John S., *French free thought from Gassendi to Voltaire,* London 1960
Theile, Wolfgang (Hg.), *Racine,* Darmstadt 1976, (= Wege der Forschung 152)
Vossler, Karl, *La Fontaine und sein Fabelwerk,* Heidelberg 1919
York, R. A., *La rhétorique dans L'Astrée,* in: XVIIe Siècle, 110/111 (1976), pp. 13–24

## Das 18. Jahrhundert


Ages, Arnold, *French enlightenment and rabbinic tradition,* Frankfurt/M. 1969, (= Analecta romanica 26)

Baruzzi, Arno, *Aufklärung und Materialismus in Frankreich des 18. Jahrhunderts,* München 1968

Benrekassa, Georges, *Montesquieu et la roman comme genre littéraire,* in: *Roman et Lumières au 18e siècle,* Paris 1970, pp. 27–37

Besse, Guy, *Libre arbitre et vertu. La ›Nouvelle Héloïse‹ et l'héritage cartésien,* in: *Roman et Lumières au 18 e siècle,* Paris 1970, pp. 284–296

Blanc, Henri, *Les liaisons dangereuses de Choderlos de Laclos,* Paris 1972, (= Poche critique)

Brockmeier, Peter, *Die gefährliche arbeitende Klasse. Zur Darstellung des Volkes in der französischen Literatur des 18. und 19. Jahrhunderts,* in: Romanistische Zeitschrift für Literaturgeschichte 1 (1977), pp. 204–228

Coulet, Henri – Gilot, Michel, *Marivaux. Un humanisme expérimental,* Paris 1973, (= Thèmes et textes)

Darnton, Robert, *Un commerce de livres ›sous le manteau‹ en Province à la fin de l'Ancien Régime,* in: Etudes sur le XVIIIe siècle 3 (1976), pp. 39–56

Descotes, Maurice, *Les grands rôles du théâtre de Marivaux,* Paris 1972

Dieckmann, Herbert, *Zur Theorie der Lyrik im 18. Jahrhundert in Frankreich, mit gelegentlicher Berücksichtigung der englischen Kritik,* in: W. Iser (Hg.), *Immanente Ästhetik – Ästhetische Reflexion. Lyrik als Paradigma der Moderne,* München 1966, (= Poetik und Hermeneutik 2), pp. 73–112

ders., *Diderot und die Aufklärung. Aufsätze zur europäischen Literatur des 18. Jahrhunderts,* Stuttgart 1972, (= Studien zur Allgemeinen und Vergleichenden Literaturwissenschaft 5)

*Europäische Aufklärung.* – H. Dieckmann zum 60. Geburtstag, hg. von H. Friedrich und F. Schalk, München 1967

Faivre, Jean-Luc, *Les liaisons dangereuses,* Paris 1973, (= Profil d'une œuvre 43)

Fauchery, Pierre, *La destinée féminine dans le roman européen du dix-huitième siècle,* Paris 1972

Favre, Robert, *La mort au siècle des Lumières,* Lyon 1978

Gordon, Lew, *Studien zur plebejisch-demokratischen Tradition in der französischen Aufklärung,* Berlin 1972

Granpré-Molière, Jean-Jacques, *La théorie de la constitution anglaise chez Montesquieu,* Leiden 1972

Gruber, Alain-Charles, *Les grandes fêtes et leurs décors à l'époque de Louis XVI,* Paris–Genf 1972, (= Histoire des idées et critique littéraire 122)

Hempel, Wido (Hg.), *Französische Literatur im Zeitalter der Aufklärung.* Gedächtnisschrift für F. Schalk, Frankfurt/M. 1983 (Analecta Romanica 48)

Herrmann, Michael, *Das Gesellschaftstheater des Louis Carrogis de Carmontelle (1717–1806),* Diss. Mainz 1965

Hinterhäuser, Hans, *Utopie und Wirklichkeit bei Diderot. Studien zum ›Supplément au voyage de Bougainville‹,* Heidelberg, s. d. (= Heidelberger Forschungen 5)

Hoffmann, Paul, *La beauté de la femme selon Diderot*, in: *XVIII e siècle* 9 (1977), pp. 273–189

Jüttner, Siegfried, *Grundtendenzen der Theaterkritik von Friedrich-Melchior Grimm 1753–1773*, Wiesbaden 1969 (= Untersuchungen zur Sprach- und Literaturgeschichte der romanischen Völker 5)

ders., *Die Kunstkritik Diderots 1759–1781*, in: *Beiträge zur Theorie der Künste im 19. Jahrhundert*, (Bd. 1), hg. von H. Koopmann und J. A. Schmoll, Frankfurt/M. 1971, pp. 13–29

Kimpel, Dieter, *Der Roman der Aufklärung*, Stuttgart 1967, (= Sammlung Metzler 68)

Krauss, Werner, *Studien zur deutschen und französischen Aufklärung*, Berlin 1963, (= Neue Beiträge zur Literaturwissenschaft 16)

ders., *Literatur der französischen Aufklärung*, Darmstadt 1972, (= Erträge der Forschung 9)

Laufer, Roger, *Style Rococo, style des lumières*, Paris 1963

Marx, Jacques, *Problèmes de l'illuminisme*, in: Revue de L'Université de Bruxelles 1975, pp. 423–448

Mauzi, René, *L'idée du bonheur dans la littérature et la pensée françaises au XVIIIe siècle*, Paris 1960

May, Georges, *Diderot, artiste et philosophe du décousu*, in: *Europäische Aufklärung*, s. dort, pp. 165–188

Minguet, Philippe, *Esthétique du Rococo*, Paris 1966

Mortier, Roland, *Clartés et ombres du siècle des lumières. Etudes sur le XVIIIe siècle littéraire*, Genf 1969

Mylne, Vivienne, *The eighteenth-century french novel. Techniques of illusion*, New York ²1970

Naves, Raymond, *Voltaire. L'homme et l'œuvre*, Paris ⁵1958, (= Connaissance des Lettres 10)

Nivelle, Armand, *Literaturästhetik der europäischen Aufklärung*, Wiesbaden 1977, (= Athenaion Studientexte 2)

Otto, Gertrud, *Ode, Ekloge und Elegie im 18. Jahrhundert. Zur Theorie und Praxis der französischen Lyrik nach Boileau.* Bern–Frankfurt/M. 1973, (= Europäische Hochschulschriften, XIII: Französische Sprache und Literatur 20)

Pinkernell, Gert, *Interpretation von: Marivaux, La vie de Marianne*, in: *Der französische Roman*, hg. von K. Heitmann, s. unter Allg., t. I, pp. 188–209 und 374–376

Ritzel, Wolfgang, *Jean-Jacques Rousseau*, Stuttgart-Berlin-Köln-Mainz ²1971, (= Urban Taschenbücher 37)

Roger, Jacques, *Le sciences de la vie dans la pensée française du XVIIIe siècle*, Paris ²1971

Rosso, Corrado, *Moralisti del ›Bonheur‹*, Pisa ²1977

Rothe, Arnold, *Dichtung zwischen Salon und Sentiment. Zur Rezeption Chaulieus im 18. und 19. Jahrhundert*, in: Festschrift H. Friedrich, Frankfurt 1974, pp. 707–730, hg. von E. Köhler

Rustin, Jacques, *L'imposture de la vertu dans le roman sensible ou les ›Lettres*

*de Milord Rodex pour servir à l'histoire des moeurs du XVIIIe siècle* (1768), in: *Roman et Lumières au XVIIIe siècle*, Paris 1970, pp. 153–180
Schalk, Fritz, *Studien zur französischen Aufklärung*, Frankfurt/M. ²1977, (= Das Abendland, NF 8)
ders., *Der Artikel ›Méditation‹ in der Diderotschen Enzyklopädie*, in: Romanische Forschungen 89 (1977), pp. 227–239
Schon, Peter Martin, *Delilles Überlegungen zur Poetik*, in: *Lebendige Romania*, Festschrift für H.-W. Klein, Göppingen 1976, (= Göppinger Akademische Beiträge 88), pp. 363–380
Schricke, Gilbert – Lotschak, Peter (Hg.), *Leben und Werk des Pierre Chamblain de Marivaux*, Düsseldorf 1969
Starobinski, Jean, *Rousseau et l'origine des langues*, in: *Europäische Aufklärung*, s. dort, pp. 281–300
Trapnell, William, *Voltaire and his portable dictionary*, Frankfurt/M. 1972, (= Analecta Romanica 32)
Trousson, Raymond, *Quinze années d'études rousseauistes*, in: *XVIIIe siècle* 9 (1977), pp. 343–386
Woodbridge, John D., *Censure royale et censure épiscopale. Le conflit de 1702*, in: *XVIIIe siècle* 8 (1976), pp. 333–355

## Das 19. Jahrhundert

Alquier, Aline, *George Sand*, Paris 1973, (= Coll. Les Géants)
Aragon, Louis, *Alfred de Musset*, in: Les Lettres Françaises, 18.–24. April 1957
Auerbach, Erich, *Im Hôtel de la Mole*, in: *Mimesis* (s. unter Allg.), pp. 422–459
Barre, André, *Le symbolisme*, Paris 1912 (Reprint 1970)
Biesbrock, Rüdiger van, *Die literarische Mode der Physiologien in Frankreich 1840–1842*, Frankfurt/M.–Bern–Las Vegas 1978, (= Studien und Dokumente zur Geschichte der Romanischen Literaturen 3)
Börsch, Winfried, *Die Bedeutung der Musik in der Poetik Verlaines und der deutschen Romantik*, in: Archiv für das Studium der Neueren Sprachen und Literaturen 213 (1976), pp. 9–18
Bonneville, Georges, *Les fleurs du mal. – Baudelaire*, Paris 1972, (= Profil d'une œuvre 21)
Bosse, Monika, *Metamorphosen des literarischen ›Contre-Pouvoir‹ im nachrevolutionären Frankreich*, München 1981
Braet, Herman, *L'accueil fait au symbolisme en Belgique 1885–1900*, Brüssel 1967, (= Académie Royale de Langue et de Littérature Françaises)
Brinkmann-Scheihing, Beatriz, *Spanische Romanzen in der Übersetzung von Diez, Geibel und von Schack. Analyse und Vergleich*, Marburg 1975, (= Marburger Beiträge zur Germanistik 51)
Bürger, Peter, *Interpretation zu Stendhal: Le Rouge et le Noir*, in: Der französische Roman, hg. von K. Heitmann (s. unter Allg.), t. I, pp. 274–292 und 385–387
Butler, John Davies, *Jean Moréas*, Paris–Den Haag 1967

Charlton, D.-G., *Positivist thought in France during the second empire 1852–1870*, Oxford 1959
Clouard, Henri, *Histoire de la littérature française du symbolisme à nos jours de 1885–1914*, Paris 1947
Cogny, Pierre, *Le naturalisme*, Paris 1963, (= Que sais-je? 604)
Cohn-Blum, Alix, *Gustave Flaubert: L'éducation sentimentale*, in: *Der moderne französische Roman*, hg. von W. Pabst (s. unter Allg.), pp. 31–51
Curtius, Ernst-Robert, *Maurice Barrès und die geistigen Grundlagen des französischen Nationalismus*, Bonn 1921
Daus, Ronald, *Zola und der französische Naturalismus*, Stuttgart 1976
Delcroix, Maurice, *La littéralité profonde*, in: Romanic Review 66 (1975), pp. 47–56. – Zu Verlaine
Dénommé, R. Th., *Nineteenth century romantic poets*, London 1969
Dijkstra, Sandra Kanter, *Flora Tristan and the aesthetics of social change*, Diss. Univ. of California, San Diego 1976
Drost, Wolfgang, *Baudelaire et le baroque belge*, in: Revue d'esthétique 12 (1959), pp. 33–60
ders., *Gustave Flaubert: L'Education sentimentale*, in: *Der französische Roman*, hg. von K. Heitmann (s. unter Allg.), t. I, pp. 332–353 und 391–393
ders., *Interpretation zu Baudelaire, L'Invitation au voyage*, in: *Die französische Lyrik ...* (s. unter Allg.), t. II, pp. 40–52 und 366–368
Dyserinck, Hugo, *Zur Sonderstellung der französisch schreibenden flämischen Autoren der Generation von 1880*, in: Die Neueren Sprachen 10 (1964), pp. 468–480
Engler, Winfried, *Interpretation zu Lautréamont: Les chants de Maldoror, Chant 4e*, in: *Die französische Lyrik ...* (s. unter Allg.), t. II, pp. 75–86 und 372
ders., *Interpretation zu Jules Laforgue: Locutions des Pierrots*, ebda., pp. 147–155 und 379–382
Fischer, Gerhard, *The Paris Commune on the stage. Vallès, Grieg, Brecht, Adamov. A comparative study about the representation of historical reality in modern theatre*, Diss. State University New York, Binghamton 1976
Friedrich, Hugo, *Drei Klassiker des französischen Romans: Stendhal, Balzac, Flaubert*, Frankfurt/M. [6]1970
Furman, Nelly, *La revue des deux mondes et le romantisme 1831–1848*, Genf 1975, (= Histoire des idées et critique littéraire 149)
Gerhardi, Gerhard C., *Roman und Historie: Das Geschichtsverständnis bei Flaubert*, in: Degré second 1 (1977), pp. 165–190
Gouraige, Ghislain, *Le naturalisme et l'amour*, in: Les cahiers naturalistes 44 (1972), pp. 188–200
Gsteiger, Manfred, *Französische Symbolisten in der deutschen Literatur der Jahrhundertwende*, Bern–München 1971
ders., *La fortune de quelques symbolistes belges dans les pays de langue allemande*, in: Revue de L'Universite de Bruxelles 1974, pp. 252–263
Guiette, Robert, *Ecrivains français de Belgique au XIXe siècle*, Paris–Brüssel, (= Complément au tome V de la collection Lagarde et Michard)

Gumbrecht, Hans-Ulrich, *Zola im historischen Kontext. Für eine neue Lektüre des Rougon-Macquart-Zyklus,* München 1978

Guthmüller, Hans-Bodo, *Die Rezeption Mussets im Second Empire,* Frankfurt/M. 1973, (= Ars poetica, Studien 17)

Hardt, Manfred, *Flauberts Spätwerk. Untersuchungen zu Bouvard et Pécuchet,* Frankfurt/M. 1970, (= Analecta Romanica 27)

Heitmann, Klaus, *Der Immoralismus-Prozess gegen die französische Literatur im 19. Jahrhundert,* Bad Homburg vor der Höhe 1970

Hempel, Wido, *Manzoni und die Darstellung der Menschenmenge als erzählerisches Problem in den ›Promessi Sposi‹, bei Scott und in den historischen Romanen der französischen Romantik,* Krefeld 1974, (= Schriften und Vorträge des Petrarka-Instituts Köln 26)

Hinterhäuser, Hans, *Interpretation zu Paul Verlaine: Mon rêve familier,* in: *Die französische Lyrik* ... (s. unter Allg.), t. II, pp. 65–74 und 370–372

ders., *Interpretation zu Alfred Jarry: L'Homme à la hache,* ebda., pp. 167–178 und 384–386

Hofer, Hermann, *Barbey d'Aurevilly Romancier,* Bern 1974

Horville, Robert, *Lorenzaccio. Analyse critique,* Paris 1972, (= Profil d'une œuvre 27)

Jeune, S. *Taine, interprête de La Fontaine,* Paris 1968

Klinkenberg, Jean-Marie, *L'Ulenspiegel de Charles de Coster fut il le témoin d'une époque?,* in: *Autour d'un centenaire,* Brüssel 1968, (= Académie Royale de langue et littérature françaises), pp. 3–26

ders., *Style et archaïsme dans la Legende d'Ulenspiegel de Charles de Coster* (2 Bde.), Brüssel 1973, (= Académie Royale de langue et de littérature françaises)

Knauth, Alfons K., *Die poetische Bedeutung der Farbe in Verlaines Lyrik,* Diss. Bonn 1966, (= Romanistische Versuche und Vorarbeiten 20)

Kremers, Dieter, *Interpretation zu Stéphane Mallarmé: Autre éventail,* in: *Die französische Lyrik* ... (s. unter Allg.), t. II, pp. 127–137 und 378–379

Krömer, Wolfram, *Die französische Novelle im 19. Jahrhundert,* Frankfurt/M. 1972, (= Schwerpunkte Romanistik 12)

ders., *Die französische Romantik,* Darmstadt 1975, (= Erträge der Forschung 38)

Lange, Wolf-Dieter (Hg.), *Französische Literatur des 19. Jahrhunderts,* 3 Bde., Heidelberg 1979/1980 (UTB 942, 943, 944)

Lévi-Strauss, Claude – Jakobson, Roman, *›Les Chats‹ de Charles Baudelaire,* in: Revue Française d'Anthropologie 2 (1962), pp. 5–21

Lope, Hans-Joachim, *Die Briefe ›Du Romantisme‹ im ›Mathieu Laensbergh‹ von 1826. Ein Beitrag zur ›Bataille romantique‹ in Belgien,* in: Arcadia 4 (1969), pp. 87–90

ders., *Honoré de Balzac: Un épisode sous la terreur,* in: *Die französische Novelle,* hg. von W. Krömer (s. unter Allg.), pp. 113–122 und 354–356

ders., *Honoré de Balzac: L'Auberge Rouge,* ebda., pp. 123–132 und 356–358

ders., *Zwischen Emanzipation und Trivialität: George Sand,* in: *Die französische Autorin ...,* hg. R. Baader/D. Fricke (s. dort), pp. 199–212

López Jiménez, Luis, *El naturalismo y España. Valera frente a Zola*, Madrid 1977
Madaule, J., *Chateaubriand*, in: *Manuel d'histoire littéraire* ... (s. unter Allg.), t. IV/1, pp. 228–254
Mallet, Francine, *George Sand*, Paris 1976
Mitchell, Bonner, *Les manifestes littéraires de la Belle Epoque*, Paris 1966
Mockel, Albert, *Esthétique du symbolisme*, Brüssel 1962
Müller-Bochat, Eberhard, *Victor Hugo: Les Misérables*, in: *Der französische Roman*, hg. von K. Heitmann (s. unter Allg.), t. II, pp. 312–331 und 390–391
Nachtergaele Vic., *Le monde imaginaire dans la trilogie des Soirs d'Emile Verhaeren*, Faculteit Wijsbegeerte en Letteren, Universitaire Campus, Kortrijk. – Katholieke Universiteit Leuven 1976
Nagavajara, Chetana, *August Wilhelm Schlegel in Frankreich. Sein Anteil an der französischen Literaturkritik 1807–1835*, Tübingen 1966, (= Forschungsprobleme der Vergleichenden Literaturgeschichte 3)
Neuschäfer, Hans-Jörg, *Populärromane im 19. Jahrhundert. Von Dumas bis Zola*, München 1976, (= UTB 524)
Nies, Fritz, *Poesie in prosaischer Welt. Untersuchungen zum Prosagedicht bei A. Bertrand und Baudelaire*, Heidelberg 1964, (= Studia Romanica 7)
Peyre, Henri, *Qu'est-ce que le romantisme?* Paris 1971
ders., *La littérature symboliste*, Paris 1976, (= Que sais-je? 82)
Pierrot, Jean, *Merveilleux et fantastique. Une histoire de l'imaginaire dans la prose française du Romantisme à la Décadence 1830–1900*, Université de Lille III, Service de reproduction de thèses 1975
Plowert, Jacques, *Petit glossaire pour servir à l'intelligence des auteurs décadents et symbolistes*, Paris 1888, (Reprint 1962)
Pollmann, Leo, *Honoré de Balzac, Le père Goriot*, in: *Der französische Roman*, hg. von K. Heitmann (s. unter Allg.), t. I, pp. 293–311 und 387–390
Prendergast, Christopher, *Balzac's steam engine: energy and entropy in the ›Comédie humaine‹*, in: Degré second 1 (1977), pp. 113–138
Rogge, Helmuth, *Fingierte Briefe als Mittel politischer Satire*, München 1966
Ruff, Marcel-A., *L'Esprit du Mal et l'esthétique baudelairienne*, Paris 1955
Siebenmann, Gustav, *Interpretation zu Charles Baudelaire: Chant d'automne*, in: *Die französische Lyrik* ..., hg. von H. Hinterhäuser (s. unter Allg.), t. II, pp. 20–28 und 363–364
ders., *Interpretation zu Marceline Desbordes-Valmore: Les séparés*, ebd., t. I, pp. 250–261 und 378–379
Stromberg, Roland N., *Realism, Naturalism and Symbolism. Modes of thoughts and expression in Europe 1848–1914*, New York 1968
Theile, Wolfgang, *René Ghil*, Diss. Tübingen 1965
Theisen, Josef, *Die Dichtung des französischen Symbolismus*, Darmstadt 1974, (= Erträge der Forschung 31)
Theis, Raymund, *Zur Sprache der ›Cité‹ in der Dichtung. Untersuchungen zum Roman und zum Prosagedicht*, Frankfurt/M. 1972, (= Analecta Romanica 33)
Thoma, Heinz, *Aufklärung und nachrevolutionäres Bürgertum in Frankreich.*

*Zur Aufklärungsrezeption in der französischen Literaturgeschichte des 19. Jahrhunderts 1794–1914*, Heidelberg 1976, (= Studia Romanica 30)
Tieghem, Paul van, *Le préromantisme* (2 Bde.), Paris 1930
Wehle, Winfried, *Interpretation zu Charles Baudelaire: Parfum exotique*, in: *Die französische Lyrik* . . ., hg. von H. Hinterhäuser (s. unter Allg.), t. II, pp. 9–19 und 361–363
Weinberg, K., *›Race‹ et ›Races‹ dans l'œuvre d'Ernest Renan*, in: Zeitschrift für Französische Sprache und Literatur 68 (1958), 129–142
Wenk, Arthur B., *Claude Debussy and the poets*, London–Berkeley 1976
Zimmermann, Inge, *Farbsymbolik und Handlungsstruktur im Romanwerk Flauberts*, Diss. Bonn 1968

## Das 20. Jahrhundert

Antoine, Gérald, *Où en est-on de la ›nouvelle critique‹?* in: Le Français moderne 41 (1973), pp. 374–378
Babilas, Wolfgang, *Louis Aragon*, in: *Französische Literatur* . . ., hg. von W.-D. Lange, s. dort, pp. 78–112
Bachelard, Gaston, *L'eau et les rêves. Essai sur l'imagination de la matière*, Paris 1964 (Erstausg. 1942)
Barthes, Roland, *Critique et vérité*, Paris 1966
Bégué, Claude – Lartigue, Pierre, *Alcools. Apollinaire*, Paris 1972, (= Profil d'une œuvre 25)
Biemel, Walter, *Jean-Paul Sartre in Selbstzeugnissen und Bilddokumenten*, Reinbek bei Hamburg 1964
Boisdeffre, Pierre de, *Une histoire vivante de la littérature d'aujourd'hui*, Paris 1962
ders., *Abrégé d'une histoire de la littérature d'aujourd'hui*, Paris 1969, (= Le monde en 10/18)
Broekmann, Jan M., *Strukturalismus: Moskau, Prag, Paris*, Freiburg–München 1971, (= Kolleg Philosophie)
Bürger, Peter, *Der französische Surrealismus. Studien zum Problem der avantgardistischen Literatur*, Frankfurt/M. 1971
Chaigne, Louis, *Les lettres contemporaines*, Paris 1964
Cheval, René, *Romain Rolland, l'Allemagne et la guerre*, Paris 1963
Cornell, Kenneth, *The post-symbolist period 1900–1920*, New Haven 1958
Curtius, Ernst-Robert, *Französischer Geist im 20. Jahrhundert*, Bern–München [2]1960
Debû-Bridel, Jacques, *La résistance intellectuelle*, Paris 1970
ders., *Les éditions de minuit*, Paris 1945
Delcroix, Maurice, *L'errance du récit dans ›L'œuvre au noir‹ de M. Yourcenar: la halte de Cologne*, in: *Studia belgica*, hg. H.-J. Lope (s. unter Allg.), pp. 29–42
Duplessis, Yvonne, *Le surréalisme*, Paris [9]1971, (= Que sais-je? 432)
Engler, Winfried, *Französische Literatur im 20. Jahrhundert*, Bern–München 1968, (= Dalp Taschenbücher 391G)

Field, Frank, *Three french writers (Barbusse, Bernanos, Drieu La Rochelle) and the great war. Studies in the rise of communism and fascism*, Cambridge 1975

Fricke, Dietmar, *Jean Genet*, in: *Französische Literatur ...*, hg. von W.-D. Lange, (s. dort), pp. 674–704

Friedrich, Hugo, *Die Struktur der modernen Lyrik. Von der Mitte des 19. bis zur Mitte des 20. Jahrhunderts*, erw. Neuausgabe, Reinbek bei Hamburg 1967

Gaulle, Charles de, *Mémoires de Guerre* (3 Bde.), Paris 1959

Gölter, Waltraut, *Entfremdung als Konstituens bürgerlicher Literatur, dargestellt am Beispiel Samuel Becketts. Versuch einer Vermittlung von Soziologie und Psychoanalyse als Interpretationsmodell*, Heidelberg 1976, (= Studia Romanica 27)

Gontier, Fernande, *La femme et le couple dans le roman de l'entre-deux-guerres* 1919–1939, Paris 1976, (= Femmes et littérature 2)

Gorceix, Paul, *Le symbolisme en Belgique. Etude de textes*, Heidelberg 1982 (Studia Romanica 45)

Guérin, Alain, *La Résistance. Chronique illustrée 1930–1950*, (5 Bde.), Paris 1973–1976

Gülich, Elisabeth, *Raymond Queneau*, in: *Französische Literatur ...*, hg. von W.-D. Lange, s. dort, pp. 237–263

Gumbrecht, Hans-Ulrich, *Nicolas Ruwet*, in: *Französische Literaturkritik ...*, hg. von W.-D. Lange, s. dort, pp. 351–361

Haft, Cynthia, *The theme of Nazi concentration camps in french literature*, Den Haag 1973

Hamburger, Michael, *Die Dialektik der modernen Lyrik. Von Baudelaire bis zur konkreten Poesie*, aus dem Engl. von H. Fischer, München 1972, (= List TB, Literaturwissenschaft 1443)

Hempfer, Klaus Wilhelm, *Poststrukturale Texttheorie und narrative Praxis. ›Tel Quel‹ und die Konstitution eines ›Nouveau nouveau Roman‹*, München 1976, (= Romanica Monacensia 11)

*Histoire de la littérature française du XXe siècle*, publiée sous la direction de J. Dumont (2 Bde.), Genf 1975/76

Hölz, Karl, *Das Thema der Erinnerung bei Marcel Proust. Strukturelle Analyse der ›mémoire involontaire‹ in ›A la recherche du temps perdu‹*, München 1972

Hugo, Jean, *Avant d'oublier 1918–1931*, Paris 1976

Idt, Geneviève, *Les Faux-Monnayeurs: Gide*, Paris 1970, (= Profil d'une œuvre 5)

Jouanny, Robert-A., *Nadja. André Breton*, Paris 1972, (= Profil d'une œuvre 36)

Jüttner, Siegfried, *Gracq: Le rivage des Syrtes*, in: *Der französische Roman*, hg. von K. Heitmann (s. unter Allg.), t. II, pp. 261–280 und 353–354

Kallmeyer, Werner, *Interpretation zu Henri Michaux: Entre centre et absence*, in: *Die französische Lyrik*, hg. von K. Heimann (s. unter Allg.), t. II, pp. 267–278 und 401–403

Keating, L. C., *Critic of civilization. Duhamel and his writings*, Kentucky-University 1965
Kesting, Marianne, *Handlung-Behaviour-Reflexion und ihr Echo im modernen Drama*, in: Poetica 8 (1976), pp. 390–399
Klesczewski, Reinhard, *Anouilh: L'alouette*, in: *Das französische Theater* ..., hg. von J. von Stackelberg (s. unter Allg.), t. II, pp. 301–321 und 415–418
Klinkenberg, Jean-Marie, *Francais parlé et francais littéraire. Introduction à la lecture de Raymond Queneau*, Universidad del Norte. Santiago de Chile. Cahiers Escuela de Francés 2 (1967), pp. 31–40
Kohut, Karl, *Was ist Literatur? Die Theorie der ›Littérature engagée‹ bei Jean-Paul Sartre*, Diss. Marburg/L. 1965
ders., *Jean-Paul Sartre*, in: *Französische Literatur* ..., hg. von W.-D. Lange, s. dort, pp. 159–192
ders., *Literatur der Résistance und Kollaboration in Frankreich*, 3 Bde., Wiesbaden 1982/1983
Krüger, Manfred, *Eugène Ionesco*, in: *Französische Literatur* ..., hg. von W.-D. Lange, s. dort, pp. 705–728
Lalou, René, *Le théâtre en France depuis 1900*, Paris 1951
Lange, Wolf-Dieter (Hg.), *Französische Literatur der Gegenwart in Einzeldarstellungen*, Stuttgart 1971, (= Kröners Taschenausgabe 398)
ders. (Hg.), *Französische Literaturkritik der Gegenwart in Einzeldarstellungen*, Stuttgart 1975, (= Kröners Taschenausgabe 445)
ders., *Interpretation zu Pierre Garnier: Poème Sémantique*, in: *Die französische Lyrik* ..., hg. von H. Hinterhäuser (s. unter Allg.), pp. 349–358 und 412–415
Le Bouteiller, Anne, *Henri Michaux et le surréalisme*, in: Revue Générale Bruxelles 112 (1976), pp. 3–16
Loos, H.-G., *Urteile französischer nationalistischer Literaten über Deutschland vor 1914*, Diss. Düsseldorf 1971
Lope, Hans-Joachim, *Julien Gracq*, in: *Französische Literatur* ..., hg. von W.-D. Lange, s. dort, pp. 264–286
ders., *Gérard Genette*, in: *Französische Literaturkritik* ..., hg. von W.-D. Lange, s. dort, pp. 279–294
ders., *Interpretation zu Guillaume Apollinaire: Les colchiques*, in: *Die französische Lyrik*, hg. von Hinterhäuser (s. unter Allg.), t. II, pp. 189–198 und 387–391
Magny, Claude-E., *Histoire du roman français depuis 1918*, Paris 1971
Meyer-Minnemann, Klaus, *Interpretation zu Jacques Prévert: Je suis comme je suis*, in: *Die französische Lyrik*, hg. von H. Hinterhäuser (s. unter Allg.), t. II, pp. 328–336 und 408–410
Michel, H., *Les courants de pensée de la résistance*, Paris 1962
Migner, Karl, *Theorie des modernen Romans*, Stuttgart 1970, (= Kröners Taschenausgabe 395)
Nadeau, Maurice, *Histoire du surréalisme*, Paris 1964, (= Points 1)
Neumeister, Sebastian, *Interpretation zu Paul Claudel: Ite missa est*, in: *Die französische Lyrik*, hg. von H. Hinterhäuser, t. II, pp. 225–233 und 395–397

Nies, Fritz, *Interpretation zu Guillaume Apollinaire: Salomé*, in: *Die französische Lyrik* ..., hg. von H. Hinterhäuser (s. unter Allg.), pp. 179–188 und 387–389

Peyre, Henry, *Contemporary french literature*, London 1964

Picon, Gaëtan, *Panorama de la nouvelle littérature française*, Neue Ausg., Paris 1968

Piron, Maurice, *Les Wallonismes de Guillaume Apollinaire*, in: *Mélanges de linguistique française offerts à M. Ch. Bruneau*, Genf 1954, pp. 193–207

Pollmann, Leo, *Der französische Roman im 20. Jahrhundert*, Stuttgart 1960

ders., *Der Neue Roman in Frankreich und Lateinamerika*, Stuttgart–Berlin–Köln–Mainz 1968, (= Sprache und Literatur 49)

ders., *Literaturwissenschaft und Methode*, Frankfurt/M. ²1973 (= Fischer Athenäum Taschenbücher 2007)

Prado, Javier de, *Panorama de la novela francesa durante los últimos 25 años*, in: Revista de la Universidad Complutense 25 (1976), pp. 47–91

Raible, Wolfgang, *Moderne Lyrik in Frankreich. Darstellung und Interpretation*, Stuttgart–Berlin–Köln–Mainz 1972, (= Sprache und Literatur 77)

Ricardou, J. (Hg.), *Les chemins actuels de la critique, sous la direction de G. Poulet*, Paris 1967

Richard, Lionel, *Le nazisme et la culture, Paris 1978*, (= Petite collection Maspéro 186)

Richard, Jean-Pierre, *Proust et le monde sensible*, Paris 1974 (Collection Poétique)

Richthofen, Erich von, *Quelques observations fondamentales de Valéry sur le problème de la forme contenues dans ses cahiers*, in: Esprit Créateur 4 (1964), pp. 28–33

Riese Hubert, Renée, *Julien Gracq, historien du rêve*, in: The French Review 38 (1964/65), pp. 630–636

Robbe-Grillet, Alain, *Pour un nouveau roman*, Paris 1963

Ruppel, K.-H., *Vorwort* zu Anouilh, *Dramen* II, München–Wien 1965, pp. 9–24

Scheel, Hans-Ludwig, *Zur Bedeutung der griechischen Mythologie für Albert Camus*, in: *Renatae Litterae*, FS für A. Buck, Frankfurt/M., pp. 299–317

Scheerer, Thomas M., *Textanalytische Studien zur ›Ecriture automatique‹*, Diss. Bonn 1974, (= Romanistische Versuche und Vorarbeiten 49)

Schiwy, Günther, *Der französische Strukturalismus: Mode, Methode, Ideologie*, Reinbek bei Hamburg 1969, (= RDE 310)

ders., *Neue Aspekte des Strukturalismus*, München 1971, (dtv Wissenschaftliche Reihe 4135)

Schlobach, Jochen, *Geschichte und Fiktion in ›L'été 14‹ von Roger Martin du Gard*, Diss. München 1965

Schoell, Konrad, *Das französische Drama seit dem 2. Weltkrieg* (2 Bde.), Göttingen 1970

Schramke, Jürgen, *Zur Theorie des modernen Romans*, München 1976

Schulze, Joachim, *Das Grab am Lustort. Zu Georges Brassens Erneuerung der Seeidylle*, in: Romanische Forschungen 89 (1977), pp. 340–263

Schriewer, Jens, *Die französischen Universitäten von 1945–1968*, Bad Heilbronn 1972
Schüler, Gerda, *Jean-Paul Weber*, in: *Französische Literaturkritik* . . ., hg. von W.-D. Lange, s. dort, pp. 138–151
Shattuck, Roger, *Die ›Belle Epoque‹. Kultur und Gesellschaft in Frankreich 1885–1918*, aus dem Amerikanischen von E. Krois, München 1958
Siepmann, Helmut, *Jean Anouilh*, in: *Französische Literatur* . . ., hg. von W.-D. Lange, pp. 532–559
Theisen, Josef, *Die französische Literatur des 20. Jahrhunderts*, Stuttgart 1976
Thomas, Johannes, *Robert Pinget*, in: *Französische Literatur* . . ., hg. von W.-D. Lange (s. dort), pp. 349–369
Tison-Braun, Micheline, *La crise de l'humanisme* (2 Bde.), Paris 1958/1967
Vogt-Heinen, Margret, *Zwischen Absurdität und Engagement. Eine Untersuchung zum Theaterwerk A. Adamovs*, Diss. Aachen 1979
Wehle, Winfried, *Französischer Roman der Gegenwart. Erzählstruktur und Wirklichkeit im Nouveau Roman*, Berlin 1972, (= Grundlagen der Romanistik 2)
Wilhelm, Julius, *Französische Gegenwartsliteratur*, Stuttgart–Berlin–Köln–Mainz 1974, (= Sprache und Literatur 93)
Zeltner-Neukomm, Gerda, *Das Wagnis des französischen Gegenwartsromans*, Reinbek bei Hamburg [3]1970
dies., *Nathalie Sarraute*, in: *Französische Literatur* . . ., hg. von W.-D. Lange, s. dort, pp. 287–311
Zweig, Stefan, *Romain Rolland. Der Mann und sein Werk*, Frankfurt/M. 1926

# Namenverzeichnis

Das folgende Verzeichnis enthält keine Namen mythologischen, biblischen oder literarischen Ursprungs.